महाभारत एवं श्रीमद्भगवद्गीता

महाभारत एवं श्रीमद्भगवद्गीता

धर्म का समाजशास्त्रीय निरूपण

डॉ. जे. पी. सिंह

प्रोफेसर (सेवा-निवृत्त), पटना विश्वविद्यालय, पटना

KALPAZ

महाभारत एवं श्रीमद्भगवद्गीता

धर्म का समाजशास्त्रीय निरूपण

ISBN: 978-93-5324-009-7

भारत में सन् 2019 में प्रकाशित

कल्पाज पब्लिकेशन

सी-30, सत्यवती नगर,

दिल्ली-110052

Phone : 9212142040

ई-मेल: kalpaz@hotmail.com

मुद्रित: जी. प्रिंट प्रोसेस, दिल्ली

विषय-सूची

प्रस्तावना 7

1. श्रीमद्भगवद्गीता के कतिपय लोकप्रिय श्लोक 19

2. महाभारत कथा 23

महाभारत का इतिहास 23
पुरातत्त्व प्रमाण (1900 ईसा पूर्व से पहले) 26
महाभारत महाकाव्य की संक्षिप्त कथा 30
महाभारत के कुछ विशिष्ठ प्रसंग 44
महाभारत की अनसुनी मिथक व कहानियाँ 62
महाभारत के कतिपय विस्मयकारी रहस्य 65

3. श्रीमद्भगवद्गीता परिचय 69

गीता का भाष्य 73
गीता सारांश 79
संक्षिप्त गीता रहस्य 90
आधुनिक जीवन और गीता 92

4. ईश्वर, आत्मा, अवतार और पुनर्जन्म 97

धर्म और दर्शन में ईश्वर की अवधारणाएँ 101
ईश्वर की अवधारणा 111
ईश्वर एक या अनेक? 113
आत्मा और उसका पुनर्जन्म 117

5. मूर्तिपूजा के सैद्धान्तिक तथा व्यावहारिक पहलू का एक अवलोकन 125

मूर्तिपूजा और इस्लाम 139
भारत में इस्लाम धर्म 147
धर्म का राजनीतिकरण 155

6. कतिपय अवधारणाएँ एवं धार्मिक विश्वास 163

गीता से सम्बन्धित कतिपय मार्मिक विचार 173

श्रीमद्भगवद्गीता

अध्याय - 1 (विषादयोग) 179
अध्याय - 2 (सांख्ययोग) 195
अध्याय - 3 (कर्मयोग) 225
अध्याय - 4 (ज्ञान-कर्मयोग) 245
अध्याय - 5 (कर्म-संन्यास योग) 267
अध्याय - 6 (ध्यान योग या आत्मसंयम योग) 281
अध्याय - 7 (ज्ञान-विज्ञान योग) 301
अध्याय - 8 (अक्षरब्रह्म योग) 313
अध्याय - 9 (राजविद्या गुह्य योग) 325
अध्याय - 10 (विभूति-विस्तार योग) 343
अध्याय - 11 (विश्वरूप दर्शन योग) 359
अध्याय - 12 (भक्ति योग) 379
अध्याय - 13 (क्षेत्र-क्षेत्रज्ञ विभाग योग) 389
अध्याय - 14 (गुणत्रय विभाग योग) 405
अध्याय - 15 (पुरुषोत्तम योग) 415
अध्याय - 16 (दैवासुरसंपद् विभाग योग) 425
अध्याय - 17 (श्रद्धात्रय विभाग योग) 435
अध्याय - 18 (मोक्ष-संन्यास योग) 447

7. नित्य-पाठ गीता 475

8. गीता सार एवं गीता उपदेश 479
श्रीकृष्ण का मानव जीवन जीने का उपदेश 482
श्रीमद्भगवद्गीता के कतिपय अनमोल वचन 483

9. ध्यान की एक सहज विधि 487

10. शब्द संग्रह 489

प्रस्तावना

गीता-दर्शन को ठीक से समझने के लिए हिन्दू धर्म के विभिन्न ग्रन्थों की संक्षिप्त जानकारी आवश्यक है क्योंकि सभी एक-दूसरे से जुड़े हुए हैं। हिन्दू धर्म इतना पुरातन, जटिल और विस्तृत है कि धार्मिक ग्रन्थों की थोड़ी जानकारी निश्चित रूप से जरूरी है, तभी हम किसी निर्णय पर ढंग से पहुँच सकते हैं। सुधी पाठकों की जिज्ञासा को सन्तुष्ट करने हेतु भी मुझे लगता है कि वैदिक धर्म तथा आध्यात्मिक ज्ञान के क्रमिक विकास का एक विहंगावलोकन किया जाना चाहिए। अत: प्रारम्भिक 'सूक्त' से लेकर 'उपनिषद्' तक के वैदिक धर्म तथा गीता की रचना की विकास-यात्रा का बहुत ही संक्षिप्त विवरण प्रस्तुत किया जा रहा है।

सूक्त, संहिता और वेद– भारतीय आध्यात्मिक ज्ञान का मूल स्रोत वेद है। वेद क्या है? प्राचीन आर्य समाज ने प्रकृति की विभिन्न अलौकिक शक्तियों को देखकर उनका मानवीकरण कर सबों को एक-एक देवता के रूप में प्रतिष्ठित कर दिया। इसे समाजशास्त्र और मानवशास्त्र में Anthromophism की संज्ञा दी जाती है। यह इंसानों की आदत-सी हो गयी है, जो परमात्मा अनादि, अनन्त, गुणातीत, शब्दातीत और अनश्वर है, उसे भी वह अपने ही जैसे रूप-रंग में देखता और पूजा-अर्चना करता है और वह भी तब जब परमात्मा देखने और स्पर्श करने की चीज़ नहीं है। धन्य है, धर्म के सम्बन्ध में मानव की कल्पना। ऐसे प्रमुख देवी-देवताओं की संख्या तैंतीस मानी जाती थी। (दु:खद बात यह है कि ब्राह्मणों ने सम्बन्धित वेद के श्लोक का गलत अर्थ निकालकर यह प्रचार किया कि हिन्दू धर्म में 33 करोड़ देवी-देवता हैं। कब और किसने 33 करोड़ की गिनती की और वे 33 करोड़ देवी-देवता कहाँ रहते हैं? देवलोक में और यह देवलोक कहाँ है और इसकी सूचना मानवों तक कैसे पहुँची? जब देवता ही 33 करोड़ थे, तो आम आदमी कितने होंगे? प्राचीनकाल में पृथ्वी की कुल आबादी कभी भी 33 करोड़ नहीं थी। जिस संस्कृत के शब्द का अनुवाद करोड़ है, उसी शब्द का सही

अनुवाद 'उच्च कोटि' भी होता है। विभिन्न प्राकृतिक आपदा-विपदा, जन्म-मृत्यु, शुभ-अशुभ, इत्यादि के अवसरों पर देवता-विशेष को प्रसन्न करने के उद्देश्य से उनकी स्तुतियाँ करने लगे। ये स्तुतियाँ 'सूक्त' के नाम से जानी जाती हैं। हृदय के भाव का सहज प्रस्फुटन होने के कारण ये काव्यात्मक थीं। परवर्त्ती ऋषियों ने ऐसे 'सूक्तों' का संग्रह किया जो 'संहिता' के नाम से जानी जाती है। ऐसी अनेक संहिताएँ थीं। उन सभी संहिताओं के संग्रह को ही 'वेद' कहा गया है। प्रारम्भ में एक ही वेद था। बाद में कतिपय व्यासों ने उस एक वेद को विषयानुकूल वर्गीकरण कर चार वेद बना दिये। चारों वेदों की रचना एक समय में नहीं हुई। केरल राज्य में तो तीन ही वेद को स्वीकृति है। इसमें सन्देह नहीं है कि अन्य वेदों की रचना ऋग्वेद से हुई है। वेदों को आगे बढ़ाने और समर्थन देने हेतु पुराणों की रचना की गयी। आमलोगों में वेद के प्रति विश्वास व श्रद्धा हो, इसलिए ब्राह्मणों ने यह प्रचार किया कि वेद अपौरूषेय है, अर्थात् ईश्वरीय है। जबकि इस दुनिया के तमाम धर्मग्रन्थ मानव-कृत हैं। परमात्मा धर्म से ऊपर हैं, ऐसा सभी महापुरुष स्वीकार करते हैं।

ब्राह्मण ग्रन्थ– अब तक जो स्तुतियाँ मौखिक रूप से देवताओं को सम्बोधित थीं, उनका मूर्त्तरूप जमीन पर उतारा गया। मिट्टी या गोबर के देवता विशेष की मूर्ति बनाकर विभिन्न प्रकार की पूजा-अर्चना, यज्ञ-हवन, इत्यादि कर्मकाण्डीय विधान बना। ये विधान गद्यात्मक थे, जिन्हें 'ब्राह्मण' (यहाँ ब्राह्मण ग्रन्थ है, जाति या वर्ण नहीं) कहा गया। तत्कालीन समाज के कुछ प्रबुद्ध व्यक्ति ऐसे कर्मकाण्ड के जानकार थे, जो पुरोहित कहे जाते थे। पुरोहितों का समाज और राजसत्ता पर बड़ा प्रभाव था। ये समाज में देवदूत के रूप में पूजित होते थे।

उपनिषद्, आरण्यक एवं ब्रह्मसूत्र– कालान्तर में यह व्यवस्था हृदय-कलुष निष्कासित किये बगैर गेरुआ वस्त्र धारण करने वाले ऐसे धर्मध्वजाधारी मथमुंडे के हाथों में चली गयी, जिन्होंने इसे अर्थ-वृत्ति चलाने का धंधा बना दिया। परिणाम स्वरूप समाज में इस व्यवस्था के विरूद्ध आन्तरिक विद्रोह का भाव उत्पन्न हुआ। यही विद्रोह का भाव उपनिषदों के आविर्भाव का कारण बना। क्षत्रिय राजाओं के सहयोग से ज्ञानवान् ऋषियों का सम्मेलन बुलाया जाने लगा। इन ऋषियों में वरिष्ठतम ऋषि की अध्यक्षता में वेदों में वर्णित विभिन्न विषयों पर चर्चा-परिचर्चा के आधार पर एक सर्वसम्मत निर्णय लिया जाने लगा। ऐसे निर्णयों का संकलन ही 'उपनिषद्' के नाम से जाना जाता है। 'उप' का अर्थ होता है समीप और 'निषद्' का बैठना। चूँकि वरिष्ठतम ऋषि के समीप बैठकर निर्णय

लिए जाते थे, अतः इसे 'उपनिषद्' कहा जाता था। ऐसे सम्मेलनों का आयोजन अधिकतर अरण्यों (वनों) में हुआ करता था। अतः इसे 'आरण्यक' भी कहा जाता है। किसी भी सभा की कार्यवृत्ति की तरह ऐसे निर्णय अत्यन्त ही संक्षिप्त सूत्र रूप में हैं। ऐसे कितने सम्मेलन आयोजित किये गये और उनमें कितने निर्णय हुए, अज्ञात हैं। 'उत्तरमीमांसा' के नाम से व्यास द्वारा संकलित सूत्र एवं इन सूत्रों पर भाष्य ही आधिकारिक 'उपनिषद्' माना जाता है। उपनिषद् वेद का ही एक अभिन्न हिस्सा है, लेकिन बाद में धीरे-धीरे लगभग 200 उपनिषदों की रचना की गयी।

यद्यपि उपनिषदों का मूल आधार वेद है पर इनके द्वारा प्रतिपादित सिद्धान्त, संसार का सृजन, इस संसार में सांसारी, यथा– सूरज, चाँद, तारे, नदियाँ, पहाड़ एवं जड़-जंगम इत्यादि का आविर्भाव, प्राकृतिक विविधताओं एवं इसमें निहित शक्तियों इत्यादि का सूक्ष्मतम अध्ययन एवं गहनतम विश्लेषण के आधार पर आधारित है। प्रायः सभी सिद्धान्त 'कार्य-कारण' के वैज्ञानिक नियम से सिद्ध एवं तार्किक कसौटी पर स्थापित हैं। परवर्ती काल में उपनिषदों के सिद्धान्तों के गर्भ से कई दर्शन, यथा– कपिल का सांख्य-दर्शन, शंकराचार्य का वेदान्त-दर्शन, मीमांसा-दर्शन, इत्यादि प्रकट हुए। मुख्य रूप से इन सिद्धान्तों को तीन श्रेणियों में वर्गीकृत किया जाता है- (अ) माद्यवाचार्य का द्वैत; (आ) रामानुजाचार्य का विशिष्टाद्वैत एवं (इ) शंकराचार्य का अद्वैत। ये भिन्नताएँ मात्र व्यावहारिक हैं। उपनिषद् के मौलिक सिद्धान्तों से ये सर्वथा भिन्न नहीं है।

उपनिषदों के आविर्भाव के साथ ही वैदिक चिंतन-धारा, मुख्य रूप से, दो भागों में विभक्त हो गयी- (अ) कर्मकाण्ड एवं (आ) ज्ञान काण्ड। कर्मकाण्ड मुख्य रूप से यज्ञों के विधि-विधान, उनसे प्राप्त होनेवाले फल, पशु-बलि इत्यादि का प्रतिपादन करते हैं। इनके मुख्य ग्रन्थ हैं- 'ब्राह्मण एवं यजुर्वेद'। यजुष का शाब्दिक अर्थ 'यज्ञ' है। यज्ञों के विधि-विधान इसमें संकलित हैं। कर्मकाण्ड 'बहुदेववादी' है। वहीं ज्ञानकाण्ड, यज्ञों के विधि-विधान, पशुबलि इत्यादि की निन्दा करते हैं। यह 'बहुदेववाद' के स्थान पर एक 'परब्रह्म' या 'एकेश्वरवाद' की स्थापना करते हैं। 'ज्ञानकाण्ड' मूल रूप से दार्शनिक परम्पराएँ हैं। इनके मुख्य ग्रन्थ हैं- आरण्यक, ब्रह्मसूत्र, उपनिषद्, इत्यादि। श्रीमद्भगवद्गीता मूलतः उपनिषदीय सिद्धान्तों का प्रतिपादन करती है।

उपनिषदों के मूल तत्त्वों को अनेक कथाओं, आख्यानों एवं चरित्रों के माध्यम से अत्यन्त ही बोधगम्य, स्पष्ट एवं रुचिकर तरीके से साधारण-से-साधारण

बौद्धिक स्तर के मनुष्यों तक पहुँचाने का 'महाभारत' एक अद्भुत ग्रन्थ है। इसकी लेखन-शैली भी अद्भुत है। सर्वप्रथम इन कथाओं द्वारा उपनिषदों के मूल तत्त्व को पाठक के मानस-पटल पर परोक्ष रूप से छायांकित कर दिया गया है, फिर दो चरित्रों के मध्य प्रश्नोत्तर के द्वारा प्रत्यक्ष रूप से उपसंहार कर दिया गया है। श्रीमद्भगवद्गीता, यक्ष-युधिष्ठिर संवाद सहित लगभग डेढ़ दर्जन गीता विभिन्न विषयों का उपसंहार है। भारतीय आध्यात्मिक ज्ञान की महाकाया- महाभारत में श्रीमद्भगवद्गीता प्राण या आत्मा है। श्रीमद्भगवद्गीता के सम्बन्ध में विवेकानन्द ने कहा है- 'गीता उपनिषदों के चुनिन्दा पुष्पों का हार है।' वेदों के माध्यम से हिन्दू समाज में कर्मकाण्ड को बढ़ावा दिया गया। समाज में ब्राह्मणों के द्वारा धर्म के नाम पर काफी शोषण किया गया। स्वर्ग और नरक का झूठा प्रचार हुआ। वर्ण और जाति को इतना बढ़ावा मिला कि हिन्दू समाज में कोढ़ की तरह अछूत की समस्या उत्पन्न हुई। आदमी को आदमी से घृणा होने लगी। बौद्ध धर्म ने इसका खुला विरोध किया। हिन्दू धर्म का अस्तित्व इतना खतरे में पड़ गया कि गीता की रचना की आवश्यकता पड़ी। गीता-दर्शन ने हिन्दू धर्म के लिए रामबाण की तरह काम किया।

वस्तुत: गीता पर अब टीका लिखने की शायद कोई आवश्यकता नहीं है; क्योंकि इस पर सहस्रों टीकाएँ लिखी जा चुकी हैं, जिनमें सैकड़ों तो केवल संस्कृत और अँगरेज़ी में ही हैं। गीता को लेकर अनगिनत मत हैं, जबकि सबकी आधारशिला एकमात्र गीता ही रही है। यह ध्यान देने की बात है कि श्रीकृष्ण ने तो कोई एक ही बात कही होगी, फिर मतभेद क्यों? वस्तुत: कोई वक्ता एक बार में एक ही बात कहता है; किन्तु श्रोता यदि दस बैठे हों तो दस प्रकार के आशय ग्रहण करते हैं। व्यक्ति की बुद्धि उसके अपने तामसी, राजसी अथवा सात्त्विक गुणों के अनुसार ही किसी वार्त्ता को पकड़ती है। अत: मतभेद स्वाभाविक है। मतभेद का एक खास कारण यह भी है कि महाभारत तथा गीता की विषय-वस्तु के साथ काफी छेड़-छाड़ हुई है क्योंकि प्राचीनकाल में छपाई की कला का विकास नहीं हुआ था। हजारों साल तक गीता मौखिक रूप में ही लोगों के दिलो-दिमाग में अंकित थी। जिसको जैसा भाया, उसने वैसा ही सुनाया और वृक्ष के छाल, पत्तों एवं भोजपत्रों पर वैसा ही अंकित किया। इस तथ्य को स्पष्ट करने के लिए एक छोटी सी घटना को रखना चाहूँगा। एक बार की बात है कि महात्मा बुद्ध संध्या के समय प्रवचन कर रहे थे। प्रवचन की समाप्ति के बाद बुद्ध ने कहा कि अब लोग अपने-अपने काम पर प्रस्थान करें। चोर, चोरी को निकल गया, वैश्याएँ अपने काम पर निकल गयीं, सीधे-सादे लोग भोजन और शयन के लिए

निकल गये, कुछ लोग अलग बैठकर चिन्तन में लग गये। जिसको जैसा समझ में आया उसने वैसा किया, जबकि बुद्ध ने ऐसा नहीं कहा था कि लोग अनैतिक काम में लग जाएँ। प्रत्येक व्यक्ति ने अपने-अपने ढंग से स्वार्थ के मुताबिक निर्णय लिया और उसी में लग गया। ऐसा ही कुछ गीता के उपदेशों के साथ भी हुआ है।

विभिन्न मतवादों से और कभी-कभी एक ही सिद्धान्त को अलग-अलग काल और भाषाओं में व्यक्त करने से साधारण मनुष्य संशय में पड़ जाता है। वर्तमान काल में गीता की बहुत-सी टीकाएँ हो गयी हैं। सभी अपनी-अपनी सत्यता का उद्घोष करते हैं; किन्तु मूल गीता का स्वरूप कैसा रहा होगा, इसकी जानकारी किसी को नहीं है क्योंकि समय के साथ इसमें काफी बदलाव किया गया है।

यह भी कहा जाता है कि श्रीकृष्ण के आशय को हृदयंगम न कर पाने का मूल कारण यह भी है कि वे एक योगी थे। श्रीकृष्ण जिस स्तर की बात करते हैं, उस स्तर पर खड़ा होने वाला कोई महापुरुष ही बता सकेगा कि उन्होंने जिस समय गीता का प्रतिपादन किया था, उस समय उनके मनोगत भाव क्या थे? इसके साथ हमें यह भी ध्यान में रखना होगा कि श्रीकृष्ण एक ऐसे व्यक्ति को जीवन-दर्शन का ज्ञान दे रहे हैं, जो किसी भी दृष्टि से ज्ञानी नहीं था। अर्जुन एक धनुर्धर अवश्य था, पर वह कोई बहुत ज्ञानी पुरुष नहीं था। इसलिए श्रीकृष्ण ने जीवन-दर्शन के श्रोता को ध्यान में रखकर समझाने का प्रयास किया है। प्राचीन काल के दार्शनिक और वर्तमान समय में आधुनिक सोच रखने वाले व्यक्ति गीता के श्लोकों में कुछ ज्यादा ही अर्थ भरने का प्रयास करते रहते हैं। लोग यह भूल जाते हैं कि महाभारत का युद्ध जमीन-जायदाद या व्यक्तिगत अधिकारों के लिए एक प्रकार का पारिवारिक झगड़ा था और उसमें अर्जुन युद्ध के लिए तैयार होकर भी युद्ध से अपना कदम पीछे हटा रहे हैं। वैसी स्थिति में श्रीकृष्ण सही-गलत एवं नैतिक-अनैतिक का ज्ञान देकर अर्जुन को कर्म करने के लिए प्रेरित करते हैं। गीता के दर्शन को उसके सन्दर्भ से अलग कर समझने का प्रयास नहीं किया जाना चाहिए। यह एक बिलकुल व्यावहारिक जीवन दर्शन है।

गीता किसी विशिष्ट व्यक्ति, जाति, वर्ग, पंथ, देश-काल या किसी रूढ़िग्रस्त सम्प्रदाय का ग्रन्थ नहीं बल्कि यह सार्वलौकिक, सार्वकालिक धर्मग्रन्थ है। यह प्रत्येक देश, प्रत्येक जाति तथा प्रत्येक स्तर के प्रत्येक स्त्री-पुरुष के लिए है। केवल दूसरों से सुनकर या किसी से प्रभावित होकर मनुष्य को ऐसा निर्णय नहीं

लेना चाहिए, जिसका प्रभाव सीधा उसके अस्तित्व पर पड़ता हो। पूर्वाग्रह की भावना से मुक्त होकर सत्यान्वेषियों के लिए यह आर्षग्रन्थ आलोक-स्तम्भ है। हिन्दुओं का आग्रह है कि वेद ही प्रमाण है। वेद का अर्थ है ज्ञान, परमात्मा की जानकारी। परमात्मा न संस्कृत में है और न संहिताओं में। पुस्तक तो उसका संकेतमात्र है। वह वस्तुतः हृदय में जाग्रत होता है।

गीता सार्वभौम धर्मग्रंथ है। धर्म के नाम पर प्रचलित विश्व के समस्त ग्रन्थों में गीता का स्थान अद्वितीय है। यह स्वयं में धर्मशास्त्र ही नहीं, बल्कि अन्य धर्मग्रन्थों में निहित सत्य का मानदण्ड भी है। गीता वह कसौटी है, जिस पर प्रत्येक धर्मग्रन्थ में वर्णित सत्य अनावृत्त हो उठता है। परस्पर विरोधी कथनों का समाधान निकल आता है। प्रत्येक धर्मग्रन्थ में संसारी जीवन जीने की कला और कर्मकाण्डों का बाहुल्य है। जीवन को आकर्षक बनाने के लिए, उन्हें करने तथा न करने के रोचक और भयानक वर्णनों से धर्मग्रन्थ भरे पड़े हैं। कर्मकाण्डों की इसी परम्परा को जनता धर्म समझने लगती है। जीवन-निर्वाह की कला के लिए निर्मित पूजा-पद्धतियों में देश-काल और परिस्थितियों के अनुसार परिवर्तन स्वाभाविक है। अलग-अलग पूजा पद्धति ही धर्म के नाम पर समाज में कलह का कारण है। **गीता** इन क्षणिक व्यवस्थाओं से ऊपर उठकर आत्मिक पूर्णता में प्रतिष्ठित करने का क्रियात्मक अनुशीलन है, जिसका एक भी श्लोक भौतिक जीवनयापन के लिए नहीं है। इसका प्रत्येक श्लोक आपसे आन्तरिक युद्ध 'आराधना' की माँग करता है। तथाकथित धर्मग्रन्थों की भाँति यह आपको स्वर्ग या नरक के द्वन्द्व में फँसाकर नहीं छोड़ता, बल्कि उस अमरत्व की उपलब्धि कराता है जिसके पीछे जन्म-मृत्यु का बन्धन नहीं रह जाता।

कभी-कभी तर्क दिया जाता है कि मानव शरीर 'कुरुक्षेत्र' है, जिसमें दस इन्द्रियाँ और एक मन ग्यारह अक्षौहिणी सेना है। मनसहित इन्द्रियमयी दृष्टिकोण से जिसका गठन है, वह है आसुरी सम्पद्। जिसमें हैं अज्ञानरूपी 'धृतराष्ट्र', जो सत्य जानते हुए भी अन्धा बना रहता है। उसकी सहचारिणी है 'गान्धारी'- इन्द्रिय आधार वाली प्रवृत्ति। इनके साथ हैं- मोहरूपी 'दुर्योधन', दुर्बुद्धिरूपी 'दुःशासन', विजातीय कर्मरूपी 'कर्ण', भ्रमरूपी 'भीष्म', द्वैत के आचरणरूपी 'द्रोणाचार्य', आसक्तिरूपी 'कृपाचार्य' और इन सबके बीच जीवनरूपी विदुर है, जो रहता है अज्ञान में किन्तु दृष्टि सदैव पाण्डवों पर है, पुण्य से प्रवाहित प्रवृत्ति पर है; क्योंकि आत्मा, परमात्मा का शुद्ध अंश है। गीता के सम्बन्ध में इस प्रकार की बातें लोगों को अनेक बार सुनने और पढ़ने को मिलती हैं। पूरे महाभारत के प्रसंग

को प्रतीकात्मक बनाकर ऐतिहासिक तथ्यों को झुठलाना अवैज्ञानिक सोच रखने वाला व्यक्ति ही कर सकता है। इतिहासकार, समाजविज्ञानी और वैज्ञानिक इस तथ्य को एक स्वर से स्वीकार करते हैं कि महाभारत की घटना का ऐतिहासिक महत्त्व है। कुरुक्षेत्र को किसी ने अब तक नहीं नकारा है और जो लोग महाभारत को शुद्ध दार्शनिक रूप देते हैं, वे कौरव-पाण्डव और श्रीकृष्ण को भी अस्वीकार करते हैं। वैसे लोग सभी आस्तिक हैं। पर वे ऐसा नास्तिक एवं संशययुक्त विचार क्यों रखते हैं? यह समझ के परे है। यह एक बहुत ही विस्मयकारी चिन्तन का नमूना है। यथार्थ को बिना ठीक से समझे आम पाठकों को महाभारत और उसके अन्तर्गत समाहृत गीता के बारे में ऐसी बयानबाजी किसी भी दृष्टि से लोक हितकारी नहीं है। अपनी अनगढ़ सोच से हमें आम लोगों को भ्रमित नहीं करना चाहिए।

इस पुस्तक में यही प्रयास किया गया है कि गीता के उपदेशों को सरलतम भाषा में आम लोगों तक पहुँचाया जाये। जो कुछ भी महाभारत व गीता में कमियाँ या अन्धविश्वास मौजूद हैं उनकी ओर आम पाठकों को इशारा किया जाये। महाभारत का अपना एक ऐतिहासिक महत्त्व है। इस सम्बन्ध में बहुत सारे मिथक हैं। पर इसका यह मतलब नहीं कि यह झूठ का पुलिंदा है। ज्ञानवान लोग इसे अच्छी तरह समझ सकते हैं कि क्या झूठ और क्या सच है। हीरे तो कोयले की खान में मिलते हैं। मन में यही भाव रखकर हमें अपने प्राचीन धार्मिक ग्रन्थों को पढ़ना चाहिए और जो उनमें अच्छी बातें है उन्हें लोक-हित में प्रकाशित किया जाना चाहिए। इतिहास तो सीखने के लिए लिखा जाता है।

गीता में जिस जीवन-दर्शन का प्रतिपादन हुआ है वह निश्चित रूप से अतुलनीय है। इस पुस्तक को हर समुदाय और विचारधारा के लोगों को अध्ययन करना चाहिए। गीता में बताये गये रास्ते पर चलनेवाले व्यक्ति कभी भी इस लोक या परलोक में पिछड़ नहीं सकते हैं। यह प्रयोग कर साबित नहीं किया जा सकता है, पर बताये गये रास्ते पर चलकर हम अपने अनुभव से स्वतः समझ सकते हैं।

अब तक के जीवन के अनुभवों से यह स्पष्ट होता है कि लोग अपने-अपने धार्मिक स्थलों, साधु-सन्तों और विभिन्न प्रकार के गुरुओं की शरण में जाकर अपने जीवन के दुःख-दर्दों से छुट्टी पाने या भौतिक जगत में अधिक-से-अधिक सुख-सम्पत्ति प्राप्त करने की कोशिश करते हैं। आज हर व्यक्ति की स्थिति एक याचक की हो गयी है। वह जहाँ जाता है, वहीं कुछ-न-कुछ माँगने का काम करता है। मनुष्य को अपने स्वार्थ के लिए इतना गिरने की आवश्यकता नहीं है।

इसलिए कि जब यह जीवन मिला है, तो इस जगत की जो विशेषताएँ हैं, अच्छी या बुरी, उनको झेलना ही होगा। हमारी समस्याओं का निदान कहीं भी रखा हुआ नहीं है। लोग विभिन्न प्रकार के तथाकथित धार्मिक लोगों के पास यह सोचकर जाते हैं कि उनके पास उनकी समस्याओं का निदान होगा। लेकिन अनुभव यही कहता है कि उन लोगों की स्थिति भी एक याचक की ही है। इसलिए कि मानव जीवन की इन तीन चीज़ों में से तीनों या कम-से-कम एक चीज़ की लालसा उस व्यक्ति में भी है- काम, अर्थ एवं प्रतिष्ठा। आये दिन वैसे धार्मिक लोगों के बारे में अप्रिय चीज़ें सुनने को मिल जाती हैं।

अतः अपने पाठकों से यही कहना चाहूँगा कि जिन्हें कुछ भी इस जीवन में समस्या या अभिलाषा है, उन्हें गीता का पाठ अवश्य करना चाहिए और अपने जीवन में आचरण गीता में सुझाये हुए रास्ते को अपनाकर करना चाहिए। आपकी जैसी पात्रता होगी, उसकी वैसी ही स्वतः प्राप्ति होगी। कहीं पर जाकर भीख माँगने या समर्पित होकर अपने-आपको बंधक बनाने की जरूरत नहीं है। दुनिया के किसी भी धर्म में कोई भी व्यक्ति न पूरी तरह सन्तुष्ट है और न होगा। पूजा-पाठ, धार्मिक चिंतन, पठन-पाठन, संकीर्तन, धार्मिक स्थलों का दर्शन मात्र एक छलावा है। परमात्मा के प्रति समर्पित रहें इससे अधिक किसी भी अन्य प्रकार के अंधविश्वास की आवश्यकता जीवन में नहीं है। आपके इर्द-गिर्द तमाम लोग आपसे लाभ ही उठाना चाहेंगे। यदि आपका विश्वास परमात्मा में नहीं है, तो चार्वाक दर्शन को स्वीकार कर जीवन का आनन्द लें। इसका क्या परिणाम होगा या इस रास्ते में कितनी परेशानियाँ होंगी इसकी चिन्ता न करें। जीवन को वर्त्तमान में जीएँ और भविष्य की चिन्ता से मुक्त रहें। वैसे तो प्रत्येक व्यक्ति को अपने विवेक के अनुसार ही कार्य करना चाहिए।

श्रीमद्भगवद्गीता पर विभिन्न भाषाओं में अब तक काफी कुछ लिखा जा चुका है। अँगरेज़ी भाषा में जो कुछ भी प्रकाशन हुआ है वह सापेक्षिक रूप से काफी स्तरीय है। लेकिन हिन्दी भाषा में जो कुछ उपलब्ध है वह काफी चिन्ताजनक है। गीता कोई ब्राह्मणवादी ग्रन्थ नहीं है, लेकिन इसे लोगों ने स्वार्थवश ब्राह्मणवादी धर्मग्रन्थ बना दिया है। यद्यपि काफी हद तक यह स्वाभाविक भी है क्योंकि अधिकांश लेखक ब्राह्मण ही रहे हैं। गीता अध्यात्म का एक महान् ग्रन्थ है और इसकी रचना मानव जाति के हित में की गयी है।

श्रीमद्भगवद्गीता हिन्दुओं का ग्रन्थ अवश्य है, लेकिन इसे हिन्दुओं के धार्मिक ग्रन्थ के रूप में नहीं देखा जाना चाहिए। गीता में जिस जीवन-दर्शन का

प्रतिपादन हुआ है, वह समस्त मानव जाति के लिए उपयोगी है। कहा जाता है कि गीता धार्मिक ग्रन्थ है, लेकिन संदेश निश्चित रूप से धर्मनिरपेक्ष है। गीता पूरी मानवजाति और उनके विश्वासों एवं मूल्यों का आदर करती है। चाहे किसी भी व्यक्ति का कोई भी धर्म क्यों न हो। यदि कोई व्यक्ति धर्म और अध्यात्म को समझना चाहता है, तो उसे इस ग्रन्थ पर दृष्टि डालनी ही चाहिए। लोगों को यह स्पष्ट हो जायेगा कि धर्म और भगवान् क्या है। हमें एक-दूसरे को कैसे देखना चाहिए।

गीता विश्व के सभी धार्मिक विश्वासों का आदर करती है। सच कहा जाये तो गीता पढ़ने और वाचने वाले व्यक्ति कभी साम्प्रदायिक नहीं हो सकते हैं। गीता यही बताती है कि कठिन-से-कठिन परिस्थितियों में हमें कैसे जीना चाहिए। ऐसा बहुतों ने अपने जीवन में अनुभव किया है। जो गीता के प्रति समर्पित हैं वे अपने जीवन में कभी भी पीछे मुड़कर नहीं देखते। यह है **श्रीमद्भगवद्गीता**।

लोकहित एवं धर्महित में इस बात का उल्लेख किया जाना चाहिए कि मात्र वेद और श्रीमद्भगवद्गीता ही हिन्दुओं का प्रमाणिक एवं आधारभूत धार्मिक ग्रन्थ है। उपनिषद् तो वेदों का ही अभिन्न अंग है। हिन्दू धर्म में पुराणों के माध्यम से अंधविश्वास एवं अनुष्ठानिक कुरीतियों को प्रश्रय दिया जाता रहा है। पौराणिक कथाओं के माध्यम से भगवान् को आम इंसान की तरह चित्रित कर हिन्दू धर्म के सम्बन्ध में काफी भ्रांतियाँ एवं अंधविश्वास फैलाने का कार्य हुआ है, जिसके चलते भीतर और बाहर इस धर्म की काफी आलोचना होती रही है। उदाहरणस्वरूप स्वर्ग और नरक सम्बन्धी मनगढ़ंत कहानियों का स्रोत पुराण ही है, जबकि गीता में स्वर्ग और नरक की अवधारणा को स्पष्ट तौर पर नकार दिया गया है। हिन्दू धर्म में अनगिनत देवी-देवताओं की पूजा का भी मुख्य स्रोत पुराण ही हैं। आज भी पुराणों में वर्णित झूठी कथाओं को सुनाकर कुछ लोग बिना किसी मेहनत-मजदूरी के अपना और अपने परिवार का भरण-पोषण कर रहे हैं और जब तक सम्भव है, तब तक यह सिलसिला चलता रहेगा। बहुतों के लिए धर्म जीवनयापन का मुख्य साधन है।

मैंने गीता को एक सामाजिक वैज्ञानिक की हैसियत से देखने का प्रयास किया है। चूँकि गीता का सम्बन्ध कुरुक्षेत्र के युद्ध से है और युद्ध का स्वरूप पारिवारिक झगड़ा था। कौरव-पाण्डव अपने पारिवारिक सम्पत्ति या राज-पाट के लिए अपने चचेरे भाइयों के बीच अपने-अपने सगे-सम्बन्धियों की मदद से युद्ध कर रहे थे। उन्हीं दोनों के बीच श्रीकृष्ण पाण्डवों की तरफ से एक सारथी के

रूप में आते हैं और अर्जुन को असत्य पर सत्य की विजय के लिए कर्म (युद्ध) करने के लिए प्रेरित करते हैं।

जब गीता के विभिन्न श्लोकों का विश्लेषण प्रारम्भ किया गया तो मैंने यह पाया कि महाभारत में बहुत सारी अनर्गल बातें जोड़ दी गयी हैं। चूँकि यह हिन्दुओं का एक प्रमुख धर्म ग्रन्थ है, इसलिए किसी ने अनर्गल और मिथ्या चीज़ों के विरूद्ध कुछ कहने का साहस नहीं किया। टीकाकारों को ऐसा लगा कि इससे हिन्दुओं की धार्मिक भावनाओं को ठेस पहुँचेगी। लेकिन सच तो कहा ही जाना चाहिए क्योंकि भगवान् श्रीकृष्ण के नाम पर काफी झूठी-सच्ची बातें गीता में जोड़ दी गयी हैं। ब्राह्मणों ने स्वार्थ सिद्धि हेतु ब्राह्मणवादी विचारों को मजबूती देने का प्रयास किया है। **गीता** हिन्दुओं का धार्मिक ग्रन्थ मात्र नहीं है, बल्कि पूरी मानवता के लिए एक ऐसा महान् ग्रन्थ है, जिसका मानव-जीवन में जरूर अनुसरण किया जाना चाहिए। लेकिन समय-समय पर जो भी इसमें गलत चीज़ें जुड़ गयी हैं उन्हें निस्सन्देह हटाया भी जाना चाहिए। मन्दिर में जब हम पूजा-पाठ करने जाते हैं, तो वहाँ गन्दगी तो फैलती ही है। लेकिन उस गन्दगी की सफाई न करना भी अनैतिक है। समय के साथ हर चीज़ में कुछ गन्दगी आती है, उसकी समय-समय पर सफाई की जानी चाहिए। गीता के सन्देश को आम लोगों तक पहुँचाना एवं मन्दिर परिसर में व्याप्त गन्दगी को साफ करना इस पुस्तक का एक उद्देश्य है। प्राचीनकाल से ही हिन्दू धर्म काफी रोगग्रस्त रहा है। समय-समय पर इसका इलाज हुआ भी और होते भी रहना चाहिए। गीता के सम्बन्ध में यह सन्देह किसी को नहीं होना चाहिए कि इससे धार्मिक उन्माद फैलता है। यह तो अध्यात्म का एक महान् ग्रन्थ है। यह पूरी मानवता का पथ-प्रदर्शक है। विवेकानन्द, बाल गंगाधर तिलक, श्री अरविन्दो, महात्मा गाँधी, विनोवा भावे एवं बहुत सारे विदेशी विद्वान गीता की महत्ता बताते थकते नहीं हैं। गीता-दर्शन को देखने से ऐसा स्पष्ट लगता है कि यह मानव चिन्तन का आखिरी शिखर है। इससे आगे आज का वैज्ञानिक चिंतनवाला मानव शायद ही सोच सकता है।

गीता के अधिकांश टीकाकारों ने अपनी पुस्तकों में संस्कृत के वैसे शब्दों का प्रयोग किया है जो हिन्दी भाषा में प्रचलन में नहीं है। फलस्वरूप सामान्य हिन्दी जानने वाले लोग गीता को ठीक से नहीं समझ पाते हैं। लगता है टीकाकार विद्वान बनने की कोशिश में कुछ ज्यादा ही रहते हैं। कोशिश तो यह होनी चाहिए कि अधिक-से-अधिक पाठकों तक गीता में प्रतिपादित दर्शन को कैसे पहुँचाया जाय। इसलिए इस पुस्तक में कोशिश रही है कि सामान्य-से-सामान्य पाठक गीता को

ठीक से समझे। पाठक को संशय में रखकर गीता को बहुत कठिन व गूढ़ धार्मिक ग्रन्थ के रूप में पेश किया जाना उचित प्रतीत नहीं होता है क्योंकि जिस जीवनदर्शन को समझना कठिन है, लोग उससे दूर रहना ही बेहतर समझते हैं।

मैं अपने कुछ नये-पुराने दोस्तों व सहकर्मियों, विशेषकर प्रो. श्रीनिवास शर्मा, डा. अखिलानन्द त्रिपाठी एवं डा. अशोक कुमार को विशेष रूप से धन्यवाद देना चाहूँगा, जिन्होंने पाण्डुलिपि के कुछ अंशों को पढ़कर बहुत ही उपयोगी और ठोस सुझाव देकर इस पुस्तक की गुणवत्ता में वृद्धि की है। साथ में दीपक कुमार भी धन्यवाद के पात्र हैं जिन्होंने टंकण का स्तरीय कार्य किया है।

अन्त में मैं यही कहना चाहूँगा कि इसमें जो भी कमियाँ शेष हैं उनके लिए मैं स्वयं जिम्मेवार हूँ और पाठकों के सुझाव के आलोक में इस पुस्तक में संशोधन एवं संवर्धन करने के लिए मैं हर क्षण तैयार हूँ। इस पुस्तक की विषय-वस्तु ही ऐसी है कि स्वाभाविक रूप से कुछ-न-कुछ कमियाँ हमेशा शेष रह जायेंगी। यह आम पुस्तकों से भिन्न और विशिष्ट प्रकार का ग्रन्थ है जिस पर कोई भी व्यक्ति अन्तिम निर्णय और विचार देने में सक्षम नहीं हो सकता है।

जे.पी. सिंह

1

श्रीमद्भगवद्गीता के कतिपय लोकप्रिय श्लोक

श्रीमद्भगवद्गीता दुनिया के वैसे श्रेष्ठ ग्रन्थों में है, जो न केवल सबसे ज्यादा पढ़ी जाती है, बल्कि कही और सुनी भी जाती है। कहते हैं जीवन के हर पहलू को गीता से जोड़कर व्याख्या की जा सकती है। भारत की सनातन संस्कृति में **श्रीमद्भगवद्गीता** न केवल पूज्य बल्कि अनुकरणीय भी है। कहते हैं, इस ग्रन्थ में उल्लिखित उपदेश इसके 18 अध्यायों में 700 श्लोकों में हैं। प्रस्तुत है इस महान् दार्शनिक ग्रन्थ के कुछ चुनिंदा श्लोकः

(1) नैनं छिन्दन्ति शस्त्राणि नैनं दहति पावकः।
न चैनं क्लेदयन्त्यापो न शोषयति मारुतः ॥(2.23)॥

आत्मा को न शस्त्र काट सकते हैं, न आग उसे जला सकती है। न पानी उसे भिगो सकता है, न हवा उसे सुखा सकती है। (यहाँ भगवान् श्रीकृष्ण ने आत्मा के अजर-अमर और शाश्वत होने की बात की है।)

(2) हतो वा प्राप्स्यसि स्वर्गं जित्वा वा भोक्ष्यसे महीम्।
तस्मादुत्तिष्ठ कौन्तेय युद्धाय कृतनिश्चयः ॥(2.37)॥

युद्ध में वीरगति को प्राप्त होते हो तो तुम्हें स्वर्ग मिलेगा और यदि विजयी होते हो तो धरती का सुख को भोगोगे... इसलिए उठो, हे कौन्तेय! (अर्जुन) और निश्चय करके युद्ध करो। (यहाँ भगवान् श्रीकृष्ण ने वर्तमान कर्म के परिणाम की चर्चा की है। तात्पर्य यह कि वर्तमान कर्म से श्रेयस्कर और कुछ नहीं है।)

(3) कर्मण्येवाधिकारस्ते मा फलेषु कदाचन।
मा कर्मफलहेतुर्भूर्मा ते सङ्गोऽस्त्वकर्मणि ॥ (2.47) ॥

कर्त्तव्य-कर्म करने का ही तुम्हारा अधिकार है, फलों पर कोई अधिकार नहीं। अतः तू कर्मफल का हेतु मत बनो और तेरी कर्म न करने में भी आसक्ति नहीं होनी चाहिए। (यह **श्रीमद्भगवद्गीता** के सर्वाधिक महत्त्वपूर्ण श्लोकों में से एक है, जो कर्मयोग दर्शन का मूल आधार है।)

(4) ध्यायतो विषयान्पुंसः सङ्गस्तेषूपजायते।
सङ्गात्संजायते कामः कामात्क्रोधोऽभिजायते ॥ (2.62) ॥

विषयों (वस्तुओं) के बारे में सोचते रहने से मनुष्य को उनसे आसक्ति हो जाती है। इससे उनमें कामना यानि इच्छा पैदा होती है और कामनाओं में विघ्न आने से क्रोध की उत्पत्ति होती है। (यहाँ भगवान् श्रीकृष्ण ने विषयासक्ति के दुष्परिणाम के बारे में बताया है।)

(5) क्रोधाद्भवति सम्मोहः सम्मोहात्स्मृतिविभ्रमः।
स्मृतिभ्रंशाद् बुद्धिनाशो बुद्धिनाशात्प्रणश्यति ॥ (2.63) ॥

क्रोध से मनुष्य की बुद्धि मारी जाती है यानि मूढ़ हो जाती है, जिससे स्मृति भ्रमित हो जाती है। स्मृति-भ्रम हो जाने से मनुष्य की बुद्धि नष्ट हो जाती है और बुद्धि का नाश हो जाने पर मनुष्य खुद अपना ही नाश कर बैठता है।

(6) यद्यदाचरति श्रेष्ठस्तत्तदेवेतरो जनः।
स यत्प्रमाणं कुरुते लोकस्तदनुवर्तते ॥ (3.21) ॥

श्रेष्ठ पुरुष जो-जो आचरण यानि जो-जो काम करते हैं, दूसरे मनुष्य (आम इंसान) भी वैसा ही आचरण, वैसा ही काम करते हैं। वह (श्रेष्ठ पुरुष) जो प्रमाण या उदाहरण प्रस्तुत करता है, समस्त मानव-समुदाय उसी का अनुसरण करने लग जाता है।

(7) यदा यदा हि धर्मस्य ग्लानिर्भवति भारत।
अभ्युत्थानमधर्मस्य तदात्मानं सृजाम्यहम् ॥ (4.7) ॥

हे भारत (अर्जुन)! जब-जब धर्म की हानि और अधर्म की वृद्धि होती है, तब-तब परिस्थिति को ठीक करने के लिए मैं (श्रीकृष्ण) संसार में प्रकट होता हूँ।

(8) परित्राणाय साधूनां विनाशाय च दुष्कृताम् ।
धर्मसंस्थापनार्थाय सम्भवामि युगे युगे ॥ (4.8) ॥

सज्जन पुरुषों की रक्षा करने के लिए, दुष्टों का संहार करने के लिए और धर्म की संस्थापना करने के लिए मैं (श्रीकृष्ण) हर युग में प्रकट होता हूँ।

(9) श्रद्धावाँल्लभते ज्ञानं तत्परः संयतेन्द्रियः ।
ज्ञानं लब्ध्वा परां शान्तिमचिरेणाधिगच्छति ॥ (4.39) ॥

जो श्रद्धालु दिव्यज्ञान में समर्पित हैं और जिसने इन्द्रियों को वश में कर लिया है, वह इस ज्ञान को प्राप्त करने का अधिकारी है और इसे प्राप्त करते ही वह जल्द ही परम-शान्ति (भगवत्प्राप्तिरूप परम शक्ति) को प्राप्त होते हैं।

(10) सर्वधर्मान्परित्यज्य मामेकं शरणं व्रज ।
अहं त्वा सर्वपापेभ्यो मोक्षयिष्यामि मा शुचः ॥ (18.66) ॥

(हे अर्जुन) समस्त प्रकार के धर्मों का आश्रय छोड़कर तुम मेरी शरण में आ जाओ। मैं (श्रीकृष्ण) तुम्हें समस्त पापों से मुक्त कर दूँगा। चिन्ता मत कर।

ॐ तत्सत्

2

महाभारत कथा

गीता को स्पष्टता से समझने के लिए महाभारत की कहानी को समझना आवश्यक है क्योंकि गीता महाभारत का ही एक छोटा-सा अंश है। हम सबने बचपन से लेकर आज तक कभी-न-कभी महाभारत की किसी-न-किसी कहानी या पात्र के बारे में अवश्य ही पढ़ा या सुना होगा। इस ग्रन्थ की महानता और विशालता का अनुमान महाभारत के प्रथम पर्व में उल्लिखित एक श्लोक से लगाया जा सकता है जिसका अनुवाद इस प्रकार है: 'जो महाभारत में है, वह आपको संसार में कहीं-न-कहीं अवश्य मिल जायेगा, जो यहाँ नहीं है वो संसार में आपको अन्यत्र कहीं नहीं मिलेगा।' इसमें भाँति-भाँति के लोग एवं घटनाओं का वर्णन मिलता है। आज समाज में जिस प्रकार के लोग पाये जाते हैं, करीब-करीब वैसे ही लोग उस काल के महाभारत में देखने को मिल जाते हैं। महाभारत का सम्बन्ध यथार्थ के काफी करीब है। यह बात दूसरी है कि इसमें कपोल-कल्पित कहानियों को भी प्रश्रय दिया गया है, पर साहित्य के साथ ऐसा होता है।

महाभारत का इतिहास

महाभारत हिन्दुओं का एक प्रमुख काव्य ग्रन्थ है, जो स्मृति वर्ग में आता है। कभी-कभी केवल 'भारत' कहा जाने वाला यह काव्यग्रन्थ इस देश का अनुपम धार्मिक, पौराणिक, ऐतिहासिक और दार्शनिक ग्रन्थ है। यह विश्व का सबसे लम्बा साहित्यिक ग्रन्थ और महाकाव्य हिन्दू धर्म के मुख्यतम ग्रन्थों में से एक है।

इस ग्रन्थ को हिन्दू धर्म में, पंचम वेद, कहा जाता है। यद्यपि इसे साहित्य की सबसे अनुपम कृतियों में से एक माना जाता है, किन्तु आज भी यह ग्रन्थ प्रत्येक भारतीय के लिए एक अनुकरणीय स्रोत है। यह कृति प्राचीन भारत के इतिहास की एक गाथा है। इसी में हिन्दू धर्म का पवित्र ग्रन्थ भगवद्गीता सन्निहित है। पूरे महाभारत में लगभग 1,00,000 श्लोक हैं, जो यूनानी काव्यों **इलियड** और **ओडिसी** (Illiad and Odyssey) से परिमाण में दस गुणा अधिक हैं।

हिन्दू मान्यताओं, पौराणिक संदर्भों एवं स्वयं महाभारत के अनुसार इस काव्य के रचनाकार वेदव्यास माने जाते हैं। कहा जाता है कि इस काव्य के रचयिता वेदव्यास ने अपने इस अनुपम काव्य में वेदों, वेदांगों और उपनिषदों के गुह्यतम रहस्यों का निरूपण किया है। लेकिन यह एक विवाद का विषय है। व्यास किसी एक व्यक्ति का नाम नहीं रहा है। व्यास एक पद या पेशा का नाम है, जिनका मुख्य कार्य उपदेश या प्रवचन देना, धार्मिक कहानी या गीत सुनाना या लिखना हुआ करता था। ऐसा माना जाता है कि महाभारत की रचना 28वें व्यास के द्वारा हुई है और उसके बाद के काल में भी समय-समय पर बहुत जोड़ा व घटाया गया और यह काम काफी लम्बे समय तक चलता रहा। इसके अतिरिक्त इस काव्य में न्याय, शिक्षा, चिकित्सा, ज्योतिष, युद्धनीति, योगशास्त्र, अर्थशास्त्र, वास्तुशास्त्र, शिल्पशास्त्र, कामशास्त्र, खगोलविद्या तथा धर्मशास्त्र का भी विस्तार से वर्णन किया गया है।

महाभारत का रचना काल– कहा जाता है कि सूत जी द्वारा महाभारत ऋषि-मुनियों को सुनाया गया और विभिन्न व्यासों ने इसे आगे बढ़ाया। 28वें व्यास को महाभारत पूरा रचने में 3 वर्ष लग गये थे। इसका कारण यह हो सकता है कि उस समय लेखन लिपि कला का इतना विकास नहीं हुआ था। उस काल में ऋषियों द्वारा वैदिक ग्रन्थों को पीढ़ी-दर-पीढ़ी परम्परागत मौखिक रूप से याद करके सुरक्षित रखा जाता था। उस समय संस्कृत ऋषियों की भाषा थी और ब्राह्मी आम बोलचाल की भाषा हुआ करती थी। इस प्रकार ऋषियों द्वारा सम्पूर्ण वैदिक साहित्य मौखिक रूप से याद कर पीढ़ी-दर-पीढ़ी सहस्त्र वर्षों तक याद रखा गया। फिर धीरे-धीरे जब समय के प्रभाव से वैदिक युग के पतन के साथ ही ऋषियों की वैदिक साहित्यों को याद रखने की प्रथा लुप्त हो गयी तब से वैदिक साहित्य को पाण्डुलिपियों पर लिखकर सुरक्षित रखने का प्रचलन हो गया। यह सर्वमान्य है कि महाभारत का वर्तमान रूप कई अवस्थाओं से गुजर कर बना है।

सूत जी और ऋषि-मुनियों की इस वार्त्ता के रूप में कही गयी 'महाभारत' को, लेखन कला के विकसित होने पर सर्वप्रथम ब्राह्मी या संस्कृत में हस्तलिखित पाण्डुलिपियों के रूप में लिपिबद्ध किया गया।

1000 ईसा पूर्व– महाभारत में गुप्त और मौर्यकालीन राजाओं तथा जैन (1000-700 ईसा पूर्व) और बौद्ध धर्म (700-200 ईसा पूर्व) का वर्णन नहीं आता। लेकिन **शतपथ ब्राह्मण** (1100 ईसा पूर्व) एवं **छांदोग्य-उपनिषद्** (1000 ईसा पूर्व) में महाभारत के पात्रों का वर्णन मिलता है। अतएव यह पुस्तक निश्चित तौर पर 1000 ईसा पूर्व से पहले रची गयी होगी। पर वर्णन मात्र से यह नहीं माना जा सकता है कि महाभारत 1000 ईसा पूर्व अस्तित्व में आया था। वर्णन का आधार मौखिक महाभारत भी तो हो सकता है।

600-400 ईसा पूर्व– पाणिनि द्वारा रचित **अष्टाध्यायी** (600-400 ईसा पूर्व) में महाभारत और भारत दोनों का उल्लेख है तथा इसके साथ-साथ श्रीकृष्ण एवं अर्जुन का भी सन्दर्भ आता है। अतएव यह निश्चित है कि महाभारत और भारत पाणिनि के काल के बहुत पहले से ही अस्तित्व में रहे थे। ऊपर के सभी कालों की तुलना में इस काल (600-400 ईसा पूर्व) को अधिक स्वीकार किया जाता है। दूसरी तरफ यह भी सही है कि गीता में पाणिनि के योग दर्शन का सन्दर्भ आता है, जिससे यह स्पष्ट होता है कि गीता में पाणिनि के दर्शन के आने के बाद भी कुछ संशोधन हुआ है।

प्रथम शताब्दी– यूनान के पहली शताब्दी के राजदूत डियो क्रायोसोसटम (Dio Chrysostom) यह बताते हैं कि दक्षिण भारतीयों के पास एक लाख श्लोकों का एक ग्रन्थ है, जिससे यह पता चलता है कि महाभारत पहली शताब्दी में भी एक लाख श्लोकों का ग्रन्थ था। महाभारत की कहानी को ही बाद के मुख्य यूनानी ग्रन्थों इलियड और ओडिसी में बार-बार अन्य रूप से दोहराया गया। जैसे धृतराष्ट्र का पुत्र मोह, कर्ण-अर्जुन प्रतिस्पर्धा आदि। संस्कृत की सबसे प्राचीन पहली शताब्दी की एम एस स्पित्ज़र पाण्डुलिपि में भी महाभारत के 18 पर्वों की अनुक्रमणिका दी गयी है, जिससे यह पता चलता है कि इस काल तक महाभारत 18 पर्वों के रूप में प्रसिद्ध था। यद्यपि 100 पर्वों की अनुक्रमणिका बहुत प्राचीनकाल में प्रसिद्ध रही होगी क्योंकि व्यास ने महाभारत की रचना सर्वप्रथम 100 पर्वों में की थी, जिसे बाद में सूत जी ने 18 पर्वों के रूप में व्यवस्थित कर ऋषियों को सुनाया था। महाराजा शरवन्थ के 5वीं शताब्दी के तांबे की स्लेट पर पाये गये अभिलेख में महाभारत को एक लाख श्लोकों की संहिता बताया गया है।

पुरातत्त्व प्रमाण (1900 ईसा पूर्व से पहले)

द्वारका– भारतीय पुरातत्त्व सर्वेक्षण विभाग ने गुजरात के पश्चिमी तट पर समुद्र में डूबे 4000-3500 वर्ष पुराने शहर को खोज निकाला है। इनको महाभारत में वर्णित द्वारका के संदर्भों से जोड़ा गया है। प्रो. एस.आर. राव ने कई तर्क देकर इस नगरी को द्वारका सिद्ध किया है। यद्यपि अभी मतभेद जारी है क्योंकि गुजरात के पश्चिमी तट पर कई अन्य 7500 वर्ष पुराने शहर भी मिल चुके हैं। जब द्वारिका नगर 3500-7500 ई.पूर्व का माना जाता है और कुरुक्षेत्र का युद्ध 3100-3200 के बीच का काल का माना जाता है। कुछ लोगों का मानना है कि सम्भवतः एक से अधिक कृष्ण रहे होंगे। यह सम्भव है महाभारत के श्रीकृष्ण और वृंदावन के श्रीकृष्ण अलग–अलग रहे होंगे। पुराणों के श्रीकृष्ण, महाभारत के श्रीकृष्ण से भिन्न स्वरूप में नजर आते हैं।

कतिपय इतिहासकार यह दलील देते हैं कि महाभारत निश्चित तौर पर 950-800 ईसा पूर्व रची गयी होगी, जो महाभारत में वर्णित ज्योतिषीय तिथियों, भाषाई विश्लेषण, विदेशी सूत्रों एवं पुरातत्त्व प्रमाणों से मेल खाती है। परन्तु आधुनिक संस्करण की रचना 600-200 ईसा पूर्व हुई होगी। कुछ इतिहासकारों का कहना है कि गीता में कुछ जोड़ने का काम गुप्त काल में भी हुआ है। अधिकतम अन्य वैदिक साहित्यों के समान ही यह महाकाव्य भी पहले वाचिक परम्परा द्वारा हम तक पीढ़ी–दर–पीढ़ी पहुँचा और बाद में छपाई कला के विकसित होने से पहले ही इसके बहुत से अन्य भौगोलिक संस्करण भी हो गये, जिनमें बहुत–सी ऐसी घटनायें हैं जो मूल कथा में नहीं दिखतीं या फिर किसी अन्य रूप में दिखतीं हैं।

महाभारत का विकास कई चरणों में हुआ है। प्रारम्भ में इसमें 8,800 श्लोक थे और उस समय इसका नाम **जय** था। बाद में लोग इसमें श्लोक जोड़ते गये और उसकी संख्या 24,000 हो गयी, जिसे सिर्फ **भारत** कहा जाता था। लेकिन यह काम यहीं तक नहीं रुका बल्कि इसमें और भी श्लोक जुड़ते गये और वैसा होते–होते आज **महाभारत** में 1,00,000 श्लोक हैं। इतिहासकारों का मानना है कि महाभारत में श्लोक जोड़ने का काम गुप्त काल तक चलता रहा। चूँकि महाभारत में 1,00,000 श्लोक हैं इसलिए इसे दुनिया का सबसे बड़ा महाकाव्य माना जाता है। बहुत सारे इतिहासकार महाभारत को ऐतिहासिक ग्रन्थ नहीं मानते हैं। उसे एक प्रबन्ध काव्य माना जाता है और प्रबन्ध काव्य में लेखक को इस बात की पूरी आज़ादी होती है कि अपने ढंग से कहानी को प्रस्तुत करे। साहित्यिक ग्रन्थों में तो इस बात की आज़ादी होती है कि अपनी बातों को साहित्यकार मनोरंजक ढंग

से रखे। अतः स्वाभाविक रूप से महाभारत में विभिन्न वाचकों, व्यासों व लेखकों के द्वारा मिथक जोड़ते और घटाते गये। उदाहरण स्वरूप कौरव के भी 100 भाई हैं तो गांधारी के भी 100 भाई हैं। यह कतई सम्भव नहीं है क्योंकि किसी नारी को पूरे जीवनकाल में 21-22 बच्चों से अधिक नहीं हो सकते हैं। यह तभी सम्भव है जब गांधारी की बहुत सारी सौतेली माँ रही होगी तथा धृतराष्ट्र को बहुत-सी पत्नियाँ। ठीक इसी प्रकार की अटपटी बातें रामायण में भी पढ़ने को मिल जाती है। प्राचीन ग्रन्थों में ऐसी-ऐसी बातें पढ़ने को मिलती हैं, जिन्हें न तो वैज्ञानिक सोच वाला व्यक्ति और न ही कोई सामान्य सोच वाला व्यक्ति आसानी से स्वीकार कर सकता है। रावण की नाभि में अमृत होने की बात, कुम्भकरण का महीनों सोये या जागे रहना, रावण के द्वारा लक्ष्मण रेखा नहीं पार करने की बातें काल्पनिक और भ्रामक हैं।

महाभारत में एक कथा आती है कि जब देवताओं ने तराजू के एक पासे में चारों 'वेदों' को रखा और दूसरे पर '**भारत ग्रन्थ**' को रखा, तो '**भारत ग्रन्थ**' सभी वेदों की तुलना में सबसे अधिक भारी सिद्ध हुआ। अतः '**भारत**' ग्रन्थ की महत्ता (महानता) को देखकर देवताओं और ऋषियों ने इसे '**महाभारत**' नाम दिया और इस कथा के कारण मनुष्यों में भी यह काव्य '**महाभारत**' के नाम से सबसे अधिक प्रसिद्ध हुआ। इसका भारी होना स्वाभाविक रहा होगा क्योंकि इसमें एक लाख श्लोक थे।

महाभारत में एक वर्णन आता है कि वेदव्यास ने हिमालय की तलहटी की एक पवित्र गुफा में तपस्या में संलग्न तथा ध्यान योग में स्थित होकर महाभारत की घटनाओं का आदि से अन्त तक स्मरण कर मन-ही-मन महाभारत की रचना कर ली। परन्तु इसके पश्चात् उनके सामने एक गंभीर समस्या आ खड़ी हुई कि इस काव्य के ज्ञान को सामान्यजन तक कैसे पहुँचाया जाये क्योंकि इसकी जटिलता और लम्बाई के कारण यह बहुत कठिन था कि कोई इसे बिना कोई गलती किये वैसा ही लिख दे जैसा कि वे बोलते जायें। इसलिए ब्रह्मा जी के कहने पर व्यास गणेश जी के पास पहुँचे। गणेश जी लिखने को तैयार हो गये। किन्तु, उन्होंने एक शर्त रखी कि कलम एक बार उठा लेने के बाद काव्य समाप्त होने तक वे बीच में नहीं रुकेंगे। व्यास जानते थे कि यह शर्त बहुत कठिनाइयाँ उत्पन्न कर सकती है। अतः उन्होंने भी अपनी चतुराई से एक शर्त रखी कि कोई भी श्लोक लिखने से पहले गणेश जी को उसका अर्थ समझना होगा। गणेश जी ने यह प्रस्ताव स्वीकार कर लिया। इस तरह व्यास बीच-बीच में कुछ कठिन

श्लोकों को रच देते थे, तो जब गणेश उनके अर्थ पर विचार कर रहे होते उतने समय में ही व्यास कुछ और नये श्लोक रच देते। इस प्रकार सम्पूर्ण महाभारत 3 वर्षों के अन्तराल में लिखा गया। वेदव्यास ने सर्वप्रथम पुण्यकर्मा मानवों के उपाख्यानों सहित एक लाख श्लोकों का आद्य भारत ग्रन्थ बनाया। महाभारत ग्रन्थ की रचना पूर्ण करने के बाद वेदव्यास ने सर्वप्रथम अपने पुत्र शुकदेव को इस ग्रन्थ का अध्ययन कराया। तदन्तर अन्य शिष्यों- वैशम्पायन, पैल, जैमिनि, असित-देवल आदि को इसका अध्ययन कराया। शुकदेव जी ने गन्धर्वों, यक्षों और राक्षसों को भी इसका अध्ययन कराया। देवर्षि नारद ने देवताओं को, असित-देवल ने पितरों को और वैशम्पायन जी ने मनुष्यों को इसका प्रवचन दिया। वैशम्पायन जी द्वारा महाभारत काव्य जनमेजय के यज्ञ समारोह में सूत सहित कई ऋषि-मुनियों को सुनाया गया था। इस कहानी में कितनी सत्यता या बनावटीपन है, यह कहना काफी कठिन है। लेकिन जब हम उपर्युक्त वर्णित ऐतिहासिक तथ्यों पर गौर करते हैं तो इसी निर्णय पर पहुँचते हैं कि सम्पूर्ण महाभारत की रचना तीन वर्षों में हुई, यह कपोल-कल्पित है।

महाभारत की विशालता और दार्शनिक गूढ़ता न केवल भारतीय मूल्यों का संकलन है बल्कि हिन्दू धर्म और वैदिक परम्परा का सार भी है। महाभारत की विशालता का अनुमान उसके प्रथमपर्व में उल्लिखित एक श्लोक से लगाया जा सकता है- 'जो यहाँ (महाभारत में) है वह आपको संसार में कहीं-न-कहीं अवश्य मिल जायेगा, जो यहाँ नहीं है वो संसार में आपको अन्यत्र कहीं नहीं मिलेगा'।

कुरुक्षेत्र युद्ध– महाभारत चन्द्रवंशियों के दो परिवारों- कौरव और पाण्डव के बीच हुए युद्ध का वृत्तांत है। 100 कौरव भाइयों और पाँच पाण्डव भाइयों के बीच भूमि के लिए जो संघर्ष चला, उससे अंततः महाभारत युद्ध का सृजन हुआ। इस युद्ध की भारतीय और पश्चिमी विद्वानों द्वारा भिन्न-भिन्न निर्धारित की गयी तिथियाँ निम्नलिखित हैं- विश्व विख्यात भारतीय गणितज्ञ एवं खगोलज्ञ वराहमिहिर के अनुसार महाभारत युद्ध 2449 ईसा पूर्व हुआ था। विश्व विख्यात भारतीय गणितज्ञ एवं खगोलज्ञ आर्यभट्ट के अनुसार महाभारत युद्ध 18 फरवरी 3102 ईसा पूर्व में हुआ था। चालुक्य राजवंश के सबसे महान् सम्राट पुलकेसिन द्वितीय के 5वीं शताब्दी के ऐहोल अभिलेख में यह बताया गया है कि महाभारत युद्ध को हुए 3735 वर्ष बीत गये हैं। इस दृष्टिकोण से महाभारत का युद्ध 3100 ईसा पूर्व लड़ा गया होगा। पुराणों की मानें तो यह युद्ध 1900 ईसा पूर्व हुआ था। पुराणों में

दी गयी विभिन्न राज वंशावली को यदि चन्द्रगुप्त मौर्य से मिला कर देखा जाये, तो 1900 ईसा पूर्व की तिथि निकलती है। परन्तु कुछ विद्वानों के अनुसार चन्द्रगुप्त मौर्य 1500 ईसा पूर्व में हुआ था। यदि यह माना जाये तो 3100 ईसा पूर्व की तिथि निकलती है क्योंकि यूनान के राजदूत मेगस्थनीज (Megasthenes) ने अपनी पुस्तक **'इंडिका' (Indica)** में जिस चन्द्रगुप्त का उल्लेख किया था वह गुप्त वंश का राजा चन्द्रगुप्त भी हो सकता है।

अधिकतर पश्चिमी विद्वान्, जैसे मायकल विजेल (Michael Witzel) के अनुसार महाभारत युद्ध 1200 ईसा पूर्व में हुआ था, जो इसे भारत में लौह युग (1200-800 ईसा पूर्व) से जोड़कर देखते हैं। अधिकतर भारतीय विद्वान् जैसे बी. एन. अचर (B.N. Achar), एन. एस. राजाराम, के. सदानन्द, सुभाष काक ग्रह-नक्षत्रों की आकाशीय गणनाओं के आधार पर इसे 3036 ईसा पूर्व और कुछ यूरोपीय विद्वान् जैसे पी.वी. होले (P.V. Holey) इसे 13 नवम्बर 3143 ईसा पूर्व में आरम्भ हुआ मानते हैं। भारतीय विद्वान् पी.वी. वारटक (P.V. Vartak) महाभारत में वर्णित ग्रह-नक्षत्रों की आकाशीय गणनाओं के आधार पर इसे 16 अक्टूबर 5561 ईसा पूर्व में आरम्भ हुआ मानते हैं। उनके अनुसार यूनान के राजदूत मेगस्थनीज ने अपनी पुस्तक **'इंडिका'** में अपनी भारत यात्रा के समय जमुना (यमुना) के तट पर बसे मेथोरा (वर्तमान मथुरा) राज्य में शूरसेनियों से भेंट का वर्णन किया था। मेगस्थनीज ने यह बताया था कि ये शूरसेनी किसी हेराकल्सि (Heracles) नामक देवता की पूजा करते थे और ये हेराकल्सि काफी चमत्कारी पुरुष होता था और वह चन्द्रगुप्त से 138 पीढ़ी पहले था। हेराकल्सि ने कई विवाह किये और कई पुत्र उत्पन्न किये। परन्तु उसके सभी पुत्र आपस में युद्ध करके मारे गये। यहाँ ये स्पष्ट है कि हेराकल्सि श्रीकृष्ण ही थे। विद्वान् इन्हें हरिकृष्ण कहकर श्रीकृष्ण से जोड़ते हैं क्योंकि श्रीकृष्ण चन्द्रगुप्त से 138 पीढ़ी पहले थे तो यदि एक पीढ़ी को 20-30 वर्ष दें तो 3100-5600 ईसा पूर्व श्रीकृष्ण का जन्म समय निकलता है। अतः इस आधार पर महाभारत का युद्ध 5600-3100 ईसा पूर्व के मध्य हुआ होगा।

महाभारत के युद्ध की तिथि निर्धारण के सम्बन्ध में आई.आई.टी., खड़्गपुर के प्राध्यापकों एवं भारतीय पुरातत्त्व सर्वेक्षण विभाग के विशेषज्ञों द्वारा एक नवीन अनुसन्धान हुआ है, जिसका वर्णन पाश्चात्य देश से प्रकाशित एक लोकप्रिय शोध पत्रिका **नेचर (Nature, 2016)** में किया गया है कि महाभारत का युद्ध ईसा पूर्व 3139 ई. में हुआ था। इससे यह भी प्रमाणित होता है और यह प्रमाणित किया

गया है कि सिन्धु घाटी सभ्यता जो महाभारत काल के पूर्व की है वह 8,000 वर्ष पुरानी है। इतिहासकार सिन्धुघाटी सभ्यता और महाभारत काल के बीच के काल को ऋग्वेदिक काल मानते हैं। कुरुक्षेत्र का युद्ध निश्चित रूप से एक ऐतिहासिक घटना है। जो विद्वान यह कहते हैं कि महाभारत शरीर के अन्दर होता है, वे ऐतिहासिक घटनाओं को अप्रत्यक्ष रूप से नजरअंदाज करते हैं या नकारते हैं और अपने किस्म का एक विचित्र विश्लेषण प्रस्तुत करने का प्रयास करते हैं। यह दूसरी बात है कि महाभारत में काफी मिथक या झूठी कहानियाँ हैं। लेकिन महाभारत युद्ध की घटना को नकारा नहीं जा सकता है। इतिहास इसका गवाह है और आज के वैज्ञानिक भी इसको पूरी तरह स्वीकार करते हैं। हमें सिर्फ यही पता नहीं है कि उस समय युद्ध का स्वरूप कैसा रहा होगा या कितना व्यापक था। पर, महाभारत पूरी तरह कपोल-कल्पित घटना नहीं है।

महाभारत महाकाव्य की संक्षिप्त कथा

महाभारत हिन्दू संस्कृति की एक अमूल्य धरोहर है। हालाँकि यह वेदों की श्रेणी का ग्रन्थ नहीं है। शास्त्रों में इसे पाँचवाँ वेद भी कहा गया है जो अतिश्योक्ति है। श्रीमद्भगवद्गीता जैसा अमूल्य रत्न भी इसी महासागर की देन है। सत्य कहा जाये तो महाभारत इतिहास, मिथक, अन्धविश्वास, धर्म, अध्यात्मक का एक पुरातन साहित्य है। गीता को महाभारत से अलग देखा जाये तो महाभारत में कुछ विशेष नहीं है। यह अनगिनत झूठी कहानियों एवं मिथकों का संग्रह मात्र है। कहा जाता है कि महाभारत की रचना महर्षि वेदव्यास ने की है, लेकिन इसका लेखन का श्रेय किसी एक व्यास को नहीं जाता है। इस ग्रन्थ में चंद्रवंश का वर्णन है। महाभारत में न्याय, शिक्षा, चिकित्सा, ज्योतिष, युद्धनीति, योगशास्त्र, अर्थशास्त्र, वास्तुशास्त्र, शिल्पशास्त्र, कामशास्त्र, खगोलविद्या तथा धर्मशास्त्र का वर्णन देखने को मिलता है।

चूँकि इसमें उस समय का इतिहास 1,00,000 श्लोकों में लिखा हुआ है, इसलिए इसे शतसाहस्री संहिता भी कहा जाता है। यह सच्ची-झूठी कहानी संग्रह की तरह है। इसमें बेशुमार मिथक मौजूद हैं। यह स्वाभाविक है क्योंकि महाभारत का स्वरूप काफी लम्बे समय तक मौखिक रहा है। यह ग्रन्थ स्मृति वर्ग में आता है। इसमें कुल 18 पर्व हैं, जो इस प्रकार हैं- आदि पर्व, सभा पर्व, वन पर्व, विराट पर्व, उद्योग पर्व, भीष्म पर्व, द्रोण पर्व, कर्ण पर्व, शल्य पर्व, सौप्तिक पर्व, स्त्री पर्व, शान्ति पर्व, अनुशासन पर्व, आश्वमेधिक पर्व, आश्रमवासिक पर्व, मौसल पर्व, महाप्रास्थनिक पर्व व स्वर्गारोहण पर्व। हम इन 18 पर्वों के माध्यम से सम्पूर्ण

महाभारत को जानने की कोशिश करते हैं। इसकी पूर्ण कथा का संक्षिप्त रूप इस प्रकार से है।

1. आदिपर्व– जैसा कि नाम से ही विदित होता है, यह महाभारत जैसे विशाल ग्रन्थ की प्रस्तावना है। प्रारम्भ में महाभारत के पर्वों और उनके विषयों का संक्षिप्त संग्रह है। कथा-प्रवेश के बाद च्यवन का जन्म, पुलोमा दानव का भस्म होना, जनमेजय के सर्पसत्र की सूचना, नागों का वंश, कद्रू और विनता की कथा, देवों-दानवों द्वारा समुद्र मंथन, परीक्षित का आख्यान, सर्पसत्र, राजा उपरिचर का वृतान्त, व्यास आदि की उत्पत्ति, दुष्यन्त-शकुन्तला की कथा, पुरुरवा, नहुष और ययाति के चरित्र का वर्णन, भीष्म का जन्म और कौरवों-पाण्डवों की उत्पत्ति, कर्ण-द्रोण आदि का वृतान्त, द्रुपद की कथा, लाक्षागृह का वृतान्त, हिडिम्ब का वध और हिडिम्बा का विवाह, बकासुर का वध, धृष्टद्युम्न और द्रौपदी की उत्पत्ति, द्रौपदी-स्वयंवर और विवाह, पाण्डव का हस्तिनापुर में आगमन, सुन्द-उपसुन्द की कथा, नियम भंग के कारण अर्जुन का वनवास, सुभद्राहरण और विवाह, खाण्डव-दहन और मयासुर राक्षस की कथा वर्णित है।

पुराणों के अनुसार ब्रह्मा जी से अत्रि, अत्रि से चन्द्रमा, चन्द्रमा से बुध और बुध से इला-नन्दन पुरूरवा का जन्म हुआ। उनसे आयु, आयु से राजा नहुष और नहुष से ययाति उत्पन्न हुए। ययाति से पुरू हुए। पुरू के वंश में भरत और भरत के कुल में राजा कुरु हुए। कुरु के वंश में शान्तनु हुए। शान्तनु से गंगानन्दन भीष्म उत्पन्न हुए। अपने पिता की प्रसन्नता के लिए देवव्रत (भीष्म) ने उनका विवाह सत्यवती से करवा दिया और स्वयं आजीवन ब्रह्मचारी रहने की प्रतिज्ञा कर ली। देवव्रत की इस भीषण प्रतिज्ञा के कारण ही उन्हें भीष्म कहा गया। शांतनु को सत्यवती से दो पुत्र हुए- चित्रांगद व विचित्रवीर्य। राजा शांतनु की मृत्यु के बाद चित्रांगद राजा बने। चित्रांगद के बाद विचित्रवीर्य गद्दी पर बैठे। विचित्रवीर्य का विवाह अम्बिका एवं अम्बालिका से हुआ। अम्बिका से धृतराष्ट्र तथा अम्बालिका से पाण्डु पैदा हुए। धृतराष्ट्र जन्म से अन्धे थे, इसलिए पाण्डु को राजगद्दी पर बिठाया गया।

धृतराष्ट्र का विवाह गांधारी से तथा पाण्डु का विवाह कुन्ती व माद्री से हुआ। धृतराष्ट्र से गांधारी को सौ पुत्र हुए (सौ पुत्रों की कहानी मनगढ़ंत है। यदि किसी को सौ पुत्र होगा तो लगभग उतनी ही पुत्रियाँ भी होंगी, जबकि धृतराष्ट्र को सिर्फ एक ही पुत्री थी। सौ पुत्र से तात्पर्य यह भी है कि उन्हें एक से अधिक पत्नियाँ रही होंगी। किसी को लगातार पुत्र ही हो, ऐसा सम्भव नहीं हैं)। इनमें सबसे बड़ा

दुर्योधन था। पाण्डु को कुन्ती से युधिष्ठिर, भीम, अर्जुन तथा माद्री से नकुल व सहदेव नामक पुत्र हुए। मैथुनरत मृगरूपधारी ऋषि के शाप से बचने के लिए पाण्डु अत्यन्त दुःखी होकर अपनी रानियों सहित समस्त वासनाओं का त्याग करके तथा हस्तिनापुर में धृतराष्ट्र को अपना प्रतिनिधि बनाकर वन में रहने लगे। कौरव (धृतराष्ट्र के पुत्र) तथा पाण्डव (पाण्डु के पुत्र) को द्रोणाचार्य ने शस्त्रविद्या सिखाई। एक बार जब सभी राजकुमार शस्त्रविद्या का प्रदर्शन कर रहे थे, तब कर्ण (यह कुन्ती का सबसे बड़ा पुत्र था, जिसे कुन्ती ने पैदा होते ही नदी में बहा दिया था क्योंकि वह विवाह के पूर्व उत्पन्न हुआ था) ने अर्जुन से प्रतिस्पर्धा करनी चाही। लेकिन सूतपुत्र होने के कारण उसे मौका नहीं दिया गया। तब दुर्योधन ने उसे अंगदेश का राजा बना दिया।

एक बार दुर्योधन ने पाण्डवों को समाप्त करने के उद्देश्य से लाक्षागृह का निर्माण करवाया। दुर्योधन ने षड्यंत्रपूर्वक पाण्डवों को वहाँ भेज दिया। रात के समय दुर्योधन ने लाक्षागृह में आग लगवा दी, लेकिन पाण्डव वहाँ से बच निकले। जब पाण्डव जंगल में आराम कर रहे थे, तब हिंडिब नामक राक्षस (यह राक्षस कोई गैर इंसान नहीं था बल्कि उस समय जंगलों में निवास करने वाली जनजाति थी। आज भी जंगलों में काफी लोग प्राचीनकाल से निवास कर रहे हैं। आज भी असुर नाम की जनजाति पायी जाती हैं। असुर का अर्थ हमेशा राक्षस ही नहीं समझा जाना चाहिए।) उन्हें खाने के लिए आया, लेकिन भीम ने उसका वध कर दिया। हिंडिब की बहन हिडिंबा भीम पर मोहित हो गयी। भीम ने उसके साथ विवाह किया। हिडिंबा को भीम से घटोत्कच नामक पुत्र हुआ।

लाक्षागृह से पाण्डव एकचक्रा नगरी गये और मुनि का वेष बनाकर एक ब्राह्मण के घर में निवास करने लगे। फिर व्यास के कहने पर वे पांचाल राज्य में गये, जहाँ द्रौपदी का स्वयंवर होने वाला था। वहाँ एक के बाद एक सभी राजाओं एवं राजकुमारों ने मछली पर निशाना साधने का प्रयास किया। किन्तु, सफलता हाथ न लगी। तत्पश्चात् अर्जुन ने तैलपात्र में प्रतिबिम्ब को देखते हुए एक ही बाण से मत्स्य को भेद डाला और द्रौपदी ने आगे बढ़कर अर्जुन के गले में वरमाला डाल दी।

जब भीष्म, विदुर आदि को पता चला कि पाण्डव जीवित हैं तो उन्हें वापस हस्तिनापुर बुलाया गया। गृहयुद्ध के संकट से बचने के लिए युधिष्ठिर ने धृतराष्ट्र द्वारा दिये खण्डहर स्वरूप खाण्डव वन को आधे राज्य के रूप में स्वीकार कर लिया। वहाँ अर्जुन ने श्रीकृष्ण के साथ मिलकर समस्त देवताओं को युद्ध में

परास्त करते हुए खाण्डव वन को जला दिया और इन्द्र के द्वारा की हुई वृष्टि को अपने बाणों से छत्राकार बाँध से निवारण करके अग्नि देव को तृप्त किया। इसके फलस्वरूप अर्जुन ने अग्निदेव से दिव्य गाण्डीव धनुष और उत्तम रथ तथा श्रीकृष्ण से सुदर्शन चक्र प्राप्त किया। इन्द्र अपने पुत्र अर्जुन की वीरता देखकर अति प्रसन्न हुए। उन्होंने खांडवप्रस्थ के वनों को हटा दिया। उसके उपरान्त पाण्डवों ने श्रीकृष्ण के साथ मय दानव की सहायता से उस शहर का सौन्दर्यीकरण किया। वह शहर एक द्वितीय स्वर्ग के समान हो गया । इन्द्र के कहने पर देव शिल्पी विश्वकर्मा और मय दानव ने मिलकर खाण्डव वन को इन्द्रपुरी जितने भव्य नगर में निर्मित कर दिया। जिसे इन्द्रप्रस्थ नाम दिया गया । (इन्द्र का वर्णन तो प्रथमवार ऋग्वेद में देखने को मिलता है। यह दूसरा इन्द्र महाभारत में कहाँ से आ गया? वैदिक काल और महाभारत काल के बीच एक हजार वर्ष से अधिक समय का फर्क है। किसी का हजार साल तक जीने की बात कोरा अन्धविश्वास है।) एक बार कुछ पारिवारिक नियम भंग होने के कारण अर्जुन को 12 वर्ष के वनवास पर जाना पड़ा। वनवास के दौरान अर्जुन ने नागकन्या उलूपी, मणिपुर की राजकुमारी चित्रांगदा व श्रीकृष्ण की बहन सुभद्रा से विवाह किया। अर्जुन को सुभद्रा से अभिमन्यु तथा द्रौपदी से पाण्डवों को पाँच पुत्र हुए। वनवास पूर्ण कर अर्जुन जब पुनः इन्द्रप्रस्थ पहुँचे तो सभी बहुत प्रसन्न हुए। अर्जुन व श्रीकृष्ण के कहने पर ही मयासुर नामक दैत्य ने इन्द्रप्रस्थ में एक सुन्दर सभा भवन का निर्माण किया।

2. सभा पर्व– मयासुर द्वारा निर्मित सभा भवन बहुत ही सुन्दर व विचित्र था। एक बार नारद मुनि युधिष्ठिर के पास आए और उन्हें राजसूय यज्ञ करने की सलाह दी। युधिष्ठिर ने ऐसा ही किया। भीम, अर्जुन, नकुल और सहदेव चारों दिशाओं में गये तथा सभी राजाओं को युधिष्ठिर की अधीनता स्वीकार करने के लिए विवश किया। इसके बाद युधिष्ठिर ने समारोहपूर्वक राजसूय यज्ञ किया। इस समारोह में श्रीकृष्ण ने शिशुपाल का वध कर दिया। युधिष्ठिर का ऐश्वर्य देखकर दुर्योधन के मन में ईर्ष्या होने लगी। दुर्योधन ने पाण्डवों का राज-पाट हथियाने के उद्देश्य से उन्हें हस्तिनापुर जुआ खेलने के लिए बुलाया। (एक तरफ युधिष्ठिर को धर्मराज का दर्जा प्राप्त है और दूसरी तरफ वे स्वभाव से जुआरी थे। यहाँ तक एक बार अपनी पत्नी को भी जुआ में दाँव पर लगा दिया। जुआरी कभी धर्मराज नहीं हो सकता है।)

पाण्डव जुए में अपना राज-पाट व धन आदि सब कुछ हार गये। इसके बाद युधिष्ठिर स्वयं के साथ अपने भाइयों व द्रौपदी को भी हार गये। भरी सभा में

दुःशासन द्रौपदी को बालों से पकड़ लाया और उसके वस्त्र खींचने लगा। किन्तु, श्रीकृष्ण की कृपा से द्रौपदी की लाज बच गयी। द्रौपदी का अपमान देख भीम ने दुःशासन के हाथ उखाड़ कर उसका खून पीने और दुर्योधन की जंघा तोड़ने की प्रतिज्ञा की। यह देख धृतराष्ट्र डर गये और उन्होंने पाण्डवों को कौरवों के दासत्व से मुक्त कर दिया। इसके बाद धृतराष्ट्र ने पाण्डवों को उनका राज-पाट भी लौटा दिया।

इसके बाद दुर्योधन ने पाण्डवों को दुबारा जुआ खेलने के लिए बुलाया। इस बार शर्त रखी कि जो जुए में हारेगा, वह अपने भाइयों के साथ तेरह वर्ष वन में बिताएगा, जिसमें अन्तिम वर्ष अज्ञातवास होगा। इस बार भी दुर्योधन की ओर से शकुनि ने पासा फेंका तथा युधिष्ठिर को हरा दिया। शर्त के अनुसार पाण्डव तेरह वर्ष वनवास जाने के लिए विवश हुए और राज्य भी उनके हाथ से चला गया।

3. वन पर्व– जुए की शर्त के अनुसार युधिष्ठिर को अपने भाइयों के साथ बारह वर्ष का वनवास तथा एक वर्ष के अज्ञातवास पर जाना पड़ा। पाण्डव वन में अपना जीवन बिताने लगे। वन में ही व्यास पाण्डवों से मिले तथा अर्जुन को दिव्यास्त्र प्राप्त करने के लिए कहा। अर्जुन ने भगवान् शिव से पाशुपास्त्र तथा अन्य देवताओं से भी दिव्यास्त्र प्राप्त किये। इसके लिए अर्जुन स्वर्ग भी गये। यहाँ किसी बात पर क्रोधित होकर उर्वशी नामक अप्सरा ने अर्जुन को नपुंसक होने का श्राप दे दिया।

तब इन्द्र ने कहा कि अज्ञातवास के समय यह श्राप तुम्हारे लिए वरदान साबित होगा। इधर युधिष्ठिर आदि पाण्डव तीर्थयात्रा करते हुए बद्रिका आश्रम आकर रहने लगे। यहीं गंधमादन पर्वत पर भीम की भेंट हनुमानजी से हुई। हनुमानजी ने प्रसन्न होकर भीम को वरदान दिया कि युद्ध के समय वे अर्जुन के रथ की ध्वजा पर बैठकर शत्रुओं को डराएंगे। (यहाँ गौर करने की बात है कि हनुमान जी की महिमा का वर्णन रामायण में मिलता है और रामायण का काल महाभारत के सैकड़ों वर्ष पूर्व का है और उतने दिन हनुमान को जीवित होने का कोई आधार नहीं हो सकता है। जब राम और कृष्ण का जीवन आम मानव जीवन की तरह है तो हनुमान को कई सौ वर्षों तक जीवित रहने की कोई सम्भावना नहीं है।)

कुछ दिनों बाद अर्जुन स्वर्ग से लौट आए। एक दिन जब द्रौपदी आश्रम में अकेली थी, तब राजा जयद्रथ (दुर्योधन की बहन दुःशला का पति) उसे बलपूर्वक उठा ले गया। पाण्डवों को जब पता चला तो उन्होंने उसे पकड़ लिया।

जयद्रथ को दण्ड देने के लिए भीम ने उसका सिर मुंडन कर दिया व पाँच चोटियाँ रख कर छोड़ दिया।

एक बार यमराज ने पाण्डवों की परीक्षा ली। यमराज ने यक्ष बनकर भीम, अर्जुन, नकुल व सहदेव से अपने प्रश्नों के उत्तर जानने चाहे। लेकिन अभिमानवश इनमें से किसी ने भी यमराज के प्रश्नों के उत्तर नहीं दिये। जिसके कारण यमराज ने इन सभी को मृतप्राय: कर दिया। अन्त में युधिष्ठिर ने यमराज के सभी प्रश्नों के उत्तर दिये। प्रसन्न होकर यमराज ने सभी को पुनर्जीवित कर दिया।

4. विराट पर्व– 12 वर्ष के वनवास के बाद पाण्डवों ने अज्ञातवास बिताने के लिए विराट नगर में रहने की योजना बनायी। सबसे पहले पाण्डवों ने अपने शस्त्रों को नगर के बाहर एक विशाल वृक्ष पर छिपा दिये। युधिष्ठिर राजा विराट के सभासद बन गये। भीम रसोइए के रूप में विराट नगर में रहने लगे। नकुल घोड़ों की देख-रेख करने लगे तथा सहदेव गायों की। अर्जुन बृहन्नला बनकर राजा विराट की पुत्री उत्तरा को नृत्य की शिक्षा देने लगे। द्रौपदी दासी बनकर राजा विराट की पत्नी की सेवा करने लगी।

राजा विराट का साला कीचक द्रौपदी का रूप देखकर उस पर मोहित हो गया और उसके साथ दुराचार करना चाहा। प्रतिशोध स्वरूप भीम ने षड्यंत्रपूर्वक उसका वध कर दिया। एक बार कौरवों ने विराट नगर पर हमले की योजना बनायी। पहले त्रिगर्तदेश के राजा सुशर्मा ने विराट नगर पर हमला किया। राजा विराट जब उससे युद्ध करने चला गया, उसी समय कौरवों ने भी विराट नगर पर हमला कर दिया। तब राजा विराट का पुत्र उत्तर बृहन्नला (अर्जुन) को सारथी बनाकर युद्ध करने आया।

उत्तर ने जब कौरवों की सेना देखी तो वह डर कर भागने लगा। उस समय अर्जुन ने उसे सारथी बनाया और स्वयं युद्ध किया। देखते-ही-देखते अर्जुन ने कौरवों को हरा दिया। तब तक पाण्डवों का अज्ञातवास समाप्त हो चुका था। अगले दिन सभी पाण्डव अपने वास्तविक स्वरूप में राजा विराट से मिले। पाण्डवों से मिलकर राजा विराट बहुत प्रसन्न हुए। राजा विराट ने अपनी पुत्री का विवाह अर्जुन के पुत्र अभिमन्यु से करवा दिया।

5. उद्योग पर्व– अज्ञातवास के बाद जब पाण्डव अपने वास्तविक स्वरूप में आए, तो श्रीकृष्ण आदि सभी ने मिलकर ये निर्णय लिया कि शर्त के अनुसार अब कौरवों को पाण्डवों का राज्य लौटा देना चाहिए। तब पाण्डवों ने अपना एक दूत हस्तिनापुर भेजा। लेकिन दुर्योधन ने राज्य देने से इनकार कर दिया। भीष्म,

द्रोणाचार्य आदि ने भी दुर्योधन को समझाने का प्रयास किया, लेकिन वह नहीं माना। तब पाण्डवों ने श्रीकृष्ण को अपना दूत बना कर भेजा। उन्होंने ग्यारह अक्षौहिणी सेना के स्वामी राजा दुर्योधन से कहा कि तुम युधिष्ठिर को आधा राज्य दे दो या केवल पाँच ही गाँव अर्पित कर युद्ध टाल दो। श्रीकृष्ण की बात सुनकर दुर्योधन ने पाण्डवों को सुई की नोक के बराबर भूमि भी देने से मना कर युद्ध करने का निश्चय किया। ऐसा कहकर वह भगवान् श्रीकृष्ण को बन्दी बनाने के लिए उद्यत हो गया। उस समय राजसभा में भगवान् श्रीकृष्ण ने माया से अपने परम दुर्धर्ष विश्वरूप का दर्शन कराकर सबको भयभीत कर दिया। तदनन्तर वे युधिष्ठिर के पास लौट गये और बोले कि दुर्योधन के साथ युद्ध करो। दुर्योधन ने उनका भी अपमान कर दिया । जब कौरव व पाण्डवों में युद्ध होना तय हो गया तब पाण्डवों ने अपना सेनापति धृष्टद्युम्न (द्रौपदी का भाई) को बनाया। दुर्योधन ने अपना सेनापति पितामह भीष्म को नियुक्त किया। कौरव व पाण्डवों की सेनाएं कुरुक्षेत्र में आ गयी।

भीष्म पितामह ने दुर्योधन को बताया कि पाण्डवों की सेना में शिखण्डी नाम का जो योद्धा है वह जन्म के समय एक स्त्री थी। इसलिए मैं उसके साथ युद्ध नहीं करूँगा। तब भीष्म पितामह ने यह भी बताया कि शिखण्ड़ी पूर्व जन्म में अम्बा नामक राजकुमारी थी, जिसे मैं बलपूर्वक हर लाया था। उसी ने बदला लेने के उद्देश्य से पुनः जन्म लिया है। (यह बहुत ही रोचक दंत कथा है। अब सत्य जानकर ही क्या हासिल होगा)

6. भीष्म पर्व– जब युद्ध प्रारम्भ होने वाला था, उस समय शत्रुओं के दल में अपने परिजनों को देखकर अर्जुन हताश हो गये। तब भगवान् श्रीकृष्ण ने उनसे कहा– पार्थ! भीष्म आदि गुरुजन शोक के योग्य नहीं हैं। मनुष्य का शरीर विनाशशील है, किन्तु आत्मा का कभी नाश नहीं होता । यह आत्मा ही परब्रह्म है। 'मैं ब्रह्म हूँ'– इस प्रकार तुम उस आत्मा का अस्तित्व समझो । कार्य की सिद्धि और असिद्धि में समान भाव से रहकर कर्मयोग का आश्रय ले क्षात्रधर्म का पालन करो । इस प्रकार श्रीकृष्ण के ज्ञानयोग, भक्तियोग एवं कर्मयोग के बारे में विस्तार से कहने पर अर्जुन ने फिर से रथारूढ़ हो युद्ध के लिए शंखध्वनि की । दुर्योधन की सेना में सबसे पहले पितामह भीष्म सेनापति हुए। पाण्डवों के सेनापति धृष्टद्युम्न थे। इन दोनों में भारी युद्ध छिड़ गया । भीष्म सहित कौरव पक्ष के योद्धा उस युद्ध में पाण्डव-पक्ष के सैनिकों पर प्रहार करने लगे और शिखण्डी आदि पाण्डव-पक्ष के वीर कौरव-सैनिकों को अपने बाणों का निशाना बनाने लगे। कौरव और पाण्डव-सेना का वह युद्ध, देवासुर-संग्राम के समान जान

पड़ता था। आकाश में खड़े होकर देखने वाले देवताओं को वह युद्ध बड़ा आनन्ददायक प्रतीत हो रहा था। भीष्म ने 9 दिनों तक युद्ध करके पाण्डवों की अधिकांश सेना को अपने बाणों से मार गिराया।

तब श्रीकृष्ण ने पाण्डवों से कहा कि भीष्म की मृत्यु असम्भव है। इसलिए उन्हें युद्ध से हटाने का उपाय वे स्वयं ही बता सकते हैं। पाण्डवों के पूछने पर भीष्म ने बताया था कि अगर कोई स्त्री मुझसे युद्ध करने आयी तो मैं उस पर शस्त्र नहीं चलाऊंगा। इसलिए दसवें दिन के युद्ध में शिखण्डी को पाण्डवों की ओर से भीष्म पितामह के सामने खड़ा कर दिया गया, जिसे देखते ही भीष्म ने अपने अस्त्रों का त्याग कर दिया। श्रीकृष्ण के कहने पर शिखण्डी की आड़ लेकर अर्जुन ने अपने बाणों से भीष्म को घायल कर दिया। शिखण्डी को अपने पूर्व जन्म के अपमान का बदला भी लेना था उसके लिए शिवजी से वरदान भी लिया कि भीष्म की मृत्यु का कारण बनेगी। अत्यधिक घायल होने के कारण भीष्म अपने रथ से नीचे गिर पड़े। शरीर में धंसे तीर ही उनके लिए शय्या बन गये। जब भीष्म ने देखा कि इस समय सूर्य दक्षिणायन है तो उन्होंने प्राण नहीं त्यागे और तीरों की शय्या पर ही सूर्य के उत्तरायण होने की प्रतीक्षा करने लगे।

7. द्रोण पर्व– भीष्म पितामह के बाद दुर्योधन ने द्रोणाचार्य को अपनी सेना का सेनापति नियुक्त किया। फिर से दोनों पक्षों में बड़ा भयंकर युद्ध हुआ। विराट और द्रुपद आदि राजा द्रोणरूपी समुद्र में डूब गये थे। लेकिन जब पाण्डवों ने छल से द्रोण को यह विश्वास दिला दिया कि अश्वत्थामा मारा गया, तो आचार्य द्रोण ने निराश हो अस्त्र-शस्त्र त्याग दिया। उसके बाद योग समाधि ले ली। ऐसे समय में धृष्टद्युम्न ने योग समाधि लिए द्रोण का मस्तक तलवार से काट कर भूमि पर गिरा दिया। द्रोणाचार्य ने युधिष्ठिर को जीवित पकड़ने की योजना बनायी। इसके लिए द्रोणाचार्य ने चक्रव्यूह की रचना की और अर्जुन को युद्धभूमि से दूर ले गये। अर्जुन का पुत्र अभिमन्यु चक्रव्यूह में घुस गया और वीरतापूर्वक लड़ते-लड़ते मृत्यु को प्राप्त हुआ।

जब यह बात अर्जुन को पता चली तो वह बहुत क्रोधित हुआ और उसने जयद्रथ को मारने की प्रतिज्ञा की क्योंकि जयद्रथ ने अभिमन्यु के चक्रव्यूह में प्रवेश करने के बाद उसके निकलने का मार्ग बन्द कर दिया था। युद्ध के चौदहवें दिन अर्जुन ने अपनी प्रतिज्ञा पूर्ण करते हुए जयद्रथ का वध कर दिया। भीम का पुत्र घटोत्कच भी अपनी माया से युद्ध करते हुए कौरवों का विनाश करने लगा। जब दुर्योधन ने देखा कि यदि घटोत्कच को रोका न गया तो ये आज ही कौरव

सेना को हरा देगा। तब उसने कर्ण से उसे रोकने को कहा। कर्ण ने अपनी दिव्य शक्ति, जो उसने अर्जुन के वध के लिए बचा रखी थी, का प्रहार घटोत्कच पर कर उसका वध कर दिया।

8. कर्ण पर्व– द्रोणाचार्य के बाद दुर्योधन ने कर्ण को सेनापति बनाया। दो दिनों तक कर्ण ने पराक्रमपूर्वक पाण्डवों की सेना का विनाश किया। सत्रहवें दिन कर्ण राजा शल्य को अपना सारथी बना कर युद्ध करने आया। कर्ण जब अर्जुन से युद्ध कर रहा था उस समय भीम कौरव सेना का नाश कर रहा था। भीम ने अपनी प्रतिज्ञा पूरी करते हुए दुःशासन के दोनों हाथ उखाड़ दिये। यह देख कर्ण ने युधिष्ठिर को घायल कर दिया। जब यह बात अर्जुन को मालूम हुई तो वह कर्ण से युद्ध करने आया। अर्जुन और कर्ण के बीच भयंकर युद्ध होने लगा। कर्ण और अर्जुन में भाँति-भाँति के अस्त्र-शस्त्रों से युक्त महाभयानक युद्ध हुआ, जो देवासुर-संग्राम को भी मात करने वाला था। यद्यपि युद्ध गतिरोधपूर्ण हो रहा था लेकिन कर्ण तब उलझ गया जब उसके रथ का एक पहिया धरती में धँस गया। गुरु परशुराम के शाप के कारण वह अपने को दैवीय अस्त्रों के प्रयोग में भी असमर्थ पाकर रथ के पहिए को निकालने के लिए नीचे उतर गया। तब श्रीकृष्ण, अर्जुन को उसके द्वारा किये अभिमन्यु वध, कुरु सभा में द्रोपदी को वेश्या और उसकी कर्ण वध करने की प्रतिज्ञा याद दिलाकर उसे मारने को कहते हैं। तब अर्जुन ने एक दैवीय अस्त्र से कर्ण का सिर धड़ से अलग कर दिया। तदन्तर राजा शल्य कौरव-सेना के सेनापति हुए। किन्तु वे युद्ध में आधे दिन तक ही टिक सके। दोपहर होते-होते युधिष्ठिर ने उन्हें मार गिराया।

9. शल्य पर्व– कर्ण की मृत्यु के बाद कृपाचार्य ने दुर्योधन को पाण्डवों से संधि करने के लिए समझाया। लेकिन वह नहीं माना। अगले दिन दुर्योधन ने राजा शल्य को सेनापति बनाया। राजा शल्य सेनापति बनते ही पाण्डवों की सेना पर टूट पड़े। यह युद्ध का 18वां दिन था। राजा शल्य और युधिष्ठिर के बीच भयंकर युद्ध हुआ। अन्त में युधिष्ठिर ने राजा शल्य का वध कर दिया।

यह देख कौरव सेना भागने लगी। उसी समय सहदेव ने शकुनि तथा उसके पुत्र उलूक का वध कर दिया। यह देख दुर्योधन रणभूमि से भाग कर दूर एक सरोवर में जाकर छिप गया। पाण्डवों को जब पता चला कि दुर्योधन सरोवर में छिपा है तो उन्होंने जाकर उसे युद्ध के लिए ललकारा। दुर्योधन और भीम के बीच भयंकर युद्ध हुआ। अन्त में भीम ने दुर्योधन को पराजित कर दिया और मरणासन्न अवस्था में छोड़कर वहाँ से चले गये।

उस समय कौरवों के केवल तीन ही महारथी बचे थे- अश्वत्थामा, कृपाचार्य और कृतवर्मा। संध्या के समय जब उन्हें पता चला कि दुर्योधन मरणासन्न अवस्था में सरोवर के किनारे पड़े हैं, तो वे तीनों वहाँ पहुँचे। दुर्योधन उन्हें देखकर अपने अपमान से क्षुब्ध होकर विलाप कर रहा था। अश्वत्थामा ने प्रतिज्ञा की कि मैं, चाहे जैसे भी हो, पाण्डवों का वध अवश्य करूँगा। दुर्योधन ने वहीं अश्वत्थामा को सेनापति बना दिया।

10. सौप्तिक पर्व– अश्वत्थामा, कृपाचार्य व कृतवर्मा रात के अन्धेरे में पाण्डवों के शिविर में गये। लेकिन, उन्हें ये नहीं पता था कि उस समय पाण्डव अपने शिविर में नहीं हैं। रात में उचित अवसर देखकर अश्वत्थामा हाथ में तलवार लेकर पाण्डवों के शिविर में घुस गया। उसने कृतवर्मा और कृपाचार्य से कहा कि यदि कोई शिविर से जीवित निकले तो तुम उसका वध कर देना। अश्वत्थामा ने दृष्टद्युम्न, शिखण्डी, उत्तमौजा आदि वीरों के साथ द्रौपदी के पाँचों पुत्रों का भी वध कर दिया और शिविर में आग लगा दी।

जब यह बात अश्वत्थामा ने जाकर दुर्योधन को बताई तब उसके मन को शान्ति मिली और तभी उसके प्राण पखेरु उड़ गये। इस प्रकार दुर्योधन का अन्त हो गया। जब पाण्डवों को पता चला कि अश्वत्थामा ने छलपूर्वक सोते हुए हमारे पुत्रों व परिजनों का वध कर दिया है तो उन्हें बहुत क्रोध आया। पाण्डव अश्वत्थामा को ढूँढने निकल पड़े। अश्वत्थामा को ढूँढते-ढूँढते पाण्डव महर्षि व्यास के आश्रम तक आ गये। तभी उन्हें यहाँ अश्वत्थामा दिखाई दिया। पाण्डवों को आता देख अश्वत्थामा ने ब्रह्मास्त्र का प्रयोग किया।

उससे बचने के लिए अर्जुन ने भी ब्रह्मास्त्र चलाया। दोनों अस्त्रों के टकराव से सृष्टि का नाश होने लगा। तभी महर्षि वेदव्यास ने अर्जुन और अश्वत्थामा को अपने-अपने शस्त्र लौटाने के लिए कहा। अर्जुन ने ऐसा ही किया किन्तु अश्वत्थामा को अस्त्र लौटाने की विद्या नहीं आती थी। तब उसने अपने अस्त्र की दिशा बदल कर अभिमन्यु की पत्नी उत्तरा के गर्भ की ओर कर दी, ताकि पाण्डवों के वंश का नाश हो जाये। तब श्रीकृष्ण ने अश्वत्थामा को सदियों तक पृथ्वी पर भटकते रहने का श्राप दिया और उसके मस्तक की मणि निकाल ली। (किसी व्यक्ति के मस्तक में मणि हो यह गप्प है। क्या अश्वत्थामा, राम और श्रीकृष्ण से भी ज्यादा दिव्य और महान् था? झूठी कहानी के माध्यम से उसे आज भी जीवित माना जाता है। यह अंधविश्वास की पराकाष्ठा है।)

11. स्त्री पर्व– जब कौरवों की हार और दुर्योधन की मृत्यु के बारे में धृतराष्ट्र, गांधारी आदि को पता चला तो हस्तिनापुर के महल में शोक छा गया। युद्ध में मृत्यु को प्राप्त वीरों की पत्नियाँ बिलख-बिलख कर रोने लगीं। विदुर तथा संजय ने राजा धृतराष्ट्र को सांत्वना दी। अपने पुत्रों का संहार देखकर धृतराष्ट्र बेहोश हो गये। तब महर्षि वेदव्यास ने आकर उन्हें समझाया और सांत्वना प्रदान की। विदुर के कहने पर धृतराष्ट्र, गांधारी आदि कुरुकुल की स्त्रियाँ कुरुक्षेत्र चली गईं ।

कुरुक्षेत्र में आकर श्रीकृष्ण ने धृतराष्ट्र को समझाया तथा पाण्डव भी उनसे मिलने आए। धृतराष्ट्र ने कहा कि वह भीम को गले लगाना चाहते हैं जिसने अकेले ही मेरे पुत्रों को मार दिया। श्रीकृष्ण ने समझ लिया कि धृतराष्ट्र के मन में भीम के प्रति कुछ द्वेष है। इसलिए उन्होंने पहले भीम की लोहे की मूर्ति सामने खड़ी कर दी। धृतराष्ट्र ने उस मूर्ति को हृदय से लगाया तथा इतनी जोर से दबाया कि वह चूर्ण हो गयी। धृतराष्ट्र भीम को मरा समझकर रोने लगे। तब श्रीकृष्ण ने कहा कि वह भीम नहीं था, भीम की मूर्ति थी। यह जानकर धृतराष्ट्र बड़े लज्जित हुए।

श्रीकृष्ण पाण्डवों के साथ गांधारी के पास पहुँचे। वह दुर्योधन के शव से लिपट-लिपट कर रो रही थी। गांधारी ने श्रीकृष्ण को शाप दिया कि जिस तरह तुमने हमारे वंश का नाश कराया है, उसी तरह तुम्हारा भी परिवार नष्ट हो जायेगा। धृतराष्ट्र की आज्ञा से कौरव तथा पाण्डव वंश के सभी मृतकों का दाह-संस्कार कराया गया। (जब गांधारी के शाप में इतनी शक्ति थी तो उसे अपने पति के आँखों की रौशनी को हासिल करना चाहिए था। उसे अपने पुत्रों को बचा लेना चाहिए था। श्रीकृष्ण तो महाभारत ही नहीं मानव सभ्यता के दिव्य पुरुष माने जाते हैं। गीता का समस्त दर्शन और पैगाम गांधारी के शाप के सामने छोटा हो जाये यह अविश्वसनीय है। श्रीकृष्ण महाभारत और मानव जाति के प्राण हैं। उनका व्यक्तित्व इतना छोटा हो, यह बात झूठी है।)

12. शान्ति पर्व– मृतकों का अन्तिम संस्कार करने के बाद युधिष्ठिर आदि सभी एक महीने तक गंगा तट पर ही रुके। इसके बाद सर्वसम्मति से युधिष्ठिर का राज्याभिषेक किया गया। राज्याभिषेक होने के बाद युधिष्ठिर ने अपने भाइयों को अलग-अलग दायित्व दिये तथा विदुर, संजय और युयुत्सु को धृतराष्ट्र की सेवा में रहने के लिए कहा। इसके बाद श्रीकृष्ण, युधिष्ठिर को बाणों की शय्या पर लेटे भीष्म पितामह के पास ले गये। यहाँ भीष्म पितामह ने युधिष्ठिर को

धर्म, राजनीति, राजकार्य व धर्म, अर्थ, काम, मोक्ष आदि से जुड़े अनेक प्रश्नों के उत्तर दिये ।

13. अनुशासन पर्व– इस पर्व में भी भीष्म पितामह ने युधिष्ठिर को न्यायपूर्वक शासन करने का उपदेश दिया। सूर्य के उत्तरायण होने के बाद भीष्म अपनी इच्छा से मृत्यु का वरण करते हैं। पाण्डव पूरे विधि-विधान से भीष्म पितामह का अन्तिम संस्कार करते हैं और पुनः हस्तिनापुर लौट आते हैं ।

14. आश्वमेधिक पर्व– पितामह भीष्म की मृत्यु से युधिष्ठिर जब बहुत व्याकुल हो गये, तब महर्षि वेदव्यास उनको अश्वमेध यज्ञ करने की सलाह देते हैं। युधिष्ठिर कहते हैं कि इस समय यज्ञ के लिए मेरे पास पर्याप्त धन नहीं है, तब महर्षि वेदव्यास ने बताया कि सत्ययुग में राजा मरुत्त थे, उनका धन आज भी हिमालय पर्वत पर रखा है, यदि तुम वह धन ले आओ तो अश्वमेध यज्ञ कर सकते हो ।

युधिष्ठिर ऐसा ही करने का निर्णय करते हैं । शुभ मुहूर्त देखकर युधिष्ठिर अपने भाइयों व सेना के साथ राजा मरुत्त का धन लेने हिमालय जाते हैं । जब पाण्डव धन ला रहे होते हैं, उसी समय अभिमन्यु की पत्नी उत्तरा एक मृत शिशु को जन्म देती है । जब यह बात श्रीकृष्ण को पता चलती है तो वह उस मृत शिशु को जीवित कर देते हैं । श्रीकृष्ण उस बालक का नाम परीक्षित रखते हैं ।

जब पाण्डव धन लेकर लौटते हैं और उन्हें परीक्षित के जन्म का समाचार मिलता है तो वे बहुत प्रसन्न होते हैं। इसके बाद राजा युधिष्ठिर समारोह पूर्वक अश्वमेध यज्ञ प्रारम्भ करते हैं। युधिष्ठिर अर्जुन को यज्ञ के घोड़े का रक्षक नियुक्त करते हैं। अन्त में बिना किसी रुकावट के राजा युधिष्ठिर का अश्वमेध यज्ञ पूर्ण होता है ।

15. आश्रमवासिक पर्व– लगभग 15 वर्षों तक युधिष्ठिर के साथ रहने के बाद धृतराष्ट्र के मन में वैराग्य की उत्पत्ति होती है। तब धृतराष्ट्र के साथ गांधारी, कुन्ती, विदुर व संजय भी वन में तप करने चले जाते हैं। वन में रहते हुए धृतराष्ट्र, गांधारी व कुन्ती घोर तप करते हैं और विदुर तथा संजय इनकी सेवा करते थे। बहुत समय बीतने पर राजा युधिष्ठिर सपरिवार धृतराष्ट्र, गांधारी व अपनी माता कुन्ती से मिलने आते हैं। उसी समय वहाँ महर्षि वेदव्यास भी आते हैं। महर्षि वेदव्यास अपने तपोबल से एक रात के लिए युद्ध में मारे गये सभी वीरों को जीवित करते हैं। (रिश्ते में वेदव्यास पाण्डवों के भी दादा थे, तो उन्होंने पाण्डव पक्ष के लोगों को क्यों नहीं जीवित किया? यह भेदभाव ठीक नहीं था।

सत्य यह है कि उन्हें मुर्दे को जीवित करने की कोई क्षमता नहीं थी। यह कहानी झूठी है।)

रात भर अपने परिजनों के साथ रहकर वे सभी पुनः अपने-अपने लोकों में लौट जाते हैं। कुछ दिन वन में रहकर युधिष्ठिर आदि सभी पुनः हस्तिनापुर लौट आते हैं। इस घटना के करीब दो वर्ष बाद नारद मुनि युधिष्ठिर के पास आते हैं और बताते हैं कि धृतराष्ट्र, गांधारी व कुन्ती की मृत्यु जंगल में लगी आग के कारण हो गयी है। यह सुनकर पाण्डवों को बहुत दुःख होता है और वे धृतराष्ट्र, गांधारी व कुन्ती की आत्मशान्ति के लिए तर्पण आदि करते हैं।

16. मौसल पर्व– एक दिन महर्षि विश्वामित्र, कण्व आदि ऋषि द्वारिका आते हैं। वहाँ श्रीकृष्ण के पुत्र व अन्य युवक उनका अपमान कर देते हैं। क्रोधित होकर मुनि यदुवंशियों का नाश होने का श्राप देते हैं। एक दिन जब सभी यदुवंशी प्रभास क्षेत्र में एकत्रित होते हैं, तब वहाँ वे आपस में ही लड़कर मर जाते हैं। बलराम भी योगबल से अपना शरीर त्याग देते हैं। श्रीकृष्ण वन में एक पेड़ के नीचे बैठे होते हैं, तब एक शिकारी उनके पैर पर बाण चला देता है, जिससे श्रीकृष्ण भी शरीर त्याग कर स्वधाम चले जाते हैं।

जब यह बात अर्जुन को पता चलती है तो वह द्वारिका आते हैं और यदुवंशियों के परिवार को अपने साथ हस्तिनापुर ले जाते हैं। मार्ग में उन पर लुटेरे हमला कर देते हैं और बहुत-सा धन व स्त्रियों को अपने साथ ले जाते हैं। यह देखकर अर्जुन बहुत लज्जित होते हैं। जब अर्जुन यह बात जाकर महर्षि वेदव्यास को बताते हैं, तो वे पाण्डवों को परलोक यात्रा पर जाने के लिए कहते हैं।

17. महाप्रास्थानिक पर्व– श्रीकृष्ण की मृत्यु के बाद पाण्डव भी अत्यन्त उदासीन रहने लगे तथा उनके मन में वैराग्य उत्पन्न हो गया। उन्होंने हिमालय की यात्रा करने का निश्चय किया। अभिमन्यु के पुत्र परीक्षित को राजगद्दी सौंपकर युधिष्ठिर अपने चारों भाइयों और द्रौपदी के साथ हिमालय पहुँचे। उनके साथ एक कुत्ता भी था। कुछ दूर चलने पर द्रौपदी गिर पड़ी। इसके बाद नकुल, सहदेव, अर्जुन व भीम भी गिर गये। युधिष्ठिर तथा वह कुत्ता आगे बढ़ते रहे।

युधिष्ठिर थोड़ा आगे बढ़े ही थे कि स्वयं देवराज इन्द्र अपने रथ पर सवार होकर युधिष्ठिर को सशरीर स्वर्ग ले जाने आए। तब युधिष्ठिर ने कहा कि यह कुत्ता भी मेरे साथ यहाँ तक आया है। इसलिए यह भी मेरे साथ स्वर्ग जायेगा। देवराज इन्द्र कुत्ते को अपने साथ ले जाने को तैयार नहीं हुए तो युधिष्ठिर ने भी स्वर्ग जाने से इन्कार कर दिया। युधिष्ठिर को अपने धर्म में स्थित देख यमराज

अपने वास्तविक स्वरूप में आ गये (कुत्ते के रूप में यमराज ही युधिष्ठिर के साथ थे)। इस प्रकार देवराज इन्द्र युधिष्ठिर को सशरीर स्वर्ग ले गये । (स्वर्ग और नरक की कल्पना वेदों में प्रथम बार देखने को मिलती है। यह बिलकुल कपोल कल्पित है। ब्राह्मणों ने भोली-भाली जनता को इसका नाम लेकर काफी ठगी का काम किया है। गीता में स्वर्ग-नरक की बात को नकार दिया गया है।)

18. स्वर्गारोहरण पर्व– देवराज इन्द्र युधिष्ठिर को स्वर्ग ले गये, तब वहाँ उन्हें दुर्योधन तो दिखाई दिया, लेकिन अपने भाई नजर नहीं आए। तब युधिष्ठिर ने इन्द्र से कहा कि मैं वहीं जाना चाहता हूँ, जहाँ मेरे भाई हैं। तब इन्द्र ने उन्हें एक बहुत ही दुर्गम स्थान पर भेज दिया। वहाँ जाकर युधिष्ठिर ने देखा कि भीम, अर्जुन, नकुल, सहदेव व द्रौपदी नरक में हैं, तो उन्होंने भी उसी स्थान पर रहने का निश्चय किया। तभी वहाँ देवराज इन्द्र आते हैं और बताते हैं कि तुमने अश्वत्थामा के मरने की बात कहकर छल से द्रोणाचार्य को उनके पुत्र की मृत्यु का विश्वास दिलाया था। इसी के परिणाग स्वरूप तुम्हें भी छल से ही कुछ देर नरक देखना पड़ा। (अश्वत्थामा की मृत्यु का झूठा बयान यदि युधिष्ठिर को पाप का भागी बनाता है, तो अश्वत्थामा के द्वारा पाण्डव परिवार को रात में शिविर में जाकर चुपके से वध करना तो और भी बड़ा पाप था। महाभारत में श्रीकृष्ण ने कहीं भी पाप-पुण्य की बात नहीं कही है बल्कि पूरी तन्मयता के साथ कार्य करने पर बल दिया है। परिणाम की चिन्ता नहीं करने का उपदेश है। महाभारत की कहानी में अनगिनत प्रसंग हैं जो तर्कपूर्ण या विवेकपूर्ण नहीं है।)

इसके बाद युधिष्ठिर देवराज इन्द्र के कहने पर गंगा नदी में स्नान कर, अपना शरीर त्यागते हैं और उसके बाद उस स्थान पर जाते हैं, जहाँ उनके चारों भाई, कर्ण, भीष्म, धृतराष्ट्र, द्रौपदी आदि आनन्दपूर्वक विराजमान थे (वह भगवान् का परमधाम था)। युधिष्ठिर को वहाँ भगवान् श्रीकृष्ण के दर्शन होते हैं। इस प्रकार महाभारत कथा का अन्त होता है ।

आज बहुत ऐसे जिज्ञासु पाठक हैं जो स्वर्ग-नरक के बारे में जानना चाहते हैं। इसलिए कि नरक के नाम से सभी लोग डरते हैं। धर्मग्रन्थों के माध्यम से हिन्दू लोगों को काफी डराया गया है। महाभारत में भी नरक और स्वर्ग का प्रसंग। आया है। युधिष्ठिर पैदल ही एक कुत्ते के साथ स्वर्गारोहण पर जा रहे हैं। इस कहानी से यह समझाने की कोशिश की गई है कि स्वर्ग इसी धरती पर या उसके आस-पास कहीं अवस्थित है, जहाँ सशरीर जाया जा सकता है। अब तक मानवजाति ने इस धरती से लेकर चाँद तक चप्पा-चप्पा छान मारा है और कहीं

भी किसी को नरक या स्वर्ग दिखाई नहीं पड़ा है। इससे यही स्पष्ट होता है कि स्वर्ग या नरक की बात बिलकुल काल्पनिक है। यह स्वार्थवश ब्राह्मणों के द्वारा बनाया गया मकड़जाल है। इस तरह की झूठी कहानी से महाभारत का महत्त्व धूमिल होता है। ऐसी मनगढ़ंत कहानियों के माध्यम से दिये गये उपदेश के प्रति भी लोगों को विश्वास नहीं होता है। कभी-कभी यह भी प्रश्न उठता है कि क्या महाभारत की रचना मात्र मनोरंजन के लिए हुई थी? यदि हाँ, तो क्या महाभारत का कोई अपना ऐतिहासिक महत्त्व नहीं है? दूसरी तरफ यह भी सत्य है कि कोई भी समाज ने वैज्ञानिक आज तक महाभारत को पूरी तरह घासलेटी साहित्य कहने का साहस नहीं किया है। महाभारत की घटना की सत्यता पर कोई प्रश्नवाचक चिह्न नहीं है ।

महाभारत के कुछ विशिष्ट प्रसंग

यहाँ महाभारत के कतिपय प्रमुख प्रसंगों की अलग से चर्चा की जा रही है, जो इस प्रकार हैं-

राजा ययाति एवं राजा शांतनु- प्राचीन भारत में ययाति नाम के प्रतापी राजा राज करते थे, जिनकी राजधानी खांडवप्रस्थ थी। इसी स्थान पर आगे चलकर इन्द्रप्रस्थ भी बसा था। ययाति की दो रानियाँ थीं- असुरों के गुरु शुक्राचार्य की पुत्री देवयानी और दूसरी असुरों के राजा वृषपर्वा की पुत्री शर्मिष्ठा। देवयानी से दो पुत्र हुए- यदु और तुर्वसु। यदु नाम से आगे चलकर यदुवंश चला जिसमें श्रीकृष्ण भी पैदा हुए। इस बात से यह प्रमाणित होता है कि श्रीकृष्ण यादव थे। बहुतों ने उन्हें क्षत्रिय साबित करने का प्रयास किया है, जो सही प्रतीत नहीं होता है। शर्मिष्ठा के तीन पुत्र हुए, जिनमें सबसे छोटा पुरु बहुत पराक्रमी तथा पितृभक्त था। ययाति ने पुरु को ही अपना उत्तराधिकारी बनाया। पुरु के नाम से ही पुरु वंश की परम्परा चली। पुरु के वंश में ही आगे चलकर दुष्यंत हुए, जिन्होंने शकुंतला से विवाह किया तथा उनके पुत्र भरत के नाम पर ही हमारे देश का नाम भारत पड़ा। भरत के वंश में 'हस्तिन' नाम के राजा हुए, जिन्होंने अपनी नयी राजधानी हस्तिनापुर में बसाई। हस्तिन के राजवंश में कुरु नाम के राजा हुए जिनके वंशज कौरव कहलाये। कुरु के नाम से ही कुरुक्षेत्र प्रसिद्ध हुआ ।

शांतनु- कौरव राजवंश में शांतनु नाम के प्रतापी राजा हुए। शांतनु ने भगवती गंगा से विवाह किया था। कहा जाता है कि एक बार अष्ट-वसु नाम के आठ देवताओं से तंग आकर वशिष्ठ मुनि ने उन्हें शाप दिया कि उन्हें मनुष्य योनि में जन्म लेना होगा। परन्तु आठों वसुओं की प्रार्थना पर, मुनि ने कहा कि सात वसुओं

का तो जन्म लेते ही उद्धार हो जायेगा, पर सबसे उत्पाती वसु प्रभास को मृत्यु-लोक में बहुत दिन तक रहना होगा। इन्हीं अष्ट वसुओं को शाप से मुक्त कराने के लिए भगवती गंगा ने उनकी माँ बनना स्वीकार किया। शांतनु से विवाह करने पर गंगा को आठ पुत्र हुए। सात को तो गंगा ने पैदा होते ही अपनी धारा में बहा दिया। आठवें पुत्र को शांतनु ने नहीं बहाने दिया, तब गंगा इस पुत्र को अपने साथ स्वर्ग ले गयी तथा इसका नाम देवव्रत रखा। देवव्रत ही आगे चलकर भीष्म के नाम से प्रसिद्ध हुए। एक दिन गंगा तट पर शांतनु ने देखा कि एक बालक ने अपने बाणों से गंगा के प्रवाह को रोक रखा है, तभी गंगा प्रकट हुई तथा शांतनु को बताया कि यह उनका पुत्र देवव्रत है। शांतनु ने इसी पुत्र को अपना उत्तराधिकारी घोषित किया।

भीष्म प्रतिज्ञा– एक बार शांतनु ने यमुना नदी के किनारे एक सुन्दर धीवर कन्या सत्यवती को देखा तथा उससे विवाह करने की इच्छा प्रकट की। सत्यवती का पिता विवाह के लिए तैयार हो गया, पर उसने एक शर्त रखी कि उसकी कन्या का पुत्र ही राज्य का उत्तराधिकारी होगा। शर्त को सुनकर राजा सोच में पड़ गये तथा दु:खी रहने लगे। पिता के दु:ख को जानकर देवव्रत स्वयं धीवर के पास गये तथा कहा कि आपकी कन्या का पुत्र ही राज्य का उत्तराधिकारी होगा। धीवर ने कहा कि मुझे आपकी बात पर पूरा भरोसा है, पर आपका पुत्र यदि राज्य का दावा करेगा तो मेरी कन्या के पुत्र का क्या होगा ? इस पर देवव्रत ने प्रतिज्ञा की कि मैं आजन्म ब्रह्मचारी रहूँगा तथा आपकी कन्या का पुत्र ही राज्य का उत्तराधिकारी होगा। देवव्रत की इस भीषण प्रतिज्ञा के कारण ही उन्हें भीष्म कहा जाता है। शांतनु का विवाह सत्यवती से हो गया तथा उन्हें दो पुत्र हुए- चित्रांगद और विचित्रवीर्य। शांतनु के बाद चित्रांगद ही गद्दी पर बैठे। चित्रांगद की मृत्यु के बाद विचित्रवीर्य गद्दी पर बैठे।

पाण्डु का राज्याभिषेक– धृतराष्ट्र जन्म से ही अन्धे थे। अत: उनकी जगह पर सौतेले भाई पाण्डु को राजा बनाया गया। इससे धृतराष्ट्र को सदा अपनी नेत्रहीनता पर क्रोध आता और पाण्डु से द्वेषभावना होने लगती। पाण्डु ने सम्पूर्ण भारतवर्ष को जीतकर कुरु राज्य की सीमाओं का यवनों के देश तक विस्तार कर दिया। एक बार राजा पाण्डु अपनी दोनो पत्नियों– कुन्ती तथा माद्री के साथ आखेट के लिए वन में गये। वहाँ उन्हें एक मृग का मैथुनरत जोड़ा दृष्टिगत हुआ। पाण्डु ने तत्काल अपने बाण से उस मृग को घायल कर दिया। मरते हुए मृगरूपधारी निर्दोष ऋषि ने पाण्डु को शाप दिया, 'राजन्! तुम्हारे समान क्रूर पुरुष

इस संसार में कोई भी नहीं होगा। तूने मुझे मैथुन के समय बाण मारा है। अतः जब कभी भी तू मैथुनरत होगा, तेरी मृत्यु हो जायेगी।' पाण्डु के असमय मरने सम्बन्धी वृतान्त एक मिथक के सिवाय कुछ नहीं है।

इस शाप से पाण्डु अत्यन्त दुःखी हुए और अपनी रानियों से बोले, 'हे देवियों! अब मैं अपनी समस्त वासनाओं का त्याग करके इस वन में ही रहूँगा, तुम लोग हस्तिनापुर लौट जाओ'। उनके वचनों को सुनकर दोनों रानियों ने दुःखी होकर कहा, 'नाथ! हम आपके बिना एक क्षण भी जीवित नहीं रह सकते। आप हमें भी वन में अपने साथ रखने की कृपा कीजिये।' पाण्डु ने उनके अनुरोध को स्वीकार करके उन्हें वन में ही अपने साथ रहने की अनुमति दे दी। इसी दौरान राजा पाण्डु ने अमावस्या के दिन ऋषि-मुनियों को ब्रह्मा जी के दर्शनों के लिए जाते हुए देखा, तो वे भी उनके पीछे-पीछे चलने लगे। इस पर ऋषि-मुनियों ने कहा, 'राजन्! कोई भी निःसन्तान पुरुष ब्रह्मलोक जाने का अधिकारी नहीं हो सकता; अतः हम आपको अपने साथ ले जाने में असमर्थ हैं।' ऋषि-मुनियों की बात सुनकर पाण्डु अपनी पत्नी से बोले, हे कुन्ती! मेरा जन्म लेना ही वृथा हो रहा है क्योंकि सन्तानहीन व्यक्ति पितृ-ऋण, ऋषि-ऋण, देव-ऋण तथा मनुष्य-ऋण से मुक्ति नहीं पा सकता। क्या तुम पुत्र प्राप्ति के लिए मेरी सहायता कर सकती हो?' कुन्ती बोली, 'हे आर्यपुत्र! दुर्वासा ऋषि ने मुझे ऐसा मन्त्र प्रदान किया है जिससे मैं किसी भी देवता का आह्वान करके मनोवांछित वस्तु प्राप्त कर सकती हूँ। आप आज्ञा करें मैं किस देवता को बुलाऊँ।' इस पर पाण्डु ने धर्म को आमन्त्रित करने का आदेश दिया। धर्म ने कुन्ती को पुत्र प्रदान किया, जिसका नाम युधिष्ठिर रखा गया। कालान्तर में पाण्डु ने कुन्ती को पुनः दो बार वायुदेव तथा इन्द्रदेव को आमन्त्रित करने की आज्ञा दी। वायुदेव से भीम तथा इन्द्र से अर्जुन की उत्पत्ति हुई। तत्पश्चात् पाण्डु की आज्ञा से कुन्ती ने माद्री को उस मन्त्र की दीक्षा दी। माद्री ने अश्वनी कुमारों को आमन्त्रित किया और नकुल तथा सहदेव का जन्म हुआ। एक दिन राजा पाण्डु माद्री के साथ वन में सरिता के तट पर भ्रमण कर रहे थे। वातावरण अत्यन्त रमणीक था और शीतल-मन्द-सुगन्धित वायु चल रही थी। सहसा वायु के झोंके से माद्री का वस्त्र उड़ गया। इससे पाण्डु का मन चंचल हो उठा और वे मैथुन से प्रवृत हुए ही थे कि शापवश उनकी मृत्यु हो गयी। माद्री उनके साथ सती हो गयी। किन्तु, पुत्रों के पालन-पोषण के लिए कुन्ती हस्तिनापुर लौट आयी। वहाँ रहने वाले ऋषि-मुनि पाण्ड्वों को राजमहल छोड़कर आ गये। ऋषि-मुनि तथा कुन्ती के कहने पर सभी ने पाण्ड्वों को पाण्डु का पुत्र मान लिया और उनका स्वागत किया। (यौन सम्बन्धी व्याभिचारों पर परदा

डालने के लिए प्राचीन कथाकारों ने बहुत सारे मिथक बना दिया है। पुराणों का थोड़ा ऐतिहासिक महत्त्व तो हो सकता है पर इसका धार्मिक महत्त्व नगण्य है। कुन्ती के द्वारा यौन सम्बन्ध स्थापित करने के लिए देवताओं को बुलाना आज किसी को हजम नहीं हो सकता है। प्राचीनकाल में यौन सम्बन्धी विचार काफी लचीला और लचर था। कुन्ती को विवाह पूर्व भी पुत्र प्राप्त हुआ था। कहा जाता है कि प्राचीनकाल में आज की तरह यौन नियम समाज में नहीं थे। बहन पत्नी थी और वही नैतिकता थी।)

कर्ण का जन्म, लाक्षाग्रह षड्यंत्र तथा द्रौपदी स्वयंवर– जब कुन्ती का विवाह नहीं हुआ था, उसी समय (सूर्य के अंश से) उसके गर्भ से कर्ण का जन्म हुआ था। परन्तु लोक लाज के भय से कुन्ती ने कर्ण को एक बक्से में बन्द करके गंगा नदी में बहा दिया। जब कर्ण गंगाजी में बहता हुआ जा रहा था तो महाराज धृतराष्ट्र के सारथी अधिरथ और उनकी पत्नी राधा ने उसे देखा। फिर उसे गोद में ले लिया और उसका लालन-पालन करने लगे। कुमार अवस्था से ही कर्ण की रुचि धनुर्विद्या में थी। अतः वह अपने पिता अधिरथ के साथ आचार्य द्रोण से मिला, जो कि उस समय युद्धकला के सर्वश्रेष्ठ आचार्यों में से एक थे। द्रोणाचार्य उस समय कुरु राजकुमारों को शिक्षा दिया करते थे। उन्होंने कर्ण को शिक्षा देने से मना कर दिया क्योंकि कर्ण एक सारथी पुत्र था और द्रोण केवल क्षत्रियों को ही शिक्षा दिया करते थे। द्रोणाचार्य की असहमति के उपरान्त कर्ण ने परशुराम से सम्पर्क किया जो कि केवल ब्राह्मणों को ही शिक्षा दिया करते थे। कर्ण ने स्वयं को ब्राह्मण बताकर परशुराम से शिक्षा का आग्रह किया। (इस प्रकरण से जातिवाद को बढ़ावा मिलता है। निम्न जातियों एवं शुद्रों के प्रति हीन भावना ने हिन्दू समाज को झकझोर कर रख दिया। सामाजिक एकता और समानता के भाव को नष्ट कर हिन्दू समाज को काफी कमजोर बना दिया। इन्हीं सब विचारों के हावी होने से काफी लोग हिन्दू धर्म से बाहर चले गये और हिन्दू समाज कभी बाहरी ताकतों (जैसे- मुसलमानों एवं ईसाईयों) का इकट्ठा मुकाबला नहीं कर सके। ब्राह्मणवादी व्यवस्था के परिणाम स्वरूप हिन्दू समाज को राष्ट्रीय स्तर पर काफी चुनौतियों एवं समस्याओं का सामना करना पड़ा।) परशुराम ने कर्ण का आग्रह स्वीकार किया और कर्ण को अपने समान ही युद्धकला और धनुर्विद्या में निष्णात किया। इस प्रकार कर्ण परशुराम का एक अत्यन्त परिश्रमी और निपुण शिष्य बना। कर्ण दुर्योधन के आश्रय में रहता था। दैवयोग तथा शकुनि के छल-कपट से कौरवों और पाण्डवों में बैर की आग प्रज्वलित हो उठी। दुर्योधन बड़ी खोटी बुद्धि का मनुष्य था। अपने मामा शकुनि के कहने पर पाण्डवों को

बचपन में कई बार मारने का प्रयास किया। युवावस्था में आकर जब गुणों में उससे अधिक श्रेष्ठ युधिष्ठर को युवराज बना दिया गया, तो शकुनि ने लाख के बने हुए घर में पाण्डवों को रखकर उन्हें जलाने का प्रयास किया। किन्तु विदुर की सहायता से पाँचों पाण्डव अपनी माता के साथ उस जलते हुए घर से बाहर निकल गये। वहाँ से एकचक्रा नगरी में जाकर वे मुनि के वेष में एक ब्राह्मण के घर में निवास करने लगे। फिर बक नामक राक्षस का वध करके व्यास के कहने पर वे पांचाल-राज्य में, जहाँ द्रौपदी का स्वयंवर होनेवाला था, गये। पांचाल-राज्य में अर्जुन के लक्ष्य-भेदन के कौशल से मत्स्यभेद होने पर पाँचों पाण्डवों ने द्रौपदी को पत्नी रूप में प्राप्त किया।

कतिपय हरण विवाह– विचित्रवीर्य के विवाह योग्य होने पर, भीष्म को काशी नरेश की तीन कन्याओं अम्बा, अम्बिका और अम्बालिका के स्वयंवर का निमंत्रण मिला। भीष्म विचित्रवीर्य को साथ लेकर स्वयंवर में गये तथा तीनों राजकन्याओं को बलपूर्वक रथ में बैठाकर ले आए। अम्बा ने भीष्म से निवेदन किया कि वह मन से शाल्वराज को अपना पति मान चुकी है। इसलिए भीष्म ने उसे मुक्त कर दिया और अम्बिका एवं अम्बालिका से विचित्रवीर्य का विवाह हो गया।

अम्बा शाल्वराज के पास पहुँची, पर शाल्वराज ने उसे स्वीकार नहीं किया। दुःखी अम्बा ने भीष्म से बदला लेने का वर प्राप्त किया। आगे चलकर यही अम्बा शिखण्डी के रूप में जन्मी तथा भीष्म की मृत्यु का कारण बनी।

विचित्रवीर्य से अम्बिका को धृतराष्ट्र तथा अम्बालिका को पाण्डु नामक पुत्र पैदा हुए। विचित्रवीर्य की मृत्यु के बाद पाण्डु को राजगद्दी पर बिठाया गया क्योंकि धृतराष्ट्र जन्मांध थे। भीष्म ने अम्बिका की एक दासी के पुत्र विदुर का लालन-पालन भी राजकुमारों की तरह किया था। यही विदुर धर्म-नीति के पंडित हुए।

धृतराष्ट्र का विवाह गांधारी से हुआ था। गांधारी धृतराष्ट्र के अन्धा होने के कारण अपनी आँखों पर भी पट्टी बाँधे रहती थी। दंत कथा है कि धृतराष्ट्र के सौ पुत्र एवं एक पुत्री हुई। पुत्रों में सबसे बड़ा दुर्योधन तथा पुत्री का नाम दुःशला था, जिसका विवाह जयद्रथ से हुआ था। धृतराष्ट्र की दूसरी पत्नी से युयुत्सु नाम का पुत्र पैदा हुआ था।

पाण्डु का विवाह शूरसेन की कन्या पृथा से हुआ। उसी को कुन्ती के नाम से भी जाना जाता था, जो श्रीकृष्ण की बुआ लगती थी। कुन्ती की सेवा से प्रसन्न होकर दुर्वासा ऋषि ने उसे एक ऐसा मंत्र बताया था जिससे वह किसी देवता का

आह्वान कर सकती थी। कौमार्य में ही कुन्ती ने मंत्र की परीक्षा लेने के लिए सूर्य का आह्वान किया तथा सूर्य की कृपा से उसे एक पुत्र की प्राप्ति हुई। लोक-लाज के भय से कुन्ती ने उसे गंगा में बहा दिया। कौरवों के सारथी अधिरथ ने उसका पालन-पोषण किया। कर्ण के नाम से प्रसिद्ध यह बालक सारथी द्वारा पाला गया था। इसलिए सूत-पुत्र कहलाया। कुन्ती से पाण्डु के तीन पुत्र हुए- युधिष्ठिर, भीम, अर्जुन। उनकी दूसरी पत्नी माद्री से उन्हें नकुल तथा सहदेव प्राप्त हुए। इस प्रकार धृतराष्ट्र के पुत्र कौरव तथा पाण्डु के पुत्र पाण्डव कहलाये। वन विहार करते समय पाण्डु की मृत्यु हो गयी तथा उनकी रानी माद्री उन्हीं की चिता के साथ सती हो गयी। कुन्ती ने ही पाँचों पुत्रों का पालन-पोषण किया।

कौरव-पाण्डव द्वेष– कौरवों तथा पाण्डवों की शिक्षा कृपाचार्य की देख-रेख में होने लगी। दुर्योधन धृतराष्ट्र का सबसे बड़ा पुत्र होने के कारण अपने आपको ही राज्य का उत्तराधिकारी समझता था। वह पाण्डवों से ईर्ष्या रखता था तथा भीम से विशेष रूप से जलता था। दुर्योधन ने भीम को मारने की योजना बनायी। वह जल-क्रीड़ा के बहाने भीम को गंगा तट पर ले गया। उसने भीम के भोजन में विष मिलवा दिया तथा जब वे अचेत होकर जमीन पर गिर पड़े तो लताओं से बाँधकर गंगा में बहा दिया। भीम के घर न पहुँचने पर सभी को बहुत चिन्ता हुई। गंगा में बहते समय भीम को विषैले नागों ने डस लिया तथा नागों के विष से भोजन के विष का प्रभाव समाप्त हो गया। वे जल से बाहर आ गये। पाण्डव भीम को जीवित पाकर बहुत प्रसन्न हुए और दुर्योधन तथा उसके भाइयों में फिर से चिन्ता व्याप्त हो गयी। (इस प्रकरण से ऐसा प्रतीत होता है कि पाण्डव और कौरव गंगा के ही आस-पास कहीं निवास करते थे।)

कौरवों और पाण्डवों की शस्त्र-शिक्षा– शस्त्र-शिक्षा में पाण्डव, कौरवों से सदा आगे रहते थे। एक दिन जब वे शस्त्र-विद्या का अभ्यास कर रहे थे। उनकी गेंद एक कुएँ में गिर गयी। युधिष्ठिर ने जब कुएँ में झाँका तो उनकी अँगूठी भी कुएँ में गिर गयी। तभी उन्हें एक तेजस्वी ब्राह्मण उधर आता दिखाई दिया। ब्राह्मण ने राजकुमारों की चिन्ता का कारण पूछा तथा एक सींक मंत्र पढ़कर कुएँ में छोड़ी। वह सींक गेंद पर तीर की तरह चुभ गयी। इसी तरह उसने कई और सींके कुएँ में फेंकी जो एक-दूसरे के ऊपरी सिरों पर चिपकती चली गयी। जब सींक इतनी लंबी हो गयी कि कुएँ के सिरे तक आ गयी तो उन्होंने उसको खींच लिया तथा गेंद बाहर आ गयी। राजकुमारों को बहुत आश्चर्य

हुआ। उन्होंने युधिष्ठिर की अँगूठी भी निकालने की प्रार्थना की। ब्राह्मण ने धनुष से बाण चलाकर अँगूठी को बाण की नोक में फँसाकर बाहर निकाल दिया। नाम पूछने पर पता चला कि वे आचार्य द्रोण थे। उनका विवाह कृपाचार्य की बहन कृपी से हुआ था तथा उनके पुत्र का नाम अश्वत्थामा था। पांचाल के राजा द्रुपद आचार्य द्रोण के सहपाठी थे तथा दोनों में गहरी मित्रता थी। द्रुपद ने उनसे वायदा किया था कि राजा बनने पर वे द्रोण को आधा राज्य दे देंगे। पर राजा बनने पर उन्होंने न केवल अपना वायदा भुला दिया, अपितु द्रोण का अपमान भी किया। तभी से द्रोण के मन में द्रुपद से बदला लेने की भावना घर कर गयी थी।

द्रोणाचार्य की शस्त्र-विद्या से प्रभावित होकर भीष्म ने द्रोणाचार्य को राजकुमारों की शिक्षा-दीक्षा के लिए रख लिया। इनकी शिक्षा से सभी राजकुमार धनुर्विद्या में निपुण हो गये। पर, अर्जुन सबसे दक्ष थे तथा इसलिए द्रोण को सबसे अधिक प्रिय भी थे।

लक्ष्य-भेद की परीक्षा– एक दिन गुरु द्रोण ने सभी शिष्यों की परीक्षा ली। उन्होंने एक पेड़ की ऊँची डाल पर लकड़ी की एक चिड़िया रख दी तथा कहा कि चिड़िया की आँख में लक्ष्य-भेद करना है। सबसे पहले युधिष्ठिर की बारी आई। द्रोण ने उनसे पूछा कि तुम इस समय क्या देख रहे हो। युधिष्ठिर ने बताया कि मैं आपको तथा पेड़ की डाल पर रखी चिड़िया को देख रहा हूँ। द्रोण ने उनसे कहा कि तुमसे लक्ष्य-भेद न होगा। एक-एक करके सभी राजकुमारों ने लगभग ऐसा ही उत्तर दिया तथा द्रोण ने सभी को हटा दिया। अन्त में अर्जुन की बारी आयी। जब वही प्रश्न अर्जुन से किया गया तो उन्होंने कहा कि मुझे केवल चिड़िया की आँख ही दिखाई दे रही है। यह कहकर अर्जुन ने तीर चलाया, जो चिड़िया की आँख में लगा। उस दिन से अर्जुन द्रोणाचार्य के और भी प्रिय हो गये।

गुरु-भक्त एकलव्य– एक दिन एकलव्य नाम का भील बालक गुरु द्रोण के पास धनुर्विद्या सीखने की इच्छा से आया। गुरु द्रोण ने उसे बताया कि वे केवल राजकुमारों को ही शिक्षा देते हैं। बालक चला गया। पर, उसने गुरु द्रोण की मूर्ति बनाकर धनुर्विद्या का अभ्यास किया तथा धनुर्विद्या में निपुण हो गया। एक दिन सभी राजकुमार जंगल में खेलने गये। एक कुत्ता भी उनके आगे-आगे चल रहा था। कुछ आहट पाकर वह भौंकने लगा। एकलव्य ने एक-एक करके कई तीर छोड़े जो कुत्ते के मुँह में जा घुसे और कुत्ते का भौंकना बन्द हो गया, पर उसे कहीं चोट नहीं आयी। राजकुमारों को बहुत आश्चर्य हुआ। जब उन्होंने एकलव्य से पूछा कि उसे धनुर्विद्या किसने सिखाई है, तो उसने द्रोण की मूर्ति की

ओर इशारा किया तथा कहा-आचार्य द्रोण ने। राजधानी लौटकर राजकुमारों ने एकलव्य की धनुर्विद्या का समाचार गुरु द्रोण को सुनाया तथा कहा कि एकलव्य ने धनुर्विद्या में हमसे भी अधिक कुशलता प्राप्त कर ली है। गुरु द्रोण ने बताया कि एकलव्य को जो सिद्धि मिली है, वह उसकी गुरु-भक्ति तथा श्रद्धा का परिणाम है। इससे स्पष्ट होता है कि ज्ञान या विद्या देने में कमजोर वर्ग के लोगों के साथ ब्राह्मणों ने काफी भेदभाव किया है। परिणामस्वरूप कमजोर वर्ग लम्बे समय तक इस देश में कमजोर व निशक्त रहा, जो खेदपूर्ण है।

शस्त्र-संचालन का प्रदर्शन– एक दिन पितामह भीष्म ने गुरु द्रोण से सलाह करके शस्त्र-संचालन के प्रदर्शन की व्यवस्था की। निश्चित समय पर रंगस्थली दर्शकों से भर गयी। भीष्म, धृतराष्ट्र, गांधारी, कुन्ती, विदुर आदि सभी उपस्थित थे। सभी ने अपना-अपना कौशल दिखाया तथा सभी का मन मोह लिया। विदुर ने धृतराष्ट्र को प्रदर्शन का वृत्तांत सुनाया। भीम और दुर्योधन ने गदा-युद्ध का कौशल दिखाया। दोनों एक-दूसरे से ईर्ष्या रखते थे। अतः एक-दूसरे पर वार करने लगे, पर गुरु द्रोण के संकेत पर अश्वत्थामा ने उन्हें अलग-अलग कर दिया।

कर्ण की चुनौती– अर्जुन की धनुर्विद्या की प्रशंसा सभी कर रहे थे कि इसी समय कर्ण आगे आया तथा अपनी कला दिखाने की इच्छा व्यक्त करते हुए बोला कि जो कुछ अर्जुन ने किया, वह मेरे लिए अत्यन्त साधारण-सी बात है। कर्ण ने कहा कि मैं अर्जुन से द्वन्द्व-युद्ध करना चाहता हूँ। पर कृपाचार्य ने उसे सूतपुत्र कहकर द्वन्द्व-युद्ध की बात काट दी क्योंकि राजकुमार से द्वन्द्व-युद्ध करने का अधिकारी राजकुमार ही होता है। इस पर दुर्योधन ने कर्ण को अंग देश का राजा घोषित कर दिया तथा सभाभवन में ही उसका राजतिलक कर दिया। अर्जुन ने कर्ण से कहा कि तुम वीर हो, पर तुम यह मत समझो कि वीरता का वरदान केवल तुम्हें ही मिला है। संध्या हो चली थी। इसलिए पितामह भीष्म ने प्रदर्शन को बन्द करने का आदेश दे दिया। अर्जुन की गर्वोक्ति कर्ण के मन में चोट बनकर रह गयी।

राजा द्रुपद से प्रतिशोध– एक दिन द्रोणाचार्य ने सभी राजकुमारों को बुलाकर शस्त्र-विद्या की शिक्षा के बदले गुरु दक्षिणा माँगी। उन्होंने द्रुपद को पकड़कर अपने सामने लाने की आज्ञा दी। गुरु की आज्ञा मानकर पाण्डवों ने पांचाल राज्य पर आक्रमण कर दिया तथा द्रुपद को पकड़कर द्रोण के सामने उपस्थित किया। इस प्रकार द्रोण ने द्रुपद से बदला ले लिया। बाद में द्रुपद ने भी

अपने इस अपमान का बदला लेने के लिए पुत्रेष्टि यज्ञ किया जिसके फलस्वरूप उन्हें धृष्टद्युम्न नामक पुत्र पैदा हुआ। जिसने महाभारत के युद्ध में द्रोणाचार्य का वध किया।

लाक्षागृह-दाह– दुर्योधन दिन-रात इसी चिन्ता में रहता कि किसी प्रकार पाण्डवों का नाश करके हस्तिनापुर पर एकछत्र राज्य कर सके। कौरवों-पाण्डवों में युधिष्ठिर सबसे बड़े थे तथा सिंहासन के उत्तराधिकारी समझे जाते थे। पर दुर्योधन सोचता था कि उसके पिता ज्येष्ठ होने पर भी जन्मांध होने के कारण गद्दी न पा सके, तो इससे उत्तराधिकारी का नियम तो नहीं बदल जाता। धृतराष्ट्र का बड़ा पुत्र होने के कारण मैं ही गद्दी का अधिकारी हूँ। शकुनि, कर्ण, दुःशासन आदि दुर्योधन के साथ थे। दुर्योधन ने पाण्डवों की बुराई करके धृतराष्ट्र को भी अपने पक्ष में कर लिया तथा पिता से पाण्डवों को वरणावर्त के मेले में भेजने को कहा। दुर्योधन एक योजना बनाकर पाण्डवों का नाश करना चाहता था। धृतराष्ट्र की आज्ञा से पाण्डव वरणावर्त चले गये। उनके जाते समय विदुर ने युधिष्ठिर को सावधान कर दिया तथा अगले संदेश की प्रतीक्षा करने को कहा।

दुर्योधन ने पुरोचन नाम के एक मंत्री से मिलकर वरणावर्त में लाख (लाह, यह शीघ्र ज्वलनशील पदार्थ है।) के एक महल में पाण्डवों को जलाकर मार डालने की योजना बना ली थी। लाख का वह महल ऐसा बनवाया गया था जो आग के स्पर्श से ही पूरी तरह जल उठे तथा पाण्डव जल मरें। जैसे ही पाण्डव वरणावर्त में बने लाख महल में जाने को तैयार हुए विदुर ने उन्हें एक संदेश भेजकर दुर्योधन की सारी योजना से सावधान करा दिया। एक कारीगर ने महल से बाहर निकलने के लिए सुरंग बना दी। पाण्डव महल के भीतर नहीं, इसी सुरंग में सोया करते थे, जिससे कि महल में आग लगने पर जल्दी ही बाहर निकल सकें। कृष्ण चतुर्दशी के दिन युधिष्ठिर को पुरोचन के रंग-ढंग से अहसास हो गया कि महल में आज रात को ही आग लगाई जायेगी। युधिष्ठिर ने अपने भाइयों को सचेत कर दिया। पाण्डवों ने उस दिन यज्ञ किया था, जिसमें नगरवासियों के साथ एक भीलनी ने भी अपने पाँच पुत्रों के साथ भोजन किया था। भोजन के बाद वह भीलनी महल में ही सो गयी। पुरोचन महल के बाहरी कमरे में सो रहा था। भीम ने रात को महल में आग लगा दी तथा माता कुन्ती को लेकर सुरंग से बाहर आ गये। पुरोचन तथा अपने पुत्रों के साथ भीलनी जल मरी। हस्तिनापुर में शोक छा गया, पर विदुर को विश्वास था कि पाण्डव अवश्य ही बच निकले होंगे। लाक्षागृह से निकलकर पाण्डव दुर्गम वन पार करते हुए गंगा

तट पहुँचे। जहाँ उन्हें विदुर का भेजा एक आदमी नाव के साथ मिला। पाण्डव उसी नाव में गंगा पार हो गये।

हिडिंब का वध– गंगा पार करके पाण्डव दक्षिण की ओर बढ़ते रहे तथा घने जंगल में पहुँच गये। थकान और भूख-प्यास से सभी का बुरा हाल था। भीम सबको एक वट-वृक्ष के नीचे बैठाकर पानी की तलाश में इधर-उधर देखने लगे। पेड़ पर चढ़कर उन्होंने पास ही कुछ पक्षी देखे तथा समझ लिया कि अवश्य ही उधर पानी है। वे उसी तरफ गये तथा एक जलाशय के किनारे पहुँच गये। जहाँ उन्होंने अपनी प्यास बुझाई तथा स्नान किया। वे माता और भाइयों के लिए भी पानी लाये। थकान होने के कारण वे सब सो गये थे। उस जलाशय के पास हिडिंब नाम का एक राक्षस रहता था। उसकी बहन हिडिंबा भी उसी के साथ रहती थी। जैसे ही राक्षस को मानव-गंध मिली, उसने अपनी बहन को उन्हें मारकर माँस लाने को भेजा। हिडिंबा भीम को देखकर मोहित हो गयी। उसने सुन्दर युवती का रूप धारण कर लिया तथा बोली कि मेरे भाई ने मुझे तुम्हें मारने के लिए भेजा था, पर मैं तुमसे विवाह करना चाहती हूँ। सोए हुए लोगों को जगाओ, जिससे कि मैं उन्हें अपनी माया से सुरक्षित स्थान पर पहुँचा दूँ। यदि मेरा भाई यहाँ आ गया, तो वह सबको मार डालेगा। वह बड़ा क्रूर तथा बलवान है। भीम ने कहा कि मुझे तुम्हारे भाई से कोई भय नहीं है। तभी वहाँ हिडिंब आ गया। जब उसने अपनी बहन को सुन्दर युवती के रूप में भीम से बात करते देखा तो अत्यन्त क्रुद्ध हो गया। पहले वह हिडिंबा को ही मारने दौड़ा। भीम ने उसे बीच में ही पकड़ लिया। दोनों में भयंकर युद्ध होने लगा। शोर सुनकर पाण्डव तथा माता कुन्ती जाग गयी। तभी भीम ने हिडिंब को पटक दिया तथा उसके प्राण निकल गये। माता कुन्ती ने युधिष्ठिर की सलाह पर भीम को हिडिंबा से विवाह करने की अनुमति दे दी। समय पर उसे एक पुत्र प्राप्त हुआ, जिसका नाम घटोत्कच रखा गया। वह बहुत पराक्रमी योद्धा हुआ। जब भीम अपनी माता और भाइयों के साथ उस वन को छोड़कर आगे जाने की तैयारी करने लगे तो घटोत्कच ने भीम से कहा कि, 'पिताजी जब भी जरूरत हो, मुझे याद कीजिएगा। मैं आपकी सेवा में उपस्थित हो जाऊँगा।'

बकासुर-संहार– वन-मार्ग पर चलते-चलते एक दिन पाण्डवों की भेंट महर्षि व्यास से हुई। महर्षि व्यास ने पाण्डवों को ढाँढ़स बँधाया तथा उन्हीं की सलाह पर पाण्डव ब्रह्मचारियों का वेश धारण कर एकचक्रा नामक नगरी में एक ब्राह्मण के घर रहने लगे। पाँचों भाई भिक्षा माँगकर लाते तथा उसी को बाँटकर

अपना पेट भरते। एक दिन भीम घर पर रह गये। तभी कुन्ती ने अपने आश्रयदाता ब्राह्मण के घर रोने की आवाज़ सुनी। पूछने पर पता चला कि बक नाम का एक राक्षस नगर के पास ही गुफा में रहता है, जो लोगों को जहाँ भी देखता, मारकर खा जाता था। नगरवासियों ने उससे तंग आकर एक समझौता कर लिया कि हर सप्ताह उसकी गुफा में गाड़ी भरकर माँस, मदिरा, पकवान आदि भेज दिया जायेगा तथा गाड़ीवान भी उसी खुराक में शामिल होगा। उस दिन गाड़ीवान के रूप में उस ब्राह्मण को जाना था। धीरज बँधाया तथा कहा कि उसकी जगह मेरा पुत्र भीम चला जायेगा तथा बकासुर उसका कुछ भी नहीं बिगाड़ सकेगा। भीम भोजन तथा पकवान से भरी गाड़ी लेकर राक्षस की गुफा तक पहुँचा तथा उसने उससे अपनी पेट-पूजा शुरू कर दी। बकासुर ने गुफा से देखा कि एक विशाल शरीर वाला मनुष्य उसके भोजन को खा रहा है। वह भीम से भिड़ गया। भीम ने उसे लात-घूँसे मार-मारकर जान से मार डाला तथा उसकी लाश को नगर-द्वार तक ले आए। नगरवासियों की प्रसन्नता की सीमा न रही।

द्रौपदी-स्वयंवर– एकचक्रा नगरी में रहते हुए पाण्डवों ने पांचाल देश के राजा यज्ञसेन की पुत्री द्रौपदी के स्वयंवर का समाचार सुना। तभी वहाँ व्यास भी आ गये। उनकी सलाह पर माता कुन्ती को साथ लेकर पाण्डव स्वयंवर देखने चल पड़े। रास्ते में पाण्डवों को धौम्य ऋषि मिले। पाण्डवों ने उन्हें अपना पुरोहित बना लिया। पांचाल राज्य पहुँचकर माता की सलाह से वे राजधानी के निकट एक कुम्हार के घर में टिक गये। स्वयंवर के दिन राजधानी को सजाया गया था। देश-देश के राजा उसमें भाग लेने आए थे। हस्तिनापुर से कर्ण, दुर्योधन, दुःशासन भी आए थे। स्वयंवर-भूमि के मध्य भाग में आकाश में एक मछली स्थिर थी। उसके नीचे एक चक्र बराबर घूम रहा था। नीचे पानी में मछली की परछाई को देखकर, जो उसकी आँख बेध सके, वही द्रौपदी से विवाह कर सकता था।

एक-एक करके अनेक राजाओं ने प्रयास किया, पर कोई भी मछली की आँख को नहीं वेध सका। कर्ण निशाना साधने चला, पर सूत पुत्र कहे जाने के कारण उसे बैठ जाना पड़ा। अन्त में ब्राह्मण वेशधारी अर्जुन ने एक तीर से मछली की आँख वेध दी। उपस्थित राजाओं की शंका पर अर्जुन ने दूसरी बार निशाना लगाकर मछली को ही नीचे गिरा दिया। द्रौपदी ने अर्जुन के गले में वरमाला पहना दी। कुछ राजाओं ने ब्राह्मण वेशधारी से द्रौपदी को छीनने का प्रयास किया, पर जब भीम एक विशाल पेड़ उखाड़कर ले आए तो उनका साहस टूट गया। द्रौपदी

के स्वयंवर के समय दुर्योधन के साथ-ही-साथ द्रुपद, धृष्टद्युम्न एवं अनेक अन्य लोगों को सन्देह हो गया था कि वे पाँच ब्राह्मण पाण्डव ही हैं। अतः उनकी परीक्षा करने के लिए द्रपुद ने उन्हें अपने राजप्रसाद में बुलाया। राजप्रसाद में द्रुपद एवं धृष्टद्युम्न ने पहले राजकोष को दिखाया। किन्तु, पाण्डवों ने वहाँ रखे रत्नाभूषणों तथा रत्न-माणिक्य आदि में किसी प्रकार की रुचि नहीं दिखाई। किन्तु जब वे शस्त्रागार में गये तो वहाँ रखे अस्त्र-शस्त्रों में उन सभी ने बहुत अधिक रुचि दिखायी और अपनी पसन्द के शस्त्रों को अपने पास रख लिया। उनके क्रिया-कलाप से द्रुपद को विश्वास हो गया कि वे ब्राह्मण के रूप में पाण्डव ही हैं। जब द्रौपदी तथा धृष्टद्युम्न को पता चला कि उसने अर्जुन का वरण किया है, तो उसकी प्रसन्नता की सीमा न रही। घर पहुँचकर अर्जुन ने बाहर से ही माँ को बताया कि देखो कितनी अच्छी चीज़ लाया हूँ, तो भीतर से ही माता कुन्ती ने उत्तर दिया कि जो लाये हो, उसे पाँचों भाई बाँट लो। माता कुन्ती ने जैसे ही बाहर आकर देखा तो असमंजस में पड़ गयी। पर अर्जुन ने कहा कि माँ, तुम्हारा वचन मिथ्या नहीं होगा तथा द्रौपदी से पाँचों भाइयों का विवाह होगा। जब द्रुपद ने सुना कि द्रौपदी का विवाह पाँचों पाण्डवों से होगा, तो बड़े चिंतित हुए। उसी समय महर्षि व्यास आ गये तथा उन्होंने द्रौपदी के पूर्व जन्म की कथा सुनाकर बताया कि उसे शंकर से पाँच पतियों का वरदान मिला है। इस प्रकार द्रौपदी से पाँचों पाण्डवों का विवाह हो गया। प्राचीनकाल में राजा-महाराजा बहुपत्नी विवाह करते थे और समाज स्वीकार करता था। पर द्रौपदी का विवाह बहुपति कहा जाता है। यह भी कई पुरानी जनजातियों में देखा जाता रहा है।

अर्जुन का वनवास– एक दिन इन्द्रप्रस्थ में नारद मुनि आए तथा द्रौपदी को सलाह दी कि वह पाँचों पाण्डवों के साथ रहने का नियम बना ले कि हर-एक के साथ एक-एक मास रहेगी। जिससे भी यह नियम भंग हो, उसे घर छोड़कर बारह वर्ष का वनवास करना होगा। पाण्डव इस नियम का पालन करने लगे।

एक दिन अर्जुन राजभवन के द्वार पर बैठे थे, तभी एक ब्राह्मण रोता हुआ आया और उसने बताया कि चोर उसकी गाएँ चुरा ले गये हैं। अर्जुन उस समय निशस्त्र थे। उनके अस्त्र घर में थे, जहाँ युधिष्ठिर द्रौपदी के साथ थे। अर्जुन धर्म-संकट में पड़ गये। यदि अस्त्र लेने पर में जाते हैं, तो बारह वर्ष का वनवास होगा और यदि गायों को नहीं छुड़ाते तो ब्राह्मण से शाप मिलेगा। अन्त में वे सिर झुकाकर घर में गये तथा अस्त्र ले आए। उन्होंने ब्राह्मण की गायें छुड़ाकर ब्राह्मण को दे दी। अर्जुन ने युधिष्ठिर से बारह वर्ष के वनवास की आज्ञा माँगी। युधिष्ठिर

ने बहुत समझाया, पर अर्जुन, माता कुन्ती तथा भाइयों से मिलकर बारह वर्ष के वनवास के लिए निकल पड़े।

नागकन्या उलूपी से अर्जुन का विवाह– जगह-जगह भटकते अर्जुन हरिद्वार पहुँचे। गंगा में स्नान करते समय नागराज केरव्य की कन्या उलूपी अर्जुन पर मोहित हो गयी। वह अर्जुन को पाताल लोक ले गयी तथा उनसे विवाह किया। उलूपी ने अर्जुन को वरदान दिया कि आप जल में भी स्थल की तरह चल सकेंगे।

चित्रांगदा से अर्जुन का विवाह– नागलोग से ऊपर आकर अर्जुन अनेक तीर्थों का भ्रमण करते हुए मणिपुर पहुँचे। वहाँ की राजकन्या चित्रांगदा अत्यन्त रूपवती थी। अर्जुन ने चित्रांगदा से विवाह किया। तीन वर्ष तक अर्जुन मणिपुर में चित्रांगदा के साथ रहे तथा उन्हें बभ्रुवाहन नाम का एक पुत्र भी प्राप्त हुआ।

सुभद्रा से अर्जुन का विवाह– मणिपुर से पंचतीर्थ होते हुए अर्जुन प्रभास तीर्थ पहुँचे। यह तीर्थ श्रीकृष्ण के राज्य में था। श्रीकृष्ण ने अर्जुन का स्वागत किया। यहाँ रहते हुए बलराम की बहन सुभद्रा के प्रति अर्जुन के मन में प्रेम पैदा हो गया। श्रीकृष्ण को जब इसका पता चला तो उन्होंने अर्जुन से कहा कि तुम सुभद्रा का हरण कर लो क्योंकि यादवों से युद्ध में विजय प्राप्त करके ही तुम सुभद्रा से विवाह कर सकते हो। अर्जुन ने सुभद्रा का हरण कर लिया। यादवों ने अर्जुन का पीछा किया तथा घोर युद्ध छिड़ गया। अर्जुन के सामने यादवों की एक न चली। श्रीकृष्ण ने यादवों को समझा-बुझाकर युद्ध बन्द करा दिया। सुभद्रा को लेकर अर्जुन पुष्कर तीर्थ में बहुत दिनों तक रहे। वनवास के दिन पूरे होने के बाद वे सुभद्रा के साथ इन्द्रप्रस्थ पहुँचे तो माता कुन्ती तथा सभी पाण्डवों की प्रसन्नता की सीमा न रही। अर्जुन को सुभद्रा से अभिमन्यु तथा द्रौपदी से पाण्डवों को पाँच पुत्र प्राप्त हुए।

खांडव-दाह– एक शुद्ध काल्पनिक कथा है कि एक दिन अर्जुन और श्रीकृष्ण कुछ बातचीत कर रहे थे, तभी अग्निदेव ब्राह्मण के वेश में उनके सामने आए। अग्निदेव को अजीर्ण का रोग हो गया था, जिसकी केवल एक ही दवा थी कि खांडव वन के जीव उन्हें जलाने को मिलें। इसी वन में इन्द्र का मित्र तक्षक सर्प भी रहता था। अग्निदेव जब भी खांडव वन जलाने की कोशिश करते, इन्द्र वर्षा करा देते। अग्निदेव ने अर्जुन से सहायता माँगी। अर्जुन ने कहा कि मैं सहायता करने को तैयार हूँ, पर मेरे पास इन्द्र का सामना करने के लिए उपर्युक्त शस्त्र नहीं हैं। अग्निदेव ने अर्जुन को 'गांडीव' नाम का विशाल धनुष, 'अक्षय

तूणीर' तथा 'नंदिघोष' नाम का विशाल रथ दिया। अर्जुन के संकेत पर अग्निदेव ने खांडव वन को जलाना शुरू कर दिया। इन्द्र ने आग बुझाने के लिए बादलों को उड़ा दिया। तब इन्द्र स्वयं अर्जुन से युद्ध करने आए। दोनों में घमासान युद्ध हुआ। इन्द्र अर्जुन की वीरता पर बहुत प्रसन्न हुए। अर्जुन ने इन्द्र से कहा कि यदि आप मुझ पर प्रसन्न हैं तो मुझे दिव्यास्त्र दीजिए। इन्द्र ने कहा कि दिव्यास्त्र प्राप्त करने के लिए तुम्हें शंकर की आराधना करनी पड़ेगी। खांडव वन में केवल कुछ ही प्राणी बचे थे, जिसमें एक मय दानव भी, जो कुशल शिल्पी था। अर्जुन ने उसे मित्र बना लिया। मय दानव ने कहा कि अपनी प्राण-रक्षा के बदले में मैं आपकी कुछ सेवा करना चाहता हूँ। अर्जुन ने मय दानव से युधिष्ठिर के लिए इन्द्रप्रस्थ में अनुपम सभा-भवन का निर्माण करने को कहा, जिसे मय दानव ने सिर झुकाकर स्वीकार कर लिया। (अग्नि देवता को अजीर्ण रोग हो ऐसी बात धार्मिक पुस्तकों में ही मिल सकती है। देवता और वह भी अग्नि को पेट की बीमारी हो यह कोई सामान्य मस्तिष्क का व्यक्ति स्वीकार नहीं कर सकता है।)

शान्तिदूत श्रीकृष्ण, युद्ध की शुरुआत तथा श्रीकृष्ण द्वारा अर्जुन को गीता का उपदेश– धर्मराज युधिष्ठिर सात अक्षौहिणी सेना के स्वामी होकर कौरवों के साथ युद्ध करने को तैयार हुए। पहले भगवान् श्रीकृष्ण परम क्रोधी दुर्योधन के पास दूत बनकर गये। उन्होंने ग्यारह अक्षौहिणी सेना के स्वामी राजा दुर्योधन से कहा–

'राजन् ! तुम युधिष्ठिर को आधा राज्य दे दो या उन्हें पाँच ही गाँव अर्पित कर दो नहीं तो उनके साथ युद्ध करो।'

श्रीकृष्ण की बात सुनकर दुर्योधन ने कहा–'मैं उन्हें सुई की नोक के बराबर भूमि भी नहीं दूँगा; हाँ, उनसे युद्ध अवश्य करूँगा।'

ऐसा कहकर वह भगवान् श्रीकृष्ण को बन्दी बनाने के लिए उद्यत हो गया। उस समय राजसभा में भगवान् श्रीकृष्ण ने अपने परम दुर्धर्ष विश्वरूप का दर्शन कराकर दुर्योधन को भयभीत कर दिया। फिर विदुर ने अपने घर ले जाकर भगवान् का पूजन और सत्कार किया।

तदनन्तर वे युधिष्ठिर के पास लौट गये और बोले–'महाराज ! आप दुर्योधन के साथ युद्ध कीजिये'।

युधिष्ठिर और दुर्योधन की सेनाएँ कुरुक्षेत्र के मैदान में जा डटीं। अपने विपक्ष में पितामह भीष्म तथा आचार्य द्रोण आदि गुरुजनों को देखकर अर्जुन युद्ध

से विरत हो गये। तब भगवान् श्रीकृष्ण ने उनसे कहा–'पार्थ ! भीष्म आदि गुरुजन शोक के योग्य नहीं हैं। मनुष्य का शरीर विनाशशील है, किन्तु आत्मा का कभी नाश नहीं होता। यह आत्मा ही परब्रह्म है।'

मैं ब्रह्म हूँ–'इस प्रकार तुम उस आत्मा को समझो। कार्य की सिद्धि और असिद्धि में समानभाव से रहकर कर्मयोग का आश्रय ले क्षात्रधर्म का पालन करो।'

श्रीकृष्ण के ऐसा कहने पर अर्जुन रथारूढ़ हो युद्ध में प्रवृत्त हुए। उन्होंने शंखध्वनि की। दुर्योधन की सेना में सबसे पहले पितामह भीष्म सेनापति हुए। भीष्म सहित कौरव पक्ष के योद्धा उस युद्ध में पाण्डव-पक्ष के सैनिकों पर प्रहार करने लगे और शिखण्डी आदि पाण्डव-पक्ष के वीर कौरव-सैनिकों को अपने बाणों का निशाना बनाने लगे। कौरव और पाण्डव-सेना का वह युद्ध, देवासुर-संग्राम के समान जान पड़ता था। आकाश में खड़े होकर देखने वाले देवताओं को वह युद्ध बड़ा आनन्ददायक प्रतीत हो रहा था। भीष्म ने दस दिनों तक युद्ध करके पाण्डवों की अधिकांश सेना को अपने बाणों से मार गिराया।

पितामह भीष्म और आचार्य द्रोण वध– दसवें दिन अर्जुन ने वीरवर भीष्म पर बाणों की बड़ी भारी वृष्टि की। इधर द्रुपद की प्रेरणा से शिखण्डी ने भी पानी बरसाने वाले मेघ की भाँति भीष्म पर बाणों की झड़ी लगा दी। दोनों ओर के हाथीसवार, घुड़सवार, रथी और पैदल एक-दूसरे के बाणों से मारे गये। भीष्म की मृत्यु उनकी इच्छा के अधीन थी। जब पाण्डवों को ये समझ में आ गया कि भीष्म के रहते वो इस युद्ध को नहीं जीत सकते तो श्रीकृष्ण के सुझाव पर उन्होंने भीष्म पितामह से ही उनकी मृत्यु का उपाय पूछा। उन्होंने कहा कि जब तक मेरे हाथ में शस्त्र है, तब तक महादेव के अतिरिक्त मुझे कोई नहीं हरा सकता। उन्होंने ही पाण्डवों को सुझाव दिया कि शिखण्डी को सामने करके युद्ध लड़ें, वे जानते थे कि शिखण्डी पूर्व जन्म में अम्बा थी। इसलिए वे उसे कन्या ही मानते थे। 10वें दिन के युद्ध में अर्जुन ने शिखण्डी को आगे अपने रथ पर बिठाया। शिखण्डी को आगे देख कर भीष्म ने अपना धनुष त्याग दिया। उनके शस्त्र त्यागने के बाद अर्जुन ने उन्हें बाणों की शय्या पर सुला दिया। वे उत्तरायण की प्रतीक्षा में भगवान् विष्णु का ध्यान और स्तवन करते हुए समय व्यतीत करने लगे। (यहाँ विरोधाभाष देखने को मिलता है कि अन्त समय में भीष्म ने विष्णु का स्मरण क्यों किया? क्या वे कृष्ण को विष्णु का अवतार नहीं मानते थे। यहाँ यही आभास होता है कि वे न तो कृष्ण को भगवान मानते थे और न ही विष्णु का अवतार।) भीष्म के बाण-शय्या पर गिर जाने के बाद जब दुर्योधन शोक से

व्याकुल हो उठा, तब आचार्य द्रोण ने सेनापतित्व का भार ग्रहण किया। उधर हर्ष मनाती हुई पाण्डवों की सेना में धृष्टद्युम्न सेनापति हुए। उन दोनों में बड़ा भयंकर युद्ध हुआ, जो यमलोक की आबादी को बढ़ाने वाला था। विराट और द्रुपद आदि राजा द्रोणरूपी समुद्र में डूब गये । उस समय द्रोण काल के समान जान पड़ते थे। इतने ही में उनके कानों में यह आवाज आयी कि 'अश्वत्थामा मारा गया'। इतना सुनते ही आचार्य द्रोण ने अस्त्र-शस्त्र त्याग दिये। बाणों से आहत होकर द्रोण पृथ्वी पर गिर पड़े।

अंगराज कर्ण, मामा शल्य और दुर्योधन वध– द्रोण बड़े ही दुर्धर्ष थे। वे सम्पूर्ण क्षत्रियों का विनाश करके पाँचवें दिन मारे गये। दुर्योधन पुनः शोक से आतुर हो उठा। उस समय कर्ण उसकी सेना का कर्णधार हुआ। पाण्डव-सेना का आधिपत्य अर्जुन को मिला। कर्ण और अर्जुन में भाँति-भाँति के अस्त्र-शस्त्रों की मार-काट से युक्त महाभयानक युद्ध हुआ। जो देवासुर-संग्राम को भी मात करने वाला था। कर्ण और अर्जुन के संग्राम में कर्ण ने अपने बाणों से शत्रु-पक्ष के बहुत-से वीरों का संहार कर डाला। यद्यपि युद्ध गतिरोधपूर्ण हो रहा था, लेकिन कर्ण तब उलझ गया जब उसके रथ का एक पहिया धरती में धँस गया (धरती माता के श्राप के कारण)। वह अपने को दैवीय अस्त्रों के प्रयोग में भी असमर्थ पाता है, जैसा कि उसके गुरु परशुराम का श्राप था। तब कर्ण अपने रथ के पहिए को निकालने के लिए नीचे उतरता है और अर्जुन से निवेदन करता है कि वह युद्ध के नियमों का पालन करते हुए कुछ देर के लिए उस पर बाण चलाना बन्द कर दे। तब श्रीकृष्ण, अर्जुन से कहते हैं कि कर्ण को कोई अधिकार नहीं है कि वह अब युद्ध नियमों और धर्म की बात करे क्योंकि स्वयं उसने अभिमन्यु वध के समय किसी भी युद्ध नियम और धर्म का पालन नहीं किया था। उन्होंने आगे कहा कि तब उसका धर्म कहाँ गया था, जब उसने द्रौपदी को पूरी कुरु राजसभा के समक्ष वेश्या कहा था। द्युत-क्रीड़ा भवन में उसका धर्म कहाँ गया था। इसलिए अब उसे कोई अधिकार नहीं की वह किसी धर्म या युद्ध नियम की बात करे। उन्होंने अर्जुन से कहा कि अभी कर्ण असहाय है, (ब्राह्मण का श्राप फलीभूत हुआ) इसलिए वह उसका वध करे। श्रीकृष्ण कहते हैं कि यदि अर्जुन ने इस निर्णायक मोड़ पर अभी कर्ण को नहीं मारा तो सम्भवतः पाण्डव उसे कभी भी नहीं मार सकेंगे और यह युद्ध कभी भी नहीं जीता जा सकेगा। तब, अर्जुन ने एक दैवीय अस्त्र का उपयोग करते हुए कर्ण का सिर धड़ से अलग कर दिया। कर्ण के शरीर के भूमि पर गिरने के बाद एक ज्योति कर्ण के शरीर से निकली और सूर्य में समाहित हो गयी। (यह कपोल कल्पित बात है। साहित्य में हमेशा ऐसा

देखने को मिलता है।) तदनन्तर राजा शल्य कौरव-सेना के सेनापति हुए, किन्तु वे युद्ध में आधे दिन तक ही टिक सके। दोपहर होते-होते युधिष्ठिर ने उन्हें मार दिया।

दुर्योधन वध और महाभारत युद्ध की समाप्ति– दुर्योधन की प्रायः सारी सेना युद्ध में मारी गयी थी। अन्ततोगत्वा उसका भीमसेन के साथ युद्ध हुआ। उसने पाण्डव-पक्ष के पैदल आदि बहुत-से सैनिकों का वध करके भीमसेन पर धावा किया। उस समय गदा से प्रहार करते हुए दुर्योधन के अन्य छोटे भाई भी भीमसेन के ही हाथ से मारे गये थे। महाभारत-संग्राम के उस अठारहवें दिन रात्रिकाल में महाबली अश्वत्थामा ने पाण्डवों की सोयी हुई एक अक्षौहिणी सेना को सदा के लिए सुला दिया। उसने द्रौपदी के पाँचों पुत्रों, उसके पांचालदेशीय बन्धुओं तथा धृष्टद्युम्न को भी जीवित नहीं छोड़ा। द्रौपदी पुत्रहीन होकर रोने-बिलखने लगी। तब अर्जुन ने सींक के अस्त्र से अश्वत्थामा को परास्त करके उसके मस्तक की मणि निकाल ली। उसे मारा जाता देख द्रौपदी ने ही अनुनय-विनय करके उसके प्राण बचाये। दुष्ट अश्वत्थामा ने इतना होने पर भी उत्तरा के गर्भ को नष्ट करने के लिए उस पर अस्त्र का प्रयोग किया। वह गर्भ उसके अस्त्र से प्रायः दग्ध हो गया था; किन्तु, भगवान् श्रीकृष्ण ने उसको पुनः जीवन-दान दिया। उत्तरा का वही गर्भस्थ शिशु आगे चलकर राजा परीक्षित् के नाम से विख्यात हुआ। कृतवर्मा, कृपाचार्य तथा अश्वत्थामा– ये तीन कौरवपक्षीय वीर उस संग्राम से जीवित बचे। दूसरी ओर पाँच पाण्डव, सात्यकि तथा भगवान् श्रीकृष्ण– ये सात ही जीवित रह सके; दूसरे कोई नहीं बचे। उस समय सब ओर अनाथ स्त्रियों का आर्तनाद व्याप्त हो रहा था। भीमसेन आदि भाइयों के साथ जाकर युधिष्ठिर ने उन्हें सान्त्वना दी तथा रणभूमि में मारे गये सभी वीरों का दाह-संस्कार करके उनके लिए जलांजलि दे धन आदि का दान किया। तत्पश्चात् कुरुक्षेत्र में बाणशय्या पर आसीन शान्तनुनन्दन भीष्म के पास जाकर युधिष्ठिर ने उनसे समस्त शान्तिदायक धर्म, राजधर्म (आपद्धर्म), मोक्ष धर्म तथा दानधर्म की बातें सुनीं। फिर वे राजसिंहासन पर आसीन हुए। इसके बाद उन शत्रुमर्दन राजा ने अश्वमेध यज्ञ करके ब्राह्मणों को बहुत धन दान किया। तदनन्तर द्वारिका से लौटते हुए अर्जुन के मुख से मूसलकाण्ड के कारण प्राप्त हुए शाप से पारस्परिक युद्ध द्वारा यादवों के संहार का समाचार सुनकर युधिष्ठिर ने परीक्षित् को राजासन पर बिठाया और स्वयं भाइयों के साथ महाप्रस्थान कर स्वर्गलोक को चले गये।

यदुवंश का संहार और पाण्डवों का स्वर्गारोहण– जब युधिष्ठिर राजसिंहासन पर विराजमान हो गये, तब धृतराष्ट्र गृहस्थ-आश्रम से वानप्रस्थ-आश्रम में प्रविष्ट

हो वन में चले गये। (अथवा ऋषियों के एक आश्रम से दूसरे आश्रमों में होते हुए वे वन को गये।) उनके साथ देवी गान्धारी और पृथा (कुन्ती) भी थीं। विदुर जी दावानल से दग्ध हो स्वर्ग सिधारे। इस प्रकार भगवान् विष्णु ने पृथ्वी का भार उतारा और धर्म की स्थापना तथा अधर्म का नाश करने के लिए पाण्डवों को निमित्त बनाकर दानव-दैत्य आदि का संहार किया। तत्पश्चात् भूमि का भार बढ़ाने वाले यादवकुल का भी ब्राह्मणों के शाप के बहाने मूसल के द्वारा संहार कर डाला। अनिरुद्ध के पुत्र वज्र को राजा के पद पर अभिषिक्त किया। तदनन्तर देवताओं के अनुरोध से प्रभासक्षेत्र में श्रीहरि स्वयं ही स्थूल शरीर की लीला का संवरण करके अपने धाम को पधारे। वे इन्द्रलोक और ब्रह्मलोक में स्वर्गवासी देवताओं द्वारा पूजित होते हैं। बलभद्र जी शेषनाग के स्वरूप थे। अतः उन्होंने पातालरूपी स्वर्ग का आश्रय लिया। अविनाशी भगवान् श्रीहरि ध्यानी पुरुषों के ध्येय हैं। उनके अन्तर्धान हो जाने पर समुद्र ने उनके निजी निवासस्थान को छोड़कर शेष द्वारकापुरी को अपने जल में डुबा दिया। अर्जुन ने मरे हुए यादवों का दाह-संस्कार करके उनके लिए जलांजलि दी और धन आदि का दान किया। भगवान् श्रीकृष्ण की रानियों को, जो पहले अप्सराएँ थीं और अष्टावक्र के शाप से मानवीरूप में प्रकट हुई थीं, लेकर हस्तिनापुर को चले। मार्ग में डंडे लिए हुए ग्वालों ने अर्जुन का तिरस्कार करके उन सबको छीन लिया। यह भी अष्टावक्र के शाप से ही सम्भव हुआ था। इससे अर्जुन के मन में बड़ा शोक हुआ। फिर महर्षि व्यास के सान्त्वना देने पर उन्हें यह निश्चय हुआ कि 'भगवान् श्रीकृष्ण के समीप रहने से ही मुझमें बल था।' हस्तिनापुर में आकर उन्होंने भाइयों सहित राजा युधिष्ठिर से, जो उस समय प्रजावर्ग का पालन करते थे, यह सब समाचार दिया। वे बोले– 'भैया ! वही धनुष है, वे ही बाण हैं, वही रथ है और वे ही घोड़े हैं, किन्तु, भगवान् श्रीकृष्ण के बिना सब कुछ उसी प्रकार नष्ट हो गया, जैसे अश्रोत्रिय को दिया हुआ दान।' यह सुनकर धर्मराज युधिष्ठिर ने राज्य पर परीक्षित् को स्थापित कर दिया।

इसके बाद बुद्धिमान् राजा संसार की अनित्यता का विचार करके द्रौपदी तथा भाइयों को साथ ले हिमालय की तरफ महाप्रस्थान के पथ पर अग्रसर हुए। उस महापथ में क्रमशः द्रौपदी, सहदेव, नकुल, अर्जुन और भीमसेन एक-एक करके गिर पड़े। इससे राजा शोकमग्न हो गये। तदनन्तर वे इन्द्र के द्वारा लाये हुए रथ पर आरूढ़ हो (दिव्य रूप धारी) भाइयों सहित स्वर्ग को चले गये। वहाँ उन्होंने दुर्योधन आदि सभी धृतराष्ट्रपुत्रों को देखा। तदनन्तर (उन पर कृपा करने के लिए अपने धाम से पधारे हुए) भगवान् वासुदेव का भी दर्शन किया। इससे उन्हें बड़ी

प्रसन्नता हुई। यह मैंने तुम्हें महाभारत का प्रसंग सुनाया है। जो इसका पाठ करेगा, वह स्वर्गलोक में सम्मानित होगा।

महाभारत की अनसुनी मिथक व कहानियाँ

1. महाभारत में शकुनी की भूमिका– धृतराष्ट्र का विवाह गांधार देश की गांधारी के साथ हुआ था। गांधारी की कुंडली में दोष होने की वजह से एक साधु के कहे अनुसार उसका विवाह पहले एक बकरे के साथ किया गया था। बाद में उस बकरे की बलि दे दी गयी थी। यह बात गांधारी के विवाह के समय छुपाई गयी थी। जब धृतराष्ट्र को इस बात का पता चला तो उसने गांधार नरेश सुबाला और उसके 100 पुत्रों को कारावास में डाल दिया और काफी यातनाएं दीं। (कुछ विद्वान् यह भी कहते हैं कि गांधारी का हरण विवाह हुआ। भीष्म ने उसे हर करके धृतराष्ट्र से जबरन विवाह करा दिया था।)

एक-एक करके सुबाला के सभी पुत्र मरने लगे। उन्हें खाने के लिए सिर्फ मुट्ठी भर चावल दिये जाते थे। सुबाला ने अपने सबसे छोटे बेटे शकुनी को प्रतिशोध के लिए तैयार किया। सब लोग अपने हिस्से के चावल शकुनी को देते थे, ताकि वह जीवित रह कर कौरवों का नाश कर सके। मृत्यु से पहले सुबाला ने धृतराष्ट्र से शकुनी को छोड़ने की विनती की जो धृतराष्ट्र ने मान ली। सुबाला ने शकुनी को अपनी रीढ़ की हड्डी के पासे बनाने के लिए कहा। वही पासे कौरव वंश के नाश का कारण बने।

शकुनी ने हस्तिनापुर में सबका विश्वास जीता और 100 कौरवों का अभिभावक बना। उसने न केवल दुर्योधन को युधिष्ठिर के खिलाफ भड़काया बल्कि महाभारत के युद्ध का आधार भी बनाया। उसने जीजा या हस्तिनापुर से भरपूर बदला लिया।

2. द्रौपदी का पिछला जन्म– द्रौपदी अपने पिछले जन्म में इन्द्रसेना नाम की ऋषि की पत्नी थी। उसके पति सन्त मौद्गल्स का देहांत जल्दी ही हो गया था। अपनी इच्छाओं की पूर्ति के लिए उसने भगवान् शिव से प्रार्थना की। जब शिव उसके सामने प्रकट हुए तो वह घबरा गयी और उसने 5 बार अपने लिए वर मांगा। भगवान् शिव ने अगले जन्म में उसे पाँच पति दिये। नारी के लिए यह कभी भी अच्छा वरदान नहीं था।

3. धृतराष्ट्र का पिछला जन्म– धृतराष्ट्र अपने पिछले जन्म में एक बहुत दुष्ट राजा था। एक दिन उसने देखा कि नदी में एक हंस अपने बच्चों के साथ

आराम से विचरण कर रहा है। उसने आदेश दिया कि उस हंस की आँख फोड़ दी जाये और उसके बच्चों को मार दिया जाये। इसी वजह से अगले जन्म में वह अन्धा पैदा हुआ और उसके पुत्र भी उसी तरह मृत्यु को प्राप्त हुए जैसे उस हंस के। धृतराष्ट्र के अंधेपन का यह कारण गप्प नहीं तो और क्या है?

4. श्रीकृष्ण का रथ– महाभारत के युद्ध के समय कृष्ण अर्जुन के सारथी थे। वह जिस रथ को चलाते थे, वह अपने आप में बहुत शक्तिशाली था। युद्ध के बाद उन्होंने पहले अर्जुन को रथ से उतरने को कहा उसके बाद वह उतरे। श्रीकृष्ण के रथ से उतरते ही रथ एक जोरदार धमाके के साथ ध्वस्त हो गया।

5. सहदेव एक ज्योतिषी थे– सहदेव भविष्य में होने वाली हर घटना को पहले से ही जानता था। वह जानता था कि महाभारत होने वाला है। पर, उसे श्रीकृष्ण ने श्राप दे दिया था कि अगर वह इस बारे में लोगों को बतायेगा तो उसकी मृत्यु हो जायेगी।

6. अभिमन्यु कौन था ?– कहा जाता है कि अभिमन्यु एक कालयवन नामक राक्षस की आत्मा थी। श्रीकृष्ण ने कालयवन का वध कर, उसकी आत्मा को अपने अंगवस्त्र में बांध लिया था। वह उस वस्त्र को अपने साथ द्वारका ले गये और एक अलमारी में रख दिया। (यह गीता-दर्शन के प्रतिकूल है क्योंकि आत्मा कोई वस्तु नहीं है, वरन् परब्रह्म का ही अंश है।) सुभद्रा (अर्जुन की पत्नी) ने गलती से जब वह अलमारी खोली तो एक ज्योति उसके गर्भ में आ गयी और वह बेहोश हो गयी। इसी वजह से अभिमन्यु को चक्रव्यूह भेदने का सिर्फ आधा ही तरीका बताया गया था।

7. एकलव्य की कहानी– एकलव्य देवाश्रवा का पुत्र था। वह जंगल में खो गया था और उसको एक निषाद हिरण्यधनु ने बचाया था। एकलव्य रुक्मणी स्वयंवर के समय अपने पिता की जान बचाते हुए मारा गया। उसके इस बलिदान से प्रसन्न होकर श्रीकृष्ण ने उसे वरदान दिया कि वह अगले जन्म में द्रोणाचार्य से बदला लेगा। अपने अगले जन्म में एकलव्य धृष्टद्युम्न बनकर पैदा हुआ और द्रोण की मृत्यु का कारण बना।

8. भीम का पुत्र– भीम का एक पुत्र महाभारत के युद्ध के बाद भी जीवित रहा, उसका नाम सर्वांगा था और उसकी माता का नाम बलानधारा। परिक्षित से बहुत बड़ा होने के बाद भी उसे राज्य नहीं मिला और अन्ततः उसे काशी जाकर राज करना पड़ा। काशी उसकी माता का राज्य था।

9. सर्प यज्ञ– काफी सारी छोटी-छोटी कहानियाँ व मिथक महाभारत का हिस्सा हैं, अमृत मंथन भी उन्हीं में से एक है, पर बहुत कम लोग जानते हैं कि महाभारत की पूरी कहानी जन्मेजय के द्वारा करवाये गये सर्प यज्ञ के समय सुनाई गयी थी। जन्माजय परीक्षित का पुत्र था।

10. द्रौपदी ने चीर-हरण के बाद क्षमा माँगी– जब युधिष्ठिर जुए में द्रौपदी को हार गये। तब दुशासन ने द्रौपदी के वस्त्र हरण का प्रयास किया। इस पूरे प्रकरण के बाद द्रौपदी ने दरबार में बैठे सभी बड़े लोगों से क्षमा याचना की। उसने कहा 'मुझे दरबार में घसीट कर लाया गया और बेइज्जत किया गया। इस सबके होते मैं अपने बड़ों को प्रणाम नहीं कर पायी। इसके लिए मैं क्षमा मांगती हूँ'।

11. श्रीकृष्ण और दुर्योधन– श्रीकृष्ण ने दुर्योधन को समझाने के भाव से गीता का उपदेश देने की कोशिश की थी। दुर्योधन ने श्रीकृष्ण को रोते हुए कहा कि उसे सही और गलत का पूरा ज्ञान है, पर उसका अपने आप पर वश नहीं है। उसका कहना था कि उसके अन्दर कोई दैवी शक्ति है, जो उसे सही पथ पर नहीं चलने दे रही।

12. पाण्डु की अन्तिम इच्छा– पाण्डु ज्ञानी थे। उनकी अन्तिम इच्छा थी कि उनके पाँचों बेटे उनके मृत शरीर को खायें ताकि उन्होंने जो ज्ञान अर्जित किया है, वह उनके पुत्रों में चला जाये। सिर्फ सहदेव ने पिता की इच्छा का पालन करते हुए उनके मस्तिष्क के तीन हिस्से खाये। पहले टुकड़े को खाते ही सहदेव को इतिहास का ज्ञान हुआ, दूसरे टुकड़े को खाने पर वर्त्तमान का और तीसरे टुकड़े को खाते ही भविष्य का। (यह एक विभत्स प्रकरण है। यह विश्वास करना कठिन है कि उस काल में आदमी मृत आदमी को खाता था। इसका कोई कारण और आधार विश्वनीय नहीं लगता है। दूसरी तरफ मानवशास्त्र की पुस्तकों में ऐसा वर्णन मिलता है कि अफ्रीका एवं लैटिन अमेरिका की कुछ आदिम जातियों में मरे हुए लोगों के शरीर को जलाकर खाते थे। ऐसा मैंने स्वयं एक दूरदर्शन धारावाहिक में अपने विदेश प्रवास के समय देखा है।)

13. क्या महाभारत सिर्फ एक पुराण है ?– कुरुक्षेत्र में एक जगह है, जहाँ माना जाता है कि महाभारत का युद्ध हुआ था। उस जगह से 30 किलोमीटर के दायरे में मिट्टी की संरचना बहुत अलग है। वैज्ञानिक समझ नहीं पा रहे कि यह कैसे सम्भव है क्योंकि इस तरह की मिट्टी सिर्फ तब हो सकती है, जब उस जगह पर बहुत ज्यादा तेज गर्मी पड़ी हो। बहुत से लोगों का मानना है कि लड़ाई की वजह से ही मिट्टी की प्रकृति बदली है।

14. बर्बरीक और श्रीकृष्ण– बर्बरीक भीम का पराक्रमी पोता और श्रीकृष्ण का शिष्य था। बर्बरीक को कोई नहीं हरा सकता था। उसके पास कामाख्या देवी से प्राप्त तीन तीर थे, जिनसे वह कोई भी युद्ध जीत सकता था, पर, उसने शपथ ली थी कि वह सिर्फ कमजोर पक्ष के लिए ही लड़ेगा। महाभारत के युद्ध के समय यह एक दुविधा बन गयी थी क्योंकि अगर बर्बरीक पाण्डवों की तरफ से लड़ा तो युद्ध के पहले दिन ही कौरव कमजोर हो जायेंगे और फिर बर्बरीक को उनकी तरफ से लड़ना होगा। इस प्रकार पाण्डवों की हार निश्चित थी। इस दुविधा से बाहर आने के लिए और पाण्डवों को हार से बचाने के लिए श्रीकृष्ण ने गुरु दक्षिणा में बर्बरीक का सर मांग लिया।

15. दुर्योधन पुत्र– दुर्योधन के पुत्र के बारे में ज्यादा नहीं लिखा गया है। दुर्योधन का एक पुत्र था जिसका नाम था लक्ष्मण। इस लक्ष्मण का राम से कोई सम्बन्ध नहीं था।

16. अर्जुन की पत्नियाँ– एक बार कुछ डाकुओं का पीछा करते हुए अर्जुन गलती से युधिष्ठिर और द्रौपदी के कमरे में दाखिल हो गया। अपनी गलती की सजा के लिए वह 12 साल के वनवास के लिए निकल गया। उस दौरान अर्जुन ने तीन विवाह किये- चित्रांगदा (मणिपुर), उलूपी (नागा) और सुभद्रा (कृष्ण की बहन)।

महाभारत के कतिपय विस्मयकारी रहस्य

महाभारत हमारे देश के मन-प्राण में बसा हुआ है। यह भारत की राष्ट्रीय गाथा की तरह है। इस ग्रन्थ में तत्कालीन भारत (आर्यावर्त) का समग्र इतिहास वर्णित है। अपने आदर्श स्त्री-पुरुषों के चरित्रों से हमारे देश के जन-जीवन को यह प्रभावित करता रहा है। इसमें सैकड़ों पात्रों, स्थानों, घटनाओं तथा विचित्रताओं व विडंबनाओं का वर्णन है। महाभारत में कई घटना, सम्बन्ध और ज्ञान-विज्ञान के रहस्य छिपे हुए हैं। महाभारत का हर पात्र जीवन्त है, चाहे वह कौरव, पाण्डव, कर्ण और श्रीकृष्ण हो या धृष्टद्युम्न, शल्य, शिखण्डी और कृपाचार्य हों। महाभारत सिर्फ योद्धओं की गाथाओं तक सीमित नहीं है। महाभारत से जुड़े शाप, वचन और आशीर्वाद में भी रहस्य छिपे हैं। दरअसल, महाभारत की कहानी युद्ध के बाद समाप्त नहीं होती है। असल में महाभारत की कहानी तो युद्ध के बाद शुरू होती है। आज तक अश्वत्थामा क्यों जीवित है? इसका कोई प्रमाण नहीं है। अंधविश्वास का प्रमाण होता भी नहीं है। क्यों यदुवंशियों के नाश का शाप दिया गया था और क्यों धर्म चल पड़ा था कलियुग की राह पर? महाभारत का रहस्य अभी सुलझना

बाकी है। महाभारत युद्ध और उससे जुड़े रहस्यों का हमने पता लगाया। वे इस प्रकार हैं–

1. 18 का रहस्य– कहते हैं कि महाभारत युद्ध में 18 संख्या का बहुत महत्त्व है। महाभारत की पुस्तक में 18 अध्याय हैं। श्रीकृष्ण ने कुल 18 दिन तक अर्जुन को ज्ञान दिया। 18 दिन तक ही युद्ध चला। गीता में भी 18 अध्याय हैं। कौरवों और पाण्डवों की सेना भी कुल 18 अक्षौहिणी सेना थी जिनमें कौरवों की 11 और पाण्डवों की 7 अक्षौहिणी सेना थी। इस युद्ध के प्रमुख सूत्रधार भी 18 थे। कहा जाता है कि इस युद्ध में कुल 18 योद्धा ही जीवित बचे थे। (यह विवादास्पद माना जाता है।) सवाल यह उठता है कि सब कुछ 18 की संख्या में ही क्यों होता गया ? क्या यह संयोग है या इसमें कोई रहस्य छिपा है ? यह सब कुछ बनावटी बात है तो कुछ संयोगवश। इन बातों से अंधविश्वास को बढ़ावा मिलता है।

2. क्या अश्वत्थामा आज भी जीवित हैं ?– विज्ञान यह नहीं मानता कि कोई व्यक्ति हजारों वर्षों तक जीवित रह सकता है। कोई व्यक्ति ज्यादा-से-ज्यादा 150 वर्ष तक जीवित रह सकता है। वह भी इस शर्त पर कि आबोहवा और खानपान अच्छा हो। तब ऐसे में कैसे माना जा सकता है कि अश्वत्थामा आज भी जीवित है। कहा जाता है कि महाभारत युद्ध में अश्वत्थामा ने ब्रह्मास्त्र छोड़ दिया था, जिसके चलते लाखों लोग मारे गये थे। अश्वत्थामा के इस कृत्य से श्रीकृष्ण क्रोधित हो गये थे और उन्होंने अश्वत्थामा को शाप दिया था कि 'तू इतने वधों का पाप ढोता हुआ तीन हजार वर्ष तक निर्जन स्थानों में भटकेगा। तेरे शरीर से सदैव रक्त की दुर्गंध निःसृत होती रहेगी। तू अनेक रोगों से पीड़ित रहेगा।' व्यास ने श्रीकृष्ण के वचनों का अनुमोदन किया। कहते हैं कि अश्वत्थामा इस शाप के बाद रेगिस्तानी इलाके में चला गया था और वहाँ रहने लगा था। कुछ लोग मानते हैं कि वह अरब चला गया था। उत्तरप्रदेश में प्रचलित मान्यता के अनुसार अरब में उसने श्रीकृष्ण और पाण्डवों के धर्म को नष्ट करने की प्रतिज्ञा ली थी।

3. कौरवों का जन्म एक रहस्य– कौरवों को कौन नहीं जानता। धृतराष्ट्र और गांधारी के 99 पुत्र और एक पुत्री थीं जिन्हें कौरव कहा जाता था। कुरु वंश के होने के कारण ये कौरव कहलाये। सभी कौरवों में दुर्योधन सबसे बड़ा था। गांधारी जब गर्भवती थी, तब धृतराष्ट्र ने एक दासी के साथ सहवास किया था। जिसके चलते युयुत्सु नामक पुत्र का जन्म हुआ। इस तरह कौरव सौ हो गये।

युयुत्सु एन वक्त पर कौरवों की सेना को छोड़कर पाण्डवों की सेना में शामिल हो गया था। गांधारी ने वेदव्यास से पुत्रवती होने का वरदान प्राप्त कर लिया। गर्भ धारण कर लेने के पश्चात् भी दो वर्ष व्यतीत हो गये, किन्तु गांधारी को कोई भी सन्तान उत्पन्न नहीं हुई। इस पर क्रोधवश गांधारी ने अपने पेट पर जोर से मुक्के का प्रहार किया, जिससे उसका गर्भ गिर गया। वेदव्यास ने इस घटना को तत्काल ही जान लिया। वे गांधारी के पास आकर बोले– 'गांधारी! तूने बहुत गलत किया। मेरा दिया हुआ वर कभी मिथ्या नहीं जाता। अब तुम शीघ्र ही सौ कुंड तैयार करवाओ और उनमें घृत (घी) भरवा दो।' वेदव्यास ने गांधारी के गर्भ से निकले माँस पिण्ड पर अभिमंत्रित जल छिड़का जिससे उस पिण्ड के अंगूठे के पोरुये के बराबर सौ टुकड़े हो गये। वेदव्यास ने उन टुकड़ों को गांधारी से बनवाए हुए सौ कुंडों में रखवा दिया और उन कुंडों को दो वर्ष पश्चात् खोलने का आदेश देकर अपने आश्रम चले गये। दो वर्ष बाद सबसे पहले कुंड से दुर्योधन की उत्पत्ति हुई। फिर उन कुंडों से धृतराष्ट्र के शेष 99 पुत्र एवं दु:शला नामक एक कन्या का जन्म हुआ। यह एक निम्नस्तरीय चिंतन से भरा मिथक है। धृतराष्ट्र बहुत महिलाओं के साथ सहवास करता था। उसी को छिपाने के लिए साहित्यकारों ने इस मिथक को बनाया होगा।

4. महान् योद्धा बर्बरीक– बर्बरीक महान् पाण्डव भीम के पुत्र घटोत्कच और नागकन्या अहिलवती के पुत्र थे। कहीं-कहीं पर मुर दैत्य की पुत्री 'कामकंटकटा' के उदर से भी इनके जन्म होने की बात कही गयी है। महाभारत का युद्ध जब तय हो गया तो बर्बरीक ने भी युद्ध में सम्मिलित होने की इच्छा व्यक्त की और माँ को हारे हुए पक्ष का साथ देने का वचन दिया। बर्बरीक अपने नीले रंग के घोड़े पर सवार होकर तीन बाण और धनुष के साथ कुरुक्षेत्र की रणभूमि की ओर अग्रसर हुए। बर्बरीक के लिए तीन बाण ही काफी थे जिसके बल पर वे कौरव और पाण्डवों की पूरी सेना को समाप्त कर सकते थे। यह जानकार भगवान् श्रीकृष्ण ने ब्राह्मण के वेश में उनके सामने उपस्थित होकर उनसे दान में छलपूर्वक उनका शीश मांग लिया। बर्बरीक ने श्रीकृष्ण से प्रार्थना की कि वे अन्त तक युद्ध देखना चाहते हैं, तब श्रीकृष्ण ने उनकी यह बात स्वीकार कर ली। फाल्गुन मास की द्वादशी को उन्होंने अपने शीश का दान दिया। भगवान् ने उस शीश को अमृत से सींचकर सबसे ऊँची जगह पर रख दिया ताकि वे महाभारत युद्ध देख सके। उनका सिर युद्धभूमि के समीप ही एक पहाड़ी पर रख दिया गया, जहाँ से बर्बरीक सम्पूर्ण युद्ध का जायजा ले सकते थे। (यह एक हास्यस्पद मिथक का नमूना है।)

5. राशियाँ नहीं थीं ज्योतिष का आधार– महाभारत के दौर में राशियाँ नहीं हुआ करती थीं। ज्योतिष 27 नक्षत्रों पर आधारित था, न कि 12 राशियों पर। नक्षत्रों में पहले स्थान पर रोहिणी था, न कि अश्विनी। जैसे-जैसे समय गुजरा, विभिन्न सभ्यताओं ने ज्योतिष में प्रयोग किये और चन्द्रमा और सूर्य के आधार पर राशियां बनायी और लोगों का भविष्य बताना शुरू किया। जबकि वेद और महाभारत में इस तरह की विद्या का कोई उल्लेख नहीं मिलता, जिससे यह पता चले कि ग्रह-नक्षत्र व्यक्ति के जीवन को प्रभावित करते हैं। आज यह भारतीय ठग विद्या का अभिन्न अंग है।

6. विदेशी भी शामिल हुए थे लड़ाई में– महाभारत के युद्ध में विदेशी भी शामिल हुए थे। एक ओर जहाँ यवन देश की सेना ने युद्ध में भाग लिया था वहीं दूसरी ओर ग्रीक, रोमन, अफ्रीकन, मेसिडोनियन आदि योद्धाओं के लड़ाई में शामिल होने का प्रसंग आता है। इस आधार पर यह माना जाता है कि महाभारत विश्व का प्रथम विश्व युद्ध था। उस समय सभ्य समाज का स्वरूप भी काफी छोटा रहा होगा। अधिकांश लोग बर्बर स्थिति में ही थे।

ॐ तत्सत्

3

श्रीमद्भगवद्गीता परिचय

कुरुक्षेत्र की युद्धभूमि में श्रीकृष्ण ने अर्जुन को जो उपदेश दिया था, वह श्रीमद्भगवद्गीता के नाम से प्रसिद्ध है। यह महाभारत के भीष्मपर्व का अंग है। गीता में 18 अध्याय और 700 श्लोक हैं। ज्ञात होता है कि लगभग 8वीं एवं 9वीं सदी के मध्य में शंकराचार्य (788-820) के सामने गीता का शायद वही पाठ था, जो आज हमें उपलब्ध है। 10वीं सदी के लगभग भीष्मपर्व का जावा की एक भाषा में अनुवाद हुआ था। उसमें अनेक मूल श्लोक सुरक्षित हैं। श्रीपाद् कृष्ण बेल्वेलकर के अनुसार जावा (इंडोनीजिया) के इस प्राचीन संस्करण में गीता के केवल साढ़े इक्यासी श्लोक मूल संस्कृत के हैं। इससे यह स्पष्ट होता है कि मूल गीता का स्वरूप काफी छोटा रहा होगा। ब्राह्मणों ने समय के साथ इसमें काफी जोड़ने का काम किया था। पर, यह कहना कि वह मूल गीता है ठीक नहीं है। यह अपूर्ण संस्करण भी हो सकता है। पर, इसमें सन्देह नहीं कि गीता में काफी जोड़ा गया है। मूल गीता का सही आकार किसी को नहीं मालूम है। पर, निस्सन्देह वर्त्तमान गीता से उसका स्वरूप कुछ छोटा था। इतना तो बहुतों को मालूम हो गया है कि अध्याय 13 से 18 को बाद में जोड़ दिया गया है। गीता की गणना प्रस्थानत्रयी में की जाती है, जिसमें **उपनिषद्** और **ब्रह्मसूत्र** भी सम्मिलित हैं। अतएव भारतीय परम्परा के अनुसार गीता का स्थान वही है, जो उपनिषद् और ब्रह्मसूत्रों का है।

गीता के माहात्म्य में उपनिषदों को गौ और गीता को उसका दुग्ध कहा गया है। कृष्ण ने दुध दुहने का और अर्जुन ने उसका रसपान करने का काम किया

है। इसका तात्पर्य यह है कि उपनिषदों की जो अध्यात्म विद्या थी, उसको गीता सर्वांश में स्वीकार करती है। उपनिषदों की अनेक विद्याएँ गीता में हैं। जैसे, संसार के स्वरूप के सम्बन्ध में अश्वत्थ विद्या, अनादि, अजन्मा ब्रह्म के विषय में अव्ययपुरुष विद्या, परा प्रकृति या जीव के विषय में अक्षरपुरुष विद्या और अपरा प्रकृति या भौतिक जगत् के विषय में क्षरपुरुष विद्या। इस प्रकार वेदों के ब्रह्मवाद और उपनिषदों के अध्यात्म, इन दोनों की विशिष्ट सामग्री गीता में संनिविष्ट है। उसे ही पुष्पिका के शब्दों में ब्रह्मविद्या कहा गया है।

श्रीमद्‌भगवद्‌गीता की पृष्ठभूमि महाभारत का युद्ध है। जिस प्रकार एक सामान्य मनुष्य अपने जीवन की समस्याओं में उलझकर किंकर्त्तव्यविमूढ़ हो जाता है और उसके पश्चात् जीवन के समरांगण से पलायन करने का मन बना लेता है, उसी प्रकार अर्जुन जो महाभारत का महानायक है अपने सामने आने वाली समस्याओं से भयभीत होकर जीवन और क्षात्रधर्म से निराश हो गया है। अर्जुन की तरह ही हम सभी कभी-कभी अनिश्चय की स्थिति में या तो हताश हो जाते हैं और या फिर अपनी समस्याओं से उद्‌विग्न होकर कर्त्तव्य विमुख हो जाते हैं। भारतवर्ष के ऋषियों ने गहन विचार के पश्चात् जिस ज्ञान को आत्मसात किया उसे उन्होंने वेदों का नाम दिया। इन्हीं वेदों का अन्तिम भाग उपनिषद् कहलाता है। मानव जीवन की विशेषता मानव को प्राप्त बौद्धिक शक्ति है और उपनिषदों में निहित ज्ञान मानव की बौद्धिकता की उच्चतम अवस्था तो है ही, अपितु बुद्धि की सीमाओं के परे मनुष्य क्या अनुभव कर सकता है, उसकी एक झलक भी दिखा देता है।

आज से कोई 5000 वर्ष पूर्व गीता का उपदेश श्रीकृष्ण ने अर्जुन को कुरुक्षेत्र (वर्तमान हरियाणा राज्य) के मैदान में दिया था। गीता का ज्ञान इसलिए विशिष्ट है कि यह ज्ञान परब्रह्म ने स्वयं दिया था और यह तब दिया गया था जब अर्जुन मोहवश अपने कर्म से भाग रहा था। प्रारम्भ में अर्जुन को यह पता भी नहीं था कि उसे कर्म का पाठ पढ़ाने वाला सारथी कोई और नहीं स्वयं परब्रह्म है। वह बिलकुल ही घबराया हुआ, किंकर्त्तव्यविमूढ़ और एक हारे हुए योद्धा की तरह युद्ध के मैदान में भयभीत खड़ा था। श्रीकृष्ण अर्जुन को यह विश्वास दिलाते हैं कि यह जीवन दु:खों से भरा पड़ा है। यहाँ जितनी भी चीज़ें दिखाई पड़ती हैं वे सभी नश्वर, परिवर्त्तनशील व अस्थायी हैं। सिर्फ सभी जीवों के अन्दर जो आत्मा अवस्थित है, वही अनश्वर है। शरीर के मरने से आत्मा की मृत्यु नहीं होती। आत्मा परमात्मा का ही अंश है। वह सिर्फ शरीर बदलते रहती है। इसलिए

हे अर्जुन! युद्ध के मैदान में पीठ दिखाने की कोई आवश्यकता नहीं है। तुम्हें सिर्फ समर्पित भाव से कर्म करना है। मृत्यु से भयभीत होने की कोई आवश्यकता नहीं है।

अध्याय-18 में यह कहा गया है कि सभी धार्मिक कार्यकलापों को छोड़कर श्रीकृष्ण के प्रति समर्पित होकर अपना कार्य करना है। उसे परिणाम की चिन्ता नहीं करनी है क्योंकि किसी भी कार्य का परिणाम कर्त्ता के हाथ में नहीं होता है। कार्य के भले-बुरे परिणाम का निर्णय श्रीकृष्ण के हाथ में है।

श्रीमद्भगवद्गीता कोई धार्मिक अन्धविश्वास से भरा ग्रन्थ नहीं है, इसमें व्यक्तिगत स्वतन्त्रता पर काफी जोर दिया गया है। कुरुक्षेत्र के मैदान में श्रीकृष्ण अर्जुन से स्पष्ट कहते हैं कि मेरे पास जो भी ज्ञान था। वह सब मैंने तुम्हें दिया। अब तुम स्वयं निर्णय करो कि युद्ध में क्या करना है? सच कहा जाये तो श्रीमद्भगवद्गीता पूरी मानवता को एक बहुत बड़ी सौगात है।

गीता का संदेश युद्ध के मैदान में दिया गया है, यह कोई संयोग नहीं बल्कि परमात्मा ने उपयुक्त स्थान और अवसर चुना था। इसलिए कि मानव-जीवन पूरी तरह संघर्षमय है। यहाँ कुछ भी हमारी सोच, समझ, आवश्यकता, इच्छा और जरूरतों के अनुसार नहीं होता है। जैसे अर्जुन कुरुक्षेत्र में उधेड़बुन में हैं वैसे ही हरेक व्यक्ति अपने जीवन में उधेड़बुन में रहता है। उचित-अनुचित का निर्णय लेने में हर व्यक्ति को जीवन में कठिनाइयों का सामना करना पड़ता है। वैसे, सभी को भगवद्गीता मार्गदर्शन करने का काम करती है। गीता जैसा ग्रन्थ मानव समाज के किसी भी धर्म में सम्भव नहीं हुआ है।

महाभारत व गीता की रचना– महाभारत व गीता की रचना के सम्बन्ध में आमतौर पर लोग यही जानते हैं कि इसकी रचना वेद व्यास के द्वारा की गयी थी। यही बात तो वेदों के बारे में भी कही जाती है, जबकि वेद और महाभारत की रचना के बीच हजार वर्षों से भी ज्यादा का अन्तराल है। जो मनुष्य शरीर में है, वह हजार साल तक जीवित नहीं रह सकता है, इसकी कोई सम्भावना नहीं बनती है। बहुत लोग कहते हैं कि प्राचीनकाल में कुछ भी सम्भव था। जब बात ऐसी थी तो श्रीकृष्ण या राम के जीवन के बारे में ऐसी बातें क्यों नहीं कही जाती हैं। गीता में तो साफ लिखा हुआ है कि जीवन-मरनधर्मा है। जिसने जन्म लिया है, उसे जाना होगा और उसकी भी एक समय-सीमा है। जिस सत्य को लोग नहीं जानते हैं वह यह है कि वेद व्यास किसी व्यक्ति विशेष का नाम नहीं बल्कि एक पेशे या पद का नाम था, जो लिखने-पढ़ने व प्रवचन करने का काम करते थे। जैसे आज प्रोफेसर, शिक्षक या टीचर किसी व्यक्ति विशेष का नाम नहीं है। यह

एक पद या पेशे का नाम है। उसी प्रकार प्राचीनकाल में भी वैसे तमाम लोगों को व्यास कहा जाता था जो धर्म पर प्रवचन करते थे या कुछ लिखते थे। आज भी धर्म के क्षेत्र में इस तरह काम करनेवाले लोगों को व्यास कहकर पुकारा जाता है। पुराणों में तो यह स्पष्ट रूप से कहा गया है कि एक से अधिक व्यास हुए हैं। अर्थात् वेद और महाभारत को संगठित करने वाले कोई एक व्यास नहीं थे। **विष्णु पुराण** में 28 व्यासों की चर्चा की गयी है। पाण्डवों और कौरवों के एक चाचा 28वें व्यास के रूप में जाने जाते थे, जो भीष्मपितामह के चचेरे भाई थे। कुछ लोगों का कहना है कि वे ही महाभारत के मूल लेखक थे। पर यह भी सही नहीं हैं क्योंकि महाभारत की रचना महाभारत काल में नहीं हुई थी।

वेद हो या महाभारत सभी का स्वरूप श्रुति का स्वरूप था। भाट या चारण लोगों को गीत गाकर महाभारत की कथा सुनाया करते थे और यह स्वाभाविक था, इसलिए कि उस समय किताब लिखने और छापने की परम्परा प्रारम्भ नहीं हुई थी। सुनी-सुनाई कहानियों के माध्यम से लोग अपनी परम्परा और संस्कृति के बारे में जानते थे। इस सम्बन्ध में यह भी उल्लेखनीय है कि यह काम आमतौर पर ब्राह्मणों के द्वारा किया जाता था क्योंकि पढ़ने-लिखने का अधिकार उन्हीं तक सीमित था। जैसा श्रोता वैसी ही कहानी सुनाने की परम्परा थी। सुनने वाले आमतौर पर ब्राह्मण, क्षत्रिय और वैश्य हुआ करते थे। श्रोताओं को ध्यान में रखकर तोड़-मरोड़ कर मनोरंजक ढंग से कहानी सुनाई जाती थी। तो वैसी स्थिति में महाभारत में मिथक जुड़ जाना एक स्वाभाविक-सी बात है। आज भी लोग मुँह देखी बात करने के आदी हैं।

चूँकि गीत या किस्से के रूप में कहानियों को लम्बे समय तक आम लोगों के बीच रखा जाता रहा, इसलिए इसमें बहुत सारी अटपटी बातें भी आ गयीं। जब एक से अधिक व्यास या लेखक होंगे तो चीज़ों का स्वरूप भी अलग-अलग होगा। बहुत सारी बातें विरोधाभासी भी होंगी। विभिन्न भाषाओं में रामायण और महाभारत का स्वरूप एक जैसा बिलकुल भी नहीं है।

गीता को महाभारत से अलग करके देखा जाता है, लेकिन गीता महाभारत का ही एक छोटा-सा हिस्सा है, जैसा कि पहले कहा जा चुका है। महाभारत में 1,00,000 श्लोक हैं, तो गीता में 700 श्लोक हैं। अर्थात् गीता मात्र 0.7 प्रतिशत महाभारत है। अधिकांश विद्वान यही मानते हैं कि गीता की रचना अलग से हुई है और उसको लोगों ने महाभारत में बाद में जोड़ दिया है और यही सत्य भी है। इतना ही नहीं बल्कि ऐसा भी माना जाता है कि गीता की रचना एक बार में नहीं हुई है। इसकी रचना भी लम्बे समय में सम्भव हुई है। यदि गीता का सबसे पुराना

हिस्सा ईसा पूर्व तीसरी शताब्दी में हुई है तो इसकी नवीनतम हिस्सा गुप्तकाल के चौथी शताब्दी में हुई है। इतिहासकारों का कहना है कि इसकी रचना वर्तमान हरियाणा से लेकर उत्तराखण्ड होते हुए पश्चिमी उत्तर प्रदेश में कहीं हुई है। यह भी एक विवाद का विषय है कि गीता का सीधा सम्बन्ध महाभारत में अर्जुन और श्रीकृष्ण के बीच वार्तालाप से है। वैसे भी गीता को पढ़ने से प्रारम्भ में ही स्पष्ट हो जाता है कि गीता प्रथम बार संजय के द्वारा धृतराष्ट्र को उनके राजमहल में सुनाया जाता है। संजय एक सारथी के साथ-साथ एक वाचक या चारण (घूम-घूम कर गाने वाला) भी था। अर्जुन और श्रीकृष्ण के बीच में युद्ध के मैदान में क्या बात हो रही थी, यह सुनकर कोई युद्ध के मैदान में लिखने का काम तो नहीं कर रहा था। कहा जाता है कि संजय को व्यास की कृपा से दिव्यदृष्टि प्राप्त थी, जो अन्धे राजा के साथ महल में बैठकर सब कुछ देख कर सुना रहा था। वह आज के क्रिक्रेट् कॉमेन्ट्री से भिन्न था। इस रूप में कि कॉमेन्ट्री आँखों देखी घटना का सीधा प्रसारण होता है। संजय तो स्वयं कुरुक्षेत्र में मौजूद नहीं था। खैर जो हो इससे यही स्पष्ट होता है कि वर्तमान गीता श्रीकृष्ण-अर्जुन के बीच का सीधे सम्वाद का हिस्सा नहीं है। संजय के माध्यम से गीता का ज्ञान आम 1लोगों को सम्भव हुआ।

गीता का भाष्य

संस्कृत साहित्य की परम्परा में उन ग्रन्थों को भाष्य (शाब्दिक अर्थ- व्याख्या के योग्य) कहते हैं जो दूसरे ग्रन्थों के अर्थ की वृहद व्याख्या या टीका प्रस्तुत करते हैं। भारतीय दार्शनिक परम्परा में किसी भी नये दर्शन को या किसी दर्शन के नये स्वरूप को जड़ जमाने के लिए जिन तीन ग्रन्थों पर अपना दृष्टिकोण स्पष्ट करना पड़ता था (अर्थात् भाष्य लिखकर) उनमें भगवद्गीता भी एक है (अन्य दो हैं- उपनिषद् तथा ब्रह्मसूत्र)।

गीता पर अनेक आचार्यों एवं विद्वानों ने टीकाएँ की हैं। सम्प्रदायों के अनुसार उनकी संक्षिप्त सूची इस प्रकार है:

(अ) **अद्वैत–** शंकरभाष्य, श्रीधरकृत सुबोधिनी, मधुसूदन सरस्वतीकृत गूढ़ार्थदीपिका।

(आ) **विशिष्टाद्वैत**

(1) यामुनाचार्य कृत गीता अर्थसंग्रह, जिस पर वेदांतदेशिककृत गीतार्थ-संग्रह रक्षा टीका है।

(2) रामानुजाचार्यकृत गीताभाष्य, जिस पर वेदांतदेशिककृत तात्पर्यचंद्रिका टीका है।

(3) **द्वैत–** माधवाचार्य कृत गीताभाष्य, जिस पर जयतीर्थकृत प्रमेयदीपिका टीका है, मध्वाचार्यकृत गीता-तात्पर्य निर्णय।

(ई) **शुद्धाद्वैत–** वल्लभाचार्य कृत तत्त्वदीपिका, जिस पर पुरुषोत्त्मकृत अमृततरंगिणी टीका है।

(उ) **कश्मीरी टीकाएँ**–

(1) अभिनवगुप्त कृत गीतार्थ संग्रह ।

(2) आनंदवर्धन कृत ज्ञानकर्मसमुच्चय।

गीता इतनी लोकप्रिय ग्रन्थ है कि अब तक कोई 250 विद्वानों ने अपना ही टीका प्रस्तुत किया है। यही कारण है कि यह ग्रन्थ दुनिया की लगभग सभी प्रमुख भाषाओं में उपलब्ध है। जैसा कि कहा जा चुका है कि भारत में भी गीता पर प्राचीनकाल से लेकर अब तक बहुत भाष्य प्रस्तुत किये गये हैं जिनमें आदि शंकराचार्य (788-820 ई.), रामानुजाचार्य (1017-1137 ई.), माधवाचार्य (1238-1317 ई.) एवं बल्लभाचार्य (1479-15131 ई.) का भाष्य विशेष रूप से उल्लेखनीय है। इन महापुरुषों ने गीता का विश्लेषण अपने-अपने ढंग से किया है। इन लोगों के बीच सबसे अधिक प्रसिद्धि आदि शंकराचार्य को मिली, जो मात्र 32 वर्ष तक जीवित रहे। लेकिन जो ज्ञान देकर गये वह आज भी अतुलनीय माना जाता है। वे एक अखड़ियल विद्वान थे। उन्हें जीवनकाल में शास्त्रार्थ में कोई मात नहीं दे सका।

इनके अतिरिक्त महाराष्ट्र सन्त ज्ञानदेव या ज्ञानेश्वरकृत भावार्थ दीपिका नाम की टीका (1290) प्रसिद्ध है, जो गीता के ज्ञान को भावात्मक काव्यशैली में प्रकट करती है। वर्तमान युग में लोकमान्य बाल गंगाधर तिलककृत **गीतारहस्य टीका**, जो अत्यन्त विस्तृत भूमिका तथा विवेचन के साथ पहली बार 1915 ई. में पूना से प्रकाशित हुई थी, गीता साहित्य में महत्त्वपूर्ण स्थान रखती है। उसने गीता के मूल अर्थों को विद्वानों तक पहुँचाने में ऐसा मोड़ दिया है जो शंकराचार्य के बाद आज तक सम्भव नहीं हुआ था। वस्तुतः शंकराचार्य का भाष्य गीता का मुख्य अर्थ ज्ञानपरक करता है जबकि तिलक ने गीता को कर्म का प्रतिपादक शास्त्र सिद्ध किया है।

गीता पर बहुत सारे भाष्य विभिन्न भाषाओं में उपलब्ध हैं। विभिन्न विद्वानों ने अपनी ही रुचि, ज्ञान व दृष्टिकोण से टीका प्रस्तुत किया है। प्राचीन टीकाकारों

ने गीता में अपनी तरफ से जोड़ने-घटाने का काम किया है। ऐसा करना बिलकुल सम्भव था क्योंकि उस समय गीता का प्रकाशन सम्भव नहीं हुआ था। छपाई का विकास तो आधुनिक काल में हुआ। श्रीकृष्ण के नाम पर प्राचीन दार्शनिकों ने काफी खेल खेला है। मूल गीता का क्या आकार रहा होगा, उसे आज तक कोई भी व्यक्ति प्रमाणित नहीं कर सका है। अधिकांश विद्वान् यही कहते हैं कि 13-18 अध्याय बहुत बाद में जोड़ा गया है। पर, इसका यह तात्पर्य नहीं कि 1-12 अध्याय में कुछ नहीं जोड़ा गया है । अपने विश्लेषण में मैंने सिर्फ इसी बात का ध्यान रखा है कि श्रीकृष्ण अर्जुन को युद्ध के लिए तैयार कर रहे हैं। उन्हें दर्शनशास्त्र पर प्रवचन नहीं दिया जा रहा है। सिर्फ सरल और स्वाभाविक विचार रखने का प्रयास किया गया है। टीकाकारों को यह ध्यान में रखना चाहिए था कि अर्जुन जैसा साधारण व्यक्ति कुरुक्षेत्र में दर्शनशास्त्र का अध्ययन करने नहीं गया था। न ही कृष्ण कोई बड़े दार्शनिक थे। युद्ध के पूर्व या बाद में कृष्ण कहीं दार्शनिक रूप में नजर नहीं आते हैं। उन्हें एकाएक युद्धक्षेत्र में विश्व का एक महान् दार्शनिक बना दिया गया। परमात्मा का काम प्रवचन करना नहीं होता है। प्रवचन तो हमेशा छोटे लोग करते हैं।

एक प्रश्न मन में बरबस उठता है कि श्रीकृष्ण तो अर्जुन को कोई एक ही संदेश या विचार दे रहे होंगे, तो फिर गीता के श्लोकों पर इतने अधिक टीका-टिप्पणी की आवश्यकता क्यों पड़ी ? लगता है श्रीकृष्ण के विचारों से प्रभावित होकर कुछ लोगों ने अपने-अपने विचारों को आगे बढ़ाने का प्रयास किया। सच कहा जाये तो दर्शनशास्त्र और धर्म के क्षेत्र में ऐसी बातें अक्सर देखने को मिलती हैं। विशेषकर तब जब लोगों को धार्मिक स्वतन्त्रता हो। इस्लाम अपने अनुयायियों को इस प्रकार की छूट नहीं देता है। इस्लाम वैचारिक विरोध या आलोचना कतई पसन्द नहीं करता है। कुरान में कुछ जोड़ने या घटाने की इजाज़त किसी को नहीं है।

आमतौर पर हम भारतीय अँगरेज़ों की इस बात के लिए आलोचना करते हैं कि उन्होंने हमारे देश को काफी लूटा है। उन्होंने क्या-क्या दिया, इसकी हम कभी चर्चा ही नहीं करते। हम अपनी सारी कमजोरियों और कमियों को अँगरेज़ी के मत्थे मढ़ देते हैं और अपने को पाक-साफ बताते हैं। इस विषय पर आगे कुछ कहने की आवश्यकता यहाँ नहीं है क्योंकि इसका यहाँ कोई विशेष सन्दर्भ नहीं है। पर, इस बात की सर्वमान्य स्वीकृति है कि अँगरेज़ों ने गीता और वेद का संस्कृत से अँगरेज़ी में अनुवाद किया, जिसके चलते सारी दुनिया में हिन्दू धर्म के

बारे में ज्ञान हुआ। हमें दुनिया में एक नयी पहचान मिली। भगवद्‌गीता का अँगरेज़ी में सर्वप्रथम अनुवाद 1785 ई0 में चार्ल्स विलकिन्स (Charles Wilkins) के द्वारा किया गया और उसके बाद यूरोप की अन्य भाषाओं में इसका अनुवाद हुआ। लेकिन गीता का पहला मुद्रित संस्करण संस्कृत में 1806 ई0 में, जर्मन भाषा में 1823 ई0 में तथा अँगरेज़ी में 1839 ई. में सम्भव हुआ। कहा जाता है कि अब तक 75 से अधिक भाषाओं में गीता का अनुवाद हुआ है। अकेले अँगरेज़ी में इसका 300 अनुवाद उपलब्ध हैं। इसके पूर्व गीता संस्कृत भाषा में कुछ ही पण्डितों के घर में हस्तलिपि के रूप में उपलब्ध थी, जिसके चलते लोग गीता के बारे में कुछ विशेष नहीं जानते थे। सच तो यह है कि इस महाग्रन्थ के बारे में भारत में भी कुछ गिने-चुने ब्राह्मण ही जानते थे।

बहुत से गीता-टीकाकार और प्रवचनकर्त्ता अकसर यह कहते हुए सुने जाते हैं कि गीता का धर्मक्षेत्र और कुरुक्षेत्र भारत का कोई भू-खण्ड नहीं, यह शरीर ही एक क्षेत्र है, जिसमें बोया हुआ भला और बुरा बीज संस्कार रूप से सदैव उगता है। दस इन्द्रियाँ, मन बुद्धि, चित्त, अहंकार, पाँचों विकार और तीनों गुणों का विकास इस क्षेत्र का विस्तार है। प्रकृति से उत्पन्न इन तीनों गुणों से विवश होकर मनुष्य को कर्म करना पड़ता है। वह क्षणमात्र भी कर्म किये बिना नहीं रह सकता। इस ढंग की बात करनेवाले लोग कुरुक्षेत्र की घटना को मिथ्या बताकर अपने आप को बहुत भारी चिन्तक बताना चाहते हैं। कहीं ऐसा तो नहीं है कि वे अपने-आपको श्रीकृष्ण का अवतार मानते हैं। जिनको इतिहास, मानवशास्त्र और समाजशास्त्र का ज्ञान नहीं है, वैसे लोग ही इस प्रकार का तर्क देते हैं कि महाभारत प्रत्येक व्यक्ति के जीवन में अमूर्त रूप से चलता रहता है। घर या पड़ोस में कोई झगड़ा हो या मानव मस्तिष्क में अच्छे-बुरे चिन्तन के द्वन्द्व को महाभारत से तुलना करना बौद्धिक दिवालियापन नहीं तो और क्या है। यह कैसे सम्भव है कि मानव के मात्र 80-100 वर्ष के जीवनकाल में इतिहास की सारी घटनाऐं घटित हो जाये। हमेशा अपनी नजरों से देखने पर ही विश्वास करने की बात करना मूर्खता के सिवा और कुछ नहीं है।

इसमें कोई सन्देह की बात नहीं है कि कुरुक्षेत्र की घटना एक ऐतिहासिक घटना है। इसको झुठलाया नहीं जा सकता है। आज विज्ञान ने इतनी तरक्की कर ली है कि वैज्ञानिकों ने निश्चित रूप से यह बता दिया है कि कुरुक्षेत्र की घटना कहाँ और कब घटी। यह ठीक है कि यह कहना कठिन है कि उस युद्ध में कितने लोग शामिल थे और कितने लोग मरे। जब कहानी का स्वरूप हजारों साल तक

मौखिक था, प्राचीनकाल में लेखन और मुद्रण का विकास नहीं हुआ था, तो स्वाभाविक रूप से इसमें बहुत सारी ऐसी बातें जोड़ दी गयीं, जिनका कोई वैज्ञानिक आधार नहीं था। पर, उन झूठी कहानियों और तथ्यों के आधार पर महाभारत को झुठला नहीं सकते हैं। खेद की बात यह है कि बहुत लोग महाभारत की कहानियों में ज्यादा ही रुचि तो लेते हैं, लेकिन उन कहानियों के माध्यम से क्या संदेश दिया गया है इसको दरकिनार कर देते हैं। जबकि हमारे लिए सबसे अधिक महत्त्वपूर्ण गीता का दर्शन है, न कि महाभारत की झूठी-सच्ची कहानी। कुछ ही दिन पूर्व आई.आई.टी. खड़गपुर (पश्चिमी बंगाल) के वैज्ञानिकों ने यह प्रमाणित कर दिया कि ईसा पूर्व 3139 ई. में महाभारत का युद्ध हरियाणा राज्य के कुरुक्षेत्र में हुआ था। इसका तात्पर्य यह हुआ कि आज से लगभग 5100 वर्ष पूर्व महाभारत का युद्ध हुआ था। यह काल वैदिक काल के बाद का है और वैदिक काल से भी पुराना इतिहास सिन्धु घाटी की सभ्यता को मानते हैं। पर, यह ध्यान में रहे कि गीता की रचना महाभारत के युद्ध के साथ नहीं बल्कि बहुत बाद में हुई है। लम्बे समय तक गीता मौखिक रूप से भाटों या चारणों द्वारा सुनाई जाती थी। लेखन की कला का विकास तो काफी बाद में हुआ और मुद्रण तो आधुनिक समाज की चीज़ है।

श्रीकृष्ण एक परब्रह्म के रूप में– श्रीकृष्ण का पहली बार नाम महाभारत में ही आता है और फिर उनकी चर्चा पुराणों में, विशेषकर भगवद्पुराण में देखने को मिलती है। वेदों में श्रीकृष्ण का नाम नहीं आया है लेकिन वेदों में एक अर्जुन नाम का व्यक्ति अवश्य आया है, जिसके पुत्र के साथ इन्द्र का सोमरस के लिए युद्ध होता है। पर, वह अर्जुन कौन है, यह कहना कठिन है। इसलिए कि वेद और महाभारत के बीच हजारों साल का फर्क है। यहाँ इतना ही स्पष्ट होता है कि अर्जुन नाम के एक से अधिक व्यक्ति हिन्दू धर्मग्रन्थ में पाये गये हैं। उसी प्रकार विष्णु, लक्ष्मण, इन्द्र, नारद तथा अन्य भी। पुराणों में यही कहा गया है कि श्रीकृष्ण विष्णु के अवतार हैं। पर, ऐसा विचार वैष्णव सम्प्रदाय के लोगों ने खड़ा किया है।

वैदिक काल के देवी-देवताओं के साथ यही देखते हैं कि उनकी उत्पत्ति ब्राह्मण वर्ण में हुई है, लेकिन श्रीकृष्ण की उत्पत्ति ब्राह्मण वर्ण में नहीं हुई है। चूँकि उनका पेशा मवेशी पालन था और उनका रंग भी काफी काला था, इसलिए स्पष्ट होता है कि श्रीकृष्ण कोई अनार्य थे, जिनको वैश्य या शूद्र की श्रेणी में रखा जाता होगा। उन्हें कई बार गीता में हे! यादव कहकर भी सम्बोधित किया गया

है। इससे लगता है कि वे किसी निम्नवर्ण या जाति से जुड़े हुए व्यक्ति थे। चूँकि श्रीकृष्ण एक महान् पुरुष या परब्रह्म की तरह सनातन धर्म में प्रकट हुए इसलिए उच्च वर्ण के लोगों ने, विशेषकर क्षत्रियों ने, उन्हें अपने वर्ण का प्रतिनिधि माना ताकि समाज में क्षत्रियों की प्रतिष्ठा में वृद्धि हो। आधुनिक काल में राजपूत लोग उन्हें अपनी ही जाति का मानते हैं, जिसका गीता के श्लोकों से स्पष्ट खण्डन होता है। पर बहुत सारे विद्वान ने इनको स्पष्ट तौर पर कहा है कि श्रीकृष्ण यादव नाम के तत्कालीन जनजातीय समूह के एक महान् धार्मिक नेता थे। यही कारण है कि आज यादव लोग उन्हें अपना पूर्वज मानते हैं।

कभी-कभी यह भी लगता है कि भगवान् के नाम पर इतना जातिगत विवाद नहीं खड़ा होना चाहिए। परमात्मा तो परमात्मा हैं, उनका स्थान तो समाज में सर्वोपरी होता है। उनको किसी जाति विशेष से जोड़कर देखने की आवश्यकता नहीं है। परमात्मा तो किसी भी जाति के हो सकते हैं और किसी भी जाति के नहीं भी हो सकते हैं। लेकिन रंग-रूप का वर्णन जो शिव, राम और श्रीकृष्ण के बारे में मिलता है उससे स्पष्ट होता है कि वे आर्य प्रजाति के नहीं बल्कि वर्त्तमान भारतीय समाज में उत्पन्न सर्वगुण सम्पन्न एक ऐसे महापुरुष थे, जिनको समय के साथ देवत्व का स्थान प्राप्त हुआ। कौन भगवान् थे, कौन नहीं, यह भारी विवाद का विषय है क्योंकि भगवान् की कोई सर्वमान्य परिभाषा नहीं है। वे अपरिभाष्य हैं। परमात्मा के बारे में कहा जाता है कि वह निराकार, गुणातीत, शब्दातीत, निरंकार, अनंत और सर्वव्यापी हैं। गीता में श्रीकृष्ण स्वयं कहते हैं कि सभी चीज़ मेरे ही रूप हैं। पर, मैं किसी भी चीज़ में निवास नहीं करता हूँ। परमात्मा अपने-आपको किसी भी रूप में कहीं भी प्रकट करने की क्षमता रखते हैं। वे जन्म और मृत्यु से परे हैं। यहाँ हम उस श्रीकृष्ण की बात कर रहे हैं जो महाभारत के युद्ध में मौजूद थे और यही सबसे अधिक महत्त्वपूर्ण भी है। शायद वही रूप अर्जुन ने श्रीकृष्ण का विश्वरूप दर्शन में देखा था। यही श्रीकृष्ण भिन्न-भिन्न कालों में भिन्न-भिन्न नामों और रूपों से जाने जाते रहे हैं और भविष्य में भी वैसा ही होगा। श्रीकृष्ण स्पष्ट तौर पर अर्जुन से कहते हैं कि तुम क्या सोचते हो कि तुम, मैं और विभिन्न राजे-महाराजे इस दुनिया में पहली बार आये हैं। अन्तर सिर्फ इतना ही है कि तुम अपने बारे में नहीं जानते हो और मैं जानता हूँ। मैं पहले भी आया हूँ और आगे भी आऊँगा। ऐसी बात करने वाला कोई व्यक्ति मानव रूप में तो दिखाई पड़ सकता है, पर वह अमानवीय गुणों से परिपूर्ण परमेश्वर ही हो सकता है और यही कारण है कि श्रीकृष्ण लोगों के बीच

आज भी जीवित हैं। श्रीकृष्ण अविनाशी थे, अविनाशी हैं और अविनाशी रहेंगे। श्रीकृष्ण से हमारा मुराद कभी भी उस श्रीकृष्ण से नहीं है, जो हाड़-माँस के बने हुए थे। श्रीकृष्ण का स्वरूप कैसा है, किस चीज़ के बने हुए हैं, आदि और अन्त क्या है ? इसकी जानकारी स्वयं श्रीकृष्ण को भी नहीं थी, ऐसा गीता में कहा गया है। मनुष्य की बुद्धि इतनी छोटी है कि असीमित को कभी समझ ही नहीं सकता है।

वहाबी धर्म के लोगों ने, विशेषकर अहमदिया मुस्लिम समुदाय के लोगों ने, श्रीकृष्ण को एक महान् पैगम्बर के रूप में स्वीकार किया है। श्रीकृष्ण के अस्तित्व पर किसी ने आज तक प्रश्नवाचक चिह्न खड़ा नहीं किया है। ईसाईयों ने भी श्रीकृष्ण को यह कहते हुए अपना पूर्वज माना है कि द्वारका को समुद्र में डूब जाने पर वे जेरूसलेम पहुँच गये थे और उनके बारे में यह भी कहते हैं कि वे ईसा मसीह के पूर्वज थे। बहरहाल यह विवाद का विषय है। पर, हम जिस श्रीकृष्ण की बात कर रहे हैं वे निश्चित रूप से सारी मानवता के ऊपर थे। वे किनसे जुड़े हुए थे, किनसे नहीं, यह बहुत निम्नस्तरीय विवाद है। जो समस्त सृष्टि का रचयिता, संरक्षक और संहारक है उसे एक आम मनुष्य की तरह जानकर हम अपने संकुचित ज्ञान का परिचय देते हैं। कोई भी व्यक्ति अपने जीवनकाल में सृष्टि की लीला को कभी समझ नहीं सका है, चाहे वह कितना ही ज्ञानी क्यों न हो। हमारी तो स्थिति यह है कि हमें छोटे-से विषय के बारे में भी सम्पूर्ण जानकारी नहीं है। वैज्ञानिकों को यह पता भी नहीं है कि ब्रह्माण्ड कितना बड़ा है, तो फिर ब्रह्माण्ड के मालिक या संचालन को कोई कैसे समझेगा?

गीता सारांश

हजारों वर्ष पहले लिखी गयी भगवद्गीता का विश्लेषण व अभ्यास प्रत्येक विद्वान् द्वारा अलग-अलग प्रकार से किया गया है और इस काल में जब उम्र में मात्र पच्चीस वर्ष के अन्तर होने के उपरान्त भी पुत्र अपने पिता के अन्तर आशय को समझने में समर्थ नहीं है, तो फिर हजारों वर्ष बाद अन्तर आशय किस तरह समझा जायेगा ? कहा जाता है कि जिस तरह हम अपने हर रोज के जीवन में संवादहीनता के कारण कई बार गलतफहमियों के शिकार बन जाते हैं और जिसके कारण हम सही अर्थ से वंचित रह जाते हैं, ठीक उसी प्रकार स्वाभाविक रूप से समय के साथ भगवद्गीता का मूल (गूढ़) अर्थ भी लुप्त हो गया है। यह शायद किसी को स्वीकार्य न हो। समय के साथ अर्थ में वृद्धि हुई क्योंकि विभिन्न विद्वानों ने काफी दिमाग लगाया है।

गीता का उपदेश अत्यन्त पुरातन योग है। श्रीकृष्ण कहते हैं इसे मैंने सबसे पहले सूर्य से कहा था। अतः श्रीकृष्ण के वचनों का तात्पर्य है कि पृथ्वी उत्पत्ति से पहले भी अनेक स्वरूप अनुसंधान करनेवाले भक्तों को यह ज्ञान दे चुका हूँ। यह ईश्वरीय वाणी है जिसमें सम्पूर्ण जीवन का सार है एवं आधार है। मैं कौन हूँ? यह देह क्या है? इस देह के साथ क्या मेरा आदि और अन्त है? देह त्याग के पश्चात् क्या मेरा अस्तित्व रहेगा ? यह अस्तित्व कहाँ और किस रूप में होगा? मेरे संसार में आने का क्या कारण है? मेरे देह त्यागने के बाद क्या होगा, कहाँ जाना होगा? किसी भी जिज्ञासु के हृदय में यह बातें निरन्तर घूमती रहती हैं। हम सदा इन बातों के बारे में सोचते हैं और अपने को, अपने स्वरूप को नहीं जान पाते। गीता में इन सभी के प्रश्नों के उत्तर सहज ढंग से श्रीकृष्ण ने धर्म संवाद के माध्यम से दिये हैं।

यदि कोई भगवद्‌गीता का सारांश यथार्थ रूप से समझने में सक्षम हो, तो वह परम सत्य का अनुभव कर राग (बन्धन) की भ्रान्ति से, संसार के दुःखों से मुक्त हो सकता है। अर्जुन ने भी महाभारत का युद्ध लड़ते हुए सांसारिक दुःखों से मुक्ति प्राप्त की थी। भगवान् श्रीकृष्ण के द्वारा दिये गये दिव्यचक्षु के कारण ही यह सम्भव हो सका और इसी दिव्यचक्षु के कारण अर्जुन कोई भी कर्म बाँधे बिना युद्ध लड़ने में सक्षम बने और उसी जीवन में मोक्ष प्राप्त किया।

यहाँ गीता को थोड़ा संक्षेप में समझ लेने की आवश्यकता है। जब पाण्डव और कौरव रणभूमि में पहुँच गये थे, तो अर्जुन का मन व्याकुल हो उठा और उसने श्रीकृष्ण को अपना रथ रणभूमि के मध्य में लाने को कहा। रणभूमि के मध्य में आने के बाद अर्जुन ने कहा, 'हे श्रीकृष्ण! मैं इस युद्ध में किन लोगों से युद्ध करने आया हूँ और किन लोगों के प्राण लेने आया हूँ। दोनों ही ओर तो एक ही वंश के लोग खड़े हैं। एक ही वृक्ष की डालिया हैं। श्वेत वस्त्र में सामने जो खड़े हैं वे संसार के लिए गंगा पुत्र हैं, लेकिन मेरे लिए तो स्नेह की गंगा हैं। वे मेरे पितामह हैं। केशव! उनके पास में ही आचार्य द्रोण हैं, जिन्होंने अपने ज्ञान सागर से मेरी आत्मा को नहला दिया और इस शिष्य की झोली में सारा ज्ञान भर दिया। उन्होंने जितना मुझे दिया है, उतना तो उन्होंने अपने पुत्र अश्वत्थामा को भी नहीं दिया। मैं इनसे युद्ध करने आया हूँ और इनके प्राण लेने आया हूँ। ये सोचकर ही मैं घबरा रहा हूँ। मेरा गांडीव मेरे हाथों से सरक रहा है। मैं क्या इन पर बाण चलाऊँगा, जिनके सत्कार के लिए मेरे रौंगटे तक खड़े हो जाते हैं ? इन मूल्यों पर मुझे राज नहीं चाहिए। इतना सबकुछ कहने पर भी आप कुछ बोल क्यों नहीं रहे हो केशव'?

श्रीकृष्ण ने कहा 'इस समय विनाश के बादल चारों ओर से उमड़ रहे हैं और धर्म, विजय और रक्षा के लिए तुम्हारी आस लिए बैठा है। इस संकट की घड़ी में इन कायरता के हीन भावों को हृदय में आने कैसे दिया, धर्म और अधर्म के इस संघर्ष की इस निर्णायक घड़ी में नपुंसक न बनो पार्थ। हे धनंजय! तुम्हारे ये भाव अनार्य हैं। ये तुम्हे स्वर्ग और कीर्ति से गिरा देंगे और तुम स्वयं अपने तिरस्कार का कारण बनकर रह जाओगे। इसलिए, हे पार्थ! हृदय की इस दुर्बलता को त्यागो और युद्ध के लिए खड़े हो जाओ।'

अब अर्जुने ने कहा 'मैं अपने प्रिय पितामह, आचार्य द्रोण और गुरु कृपाचार्य के वध के लिए कैसे खड़ा हो जाऊँ, जो मेरे लिए पूजनीय है। जिन गुरुओं ने मुझे मन्त्र सिखाया, उन्हें पराजित करने के लिए कैसे खड़ा हो जाऊँ। इन महापुरुषों पर हाथ उठाने से अच्छा इनके समक्ष भिक्षा के लिये हाथ फैलाऊँ। हे केशव! मैं तो इस युद्ध में ये भी समझ नहीं पा रहा हूँ कि विजय श्रेष्ठ है या पराजय। कौरव मेरे सामने युद्ध के लिए तैयार खड़े हैं और मैं ये भी जानता हूँ कि उनका वध किये बिना जीना सम्भव नहीं है। किन्तु, उनका वध करने के पश्चात् भी जीना सहज नहीं होगा। क्या वो मेरे भाई नहीं हैं ? आप ही बताइए।'

श्रीकृष्ण ने कहा, 'पार्थ! तुम जानते हो कि ये युद्ध सम्बन्धों और नातों की पहचान के लिए नहीं है। अपने कर्त्तव्य को पहचानो और तब निर्णय करो क्योंकि निर्णय मैं लूँ और तुम इस युद्ध के उत्तरदायित्व से बच जाओ, ऐसा सम्भव नहीं है। ये युद्ध भी तुम्हारा है और इस युद्ध का परिणाम भी तुम्हारा ही होगा।'

अब अर्जुन बोला, 'मुझे कर्त्तव्य का मार्ग ठीक से दिखाई नहीं दे रहा, इसलिए हे वासुदेव! आप मेरे आत्मा के भी सारथी बन जाइए। मैं जानता हूँ कि मैं धर्म और अधर्म के बीच में खड़ा हूँ, किन्तु मैं ये निर्णय नहीं ले पा रहा हूँ कि धर्म किस ओर है और अधर्म किस ओर है। आप मेरा मार्गदर्शन कीजिये, इन्द्रियों को सुखा देनेवाले इस शोक से बचने का मार्ग बता दीजिये। अपनी इस मानसिक अवस्था में मैं युद्ध नहीं कर सकता हूँ।'

श्रीकृष्ण ने कहा, 'पार्थ! जो चले गये वे तो चले गये और ज्ञानी तो न जाने वालों का शोक करता है और न ही न जाने वालों का, वे तो न ही विगत के लिए शोक करता है न ही अगत के लिए। तुम्हारी शैली तो ज्ञानियों जैसी है। लेकिन तुम बातें मूर्खों जैसी करते हो। शोक करने से पहले ये तो देखो कि जिनके लिए शोक कर रहे हो वे तो शोक के योग्य ही नहीं है। तुम इस सत्य को समझ

लो कि मूल तत्त्व शरीर नहीं, आत्मा है और मृत्यु उसकी यात्रा का अन्त नहीं है क्योंकि उसकी यात्रा तो अनंत है, मृत्यु तो केवल एक पड़ाव है। आत्मा की तो कभी मृत्यु ही नहीं होती है।

गीता उपदेश का विलक्षण नाटकीय रंगमंच प्रस्तुत करता है जिसमें श्रोता और वक्ता दोनों ही कुतूहल शान्ति के लिए नहीं वरन् जीवन की प्रगाढ़ समस्या के समाधान के लिए प्रवृत्त होते हैं। शौर्य और धैर्य, साहस और बल, इन चारों गुणों की प्रभूत मात्रा से अर्जुन का व्यक्तित्व बना था और इन चारों के ऊपर दो गुण और थे- क्षमा और प्रज्ञा। बलप्रधान क्षात्रधर्म से प्राप्त होनेवाली स्थिति में पहुँचकर सहसा अर्जुन के चित्त पर एक-दूसरे ही प्रकार के मनोभाव का आक्रमण हुआ, कार्पण्य का। एक विचित्र प्रकार की करुणा उसके मन में भर गयी और उसका क्षात्र स्वभाव विचलित हो गया। जिस कर्त्तव्य के लिए वह कटिबद्ध हुआ था, उससे वह विमुख हो गया। ऊपर से देखने पर तो इस स्थिति के पक्ष में उसके तर्क धर्मयुक्त जान पड़ते हैं, किन्तु उसने स्वयं ही उसे कार्पण्य दोष कहा है और यह माना है कि मन की इस कातरता के कारण उसका जन्मजात स्वभाव नष्ट हो गया था। वह निर्णय नहीं कर पा रहा था कि युद्ध करे अथवा वैराग्य ले ले। क्या करें, क्या न करें, कुछ समझ में नहीं आता था ? इस मनोभाव की चरम स्थिति में पहुँचकर उसने धनुषबाण एक ओर डाल दिया।

श्रीकृष्ण ने अर्जुन की वह स्थिति देखकर जान लिया कि अर्जुन का शरीर ठीक है, किन्तु युद्ध आरम्भ होने से पहले ही उसका मनोबल टूट चुका है। बिना मन के यह शरीर खड़ा नहीं रह सकता। अतएव श्रीकृष्ण के सामने एक गुरु कर्त्तव्य आ गया। अतः तर्क से, बुद्धि से, ज्ञान से, कर्म की चर्चा से, विश्व के स्वभाव से, उसमें जीवन की स्थिति से, दोनों के नियामक अव्यय पुरुष के परिचय से और उस सर्वोपरि परम सत्तावान ब्रह्म के साक्षात् दर्शन से अर्जुन के मन का उद्धार करना, यही उनका लक्ष्य हुआ। इसी तत्त्व चर्चा का विषय गीता है। पहले अध्याय में सामान्य रीति से भूमिका रूप में अर्जुन ने भगवान् से अपनी स्थिति कह दी।

उपर्युक्त तथ्यों के आलोक में ही पहले अध्याय का नाम अर्जुन विषद्योग है तो दूसरे अध्याय का नाम सांख्ययोग है। इसमें जीवन की दो प्राचीन सम्मानित परम्पराओं का तर्कों द्वारा वर्णन आया है। अर्जुन को उस कृपण स्थिति में रोते देखकर श्रीकृष्ण ने उसको ध्यान दिलाया है कि इस प्रकार के हृदय की क्षुद्र दुर्बलता अर्जुन जैसे वीर के लिए उचित नहीं है।

श्रीकृष्ण ने अर्जुन की अब तक दी हुई सब युक्तियों को प्रज्ञावाद का झूठा रूप कहा। उनकी युक्ति यह है कि प्रज्ञादर्शन काल, कर्म और स्वभाव से होनेवाले संसार की सब घटनाओं और स्थितियों को अनिवार्य रूप से स्वीकार करता है। जीना और मरना, जन्म लेना और बढ़ना, विषयों का आना और जाना, सुख और दु:ख का अनुभव- ये तो संसार में होते ही हैं। इसी को प्राचीन आचार्य पर्यायवाद का नाम भी देते थे। काल की चक्रगति इन सब स्थितियों को लाती है और ले जाती है। जीवन के इस स्वभाव को जान लेने पर फिर शोक नहीं होता। यही भगवान् का व्यंग्य है कि प्रज्ञा के दृष्टिकोण को मानते हुए भी अर्जुन इस प्रकार के मोह में क्यों पड़ गया है।

ऊपर के दृष्टिकोण का एक आवश्यक अंग जीवन की नित्यता और शरीर की अनित्यता था। नित्य जीव के लिए शोक करना उतना ही व्यर्थ है जितना अनित्य शरीर को बचाने की चिन्ता। ये दोनों अपरिहार्य हैं। जन्म और मृत्यु बारी-बारी से होते ही हैं। ऐसा समझकर शोक करना उचित नहीं है।

फिर एक दूसरा दृष्टिकोण स्वधर्म का है। जन्म से ही प्रकृति ने सबके लिए एक धर्म नियत कर दिया है। उसमें जीवन का मार्ग, इच्छाओं की परिधि, कर्म की शक्ति सभी कुछ आ जाता है। इससे निकल कर भागा नहीं जा सकता। कोई भागे भी तो प्रकृति उसे फिर खींच लाती है।

इस प्रकार काल का परिवर्तन या परिमाण, जीव की नित्यता और अपना स्वधर्म या स्वभाव जिन युक्तियों से भगवान् ने अर्जुन को समझाया है उसे उन्होंने सांख्य की बुद्धि कहा है। इससे आगे अर्जुन के प्रश्न न करने पर भी उन्होंने योगमार्ग की बुद्धि का भी वर्णन किया। यह बुद्धि कर्म या प्रवृत्ति मार्ग के आग्रह की बुद्धि है। इसमें कर्म करते हुए कर्म के फल की आसक्ति से अपने को बचाना आवश्यक है। कर्मयोगी के लिए सबसे बड़ा डर यही है कि वह फल की इच्छा के दलदल में फँस जाते है; उससे बचना चाहिए।

अर्जुन को सन्देह हुआ कि क्या इस प्रकार की बुद्धि प्राप्त करना सम्भव है? व्यक्ति कर्म करे और फल न चाहे तो उसकी क्या स्थिति होगी। यह एक व्यावहारिक शंका थी। उसने पूछा कि इस प्रकार का दृढ़ प्रज्ञावाला व्यक्ति जीवन का व्यवहार कैसे करता है ? आना, जाना, खाना, पीना, कर्म करना, उनमें लिप्त होकर भी निर्लेप कैसे रहा जा सकता है? श्रीकृष्ण ने कितने ही प्रकार के बाह्य इंद्रियों की अपेक्षा मन के संयम की व्याख्या की है। काम, क्रोध, भय, राग, द्वेष के द्वारा मन का सौम्यभाव बिगड़ जाता है और इंद्रियाँ वश में नहीं रहतीं।

इंद्रियजय ही सबसे बड़ी आत्मजय है। बाहर से कोई विषयों को छोड़ भी दे तो भी भीतर का मन नहीं मानता। विषयों का स्वाद जब मन से जाता है तभी मन प्रफुल्लित, शांत और सुखी होता है। समुद्र में नदियाँ आकर मिलती हैं पर वह अपनी मर्यादा नहीं छोड़ती। ऐसे ही संसार में रहते हुए, उसके व्यवहारों को स्वीकारते हुए, अनेक कामनाओं का प्रवेश मन में होता रहता है। किन्तु उनसे जिसका मन अपनी मर्यादा नहीं खोता, उसे ही शान्ति मिलती है। इसे प्राचीन अध्यात्म परिभाषा में गीता में ब्राह्मी स्थिति कहा है।

इस प्रकार सांख्य की व्याख्या का उत्तर सुनकर कर्मयोग नामक तीसरे अध्याय में अर्जुन ने इस विषय में और गहरा उतरने के लिए स्पष्ट प्रश्न किया कि सांख्य और योग, इन दोनों मार्गों में आप किसे अच्छा समझते हैं और क्यों नहीं यह निश्चित कहते कि मैं इन दोनों में से किसे अपनाऊँ ? इस पर श्रीकृष्ण ने भी उतनी ही स्पष्टता से उत्तर दिया कि इस संसार में दो निष्ठाएँ या जीवन दृष्टियाँ हैं– सांख्यवादियों के लिए ज्ञानयोग और कर्ममार्गियों के लिए कर्मयोग है। यहाँ कोई व्यक्ति कर्म छोड़ ही नहीं सकता। प्रकृति तीनों गुणों के प्रभाव व्यक्ति को कर्म करने के लिए बाध्य करती है। कर्म से बचने वालों के प्रति एक बड़ी शंका है, वह यह कि वे ऊपर से तो कर्म छोड़ बैठते हैं पर मन ही मन उसमें डूबे रहते हैं। यह स्थिति असह्य है और इसे श्रीकृष्ण ने गीता में मिथ्याचार कहा है। मन में कर्मेंद्रियों को रोककर कर्म करना ही सरल मानवीय मार्ग है। श्रीकृष्ण ने चुनौती के रूप में यहाँ तक कह दिया कि कर्म के बिना तो खाने के लिए अन्न भी नहीं मिल सकता। फिर श्रीकृष्ण ने कर्म के विधान को चक्र के रूप में उपस्थित किया। न केवल सामाजिक धरातल पर भिन्न व्यक्तियों के कर्मचक्र अरों की तरह आपस में पिरोए हुए हैं बल्कि पृथ्वी के मनुष्य और स्वर्ग के देवता दोनों का सम्बन्ध भी कर्मचक्र पर आश्रित है। प्रत्यक्ष है कि यहाँ मनुष्य कर्म करते हैं, कृषि करते हैं और दैवी शक्तियाँ वृष्टि का जल भेजती हैं। अन्न और जीव दोनों कर्म से उत्पन्न होते हैं। एक में मानवीय कर्म, दूसरे में दैवी कर्म। फिर कर्म के पक्ष में लोकसंग्रह की युक्ति दी गयी है। अर्थात् कर्म के बिना समाज का ढाँचा खड़ा नहीं रह सकता। जो लोक के नेता हैं, जनक जैसे ज्ञानी हैं, वे भी कर्म में प्रवृत्ति रहते हैं। श्रीकृष्ण ने स्वयं अपना ही दृष्टान्त देकर कहा कि मैं नारायण का रूप हूँ, मेरे लिए कुछ कर्म शेष नहीं है। फिर भी तंद्रारहित होकर कर्म करता हूँ और अन्य लोग मेरे मार्ग पर चलते हैं। अन्तर इतना ही है कि जो मूर्ख हैं वे लिप्त होकर कर्म करते हैं पर ज्ञानी असंग भाव से कर्म करता है। गीता में यहीं एक साभिप्राय शब्द बुद्धिभेद है। अर्थात् जो साधारण समझ के लोग कर्म में लगे

हैं उन्हें उस मार्ग से उखाड़ना उचित नहीं क्योंकि वे ज्ञानवादी बन नहीं सकते और यदि उनका कर्म भी छूट गया तो वे दोनों ओर से भटक जायेंगे।

चौथे अध्याय में, जिसका नाम ज्ञान-कर्म-संन्यास-योग है, यह बताया गया है कि ज्ञान प्राप्त करके कर्म करते हुए भी कर्मसंन्यास का फल किस प्रकार प्राप्त किया जा सकता है। इसमें सच्चे कर्मयोग को चक्रवर्ती राजाओं की परम्परा में घटित माना है। मांधाता, सुदर्शन आदि अनेक चक्रवर्ती राजाओं के दृष्टान्त दिये गये हैं। यहीं गीता का वह प्रसिद्ध आश्वासन है कि जब-जब धर्म की ग्लानि होती है, तब-तब मनुष्यों के बीच भगवान् प्रकट होते हैं। अर्थात् भगवान् की शक्ति विशेष रूप से मूर्त होती है। यहीं पर एक वाक्य विशेष ध्यान देने योग्य है- क्षिप्रं हि मानुषे लोके सिद्धिर्भवति कर्मजा (4.12)। 'कर्म से सिद्धि'- इससे बड़ा प्रभावशाली सूत्र गीता-दर्शन में नहीं है। किन्तु गीतातत्त्व इस सूत्र में इतना और जोड़ता है कि वह कर्म असंग भाव से अर्थात् फलासक्ति से बचकर करना चाहिए।

पाँचवें अध्याय (कर्मसंन्यास योग) में फिर वे ही युक्तियाँ और दृढ़ रूप में कही गयी हैं। इसमें कर्म के साथ जो मन का सम्बन्ध है, उसके संस्कार पर या उसे विशुद्ध करने पर विशेष ध्यान दिलाया गया है। यह भी कहा गया है कि ऊँचे धरातल पर पहुँचकर सांख्य और योग में कोई भेद नहीं रह जाता है। किसी एक मार्ग पर ठीक प्रकार से चले तो समान फल प्राप्त होता है। जीवन के जितने कर्म हैं, सबको समर्पण कर देने से व्यक्ति एकदम शान्ति के ध्रुव बिन्दु पर पहुँच जाता है और जल में खिले कमल के समान कर्म रूपी जल से लिप्त नहीं होता।

छठा अध्याय आत्मसंयम योग है जिसका विषय नाम से ही प्रकट है। जितने विषय हैं उन सबसे इंद्रियों का संयम- यही कर्म और ज्ञान का निचोड़ है। सुख में और दुःख में मन की समान स्थिति का नाम ही योग है।

सातवें अध्याय की संज्ञा ज्ञानविज्ञान योग है। ये प्राचीन भारतीय दर्शन की दो परिभाषाएँ हैं। उनमें भी विज्ञान शब्द वैदिक दृष्टि से बहुत ही महत्त्वपूर्ण था। सृष्टि के नानात्व का ज्ञान विज्ञान है, और नानात्व से एकत्व की ओर प्रगति ज्ञान है। ये दोनों दृष्टियाँ मानव के लिए उचित हैं। इस प्रसंग में विज्ञान की दृष्टि से अपरा और परा प्रकृति के इन दो रूपों की जो सुनिश्चित व्याख्या यहाँ गीता ने दी है, वह अवश्य ध्यान देने योग्य है। अपरा प्रकृति में आठ तत्त्व हैं- पंचभूत, मन, बुद्धि और अहंकार। जिस अंड से मानव का जन्म होता है, उसमें ये आठों रहते हैं। किन्तु यह प्राकृत सर्ग है, अर्थात् यह जड़ है। इसमें ईश्वर की चेष्टा के संपर्क

से जो चेतना आती है उसे परा प्रकृति कहते हैं; वही जीव है। आठ तत्त्वों के साथ मिलकर जीवन नवाँ तत्त्व हो जाता है। इस अध्याय में भगवान् के अनेक रूपों का उल्लेख किया गया है, जिनका और विस्तार विभूतियोग नामक दसवें अध्याय में आता है। यहीं विशेष भगवती दृष्टि का भी उल्लेख है, जिसका सूत्र- वासुदेवः सर्वमिति, सब वसु या शरीरों में एक ही देवतत्व है, उसी की संज्ञा विष्णु है। किन्तु, लोक में अपनी-अपनी रुचि के अनुसार अनेक नामों और रूपों में उसी एक देवतत्त्व की उपासना की जाती है। वे सब ठीक हैं। किन्तु अच्छा यही है कि बुद्धिमान मनुष्य उस ब्रह्मतत्त्व को पहचाने जो अध्यात्म विद्या का सर्वोच्च शिखर है।

आठवें अध्याय का नाम अक्षर ब्रह्मयोग है। उपनिषदों में अक्षर विद्या का विस्तार हुआ। गीता में उस अक्षरविद्या का सार कह दिया गया है- 'अक्षर ब्रह्म परमं' अर्थात् परब्रह्म अक्षर है। मनुष्य अर्थात् आत्मा और शरीर की संयुक्त रचना का ही नाम अध्यात्म है। जीवसंयुक्त भौतिक देह क्षर है और केवल शक्तितत्त्व आधिदैविक है। देह के भीतर जीव, ईश्वर तथा भूत, ये तीन शक्तियाँ मिलकर जिस प्रकार कार्य करती हैं उसे अधियज्ञ कहते हैं। गीताकार ने दो श्लोकों में (83-4) इन छह परिभाषाओं का स्वरूप बाँध दिया है। गीता के शब्दों में ॐ एकाक्षर ब्रह्म है (813)।

नवें अध्याय को राजगुह्ययोग कहा गया है, यह विद्या सबमें श्रेष्ठ है। मन की दिव्य शक्तियों को किस प्रकार ब्रह्ममय बनाया जाये, इसकी युक्ति ही राजविद्या है। इस क्षेत्र में ब्रह्मतत्त्व के निरूपण की प्रधानता है। उसी से व्यक्त जगत् का बारम्बार निर्माण होता है। वेद का समस्त कर्मकांड यज्ञ, अमृत और मृत्यु, सन्त और असन्त, और जितने भी देवी-देवता हैं, सबका पर्यवसान ब्रह्म में हैं। इस संसार में जो अनेक प्रकार की देवपूजा प्रचलित है, वह भी अपने-अपने स्थान में ठीक है। समन्वय की यह दृष्टि भागवत आचार्यों को मान्य थी। वस्तुतः यह उनकी बड़ी शक्ति थी। इसी दृष्टिकोण का विचार या व्याख्या दसवें अध्याय में पाया जाता है। इसका नाम विभूतियोग है। इसका सार यह है कि लोक में जितने देवता हैं, सब एक ही भगवान् की विभूतियाँ हैं। मनुष्य के समस्त गुण और अवगुण भगवान् की शक्ति के ही रूप हैं। बुद्धि से इन छुटभैए देवताओं की व्याख्या चाहे न हो सके, किन्तु, लोक में तो वह हैं ही। कोई पीपल को पूज रहा है, कोई पहाड़ को, कोई नदी या समुद्र को, कोई उनमें रहने वाले मछली, कछुओं को। यों कितने देवता हैं, इसका कोई अन्त नहीं। विश्व के इतिहास में देवताओं

की यह भरमार सर्वत्र पायी जाती है। भागवतों ने इनकी सत्ता को स्वीकारते हुए सबको परमात्मा का रूप मानकर समन्वय की एक नयी दृष्टि प्रदान की। इसी का नाम विभूतियोग है। इसकी चर्चा 10वें अध्याय में की गयी है। जो सत्व जीव बलयुक्त अथवा चमत्कारयुक्त है, वह सब भगवान् का रूप है। इतना मान लेने से चित्त निर्विरोध स्थिति में पहुँच जाता है।

11वें अध्याय का नाम विश्वरूपदर्शन योग है। इसमें अर्जुन ने भगवान् का विश्वरूप देखा। विराट रूप का अर्थ है मानवीय धरातल और परिधि के ऊपर जो अनंत विश्व का प्राणवंत रचना विधान है, उसका साक्षात दर्शन। जब अर्जुन ने भगवान् का विराट रूप देखा तो उसको घबराहट होने लगी। 'दिशो न जाने न लभे च शर्म' ये ही घबराहट के वाक्य उनके मुख से निकले और उसने प्रार्थना की कि मानव के लिए जो स्वाभाविक स्थिति ईश्वर ने रखी है, वही पर्याप्त है। गीता का 11वाँ अध्याय किसी महाकवि की विलक्षण कल्पना है। काव्य की ऐसी ओजस्विनी शक्ति अन्यत्र नहीं है। एक मत से प्रायः विद्वान यह स्वीकार करते हैं कि अध्याय-13 से 18 मूल गीता का हिस्सा नहीं है। यह बाद में कतिपय दार्शनिकों ने गीता में जोड़ दिया। इसका सम्बन्ध कृष्ण के प्रवचन से नहीं माना जाता है। 13वें अध्याय में एक सीधा विषय क्षेत्र और क्षेत्रज्ञ का विचार है। यह शरीर क्षेत्र है, उसको जानने वाला जीवात्मा क्षेत्रज्ञ है। 14वें अध्याय का नाम गुणत्रय योग है। यह विषय समस्त वैदिक, दार्शनिक और पौराणिक तत्त्वचिंतन का निचोड़ है। सत्त्व, रज, तम नामक तीन गुण-त्रिको की अनेक व्याख्याएँ हैं। गुणों की साम्यावस्था का नाम प्रधान या प्रकृति है। गुणों के वैषम्य से ही वैकृत सृष्टि का जन्म होता है। अकेला सत्त्व शांत स्वभाव से निर्मल प्रकाश की तरह स्थिर रहता है और अकेला तम भी जड़वत निश्चेष्ट रहता है। किन्तु दोनों के बीच में छाया हुआ रजोगुण उन्हें चेष्टा के धरातल पर खींच लाता है। गति तत्त्व का नाम ही रजस है।

15वें अध्याय का नाम पुरुषोत्तमयोग है। इसमें विश्व का अश्वत्थ के रूप में वर्णन किया गया है। यह अश्वत्थ रूपी संसार महान् विस्तार वाला है। देश और काल में इसका कोई अन्त नहीं है। किन्तु इसका जो मूल या केन्द्र है, जिसे ऊर्ध्व कहते हैं, वह ब्रह्म ही है। एक ओर वह परम तेज, जो विश्वरूपी अश्वत्थ को जन्म देता है, सूर्य और चंद्र के रूप में प्रकट है, दूसरी ओर वही एक-एक चैतन्य केन्द्र में या प्राणि शरीर में आया हुआ है। जैसा गीता में स्पष्ट कहा है- अहं वैश्वानरो भूत्वा प्राणिनां देहमाश्रितः (15.14)। वैश्वानर या प्राणमयी चेतना से

बढ़कर और दूसरा रहस्य नहीं है। नर या पुरुष तीन हैं- क्षर, अक्षर और अव्यय। पंचभूतों का नाम क्षर है, प्राण का नाम अक्षर है और मनस्तत्त्व या चेतना की संज्ञा अव्यय है। इन्हीं तीन नरों की एकत्र स्थिति से मानवी चेतना का जन्म होता है और उसे ही ऋषियों ने वैश्वानर कहा है।

16वें अध्याय में देवासुर सम्पत्ति का विभाग बताया गया है। आरम्भ से ही ऋग्वेद में सृष्टि की कल्पना दैवी और आसुरी शक्तियों के रूप में की गयी है। यह सृष्टि के द्विविरुद्ध रूप की कल्पना है, एक अच्छा और दूसरा बुरा। एक प्रकाश में, दूसरा अन्धकार में। एक अमृत, दूसरा मर्त्य। एक सत्य, दूसरा असत्य।

17वें अध्याय की संज्ञा श्रद्धात्रय विभाग योग है। इसका सम्बन्ध सत, रज और तम, इन तीन गुणों से ही है, अर्थात् जिसमें जिस गुण का प्रभाव जैसा होता है, उसकी श्रद्धा या जीवन की निष्ठा वैसी ही बन जाती है। यज्ञ, तप, दान, कर्म ये सब तीन प्रकार की श्रद्धा से संचालित होते हैं। यहाँ तक कि आहार भी तीन प्रकार का है। उनके भेद और लक्षण गीता ने यहाँ बताए हैं।

18वें अध्याय का नाम मोक्षसंन्यास योग है। इसमें गीता के समस्त उपदेशों का सार एवं उपसंहार है। यहाँ पुनः मानव जीवन के लिए तीन गुणों का महत्त्व कहा गया है। पृथ्वी के मानवों में और स्वर्ग के देवताओं में कोई भी ऐसा नहीं जो प्रकृति के चलाये हुए इन तीन गुणों से बचा हो। मनुष्य को बहुत देख-भाल कर चलना आवश्यक है जिससे वह अपनी बुद्धि और वृत्ति को बुराई से बचा सके और क्या कार्य है, क्या अकार्य है, इसको पहचान सके। धर्म और अधर्म को, बन्धन और मोक्ष को, वृत्ति और निवृत्ति को जो बुद्धि ठीक से पहचानती है, वही सात्त्विकी बुद्धि है और वही मानव की सच्ची उपलब्धि है।

इस प्रकार भगवान् ने जीवन के लिए व्यावहारिक मार्ग का उपदेश देकर अन्त में यह कहा है कि मनुष्य को चाहिए कि संसार के सब व्यवहारों का सच्चाई से पालन करते हुए, जो अखण्ड चैतन्य तत्त्व है, जिसे ईश्वर कहते हैं, जो प्रत्येक प्राणी के हृदय या केन्द्र में विराजमान हैं, उसमें विश्वास रखे, उसका अनुभव करे। वही जीव की सत्ता है, वही चेतना है और वही सर्वोपरि आनंद का स्रोत है।

गीता के अन्तर्वस्तु के सम्बन्ध में यह कहा जा सकता है कि योगेश्वर श्रीकृष्ण के स्वरूप को समझने के लिए अध्याय तीन तक पाठकों को गीता का अध्ययन करना होगा, और अध्याय-11 तक यह स्पष्ट हो जायेगा कि श्रीकृष्ण

योगी थे। अध्याय-2 से ही सत्य निखर जायेगा। सनातन और सत्य एक-दूसरे के पूरक हैं, यह अध्याय-2 से ही स्पष्ट होगा, वैसे पूर्तिपर्यन्त चलेगा। युद्ध अध्याय-4 तक स्पष्ट होने लगेगा, ग्यारह तक संशय निर्मूल हो जायेगा। 'ज्ञान' अध्याय-4 से स्पष्ट होगा तथा अध्याय-13 में भली प्रकार समझ में आयेगा कि प्रत्यक्ष दर्शन का नाम 'ज्ञान' है। 'योग' अध्याय-6 तक आप समझ सकेंगे, वैसे पूर्तिपर्यन्त योग के विभिन्न अंशों की परिभाषा है। 'ज्ञानयोग' अध्याय-3 से 6 तक स्पष्ट हो जायेगा, आगे देखने की कोई विशेष आवश्यकता नहीं है। 'निष्काम कर्मयोग' अध्याय-2 से आरम्भ होकर पूर्तिपर्यन्त है। 'यज्ञ' आप अध्याय-3 से 4 तक पढ़ें, स्पष्ट हो जायेगा।

परमात्मा की पूजन स्थली हृदय ही है, जिसमें ध्यान, श्वास-प्रश्वास के चिन्तन इत्यादि की क्रियाएँ, जो एकान्त में बैठकर (मन्दिर-मूर्ति के सामने नहीं) की जाती हैं- अध्याय तीन, चार, छः और अठारह में स्पष्ट है। बहुत सोचने-विचारने से क्या प्रयोजन है, यदि अध्याय छः तक ही अध्ययन कर लें तो भी 'गीता' का मूल आशय आपकी समझ में आ जायेगा।

कहा जाता है कि गीता जीविका-संग्राम का साधन नहीं अपितु जीवन-संग्राम में शाश्वत विजय का क्रियात्मक प्रशिक्षण है। इसलिए यह एक युद्ध-ग्रन्थ भी है, जो वास्तविक विजय दिलाता है। किन्तु, गीतोक्त युद्ध तलवार, धनुष, बाण, गदा और फरसे से लड़ा जानेवाला सांसारिक युद्ध नहीं है और न ही इन युद्धों में शाश्वत विजय निहित है। यह सदसत् प्रवृत्तियों का संघर्ष है, जिनके रूपकात्मक वर्णन की परम्परा रही है। एक अर्थ में यह सही है कि वेदों में इन्द्र और ब्रह्मा, विद्या और अविद्या, पुराणों में देवासुर संग्राम, महाकाव्यों में राम और रावण, कौरव एवं पाण्डवों के संघर्ष को ही गीता में धर्मक्षेत्र और कुरुक्षेत्र, दैवी सम्पद् एवं आसुरी सम्पद्, सजातीय एवं विजातीय, सद्गुण एवं दुर्गुणों का संघर्ष कहा गया है ।

गीता में निम्नलिखित तथ्यों पर प्रकाश पड़ता है-

1. श्रीकृष्ण- एक योगेश्वर हैं।
2. सत्य- मात्र आत्मा 'सत्य' है।
3. सनातन- मात्र आत्मा तथा परमात्मा ही सनातन है।
4. सनातन-धर्म- परमात्मा से प्राप्त ज्ञान।
5. ज्ञान- परमात्मा की प्रत्यक्ष जानकारी 'ज्ञान' है। विज्ञान भी यही है।

6. योग– संसार के संयोग-वियोग से रहित अव्यक्त ब्रह्म के मिलन का नाम 'योग' है।
7. ज्ञानयोग– आराधना ही धर्म है। अपने पर निर्भर होकर कर्म में प्रवृत्त होना 'ज्ञानयोग' है।
8. निष्काम कर्मयोग– परमात्मा के प्रति समर्पित होकर कर्म में प्रवृत्त होना 'निष्काम कर्मयोग' है। उसे ही निःस्वार्थ कर्म कहा गया है।
9. यज्ञ– साधना की विधि-विशेष का नाम 'यज्ञ' है।
10. कर्म– यज्ञ को कार्यरूप देना ही 'कर्म' है।
11. मनुष्य की श्रेणी– अन्तःकरण के स्वभाव के अनुसार मनुष्य दो प्रकार का होता है- एक देवताओं-जैसा और दूसरा असुरों-जैसा। यही मनुष्य की दो भिन्न जातियाँ हैं, जो स्वभाव द्वारा निर्धारित हैं और यह स्वभाव घटता-बढ़ता रहता है।
12. देवता– हृदय में अवस्थित दैवी गुणों का समूह है। बाह्य देवताओं की पूजा मूढ़बुद्धि व अंधविश्वास की देन है।
13. विराट् दर्शन– योगी के हृदय में ईश्वर के द्वारा दी गयी अनुभूति है। भगवान् साधक में दृष्टि बनकर खड़े हों, तभी दिखायी पड़ते हैं।
14. पूजनीय देव 'इष्ट'– एकमात्र ब्रह्म ही 'पूजनीय देव' है। उसे खोजने का स्थान हृदय है।

संक्षिप्त गीता रहस्य

गीता को हिन्दू धर्म में बहुत खास स्थान दिया गया है। गीता अपने अन्दर भगवान् श्रीकृष्ण के उपदेशों को समेटे हुए है। गीता को आम संस्कृत भाषा में लिखा गया है। संस्कृत की आम जानकारी रखने वाला भी गीता को आसानी से पढ़ सकता है। गीता में चार योगों के बारे में विस्तार से बताया गया है- कर्मयोग, भक्ति योग, राज योग और ज्ञान योग।

गीता को वेदों और उपनिषदों का सार माना जाता है। जो लोग वेदों को पूरा नहीं पढ़ सकते, उनको सिर्फ गीता के पढ़ने से भी ज्ञान प्राप्ति हो सकती है। गीता न सिर्फ जीवन का सही अर्थ समझाती है बल्कि परमात्मा के अनन्त रूप से हमें रू-ब-रू कराती है। इस संसारिक दुनिया में दुःख, क्रोध, अहंकार, ईर्ष्या आदि से पीड़ित आत्माओं को, गीता सत्य और अध्यात्म का मार्ग दिखाकर मोक्ष की प्राप्ति करवाती है।

गीता में लिखे उपदेश किसी एक मनुष्य विशेष या किसी खास धर्म के लिए नहीं बल्कि पूरे संसार के लिए हैं, जिसमें अध्यात्म और ईश्वर के बीच जो गहरा सम्बन्ध है, उसके बारे में विस्तार से लिखा गया है। गीता में धीरज, सन्तोष, शान्ति, मोक्ष और सिद्धि को प्राप्त करने के बारे में उपदेश दिया गया है।

आज से हज़ारों साल पहले महाभारत के युद्ध में जब अर्जुन अपने ही भाइयों के विरुद्ध लड़ने के विचार से कांपने लगते हैं, तब भगवान् श्रीकृष्ण ने उनको गीता का उपदेश दिया था। श्रीकृष्ण ने अर्जुन को बताया कि यह संसार एक बहुत बड़ी युद्ध भूमि है। गीता हमें जीवन के शत्रुओं से लड़ना सिखाती है और ईश्वर से एक गहरा नाता जोड़ने में भी मदद करती है। गीता त्याग, प्रेम और कर्त्तव्य का संदेश देती है। गीता में कर्म को बहुत महत्त्व दिया गया है। मोक्ष उसी मनुष्य को प्राप्त होता है जो अपने सारे सांसारिक कामों को करता हुआ ईश्वर की आराधना करता है। अहंकार, ईर्ष्या, लोभ आदि को त्याग कर मानवता को अपनाना ही गीता के उपदेशों का पालन करना है।

गीता सिर्फ एक पुस्तक नहीं है, यह तो जीवन-मृत्यु के दुर्लभ सत्य को अपने में समेटे हुए है। श्रीकृष्ण ने एक सच्चे मित्र और गुरु की तरह अर्जुन का न सिर्फ मार्गदर्शन किया बल्कि गीता का महान् उपदेश भी दिया। उन्होंने अर्जुन को बताया कि इस संसार में हर मनुष्य के जन्म का कोई-न-कोई उद्देश्य होता है। मृत्यु पर शोक करना व्यर्थ है। यह तो एक अटल सत्य है, जिसे टाला नहीं जा सकता। जो जन्म लेगा उसकी मृत्यु भी निश्चित है। जिस प्रकार हम पुराने वस्त्रों को त्याग कर नये वस्त्रों को धारण करते हैं, उसी प्रकार आत्मा पुराने शरीर के नष्ट होने पर नये शरीर को धारण करती है। जिस मनुष्य ने गीता के सार को अपने जीवन में अपना लिया उसे ईश्वर की कृपा पाने के लिए इधर-उधर नहीं भटकना पड़ेगा।

श्रीकृष्ण ने कहा है कि तुम अपने आत्मीय स्वजन और बन्धु-बाँधवों का स्नेह सम्बन्ध छोड़ दो और अनन्य प्रेम से मुझमें अपना मन लगाकर सम दृष्टि से पृथ्वी पर स्वच्छन्द विचरण करो। इस जगत् में जो कुछ मन से सोचा जाता है, वाणी से कहा जाता है, नेत्रों से देखा जाता है और श्रवण आदि इन्द्रियों से अनुभव किया जाता है, वह सब नाशवान है, स्वप्न की तरह मन का विलास है, इसीलिए माया-मात्र है, मिथ्या है-ऐसा जान लो।

जिस पुरुष का मन अशांत है, असंयत है, उसी को पागलों की तरह अनेक वस्तुएँ मालूम पड़ती हैं; वास्तव में यह चित्त का भ्रम ही है। नानात्व का भ्रम हो

जाने पर ही 'यह गुण है' और 'यह दोष है' इस प्रकार की कल्पना की जाती है। जिसकी बुद्धि में गुण और दोष का भेद बैठ गया हो, उसी के लिए कर्म, अकर्म और विकर्म रूप का प्रतिपादन हुआ है।

जो पुरुष गुण और दोष बुद्धि से अतीत हो जाता है, वह बालक के समान निषिद्ध कर्मों से निवृत्त होता है; परन्तु दोष बुद्धि से नहीं। वह विहित कर्मों का अनुष्ठान भी करता है, परन्तु गुण बुद्धि से नहीं।

जिसने न केवल श्रुतियों के तात्पर्य का यथार्थ ज्ञान प्राप्त किया बल्कि उनका साक्षात्कार भी कर लिया है और इस प्रकार जो अटल निश्चय से सम्पन्न हो गया है, वह समस्त प्राणियों का हितैषी सुहृद होता है और उसकी सारी वृत्तियाँ सर्वथा शांत रहती हैं। वह समस्त दीखने वाले विश्व को मेरा ही स्वरूप-आत्मस्वरूप देखता है; इसलिए उसे फिर कभी जन्म-मृत्यु के चक्र में नहीं पड़ना पड़ता।

आधुनिक जीवन और गीता

श्रीमद्भगवद्गीता बदलते सामाजिक परिदृश्यों में अपनी महत्ता को बनाए हुए हैं और इसी कारण तकनीकी विकास ने इसकी उपलब्धता को बढ़ाया है तथा अधिक बोधगम्य बनाने का प्रयास किया है। दूरदर्शन पर प्रसारित धारावाहिक महाभारत में भगवद्गीता विशेष आकर्षण रही, वहीं धारावाहिक श्रीकृष्ण (धारावाहिक) में भगवद्गीता पर अत्यधिक विशद शोध करके उसे कई कड़ियों की एकशृंखला के रूप में दिखाया गया। इसकी एक विशेष बात यह रही कि गीता से सम्बन्धित सामान्य मनुष्य के सन्देहों को अर्जुन के प्रश्नों के माध्यम से उत्तरित करने का प्रयास किया गया।

श्रीमद्भगवद्गीता वर्तमान में धर्म से ज्यादा जीवन के प्रति अपने दार्शनिक दृष्टिकोण को लेकर भारत में ही नहीं विदेशों में भी लोगों का ध्यान अपनी ओर आकर्षित कर रही है। निष्काम कर्म का गीता का संदेश प्रबन्धन गुरुओं को भी लुभा रहा है। विश्व के सभी धर्मों की सबसे प्रसिद्ध पुस्तकों में शामिल है। गीता प्रेस गोरखपुर जैसी धार्मिक साहित्य की पुस्तकों को काफी कम मूल्य पर उपलब्ध कराने वाले प्रकाशन ने भी कई आकार में अर्थ और भाष्य के साथ श्रीमद्भगवद्गीता के प्रकाशन द्वारा इसे आम जनता तक पहुँचाने में काफी योगदान दिया है। खेद की बात है कि इन पुस्तकों से अंधविश्वास ज्यादा और धर्म कम विकसित होता है। तर्क, चिंतन, विज्ञान को ताक पर रखकर धर्म पर चिंतन नहीं किया जाना चाहिए। धर्म से हम नहीं है, बल्कि हमसे धर्म है। धर्म सामाजिक

चिंतन का उपज होता है। यह परमात्मा से उत्पन्न ज्ञान नहीं है। यही कारण है कि विभिन्न जीवों के बीच भी धर्म होना चाहिए था।

यदि संक्षेप में मुझे गीता-सन्देश को व्यक्त करने को कहा जाये तो मैं कहूँगा- सदा सहज रहें। किन्तु क्या यह सम्भव है? गीता के अनुसार यह सम्भव है और किसी के लिए भी सम्भव है। गीता का अठारह अध्याय यही बतलाता है कि मनुष्य सहज किस प्रकार रह सकता है। मनुष्यों का यह स्वभाव है कि वह परिस्थिति विशेष में असहज हो जाता है। मनुष्यों का ही यह स्वभाव है कि पुनः वह सहज भी हो जाता है। प्रतिदिन के जीवन में हम देखते हैं कि कोई विपत्ति आने पर, किसी विषम परिस्थिति में या अन्य दुःखद अवसरों पर मनुष्य असहज हो जाता है, शोकाकुल हो जाता है। मर्यादा पुरुषोत्तम राम भी सीता-हरण पर, लक्ष्मण के बाण खाकर मूर्छित होने पर कुछ देर के लिए व्याकुल हो गये थे। किन्तु असहजता क्या इस व्याकुलता का निदान है ? यदि इन परिस्थितियों में वे असहज ही रहते तो न तो वे सीता की खोज का प्रबन्ध ही कर पाते और न ही हनुमान को संजीवनी लाने के लिए हिमालय ही भेज पाते। परिस्थितियाँ बद से बदतर हो जातीं।

गीता का महाभारत युद्ध भी ऐसी ही परिस्थितियाँ थी। सामने पितामह भीष्म हैं जिनके संरक्षण में पाण्डवों ने शैशवावस्था से युवावस्था को प्राप्त किया। सामने आचार्य द्रोण हैं जिनसे पाण्डवों ने शस्त्र-विद्या प्राप्त की है। इसके अलावा इनके अनेक भाई-बन्धु, मित्र एवं अन्य सगे-सम्बन्धी हैं। इन्हीं सबको पाण्डवों को वध करना है। कैसी असाधारण परिस्थिति है, सहज ही अनुमान किया जा सकता है। ऐसी परिस्थिति में धीर-से-धीर पुरुष भी, क्रूर-से-क्रूर व्यक्ति भी शायद ही असहज हुए बिना नहीं रह सकता है। दुर्दान्त योद्धा एवं अपार शीलवान अर्जुन भी, जो गत समय में अनेक युद्ध लड़ चुका है एवं अनेक आततायियों का वध कर चुका है, धैर्य खो बैठता है और धनुष-बाण त्यागकर बैठ जाता है। किन्तु युद्ध से पलायन करना क्या निदान है ? क्या उनका प्रतिद्वन्दी उनकी सहिष्णुता का गुणगान करते ? कदापि नहीं। दुर्योधन उन्हें कायर, दुर्बल, भीरू इत्यादि कहकर प्रजाओं में, देश के अन्य राजाओं में, सगे-सम्बन्धियों में, ईष्ट-मित्रों में प्रचारित करता। जो प्रजा उनमें कौरवों के आतंक से मुक्ति देख रही है, वे भी निराश हो जाती। जो प्रजा उन्हें योद्धा समझती है, वे भी उन्हें कायर समझने लगती। कोई कायर अपनी अपकीर्ति सुन-सुन कर, अपमान का घूंट पी-पीकर, असहाय जीवन बिताता रह सकता है। परन्तु एक योद्धा के लिए, एक कर्मनिष्ठ पुरुष के लिए

ऐसा मृतप्राय जीवन बिताना असम्भव है। पाण्डव स्वभाव से योद्धा हैं, कर्मनिष्ठ हैं, सच्चरित्र हैं। वे इसे कदापि सहन नहीं कर पाते। बाध्य होकर, जीत-हार, विजय-पराजय, जीवन-मृत्यु का भाव त्यागकर उन्हें युद्ध करना ही पड़ता। पर दोनों ही युद्धों में बड़ा फर्क होता। वर्तमान युद्ध आततायियों के विरूद्ध युद्ध है, जो क्षत्रियों का सहज स्वभावानुकूल कर्त्तव्य एवं धर्म है। बाद का युद्ध स्वमान रक्षार्थ युद्ध होता, जिसमें उनका स्वार्थ निहित है। युद्ध से मुकरना मायाग्रस्त भावनात्मक निर्णय है और युद्ध करना ज्ञानस्थ कर्मनिष्ठता का निर्णय है। कर्मनिष्ठता में ही सहजता है। भावावेश में कर्म-त्याग में नहीं। अतः गीता का संदेश है- कर्मनिष्ठा एवं भावनात्मकता के जंग में कर्मनिष्ठा को ही प्रश्रय देना श्रेयस्कर है।

सहजता कोई निष्क्रियता नहीं। निष्क्रियता से मन की चंचलता जन्म लेती है। मन की चंचलता पुनः अकर्मण्यता को जन्म देती है। विपरीत इसके, असीम सक्रियता में असीम शान्ति है और असीम शान्ति में असीम सक्रियता। सम्यक् बुद्धि में स्थित होकर मनुष्य स्वयं इसका अवलोकन कर सकता है। मनुष्य प्रतिक्षण इस प्रकृति से कुछ तत्त्व ग्रहण करता है। उन तत्त्वों को उसका शरीर ऊर्जा में परिणत करता है। ऊर्जा का निकास अवश्यम्भावी है। उस ऊर्जा को हम या तो कर्म में परिणत कर निकास दें नहीं तो वह ऊर्जा मस्तिष्क में हलचल पैदा करेगा। यही कारण है निष्क्रियता में चंचलता एवं सक्रियता में सहजता का।

यहाँ एक बात और समझ लेने की है। चाहे सद्कर्म हो या दुष्कर्म, संग्रहित ऊर्जा को निकास मिल जाता है। कोई भी कर्म सद्कर्म या दुष्कर्म की श्रेणी में परिभाषित नहीं है। परिस्थिति विशेष में साधारणतया दुष्कर्म समझा जाने वाला कर्म सद्कर्म हो जाता है और सद्कर्म समझा जाने वाला कर्म दुष्कर्म हो जाता है। परिस्थिति विशेष में कौन-सा कर्म सद्कर्म है या दुष्कर्म है, इसका निर्णय मनुष्य स्वयं करता है। गीता के अनुसार मनुष्य मात्र में विराजमान आत्मारूपी परमात्मा इसका मार्गदर्शन करता रहता है। मेरे समझ से इसका निर्णय करने के लिए एक और सहज सूत्र हो सकता है। हम स्वयं से प्रश्न करें कि क्या हम जो कर्म करने वाले हैं, उसे सर्वसमक्ष खुले आम व्यक्त कर सकते हैं ? यदि उत्तर हाँ हो तो समझ लेना चाहिए कि वह कर्म सद्कर्म है और अगर नहीं हो तो समझ लेना चाहिए कि वह दुष्कर्म है। दुष्कर्म को गुप्त रखने के लिए अतिरिक्त ऊर्जा की आवश्यकता होगी जो निश्चय ही ऊर्जा का अपव्यय है। साथ ही गुप्त रहस्य प्रकट हो जाने का भय मस्तिष्क को उद्वेलित करता रहेगा जिसके कारण मनुष्य

सदा असहज हो जायेगा। साथ ही यदि हम सद्कर्म ही करें और अभिलाषा रखें कि इससे हम समाज में धर्मात्मा की श्रेणी में स्थापित हो जायेंगे, समाज मेरा आदर करेगा, इत्यादि अथवा सद्कर्म से पुण्य अर्जित होगा और पुण्य से स्वर्ग में स्थान सुरक्षित हो जायेगा तो इससे भी हम असहज हो जायेंगे। अतः गीता का संदेश है- सद्कर्म हो या दुष्कर्म, आदर हो या अनादर, स्वर्ग हो या नरक मनुष्य इन भावों के प्रति निरपेक्ष्य हो जाये और सहज भाव से कर्म करे। जीवन में सहजता से मूल्यवान और आनन्ददायक अन्य कुछ हो ही नहीं सकता। हमें अभिलाषा को छोड़ना नहीं है। अभिलाषा की खुराक है मस्तिष्क। यदि उसको हम अपना मस्तिष्क नहीं दें, अर्थात् उसके बारे में नहीं सोचे तो अभिलाषा को खुराक नहीं मिलेगा। वह स्वयं हमें छोड़कर भाग जायेगी और यदि एक दफा हमने खुराक डाला तो उसका अन्त कभी नहीं होने वाला है। अभिलाषाएँ अनन्त हैं। इसकी पूर्ति कभी सम्भव नहीं।

अभिलाषा का एक और पहलू है। किसी भी कर्म की सफलता की कुंजी है- अटूट एकाग्रता एवं कर्म के प्रति असीम निष्ठा। कर्म के दौरान यदि अभिलाषा अपनी झलक दिखलाती रहे तो वह कर्म के प्रति हमारी एकाग्रता, हमारा प्रेम का अपहरण कर लेगी। इससे कर्म की उत्कृष्टता में खलल पड़ जाती है। कर्म के प्रति एकाग्रता नष्ट होने पर, कर्म उत्कृष्ट हो ही नहीं सकता। उत्कृष्ट कर्म ही, उत्कृष्ट फल की जननी है।

अतः हम आत्म-निर्देश के अनुरूप कर्म करें और कर्म के साथ युक्त हो जायें। जब तक हम कर्त्ता के रूप में कर्म करते रहेंगे, कर्म और मेरा स्वरूप भिन्न-भिन्न रहेगा। कामनाएँ या किसी अन्य कारण से कर्म और हमारे बीच जुदाई की सम्भावना बनी रहेगी। कर्मच्युत होने की सम्भावना बनी रहेगी। जब कर्म के संग युक्त हो जायेंगे तो हमारा शरीर हमसे जुदा हो जायेगा। मात्र आत्मा ही कर्म के साथ युक्त रहेगी। आत्मा सुख-दुःख, राग-द्वेष, इत्यादि विचारों से मुक्त है। अतः चाहे कितनी भी बड़ी अभिलाषा हमारे सामने उपस्थित क्यों न हों, कितनी भी बड़ी घटना-दुर्घटना क्यों न घट जाये, हमें कोई भी ताकत कर्म से जुदा करने में विफल हो जायेगी। कर्म हमारे लिए अकर्म हो जायेगा। कोई थकान नहीं। कोई सफलता- विफलता का भाव नहीं। मात्र आनन्द ही आनन्द। असीम शान्ति एवं असीम सहजता। मनुष्य के शरीर, मन, बुद्धि एवं आत्मा के मध्य परस्पर सहयोगात्मक सम्बन्ध से ही शान्ति एवं सहजता प्राप्त की जा सकती है। विपरीत इसके मन और बुद्धि या भावना और कर्त्तव्य यदि आपस में विरोधी हों तो मनुष्य

अशांत एवं असहज हो जायेगा। मन और बुद्धि के मध्य संघर्ष की स्थिति में, बुद्धि अर्थात् कर्त्तव्य को प्रश्रय दिया जाना चाहिए। इसे ही गीता में निष्काम कर्मयोग कहा गया है।

शरीर, मन, बुद्धि एवं आत्मा के मध्य सहयोगात्मक सम्बन्ध स्थापित कर सहजता प्राप्त करने के और भी कई मार्ग गीता में बतलाये गये हैं- यथा भक्तियोग, ज्ञानयोग, राजयोग, इत्यादि। हम अपनी क्षमता, अपनी स्वाभाविकता के अनुरूप किसी भी मार्ग से इस प्रकार जुड़कर सहजता प्राप्त कर सकते हैं। सभी मार्ग वांछित गन्तव्य बिन्दु तक मनुष्य को ले जाने में समान रूप से समर्थ हैं। कोई भी मार्ग किसी दूसरे से अच्छे-बुरे नहीं है। अठारहवें अध्याय के 66वें श्लोक में कहा गया है- 'सर्वधर्मान्य परित्यज्य मामेकं शरणं व्रज।' अर्थात् सभी धर्मों का परित्याग कर मेरे ही शरण में विराजो। इसका अभिप्राय यह नहीं है कि ऐसा कहकर श्रीकृष्ण भक्तियोग की वकालत करते हैं। मनुष्य शरीर में श्रीकृष्ण आत्मा के प्रतीक हैं। इसका अभिप्राय है कि मनुष्य कोई भी मार्ग का अवलम्बन करे किन्तु वह आत्मानुकूल हो। श्रीकृष्ण के अलावा इधर-उधर भटकने की कोई आवश्यकता नहीं है। आदि और अन्त सिर्फ भगवान् श्रीकृष्ण हैं।

अतः मेरे विचार से गीता मनुष्य-जीवन में सहजता प्राप्त करने का विज्ञान है। इसके अतिरिक्त और बहुत सारे विषयों का वर्णन गीता में हुआ है। आप स्वयं पढ़कर समझ लें। मेरे समझ से जीवन में सहजता ही जीवन की उत्कृष्टता है। सहजावस्था में मनुष्य में निहित सारी शक्तियाँ, मनुष्य के ही नियंत्रणाधीन कार्य करती हैं। कोई भी बाह्य शक्ति उसका दुरुपयोग नहीं कर सकती।

ॐ तत्सत्

4

ईश्वर, आत्मा, अवतार और पुनर्जन्म

निश्चित रूप से हिन्दू धर्म में भगवान् पर चर्चा या परिचर्चा अन्य धर्मों की तुलना में कुछ विशेष हुई है। परमात्मा के स्वरूप और अस्तित्व को समझने का प्रयास यहाँ अधिक हुआ है क्योंकि यह धर्म कुछ ज्यादा ही भगवान् और पूजा-पाठ के प्रति केन्द्रित रहा है। साथ में यह भी सही है कि मात्र हिन्दू धर्म में ही परमात्मा के अवतार की बात कही गयी और मान्यता यह भी है कि आत्मा परमात्मा का ही अंश है। इस धरती पर यही जीवन का मूल कारण है। हिन्दू चिन्तकों का कहना है कि वेद हो या गीता सभी परमात्मा प्रदत्त हैं। ऐसा माना जाता है कि परमात्मा का चैतन्य आत्माओं के साथ सीधा सम्वाद होता है। अन्य धर्मों में भगवान् के अवतार और प्रकटीकरण की बात नहीं है। ईसाई धर्म में जीसस को प्रभु का सन्तान माना गया है, तो इस्लाम में मुहम्मद साहब को पैगम्बर कहा गया है। बौद्ध धर्म में भगवान् को नकार दिया गया है। यह बात दूसरी है कि आगे चलकर बौद्ध भिक्षुओं ने महात्मा बुद्ध को ही भगवान् मान लिया। इन्हीं तथ्यों या तर्कों के आलोक में यह विचार करने की आवश्यकता है कि क्या भगवान् है? क्या भगवान् के होने का कोई सबूत है ? इस प्रश्न पर लम्बा विवाद हुआ है और यह आज भी विवाद जारी है। अगर सामान्य बुद्धि की बात करें तो लगता है कि भगवान् का अस्तित्व है। लेकिन, जैसे ही हम इस दुनिया को विज्ञान की नजरों से देखते हैं तो लगता है कि भगवान् जैसी कोई चीज़ होती ही नहीं है। आइए इसे जानने की कोशिश करते हैं।

आप अपने आसपास जो भी चीज़ें जब देखते हैं जैसे, कम्प्यूटर, रोबॉट, हवाई जहाज, गगन चुम्बी इमारत, टी.वी., मोबाईल फोन, इत्यादि। ये कभी न खत्म होने

वाली चीज़ों की सूची है। ध्यान रहे इन चीज़ों का आविष्कार अपने-आप इत्तेफाक से नहीं हुआ है बल्कि इन सबको बनाने के पीछे धरती के सबसे बुद्धिमान प्रजाति यानि हम इंसानों का हाथ रहा है। हमारे वैज्ञानिकों ने कड़ी मेहनत करके और कई असफलताओं का सामना करने के बाद इन्हें हासिल किया है और हम तक इन चीज़ों को पहुँचाया है।

अब देखते हैं उन चीज़ों को जो हम इंसानों ने नहीं बनायी बल्कि वह प्रकृति की देन है, जैसे पेड़-पौधे, पहाड़, नदियाँ, समुद्र, हवा, पानी, सूरज, चाँद, जानवर और हम खुद इंसान। क्या इतनी सुन्दर प्रकृति का निर्माण इत्तेफाक से हो गया या इसको बनाने के पीछे किसी क्षमतावान प्राणी (परमात्मा) का हाथ रहा होगा?

हम इतनी बड़ी प्रकृति की बात करने से पहले अपने छोटे से लेकिन जटिल शरीर की बात कर लेते हैं। हम इंसानों का शरीर इतनी श्रेष्ठ रचना है कि लगता नहीं, यह एक इत्तेफाक है। हमारा दिल जो खून को पूरे शरीर में लगातार प्रवाहित करता रहता है, दिमाग, जो पूरे शरीर को नियन्त्रित करता है, आँखे, जो इस सुन्दर प्रकृति को देख पाती हैं, जो एक सेकेण्ड के 10 हिस्से में 7 से 10 लाख रंगों को देख पाती हैं। क्या फायदा प्रकृति में उन आवाजों का अगर हमारे पास सुनने को कान नहीं होते? सुगन्ध सूंघने के लिए नाक नहीं होते? क्या फायदा प्रकृति में तापमान का अगर हम गर्मी या ठण्डक महसूस नहीं कर पाते?

इससे भी बड़ी बात देखें- क्या फायदा सूर्य की रौशनी का अगर पृथ्वी ही न होती या फिर क्या फायदा इस ब्रह्माण्ड के अस्तित्व में होने का अगर हमारा ही अस्तित्व न हो? समझ नहीं आता कि हम प्रकृति के लिए बने हैं या हमारे लिए प्रकृति या फिर यह सब इत्तेफाक है। आप एक बार सोच कर देखिए कि क्या होता, अगर हमारा दिल ही न होता या क्या होता अगर हमारा दिमाग ही न होता। पृथ्वी पर न जाने कितनी अनगिनत प्रजातियाँ मौजूद हैं जो कहीं-न-कहीं हम इंसानों की तरह ही प्रकृति से जुड़ी हुई हैं। इन सबको इतने सटीक तरीके से किसने बनाया? क्या यह सब इत्तेफाक से सम्भव हुआ है?

आज हम इस पृथ्वी पर दूर-दूर तक इतनी सुन्दर प्रकृति और जीवन को देखते हैं, इसका वजूद बिलकुल भी नहीं होता अगर पृथ्वी अपने अक्ष पर थोड़ी और तेज घूमती या थोड़ी और धीमी घूमती क्योंकि तेज होने पर आँधी व तूफान का प्रकोप होता और धीमी होने पर दिन के समय तापमान बहुत ज्यादा होता और रात के समय तापमान बहुत कम होता।

इत्तेफाक से उद्विकास के चलते बन्दरों से विकसित होते हुए आज हम सम्पूर्ण मानव बन गये और यह भी इत्तेफाक है कि पृथ्वी पर करोड़ों जीवों के मौजूद होने के बावजूद सिर्फ हम इंसानों की प्रजाति सबसे ज्यादा बुद्धिमान है और सबसे बड़ा इत्तेफाक तो यह है कि पृथ्वी पर करोड़ों प्रजातियों में लगभग हरेक जीवित चीज़ की एक से ज्यादा प्रजातियाँ मौजूद हैं। लेकिन हम इंसानों की कोई दूसरी प्रजाति ही नहीं है। चलिए मान लेते हैं कि अब तक जो भी हुआ वह इत्तेफाक से ही होता चला आ रहा है, लेकिन अगर विज्ञान के सन्दर्भ में देखा जाये तो क्या विज्ञान इत्तेफाकों पर विश्वास रखता है? क्या विज्ञान मानता है कि इत्तेफाक से कुछ भी हो सकता है?

जी नहीं, विज्ञान इत्तेफाक पर विश्वास नहीं करता बल्कि विज्ञान तो किसी भी घटना के घटित होने का वैज्ञानिक सबूतों के आधार पर विश्लेषण देता है। विज्ञान कहता है कि किसी भी घटना के घटित होने के लिए किसी-न-किसी कारण का होना आवश्यक है। बिना किसी कारण के कोई भी घटना नहीं घट सकती। तो अब सवाल यह है कि अभी हम जिन इत्तेफाकों की बात कर रहे थे उनका क्या वैज्ञानिक कारण है?

तो सुनिये अभी विज्ञान अपनी बाल्यावस्था में है और इतने कम समय में ही विज्ञान ने इस ब्रह्माण्ड के कई अनसुलझे रहस्यों पर से पर्दा उठाया है। अभी विज्ञान इतना विकसित नहीं हुआ है कि सभी सवालों के जवाब सटीक दे सके। समय के साथ जैसे-जैसे विज्ञान विकसित होता जायेगा तो हमें उन सवालों के भी जवाब मिलते जायेंगे, जो विज्ञान आज नहीं दे पा रहा है।

अब सवाल यह आता है कि विज्ञान तो सिर्फ ब्रह्माण्ड के नियमों को बताता है कि ब्रह्माण्ड कैसे काम करता है न कि विज्ञान अपने खुद के नियम बनाता है जैसे की लाइट की गति निश्चित है। विज्ञान इस गति को न तो तेज कर सकता है और न ही धीमी कर सकता है। गुरुत्वाकर्षण हमेशा चीज़ों को अपनी ओर खींचती है, विज्ञान इस नियम को कभी नहीं बदल सकता। वह ब्रह्माण्ड को न छोटा और न बड़ा कर सकता है। ब्रह्माण्ड की बात छोड़े, वैज्ञानिक पृथ्वी के आकार को छोटा-बड़ा भी नहीं कर सकता है।

अब सवाल यह है कि प्रकृति हमेशा से जिन नियमों का पालन करती आ रही है वे नियम किसने बनाए हैं? ऐसा तो है नहीं कि प्रकृति के नियम हमेशा बदलते रहते हैं। प्रकृति हमेशा से एक ही क्रम में काम करती आ रही है वह क्रम

किसने बनाया? हाँ, मैं मानता हूँ कि विज्ञान एक दिन इन सवालों के जवाब ढूंढ लेगा। लेकिन विज्ञान प्रकृति के नियमों को कभी नहीं बदल पायेगा।

अब आते हैं अपने पुराने सवाल पर कि क्या ईश्वर का अस्तित्व है? सबों का मानना है कि इस समस्त ब्रह्माण्ड में एक शक्ति मौजूद है जो इस सम्पूर्ण ब्रह्माण्ड को चला रही है। उसी शक्ति से तारे और ग्रह बने हैं और हम खुद उसी शक्ति का हिस्सा हैं और उस ऊर्जा के अस्तित्व में होने को आप नकार नहीं सकते। ऊर्जा संरक्षण का नियम कहता है कि ऊर्जा को न तो नष्ट किया जा सकता है और न ही उत्पन्न किया जा सकता है। ऊर्जा को तो सिर्फ एक रूप से दूसरे रूप में परिवर्तित किया जा सकता है। आपका शरीर एक ऊर्जा है। आप इस पुस्तक को पढ़ रहे हो वह भी एक ऊर्जा है। फर्क सिर्फ इतना है कि यह ऊर्जा अलग-अलग रूपों में इस ब्रह्माण्ड में मौजूद है। अब मैं आपसे पूछता हूँ कि क्या आप इस ऊर्जा के अस्तित्व को नकार सकते हैं ?

क्या आप जानते हैं कि छह भारतीय दर्शनों में से पहले तीन दर्शन तो भगवान् के बारे में बात तक नहीं करते, न्याय, वैशेषिक और सांख्य दर्शन। गौतम महर्षि के द्वारा रचित न्याय दर्शन ज्ञान के बारे में चर्चा करता है कि आपका ज्ञान सही है या नहीं। फिर आता है वैशेषिक दर्शन, यह संसार की सभी वस्तुओं की गिनती करता है; जैसे पृथ्वी, जल, अग्नि, वायु, आकाश और फिर सारी वस्तुएँ और विषय और इन सबका विश्लेषण वैशेषिक दर्शन में मन, चेतना, बुद्धि, स्मृति और इन सबके बारे में चर्चा करते हैं। इसके बाद है सांख्य दर्शन। तो ये तीनों दर्शन ईश्वर के बारे में बात नहीं करते, बल्कि वे चेतना के बारे में बात करते हैं। केवल योग-दर्शन में, जो कि चौथा दर्शन है, ईश्वर के विषय पर चर्चा हैं। इसलिए, आपको ईश्वर पर विश्वास करने के लिए विवश महसूस नहीं करना है। लेकिन, आपको किसी पर विश्वास तो करना होगा। आपको कम-से-कम चेतना पर तो विश्वास करना ही होगा।

आमतौर पर जब हम ईश्वर के बारे में सोचते हैं, तो स्वर्ग में बैठे ऐसे व्यक्ति के बारे में सोचते हैं, जिसने सृष्टि बनायी और फिर इस सृष्टि से दूर जाकर बैठ गये और हर-एक के अन्दर गलतियाँ निकालने में जुट गये। हम ऐसे भगवान् की बात यहाँ नहीं कर रहे हैं। भगवान् ही हैं जिनका अस्तित्व है। यह पूरी सृष्टि एक ऐसे तत्त्व से बनी है, जिसका नाम है प्रेम और यही तो ईश्वर है। आप ईश्वर से अलग नहीं हैं। ईश्वर के बाहर कुछ भी नहीं है; सब कुछ ईश्वर के अन्दर ही स्थापित है। तो ये अच्छा, बुरा, सही, गलत और इन सबसे परे है। सुख, दुःख ये

सब कोई मायने नहीं रखता। केवल 'एक' है जिसका अस्तित्व है, वह 'एक' पूर्ण है और यदि आप उसे कोई नाम देना चाहें तो ईश्वर कह सकते हैं या फिर चिन्ता मत करें, केवल स्वयं को जानने की कोशिश कीजिए। परमेश्वर वह सर्वोच्च परालौकिक शक्ति है जिसे इस संसार का रचयिता और प्रशासक माना जाता है। हिन्दी में परमेश्वर को भगवान्, परमात्मा या परमेश्वर भी कहते हैं। अधिकतर धर्मों में परमेश्वर की परिकल्पना ब्रह्माण्ड की संरचना से जुड़ी हुई है। संस्कृत की ईश् धातु का अर्थ है- नियन्त्रित करना और इस पर वरच् प्रत्यय लगाकर यह शब्द बना है। इस प्रकार मूल रूप में यह शब्द नियंता के रूप में प्रयुक्त हुआ है। इसी धातु से समानार्थी शब्द ईश व ईशिता बने हैं।

धर्म और दर्शन में ईश्वर की अवधारणाएँ

परमात्मा के होने या न होने के सम्बन्ध में विभिन्न धर्मों में काफी विचार व्यक्त किये गये हैं। अब तक किसी भी ऐसे विचार का प्रतिपादन सम्भव नहीं हुआ है जिसको एक स्वर से सभी ने स्वीकार किया हो। दार्शनिक चिन्तन का क्षेत्र ही ऐसा है कि सभी धर्मों या चिन्तकों का एक मत होना काफी कठिन है। अब तक जितने भी विचार व्यक्त किये गये हैं उनको दो प्रमुख भागों में विभक्त किया जा सकता है- (1) ईश्वरवाद (Theism) और (2) गैर-ईश्वरवाद (Non-theism)। जो लोग परमात्मा के अस्तित्व में विश्वास करते हैं, उन्हें आस्तिक या ईश्वरवादी कहा जाता है और जो परमात्मा के अस्तित्व या सर्वोच्चता में विश्वास नहीं करते हैं उन्हें नास्तिक या गैर-ईश्वरवादी कहा जाता है। इन दो वर्गीकरण के अन्दर भी कुछ और वर्गीकरण हैं। उन सबों को एक-एक कर स्पष्ट करने का यहाँ प्रयास किया जा रहा है।

(क) ईश्वरवाद
- (1) बहुदेववाद
- (2) एकेश्वरवाद
- (3) तटस्थेश्वरवाद (Deism)
- (4) सर्वेश्वरवाद (Pantheism)
- (5) निमित्तोपादानेश्वरवाद (Panentheism)

(ख) गैर-ईश्वरवाद
- (6) अनीश्वरवाद (Atheism)
- (7) अज्ञेयवाद (Agnosticism)
- (8) सन्देहवाद (Sceptism)

ईश्वरवाद (Theism)– भारतीय दर्शन में ईश्वर, ईश्वराज्ञा, परलोक, आत्मा आदि अदृश्य चीज़ों के अस्तित्व में, विशेषकर ईश्वर के अस्तित्व में विश्वास का नाम आस्तिकता या ईश्वरवाद है। पाश्चात्य दर्शन में ईश्वर के अस्तित्व में विश्वास का ही नाम थीज्म (Theism) है। संसार के विश्वासों के इतिहास में ईश्वर की कल्पना अनेक रूपों में की गयी है और उसके अस्तित्व को सिद्ध करने के लिए अनेक युक्तियाँ दी गयी हैं। उनमें प्रमुख इस प्रकार हैं-

इस संसार का जन्मदाता (स्त्रष्टा), संचालक और नियामक, मनुष्य के समान शरीरधारी, मनोवृत्तियों से युक्त परमशक्तिशाली परमात्मा है। वह किसी एक स्थान (धाम) पर रहता है और वहीं से सम्पूर्ण संसार की देख-भाल करता है। लोगों को पाप-पुण्य का फल देता है एवं भक्ति और प्रार्थना करने पर लोगों के दु:ख और विपत्ति में सहायता करता है। अपने धाम से वह इस संसार में सच्चा धार्मिक मार्ग सिखाने के लिए अपने बेटे, पैगम्बरों, ऋषि मुनियों को समय-समय पर भेजता है और कभी स्वयं ही किसी-न-किसी रूप में अवतार लेता है। दुष्टों का दमन और सज्जनों का उद्धार करता है। इस मत को पश्चात्य दर्शन में थीज्म कहते हैं।

कुछ दार्शनिक यह मानते हैं कि ईश्वर तो सृष्टिकर्त्ता मात्र है और उसने सृष्टि रच दी है कि वह स्वयं अपने नियमों से चल रही है। उसको अब इससे कोई मतलब नहीं। जैसे घड़ी बनानेवाले को अपनी बनायी हुई घड़ी से, बनने के पश्चात्, कोई सम्बन्ध नहीं रहता। वह चलती रहती है। इस मत की कुछ झलक वैष्णवों की इस कल्पना में मिलती है कि भगवान् विष्णु क्षीरसागर में सोते रहते हैं और शैवों की इस कल्पना में कि भगवान् शंकर कैलास पर्वत पर समाधि लगाए बैठे रहते हैं और संसार का कार्य चलता रहता है।

यह समस्त संसार ही ब्रह्म है। इस सिद्धान्त के अनुसार संसार और भगवान् कोई अलग-अलग वस्तु नहीं हैं। भगवान् और संसार एक ही हैं। जगत् भगवान् का शरीर मात्र है, जिसके कण-कण में वह व्याप्त है। ब्रह्मउजगत् और उजगत्ब्रह्म। इसको अद्वैतवाद भी कहते हैं।

ब्रह्म जगत् से परे भी है। इस विचारवाले को पाश्चात्य देशों में 'पैनथीस्ट' (Pantheist) कहते हैं वे यह मानते हैं कि जगत् में भगवान् की परिसमाप्ति नहीं होती। जगत् तो उसका एक अंश मात्र है। जगत् शांत है, सीमित है और इसमें भगवान् के सभी गुणों का प्रकाश नहीं है। भगवान् अनादि, अनंत और अचिंत्य हैं। जगत् में उनकी सत्ता और स्वरूप का बहुत थोड़े अंश में प्राकट्य है। इस मत के अनुसार समस्त जगत् ब्रह्म है, पर समस्त ब्रह्म जगत् नहीं है। इस मत के

अनुसार ईश्वर के अतिरिक्त और कोई सत्ता ही नहीं है। सर्वत्र ब्रह्म ही ब्रह्म है। जगत् नाम की वस्तु न कभी उत्पन्न हुई, न है और न होगी। जिसको हम जगत् के रूप में देखते हैं वह कल्पना मात्र, मिथ्या भ्रम मात्र है, जिसका ज्ञान द्वारा लोप हो जाता है। वास्तविक सत्ता केवल विकार रहित शुद्ध सच्चिदानन्द ब्रह्म की ही है जिसमें सृष्टि न कभी हुई, न होगी।

आस्तिकता के अन्तर्गत एक यह प्रश्न भी उठता है कि ईश्वर एक है अथवा अनेक। कुछ लोग अनेक देवी-देवताओं को मानते हैं। उनको बहुदेववादी (Polytheist) कहते हैं। वे एक देव को नहीं जानते। कुछ लोग जगत् के नियामक दो देवों को मानते हैं- एक भगवान और दूसरा शैतान। एक अच्छाईयों का स्रष्टा और दूसरा बुराईयों का। कुछ लोग यह मानते हैं कि बुराई भले भगवान् की छाया मात्र है। भगवान् एक ही है, शैतान उसकी मायाशक्ति का नाम है जिसके द्वारा संसार में सब दोषों का प्रसार है, पर वह स्वयं भगवान् के नियंत्रण में रहती है। कुछ लोग मायारहित शुद्ध ब्रह्म की सत्ता में विश्वास करते हैं। उनके अनुसार संसार शुद्ध ब्रह्म का प्रकाश है, उसमें स्वयं कोई दोष नहीं है। हमारे अज्ञान के कारण ही हमको दोष दिखाई पड़ता है। पूर्ण ज्ञान हो जाने पर सबको मंगलमय ही दिखाई पड़ेगा। इस मत को शुद्ध ब्रह्मवाद कहते हैं। इसी को अद्वैतवाद अथवा एक्यवाद (Monism) कहते हैं।

पाश्चात्य और भारतीय दर्शन में आस्तिकला को सिद्ध करने की जो अनेक युक्तियाँ दी जाती हैं उनमें से कुछ इस प्रकार हैं–

(1) मनुष्यमात्र के मन में ईश्वर का विचार और उसमें विश्वास जन्मजात है, उसका निराकरण कठिन है। अतएव ईश्वर वास्तव में होना चाहिए। इसको प्रत्यय से सत्ता की सिद्धि करनेवाली युक्ति कहते हैं।

(2) संसारगत कार्य-कारण-नियम को जगत् पर लागू करके यह कहा जाता है कि जैसे यहाँ प्रत्येक कार्य के उपादान और निमित्त कारण होते हैं, उसी प्रकार समस्त जगत् का उपादान और निमित्त कारण भी होना चाहिए और वह ईश्वर है (Cosmological अर्थात् सृष्टिकारण युक्ति)।

(3) संसार की सभी क्रियाओं का कोई न-कोई प्रयोजन या उद्देश्य होता है और इसकी सब क्रियाएँ नियमपूर्वक और संगठित रीति से चल रही हैं। अतएव इसका नियामक, योजक और प्रबंधक कोई मंगलकारी भगवान् होगा (यह Teleological अर्थात् उद्देश्यात्मक युक्ति है)।

(4) जिस प्रकार मानव समाज में सब लोगों को नियंत्रण में रखने के लिए और अपराधों को दण्ड एवं उपकारों और सेवाओं का पुरस्कार देने के लिए राजा अथवा राजव्यवस्था होती है, उसी प्रकार समस्त सृष्टि को नियम पर चलाने और पाप-पुण्य का फल देने वाला कोई सर्वज्ञ, सर्वशक्तिमान और न्यायकारी परमात्मा अवश्य है। इसको Moral या नैतिक युक्ति कहते हैं।

(5) योगी और भक्त लोग अपने ध्यान और भजन में निमग्न होकर भगवान् का किसी-न-किसी रूप में दर्शन करके कृतार्थ और तृप्त होते दिखाई पड़ते हैं (यह युक्ति रहस्यवादी, अर्थात् Mystic युक्ति कहलाती है)।

(6) संसार के सभी धर्मग्रन्थों में ईश्वर के अस्तित्व का उपदेश मिलता है। अतएव सर्व-जनसाधारण का और धार्मिक लोगों का ईश्वर के अस्तित्व में विश्वास है। इस युक्ति को शब्दप्रमाण कहते हैं।

(1) **बहुदेववाद–** बहुदेववाद एक से अधिक देवताओं की पूजा करना या एक से अधिक देवताओं के अस्तित्व को मानना बहुदेववाद या अनेकदेववाद या बहु-ईश्वरवाद (Polytheism) कहलाता है। बहुदेववाद में विश्वास रखने वाले अधिकांश धर्मों में भिन्न-भिन्न देवता, प्रकृति की विभिन्न शक्तियों को निरुपित करते हैं। ये देवता या तो पूर्णतः स्वायत्त हैं या ईश्वर के कोई रूप हैं। हिन्दू धर्म में बहुदेववाद स्पष्ट रूप से दिखाई पड़ता है।

(2) **एकेश्वरवाद–** एकेश्वरवाद अथवा एकदेववाद का सिद्धान्त, जो 'ईश्वर एक है' अथवा 'एक ईश्वर है' विचार को सर्वप्रमुख रूप में मान्यता देता है। एकेश्वरवादी एक ही ईश्वर में विश्वास करता है और केवल उसी की पूजा-उपासना करता है। इसके साथ ही वह किसी भी ऐसी अन्य अलौकिक शक्ति या देवता को नहीं मानता जो उस ईश्वर का समकक्ष हो सके अथवा उसका स्थान ले सके। इसी दृष्टि से बहुदेववाद, एकदेववाद का विलोम सिद्धान्त कहा जाता है। एकेश्वरवाद के विरोधी दार्शनिक मतवादों में दार्शनिक सर्वेश्वरवाद, दार्शनिक निरीश्वरवाद तथा दार्शनिक सन्देहवाद की गणना की जाती है। सर्वेश्वरवाद, ईश्वर और जगत् में अभिन्नता मानता है। उसके सिद्धान्त वाक्य हैं- 'सब ईश्वर हैं' तथा 'ईश्वर सब हैं'। एकेश्वरवाद केवल एक ईश्वर की सत्ता मानता है। सर्वेश्वरवाद ईश्वर और जगत् दोनों की सत्ता मानता है। यद्यपि जगत् की सत्ता के स्वरूप में वैमत्य है तथापि ईश्वर और जगत् की एकता अवश्य स्वीकार करता है। 'ईश्वर एक है' वाक्य की सूक्ष्म दार्शनिक मीमांसा करने पर यह कहा जा सकता है कि सर्वसत्ता ईश्वर है। यह निष्कर्ष सर्वेश्वरवाद के निकट है। इसलिए

ये वाक्य एक ही तथ्य को दो ढंग से प्रकट करते हैं। गीता-दर्शन एकेश्वरवाद है। श्रीकृष्ण ही सर्वेसर्वा हैं।

देशकालगत प्रभाव की दृष्टि से विचार करने पर ईश्वर के तीन विषम रूपों के अनुसार तीन प्रकार के एकेश्वरवाद का भी उल्लेख मिलता है-

(1) इजरायली एकेश्वरवाद,

(2) यूनानी दर्शन का हेलेनिक एकेश्वरवाद तथा

(3) हिन्दू एकेश्वरवाद।

इनमें से तीसरा एकेश्वरवाद सर्वाधिक व्यापक है और इसकी सर्वेश्वरवाद से बहुत निकटता है। यह सिद्धान्त केवल ईश्वर की ही पूर्ण सत्ता पर जोर नहीं देता, अपितु जगत् की असत्ता पर भी जोर देता है; किन्तु, विभिन्न दार्शनिक दृष्टियों से वह जगत् की सत्ता और असत्ता दोनों का दो प्रकार के सत्यों के रूप में प्रतिपादन भी करता है।

हिन्दू एकेश्वरवाद में ऐतिहासिक दृष्टि से अनेक विशेषताएँ देखने में आती हैं। कालानुसार उनके अनेक रूप मिलते हैं। सर्वेश्वरवाद और बहुदेववाद परस्पर घनिष्ठ भाव से सम्बद्ध हैं। कुछ लोग विकासक्रम की दृष्टि से बहुदेववाद को सर्वप्रथम स्थान देते हैं। भारतीय धर्म और चिन्तन के विकास में प्रारंभिक वैदिक युग में बहुदेववाद की तथा उत्तर वैदिक युग में सभी देवताओं के पीछे एक परम शक्ति की कल्पना मिलती है। दूसरे मत से यद्यपि वैदिक देवताओं के बहुलता को देखकर सामान्य पाठक वेदों को बहुदेववादी कह सकते हैं तथापि प्रबुद्ध अध्येता को उनमें न तो बहुदेववाद का दर्शन होगा और न ही एकेश्वरवाद का। वह तो भारतीय धर्मचिन्तन की एक ऐसी स्थिति है जिसे उन दोनों के ऊपर मान सकते हैं। वस्तुतः यह धार्मिक स्थिति इतनी विकसित नहीं थी कि उक्त दोनों में से किसी एक की ओर वह उन्मुख हो सके। किन्तु जैसे-जैसे धर्मचिन्तन की गंभीरता की प्रवृत्ति बढ़ती गयी, वैसे-वैसे भारतीय चिन्तन की प्रवृत्ति भी एकेश्वरवाद की ओर बढ़ती गयी। उपनिषद् काल में ब्रह्मविद्या का प्रचार होने पर एक ईश्वर अथवा शक्ति की विचारधारा प्रधान हो गयी। पुराणकाल में अनेक देवताओं की मान्यता होते हुए भी, उनमें से किसी एक को प्रधान मानकर उसकी उपासना पर जोर दिया गया। वेदान्त दर्शन का प्राबल्य होने पर बहुदेववादी मान्यताएँ और भी दुर्बल हो गईं एवं एक ही ईश्वर अथवा शक्ति का सिद्धान्त प्रमुख हो गया। इन्हीं आधारों पर कुछ लोग एकेश्वरवाद को गंभीर चिन्तन का फल मानते हैं। वस्तुतः सम्पूर्ण भारतीय धर्मसाधना, चिन्तन और साहित्य के ऊपर

विचार करने पर सर्वेश्वरवाद (जो एकेश्वरवाद के अधिक निकट है) की ही व्यापकता सर्वत्र परिलक्षित होती है। यह भारतीय मतवाद यद्यपि जनप्रचलित बहुदेववाद से बहुत दूर है तथापि अन्य देशों की तरह यहाँ भी सर्वेश्वरवाद बहुदेववाद से निकटता स्थापित कर रहा है।

भारतीय धर्मचिन्तन में एकेश्वरवाद का एक और रूप मिलता है। पहले ब्रह्मा, विष्णु और महेश की विभिन्नता प्रतिपादित हो गयी, साथ ही कहीं-कहीं विष्णु और ब्रह्मा को शिव में समाविष्ट भी माना गया। कालान्तर में एकता की भावना भी विकसित हो गयी। केवल शिव में ही शेष दोनों देवताओं के गुणों का आरोप हो गया। विष्णु के सम्बन्ध में भी इसी प्रकार का आरोप मिलता है। विष्णु पुराण तो तीनों को एक परमात्मा की अभिव्यक्ति मानता है। यह परमात्मा कहीं शिव रूप में है और कहीं विष्णु रूप में।

दूसरा अतिप्रसिद्ध एकेश्वरवाद इस्लाम धर्म है। केवल परमात्मा की सत्ता को स्वीकार करते हुए यह मत मानता है कि बहुदेववाद बहुत बड़ा पाप है। ईश्वर एक है। उसके अतिरिक्त कोई दूसरी सत्ता नहीं है। वह सर्वशक्तिमान् है, अतुलनीय है, स्वापम है, सर्वातीत है। वह इस जगत् का कारण और निर्माता है। वह अवतार नहीं लेता। वह देश काल से परे अनादि और असीम है, तथैव निर्गुण और एकरस है। इस्लाम के ही अन्तर्गत विकसित सूफी मत में इन विचारों के अतिरिक्त उसे सर्वव्यापी सत्ता भी माना गया। सर्वत्र उसी की विभूतियों का दर्शन होता है। परिणामतः उन लोगों ने परमात्मा का निवास सबमें और सबका निवास परमात्मा में माना। यह एकेश्वरवाद से सर्वेश्वरवाद की ओर होने वाले विकास का संकेत है, यद्यपि मूल इस्लामी एकेश्वरवाद से यहाँ इसकी भिन्नता भी स्पष्ट दिखलाई पड़ती है।

(3) तटस्थेश्वरवाद– देववाद या तटस्थेश्वरवाद के अनुसार परमात्मा इन्द्रियातीत है। सृष्टि परमात्मा के द्वारा ही सम्भव होता है, लेकिन सृष्टि के बाद परमात्मा दुनियावी कार्यों में दखल नहीं देते हैं क्योंकि इस दुनिया में उनकी कोई रुचि नहीं होती है। भगवान् को मानवता की भलाई और बुराई से कोई लेना-देना नहीं है। वह हमेशा लोगों से दूर रहते हैं। जैसे कोई घड़ी बनाने वाला आदमी घड़ी बनने के बाद घड़ी के कार्यों में दखल नहीं देता है उसी प्रकार परमात्मा भी इस दुनिया को चलाने में कोई रुचि नहीं लेते हैं। इसका सीधा अर्थ यह होता है कि तटस्थेश्वरवादी दार्शनिक परमात्मा में एक सीमा तक ही विश्वास करते हैं क्योंकि परमात्मा को दुनियावी कार्यों में रुचि नहीं होती है। इसीलिए इस विचारधारा को

मानने वाले लोग परमात्मा के अवतार में भी विश्वास नहीं करते हैं। यह परमात्मा का एक तटस्थ दर्शन है। इस सिद्धान्त के प्रतिपादकों को ब्राह्मणवादी व्यवस्था या पूजा-पाठ सम्बन्धी बातों में कोई विश्वास या रुचि नहीं होती है। तटस्थेश्वरवादियों का न कोई अपना सम्प्रदाय है और न कोई इनका धार्मिक ग्रन्थ और न ही कोई पोप की तरह धर्मगुरु।

(4) सर्वेश्वरवाद– यह भी एक आस्तिक विचारधारा है। इस विचारधारा के अनुसार परमात्मा कोई बाह्य शक्ति नहीं है। सर्वेश्वरवाद कारण और कार्य को भिन्न नहीं मानता है। इसकी प्रमुख प्रतिज्ञा यह है कि ब्रह्म और ब्रह्माण्ड एक ही चीज़ है (God is universe and universe is God.)। इसका तात्पर्य यह हुआ कि ब्रह्म और ब्रह्माण्ड एक ही है। ब्रह्माण्ड चाहे जैसा भी हो और वह चाहे कितना ही बड़ा क्यों न हो, वही परमात्मा का स्वरूप है। चूँकि हम ब्रह्माण्ड को न देख सकते हैं और न समझ सकते हैं, इसलिए परमात्मा को भी हम न कभी देख सकते हैं और न कभी समझ सकते हैं। सरल शब्दों में यही कहा गया है कि समस्त ब्रह्माण्ड ही ईश्वर है। ईश्वर के अस्तित्व की कल्पना ब्रह्माण्ड से अलग नहीं की जा सकती है।

(5) निमित्तोपादानेश्वरवाद– बुनियादी तौर पर यह तटस्थेश्वरवाद और सर्वेश्वरवाद का समिश्रण है। इस विचारधारा के लोग यही मानते हैं कि परमात्मा ही सब कुछ है और यह सर्वोपरि है। परमात्मा और ब्रह्माण्ड परस्परव्यापी है। लेकिन, साथ में यह भी कहा गया है कि परमात्मा का स्वरूप ब्रह्माण्ड से ज्यादा बड़ा है क्योंकि समस्त ब्रह्माण्ड परमात्मा में समा जाता है। अतः परमात्मा ब्रह्माण्ड से ज्यादा वृहद और महत्त्वपूर्ण है। इस विचारधारा की उत्पत्ति बाईबल से नहीं मानी जाती है। परमात्मा के बारे में यह भी कहा गया है कि उसे किसी चीज़ को जानने की आवश्यकता नहीं है। परमात्मा सर्वज्ञ है और ब्रह्माण्ड में जो कुछ भी होता है उससे परमात्मा कभी प्रभावित भी नहीं होते हैं।

(6) अनीश्वरवाद– नास्तिकवाद या अनीश्वरवाद वह सिद्धान्त है जो जगत् की सृष्टि करनेवाले, इसका संचालन और नियंत्रण करनेवाले किसी भी ईश्वर के अस्तित्व को सर्वमान्य प्रमाण के न होने के आधार पर स्वीकार नहीं करता। नास्तिक लोग ईश्वर के अस्तित्व को स्पष्ट प्रमाण न होने के कारण झूठ करार देते हैं। अधिकांश नास्तिक किसी भी देवी-देवता, परालौकिक शक्ति, धर्म और आत्मा को नहीं मानते। लेकिन, हिन्दू दर्शन में नास्तिक शब्द उनके लिए भी प्रयुक्त होता है जो वेदों को मान्यता नहीं देते। नास्तिक मानने की जगह जानने में

विश्वास करते हैं। वहीं आस्तिक किसी-न-किसी ईश्वर की धारणा को अपने धर्म, सम्प्रदाय, जाति, कुल या मत के अनुसार बिना किसी प्रमाणिकता के स्वीकार करता है। नास्तिकता इसे अन्धविश्वास कहती है क्योंकि किसी भी दो धर्मों और मतों के ईश्वर की मान्यता एक नहीं होती है। नास्तिकता रूढ़िवादी धारणाओं के आधार पर नहीं बल्कि वास्तविकता और प्रमाण के आधार पर ही ईश्वर को स्वीकार करने का दर्शन है। नास्तिकता के लिए ईश्वर की सत्ता को स्वीकार करने के लिए अभी तक के सभी तर्क और प्रमाण अपर्याप्त हैं।

बौद्ध धर्म मानवीय मूल्यों तथा आधुनिक विज्ञान का समर्थक है और बौद्ध अनुयायी काल्पनिक ईश्वर में विश्वास नहीं करते हैं। चीन की आबादी में 80% से भी अधिक लोग बौद्ध धर्म के अनुयायी हैं। इसलिए दुनिया के सबसे अधिक नास्तिक लोग चीन में रहते हैं। नास्तिक लोग धर्म से जुड़े हुए भी हो सकते हैं, जैसे बौद्ध धर्मावलम्बी।

दर्शन का अनीश्वरवाद के अनुसार जगत् स्वयं संचालित और स्वयं शासित होता है। ईश्वरवादी ईश्वर के अस्तित्व के लिए जो प्रमाण देते हैं, अनीश्वरवादी उन सबकी आलोचना करके उनको काट देते हैं और संसारगत दोषों को बतलाकर निम्नलिखित प्रकार के तर्कों द्वारा यह सिद्ध करने का प्रयत्न करते हैं कि ऐसे संसार का रचनेवाला ईश्वर नहीं हो सकता। अनीश्वरवादी कहते हैं कि ऐसी सृष्टि रचने से ईश्वर का, जिसको उसके भक्त सर्वशक्तिमान, सर्वज्ञ और कल्याणकारी मानते हैं, क्या प्रयोजन है, जिसमें जीवन का अन्त मरण में, सुख का अन्त दुःख में संयोग का वियोग में और उन्नति का अवनति में हो? इस दुःखमय सृष्टि को बनाकर, जहाँ जीव को खाकर जीव जीता है और जहाँ सब प्राणी एक-दूसरे के शत्रु हैं और आपस में सब प्राणियों में संघर्ष होता है, भला क्या लाभ हुआ है?

पाश्चात्य दार्शनिकों में अनेक अनीश्वरवादी हो गये हैं और हैं। भारत में जैन, बौद्ध, चार्वाक, सांख्य और पूर्वमीमांसा दर्शन अनीश्वरवादी दर्शन है। नास्तिकों का तर्क है कि धर्म मनुष्यों को बाँटने का काम करता है। अतः ईश्वर सिर्फ जनता की अफीम की तरह होता है। ऐसा मार्क्सवादी चिन्तक भी कहते हैं। भारतीय दर्शन में नास्तिक शब्द तीन अर्थों में प्रयुक्त हुआ है।

(1) जो लोग वेद को परम प्रमाण नहीं मानते वे नास्तिक कहलाते हैं। इस परिभाषा के अनुसार बौद्ध, जैन और लोकायत मतों के अनुयायी नास्तिक कहलाते

हैं और ये तीनों दर्शन ईश्वर या वेदों पर विश्वास नहीं करते, इसलिए नास्तिक दर्शन कहे जाते हैं।

(2) जो लोग परलोक और मृत्यु पश्चात् जीवन में विश्वास नहीं करते; इस परिभाषा के अनुसार केवल चार्वाक दर्शन जिसे लोकायत दर्शन भी कहते हैं, भारत में नास्तिक दर्शन कहलाता है और उसके अनुयायी नास्तिक कहलाते हैं।

(3) कुछ लोग ईश्वर (खुदा, गॉड) के अस्तित्व में विश्वास नहीं करते। ईश्वर में विश्वास न करनेवाले नास्तिक कई प्रकार के होते हैं। घोर नास्तिक वे हैं जो ईश्वर को किसी रूप में नहीं मानते। चार्वाक् मतवाले भारत में और रैंक एथीस्ट (Rank Atheist) लोग पाश्चात्य देशों में ईश्वर का अस्तित्व किसी भी रूप में स्वीकार नहीं करते। अर्धनास्तिक उनको कह सकते हैं जो ईश्वर को सृष्टि, पालन और संहारकर्त्ता के रूप में नहीं मानते। इस परिभाषा के अनुसार भारत के बहुत से दर्शन नास्तिक की कोटि में आ जाते हैं। वास्तव में न्याय और वेदान्त दर्शन को छोड़कर भारत के अन्य दर्शन जैसे सांख्य, योग, वैशेषिक, बौद्ध और जैन नास्तिक दर्शन कहे जा सकते हैं क्योंकि इनमें ईश्वर को सृजनकर्त्ता, पालनकर्त्ता और विनाशक नहीं माना गया है। ऐसे नास्तिकों को ही अनीश्वरवादी कहते हैं।

नास्तिक या अनीश्वरवादी लोग सभी देशों और कालों में पाये जाते हैं। इस वैज्ञानिक और बौद्धिक युग में नास्तिकों की कमी नहीं है। बल्कि यह कहना ठीक होगा कि ऐसे लोग आजकल बहुत कम मिलेंगे जो नास्तिक नहीं हैं। नास्तिकों का कहना है कि ईश्वर में विश्वास करने की आवश्यकता ही नहीं पड़ती। सृजनकर्त्ता मानने की आवश्यकता तो तभी होगी जब कि यह प्रमाणित हो जाये कि कभी सृष्टि की उत्पत्ति हुई होगी । यह जगत् सदा से चला आ रहा जान पड़ता है। इसके किसी समय में उत्पन्न होने का कोई प्रमाण ही नहीं है। उत्पन्न भी हुआ तो इसका क्या प्रमाण है कि इसको विशेष व्यक्ति ने बनाया हो या अपने कारणों से स्वतः ही यह बन गया हो। इसका चालक और पालक मानने की भी आवश्यकता नहीं है क्योंकि जगत् में इतनी मारकाट, इतना नाश और ध्वंस तथा इतना दुःख और अन्याय दिखाई पड़ता है कि इसका संचालक और पालक कोई समझदार, सर्वशक्तिमान और अच्छा भगवान् नहीं माना जा सकता। सम्भवतः वह एक विक्षिप्त शक्तिधारक ही हो सकता है। संसार में सृजनकर्त्ता और संहारक दोनों साथ-साथ चल रहे हैं। इसलिए यह कहना व्यर्थ है कि किसी दिन इसका पूरा संहार हो जायेगा और उसके करने के लिए ईश्वर को मानने की आवश्यकता

है। नास्तिकों के विचार में आस्तिकों द्वारा दिये गये ईश्वर के अस्तित्व को सिद्ध करने के लिए सभी प्रमाण प्रमाणाभास हैं।

(7) अज्ञेयवाद– अज्ञेयवाद ज्ञान मीमांसा का विषय है। यद्यपि उसकी कई पद्धतियों में तत्त्व दर्शन से भी सम्बन्ध जोड़ दिया गया है। इस सिद्धान्त की मान्यता है कि जहाँ विश्व की कुछ वस्तुओं का निश्चयात्मक ज्ञान सम्भव है, वहाँ कुछ ऐसे तत्त्व या पदार्थ भी हैं जो अज्ञेय हैं, अर्थात् जिनका निश्चयात्मक ज्ञान सम्भव नहीं है। अज्ञेयवाद, सन्देहवाद से भिन्न है, सन्देहवाद या संशयवाद के अनुसार विश्व के किसी भी पदार्थ का निश्चयात्मक ज्ञान सम्भव नहीं है।

भारतीय दर्शन के सम्भवतः किसी भी सम्प्रदाय को अज्ञेयवाद नहीं कहा जा सकता। वस्तुतः भारत में कभी भी सन्देहवाद एवं अज्ञेयवाद का व्यवस्थित प्रतिपादन नहीं हुआ। नैयायिक सर्वज्ञेयवादी हैं और नागार्जुन तथा श्रीहर्ष जैसे मुक्तिवादी भी पारिश्रमिक अर्थ में संशयवादी अथवा अज्ञेयवादी नहीं कहे जा सकते।

(8) सन्देहवाद– ईसाई मत में धर्म की नींव विश्वास पर रखी गयी है। जो सत्य ईश्वर की ओर से आविष्कृत हुए हैं, वे मान्य हैं, चाहे वे बुद्धि की पहुँच के बाहर हों या उसके प्रतिकूल भी हों। 18वीं शताब्दी में इंग्लैण्ड में कुछ विचारकों ने धर्म को दैवी आविष्कार के बजाय मानव चिन्तन की नींव पर खड़ा करने का प्रयास किया। आरम्भ में अलौकिक या प्रकृति विरूद्ध सिद्धान्त उनके आक्रमण के विषय बने; इसके बाद ऐसी घटनाओं की बारी आयी, जिन्हें ऐतिहासिक खोज ने असत्य बताया और अन्त में कहा गया कि जिस जीवन व्यवस्था को ईसाईयत आदर्श व्यवस्था के रूप में उपस्थित करती है, वह स्वीकृति के योग्य नहीं।

तर्कसंग्रह के अनुसार संशय वह ज्ञान है, जिसमें एक ही पदार्थ अनेक विरोधी धर्मों या गुणों से युक्त प्रतीत होता है। उदाहरणार्थ, जब हम अँधेरे में किसी दूरस्थ स्तंभ को देखकर निश्चित रूप से यह नहीं जान पाते कि वह स्तंभ है तो हमारा मन दोलायमान हो जाता है और हम उस एक को पदार्थ में स्तंभत्व एवं मनुष्यत्व दो विभिन्न धर्मों का आरोप करने लगते हैं। न तो हम निश्चयपूर्वक यह कह सकते हैं कि वह पदार्थ स्तंभ है और न यह कि वह मनुष्य है। मन की ऐसी ही दुविधाग्रस्त, निश्चयरहित या विकल्पात्मक अवस्था को संशय कहा जाता है। इस सिद्धान्त को पूर्ण रूप से माननेवाले व्यक्तियों के विचारानुसार मानव को कभी भी और किसी भी प्रकार का वास्तविक या निश्चित ज्ञान नहीं हो सकता।

संशयवादियों की राय में हमारे मस्तिष्क या मन की बनावट ही ऐसी है कि उसके द्वारा हम कभी भी संसार के या उसके पदार्थों के सही स्वरूप को अवगत कर सकने में समर्थ नहीं हो सकते।

ईश्वर की अवधारणा

वेदान्तियों के अनुसार ईश्वर की सत्ता तर्क से सिद्ध नहीं की जा सकती। ईश्वर के पक्ष में जितने प्रबल तार्क दिये जा सकते हैं उतने ही प्रबल तर्क उनके विपक्ष में भी दिये जा सकते हैं तथा बुद्धि पक्ष-विपक्ष के तुल्य-बल तर्कों से ईश्वर की सिद्धि या असिद्धि नहीं कर सकती। वेदान्तियों के अनुसार ईश्वर केवल श्रुति-प्रमाण से सिद्ध होता है; अनुमान की पहुँच ईश्वर तक नहीं है।

यह प्रमाणित करना असम्भव है कि परमात्मा सचमुच में है या नहीं है। यह पूर्णरूपेण अन्तहीन विवाद का विषय है। न किसी ने परमात्मा को देखा है और न ही किसी को दिखा करके प्रमाणित किया जा सकता है। परमात्मा को भी यह साबित करने की आवश्यकता नहीं है कि वह है या नहीं। साबित हो भी तो कोई लाभ नहीं है और नहीं भी साबित होता है तो उससे कोई घाटा नहीं है। हम दोनों ही स्थितियों में कुछ विशेष हासिल नहीं कर पाते हैं। विवाद का मुख्य कारण यही है कि कुछ लोग कहते हैं कि परमात्मा है और कुछ लोग कहते है कि नहीं है और कुछ लोग परमात्मा की सत्ता में विश्वास नहीं करते हैं। परमात्मा कोई भौतिक वस्तु या सम्पदा तो है नहीं कि जिसके अस्तित्व को साबित किया जा सके। परमात्मा को किसी ने देखा भी नहीं है, इसलिए कि वह देखने की चीज़ ही नहीं है। अधिक-से-अधिक परमात्मा के बारे में लोगों ने कुछ सुना है, पढ़ा है और कुछ इने-गिने असाधारण प्रतिभा के लोगों ने महसूस किया है।

अधिकांश धर्मों में परमात्मा के अस्तित्व पर कोई प्रश्न-वाचक चिह्न नहीं है। यहूदी धर्म, ईसाई धर्म और इस्लाम धर्म में भगवान् में विश्वास है। ईसाई धर्म में परमेश्वर एक में तीन हैं और साथ-ही-साथ तीन में एक हैं- परमपिता, ईश्वरपुत्र ईसा मसीह और पवित्र आत्मा। इस्लाम धर्म में ईश्वर को अल्लाह कहते हैं। इस्लाम धर्म की धार्मिक पुस्तक कुरान है और प्रत्येक मुसलमान ईश्वर शक्ति में विश्वास रखता है। सिर्फ भाषा के अनुसार नाम का फर्क है। हिन्दू धर्म तो प्राचीनकाल से ही परमात्मा में विश्वास करता आया है और इसी विश्वास के चलते एक से अधिक भगवान् की बात की जाने लगी। दूसरी तरफ बौद्ध धर्म में भगवान् की कोई अवधारणा नहीं है। एक बार महात्मा बुद्ध को पूछा गया कि परमात्मा हैं या नहीं तो उन्होंने इस प्रश्न को मुस्कुराकर टाल दिया। लेकिन आम

धारणा बौद्धधर्म के बारे में यही है कि वह एक नास्तिक धर्म है। बुद्ध ने अपने शिष्यों को कहा भी था कि मेरे नाम पर कुछ मत करना पर उनके अनुयायियों ने उन्हीं को भगवान् बना दिया। सांख्य दर्शन के प्रतिपादक कपिल मुनि भी भगवान् की बात नहीं करते हैं। लेकिन कपिल मुनि के शिष्यों ने भगवान् के अस्तित्व को बाद में स्वीकार किया और परिणामस्वरूप सांख्य दर्शन नास्तिक दर्शन से आस्तिक दर्शन हो गया। उनके शिष्यों ने उन्हें भगवान् विष्णु का अवतार मान लिया। भारत में एक और दर्शन काफी प्रचारित हुआ, लेकिन वह बहुत लम्बे समय तक नहीं चला और वह है चार्वाक दर्शन। चार्वाक दर्शन पूरी तरह नास्तिक दर्शन है। उनका दर्शन था खाओ-पिओ और मौज करो और जरूरत पड़े तो ऋण लेकर भी घी पीयो। जीवन में बस आनन्द लेना ही जीवन का दर्शन स्वीकार किया गया। भगवान् को स्पष्ट शब्दों में नकार दिया। कुछ वैसा ही दर्शन आधुनिक काल में मार्क्सवादियों का भी है। मार्क्सवाद धर्म में विश्वास नहीं करता, लेकिन खेद की बात यह है कि मार्क्सवादी मार्क्स को ही भगवान् की तरह मानते हैं। लगता है किसी चीज़ में प्रगाढ़ विश्वास करना मनुष्य की आदत-सी हो गयी है। अपने में विश्वास हो-न-हो वह दूसरों में विश्वास जरूर करता है क्योंकि वह दिन-रात कुछ-न-कुछ और कहीं-न-कहीं समेटने और लपेटने के चक्कर में अवश्य रहता है। मनुष्य इसके बारे में कभी नहीं सोचता है कि उसके पास क्या-क्या है। उसकी चिन्ता सिर्फ यही होती है कि उसके पास क्या-क्या नहीं है, जो उसके पास होना चाहिए था। यदि सभी मनुष्य धार्मिक नहीं हैं तो भौतिकवादी तो अवश्य हैं।

गीता के 11वें अध्याय में अर्जुन को परमात्मा का विश्वरूप दर्शन होता है। यह अर्जुन स्वयं नहीं कहते हैं बल्कि उस दिव्य रूप के बारे में धृतराष्ट्र को संजय बता रहे हैं। श्रीकृष्ण ने स्वयं कहा कि अर्जुन मेरा यह स्वरूप तुम्हारे सिवा कोई दूसरा नहीं देख सकता है। लेकिन हिन्दू धर्म के सम्बन्ध में एक महत्त्वपूर्ण बात यह है कि इस धर्म में परमात्मा स्वयं महान् आत्माओं से बात कर रहे हैं, जबकि अन्य धर्मों में जैसे- इस्लाम और ईसाई धर्म में परमात्मा ने लोगों से बात नहीं किया। जीसस क्राईस्ट परमेश्वर के पुत्र हैं, तो मोहम्मद साहब पैगम्बर मात्र हैं। वे भगवान् नहीं माने जाते हैं।

हिन्दू धर्म में यह कहा गया है कि परमात्मा अपरिभाष्य है, अर्थात् किसी परिभाषा के माध्यम से परमात्मा को हम नहीं समझ सकते हैं क्योंकि वे निरंकार है, अनादि और अनन्त है, गुणातीत है, शब्दातीत है, सर्वव्यापी है तथा अमूर्त हैं।

लोगों ने पूजा-पाठ करने के लिए या परमात्मा तक पहुँचने या आशीर्वाद प्राप्त करने के लिए अपने ही रूप में भगवान् को देखने का प्रयास किया है। भगवान् के नाम पर लोगों ने अपनी ही मूर्ति खड़ी कर रखी है। लोग साकार ब्रह्म के माध्यम से निराकार ब्रह्म तक पहुँचने की चेष्टा करते हैं। आकार या स्वरूप देने से लोगों को ध्यान केन्द्रित करने में आसानी होती है, पर वह जो स्वरूप दिखाई पड़ता है वह बिलकुल मानवीय स्वरूप है। परमात्मा का न तो कोई नाम है, न गुण है, न आदि और न अन्त है। वह तो असीमित है। श्रीकृष्ण स्वयं गीता में कहते हैं कि अर्जुन जो चीज़ भी तुम्हें दिखाई पड़ता है वह सब मेरे ही रूप हैं पर मैं किसी भी चीज़ में निवास नहीं करता हूँ। श्रीकृष्ण यह भी कहते हैं कि मेरा आदि-अन्त मुझे ही पता नहीं है। मैं कैसे आया हूँ, कहाँ से आया हूँ, इसकी मुझे कोई जानकारी नहीं है। लेकिन इस सम्पूर्ण सृष्टि का नियंता मैं ही हूँ, यह सृष्टि मुझसे ही है और एक दिन मुझमें ही समाप्त हो जायेगी। मैं इतना ही जानता हूँ कि सृष्टि का आदि और अन्त मुझसे होता है, पर मुझे यह नहीं मालूम कि मेरा आदि और अन्त कैसे होता है क्योंकि ऐसा कुछ मेरे साथ होता ही नहीं। जब मनुष्य सृष्टि का आदि-अन्त ठीक से नहीं जानता और समझता है तो मनुष्य कैसे परमात्मा के आदि और अन्त को समझ पायेगा। जितनी भी वस्तुएँ या जीवात्मा हैं, सबका आदि और अन्त होता है, सभी जन्म लेते और मर जाते हैं, बनते और बिगड़ते हैं। सिर्फ परमात्मा ही शेष रह जाते हैं। जब जीवन मरणधर्मा है और जीवन की अपनी एक समय सीमा है, तो वह कैसे उस चीज़ को समझ पायेगा जो जीवन और मृत्यु के चक्र से ऊपर उठा हुआ है। परमात्मा के बारे में हमारे ज्ञान का स्रोत मात्र धर्मग्रन्थ ही हो सकते हैं, जो महापुरुषों, सन्तों, मुनियों और चैतन्य आत्माओं के रूप में संचित ज्ञान है।

ईश्वर एक या अनेक?

इस विषय पर विभिन्न धर्मों के अन्दर और बाहर लम्बे समय से यह विवाद होता रहा है कि परमात्मा एक है या एक से अधिक। यह बहुत ही विवाद का विषय है। अन्तिम तौर पर शायद यह कोई नहीं कह सकता कि परमात्मा एक हैं या अनेक इसलिए कि परमात्मा की कोई परिभाषा ही नहीं है। यदि परिभाषा हो तो उस परिभाषा में बाँध कर पहचान किया जा सकता है कि परमात्मा एक है या अनेक। परमात्मा तो प्रकृति के सारे गुणों से ऊपर है, हम उन्हें किस गुण से पहचानेंगे। सूर्य को पहचानते हैं उसकी गर्मी से, पानी को पहचानते हैं उसकी तरलता से, चीनी और नमक को पहचानते हैं उसके स्वाद से, भौतिक वस्तुओं

को हम उसके रूप और रंग से पहचानते हैं, विभिन्न फूलों को हम उसके रंग और गंध से पहचानते हैं, विभिन्न प्रकार के भोजन को हम स्वाद से पहचानते हैं, लेकिन परमात्मा तो इन्द्रियतीत है तो कैसे हम उन्हें अपने ज्ञानेन्द्रियों से पहचान पायेंगे और जब पहचान ही नहीं पायेंगे तो फिर उनकी गिनती कैसे करेंगे। बहुत धर्मों के लोग हिन्दू धर्म की आलोचना इस बात के लिए करते हैं कि इस धर्म में बहुत सारे भगवान् हैं। बहुत सारे भगवान् हैं या नहीं, इस पर भी कुछ अन्तिम निर्णय देना कठिन है। हम तो यह भी नहीं जानते है कि यह ब्रह्माण्ड कितना बड़ा है। इनकी कितनी संख्या है, वैज्ञानिकों को तो पता ही नहीं है आसमान में कितने सूरज, चाँद, तारे और नक्षत्र हैं? कहाँ जीवन है और कहाँ नहीं है? समस्त सृष्टि का ज्ञान किसी व्यक्ति के पास नहीं है पर, इस सृष्टि का कोई तो नियंता होगा। हम उस नियंता के बारे में कैसे जान सकेंगे। इसलिए यह कहकर आलोचना करना कि एकेश्वरवाद श्रेष्ठ है और बहुईश्वरवाद गलत है, इससे सिर्फ यही मालूम होता है कि परमात्मा के बारे में हमारी समझ बहुत कम है।

हिन्दू धर्म में बहुत सारे देवी-देवताओं और एक से अधिक भगवान् की कल्पना की गयी है। इसलिए कि गीता में ऐसा कई बार कहा गया है कि दुनिया में जितने भी प्राणी हैं, सबों में परमात्मा का ही प्रतिबिम्ब है। हर जीव के अन्दर परमात्मा का अंश आत्मा के रूप में मौजूद है और जब तक आत्मा का वहाँ निवास है, तब तक वह जीव जीवित है। आत्मा परमात्मा का ही एक अभिन्न अंग है। जीव नश्वर है, जीव जब भौतिक पदार्थो में दुबारा मिल जाता है तो उसकी आत्मा दूसरे शरीर में फिर जन्म लेती है या वह जहाँ से आयी है वहीं, अर्थात् परमात्मा में विलीन हो जाती है। लेकिन गीता में इस सम्बन्ध में कोई विवाद नहीं है कि परमात्मा एक हैं या अनेक। गीता के अनुसार स्पष्ट शब्दों में यही कहा जा सकता है कि योगेश्वर श्रीकृष्ण ही परब्रह्म हैं। गीता से एकेश्वरवाद की स्थापना होती है और जब स्वयं श्रीकृष्ण कह रहे हैं कि समस्त सृष्टि का कारण मैं ही हूँ। और सृष्टि उन्हीं से होती है और उन्हीं में समाप्त हो जाती है, तो एक से अधिक परमात्मा सम्बन्धी विवाद बेतुका है। पर, ध्यान रहे हम लोग उस श्रीकृष्ण की बात नहीं कर रहे हैं जो कभी हाड़-माँस के वृदांवन या द्वारका में थे बल्कि उस श्रीकृष्ण की बात कर रहे हैं जिनका योगेश्वर श्रीकृष्ण के रूप में प्रकटीकरण हुआ था और वह अनादि, अनन्त, शाश्वत, अजन्मा, सर्वशक्तिमान और सर्वव्यापी है, जिन्हें ज्ञानेन्द्रियों से कभी भी देखा और समझा नहीं जा सकता है। और यदि परमात्मा के इस स्वरूप को ध्यान में रखा जाये तो यही स्पष्ट होता है कि परमात्मा एक हैं अनेक नहीं। विभिन्न धर्मों में सिर्फ नाम का फर्क है। सब जगह

वही परमात्मा है। नाम तो मनुष्यों ने अपनी भाषा के अनुसार दिया है। हम जिन नामों से परमात्मा को जानते हैं वे नाम परमात्मा के नहीं हैं। वे नाम हमारे द्वारा दिये गये हैं। परमात्मा सिर्फ परमात्मा है, वह किसी नाम व पते का मोहताज नहीं है। परमात्मा एक चेतन्ता का नाम है और उस चेतन्ता को भी वही प्राणी समझ सकता है, जो स्वयं चैतन्य है।

परमात्मा के साथ-साथ उससे सम्बन्धित विषय, आत्मा, अवतार, पुनर्जन्म एवं मोक्ष जैसे महत्त्वपूर्ण विषय पर थोड़ा प्रकाश डालने की आवश्यकता है क्योंकि वे सभी हिन्दू धर्म, विशेषकर गीता से भी सम्बन्धित हैं। इन विषयों पर गीता में भी चर्चा हुई है और यह चर्चा काफी प्रासंगिक भी है क्योंकि ये सभी विषय गीता के केन्द्र बिन्दु हैं। गीता-दर्शन को ठीक से समझने के लिए यह जरूरी है कि इन अवधारणाओं को हम स्पष्टता से समझें क्योंकि अवधारणाओं की समझ ठीक से नहीं होगी तो गीता में प्रतिपादित दर्शन को भी हम ठीक से समझ नहीं पायेंगे। उपर्युक्त सभी विषयों पर बारी-बारी से विभिन्न धर्मों के सन्दर्भ में चर्चा करना चाहेंगे। आम पाठकों के बीच में इन विचारों के प्रति काफी संशय है, इसलिए यहाँ उन्हें स्पष्ट करने का प्रयास किया जा रहा है।

अवतार– हिन्दू धर्म में अवतार सम्बन्धी विचार का विशिष्ट महत्त्व है क्योंकि यहाँ परमात्मा, देवी-देवता, ऋषि-मुनि एवं धार्मिक ग्रन्थों को किसी-न-किसी का अवतार बताया जाता है। लेकिन एक बात अवश्य ध्यान रखें कि अवतार और पुनर्जन्म पर्यायवाची नहीं हैं। 'अवतार' शब्द का प्रयोग दैवी शक्ति सम्पन्न आत्माओं के लिए प्रयोग होता है, जबकि पुनर्जन्म शब्द का प्रयोग साधारण जीवों के लिए होता है। पुनर्जन्म, जिस किसी का भी होता है, उनकी मृत्यु भी अवश्य होती है। लेकिन जिनका अवतार होता है वे मृत्यु को प्राप्त नहीं करते हैं। उनका मोक्ष या अप्रकटीकरण होता है। उनका आना-जाना योगमाया के अधीन है।

अवतार का अर्थ अवतरित होना या उतरना है। हिन्दू मान्यता के अनुसार जब-जब दुष्टों का भार पृथ्वी पर बढ़ता है और धर्म की हानि होती है तब-तब पापियों का संहार करने और भक्तों की रक्षा करने के लिए भगवान् अपने अंश अथवा पूर्णांश से पृथ्वी पर शरीर धारण करते हैं। भागवत पुराण के अनुसार विष्णु के असंख्य अवतार हुए हैं किन्तु, उनके दस अवतारों (दशावतार= दश+अवतार) को प्रमुख अवतार माना जाता है। विष्णु के ये दस अवतार अग्निपुराण, गरुड़पुराण और भागवतपुराण में उल्लिखित हैं। सुखसागर में विष्णु के चौबीस अवतार की बात कही गयी है। कपिल और बुद्ध की गणना उन्हीं 24 अवतारों में की गयी है,

जबकि इन दोनों ने कभी भगवान् की चर्चा नहीं की। बुद्ध का दर्शन तो नास्तिक दर्शन माना जाता है। अवतार सम्बन्धी हिन्दू धर्म में जो भी कहानी जहाँ कहीं भी उपलब्ध है, वह काल्पनिक और भ्रामक है।

हिन्दुओं को पुराणों, मिथकों एवं विभिन्न धार्मिक ग्रन्थों के द्वारा अब तक यही समझाया गया है कि जब कभी भी पृथ्वी पर मानवमात्र के सामने भीषण संकट की स्थिति उत्पन्न होती है, परमात्मा का प्रादुर्भाव होता है। इससे दो चीज़ें होती हैं- प्रथम, विपत्ति की घड़ी में ऐसी बातों से सांत्वना या ढाढ़स मिलती है और लोगों का मनोबल इतना ऊँचा हो जाता है कि संकट की घड़ी को वे झेल लेते हैं। लेकिन इससे समाज में भाग्यवादी विचारधारा को भी बल मिलता है। दूसरा, यह होता है कि किसी भी व्यक्ति को अवतार बताकर भगवान् या देवी-देवता के रूप में स्थापित किया जाता है और उससे विभिन्न प्रकार का लाभ हासिल किया जाता है और ऐसा भारत में खूब हुआ है। भारत में चमत्कारी व्यक्ति को भगवान् होने में बहुत देर नहीं लगती क्योंकि धर्मग्रन्थों में पहले से ही अवतार सम्बन्धी विचारधारा की भूमिका तैयार कर दी गयी है।

वेदों के महान् पण्डित महर्षि दयानन्द सरस्वती ने अपने लोकप्रिय पुस्तक **सत्यार्थ प्रकाश** में अवतार की अवधारणा का खण्डन किया है। परमात्मा को अवतार लेने की कोई आवश्यकता नहीं है क्योंकि परमात्मा सर्वशक्तिमान और सर्वव्यापी हैं। परमात्मा जन्म और मृत्यु से ऊपर है। उनका जन्म ही कभी नहीं होता, इसलिए उनकी मृत्यु भी कभी नहीं होती। चीटीं को मारने के लिए हाथी को चीटीं के रूप में अवतार लेने की कोई आवश्यकता नहीं है। ऐसा सन्दर्भ गीता में भी आया है कि श्रीकृष्ण विष्णु के अवतार हैं। ऐसा विचार वैष्णव सम्प्रदाय के लोगों ने गीता में डाल दिया है। विष्णु का स्थान वैसे भी हिन्दू धर्म में परब्रह्म का स्थान नहीं है। ब्रह्मा, विष्णु और महेश को एक-दूसरे का समतुल्य स्थान प्राप्त है। इन तीनों में विष्णु का स्थान सर्वश्रेष्ठ कहीं नहीं कहा गया है। इसलिए अवतार लेने की बात जो कही जाती है वह भ्रामक है। विष्णु पुराण तथा भागवत् पुराण में श्रीकृष्ण को विष्णु के अवतार के रूप में देखा गया है, लेकिन गौर करने की बात यह है कि गीता में स्वयं श्रीकृष्ण यह कह रहे हैं कि मैं योगमाया से उत्पन्न होता हूँ। मेरा कोई आदि और अन्त नहीं है, जो कुछ भी जहाँ तक दिखाई पड़ता है, सभी श्रीकृष्ण से है और श्रीकृष्ण इन सबों से ऊपर हैं। 11वें अध्याय में श्रीकृष्ण ने अर्जुन को अपना विश्वरूप दिखाया है, जिसमें जितने भी देवी-देवता या भगवान् कहे जानेवाले लोग हैं सभी दिखाई पड़ते हैं, तो फिर श्रीकृष्ण किसी

एक देवता के अवतार कैसे हो सकते हैं ? श्रीकृष्ण ने तो गीता में स्पष्ट कहा है कि जितने भी देवी-देवता हैं सब मेरे ही रूप हैं, पर मैं किसी में निवास नहीं करता हूँ।

आत्मा और उसका पुनर्जन्म

आत्मा या आत्मन् पद भारतीय दर्शन के महत्त्वपूर्ण प्रत्ययों (विचार) में से एक है। यह उपनिषदों के मूलभूत विषयवस्तु के रूप में आता है। जहाँ इससे अभिप्राय व्यक्ति में अन्तर्निहित उस मूलभूत सत् से किया गया है जो कि शाश्वत तत्त्व है तथा मृत्यु के पश्चात् भी जिसका विनाश नहीं होता। जैन दर्शन में आत्मा के लिए 'जीव' शब्द का प्रयोग किया जाता है। जीव (चेतना) को अजीव (शरीर) से पृथक् बताया जाता है।

आत्मा का निरूपण श्रीमद्भगवद्गीता में किया गया है। आत्मा को शस्त्र से काटा नहीं जा सकता, अग्नि उसे जला नहीं सकती, जल उसे गीला नहीं कर सकता और वायु उसे सुखा नहीं सकती। जिस प्रकार मनुष्य पुराने वस्त्रों को त्याग कर नये वस्त्र धारण करता है, उसी प्रकार आत्मा पुराने शरीर को त्याग कर नवीन शरीर धारण करती है।

आत्मा इंसान के अस्तित्व का एक ऐसा रहस्य है जिसके बारे में सदियों से चर्चा हो रही है और इसके बारे में हर शोधकर्त्ता और दार्शनिकों ने अपने अलग-अलग मत दिये, लेकिन, आज तक इसको कोई ठोस तरीके से पुष्टि नहीं कर पाया। धर्म के नजरिये से देखें तो निस्सन्देह लगभग हर धर्म आत्मा के अस्तित्व को स्वीकारता है, लेकिन, क्या विज्ञान इसकी पुष्टि करता है? क्या सच में कोई ऐसी चीज़ है जो हमारे मरने के बाद भी जीवित रहती है? क्या सच में पुनर्जन्म होता है? क्या शरीर को चलाने के लिए आत्मा की जरूरत होती है? क्या आत्मा तय करती है कि हमारा जन्म स्त्री के रूप में हो या पुरुष के रूप में? अगर आत्मा है तो वह दिखती क्यों नहीं और शरीर के किस भाग में निवास करती है। इस तरह के तमाम सवाल आत्मा (Spirit, Self or Soul) शब्द सुनकर आपके दिमाग में आते होंगे। यहाँ आत्मा के अस्तित्व को लेकर हुए कुछ शोधों के बारे में चर्चा करेंगे जो आत्मा के होने की कुछ हद तक पुष्टि करते हैं।

Quantum Theory of Consciousness का सिद्धान्त अमरीकी वैज्ञानिक स्टुअर्ट हेमरॉफ (Stuart Hemeroff) और ब्रिटिश वैज्ञानिक रोजर पेनरॉस (Roger Penrose) द्वारा किया गया। इस सिद्धान्त को ऑकेस्ट्रेटेड ऑब्जेक्टिव रिडक्शन (आर्च-ओर) Orchestrated Objective Reduction (Orch-OR) भी कहा जाता है। इसके अनुसार

हमारी आत्मा माइक्रोटॅयूबल्स (Micro-tubules) के अन्दर निवास करती है। यह माइक्रोट्यूबल्स एक तरह का ढाँचा है जो हमारे मस्तिष्क की कोशिकाओं (Brain Cells) के अन्दर है। इस सिद्धान्त के अनुसार जब इंसान की मृत्यु होती है तब हमारे मस्तिष्क के अन्दर मौजूद यह माइक्रोट्यूबल्स अपनी क्वांटम अवस्था को खो देते हैं। यानि जब इंसान का दिल धड़कना बन्द हो जाता है और वह सांस लेना बन्द कर देता है तब माइक्रोट्यूबल्स के अन्दर मौजूद Consciousness यानि आत्मा शरीर को छोड़कर ब्रह्माण्ड में वापस विलीन हो जाती है, लेकिन इसकी क्वांटम सूचनाएँ नष्ट नहीं होती यानि अपने अनुभव नहीं खोती। यही कारण है कि कई बार मरने के बाद अचानक से जी उठने वाले लोगों को अपने अनुभव याद रहते हैं।

गीता के अनुसार आत्मा अमर है। न आत्मा को पैदा किया जा सकता है और न ही इसका विनाश सम्भव है। जीव की मृत्यु के उपरान्त आत्मा नया शरीर धारण करती है। कई शोधकर्त्ता आत्मा को एक शक्ति (Energy) के रूप में देखते हैं। इस मत की पुष्टि भौतिक विज्ञान का एक नियम Law of Conservation of Energy भी करता है। यानि दुनिया में मौजूद किसी भी ऊर्जा का निर्माण और विनाश नहीं किया जा सकता और आत्मा भी एक प्रकार की ऊर्जा है जो हमारे शरीर को चलाती है।

हिन्दू मान्यताओं के अनुसार आत्मा कभी नहीं मरती है। इंसान की मृत्यु के बाद भी आत्मा जीवित रहती है। आत्मा शरीर ऐसे बदलती है जैसे हम कपड़े बदलते हैं। नये जन्म में हमें किस जीव का शरीर मिलेगा, यह आपके पिछले जन्म के संचित कर्मों पर निर्भर करता है। यदि कोई अच्छे कर्म करता है तो उसे फिर से मनुष्य में जन्म मिलेगा और यदि किसी के कर्म बुरे हैं तो अपने कर्म के अनुसार वह दूसरा शरीर ग्रहण करेगा।

अधिकांशतः मनुष्य, मनुष्य के रूप में जन्म लेता है। लेकिन, कई बार वह पशु रूप में भी जन्म लेता है जो कि उसके कर्मों पर निर्भर करता है। यदि कोई व्यक्ति अपनी इच्छाओं को पूरा किये बिना मर जाता है तो वह भूत बन जाता है। उसकी आत्मा संसार में भटकती रहती है, वह तब तक दूसरा जन्म नहीं लेती जब तक कि उसकी चाह पूरी न हो जाये। हिन्दू मानते हैं कि केवल यह शरीर ही नश्वर है जो कि मरणोपरान्त नष्ट हो जाता है। शायद इसीलिए बहुत जाति या समुदायों में मृत्यु क्रिया के अन्तर्गत सिर पर मारकर उसे तोड़ दिया जाता है जिससे कि व्यक्ति इस जन्म की सारी बातें भूल जाये और अगले जन्म में इस

जन्म की बातें उसे याद न रहे। उनका मानना है कि आत्मा बहुत ऊँचाई पर आकाश में चली जाती है जो कि मनुष्य की पहुँच से बाहर है और यह नये शरीर में ही प्रवेश करती है।

पुनर्जन्म– यों ही यह नहीं कहते हैं कि यह दुनिया एक रहस्य है। आत्मा कहाँ से आती है और व्यक्ति के मरने के बाद कहाँ चली जाती है यह कोई नहीं जान पाता। इस रहस्यमयी दुनिया का एक और बड़ा रहस्य है पुनर्जन्म। भगवान् श्रीकृष्ण ने कहा है कि जब कोई मरता है तो आत्मा अपने नये सफर पर निकल जाती है और किसी नये शरीर को प्राप्त करके पूर्वजन्म के कर्मों का फल भोगती है। पुनर्जन्म एक ऐसा विषय है जिसके बारे में लोगों की हमेशा जानने की इच्छा रहती है। हिन्दुत्व के अलावा अन्य भी कई धर्म हैं जो मानते हैं कि मनुष्य की मत्यु के बाद दूसरा जन्म होता है। उदाहरणत: बौद्ध धर्म भी यही मानता है। मिस्त्र के पुराने लोग भी इस अवधारणा में विश्वास करते थे इसलिए वे स्मारक और मृत शरीर को जीवित रखने के लिए ममीज बनाते थे।

हिन्दू मान्यताओं के अनुसार पुनर्जन्म से तात्पर्य आत्मा का जीव में फिर से प्रवेश करने से है। अन्तिम तौर पर कोई नहीं कह सकता कि पूर्वजन्म के सिद्धान्त में कितनी सच्चाई है? पूर्वजन्म के बारे में कई आश्चर्यजनक तथ्य हैं जो कि हमें जानना चाहिए। भारतीय वाङ्मय में प्राचीनकाल से ही जन्म-जन्मांतर के फेरे यानि पिछला जन्म, यह जन्म और अगले जन्म के सूत्र मिलते हैं। ज्योतिषशास्त्र के अनुसार जब भी कोई जातक पैदा होता है, तो वह अपनी भक्ति और भोग्य दशाओं के साथ पिछले जन्म के भी कुछ सूत्र लेकर आता है। ऐसा कोई भी जातक नहीं होता है जो अपनी मुक्त दशा और भोग्य दशा के शून्य में पैदा हुआ हो। हो सकता है कि इस जन्म में हम जो भी अच्छा या बुरा कर रहे हैं, उसका खामियाजा या फल अगले जन्म में भोगेंगे या पाप के घड़े को तब तक संभाले रहेंगे जब तक वह फूटता नहीं है। हो सकता है, इस जन्म में किये गये अच्छे या बुरे कर्म अगले जन्म तक हमारा पीछा करें। पुनर्जन्म की कई अवस्थाओं में व्यक्ति को अपने पूर्व जन्म की कई बातें याद रहती हैं। पिछले जन्म के संस्मरण और यादों को व्यक्त करने वाले कई उदाहरण हमारे सामने पत्र-पत्रिकाओं में, टेलिविजन चैनलों में और अखबारों में आए दिन देखने को मिलते हैं। अगर उदाहरण दें तो आम आदमी ही नहीं दुनिया के खास आदमी भी अपनी पिछले जन्म की यादों को लेकर हमारे बीच में विराजमान हैं।

इस क्रम में हम सबसे पहले सत्यसाईं बाबा को लेते हैं जो पिछले जन्म में सिरडी के ही साईं बाबा के अवतार हैं। 24 अप्रैल 2011 को 88 साल की उम्र में उनका स्वर्गवास हुआ। अपने विश्वस्त अनुयायियों को वह बताकर गये हैं कि उनका अगला जन्म कब और कहाँ होगा। तिब्बत के धर्मगुरु दलाईलामा इस तथ्य के साक्षात उदाहरण हैं। वह कई जन्मों से तिब्बतवासियों के धर्मगुरु रहे हैं। शरीर त्यागने से पहले वह बता देते हैं कि कहाँ और किस घर में पैदा होंगे।

पुनर्जन्म यानि पिछला जन्म और यह जीवन एक निरन्तर चलने वाली प्रक्रिया है। इस मनुष्य लोक में प्राणी मात्र को लाखों योनियाँ, जन्म-जन्मांतर तक भोगनी पड़ती हैं। ऐसा माना जाता है कि सर्प यानि नाग को अपने सात जन्मों की सम्पूर्ण स्मृति दिमाग में रहती है। ऊँट भी अपने तीन जन्मों का पूरा हाल जानते हैं। ऊँट और नाग योनि में ऐसे उदाहरण आते हैं, जब ऊँट अपने पुराने क्रूर स्वामी को जब भी इस जन्म में पहचान लेगा तो अपनी लातों से उस पर आक्रमण करने से बाज नहीं आएगा। सर्प दंश का सार यही है कि वह जब भी आप पर आक्रमण करेगा तो यही सोच कर करेगा कि पिछले जन्मों में आपने भी उसे कहीं पर तंग किया होगा। अपने शत्रु से बदला लेने के लिए मगरमच्छ, उद्बिलाव व भालू जैसे जानवर भी हैं जो अपने पर उपकार करनेवाले पिछले जन्मों के पात्रों को भी नहीं भूलते हैं और हमला करनेवाले शत्रुओं को भी कई जन्मों तक दिमाग में संजोये हुए रहते हैं उनका यह व्यवहार उनके मित्र या शत्रु के मिलने पर जाहिर हो जाता है।

इस जन्म के संस्कार सूक्ष्म रूप से अन्तःकरण में प्रवेश होकर सूक्ष्म आत्मा से घुल-मिल जाते हैं और मरने के बाद भी वे संस्कार अगले जन्म को स्थानांतरित हो जाते हैं। अपने पूर्व जीवन की स्मृति सूक्ष्म रूप में प्रत्येक व्यक्ति के मनोमस्तिष्क में रहती ही है, भले ही वह उसके सामने कभी निन्द्रावस्था में स्वप्न के माध्यम से प्रकट हो या जाग्रतावस्था में बैठे-बैठे उसके मानस में किसी विचार अथवा किसी बिम्ब के माध्यम से प्रकट हो। कई साधकों ने इस बात का अनुभव किया है कि उन्हें ध्यानावस्था में भाँति-भाँति के दृश्य और विचार आकर घेर लेते हैं। उनके पीछे जहाँ एक ओर व्यक्ति के मन में वर्तमान समय में चल रहा कोई द्वन्द्व होता है, वहीं उनका एकसूत्र पूर्व जीवन में भी छुपा होता है।

प्रायः इस कारण कई साधकों को विचित्र अनुभव होते रहते हैं। किसी को स्वप्न में बार-बार उफनती नदी का दृश्य, किसी को हथकड़ी तो किसी को कोई स्थान विशेष दिखाई देता है। यह अकारण नहीं है। कभी किसी जन्म में किसी

व्यक्ति ने कोई दुष्कर्म किया होगा, जिसकी स्मृति में उसके साथ हथकड़ी चलती रहती है। कहीं किसी जन्म की आत्महत्या की स्मृति व्यक्ति के साथ कभी रस्सी के रूप में तो कभी नदी के रूप में चलती रहती है। मनुष्य की आन्तरिक खोज और बाह्य खोज, अर्थात् आधुनिक विज्ञान की खोज दोनों से यह तो सिद्ध हो चुका है कि मृत्यु के पश्चात् भी मनुष्य का अस्तित्व होता है और यदि मृत्यु के बाद उसका अस्तित्व है, तो जन्म से पूर्व भी उसका अस्तित्व होना ही चाहिए।

हिन्दू धर्म में आत्मा के सम्बन्ध में यही कहा गया है कि प्रत्येक जीव के अन्दर आत्मा निवास करती है। शरीर से आत्मा के चले जाने पर वह मृत्यु को प्राप्त हो जाता है। आत्मा के बारे में यह भी कहा गया है कि वह परमात्मा का ही अंश है, पर वह अंश कैसा है इसके बारे में किसी ने कुछ कहा नहीं है। इसलिए कि यह ज्ञानेन्द्रियों के माध्यम से समझा जाने वाला चीज़ नहीं है। परमात्मा तो ज्ञानेन्द्रियों से परे है। कुछ भारतीय मनीषियों का कहना है कि आत्मा परमात्मा का अभिन्न अंग नहीं बल्कि परमात्मा जैसा कुछ चीज़ है। इसमें कोई सन्देह की बात नहीं है कि आत्मा की अवधारणा को हम शब्दों में बाँधकर स्पष्ट नहीं कर सकते हैं। हिन्दू धर्म में कहा गया है कि आत्मा का क्षय नहीं होता, इसको काटा नहीं जा सकता, इसे जलाया नहीं जा सकता, यहाँ कि तक पानी में न भिगाया जा सकता है, न ही हवा में सुखाया जा सकता है। इन सारी चीज़ों से आत्मा ऊपर है। मनुष्य अपने कर्मों के अनुसार इस पृथ्वी पर बार-बार आत्मा को प्राप्त करता है और जब तक वह अपने गलत कर्मों से मुक्त नहीं होता तब तक वह आता-जाता रहता है। मृत्यु के बाद शरीर पंचतत्त्व में विलीन हो जाता है, लेकिन आत्मा में कोई परिवर्त्तन नहीं होता। यह फिर किसी अन्य रूप में शरीर को धारण करता है, जैसे कोई व्यक्ति अपने पुराने कपड़े को फेंक कर नया वस्त्र धारण कर लेता है उसी प्रकार आत्मा भी अपने पुराने भौतिक शरीर को त्याग कर नये भौतिक शरीर में प्रवेश करती है। जब तक आत्मा को मोक्ष की प्राप्ति नहीं होती है, तब तक आत्मा बार-बार जन्म लेती रहती है।

यह धारणा बिलकुल गलत है कि मरने के बाद अपने कर्मों के अनुसार मनुष्य नरक या स्वर्ग जाता है। गीता में कहीं भी नरक और स्वर्ग की बात ही नहीं हुई है। नरक और स्वर्ग ब्राह्मणों का दिया हुआ भ्रामक प्रचार है। नरक और स्वर्ग का नाम लेकर ब्राह्मणों ने लोगों को बेवकूफ बनाकर काफी शोषण किया है। जीवन में कर्म की बहुत प्रधानता है। कर्म के अनुसार ही आगे के जीवन का स्वरूप निर्धारित होता है। यदि मनुष्य का कर्म मुक्ति के लायक नहीं है तो उस

आत्मा को 84 लाख योनियों में भ्रमण करना होता है। जैसे ही किसी की मृत्यु होती है वैसे ही आत्मा नया शरीर धारण कर लेती है। जन्म-मृत्यु का सम्बन्ध जीवों से है, परमात्मा से नहीं है। परमात्मा तो जीवन और मृत्यु से ऊपर उठे हुए होते हैं। अजन्मा तो अमर होता है।

बौद्ध धर्म तो पुनर्जन्म में विश्वास करता है, लेकिन आत्मा की अवधारणा में विश्वास नहीं करता। चार्वाक दर्शन के अन्तर्गत आत्मा, पुनर्जन्म और कर्म के सिद्धान्त को पूरी तरह नकार दिया गया है। बौद्ध धर्म में स्थायी आत्मा की बात को नहीं माना गया है। बौद्ध धर्मावलम्बियों ने यह कहा है कि आत्मा एक अस्थाई चीज़ है जो मृत्यु के बाद समाप्त हो जाती है। जैन धर्म में आत्मा की स्वीकृति है और यह माना गया है कि पुनर्जन्म में आत्मा की भूमिका है। कर्म के सिद्धान्त को जैन धर्म में भी माना गया है। कर्म ही जन्म और मृत्यु की जड़ में है और उसी के ही अनुसार आत्मा को बार-बार आना-जाना पड़ता है। उससे बचने का रास्ता मात्र कैवल्य, अर्थात् मोक्ष है। जैन धर्म में उच्च स्तरीय नैतिकता और अहिंसा पर बल दिया गया है। दूसरी तरफ ईसाई धर्म में पुनर्जन्म की अवधारणा को नकार दिया गया है, लेकिन, वर्तमान समय में कुछ वैसे ईसाई जरूर हैं जो पुनर्जन्म की घटनाओं में विश्वास रखते हैं। इस्लाम में तो आत्मा और पुनर्जन्म की बात की कोई स्वीकृति ही नहीं है। इस्लाम ने साफ-साफ पुनर्जन्म की अवधारणा को नकार दिया है। सूफी सम्प्रदाय में कुछ ऐसे लोग अवश्य हैं जो बौद्ध धर्म और हिन्दू धर्म के प्रभाव में यह विश्वास करते हैं कि पुनर्जन्म होता है। इस्लाम में अवतार की बात का कोई प्रश्न ही नहीं है। उसमें स्पष्ट कहा गया कि मोहम्मद साहब अन्तिम पैगम्बर हैं। अब उनके बाद परमात्मा तो क्या पैगम्बर के आने की भी कोई सम्भावना नहीं है और परवरदिगार एक दिन जितने भी कब्र में पड़े हुए लोग हैं, उनके बारे में उनके कर्मों के अनुसार अपना फैसला देंगे। इसी से मिलती-जुलती बात ईसाई धर्म में भी कही गयी है और इसीलिए इन दो धर्मों में मृतक शरीर को कब्र में दफनाने की प्रथा है।

मोक्ष– गीता में मोक्ष के सम्बन्ध में बहुत कुछ कहा गया है। जन्म और मृत्यु से छुटकारा पाना जीवन का परम उद्देश्य माना गया है। यह इस बात से भी स्पष्ट होता है कि हिन्दू धर्म में चार पुरुषार्थ की बात कही गयी है (1) अर्थ, (2) काम, (3) धर्म एवं (4) मोक्ष। मोक्ष की चर्चा इसलिए की गयी है कि इस जीवन में बहुत दुःख है। दुःख से निवृत्त होने के लिए मोक्ष ही एकमात्र रास्ता है। बौद्ध धर्म में भी यह कहा गया है कि यह जीवन दुःखों से भरा है, लेकिन, वहाँ मोक्ष की जगह

पर मध्यम मार्ग की चर्चा की गयी है। जीवन में शान्ति के लिए कोई अतिवादी रास्ता अपनाने से मना किया गया है। मोक्ष की चर्चा जैन धर्म में भी देखने को मिलती है जिसे कैवल्य कहा गया है। पर अन्य प्रमुख धर्मों में मोक्ष की अवधारणा को विशेष महत्त्व नहीं दिया गया है। गीता के अन्तर्गत मोक्ष की दो स्थितियाँ है- पहली स्थिति तो यह है कि जीवित रहते हुए सुख-दु:ख और मोह से अलग हो जाना, जिसे स्थितप्रज्ञ कहा गया है। यह जीवन दर्शन जितना सुनने में आसान लगता है व्यवहार में उतना ही कठिन है। मनुष्य समाज में रहे और वह हमेशा निरपेक्ष भाव में रहे, यह शायद ही सम्भव है। वह जीवन कैसा, जिसमें कोई सुख या दु:ख न हो। मोक्ष की दूसरी स्थिति यह है कि मृत्यु के उपरान्त परमात्मा में मिल जाना और उसके बाद फिर भौतिक शरीर में जन्म लेने की स्थिति नहीं उत्पन्न होती है। व्यक्ति पूर्णरूपेण जीवनमुक्त हो जाता है। लेकिन दुनिया के अन्य धर्मों में मोक्ष की अवधारणा को स्वीकृति नहीं मिली है। ऐसा लगता है कि मिलनी भी नहीं चाहिए, क्योंकि मनुष्य अपने जीवन से पलायन कर कुछ हासिल नहीं कर सकता है। सुख-दु:ख जीवन के अभिन्न अंग हैं। बिना सुख-दु:ख के जीवन की कल्पना सम्भव ही नहीं है। यदि मानव जीवन में बहुत दु:ख है, सब कुछ असहज है, तो हमारी कोशिश यह होनी चाहिए कि भगवान् से हम यह प्रार्थना करें कि हमारा जन्म बार-बार हो और हम बार-बार एक-दूसरे के काम आएँ। जब प्रत्येक व्यक्ति एक-दूसरे के लिए जीएगा तो सबों का जीवन स्वतः सुखदायी हो जायेगा । दु:खों का मुख्य कारण यही है कि हम हर क्षण अपने लिए ही जीते हैं और अपनी इच्छाओं की ऐसी फेहरिस्त तैयार कर लेते हैं, जिनकी पूर्त्ति कई जन्मों में भी सम्भव नहीं है क्योंकि वह सूची हमेशा बढ़ती ही जाती है। मनुष्य अपने से निकलकर दूसरों के लिए जीए तो जीवन ज्यादा सुखदायी होगा और मोक्ष जैसी असहज या काल्पनिक अवधारणा के पीछे परेशान होने की कोई आवश्यकता नहीं है।

ॐ तत्सत्

5

मूर्ति पूजा के सैद्धान्तिक तथा व्यावहारिक पहलू का एक अवलोकन

हिमालय से प्रारम्भ होकर इन्दु सरोवर (हिन्द महासागर) तक यह देव निर्मित देश हिन्दुस्थान/हिन्दुस्तान कहलाता है। 'हिन्दू' शब्द 'सिन्धु' शब्द से उत्पन्न माना जाता है। संस्कृत में सिन्धु शब्द के दो मुख्य अर्थ हैं- पहला, सिन्धु नदी जो मानसरोवर के पास से निकल कर लद्दाख और पाकिस्तान से बहती हुई समुद्र में मिलती है। दूसरा- कोई समुद्र या जलराशि। ऋग्वेद में सप्त सिन्धु का उल्लेख मिलता है- वह भूमि जहाँ आर्य सबसे पहले बसे थे, वे हैं- सिन्धु, सरस्वती, वितस्ता (झेलम), शुतुद्रि (सतलुज), विपाशा (व्यास), परुषिणी (रावी) और अस्किनी (चेनाब)। एक अन्य विचार के अनुसार हिमालय के प्रथम अक्षर 'हि' एवं इन्दु का अन्तिम अक्षर 'न्दु', इन दोनों अक्षरों को मिलाकर शब्द बना 'हिन्दु' और यह भू-भाग हिन्दुस्थान/हिन्दुस्तान कहलाया। 'हिन्दू' शब्द उस समय धर्म के बजाय राष्ट्रीयता के रूप में प्रयुक्त होता था। चूँकि उस समय भारत में केवल वैदिक धर्म को ही मानने वाले लोग थे और तब तक अन्य किसी धर्म का उदय नहीं हुआ था, इसलिए 'हिन्दू' शब्द सभी भारतीयों के लिए प्रयुक्त होता था। भारत में केवल वैदिक धर्मावलम्बियों (हिन्दुओं) के बसने के कारण कालान्तर में विदेशियों ने इस शब्द को धर्म के सन्दर्भ में प्रयोग करना शुरु कर दिया। आमतौर पर हिन्दू शब्द को अनेक विश्लेषकों ने विदेशियों द्वारा दिया गया शब्द माना है। इस धारणा के अनुसार हिन्दू एक फारसी शब्द है। हिन्दू धर्म को सनातन धर्म या वैदिक सनातन वर्णाश्रम धर्म भी कहा जाता है।

हिन्दू धर्म (संस्कृत में सनातन धर्म) एक जीवन पद्धति रही है, जिसके अनुयायी अधिकांशतः भारत, नेपाल और मॉरिशस में बहुमत में हैं। इसे विश्व का प्राचीनतम धर्म कहा जाता है। इसे 'वैदिक सनातन वर्णाश्रम धर्म' भी कहते हैं। विद्वान लोग हिन्दू धर्म को भारत की विभिन्न संस्कृतियों एवं परम्पराओं का सम्मिश्रण मानते हैं, जिसका कोई एक संस्थापक नहीं है।

चूँकि इस धर्म का विकास धीरे-धीरे लम्बे समय में हुआ है, इसलिए यह धर्म अपने अन्दर कई अलग-अलग उपासना पद्धतियाँ, मत, सम्प्रदाय और दर्शन समेटे हुए है। अनुयायियों की संख्या के आधार पर यह विश्व का तीसरा सबसे बड़ा धर्म है। (पहले नम्बर पर ईसाई और दूसरे पर इस्लाम है।) संख्या के आधार पर इसके अधिकतर उपासक भारत में हैं और प्रतिशत के आधार पर नेपाल में हैं। हालाँकि इसमें कई देवी-देवताओं की पूजा की जाती है, लेकिन, वास्तव में यह एक एकेश्वरवादी धर्म है। इसे सनातन धर्म अथवा वैदिक धर्म भी कहते हैं। इण्डोनीजिया में इस धर्म का औपचारिक नाम 'हिन्दु आगम' है। हिन्दू केवल एक धर्म या सम्प्रदाय ही नहीं है, अपितु जीवन जीने की एक पद्धति का नाम है।

सनातन धर्म पृथ्वी के सबसे प्राचीन धर्मों में से है; हालाँकि इसके इतिहास के बारे में विद्वानों के भिन्न-भिन्न मत हैं। आधुनिक इतिहासकार हड़प्पा, मेहरगढ़ आदि पुरातात्विक अन्वेषणों के आधार पर इस धर्म का इतिहास लगभग 5,000 वर्ष पुराना मानते हैं। यहाँ भारत (और आधुनिक पाकिस्तानी क्षेत्र) की सिन्धु घाटी सभ्यता में हिन्दू धर्म के कई चिह्न मिलते हैं। इनमें एक अज्ञात मातृदेवी की मूतियाँ, भगवान् शिव, पशुपति जैसे देवता की मुद्राएँ, शिवलिंग, पीपल की पूजा, इत्यादि प्रमुख हैं। इतिहासकारों के एक दृष्टिकोण के अनुसार इस सभ्यता के अन्त के दौरान मध्य एशिया से एक अन्य जाति का आगमन हुआ, जो स्वयं को आर्य कहते थे और संस्कृत नाम की एक हिन्द यूरोपीय भाषा बोलते थे। एक अन्य दृष्टिकोण के अनुसार सिन्धु घाटी सभ्यता के लोग स्वयं ही आर्य थे और उनका मूल स्थान भारत ही था।

आर्यों की सभ्यता को वैदिक सभ्यता कहते हैं। पहले दृष्टिकोण के अनुसार लगभग 1700 ईसा पूर्व में आर्य अफगानिस्तान, कश्मीर, पंजाब और हरियाणा में बस गये। तभी से वे लोग (उनके विद्वान ऋषि) अपने देवताओं को प्रसन्न करने के लिए वैदिक संस्कृत में मन्त्र रचने लगे। पहले ऋग्वेद की रचना हुई और अन्य तीन वेद काफी बाद में आए। उसके बाद उपनिषद् जैसे ग्रन्थ आए। हिन्दू मान्यताओं के अनुसार वेद, उपनिषद् आदि ग्रन्थ अनादि और नित्य हैं। ईश्वर की

कृपा से अलग-अलग ऋषियों को अलग-अलग ग्रन्थों का ज्ञान प्राप्त हुआ और गहन चिन्तन-मनन के बाद उन्होंने फिर उन ग्रन्थों को लिपिबद्ध किया। बौद्ध तथा अन्य धर्मों के अलग हो जाने के बाद वैदिक धर्म में काफी परिवर्तन आया। नये देवता और नये दर्शन उभरे। अध्यात्म को प्रश्रय देनेवाले आधुनिक हिन्दू धर्म का उदय हुआ।

ऋग्वेद को संसार की सबसे प्राचीन और प्रथम पुस्तक माना गया है। इसी पुस्तक पर आधारित है हिंन्दू धर्म। इस पुस्तक में उल्लिखित 'दर्शन' संसार के प्रत्येक धर्म में कुछ-न-कुछ अवश्य मिल जायेगा। माना जाता है कि इसी पुस्तक को आधार बनाकर बाद में यजुर्वेद, सामवेद और अथर्ववेद की रचना हुई। दरअसल यह ऋग्वेद के भिन्न-भिन्न विषयों का विभाजन और विस्तार था। वेद, मानव सभ्यता के सबसे पुराने लिखित दस्तावेज हैं। वेदों की 28 हजार पाण्डुलिपियाँ भारत में पूणे के 'भण्डारकर ओरिएंटल रिसर्च इंस्टीच्यूट' में रखी हुई हैं। इनमें से ऋग्वेद की 30 पाण्डुलिपियाँ बहुत ही महत्त्वपूर्ण हैं जिन्हें यूनेस्को ने विरासत सूची में शामिल किया है। यूनेस्कों ने ऋग्वेद की 1800 से 1500 ईसा पूर्व की 30 पाण्डुलिपियों को सांस्कृतिक धरोहरों की सूची में शामिल किया है।

मुख्य सिद्धान्त– हिन्दू धर्म कोई सिद्धान्तों का एक समूह नहीं है जिसे सभी हिन्दुओं को मानना जरूरी है। यह तो धर्म से ज्यादा एक प्रकार की जीवनशैली है। हिन्दुओं का कोई केन्द्रीय चर्च या धर्मसंगठन नहीं है और न ही कोई पोप की तरह धर्मगुरु है। इसके अन्तर्गत कई मत और सम्प्रदाय आते हैं और सभी को बराबर आदर दिया जाता है। धर्मग्रन्थ भी कई हैं, फिर भी वह मुख्य सिद्धान्त जो ज्यादातर हिन्दू मानते हैं, वे हैं इन सबमें विश्वास जैसे धर्म, कर्म, पुनर्जन्म का सांसारिक चक्र, मोक्ष और बेशक, ईश्वर। हिन्दू धर्म के अनुसार संसार के सभी प्राणियों में आत्मा होती है। मनुष्य ही ऐसा प्राणी है जो इस लोक में पाप और पुण्य, दोनों कर्म भोग सकता है और मोक्ष प्राप्त कर सकता है। हिन्दू धर्म में चार मुख्य सम्प्रदाय हैं- वैष्णव (जो विष्णु को परमेश्वर मानते हैं), शैव (जो शिव को परमेश्वर मानते हैं), शाक्त (जो देवी को परमशक्ति मानते हैं) और स्मार्त (जो परमेश्वर के विभिन्न रूपों को एक ही समान मानते हैं)। लेकिन ज्यादातर हिन्दू स्वयं को किसी भी सम्प्रदाय में वर्गीकृत नहीं करते हैं। प्राचीनकाल और मध्यकाल में शैव, शाक्त और वैष्णव आपस में लड़ते रहते थे। जिन्हें मध्यकाल के सन्तों ने समन्वित करने का सफल प्रयास किया और सभी सम्प्रदायों को परस्पर आश्रित बताया।

संक्षेप में हिन्दुत्व के प्रमुख तत्त्व निम्नलिखित हैं- (1) हिन्दू-धर्म, हिन्दू-कौन? गोमाता में जिसकी भक्ति हो, प्रणव जिसका पूज्य मन्त्र हो, (2) पुनर्जन्म में जिसका विश्वास हो- वही हिन्दू है। अर्थात् जो हीनता या नीचता को दूषित समझता है, उसका त्याग करता है, वह हिन्दू है। (3) लोकमान्य तिलक के अनुसार सिन्धु नदी के उद्‌गम स्थान से लेकर सिन्धु (हिन्द महासागर) तक सम्पूर्ण भारत भूमि जिसका पितृभू (अथवा मातृ भूमि) तथा पुण्यभू (पवित्र भूमि) है और उसका धर्म हिन्दुत्व है, वह हिन्दू कहलाता है। हिन्दू शब्द मूलतः फारसी का शब्द है, इसका अर्थ उन भारतीयों से है जो भारत वर्ष के प्राचीन ग्रन्थों, वेदों, पुराणों में वर्णित भारतवर्ष की सीमा के मूल एवं पैदायसी प्राचीन निवासी हैं। कालिका पुराण, मेदनी कोष आदि के आधार पर वर्तमान हिन्दू मूल्यों के मूलभूत आधारों के अनुसार वेद प्रतिपादित वर्णाश्रम रीति से वैदिक धर्म में विश्वास रखने वाला हिन्दू है। यद्यपि कुछ लोग कई संस्कृति के मिश्रित रूप को ही भारतीय संस्कृति मानते हैं, जबकि ऐसा नहीं है। जिस संस्कृति या धर्म की उत्पत्ति एवं विकास भारत भूमि पर नहीं हुआ है, वह धर्म या संस्कृति भारतीय नहीं हो सकती है।

हिन्दू धर्म के सिद्धान्त के कुछ मुख्य बिन्दु इस प्रकार हैं-

(1) ईश्वर एक, नाम अनेक।

(2) ब्रह्म या परमतत्त्व सर्वव्यापी है।

(3) ईश्वर से डरें नहीं, प्रेम करें और प्रेरणा लें।

(4) हिन्दुत्व का लक्ष्य स्वर्ग-नरक से ऊपर।

(5) हिन्दुओं में कोई एक पैगम्बर नहीं है।

(6) धर्म की रक्षा के लिए ईश्वर बार-बार प्रकट होते हैं।

(7) परोपकार पुण्य है, दूसरों को कष्ट देना पाप है।

(8) जीवनमात्र की सेवा ही परमात्मा की सेवा है।

(9) स्त्री आदरणीय है।

(10) सती का अर्थ पति के प्रति सत्यनिष्ठा है।

(11) हिन्दुत्व का वास हिन्दू के मन, संस्कार और परम्पराओं में।

(12) पर्यावरण की रक्षा को उच्च प्राथमिकता।

(13) हिन्दू दृष्टि समतावादी एवं समन्वयवादी है।

(14) आत्मा अजर-अमर है।

(15) सबसे बड़ा मंत्र गायत्री मंत्र।

(16) हिन्दुओं के पर्व और त्योहार खुशियों से जुड़े हैं।

(17) हिन्दुत्व का लक्ष्य पुरुषार्थ है और मध्य-मार्ग को सर्वोत्तम माना गया है।

(18) हिन्दुत्व एकत्त्व भाईचारा का दर्शन है।

हिन्दू धर्म से सम्बन्धित कुछ अवधारणाओं को समझने की आवश्यकता है क्योंकि उनका विशिष्ट अर्थ होता है-

ब्रह्म- हिन्दू धर्मग्रन्थ उपनिषदों के अनुसार ब्रहा ही परमतत्त्व है (इसे त्रिमूर्ति के देवता ब्रह्म से भ्रमित न करें क्योंकि ब्रह्म और ब्रह्मा एक नहीं माने जाते हैं)। वो ही जगत का सार है, जगत की आत्मा है। वो विश्व का आधार है। उसी से विश्व की उत्पत्ति होती है और नष्ट होने पर उसी में विलीन हो जाता है। ब्रह्म एक और सिर्फ एक ही है। वह विश्वातीत भी है और विश्व के परे भी। वही परम सत्य, सर्वशक्तिमान और सर्वज्ञ है। वह कालातीत, नित्य और शाश्वत है। वही परम ज्ञान है। ब्रह्म के दो रूप हैं- परब्रह्म और अपरब्रह्म। परब्रह्म असीम, अनन्त और रूप-शरीर विहीन है। वह सभी गुणों से भी परे है, पर उसमें अनन्त सत्य, अनन्त चित्त और अनन्त आनन्द है। ब्रह्म की पूजा नहीं की जाती है क्योंकि वह पूजा से परे और अनिर्वचनीय है। उसका ध्यान किया जाता है। प्रणव ॐ (ओम्) ब्रह्मवाक्य है, जिसे सभी हिन्दू परम पवित्र शब्द मानते हैं। हिन्दू यह मानते हैं कि ओम् की ध्वनि पूरे ब्रह्माण्ड में गूंज रही है। ध्यान में गहरे उतरने पर यह सुनाई देता है। ब्रह्म की परिकल्पना वेदान्त दर्शन का केन्द्रीय स्तम्भ है और हिन्दू धर्म की विश्व को अनुपम देन है।

ईश्वर– ब्रह्म और ईश्वर में क्या सम्बन्ध है। इसमें हिन्दू दर्शनों की सोच अलग-अलग है। अद्वैत वेदान्त के अनुसार जब मानव ब्रह्म को अपने मन से जानने की कोशिश करता है, तब ब्रह्म ईश्वर हो जाता है क्योंकि मानव माया नाम की एक जादुई शक्ति के वश में रहता है। अर्थात् जब माया के आइने में ब्रह्म की छाया पड़ती है, तो ब्रह्म का प्रतिबिम्ब हमें ईश्वर के रूप में दिखायी पड़ता है। ईश्वर अपनी इसी जादुई शक्ति 'माया' से विश्व की सृष्टि करता है और उस पर शासन करता है। इस स्थिति में हालाँकि ईश्वर एक नकारात्मक शक्ति के साथ है, लेकिन, माया उस पर अपना कुप्रभाव नहीं डाल पाती है। जैसे एक जादूगर अपने ही जादू से अचंम्भित नहीं होता है। माया ईश्वर की दासी है, परन्तु, हम जीवों की स्वामिनी हैं। वैसे तो ईश्वर रूपहीन है पर, वह माया की वजह से हमें कई देवताओं के रूप में प्रतीत हो सकता है। इसके विपरीत वैष्णव मतों और

दर्शनों में माना जाता है कि ईश्वर और ब्रह्म में कोई फर्क नहीं है और विष्णु (या श्रीकृष्ण) ही ईश्वर हैं। न्याय, वैशेषिक और योग दर्शनों के अनुसार ईश्वर एक परम और सर्वोच्च आत्मा है, जो चैतन्य से युक्त है और विश्व का सृष्टा और शासक है।

जो भी हो, बाकी बातें सभी हिन्दू मानते हैं- ईश्वर एक और केवल एक है। वह विश्वव्यापी और विश्वातीत दोनों है। बेशक, ईश्वर सगुण है। वह स्वयंभू और विश्व का सृष्टा है। वह पूजा और उपासना का विषय है। वह पूर्ण, अनन्त, सनातन, सर्वज्ञ, सर्वशक्तिमान और सर्वव्यापी है। वह राग-द्वेष से परे है पर अपने भक्तों से प्रेम करता है और उनपर कृपा करता है। उसकी इच्छा के बिना इस दुनिया में एक पत्ता भी नहीं हिल सकता। वह विश्व की नैतिक व्यवस्था को कायम रखता है और जीवों को उनके कर्मों के अनुसार सुख-दुःख प्रदान करता है। श्रीमद्‌भगवद्‌गीता के अनुसार विश्व में नैतिक पतन होने पर वे समय-समय पर धरती पर प्रकट (जैसे श्रीकृष्ण) होते हैं। ईश्वर के अन्य नाम हैं- परमेश्वर, परमात्मा, विधाता और भगवान। इसी ईश्वर को मुसलमान अरबी में अल्लाह, फारसी में खुदा, ईसाई अँगरेज़ी में गॉड और यहूदी इब्रानी में याह्मवेह कहते हैं।

देवी और देवता– हिन्दू धर्म में कई देवता हैं जिनको अँगरेज़ी में गलत रूप से 'Gods' कहा जाता है। ये देवता कौन हैं, इस बारे में तीन मत हो सकते हैं- वेद, उपनिषद्, अद्वैत वेदान्त, भगवद्‌गीता आदि के मुताबिक सभी देवी-देवता एक ही परमेश्वर के विभिन्न रूप हैं (ईश्वर स्वयं ही ब्रह्म का रूप है)। निराकार परमेश्वर की भक्ति करने के लिए भक्त अपने मन में भगवान को किसी प्रिय रूप में देखता है। ऋग्वेद के अनुसार 'एकं सत विप्रा बहुधा वदन्ति', अर्थात् एक ही परम सत्य को विद्वान कई नामों से बुलाते हैं। योग, न्याय, वैशेषिक, अधिकांश शैव और वैष्णव मतों के अनुसार देवगण वे परालौकिक शक्तियाँ हैं जो ईश्वर के अधीन हैं मगर, मानवों के भीतर मन पर शासन करती हैं। योग दर्शन के अनुसार ईश्वर ही प्रजापति और इन्द्र जैसे देवताओं और अंगिरा जैसे ऋषियों के पिता और गुरु हैं।

मीमांसा के अनुसार सभी देवी-देवता स्वतन्त्र सत्ता रखते हैं और उनके ऊपर कोई एक ईश्वर नहीं है। इच्छित कर्म करने के लिए इनमें से एक या कई देवताओं को कर्मकाण्ड और पूजा द्वारा प्रसन्न करना जरूरी है। इस प्रकार का मत शुद्ध रूप से बहु-ईश्वरवादी कहा जा सकता है। एक बात और कही जा सकती है कि ज्यादातर वैष्णव और शैव दर्शन पहले दो विचारों को सम्मिलित रूप से

मानते हैं। जैसे, श्रीकृष्ण को परमेश्वर माना जाता है, जिनके अधीन बाकी सभी देवी-देवता हैं और साथ-ही-साथ सभी देवी-देवताओं को श्रीकृष्ण का ही रूप माना जाता है। तीसरे मत को धर्मग्रन्थ मान्यता नहीं देते। जो भी सोच हो, ये देवता रंग-बिरंगी हिन्दू संस्कृति के अभिन्न अंग हैं। वैदिक काल के मुख्य देव थे- इन्द्र, अग्नि, सोम, वरुण, रूद्र, विष्णु, प्रजापति, सविता (पुरुष देव) और देवियाँ- सरस्वती, ऊषा, पृथ्वी, इत्यादि। बाद के हिन्दू धर्म में नये देवी-देवता आये (कई अवतार के रूप में)- गणेश, राम, कृष्ण, हनुमान, कार्तिकेय, सूर्य-चन्द्र और ग्रह तथा देवियाँ (जिनको माता की उपाधि दी जाती है)। जैसे- दुर्गा, पार्वती, लक्ष्मी, शीतला, सीता, काली, इत्यादि। ये सभी देवता पुराणों में उल्लिखित हैं और उनकी कुल संख्या 33 बतायी जाती है। पुराणों के अनुसार ब्रह्मा, विष्णु और शिव साधारण देव नहीं, बल्कि महादेव हैं और त्रिमूर्ति के सदस्य हैं। इन सबके अलावा हिन्दू धर्म में गाय को भी माता के रूप में पूजा जाता है। यह माना जाता है कि गाय में सम्पूर्ण देवी-देवता वास करते हैं।

हिन्दू धर्म मान्यताओं में पाँच प्रमुख देवता पूजनीय हैं। ये एक ईश्वर के ही अलग-अलग रूप और शक्तियाँ हैं।

सूर्य- स्वास्थ्य, प्रतिष्ठा व सफलता।

विष्णु- शान्ति व वैभव।

शिव- ज्ञान व विद्या।

शक्ति- शक्ति व सुरक्षा।

गणेश- बुद्धि व विवेक।

देवताओं के गुरु– बृहस्पति, देवताओं के गुरु माने गये हैं। पौराणिक मान्यताओं के अनुसार वे महर्षि अंगिरा के पुत्र थे। भगवान शिव के कठिन तप से उन्होंने देवगुरु का पद पाया। उन्होंने अपने ज्ञान-बल व मंत्र शक्तियों से देवताओं की रक्षा की। शिव कृपा से ये गुरु ग्रह के रूप में भी पूजनीय हैं। गुरुवार, गुरु बृहस्पतिदेव की उपासना का विशेष दिन है।

दानवों के गुरु– शुक्राचार्य दानवों के गुरु माने जाते हैं। ब्रह्मदेव के पुत्र महर्षि भृगु इनके पिता थे। शुक्राचार्य ने ही शिव की कठोर तपस्या कर मृत संजीवनी विद्या प्राप्त की, जिससे वह मृत शरीर में फिर से प्राण फूंक देते थे। ब्रह्मदेव की कृपा से यह शुक्र ग्रह के रूप में पूजनीय हैं। शुक्रवार, शुक्र देव की उपासना का ही विशेष दिन है।

आत्मा– हिन्दू धर्म के अनुसार हर चेतन प्राणी में एक अभौतिक आत्मा होती है, जो सनातन, अव्यक्त, अप्रमेय और विकार रहित है। हिन्दू धर्म के मुताबिक मनुष्य में ही नहीं, बल्कि हर पशु और पेड़-पौधे, यानि कि हर जीवन में आत्मा होती है। भगवद्गीता में भगवान् श्रीकृष्ण द्वारा आत्मा के लक्षण इस प्रकार बताए गये हैं-

न जायते म्रियते वा कदाचिन् नायं भूत्वा भविता वा न भूयः।
अजो नित्यः शाश्वतोऽयं पुराणो न हन्यते हन्यमाने शरीरे ॥ 2.20 ॥

(आत्मा न कभी जन्म लेती है और न मरती ही है। आत्मा अजन्मा, नित्य, शाश्वत और पुरातन है। शरीर के नाश होने पर भी इसका नाश नहीं होता।)

किसी भी जन्म में अपनी आज़ादी से किये गये कर्मों के मुताबिक आत्मा अगला शरीर धारण करती है। जन्म-मरण के चक्र में आत्मा स्वयं निर्लिप्त रहते हुए अगला शरीर धारण करती है। अच्छे कर्मफल के प्रभाव से मनुष्य कुलीन घर अथवा योनि में जन्म ले सकता है जबकि बुरे कर्म करने पर निकृष्ट योनि में जन्म लेना पड़ता है। जन्म-मरण का सांसारिक चक्र तभी खत्म होता है जब व्यक्ति को मोक्ष मिलती है। उसके बाद आत्मा अपने वास्तविक सत्-चित्-आनन्द स्वभाव को सदा के लिए पा लेती है। मानव योनि ही अकेला ऐसा जन्म है जिसमें मनुष्य के कर्म, पाप और पुण्यमय फल देते हैं और सुकर्म के द्वारा मोक्ष की प्राप्ति सम्भव है। आत्मा और पुनर्जन्म के प्रति यही धारणाएँ बौद्ध धर्म और सिख धर्म का भी आधार हैं।

धर्मग्रन्थ– हिन्दू धर्म के पवित्र ग्रन्थों को दो भागों में बाँटा गया है- श्रुति और स्मृति। श्रुति हिन्दू धर्म के सर्वोच्च ग्रन्थ हैं, जो पूर्णतः अपरिवर्तनीय हैं। अर्थात् किसी भी युग में इनमें कोई बदलाव नहीं किया जा सकता। स्मृति ग्रन्थों में देश-कालानुसार बदलाव हो सकता है। श्रुति के अन्तर्गत वेद- ऋग्वेद, सामवेद, यजुर्वेद और अथर्ववेद, ब्रह्मसूत्र व उपनिषद् आते हैं। वेद श्रुति इसलिए कह जाते हैं क्योंकि हिन्दुओं का मानना है कि इन वेदों को परमात्मा ने ऋषियों को सुनाया था, जब वे गहरे ध्यान में थे। वेदों को श्रवण परम्परा के अनुसार गुरु द्वारा शिष्यों को दिया जाता था। हर वेद में चार भाग हैं- संहिता-मन्त्र भाग, ब्राह्मण-ग्रन्थ-गद्य भाग, जिसमें कर्मकाण्ड समझाये गये हैं, आरण्यक- इनमें अन्य गूढ़ बातें समझायी गयी हैं, उपनिषद्- इनमें ब्रह्म, आत्मा और इनके सम्बन्ध के बारे में विवेचना की गयी है। अगर श्रुति और स्मृति में कोई विवाद होता है तो श्रुति ही मान्य होगी। श्रुति को छोड़कर अन्य सभी हिन्दू धर्मग्रन्थ स्मृति कहे जाते

हैं क्योंकि इनमें वे कहानियाँ हैं जिनको लोगों ने पीढ़ी-दर-पीढ़ी याद किया और बाद में लिखा। सभी स्मृति ग्रन्थ वेदों की प्रशंसा करते हैं। इनको वेदों से निचला स्तर प्राप्त है, पर, ये ज्यादा आसान हैं और अधिकांश हिन्दुओं द्वारा पढ़े जाते हैं (बहुत ही कम हिन्दू वेद पढ़ते हैं)। प्रमुख स्मृति ग्रन्थ हैं- इतिहास, रामायण और महाभारत, भगवद्गीता, पुराण (18), मनुस्मृति, धर्मशास्त्र और धर्मसूत्र, आगम शास्त्र। भारतीय दर्शन के प्रमुख 6 अंग हैं- सांख्य दर्शन, योग, न्याय, वैशेषिक, मीमांसा और वेदान्त।

देव और दानवों के माता-पिता का नाम– हिन्दू धर्मग्रन्थों के मुताबिक देवता धर्म के, तो दानव अधर्म के प्रतीक हैं। लेकिन क्या आप जानते हैं कि पौराणिक मान्यताओं में देव-दानवों को एक ही पिता, किन्तु, अलग-अलग माताओं की सन्तान बताया गया है। इसके मुताबिक देव-दानवों के पिता ऋषि कश्यप हैं। वहीं, देवताओं की माता का नाम अदिति और दानवों की माता का नाम दिति है।

वैदिक काल और यज्ञ– प्राचीनकाल में आर्य लोग वैदिक मन्त्रों और अग्नि-यज्ञ से कई देवताओं की पूजा करते थे। आर्य देवताओं की कोई मूर्ति या मन्दिर नहीं बनाते थे। प्रमुख आर्य देवता थे- देवराज इन्द्र, अग्नि, सोम और वरुण। उनके लिए वैदिक मन्त्र पढ़े जाते थे और अग्नि में घी, दूध, दही, जौ इत्यादि की आहुति दी जाती थी। प्रजापति ब्रह्मा, विष्णु और शिव का उस समय कम ही उल्लेख मिलता है।

तीर्थ एवं तीर्थ यात्रा– भारत एक विशाल देश है, लेकिन उसकी विशालता और महानता को हम तब तक नहीं जान सकते, जब तक कि उसे देखें नहीं। इस ओर वैसे अनेक महापुरुषों का ध्यान गया, लेकिन आज से कोई बारह सौ वर्ष पहले आदिगुरु शंकराचार्य ने इसके लिए एक बहुत ही महत्त्वपूर्ण कार्य किया। उन्होंने चारों दिशाओं में भारत के चारों छोरों पर चार पीठ (मठ) स्थापित किये। उत्तर में बद्रीनाथ के निकट ज्योतिपीठ, दक्षिण में रामेश्वरम् के निकट श्रृंगेरी पीठ, पूर्व में जगन्नाथपुरी में गोवर्धन पीठ और पश्चिम में द्वारिका पीठ। तीर्थों के प्रति हमारे देशवासियों में बड़ी भक्ति भावना है। इसलिए शंकराचार्य ने इन पीठों की स्थापना करके देशवासियों को पूरे भारत के दर्शन करने का सहज अवसर दे दिया। ये चारों तीर्थ चार धाम कहलाते हैं। लोगों की मान्यता है कि जो इन चारों धाम की यात्रा कर लेता है, उसका जीवन धन्य हो जाता है। अधिकांश हिन्दू चार शंकराचार्यों को जो ज्योतिर्मठ, द्वारिका, श्रृंगेरी और पुरी के मठों में मठाधीश होते

हैं, हिन्दू धर्म के सर्वोच्च धर्मगुरु मानते हैं। चूँकि इन मठों के द्वारा राष्ट्रीय स्तर पर इस्लाम की भाँति हिन्दू धर्म संचालित और नियन्त्रित नहीं किया जाता है। इसलिए हिन्दू धर्म में काफी विपथगमन होता रहा है तथा दूसरे धर्मों के लोग हिन्दू धर्म पर सीधा हमला करते रहे हैं।

मूर्तिपूजा– ज्यादातर हिन्दू भगवान् की मूर्तियों द्वारा पूजा करते हैं। उनके लिए मूर्ति एक आसान-सा साधन है, जिसमें कि एक ही निराकार ईश्वर को किसी भी मनचाहे सुन्दर रूप में देखा जा सकता है। हिन्दू लोग वास्तव में पत्थर और लोहे की पूजा नहीं करते जैसा कि कुछ लोग समझते हैं। मूर्तियाँ, हिन्दुओं के लिए ईश्वर की भक्ति करने के लिए एक साधन मात्र हैं।

हिन्दुओं के उपासना स्थलों को मन्दिर कहते हैं। प्राचीन वैदिक काल में मन्दिर नहीं होते थे। तब उपासना अग्नि के स्थान पर होती थी जिसमें एक सोने की मूर्ति ईश्वर के प्रतीक के रूप में स्थापित की जाती थी। कहा जाता है कि बौद्ध और जैन धर्मों में बुद्ध और महावीर की मूर्तियों और मन्दिरों द्वारा पूजा करने की परम्परा ने हिन्दुओं को मन्दिर बनाने के लिए प्रेरित किया। हर मन्दिर में एक या अधिक देवताओं की उपासना प्रारम्भ हुई । गर्भगृह में इष्टदेव की मूर्ति प्रतिष्ठित की जाने लगी । मन्दिर प्राचीन और मध्ययुगीन भारतीय कला के श्रेष्ठतम प्रतीक हैं। कई मन्दिरों में हर साल लाखों तीर्थयात्री आते हैं।

मूर्ति पूजा का शाब्दिक अर्थ हैं मूर्ति की पूजा करना। इसका व्यापक अर्थ है किसी मूर्ति, चित्र, प्रतिमा या प्रतीक पर श्रद्धा रखना। श्रद्धा या पूजा के विचारों को दर्शाने के लिए किसी भी छवि के इस्तेमाल के विरोध को मूर्तिभंजक कहा जाता है। पूजा के प्रतीक के रूप में मूर्तियों और छवियों को नष्ट करने की विचारधारा को आइकॉनोक्लैज्म (Iconoclasm) कहा जाता है और यह धार्मिक समुदायों के बीच हिंसा का कारण रहा है।

हिन्दू धर्म में एक प्रतीक, चित्र, मूर्ति या मूर्ति को मूर्ति या प्रतिमा कहा जाता है। वैष्णववाद, शैव धर्म, शक्तिवाद और स्मृतिवाद जैसे प्रमुख हिन्दू परम्पराएँ मूर्ति का उपयोग करती हैं। इन परम्पराओं का मानना है कि मानविकी या गैर-मानवकृष्णिक चिह्न के माध्यम से आध्यात्मिकता पर ध्यान देना आसान है। जब कोई व्यक्ति मूर्ति की पूजा करता है, तो इसे देवता का सार या आत्मा की अभिव्यक्ति माना जाता है। भक्त के आध्यात्मिक विचारों और जरूरतों को इसके माध्यम से ध्यानित किया जाता है, फिर भी हिन्दू धर्म में ब्रह्म कहा जाता है- परम वास्तविकता का विचार नहीं है यह।

वैष्णववाद में मूर्ति के लिए एक मन्दिर का निर्माण भक्ति का कार्य माना जाता है, लेकिन, गैर-मूर्ति प्रतीकवाद भी आम है। जहाँ सुगन्धित तुलसी पौधे या शालीग्राम विष्णु में आध्यात्मिकता का एक आधिकारिक अनुस्मारक है। हिन्दू धर्म की शैव पन्थ परम्परा में शिव को एक मर्दाना मूर्ति या अर्ध पुरुष आधे महिला (अर्धनारीश्वर) के रूप में प्रस्तुत किया जा सकता है, जो कि लिंग-योनि रूप में आइकन (Icon) में होता है। हिन्दुओं का मानना है कि छवि पूजा के योग्य है और उसमें दिव्य ऊर्जा होती है। छवियों के चिन्तन से प्रसन्नता, प्रसन्नता से विश्वास, विश्वास से दृढ़ भक्ति उत्पन्न होती है। इस प्रकार की भक्ति के माध्यम से मोक्ष का सही मार्ग का उदय होता है। छवियों के मार्गदर्शन के बिना, भक्त का दिमाग भ्रमित हो सकता है और गलत कल्पनाओं का निर्माण कर सकता है। छवियाँ झूठी कल्पनाओं को दूर करती हैं।

बौद्ध धर्म– महात्मा बुद्ध के देहावसान के कुछ समय बाद चिह्न और मूर्ति पूजा बौद्ध धर्म का एक अभिन्न अंग हो गया। कोरिया से वियतनाम, थाईलैंड से तिब्बत, मध्य एशिया और दक्षिण एशिया क्षेत्रों में मन्दिरों, मूर्तियों, वेदियों और पत्थरों का निर्माण, ताबीजों के अवशेष, धार्मिक अनुष्ठानों से सम्बन्धित जो कुछ भी साक्ष्य प्राप्त हुए हैं, उनसे यही प्रतीत होता है कि बौद्ध धर्म में मन्दिरों का प्राचीनकाल से प्रमुख स्थान रहा है, जबकि स्वयं बुद्ध वैदिक कर्मकाण्डों के घोर विरोधी थे। बुद्ध की प्रतिमा या अवशेष सभी बौद्ध परम्पराओं में पाये जाते हैं, लेकिन तिब्बती बौद्ध धर्म में विभिन्न देवी-देवताओं को भी प्रस्तुत किया गया है।

भक्ति (पाली में भट्टी कहा जाता है) थेरवाद बौद्ध धर्म में एक आम प्रथा रही है, जहाँ बौद्ध चिह्नों और समूह की प्रार्थना बौद्ध चिह्नों और विशेष रूप से बुद्ध की प्रतिमाओं के लिए बनायी जाती हैं। भक्ति थेरवाद बौद्ध धर्म में एक महत्त्वपूर्ण अभ्यास है और कहते हैं, इसमें कोई सन्देह नहीं है कि बौद्ध धर्म में गहरी भक्ति या भक्ति/भित्ति मौजूद है और यह शुरुआती दिनों में शुरू हुई। बौद्ध धर्म में मूर्तिपूजा के प्रमाण उत्तर पश्चिमी भारतीय उपमहाद्वीप (अब पाकिस्तान और अफगानिस्तान) सिल्क रोड के नाम से जाने वाले क्षेत्र से लेकर (हिमालय क्षेत्र) मध्य एशिया तक देखने को मिलते हैं। विभिन्न भारतीय वंशों के हिन्दू शासकों ने बौद्ध धर्म और हिन्दू धर्म को चौथी से लेकर नौवीं शताब्दी तक संरक्षित करने का प्रयास किया। बौद्ध चिह्नों और गुफा मन्दिरों जैसे अजन्ता और एलोरा की गुफाएँ जहाँ बुद्ध की मूर्तियाँ देखने को मिलती हैं, इसके प्रमुख उदाहरण हैं।

पूर्व एशिया और दक्षिण पूर्व एशिया में बौद्ध मन्दिरों में प्रतीक और पवित्र वस्तुओं की सहायता से पूजा ऐतिहासिक रही है। उदाहरण के लिए, जापानी बौद्ध धर्म में बुत्सु (पवित्र वस्तुएँ), बुद्ध (कुओ) की पूजा करने के लिए अभिन्न अंग हैं और ऐसी मूर्ति पूजा, जिसे किसी की बुद्ध प्रकृति को साकार करने की प्रक्रिया का हिस्सा माना जाता है।

हिन्दू धर्म एक ऐसा धर्म है जिसमें बड़े पैमाने पर मूर्ति पूजा प्रचलन में है। दूसरी संस्कृति के लोगों को अकसर यह धोखा हो जाता है कि हिन्दू मिट्टी के एक पुतले को भगवान् की तरह पूजते हैं। पर क्या सच में ऐसा है? क्या हिन्दू धर्म में मूर्ति पूजा जरूरी है? क्या हमेशा से ऐसा होता आया है?

जहाँ तक मूर्ति पूजा का सवाल है, तो लोग यह जान लें कि वैदिक काल में न तो मन्दिर थे और न ही मूर्तियाँ। उस समय के लोग इकट्ठा एक ही वेदी पर खड़े रहकर ईश्वर के प्रति अपना समर्पण और आभार व्यक्त करते थे। इसके अलावा वे यज्ञ के द्वारा भी ईश्वर और प्रकृति की आराधना करते थे। ऐसा माना जाता है कि हिन्दू धर्म में बड़े पैमाने पर मूर्ति पूजा बौद्ध एवं जैन मन्दिरों की मूर्तियों की लोकप्रियता को देखकर शुरू हुई। हालाँकि मूर्तियों के पहले शिवलिंग की पूजा होती रही थी। बाद में लोगों ने राम और श्रीकृष्ण की मूर्तिपूजा प्रारम्भ कर दी।

प्राचीन मन्दिर ध्यान लगाने या प्रार्थना करने के लिए होते थे। उन मन्दिरों के स्तंभों या दीवारों पर ही मूर्तियाँ बनायी जाती थीं। मन्दिर में पूजा-पाठ नहीं होता था। मन्दिर-निर्माण एक जटिल विज्ञान है और मन्दिर के आकार से लेकर इसके वास्तु और यहाँ रखी गयी मूर्ति में साम्य बिठाना पड़ता है। मन्दिर में गर्भ गृह का निर्माण, परिक्रमा स्थल का निर्माण काफी अनुसंधान के बाद किया जाता है। यदि मन्दिर का निर्माण नियमानुसार नहीं होता है, तो सकारात्मक ऊर्जा ही नहीं तैयार हो पायेगी।

धर्मशास्त्रों के अनुसार यह आवश्यक नहीं है कि आप मन्दिर में जाकर ही पूजा-पाठ करें या ईश्वर से कुछ माँगे। बल्कि व्यक्ति को मन्दिर में कुछ देर के लिए बैठना चाहिए और शान्ति से आत्म चिन्तन करना चाहिए। इससे आपको मानसिक शान्ति प्राप्त होगी। इसके अलावा आप पायेंगे की मन्दिर से लौटने के बाद आपके विचारों में सकारात्मकता का प्रवाह होने लगा है। इसीलिए सुबह मन्दिर जाने पर विशेष बल दिया जाता है ताकि व्यक्ति दिन भर तरोताजा महसूस कर सके।

धर्मग्रन्थों में तो यह भी कहा गया है कि जिसने स्वयं ही आध्यात्मिक यात्रा प्रारम्भ कर दी हो, उसे मन्दिर जाने की कोई आवश्यकता नहीं। जिस ऊर्जा को प्राप्त करने के लिए लोग मन्दिर जाते हैं, वह तो उस व्यक्ति में स्वयं ही प्रवाहित होने लगती है। मन्दिर कभी भी पूजा के लिए नहीं बनाए गये बल्कि वे एक ऐसे स्थान के रूप में निर्मित किये गये थे, जहाँ जाकर व्यक्ति को मन की शान्ति मिले। इसलिए आप पायेंगे कि प्राचीनकाल के मन्दिरों में प्रवेश मात्र करने से मन शान्त हो जाता है।

दुनिया में एक प्रश्न का उत्तर लगभग सब जानना चाहते हैं कि मूर्ति पूजा का आरम्भ कब से माना जाता है ? मूर्ति पूजा सर्वप्रथम किसने चलाई ? कहा जाता है कि भारत में मूर्ति पूजा जैनियों ने लगभग तीन हजार वर्ष पूर्व अपनी मूर्खता से चलाई, जिससे उस समय तो आदि शंकराचार्य ने निजात दिला दिया, परन्तु, उनके मरते ही उनको भी शिव का अवतार ठहरा कर पेट-पूजा होने लगी। मन्दिर का विरोध करने वालो को मन्दिरों गें स्थापित किया जाने लगा। ऐसा ही कुछ **बौद्ध धर्म के साथ हुआ।** इसी मूर्ति पूजा के कारण ही भारत में उग्र इस्लाम की स्थापना हुई तथा भारत को परतन्त्रता का मुँह देखकर अवनति के गर्त में गिरना पड़ा। सृष्टि की सबसे पुरानी पुस्तक वेद में एक निराकार ईश्वर की उपासना का ही विधान है। चारों वेदों के 20389 मन्त्रों में कोई ऐसा मंत्र नहीं है, जो मूर्ति पूजा का पक्षधर हो। महर्षि दयानन्द के शब्दों में मूर्ति पूजा वैसे है, जैसे एक चक्रवर्ती राजा को पूरे राज्य का स्वामी न मानकर एक छोटी सी झोपड़ी का स्वामी मानना।

वेदों में परमात्मा का स्वरूप यथा प्रमाण-

न तस्य प्रतिाऽअस्ति यस्य नाम महद्‌यसः। (यजु0, अध्याय 32, मंत्र 3)
(उस ईश्वर की कोई मूर्ति, अर्थात् प्रतिमा नहीं जिसका महान् यश है।)

वेनस्त पश्यम् निहितम् गुहायाम। (यजुर्वेद, अध्याय 32, मंत्र 8)
(विद्वान पुरुष ईश्वर को अपने हृदय में देखते हैं।)

अन्धन्तमः प्र विशन्ति येऽसम्भूति मुपासते।
ततो भूयऽइव ते तमो यऽउसम्भूत्या-रताः॥ (यजु0, अध्याय 40, मंत्र 9)

(जो लोग ईश्वर के स्थान पर जड़ प्रकृति या उससे बनी मूर्तियों की पूजा उपासना करते हैं। वे घोर अंधकार (दुःख) को प्राप्त होते हैं।)

वेदों के महान् पण्डित महर्षि दयानन्द ने कहा है कि मूर्ति पूजा न कोई सीढ़ी है, न कोई माध्यम है, बल्कि यह एक गहरी खाई है, जिसमें गिरकर मनुष्य

चकनाचूर हो जाता है, जो पुनः उस खाई से निकल नहीं सकता। वेदों में मूर्तिपूजा निषिद्ध है। अर्थात् जो मूर्ति पूजता है वह वेदों को नहीं मानता। अर्थात् वह नास्तिक है। उन्होंने इससे जुड़ी अन्य बातों का भी खण्डन किया। कुछ लोग यह कहते हैं भावना में भगवान् होते हैं। यदि ऐसी बात हैं तो मिट्टी में चीनी की भावना रख के खायें, तो क्या उन्हें मिट्टी में चीनी का मिठास मिलेगा- बिलकुल नहीं।

वेद ज्ञान बिन इन रोगों का होगा नहीं कभी निदान।
कोरे भावों से दोस्तों कभी न मिलता भगवान् ॥

एक पक्षी को भी पता होता है कि कोई मूरत उसका कुछ नहीं बिगाड़ सकती है। वह किसी मनुष्य की मूर्ति पर पेशाब कर देता है। बीट कर देता है, उससे डरता नहीं है। कोई शेर की मूर्ति हमें खा नहीं सकती। कोई कुत्ते की मूर्ति काट नहीं सकती तो मनुष्य की मूर्ति कैसे किसी की मनोकामना पूरी कर सकती है?

स्वामी जी ने कहा कि इसी कारण हिन्दुओं को हजारों वर्षों से थपेड़े खाने पड़ रहे हैं। मूर्ति पूजा के कारण ही देश को लगभग एक सहस्र वर्ष की दासता भोगनी पड़ी। रूढ़िवादी, राष्ट्रद्रोह, धर्मांधता, साम्प्रदायिकता, गलत को सहना, पाप, दुराचार व समस्त बुराइयों का मूल कारण यह वेद-विरूद्ध कर्म पाषाण-पूजा ही है।

यह निस्सन्देह सही है कि हिन्दू धर्म की उत्पत्ति के साथ मन्दिरों की उत्पत्ति नहीं हुई है। वैदिक ग्रन्थों में कहीं भी मन्दिरों की चर्चा देखने को नहीं मिलती है। मन्दिरों की स्थापना दूसरे धर्मों का हिन्दू धर्म के ऊपर प्रभाव का नतीजा है। इसका यह तात्पर्य नहीं है कि मन्दिर बनाना कोई अधार्मिक कार्य है। प्रायः सभी मानवशास्त्रियों ने यही विचार व्यक्त किया है कि प्रारम्भिक मानव अपने पूर्वजों एवं प्रकृति की पूजा करता था और उसी से धर्म की उत्पत्ति हुई है। वैदिक काल में पूजा-पाठ मुख्य रूप से यज्ञ, हवन और बलि के माध्यम से होता था। लेकिन, उस काल तक मन्दिरों का विकास नहीं हो पाया था। महाभारत में भी मन्दिरों की कोई स्पष्ट चर्चा नहीं है।

खैर मन्दिर का जो भी इतिहास रहा हो, इस सम्बन्ध में सबसे महत्त्वपूर्ण बात यह है कि सामाजिक एकता व दृढ़ता को बढ़ाने में मन्दिरों की बहुत महत्त्वपूर्ण भूमिका रही है। हिन्दू समाज प्रारम्भ से ही विभिन्न जातियों, पन्थों एवं क्षेत्रीय समुदायों में विभक्त रहा है। साथ ही हिन्दू समाज में ऊँच-नीच और जातीय

भेद-भाव की बहुत बड़ी समस्या रही है। मन्दिरों की पूजा-पद्धति ने विभिन्न जातियों को जोड़ने का काम किया है। हिन्दू समाज में मन्दिरों के द्वारा भाईचारा, सद्भावना, सौहार्द और आपसी एकता को बढ़ावा मिला है। यह दूसरी बात है कि मुसलमानों को मन्दिरों के कारण हिन्दुओं के प्रति काफी घृणा हुई क्योंकि इस्लाम बुत पूजा पसन्द नहीं करता है। लेकिन मन्दिरों के विकास ने खण्डित हिन्दू समाज को एकसूत्र में बाँधने का काम किया है जो कि समाजशास्त्रीय दृष्टि से बहुत महत्त्वपूर्ण है।

मूर्ति पूजा और इस्लाम

पश्चिमी एशिया की रेतीली जमीन ने मानव समाज को तीन बड़े धार्मिक दर्शन दिये- यहूदियत, ईसाई और इस्लाम। इन तीनों धर्मों की अवधारणा का केन्द्र एकेश्वरवाद यानि एक ईश्वर का सिद्धान्त रहा है। इन तीनों धर्मों में ही ईश्वर के चित्रों और मूर्तियों का कोई स्थान नहीं रहा। इस्लाम प्रारम्भ से ही मूर्ति पूजा का विरोधी रहा है, इसलिए भारत में इस्लाम आने के साथ ही हिन्दू के मन्दिरों की तबाही शुरू हो गयी। इस्लाम में मूर्तिपूजा की क्या स्थिति रही है, इसे संक्षेप में समझ लिया जाना चाहिए।

इस्लामी धार्मिक ग्रन्थ कुरान में तस्वीर या मूर्ति बनाने पर प्रतिबंध का जिक्र नहीं है। अगर प्रतिबंध है तो किसी चित्र या मूर्ति की पूजा करने पर। ईश्वर के चित्र और मूर्ति बनाने की मनाही तो इन तीनों धर्मों में अभी भी है। लेकिन, समय के साथ यहूदियों और ईसाईयों ने अपने धर्मों के प्रवर्तकों- हजरत मूसा और ईसा- की तस्वीर और मूर्ति को वैध मान लिया है। जबकि मुस्लिम समुदाय ने हजरत मुहम्मद के चित्र या मूर्ति को कभी जायज नहीं माना। इसके साथ ही इस्लाम में तस्वीरों की मनाही, अल्लाह और पैगम्बर मुहम्मद तक ही सीमित न रहकर हर तरह के चित्रों और मूर्तियों पर लागू हो गयी। हालाँकि इस्लाम के सबसे पवित्र धार्मिक ग्रन्थ कुरान में तस्वीर या मूर्ति बनाने पर प्रतिबंध का जिक्र ही नहीं है। हजरत सुलेमान का महल मूर्तियों से सुसज्जित था, लेकिन, इन मूर्तियों की इबादत नहीं की जाती थी। इन्हें मात्र महल की शोभा बढ़ाने के लिए लगाया गया था।

इस्लाम में चित्रों की मनाही का जिक्र सिर्फ हदीस में मिलता है। इसके मुताबिक एक बार हजरत मुहम्मद यात्रा से घर लौटे तो अपनी पत्नी आयशा के कमरे पर एक पर्दा देखा जिस पर चित्र बने थे। इसे देख उन्होंने गुस्से में कहा-

''कयामत के दिन तस्वीर बनाने वालों को सबसे सख्त सजा मिलेगी।'' हदीस की इसी दलील पर इस्लामी विद्वान तस्वीरों को प्रतिबंधित मानते हैं।

सवाल उठता है कि इस्लाम को मानने वाले तस्वीर और मूर्तियों के सवाल पर इतने अधिक संवेदनशील क्यों हैं? इसे समझने के लिए हमें इस्लाम से पहले के अरब समाज की धार्मिक मान्यताओं पर एक नजर डालनी होगी, तो इसके कारण स्पष्ट होने लगेंगे।

अरब लोग एक साल 360 दिन का मानते हैं और इस्लाम से पहले के यहाँ के समाज की धार्मिक मान्यताओं में हर दिन के लिए एक देवी या देवता मुकर्रर था। यानि इस समाज में 360 मूर्तियों की पूजा हुआ करती थी। इनमें अल्लाह नाम के देव का स्थान सबसे ऊपर था। इसके बाद तीन देवियों- अल-लात, मनात और अल-उज्जा का स्थान आता था। इतने देवी-देवताओं को मानने वाले समाज में जब हजरत मुहम्मद से उनके अनुयाइयों ने पूछा कि हे पैगम्बर! वह ईश्वर जिसकी इबादत का हुक्म आप देते है, कैसा है? तो उन्होंने चार आयतों में उस ईश्वर का वर्णन किया, उसे अल्लाह के नाम से पुकारा और कहा:

वह एकेश्वर है।

वह अमर है और हर कारण का कर्त्ता है।

न वह किसी कोख से जन्मा है और न ही कोई उसकी कोख से जन्मा।

और उस जैसा कोई और नहीं।

इस्लामी मत के अनुसार यह तर्कसंगत लगता है कि जो बहुआयामी हो, जिसका कोई आदि और अन्त न हो और जिसके जैसा कोई न हो ऐसे सर्वशक्तिमान और सर्वव्यापी आराध्य को चित्र या मूर्ति के सीमित दायरे से देखा-समझा नहीं जा सकता।

धर्म के दो मुख्य आयाम हुआ करते हैं- एक उसका बाह्य स्वरूप और दूसरा उसका अंतस। किसी विचार के बाह्य स्वरूप की भौतिकता को तो आकार, रंग या प्रतीक चिह्नों से दर्शाया जा सकता है। जैसे हिन्दू धर्म में छाप, तिलक आदि, यहूदी धर्म की विशिष्ट टोपी, ईसाईयत में सलीबी लॉकेट और इस्लाम में दाढ़ी (पर मूंछे नहीं) और पहनावा। लेकिन मनुष्य धर्म के अंतस की तस्वीर बनाने में अक्षम है। शायद इसीलिए इस्लाम मानता है कि तस्वीर बनाना जायज नहीं। मुस्लिम विद्वान मानते हैं कि ईश्वर के गुणों की अनुभूति तो हो सकती है,

लेकिन उनकी अभिव्यक्ति सम्भव नहीं है और यह दलील मुस्लिम समाज को सर्वमान्य है।

इस्लामी जगत् में सुन्नी सम्प्रदाय के अनुयायी बहुसंख्या में हैं जबकि शियाओं की जनसंख्या लगभग 12 प्रतिशत ही है। शिया सम्प्रदाय का वैचारिक नेतृत्व ईरान करता है। तस्वीर और मूर्तियों के मसले पर शिया समाज और खासकर ईरानी समाज व राज्य व्यवस्था का रवैया काफी उदार लगता है। यहाँ हर घर में हजरत अली की तस्वीर का पाया जाना उनकी अस्मिता का हिस्सा बन गया है। शिया विचारधारा के लोग पैगम्बर के बाद अली को अपना प्रेरणास्रोत मानते हैं। शियाओं का अली प्रेम सुन्नी सम्प्रदाय के विरोध का एक मुख्य कारण माना जाता है। सुन्नियों का मानना है कि शिया सम्प्रदाय इस्लाम के मूलभूत एकेश्वर के सिद्धान्त को नकारता है। शिया इस आक्षेप को स्वीकार नहीं करते।

प्रारम्भ में हिन्दू और मुस्लिम के बीच अच्छी समझदारी और आपसी भाईचारा था। लेकिन जब कबीले, लुटेरे और भूखे खानाबदोश लोगों ने मध्य एशिया तथा पश्चिम एशिया के देशों से भारत की ओर रूख किया और धर्म के नाम पर लूट खसोट, अत्याचार और हिंसा का सहारा लिया, तो मध्यकालीन युग में धर्म का राजनीतिकरण शुरू हुआ। हरेक चीज़ तलवार से किया जाने लगा, मन्दिर तोड़े गये और लूटे गये। तब से मुस्लिम और हिन्दुओं के बीच वैमनस्य पैदा हुआ। धर्म के आधार पर एक-दूसरे के प्रति घृणा का विकास हुआ, जो धीरे-धीरे बढ़ता ही जा रहा है। जिसे आज सम्प्रदायवाद के नाम से जाना जाता है। प्राचीनकाल में दोनों समुदाय एक थे इसलिए कि सभी मूर्ति पूजक थे। हिन्दुओं के द्वारा की जानेवाली मूर्ति पूजा के विरोध में इस्लाम धर्म का उदय हुआ, जो निम्नांकित वर्णन से स्पष्ट होता है। यह बिलकुल इतिहासपरक या तथ्य सम्मत जानकारी है।

अरब में हिन्दू धर्म- इराक की एक पुस्तक है, जिसे इराकी सरकार ने खुद छपवाया था। इस पुस्तक में 622 ई0 से पहले के अरब जगत का जिक्र है। आपको बता दें कि इस्लाम धर्म की स्थापना इसी साल हुई थी। किताब में बताया गया है कि मक्का में पहले शिवजी का एक मन्दिर था जिसके अन्दर एक शिवलिंग था जो आज भी मक्का के काबा में एक काले पत्थर के रूप में मौजूद है। पुस्तक में लिखा है कि मन्दिर में कविता पाठ और भजन हुआ करता था। प्राचीन अरबी काव्य संग्रह ग्रन्थ 'सेअरूल-ओकुल' के 257वें पृष्ठ पर मोहम्मद से 2300 वर्ष पूर्व एवं ईसा मसीह से 1800 वर्ष पूर्व पैदा हुए

लबी-बिन-ए-अरव्तब-बिन-ए-तुरफा ने अपनी सुप्रसिद्ध कविता में भारत भूमि एवं वेदों को जो सम्मान दिया है, वह अरबी भाषा में इस प्रकार है-

"अया मुबारेकल अरज मुशैये नोंहा मिनार हिंदे।
व अरादकल्लाह मज्जोनज्जे जिकरतुन ।। 1 ।।
वह लवज्जलीयतुन ऐनाने सहबी अरवे अतुन जिकरा।
वहाजेही योनज्जेलुर्रसूल मिनल हिंदतुन ।। 2 ।।
यकूलूनल्लाहः या अहलल अरज आलमीन फुल्लहुम।
फत्तेबेऊ जिकरतुल वेद हुक्कुन मालन योनज्वेलतुन ।। 3 ।।
वहोबा आलमुस्साम वल यजुरमिनल्लाहे तनजीलन ।
फऐ नोमा या अरवीयो मुत्तवअन योवसीरीयोनजातुन ।। 4 ।।
जइसनैन हुमारिक अतर नासेहीन का-अ-खुबातुन ।
व असनात अलाऊढ़न व होवा मश-ए-रतुन ।। 5 ।।"

अर्थात् (1) हे भारत की पुण्य भूमि (मिनार हिंदे) तू धन्य है क्योंकि ईश्वर ने अपने ज्ञान के लिए तुझको चुना। (2) वह ईश्वर का ज्ञान प्रकाश, जो चार प्रकाश स्तम्भों के सदृश्य सम्पूर्ण जगत् को प्रकाशित करता है, यह भारतवर्ष (हिंदतुन) में ऋषियों द्वारा चार रूप में प्रकट हुआ। (3) और परमात्मा समस्त संसार के मनुष्य को आज्ञा देता है कि वेद, जो मेरे ज्ञान हैं, इनके अनुसार आचरण करो । (4) ज्ञान के भण्डार साम और यजुर हैं, जो ईश्वर ने प्रदान किये। इसलिए, हे मेरे भाइयों! इनको मानो क्योंकि ये हमें मोक्ष का मार्ग बताते हैं । (5) और दो उनमें से रिक्, अतर (ऋग्वेद, अथर्ववेद) जो हमें भ्रातृत्व की शिक्षा देते हैं और जो इनकी शरण में आ गया, वह कभी अन्धकार को प्राप्त नहीं होता।

इस्लाम मजहब के प्रवर्तक मोहम्मद स्वयं भी वैदिक परिवार में हिन्दू के रूप में जन्मे थे और जब उन्होंने अपने हिन्दू परिवार की परम्परा और वंश से सम्बन्ध तोड़ने और स्वयं को पैगम्बर घोषित करना निश्चित किया, तब संयुक्त हिन्दू परिवार छिन्न-भिन्न हो गया और काबा में स्थित महाकाय शिवलिंग (हज़र अल-अस्वद) के रक्षार्थ हुए युद्ध में अमर-इब्न-हश्शाम को भी अपने प्राण गंवाने पड़े। पैगम्बर के सब मिलाकर 9 चाचा थे, लेकिन सिर्फ दो ने ही इस्लाम कबूल किया।

अमर-इब्न-हश्शाम का अरब में एवं केन्द्र काबा (मक्का) में इतना अधिक सम्मान होता था कि सम्पूर्ण अरबी समाज, जो कि भगवान् शिव के भक्त थे एवं

वेदों के उत्सुक गायक तथा हिन्दू देवी-देवताओं के अनन्य उपासक थे। उन्हें अबुल हाकम, अर्थात् 'ज्ञान का पिता' कहते थे। बाद में मोहम्मद के नये सम्प्रदाय ने उन्हें ईर्ष्यावश अबुलजिहाल 'अज्ञान का पिता' कहकर उनकी निन्दा की। जब मोहम्मद ने मक्का पर आक्रमण किया, उस समय वहाँ बृहस्पति, मंगल, अश्विनीकुमार, गरूड़, नृसिंह की मूर्तियाँ प्रतिष्ठित थीं। साथ ही एक मूर्ति वहाँ विश्वविजेता महाराजा बलि की भी थी और दानी होने की प्रसिद्धि से उसका एक हाथ सोने का बना था।

मोहम्मद ने उन सभी मूर्तियों को तोड़कर वहां बने कुएँ में फेंक दिया, किन्तु तोड़े गये शिवलिंग का एक टुकडा आज भी काबा में सम्मानपूर्वक न केवल प्रतिष्ठित है बल्कि हज करने जानेवाले तमाम मुसलमान उस काले (अश्वेत) प्रस्तर खण्ड, अर्थात् 'हज़र अल-अस्वद' को आदर-मान देते हुए चूमते हैं, जबकि इस्लाम में मूर्तिपूजा या अल्लाह के अलावा किसी की भी स्तुति हराम है। इस सम्बन्ध में विद्वानों के द्वारा जो अनुसंधान हुआ है वह इस प्रकार है और इसे कहीं से भी और कभी भी इन्टरनेट द्वारा वेबसाईट के ऊपर देखा जा सकता है-

[The KAABA- The word Kaaba might have come from the Tamil Language which originated around 1700BC. In Tamil Nadu Kabaalishwaran temple is Lord Shiva's temple and Kabaali refers to Lord Shiva. The black stone at Kaaba is held sacred and holy in Islam and is called "Hajre Aswad" from the Sanskrit word Sanghey Ashweta or Non-white stone. The Shiva Lingam is also called Sanghey Ashweta. So what is in Kaaba could be the same what Hindus worship. The pedestal Maqam-E-Ibrahim at the centre of the Kaaba is octagonal in shape. In Hinduism, the pedestal of Brahma the creator is also octagonal in shape. Muslim pilgrims visiting the Kaaba temple go around it seven times. In no other mosque does the circumambulation prevail. Hindus invariably circumambulate or Pradakshina, around their deities. This is yet another proof that the Kaaba shrine is a pre-Islamic. In Shiva temples Hindus always practice circumambulation or Pradakshina. Just as in Hinduism, the custom of circumambulation by Muslim pilgrims around the entire Kaaba building seven times shows that the claim that in Islam they don't worship stones is not true. Allah was one of the deities in Kaaba long before Islam was founded. It might come as a stunning revelation to many that the word 'ALLAH' itself is Sanskrit. In Sanskrit language Allah, Akka and Amba are synonyms. They signify a goddess or mother. The term 'ALLAH' forms part of Sanskrit chants invoking goddess Durga, also known as Bhavani, Chandi and Mahishasurmardini.

(*Source:* http://jesussavessooncoming.blogspot.in/2015/05/allah-muslims-god-is-durga-allah.html)]

यह स्पष्ट है कि इस्लाम मूर्तिपूजा में विश्वास नहीं करता है। यह मूर्तिपूजा का घोर विरोधी है, लेकिन कुरान में अल्लाह को ऐसे व्यक्ति के रूप में चित्रित किया गया है, जिसको आँख, हाथ, पैर, नाक, कान व शरीर प्राप्त है। इतिहासकार, मानवशास्त्री और दूसरे विद्वान यही मानते हैं कि इस्लाम की स्थापना के पहले वहाँ के लोग मूर्ति पूजा करते थे और इसी मूर्ति पूजा के विरोध में ही इस्लाम धर्म की उत्पत्ति हुई है। आज इस बात का भी लिखित सबूत मौजूद है कि हिन्दू राजा विक्रमादित्य ने मक्का में एक शिव मन्दिर बनावाया था। आज वही काबा मस्जिद के नाम से जाना जाता है। यह स्पष्ट तौर पर सुनहरे अक्षरों में एक प्लेट पर अरबी भाषा में लिखा हुआ है और यह शयार-उल-ओकुल नामक ग्रन्थ के पृष्ठ संख्या-315 पर अंकित है, जो आज भी टर्की की राजधानी इस्तानबुल में अवस्थित मख्तबे सुल्तानियाँ पुस्तकालय में रखा हुआ है। उसमें स्पष्ट तौर पर यह उद्धरित है कि विक्रमादित्य एक महान् हिन्दू राजा थे जिन्होंने इस शिव मन्दिर का निर्माण किया था। पैगम्बर मुहम्मद के चाचा ने लड़ते-लड़ते अपना जीवनदान दे दिया लेकिन मूर्ति पूजा छोड़कर इस्लाम कबूल नहीं किया। शिव की प्रशंसा में इन्होंने काफी कविताएँ की थी। पैगम्बर मुहम्मद के चाचा, जो एक महान् कवि थे, ने इसी तथ्य को अरबी भाषा में कविता की शक्ल में शिव मन्दिर के निर्माण के लिए राजा विक्रमादित्य के प्रति अपना उद्गार व्यक्त करते हुए इस प्रकार कहा है । यह अरबी कविता का अँगरेज़ी अनुवाद है-

["Fortunate are those who were born (and lived) during king Vikram's reign. He was a noble, generous dutiful ruler, devoted to the welfare of his subjects. But at that time we Arabs, oblivious of God, were lost in sensual pleasures. Plotting and torture were rampant. The darkness of ignorance had enveloped our country. Like the lamb struggling for her life in the cruel paws of a wolf we Arabs were caught up in ignorance. The entire country was enveloped in darkness so intense as on a new moon night. But the present dawn and pleasant sunshine of education is the result of the favour of the noble king Vikramaditya whose benevolent supervision did not lose sight of us- foreigners as we were. He spread his sacred religion amongst us and sent scholars whose brilliance shone like that of the sun from his country to ours. These scholars and preceptors through whose benevolence we were once again made cognisant of the presence of God, introduced to His sacred existence and put on the road of Truth, had come to our country to preach their religion and impart education at king Vikramaditya's behest." [**स्रोत**- http://kaabaisnotahindutemple.blogspot.in/2011/10/exposing-reality-of-sayar-ul-okul.html]

यह दूसरी बात है कि बहुत सारे मुसलमान इस तथ्य को छुपाते या नहीं जानते हैं। लेकिन पढ़े-लिखे मुस्लिम अच्छी तरह जानते हैं कि वह ढाई फुट लम्बा काला पत्थर जिसका व्यास सात इंच का है, जो 'हजरे अस्वद' के नाम से जाना जाता है वह शिवलिंग है। यह शाही बुखारी के पृष्ठ संख्या-396 पर स्पष्ट लिखा हुआ है। यह इस बात से भी स्पष्ट होता है कि इस्लाम में प्रतिष्ठित अर्द्ध चन्द्रमा चन्द्र देवता शिव का प्रतीक माना जाता है। शिव को ही अँगरेज़ी में Moon God (चन्द्र देवता) कहा जाता है। जैसे हिन्दू धर्म में शिव के साथ चन्द्रमा और गंगा का सम्बन्ध है, वैसे ही काबा के साथ अर्धचन्द्रकार चन्द्रमा तथा जमजम का सम्बन्ध है। गंगा जल की तरह जमजम के पानी को मुसलमान लोग बहुत पवित्र मानते हैं तथा इस्लाम में चन्द्रमा का विशिष्ट धार्मिक महत्त्व है। जिस तरह से हिन्दू अपने मन्दिरों की परिक्रमा करते हैं, ठीक, उसी प्रकार आज भी मुसलमान बिना इस्त्री किया हुआ उजला वस्त्र धारण कर सात बार पवित्र काबा का परिक्रमा करते हैं। जैसे हिन्दू तीर्थाटन कर अपना पाप धोने में विश्वास करते हैं, उसी तरह मुसलमान भी काबा जाकर जमजम का जल ग्रहण कर अपने पापों से छुट्टी पाने में विश्वास करते हैं। इस्लाम के जन्म के हजारों वर्ष पूर्व गीता में कर्मकाण्डीय पूजा-पाठ का खण्डन हुआ। गीता के किसी भी श्लोक में मूर्तिपूजा के लिए आग्रह नहीं है। अर्जुन के माध्यम से श्रीकृष्ण ने सिर्फ अपने प्रति पूर्ण समर्पण का आग्रह किया है। ऐसा ही पैगाम अल्लाह का कुरान में दुहराया गया है। इस्लाम के जन्म के पूर्व माँ देवी दुर्गा को अरबी में अल्लाह कहा जाता था। इसमें कोई अतिश्योक्ति नहीं है कि इस्लाम की स्थापना अरब के हिन्दू धर्म के कब्र पर हुई है। गीता में विभिन्न देवी-देवताओं एवं मूर्तिपूजा की अस्पष्ट अस्वीकृति है। यह दूसरी बात है कि सभी हिन्दू गीता का ठीक से अनुसरण नहीं करते हैं।

यहाँ कहने का तात्पर्य यह है कि इस्लाम की उत्पत्ति के जड़ में हिन्दू धर्म है। काबा मस्जिद और वहाँ की पूजा-पाठ की विधि उस तथ्य की निशानी है। मूर्तिपूजा के नाम पर मुसलमानों को हिन्दुओं से इतनी घृणा क्यों है। यह समझ के परे है। इतिहास के अनुसार तो भाईचारा होना चाहिए था। यह खेदपूर्ण है कि पूरा मध्यकालीन भारत का इतिहास इस बात का गवाह है कि मुसलमानों को हिन्दुओं के प्रति काफी घृणा रही है। हिन्दुओं के मन्दिरों का जितना बना उतना तबाह किया। ब्राह्मण और आम लोगों को मौत के घाट उतार दिया। तबाही का दूसरा ठोस प्रमाण यह भी है कि दक्षिण भारत की तुलना में उत्तर भारत में प्राचीन हिन्दू मन्दिर बहुत कम हैं और जहाँ कहीं भी उत्तर भारत में मन्दिर दिखाई पड़ता

है उसके आसपास मुसलमानों ने समानान्तर मस्जिद खड़ा कर दिया है। बाबरी मस्जिद उसी कड़ी में एक ऐसा ही मस्जिद था जो आज भी हिन्दू-मुस्लिम के बीच के सम्बन्धों में खटास पैदा करता है।

प्रारम्भ में हिन्दू शब्द की **उत्पत्ति** पर संक्षेप में प्रकाश डाला गया है। इस सम्बन्ध में विद्वान मतैक्य नहीं हैं । कुछ इतिहासकारों का कहना है कि अरबों ने सिन्ध को सिन्ध ही कहा तथा भारतवर्ष के अन्य प्रदेशों को हिन्द कहा। सिन्ध से हिन्द होने की बात बहुत ही अवैज्ञानिक है। इस्लाम मत के प्रवर्तक मोहम्मद के पैदा होने से 2300 वर्ष पूर्व यानि लगभग 1800 ई0 पूर्व भी अरब में हिन्द और हिन्दू शब्द का व्यवहार ज्यों-का-त्यों आज ही के अर्थ में प्रयुक्त होता था।

अरब की प्राचीन समृद्ध संस्कृति वैदिक थी तथा उस समय ज्ञान-विज्ञान, कला-कौशल, धर्म-संस्कृति आदि में भारत के साथ उसके प्रगाढ़ सम्बन्ध थे। हिन्द नाम अरबों को इतना प्यारा लगा कि उन्होंने उस देश के नाम पर अपनी स्त्रियों एवं बच्चों के नाम भी हिन्द पर रखे।

अरबी काव्य संग्रह ग्रन्थ से अरूल-ओकुल के 253वें पृष्ठ पर अमर-इब्न-हश्शाम की कविता है, जिसमें उन्होंने हिन्दे यौमन एवं गबुल हिन्दू का प्रयोग बड़े आदर से किया है। 'अमर-इब्न-हश्शाम' की कविता नयी दिल्ली स्थित मन्दिर मार्ग पर श्री लक्ष्मीनारायण मन्दिर (बिड़ला मन्दिर) की वाटिका में यज्ञशाला के लाल पत्थर के स्तम्भ पर काली स्याही से लिखी हुई है, जो इस प्रकार है-

"कफविनक जिकरा मिन अलुमिन तब असेक ।
कलुवन अमातातुल हवा व तजक्करू ।। 1 ।।
न तज खेरोहा उड़न एललवदए लिलवरा ।
वलुकएने जातल्लाहे औम असेरू ।। 2 ।।
व अहालोलहा अजहू अरानीमन महादेव ओ ।
मनोजेल इलमुद्दीन मीनहुम व सयत्तरू ।। 3 ।।
व सहबी वे याम फीम कामिल हिन्दे यौमन ।
व यकुलून न लातहजन फइन्नक तवज्जरू ।। 4 ।।
मअस्सयरे अरव्लाकन हसनन कुल्लहूम ।
नजुमुन अजा अत सुम्मा गबुल हिन्दू ।। 5 ।।"

अर्थात्- (1) वह मनुष्य, जिसने सारा जीवन पाप व अधर्म में बिताया हो, काम, क्रोध में अपने यौवन को नष्ट किया हो । (2) यदि अन्त में उसको पश्चाताप हो और भलाई की ओर लौटना चाहे, तो क्या उसका कल्याण हो सकता है ? (3) एक बार भी सच्चे हृदय से वह महादेव जी की पूजा करे, तो धर्म-मार्ग में उच्च से उच्च पद को पा सकता है। (4) हे प्रभु! मेरा समस्त जीवन लेकर केवल एक दिन भारत (हिन्द) के निवास को दे दो, क्योंकि वहाँ पहुँचकर मनुष्य जीवन मुक्त हो जाता है। (5) वहाँ की यात्रा से सारे शुभ कर्मों की प्राप्ति होती है और आदर्श गुरुजनों (गबुल हिन्दू) का सत्संग मिलता है।

दुनिया का कोई भी धर्म पूरी तरह परिपूर्ण और सर्वश्रेष्ठ नहीं है। हरेक धर्म में कुछ-न-कुछ कमियाँ या खूबियाँ हैं। धर्म कोई ठोस तथ्य या वैज्ञानिक तर्क पर आधारित नहीं होता है। इसका आधार हमेशा विश्वास होता है। अतः कोई भी धर्म एक-दूसरे से बेहतर नहीं होता है। धार्मिक उन्माद हमारी नासमझी है। गीता और कुरान दोनों ही एक ही परमात्मा की बात करते हैं। दोनों जगह यही कहा गया कि परमात्मा सर्वोपरि है और हमें उसके सामने समर्पित भाव में रहना है। उसके सामने किसी की कोई हैसियत नहीं है। गीता और कुरान के बीच कहीं कोई दूरी नहीं है, जो भी दूरी है, वह है, दोनों धर्मों के लोगों के बीच, शायद राजनीतिक कारणों से।

भारत में इस्लाम धर्म

सातवीं शताब्दी में अरब में पैगम्बर मुहम्मद साहब द्वारा इस्लाम धर्म की स्थापना हुई थी और उन्होंने ही इसका प्रचार किया। इस धर्म ने अरब के विभिन्न कबीलों को संगठित किया और शीघ्र ही वे एक बड़ी राजनीतिक सत्ता बन गये। उमैयद खलीफाओं के नेतृत्व में इस्लाम धर्म तेजी से फैला। खलीफाओं ने व्यापार को प्रोत्साहन दिया और इसी सन्दर्भ में अरब के मुसलमान व्यापारी ईसा की सातवीं सदी से भारत आने लगे।

आठवीं सदी का प्रारम्भिक काल समैयद वंश की सत्ता का चरमोत्कर्ष काल था। उन्होंने इतना बड़ा मुस्लिम राज्य स्थापित किया जितना पहले कभी नहीं रहा था। परन्तु, वे अभी भी इस्लाम को पूरे उत्साह के साथ दूर-दूर तक फैला रहे थे। वे भारत की धन-सम्पदा की ओर भी आकर्षित हुए थे। भारत के धन-धान्य व समृद्धि की कहानियाँ अरब व्यापारियों और नाविकों द्वारा उन तक पहुँच चुकी थीं। मुहम्मद बिन कासिम 711-712 ई0 में सिन्ध आया और उसने समुद्र तट पर

स्थित देवस को घेर लिया। उसने शान्तिप्रिय बौद्ध लोगों को सरलतापूर्वक पराभूत कर लिया। तत्पश्चात् वह सिन्ध नदी को पार कर आगे बढ़ा।

भारत में मुस्लमानों का इतिहास हिन्दुओं के उत्पीड़न व शोषण, जबरन धर्म परिवर्तन, सामूहिक नरसंहार, गुलाम बनाने तथा उनके धर्मस्थलों, शिक्षण स्थलों के विनाश आदि से जुड़ा है। मुख्यतः भारत, अफगानिस्तान तथा मलेशिया आदि देश में हिन्दुओं को उत्पीड़न से गुजरना पड़ा था। आज भी भारतीय उपमहाद्वीप के कुछ हिस्सों में ये स्थिति देखने में आ रही है। इसकी शुरुआत मध्यकाल में अरबी आक्रांताओं के भारत पर आक्रमण से हुई, जब 713 ई0 में मुहम्मद बिन कासिम ने सिन्ध पर हमला करके राजा दहिर को मारा और सिन्ध के मन्दिरों को तोड़ कर उनमें स्थापित मूर्तियों को खण्डित कर दिया। चचनामा के अनुसार अनेक लोगों को जबरन धर्म परिवर्तन के लिए बाधित किया गया और बहुत से जाट नागरिकों को गुलाम बना कर ईराक ले जाया गया।

महमूद गजनवी– महमूद गजनवी ने 11वीं शताब्दी में भारत के उत्तर पश्चिम पर हमला किया। उसके आक्रमण धर्मस्थलों को तोडने, मूर्तियों को खण्डित करने के लिए प्रसिद्ध थे। इनमें सोमनाथ का प्रसिद्ध मन्दिर और मथुरा, थानेसर, उज्जैन के मन्दिर विशिष्ट हैं। उसके दरबार के इतिहासकार अल–उत्बि के अनुसार, वे आक्रमण इस्लाम के प्रसार और गैर–इस्लामिक प्रथाओं के विरूद्ध एक जिहाद का हिस्सा थे। केवल मथुरा से ही उसने 5000 हिन्दुओं को गुलाम बनाया। सामरिक इतिहासकार विक्टोरिया स्कोफील्ड के मुताबिक 'महमूद गजनवी के पिता ने काबुल घाटी व गांधार को हिन्दुओं से मुक्त करने का प्रण लिया था जिसे उसके उत्तराधिकारी ने कायम रखा। 980 ई0 तक गान्धार इलाके पर हिन्दू शाही राजाओं का राज था, जिनके आखिरी राजा जयपाल को सबुक्तागिन ने परास्त किया।' इतिहासकार इब्न बतूता ने लिखा है कि हिन्दूकुश पर्वत के नाम के पीछे वहाँ अनेक हिन्दुओं की मौत है, जो भारत से बंधुआ गुलाम के तौर पर अरब देशों को ले जाते हुए, सर्द हवाओं और बर्फ से इन पहाड़ियों में हुई थी। अल बरूनी जो कि महमूद का समकालीन था, उसके अनुसार महमूद ने इस इलाके को इतना तबाह किया था कि सभी हिन्दू इस इलाके को छोड़कर कश्मीर, वाराणसी व अन्य स्थानों में चले गये, जहाँ उनके हाथ नहीं पहुँच सकते थे।

सोमनाथ के मन्दिर को 1024 ई0 में महमूद गजनबी ने लूटा और वहाँ स्थापित शिवलिंग को अपने हाथों से भंग कर दिया। ये सोमनाथ के मन्दिर के अपमान की दूसरी घटना थी, इससे पहले अरब के जुनैद ने मन्दिर को तबाह कर

दिया था। इस मन्दिर को बचाने में 50,000 हिन्दू मारे गये थे। मोहम्मद गोरी ने 1175 ई0 में पाटण पर हमला करके बहुत से मन्दिरों को तोड़ा और हिन्दुओं का नरसंहार किया। दिल्ली के आखिरी हिन्दू सम्राट पृथ्वीराज चौहान को उसी ने मरवाया।

कुतुबुदीन ऐबक– मुस्लिम इतिहासकार मौलाना हाकि सैयद अब्दुल हाजी के विवरण के अनुसार ऐबक के शासन में धर्मान्धता के अन्तर्गत हिन्दू, जैन, बौद्ध पूजा-स्थलों को तोड़ा गया। दिल्ली की पहली मस्जिद कुव्वत अल इस्लाम के निर्माण में 20 हिन्दू, जैन मन्दिरों के अवशेषों का इस्तेमाल किया गया था। कुतुब मीनार के आस-पास भी पुरातन मन्दिर के अवशेष आज भी देखे जा सकते हैं।

खिलजी वंश– खिलजी शासन के दौरान भी धार्मिक अत्याचार का दौर चलता रहा। जलालुद्दीन, फिरोज शाह और अलाउद्दीन खिलजी के सेना प्रमुख जैसे उलुघ खान, नुसरत खान, खुसरो खान व मलिक काफूर के भारतीय गैर-मुस्लिम आबादी के नरसंहार, उनको गुलाम बनाने और हिन्दू नारियों को बेइज्जत करने के कई उदाहरण हैं। खिलजी इतिहासकार के अनुसार हिन्दुओं ने सल्तनत के कई हिस्सों जैसे पंजाब, गुजरात, मध्य प्रदेश, उत्तर प्रदेश में विद्रोह कर दिया। इन विद्रोहों को सामूहिक नरसंहार के द्वारा कुचल दिया गया। सभी 8 साल व उससे ऊपर की उम्र के मर्दों को मार दिया गया।

अलाउद्दीन खिलजी के सेनापति नुसरत खान ने विद्रोहियों के औरतों और बच्चों को कैद कर लिया। अन्य जगह उसने संदिग्धों की पत्नियों को सार्वजनिक स्थलों पर सरेआम शोषित किया। बच्चों को उनकी माँओं के सामने काट दिया गया। पुरुषों के अपराध के बदले में उनकी बीवीयों और बच्चों को उठा ले जाने की ये प्रथा यहीं से शुरू हुई। इससे पहले दिल्ली में कभी भी औरतों और बच्चों को उनके परिवार के पुरुषों की सजा नहीं मिलती थी। धार्मिक हिंसा का ये प्रकरण न केवल सेना के द्वारा रचा गया, अपितु मुफ्ती, काजी और अन्य दरबारियों ने भी धार्मिक आधार पर इसे मान्यता दी। काजी मुघीसुद्दीन बयाना ने अलाउद्दीन को सलाह दी कि 'हिन्दुओं को कुचल कर अपने अधीन रखना धर्मसंगत है क्योंकि वे पैगम्बर के सबसे बड़े दुश्मन रहे हैं। और पैगम्बर के आदेशानुसार हमें उन्हें मारना, लूटना और कैद करना चाहिए या वे इस्लाम को स्वीकार करें या मार दिये जायें, गुलाम बना दिये जायें और उनकी सम्पत्ति को नष्ट कर दिया जाये।'

मलिक काफूर, जो खुद धर्मांतरण के पूर्व हिन्दू था, के नेतृत्व में खिलजी की सेना ने दक्षिण भारत में दो (1309, 1311 ई0) अभियान किये, जिनमें हजारों हिन्दू मारे गये। हैलेबिडु मन्दिर के अलावा कई मन्दिरों को नष्ट कर दिया गया। वहाँ से लूटा गया खजाना इतना अधिक था कि उसको लाने के लिए 1000 ऊँट लगाये गये। इस लूट में प्रसिद्ध कोहिनूर हीरा भी था जो कि वहाँ के भद्रकाली मन्दिर की देवी की आँखों में जड़ा था। शायद इन्हीं तथ्यों के आलोक में यह मुहावरा बना है कि 'नया मुसलमान प्याज अधिक खाता है।'

तुगलक राजवंश– तुगलक राजवंश, खिलजी साम्राज्य के बाद स्थापित हुआ और इस काल में धर्मान्धता का दौर रहा। उलूघ खान ने दक्षिण भारत पर हमला करके श्रीरंगपट्टनम में 12000 निहत्थे साधुओं को मार दिया और मन्दिर को ध्वस्त कर दिया। वैष्णव दार्शनिक श्री वेदान्त देशिक ने लाशों के बीच छुप कर अपने-आप व श्री सुदर्शन सूरी कृत ग्रन्थ व उनके 2 पुत्रों को बचाया।

फिरोज शाह तुगलक के समय में लिखे गये तारीख-ए-फिरोज में विवरण है कि किस तरह उसके शासनकाल में हिन्दुओं को सुनियोजित तरीके से सताया गया। जबरन गुलाम बनाना आम बात थी। फिरोज शाह की मौत पर उसके गुलामों को एक साथ मार कर उनकी लाशों का ढेर लगा दिया। उसके द्वारा पीड़ित हिन्दू ब्राह्मण भी थे, जिन्होंने इस्लाम कुबूल करने से मना कर दिया था। तारीख-ए-फिरोज शाही में वर्णन है कि एक फरमान के तहत एक ब्राह्मण को सुलतान के समक्ष पेश किया गया। उसको सच्चे धर्म (इस्लाम) के बारे में बताया गया। लेकिन, उसने उसे स्वीकार नहीं किया। उस काफिर के हाथ-पैर बाँध कर लकड़ियों के ढेर पर फेंक दिया गया और दोनों ओर से आग लगा दी गयी। आग पहले उसके पैरों पर पहुँची जिससे वह चीखा। जल्द ही आग उसके चारों ओर फैल गयी। तुगलक के शासनकाल में हिन्दुओं से जबरन जजिया कर वसूला जाता था। उनको काफिर के तौर पर दर्ज किया जाता था और उनकी निरन्तर निगरानी की जाती थी। जो हिन्दू मूर्ति स्थापना या मन्दिर निर्माण करते थे या फिर सार्वजनिक तौर पर अपने धर्म का अनुसरण कुण्ड के आसपास करते थे, उनको कैद करके महल में मार दिया जाता था।

फिरोज शाह तुगलक ने अपनी आत्मकथा में लिखा है कि कुछ हिन्दुओं ने गाँव कोहाना में एक मूर्ति स्थल स्थापित करके वहाँ मूर्ति पूजा आदि करनी शुरू कर दी। इन लोगों को पकड़ कर मेरे सामने पेश किया गया। मैंने इसे सार्वजनिक तौर पर विकृत प्रथा करार देते हुए उन लोगों को महल के दरवाजे के बाहर मार

दिये जाने का निर्देश दिया। इसके अलावा उन सभी गैर-इस्लामिक पुस्तकों, मूर्तियों और पूजा सामग्री को जला देने का हुक्म दिया। बचे हुए लोगों को दण्ड और धमकी के द्वारा काबू कर लिया, ताकि सबको ये पता चल जाये कि एक मुसलमान राज्य में ऐसी गैर-इस्लामिक प्रथाएँ वर्जित हैं।

तैमूरलंग– अपनी जीवनी 'तुजुके तैमुरी' में तैमूरलंग कुरान की इस आयत से ही प्रारम्भ करता है कि 'ऐ पैगम्बर काफिरों और विश्वास न लाने वालों से युद्ध करो और उन पर सख्ती बरतो।' वह आगे भारत पर अपने आक्रमण का कारण बताते हुए लिखता है- हिन्दुस्तान पर आक्रमण करने का मेरा ध्येय काफिर हिन्दुओं के विरूद्ध धार्मिक युद्ध करना, आगे वर्णित है क्है (जिससे) इस्लाम की सेना को भी हिन्दुओं की दौलत और मूल्यवान वस्तुएँ मिल जायें। आगे वर्णित है कि 'थोड़े ही समय में दुर्ग के तमाम लोग तलवार के घाट उतार दिये गये। घंटे भर में 10,000 लोगों के सिर काटे गये। इस्लाम की तलवार ने काफिरों के रक्त में स्नान किया। उनके सरोसामान, खजाने और अनाज को भी, जो वर्षों से दुर्ग में इकट्ठा किया गया था, मेरे सिपाहियों ने लूट लिया। मकानों में आग लगा कर राख कर दिया। इमारतों और दुर्ग को भूमिसात कर दिया गया।

दूसरी नगर सरसुती थी, जिस पर आक्रमण हुआ। सभी काफिर हिन्दू कत्ल कर दिये गये। उनके स्त्री और बच्चे और सम्पत्ति हमारी हो गयी। तैमूर ने जब जाटों के प्रदेश में प्रवेश किया, उसने अपनी सेना को आदेश दिया कि जो भी मिल जाये कत्ल कर दिया जाये और फिर सेना के सामने जो भी ग्राम या नगर आया, उसे लूटा गया। पुरुषों का कत्ल कर दिया गया और कुछ लोगों, स्त्रियों और बच्चों को बन्दी बना लिया गया।

दिल्ली के पास लोनी हिन्दू नगर था। किन्तु कुछ मुसलमान भी बंदियों में थे। तैमूर ने आदेश दिया कि मुसलमानों को छोड़कर शेष सभी हिन्दू बन्दी इस्लाम की तलवार के घाट उतार दिये जायें। इस समय तक उसके पास हिन्दू बंदियों की संख्या एक लाख हो गयी थी। जब यमुना पार कर दिल्ली पर आक्रमण की तैयारी हो रही थी, उसके साथ के अमीरों ने उससे कहा कि इन बंदियों को शिविर में नहीं छोड़ा जा सकता और इन इस्लाम के शत्रुओं को स्वतन्त्र कर देना भी युद्ध के नियमों के विरूद्ध होगा। तैमूर लिखता है, इसलिए उन लोगों को सिवाय तलवार का भोजन बनने के कोई मार्ग नहीं था। मैंने शिविर में घोषणा करवा दी कि तमाम बन्दी कत्ल कर दिये जायें और इस आदेश के पालन में जो भी लापरवाही करे उसे भी कत्ल कर दिया जाये और उसकी सम्पत्ति सूचना देनेवाले

को दे दी जाये। जब इस्लाम के गाजियों (काफिरों का कत्ल करने वालों को आदर सूचक नाम) को यह आदेश मिला तो उन्होंने तलवारों से हिन्दू बंदियों को कत्ल कर दिया। कहा जाता है कि उस दिन एक लाख अपवित्र मूर्ति-पूजक काफिर कत्ल कर दिये गये।

सिकन्दर बुतशिकन– सिकन्दर शाह मीरी ने कश्मीर में इस्लामिक कट्टरता की ऐसी मिसाल कायम की कि उसका नाम 'सिकन्दर बुतशिकन' (मूर्तियों को तोड़ने वाला) हो गया । उसने अनेक हिन्दू, बौद्ध धर्मिक स्थलों को तोड़ा और उनको इस्लाम स्वीकारने या कश्मीर छोड़ने पर बाध्य किया। उसने गैर-इस्लामिक लोगों के रिवाज जैसे पूजा-अर्चना, नृत्य, गायन, संगीत, शराब पीने और धार्मिक उत्सवों पर पाबन्दी लगा दी। बहुत से हिन्दुओं ने इस उत्पीड़न से बचने के लिए या तो इस्लाम स्वीकार कर लिया या फिर कश्मीर से पलायन कर गए। बहुत से मारे भी गये।

सैय्यद राजवंश– तैमूरलंग के सामूहिक नरसंहार के बाद दिल्ली सल्तनत में पूरी तरह से अराजकता और अभाव का राज था। इस काल में सैय्यद राजवंश के दौर में भी इस्लाम और हिन्दू धर्म के बीच तनाव बना रहा।

लोधी वंश– लोधी वंश के सिकन्दर लोधी व बहलोल खान के शासन में हिन्दुओं को जला के मारने जैसी घटना हुयी। 1499 ई0 में एक बंगाली ब्राह्मण के उदार विचारों से प्रभावित होकर बहुत से हिन्दू व मुसलमान उसके अनुयायी बन गये। उसका मत था कि हिन्दू व इस्लाम, दोनों धर्म सच्चे हैं, केवल ईश्वर तक पहुँचने का इनका मार्ग अलग-अलग है। सिकन्दर ने इस बारे में अपने इस्लामिक विशेषज्ञों से सलाह ली जिन्होंने ऐसी धारणा को गलत बताया और सिकन्दर को उस ब्राह्मण को इस्लाम अपनाने या मारे जाने में से एक चुन लेने के लिए कहा। सिकन्दर ने जब ऐसा ही किया तो ब्राह्मण ने अपना मत बदलने से इनकार कर दिया और तब उसे मार दिया गया। उत्तर प्रदेश के एक समकालीन इतिहासकार ने लिखा है कि लोदी इतना कट्टर मुसलमान था कि उसने काफिरों के पूजास्थलों को बड़े पैमाने पर नष्ट किया। मथुरा जो कि मूर्तिपूजा का प्रमुख गढ़ था, वहाँ के मन्दिरों को पूरी तरह नष्ट कर दिया। सभी हिन्दुओं के सिर और दाढ़ी मूण्डने पर पाबन्दी लगा दी। इस तरह पूरा शहर इस्लामिक मान्यताओं के अनुसार चलने लगा।

मुगल साम्राज्य– बाबर की आत्मकथा 'तुज्क-ए-बाबरी' के मुताबिक बाबर के युद्धाभियान में हिन्दू व सिक्ख नागरिकों और गैर-सुन्नी मुसलमानों को निशाना

बनाया गया। अनेक नरसंहार हुए और मुस्लिम शिविर 'काफिरों के सिरों की मीनारों' के रूप में जाने जाने लगे। बाबर ने भारत पर आक्रमण को और खासकर राणा सांगा के साथ युद्ध को एक इस्लामिक जिहाद के तौर पर लिखा और वह अपने आप को गाजी मानता था। बाबरनामा में कई हिन्दू नरसंहारों का उल्लेख है। रामजन्मभूमि पर स्थापित मन्दिर को तोड़ कर वहाँ बाबरी मस्जिद भी उसके सिपहसालार मीर बाकी ने बनवायी थी। हिन्दुओं के विरूद्ध अत्याचार की कहानी यहीं नहीं रुकती बल्कि अन्य मुगलकालीन राजाओं विशेषकर औरंगजेब ने जो कहर ढाया था, उसका कोई दूसरा उदाहरण नहीं मिलता है। हिन्दुओं के प्रति मुसलमानों को इतनी घृणा क्यों रही है, यह अनुसंधान का विषय है। मूर्तिपूजा एक प्रमुख कारण हो सकता है, लेकिन, अन्य कारण भी थे। वे पूरी तरह से शान्त तो नहीं हैं, पर, क्या कारण है कि मध्यकालीन युग की तुलना में आज मुसलमानों की दरिन्दगी में कमी आयी है ? आज सारी दुनिया मुसलमानों की हिंसात्मक राजनीति का इकट्ठा विरोध कर रहा है। विरोध करनेवाले देशों को मुस्लिम लोग इस्लाम विरोधी देश मानते हैं। कुछ दिनों से इस्लामिक कट्टरवाद में वृद्धि हुई है।

हिन्दुत्व– हिन्दू धर्म इस्लाम तथा ईसाई धर्म की तरह कोई समूहवादी धर्म नहीं है। चूँकि हिन्दुओं के जीवन का अन्तिम उद्देश्य मोक्ष की प्राप्ति का रहा है। इसलिए यह मूल रूप से व्यक्तिवादी धर्म रहा है। हिन्दुओं का न कोई एक निश्चित धर्मग्रन्थ है और न ही सामान्य गुरु। सभी लोगों ने धर्म को अपने-अपने ढंग से समझा तथा पालन किया है। जितने लोग उतनी ही राहें। इतना ही नहीं हिन्दू धर्म काफी हद तक आन्तरिक घृणा पर आधारित धर्म है। जाति के आधार पर हम लोगों ने एक-दूसरे से दूरी बनाए रखा है और कुछ के साथ तो जानवरों जैसा भी बर्ताव किया है। भेदभाव और घृणा की स्थिति ऐसी रही है कि कुछ लोगों ने अपना धर्मान्तरण कर लिया तो कुछ लोगों को जबरन मुसलमान या ईसाई बना दिया गया। हिन्दू समाज इतना कमजोर हो गया था कि वे हिंसात्मक धर्मान्तरण का प्राचीनकाल तथा मध्यकालीन भारत में हिन्दू इकट्ठा विरोध नहीं कर सके। इतिहास की इसी जानकारी ने आधुनिक भारत में हिन्दुत्व को बढ़ावा दिया है। यह हिन्दुओं का साम्प्रदायिकीकरण नहीं है, जैसा कि साम्यवादी और समाजवादी हिन्दू और मुस्लिम नेता अकसर कहा करते हैं। इस प्रकार के नासमझ बयानबाजी से अल्पसंख्यक सम्प्रदायवाद को बढ़ावा मिलता है।

हिन्दुत्व, हिन्दू धर्म के अनुयायियों के द्वारा भारत को प्राचीन मूल्यों को ध्यान में रखकर सबल राष्ट्र में देखने की अवधारणा है। हिन्दुत्ववादियों के अनुसार

हिन्दुत्व कोई उपासना पद्धति नहीं, बल्कि एक जीवनशैली है। वीर सावरकर ने हिन्दुत्व और हिन्दू शब्दों की एक परिभाषा दी थी जो हिन्दुत्ववादियों के लिए बहुत महत्त्वपूर्ण है। उन्होंने कहा कि हिन्दू वह व्यक्ति है जो भारत को अपनी पितृभूमि और अपनी पुण्यभूमि दोनों मानता है। हिन्दू धर्म को सनातन, वैदिक या आर्य धर्म भी कहते हैं। हिन्दू एक अपभ्रंश शब्द है। हिन्दुत्व या हिन्दू धर्म को प्राचीनकाल में सनातन धर्म कहा जाता था। एक हजार वर्ष पूर्व हिन्दू शब्द का प्रचलन नहीं था। ऋग्वेद में कई बार सप्त सिन्धु का उल्लेख मिलता है। सिन्धु शब्द का अर्थ नदी या जलराशि होता है। इसी आधार पर एक नदी का नाम सिन्धु नदी रखा गया, जो लद्दाख और पाकिस्तान से बहती है।

भाषाविदों का मानना है कि हिन्द- आर्य भाषाओं की 'स' ध्वनि ईरानी भाषाओं की 'ह' ध्वनि में बदल जाती है। आज भी भारत के कई इलाकों में 'स' को 'ह' उच्चारित किया जाता है। इसलिए सप्त सिन्धु अवेस्तन भाषा (पारसियों की भाषा) में जाकर हप्त हिन्दू में परिवर्तित हो गया। इसी कारण ईरानियों ने सिन्धु नदी के पूर्व में रहने वालों का हिन्दू नाम दिया। किन्तु पाकिस्तान के सिन्ध प्रान्त के लोगों को आज भी सिन्धू या सिन्धी कहा जाता है। भाषा सम्बन्धी तर्क कि सिन्धु से हिन्दू हुआ है, यह गलत है और इस ओर पहले ही इशारा कर दिया गया है।

ईरानी अर्थात् पारस्य देश के पारसियों की धर्म पुस्तक 'अवेस्ता' में 'हिन्दू' और 'आर्य' शब्द का उल्लेख मिलता है। दूसरी ओर अन्य इतिहासकारों का मानना है कि चीनी यात्री हुएनसांग के समय में हिन्दू शब्द की उत्पत्ति इन्दु से हुई थी। इन्दु शब्द चन्द्रमा का पर्यायवाची है। भारतीय ज्योतिषीय गणना का आधार चन्द्रमास ही है। अतः चीन के लोग भारतीयों को 'इन्तु' या 'हिन्दू' कहने लगे।

हिन्दुत्ववादी कहते हैं कि हिन्दू शब्द के साथ जितनी भी भावनाएँ और पद्धतियाँ, ऐतिहासिक तथ्य, सामाजिक आचार-विचार तथा वैज्ञानिक व आध्यात्मिक अन्वेषण जुड़े हैं, वे सभी हिन्दुत्व में समाहित हैं। हिन्दुत्व शब्द केवल हिन्दू जाति के कोरे धार्मिक और आध्यात्मिक इतिहास को ही अभिव्यक्त नहीं करता। हिन्दू जाति के लोग विभिन्न मत मतान्तरों का अनुसरण करते हैं। इन मतान्तरों व पन्थों को सामूहिक रूप से हिन्दूमत अथवा हिन्दूवाद नाम दिया जा सकता है। आज भ्रान्तिवश हिन्दुत्व व हिन्दूवाद को एक-दूसरे के पर्यायवाची के रूप में प्रयोग किया जा रहा है। यह हिन्दुत्व शब्द का बहुत ही संकीर्ण प्रयोग है।

हिन्दुत्ववादियों के अनुसार हिन्दुत्व किसी भी धर्म या उपासना पद्धति के खिलाफ नहीं है। वह तो भारत में सुदृढ़ राष्ट्रवाद और नवजागरण लाना चाहता है। उसके लिए हिन्दू संस्कृति को वापस लाना जरूरी है। अगर समृद्ध हिन्दू संस्कृति का संरक्षण न किया गया, तो विश्व से ये धरोहरें मिट जायेंगी। आज भोगवादी पश्चिमी संस्कृति से हिन्दू संस्कृति को बचाने की जरूरत है। हिन्दुत्व गाय पशु का संरक्षण करता है। ईसाई और इस्लाम धर्म हिन्दू धर्म को पाप और शैतानी धर्म मानते हैं। इस्लाम के अनुसार हिन्दू लोग काफिर हैं।

मुसलमान हिन्दू बहुल देशों में रहना ही नहीं चाहते। वे एक वृहत्-इस्लामी उल्मा में विश्वास रखते हैं और भारत को दारुल-हर्ब (विधर्मियों का राज्य) मानते हैं। वे भारत को इस्लामी राज्य बनाना चाहते हैं। मुसलमान हिंसा से और ईसाई लालच देकर हिन्दुओं (खासतौर पर अनपढ़ दलितों को) अपने धर्म में धर्मान्तरित करने में लगे रहते हैं। इस्लामी बहुमत पाकिस्तान (अखण्ड भारत का हिस्सा) भारत को कभी चैन से जीने नहीं देगा। आज सारी दुनिया को इस्लामी आतंकवाद से खतरा है। अगर आतंकवाद को न रोका गया तो पूरा भारत तबाह हो जायेगा। कम्युनिस्ट भारतीय संस्कृति के दुश्मन हैं। वे धर्म को अफीम समझते हैं। उनके हिसाब से तो भारत एक राष्ट्र है ही नहीं, बल्कि कई राष्ट्रों की अजीब मिलावट है। रूस और चीन में सभी धर्मों पर भारी जुल्मो-सितम ढहाने वाले अब भारत में इस्लाम के रक्षक होने का ढोंग करने के लिए प्रकट हुए हैं। अयोध्या का राम मन्दिर हिन्दुओं के लिए वैसा ही महत्त्व रखता है जैसे काबा शरीफ मुसलमानों के लिए या रोम और येरुशलम के चर्च ईसाईयों के लिए।

धर्म का राजनीतिकरण

धर्मनिरपेक्षता अँगरेज़ी के शब्द सेक्यूलरिज्म का हिन्दी रूपान्तर है। सेक्युलर शब्द का कुछ मिलता-जुलता या अनुवाद 'लौकिक' हो सकता है। सेक्युलर के लिए लौकिक शब्द हिन्दी में प्रचलित है। वास्तव में सेक्युलर शब्द के लिए हिन्दी में अभी कोई उपर्युक्त शब्द नहीं निकल पाया है। कालान्तर में शब्द अपना रूप तथा भाव पकड़ लेते हैं। इस शब्द का प्रयोग यूरोप में चर्च तथा पोप के प्रभाव को कम करने के साथ-साथ राज्य एवं शासन पर किसी प्रकार का धर्म न लादने के लिए किया गया था। जो राज्य चर्च के प्रभाव से मुक्त रहे, उसे सेक्यूलर राज्य कहा गया। भारत में संविधान के मौलिक अधिकारों में धार्मिक स्वतन्त्रता का अधिकार सभी सम्प्रदायों के लोगों को दिया गया है, जिसमें धर्म का प्रचार-प्रसार करने की पूर्ण स्वतन्त्रता है।

15 अगस्त, 1947 को हमारा देश स्वतन्त्र हुआ। इस स्वतन्त्रता के बाद हमें देश विभाजन की त्रासदी सहनी पड़ी और यह देश विभाजन धार्मिक कट्टरता का ही परिणाम था। इस धार्मिक कट्टरता ने पाकिस्तान और बाद में बांग्लादेश जैसे राष्ट्र को जन्म दिया। यद्यपि स्वतन्त्रता के बाद भारत को एक धर्मनिरपेक्ष राज्य घोषित किया गया तथा संविधान की प्रस्तावना में यह कहा गया कि हम भारत के लोग भारत को एक सम्पूर्ण प्रभुत्व सम्पन्न, समाजवादी, धर्मनिरपेक्ष लोकतान्त्रिक गणराज्य बनाने के लिए तथा उसके समस्त नागरिकों को सामाजिक, आर्थिक और राजनीतिक न्याय, विचार, अभिव्यक्ति, विश्वास, धर्म और उपासना की स्वतन्त्रता, प्रतिष्ठा और अवसर की क्षमता प्राप्त करने के लिए तथा अखण्डता सुनिश्चित करने वाली विचारधारा के लिए कृत संकल्प हैं।

धर्मनिरपेक्षता, पंथनिरपेक्षता या सेक्युलरवाद (Secularism) एक आधुनिक राजनैतिक एवं संविधानी सिद्धान्त है। धर्मनिरपेक्षता के मुख्यतः दो प्रस्ताव हैं- (1) राज्य के संचालन एवं नीति-निर्धारण में मजहब का हस्तक्षेप नहीं होना चाहिए। (2) सभी धर्म के लोग कानून, संविधान एवं सरकारी नीति के आगे समान हैं। धर्मनिरपेक्षता अथवा लौकिक राज्य में ऐसे राज्य की कल्पना की गयी है, जो सभी धर्मों तथा सम्प्रदायों का समान आदर करता है। सबको एक समान बढ़ने का अवसर प्रदान करता है। राज्य किसी धर्म अथवा सम्प्रदाय विशेष का पक्षपात नहीं करता। वह किसी धर्मविशेष को राज्य का धर्म नहीं घोषित करता। प्रायः विश्व के सभी मुस्लिम बहुल देशों ने अपने आपको इस्लामिक राज्य घोषित किया है।

आमतौर पर किसी देश में प्रायः किसी धर्मविशेष के माननेवालों का बहुमत रहता है। हिन्दुस्तान में हिन्दू, पाकिस्तान में मुसलमान, इजरायल में यहूदी, बर्मा, श्रीलंका, थाईलैंड आदि में बौद्ध बहुसंख्यक हैं। इसी तरह ब्रिटेन, यूरोप, उत्तरी और दक्षिण अमरीका, ऑस्ट्रेलिया आदि में ईसाई धर्म के अनुयायियों का बहुमत है। बहुमत के कारण वहाँ के सांस्कृतिक वातावरण में, वहाँ के धर्म की छाप लगना स्वाभाविक है। किन्तु क्या कोई भी देश, राज्य के रूप में, किसी धर्म विशेष से अलग रह सकता है? यह सम्भव है और भारत का वर्तमान संविधान तथा लोकतन्त्रीय प्रणाली इसके ज्वलन्त उदाहरण हैं।

ब्रिटेन जैसे देश में वहाँ के संविधान के अनुसार राज्य का एक धर्म विशेष से सम्बन्ध है। वह ईसाई धर्म के एक सम्प्रदाय 'चर्च ऑफ इंग्लैण्ड से' सम्बन्धित है। फिर भी वहाँ के लोग धर्मनिरपेक्ष भाव से अपना लोकतन्त्र तथा शासन चलाते हैं।

सहिष्णुता धर्मनिरपेक्ष राज्य की आधारशिला है। भारत सनातन काल से धार्मिक विषयों में सहनशीलता और उदारता की नीति का आश्रय लेता आया है। यह धर्मनिरपेक्ष राज्य का एक पहलू कहा जा सकता है। उसका उसे सम्पूर्ण रूप नहीं कह सकते। इसके विपरीत सोचने पर देश की राष्ट्रीयता के स्थान पर धर्मविशेष की राष्ट्रीयता, यथा हिन्दू राष्ट्रीयता, मुस्लिम राष्ट्रीयता, सिक्ख राष्ट्रीयता अथवा बौद्ध राष्ट्रीयता का विचार करना पड़ेगा। ऐसी स्थिति में भारतीय राष्ट्रीयता, जर्मन राष्ट्रीयता, अमरीकी राष्ट्रीयता केवल नाम गात्र की चीज़ें रह जायेंगी।

भारत में साम्प्रदायिकता की शुरुआत मुसलमानों के भारत में आने से हुई। शासन और शक्ति के मद में अन्धे आक्रमणकारियों ने धर्म को आधार बनाकर यहाँ के जन-जीवन को रौंद डाला। धार्मिक स्थलों को तोड़ा, देवी-देवताओं को अपमानित किया, बहू-बेटियों को अपवित्र किया, जान-माल का हरण किया। परिणामस्वरूप हिन्दू के मन में उन पाप-कर्मों के प्रति गहरी घृणा भर गयी, जो आज तक जीवित है। जैसे-जैसे शिक्षा का विकास हो रहा है, इतिहास के बारे में लोगों की जानकारी बढ़ती जा रही है और लोग परिणामस्वरूप मुसलमानों से घृणा करते है और बदला के लिए तैयार हो जाते हैं। बात-बात पर हिन्दू-मुस्लिम संघर्ष का भड़क उठना उसी घृणा का सूचक है।

जब भारत के उत्तर पश्चिमी भाग में मुसलमानों का शासन था और हिन्दू-मुसलमान के मध्य घृणा एवं द्वेष की नींव पड़ गयी। फिर अँगरेज़ी शासनकाल में यह समस्या और अधिक जटिल हो गयी; क्योंकि अँगरेज़ी शासन के पास 'फूट डालो व राज करो' की नीति थी। इस हथियार के जरिये साम्प्रदायिकता को और अधिक बढ़ावा देने लगे। यह तो एक सबसे बड़ा प्रश्न है कि भारत में आने वाली सभी जातियाँ प्राय: भारतीय समाज के साथ एकीकृत हो गयी। परन्तु, मुसलमान भारत में क्यों घुल-मिल नहीं पाये? मुख्यत: साम्प्रदायिकता को मजबूत नींव मुसलमानों ने प्रदान की।

इसका एक प्रमुख कारण यह भी था कि इस्लाम एकेश्वरवादी है और वह बहुदेवोपासक धर्म एवं समाज को काफिर कहता है तथा उसके विरूद्ध जेहाद का नारा लगाता है। दूसरा कारण, मुसलमान मूर्तिपूजा का कट्टर विरोधी है। इसी कारण मुसलमान भारतीय समाज में घुल-मिल न सके।

साम्प्रदायिकता को भड़काने में अँगरेज़ शासकों का गहरा षड्यंत्र था। वे हिन्दू-मुस्लिम झगड़े फैलाकर शासक बने रहना चाहते थे। उन्होंने सफलतापूर्वक दोनों को लड़ाया। आज़ादी से पहले अनेक खूनी संघर्ष हुए। आज़ादी के बाद तो

विभाजन का जो संघर्ष और भीषण नरसंहार हुआ, उसे देखकर समूची मानवता रो पड़ी। शहर-के-शहर गाजर-मूली की तरह काट डाले गये। अयोध्या के रामजन्म-भूमि विवाद ने देश में फिर से साम्प्रदायिक आग भड़का दी है। बाबरी मस्जिद का ढहाया जाना और उसके बदले सैकड़ों मन्दिरों का ढहाया जाना ताजा घटनाएँ हैं।

संकीर्ण राष्ट्रीयता पुराने जमाने की बातें हो गयी हैं। उनका मेल आधुनिक जगत् से नहीं खाता। वे पिछड़े और पुराने जमाने के नक्शे कहे जायेंगे। यह धारणा कि धर्मनिरपेक्ष राज्य का सिद्धान्त धर्म के विरूद्ध है, गलत है। इसका यह भी अर्थ नहीं है कि धर्मनिरपेक्ष राज्य के निवासी धर्म के प्रति उदासीन हो जायें अथवा उसे त्याग दें। उसका सरल अर्थ यह है कि धर्म को दैनिक सामाजिक, राजनीतिक तथा शासकीय जीवन स्तर से पृथक् रखें। भारत एक लोकतान्त्रिक देश है। इस लोकतान्त्रिक देश में सभी धर्म तथा सम्प्रदाय के लोगों को समान अधिकार दिये गये हैं। किसी भी धर्म को बहुसंख्यक मानकर भी विशेषाधिकार या एकाधिकार नहीं दिये गये हैं। पाकिस्तान या बांग्लादेश की तरह भारत का कोई राजधर्म नहीं है। यही इसकी धर्मनिरपेक्षता की पहचान है।

आज साम्प्रदायिकता एक ज्वलन्त समस्या है। इसका हल तो शायद कुछ हद तक सम्भव है क्योंकि आज यह जिस तरह से अपना फैलाव बढ़ा रही है, उसे देखकर लगता है कि आने वाले समय में सबसे बड़ी समस्या के रूप में उभरकर सामने आयेगी।

वर्तमान साम्प्रदायिकता का स्वरूप अत्यधिक उलझा हुआ है। हिन्दू-मुसलमानों की साम्प्रदायिकता तो है ही, साथ-साथ समुदायगत साम्प्रदायिकता भी बन गयी है; क्योंकि आज हर समुदाय अपने अधिकारों को लेकर सड़क पर उतर आता है और अधिकार नहीं मिलने पर तोड़फोड़, दंगा-फसाद आदि करके तनाव का माहौल बना देता है। इस कारण साम्प्रदायिकता दिन-ब-दिन बढ़ती ही जा रही है और इसको हल करने का कोई ठोस कदम आज के राजनीतिज्ञों के पास नहीं है।

संसार का कोई भी सच्चा और महान् धर्म यह नहीं सिखाता कि जहाँ रहते हो, जिस धरती का अन्न-जल ग्रहण करते हो, उसके प्रति विद्वेष या किसी भी प्रकार की हीनता का भाव रखो। सभी महान् धर्म, सम्प्रदाय और उनके प्रवर्तक अपने-अपने विश्वासों को पालते हुए भी सभी धर्मों, सम्प्रदायों के लोगों के प्रति समानता, सहिष्णुता बनाए रखने की शिक्षा देते हैं। कुछ धार्मिक पंथ या सम्प्रदाय

तो बने ही मानवता की सेवा या विशेष धर्मों की रक्षा के लिए थे। पर, सत्ता की भूख, अपने को अलग, विशिष्ट और महान् समझने की भूल वस्तुतः अच्छे लोगों को भी भड़काकर गुमराह कर दिया करती है। सत्ता के भूखे कुछ राजनीति लोग जब धार्मिक तानेबाने पहन या ओढ़कर धर्म-स्थलों और धार्मिक मान्यताओं को अपवित्र करने लगते हैं, साम्प्रदायिक भेदभाव भड़काने लगते हैं, तब उस सबका प्रभाव विषवत ही हुआ करता है, अनुभव बताते हैं और यह बात कई बार स्पष्ट भी हो चुकी है। इस विष से बचने में ही सारी मानवता की भलाई है। अपना धर्म और राष्ट्र भी तभी ही बचे रह सकते हैं।

जीवन के हर क्षेत्र में समन्वय पर विश्वास करने वाला भारत जैसा देश, जिसका संविधान सभी धर्मों, समुदायों को फलने-फूलने का समान अवसर प्रदान करता है, यदि वहाँ साम्प्रदायिकता फलती-फूलती है, तो इसे घोर लज्जा का विषय ही कहा जायेगा। अतः किसी भी तुच्छ स्वार्थ से प्रेरित होकर यहाँ की शान्ति और साम्प्रदायिक सौहार्द को भंग करने की चेष्टा नहीं की जानी चाहिए।

साम्प्रदायिकता की समस्या तब तक नहीं सुलझ सकती, जब तक कि धर्म के ठेकेदार उसे सुलझाना नहीं चाहते। यदि सभी धर्मों के अनुयायी दूसरों के मतों का सम्मान करें, उन्हें स्वीकारें, अपनाएँ, उनके कार्यक्रमों में सम्मिलित हों, उन्हें उत्सवों पर बधाई देकर भाईचारे का परिचय दें। विभिन्न धर्मों के संघर्षों को महत्त्व देने की बजाय उनकी समानताओं को महत्त्व दें तो आपसी झगड़े पैदा ही न हों। कभी-कभी ईद-मिलन या होली-दिवाली पर ऐसे दृश्य दिखाई देते हैं तो एक सुखद आशा जन्म लेती है। साहित्यकार और कलाकार भी साम्प्रदायिकता से मुक्ति दिलाने में योगदान कर सकते हैं। लेकिन सबसे बड़ी भूमिका तो नेताओं की ही होनी चाहिए जो वर्तमान समय में सम्प्रदायवाद के मुख्य स्रोत बने हुए हैं।

यह तथ्यात्मक है कि भारत में साम्प्रदायिकता की जड़े बहुत गहरी हैं। इस क्षेत्र में भारत मध्यकालीन युग से लेकर आधुनिक काल तक काफी संघर्ष किया है। भारत, जब आज़ाद हुआ, तब इस मुल्क के रहनुमाओं ने एक ऐसी लोकशाही को स्थापित करने का निर्णय लिया, जो धर्मनिरपेक्ष हो। तब लोगों को ऐसा लगा कि इस समस्या का काफी कुछ निदान हो गया है, लेकिन जैसे-जैसे समय बीतता गया लोगों को यह लगने लगा कि साम्प्रदायिकता इस देश की बहुत बड़ी चुनौती है। ऐसा लगता है कि जब तक चुनाव पर आधारित संसदीय लोकशाही रहेगा तब तक भारत को सही मायने में धर्मनिरपेक्ष राज्य होना काफी कठिन है। कुछ लोगों को शायद ऐसा लगता है कि हिन्दुओं का दुश्मन मुसलमान है। लेकिन, ऐसा

देखने में प्रतीत इसलिए होता है कि मध्यकालीन युग में उनकी भूमिक सौहार्दपूर्ण नहीं रही थी। लेकिन यदि गहराई से समाजशास्त्रीय विश्लेषण किया जाये तो यह स्पष्ट होगा कि साम्प्रदायिकता का जहर जितना हिन्दू नेता घोलते हैं उतना मुसलमान नेता नहीं घोल पाते हैं। जो अपने को समाजवादी, साम्यवादी और गैर-साम्प्रदायिक कहते और प्रचारित करते हैं, वे ही लोग मुसलमानों को यह कहकर बरगलाते हैं कि इस देश में हिन्दुत्व बढ़ता जा रहा है और इससे धर्मनिरपेक्षता को खतरा है। ऐसा कहने का प्रयोजन सिर्फ यही है कि ऐन-केन-प्रकारेण मुसलमानों का वोट इकट्ठा प्राप्त किया जाये ताकि उनकी मदद से सरकार बनाने के लिए वह बहुतमत हासिल कर सके। जो नेता अपने सार्वजनिक जीवन में घोर जातिवादी, क्षेत्रवादी, उपराष्ट्रवादी, भ्रष्टाचारी, छद्‌म साम्यवादी हो, वह कभी धर्मनिरपेक्ष हो ही नहीं सकता। धर्मनिरपेक्ष वही व्यक्ति हो सकता है, जो अपने सार्वजनिक जीवन में पूरी तरह ईमानदार हो। साम्प्रदायिकता की राजनीति के पीछे दो प्रमुख कारण हैं- पहला तो यह कि मुसलमान जिस किसी को भी वोट देते हैं वे धर्म के नाम पर इकट्‌ठा वोट करते हैं। उनके सामने उनका धर्म बहुत महत्त्वपूर्ण निर्णायक होता है और दूसरा कारण यह है कि हिन्दू समाज जाति, पंथ, भाषा और क्षेत्र के नाम पर इतना अधिक विभक्त है कि वह कभी किसी को इकट्‌ठा वोट आमतौर पर नहीं करता है। हिन्दू के कुछ नेता जाति के आधार पर राजनीति करते हैं और मुसलमानों को मिलाकर राजनीति में अपना वर्चस्व स्थपित करना चाहते हैं। जो लोग भी अपने आपको धर्मनिरपेक्ष कहते हैं, वे सभी समाज को ऊँची जाति, पिछड़ी जाति, दलित या जनजाति जैसे उपखण्डों में विभक्त कर चुनाव में इकट्‌ठा वोट माँगने का प्रयास करते हैं। इसी का नतीजा है- भारत में अल्पसंख्यक सम्प्रदायवाद। चुनाव ने साम्प्रदायिकता का काफी जहर घोला है । राजनीति में इतना अधिक भ्रष्टाचार है कि इस बहती गंगा में सब प्रकार के लोग हाथ धोना चाहते हैं। कुर्सी है तो पैसा है। पैसे के लिए लोग कुछ भी करने को तैयार रहते हैं। कभी-कभी ऐसा लगता है कि पैसा से अधिक धर्मनिरपेक्ष इस देश में कुछ भी नहीं है। पैसा है तो सब है।

आज़ादी के पहले भारतीय समाज विभिन्न जातियों में विभक्त था और आज की स्थिति यह हो गयी है कि विभिन्न जाति के लोग समूह बनकर इस प्रकार की राजनीति कर रहे हैं। इससे अल्पसंख्यक सम्प्रदायवाद को बढ़ावा मिलता है और मुसलमान लोग इसका लाभ उठाते हैं। परेशानी इस बात की है कि जब हमने लोकतन्त्र चुना है, तो हमें हर हाल में सम्प्रदायिकता को झेलना ही होगा।

लोकतन्त्र से सिर्फ जातिवाद और साम्प्रदायिकता को ही बढ़ावा नहीं मिलता बल्कि लोकतन्त्र विकास की राह में रोड़े का भी काम करता है। आज देखें कि चीन कहाँ-से-कहाँ पहुँच गया। वह हमसे सभी क्षेत्रों में आगे हो गया है और हर जगह भारत को दबाने की कोशिश करता रहता है और हम उससे वार्ता की बात करते हैं। यही कारण है कि बहुत सारे समाजशास्त्र और राजनीतिशास्त्र के विद्वानों ने लोकतन्त्र की घोर निन्दा की है। प्रथम द्रष्टया लोकतन्त्र निश्चित रूप से अच्छा लगता है क्योंकि इसके आदर्श बहुत लुभावने हैं। पर, भारत जैसे देश के लिए यह उतना उपयुक्त नहीं है क्योंकि यह देश अनेकताओं का देश है। अनेकता में एकता तो मात्र राजनीतिक नारेबाजी है। प्राचीनकाल से ही जाति के आधार पर समाज अनगिनत खण्डों में विभक्त रहा है और यही कारण है कि विश्व में भारत सबसे अधिक लम्बे समय तक गुलाम रहा है।

अन्ततोगत्वा यही कहा जाना चाहिए कि किसी भी धर्म को तुलनात्मक रूप से नहीं देखा जाना चाहिए क्योंकि धर्म का सम्बन्ध लोगों की आस्था से है। सभी धर्मों को समान भाव से देखा जाना चाहिए। कोई भी धर्म अपने-आप में सही और गलत शायद नहीं होता है। कर्मकाण्ड से जुड़ा कोई भी दोष सम्भव है, पर, उससे कोई धर्म खराब नहीं होता है। यदि कोई व्यक्ति नास्तिक है तो उसके आगे कोई तर्क नहीं है। पर, यदि कोई आस्तिक है तो किसी एक की आस्तिकता दूसरे से बेहतर नहीं हो सकती है। धर्म परखने की चीज़ नहीं है। यदि परखा भी जाता है, तो कोई भी तर्क अन्तिम या सार्वभौमिक नहीं हो सकता है। विश्वास से जुड़ी चीज़ें अन्तहीन विवाद उत्पन्न करती है।

ॐ तत्सत्

6

कतिपय अवधारणाएँ एवं धार्मिक विश्वास

संन्यास– उत्तर वैदिक काल से ही अग्नि को न छूनेवाले, चिन्तन का भी त्याग कर कम-से-कम वस्त्र धारण करनेवाले अपने को योगी, संन्यासी कहनेवालों का सम्प्रदाय भी पनप रहा था। आज तो कुछ विशेष ही देखने को मिलता है। इसका खण्डन करते हुए उन्होंने स्पष्ट किया कि ज्ञानमार्ग तथा भक्तिमार्ग, दोनों में से किसी भी मार्ग के अनुसार कर्म को त्यागने का विधान नहीं है। कर्म तो करना ही होगा। कर्म करते-करते साधना इतनी सूक्ष्म हो जाती है कि सर्वसंकल्पों का अभाव हो जाता है, वह पूर्ण संन्यास है। अपनी कामनाओं का त्याग संन्यास है। संन्यास बाह्य आडम्बर नहीं है। बीच रास्ते में संन्यास नाम की कोई वस्तु नहीं है। केवल क्रियाओं को त्याग देने से तथा अग्नि न छूने से न तो कोई संन्यासी होता है और न योगी।

कर्म– कर्म के सम्बन्ध में भी भ्रान्ति है। कर्म का तात्पर्य निष्काम कर्म से है। इसका थोड़ा भी आचरण जन्म-मरण के भय से उद्धार करानेवाला होता है। इस निष्काम कर्म में निश्चयात्मक क्रिया एक ही है, बुद्धि एक ही है, दिशा भी एक ही है। यह व्यक्तिगत स्वार्थों से उठा कर्म है लेकिन अविवेकियों की बुद्धि अनन्त शाखाओं वाली है, इसलिए वे कर्म के नाम पर अनेक क्रियाओं का विस्तार कर लेते हैं। श्रीकृष्ण कहते हैं कि अर्जुन! तू नियत कर्म कर। अर्थात् क्रियाएँ बहुत-सी हैं वे कर्म नहीं हैं। कर्म कोई निर्धारित दिशा है। कर्म कोई ऐसी वस्तु है, जो जन्म-जन्मान्तरों से चले आ रहे शरीरों की यात्रा का अन्त कर देता है। कर्म का शुद्ध अर्थ है- निःस्वार्थ आराधना।

यज्ञ– वह नियत कर्म है कौन-सा ? श्रीकृष्ण ने स्पष्ट किया कि यज्ञ की प्रक्रिया ही कर्म है। इसके अतिरिक्त दुनिया में जो कुछ किया जाता है, वह इसी लोक का बन्धन है, न कि कर्म। कर्म तो इस संसार-बन्धन से मोक्ष दिलाता है। अब वह यज्ञ क्या है, जिसे क्रियान्वित करें तो कर्म सम्पादित हो सके ? अध्याय चार में श्रीकृष्ण ने तेरह-चौदह तरीके से यज्ञ का वर्णन किया, जो सब मिलाकर परमात्मा में प्रवेश दिला देने वाली विधि-विशेष का चित्रण है- जो श्वास से, ध्यान से, चिन्तन और इन्द्रिय-संयम इत्यादि से सिद्ध होनेवाला है। श्रीकृष्ण ने यह भी स्पष्ट कर दिया कि भौतिक द्रव्यों से इस यज्ञ का कोई सम्बन्ध नहीं है। भौतिक द्रव्यों से सिद्ध होनेवाले यज्ञ अत्यल्प हैं। आप करोड़ का हवन ही क्यों न करें।(4. 33) सम्पूर्ण यज्ञ मन और इन्द्रियों की अन्तःक्रिया से सिद्ध होनेवाले हैं।

ज्ञानयोग तथा कर्मयोग– कर्म एक ही है- नियत कर्म, आराधना; किन्तु उसे करने के दृष्टिकोण दो हैं। अपनी शक्ति को समझकर, हानि-लाभ का निर्णय लेकर इस कर्म को करना 'ज्ञानयोग' है। इस मार्ग का साधक जानता है कि "आज मेरी यह स्थिति है, आगे इस भूमिका में परिणत हो जाऊँगा। फिर अपने स्वरूप को प्राप्त करूँगा।" इस भावना को लेकर कर्म में प्रवृत्त होता है। अपनी स्थिति का ज्ञान रखकर चलता है, इसलिए ज्ञानमार्गी कहा जाता है। समर्पण के साथ उसी कर्म में प्रवृत्त होना, हानि-लाभ का निर्णय इष्ट पर फेंककर चलना निष्काम कर्मयोग, भक्तिमार्ग है। दोनों के प्रेरक सद्‍गुरु या अदृश्य श्रीकृष्ण हैं। एक ही महापुरुष से शिक्षा लेकर एक स्वावलम्बी होकर उस कर्म में प्रवृत्त होता है और दूसरा उनसे शिक्षा लेकर, उन्हीं पर निर्भर होकर प्रवृत्त होता है। बस अन्तर इतना ही है। इसीलिए योगेश्वर श्रीकृष्ण ने कहा- अर्जुन! सांख्य द्वारा जो परम सत्य मिलता है, वही परम सत्य निष्काम कर्मयोग द्वारा भी मिलता है। जो दोनों को एक देखता है वही यथार्थ देखता है। दोनों की क्रिया बतानेवाला तत्त्वदर्शी एक है, क्रिया भी एक ही है- आराधना। कामनाओं का त्याग दोनों करते हैं और परिणाम भी एक ही है। केवल कर्म का दृष्टिकोण दो है।

परमात्मा– जब कर्म का स्वरूप समान है तो बाहर मन्दिर, मस्जिद, चर्च बनाकर देवी-देवताओं की मूर्ति या प्रतीक पूजना कहाँ तक संगत है ? भारत में हिन्दू कहलाने वाला समाज वस्तुतः सनातनधर्मी है। उनके पूर्वजों ने परम सत्य का शोध करके देश-विदेश में उसका प्रचार किया। उस पथ पर चलनेवाला विश्व में कहीं भी हो, सनातनधर्मी है। कामनाओं से विवश होकर लोग विविध भ्रान्तियों में पड़ गये हैं। श्रीकृष्ण कहते हैं- अर्जुन! देवताओं के स्थान पर देवता नाम की

कोई शक्ति नहीं है। जहाँ कहीं भी मनुष्य की श्रद्धा झुकती है, उसकी ओट में खड़ा होकर मैं ही फल देता हूँ, उसकी श्रद्धा को पुष्ट करता हूँ; क्योंकि मैं ही सर्वत्र हूँ। किन्तु, उसका वह पूजन अविधिपूर्वक है, उसका वह फल नाशवान् है। कामनाओं से जिनके ज्ञान का अपहरण हो गया है, वे मूढ़बुद्धि ही अन्य देवताओं को पूजते हैं। सात्त्विक लोग देवताओं को पूजते हैं, राजसी यक्ष-राक्षसों को तथा तामसी भूत-प्रेतों को पूजते हैं। घोर तप करते हैं। किन्तु अर्जुन! वे शरीर में स्थित भूतसमुदाय और अन्तःकरण में स्थित मुझ परमात्मा को कमजोर करते हैं, न कि पूजते हैं। उन्हें निश्चय ही तू आसुरी स्वभाव से जुड़ा हुआ समझो। इससे अधिक श्रीकृष्ण क्या कहते? उन्होंने स्पष्ट कहा- अर्जुन! ईश्वर सभी प्राणियों के हृदय में रहता है, केवल उसी की शरण जाओ। पूजा की स्थली हृदय में है, बाहर नहीं। फिर भी लोग पत्थर-पानी, मन्दिर-मस्जिद, देवी-देवताओं का पीछा करते ही हैं। उन्हीं के साथ श्रीकृष्ण की भी एक प्रतिमा बढ़ा लेते हैं। श्रीकृष्ण की ही साधना पर बल देनेवाले तथा जीवन भर मूर्ति पूजा का खण्डन करनेवाले बुद्ध की भी मूर्ति उनके अनुयायियों ने बना ली और लगे उनकी पूजा-पाठ करने (दीप दिखाने), जबकि बुद्ध ने कहा था- आनन्द! तथागत की शरीर-पूजा में समय नष्ट न करना।

मन्दिर, मस्जिद, चर्च, तीर्थ, मूर्तियाँ तथा स्मारकों से पूर्ववर्ती महापुरुषों की स्मृतियाँ सँजोयी जाती हैं, जिनसे उनकी उपलब्धियों का स्मरण होता रहे। महापुरुषों में स्त्री-पुरुष सभी होते आये हैं। कहा जाता है कि जनक की पुत्री 'सीता' पिछले जन्म में एक ब्राह्मण-कन्या थी। अपने पिता की प्रेरणा से परमब्रह्म को पाने के लिए उसने तपस्या की; किन्तु सफल न हो सकी। दूसरे जन्म में उसने राम को प्राप्त किया और चिन्मय, अविनाशी, आदिशक्ति के रूप में प्रतिष्ठित हुई। ठीक, इसी प्रकार, राजकुल में उत्पन्न मीरा में परमात्मा की भक्ति का प्रस्फुटन हुआ। सब कुछ छोड़कर वह भगवान् के चिन्तन में लग गयी। व्यवधानों को झेला और सफल रही। इनकी स्मृति सँजोने के लिए मन्दिर बने, स्मारक बने ताकि समाज उनके उपदेशों से अनुप्राणित हो सके। मीरा, सीता अथवा इस पक्ष का शोधकर्त्ता प्रत्येक महापुरुष हमारा आदर्श है। हमें उनके पदचिह्नों का अनुसरण करना चाहिए; किन्तु इससे बड़ी भूल क्या होगी कि यदि हम केवल उनके चरणों में फूल चढ़कर, चन्दन लगाकर अपने कर्त्तव्यों की इतिश्री मान बैठें।

प्रायः जो जिसका आदर्श होता है, उसकी मूर्ति, चित्र, खड़ाऊँ, उसका स्थान अथवा उससे सन्दर्भित कुछ भी देखने-सुनने पर मन में श्रद्धा उमड़ आती है। यह उचित ही है। जो वस्तुतः आदर्श हैं, उनका निरादर न करें; किन्तु उन पर पत्र-पुष्प

चढ़ाने को ही भक्ति मान बैठने से, उतने को ही कल्याण-साधन मान लेने से हम लक्ष्य से बहुत दूर भटक जायेंगे।

अपने आदर्शों के उपदेशों को हृदयंगम करने तथा उस पर चलने की प्रेरणा ग्रहण करने के लिए ही स्मारकों का उपयोग है; चाहे उसे आश्रम, मन्दिर, मस्जिद, चर्च, मठ, विहार, गुरुद्वारा या कुछ भी नाम दे लें। बशर्ते उन केन्द्रों का सम्बन्ध धर्म से है, तो जिसकी प्रतिमा है, उसने क्या किया और क्या पाया? कैसे तपस्या की? कैसे प्राप्त किया? केवल इतना ही सीखने के लिए हम वहाँ पहुँचते हैं और पहुँचना भी चाहिए; किन्तु, यदि इन स्थानों पर महापुरुषों के पदचिह्न नहीं बताये गये, करके नहीं सिखाये गये, कल्याण की व्यवस्था नहीं मिली तो वह स्थान गलत है। वहाँ आपको केवल रूढ़ि मिलेगी। वहाँ जाने में आपका नुकसान है। व्यक्तिगत रूप से घर-घर, गली-गली जाकर उपदेश पहुँचाने की अपेक्षा सामूहिक उपदेश केन्द्रों के रूप में इन धार्मिक संस्थानों की स्थापना की गयी थी; किन्तु, कालान्तर में इन प्रेरणास्थलियों से ही मूर्तिपूजा तथा रूढ़ियों ने धर्म का स्थान ग्रहण कर लिया। यहीं से भ्रम पनप गया।

धार्मिक ग्रन्थ– इसी प्रकार पुस्तकों का अध्ययन आवश्यक है, जिससे आप उस निर्दिष्ट क्रिया को समझ सकें, जिसे श्रीकृष्ण ने नियत कर्म कहा है और जब समझ में आ जाये, तो तुरन्त करने में लग जायँ। विस्मृत होने लगे तो पुनः अध्ययन कर लें। यह नहीं कि पुस्तक को हाथ जोड़कर अक्षत, चन्दन छिड़ककर रख दें। पुस्तक मार्ग-निर्देशक चिह्न है, जो पूर्तिपर्यन्त साथ देता है। देखते हुए आगे बढ़ते चलें अपने गन्तव्य की ओर। जब इष्ट को हृदय से पकड़ लेंगे तो वह इष्ट ही पुस्तक बन जायेगा। अतः स्मृति सँजोना हानिकारक नहीं है; किन्तु इन स्मृति चिह्नों की पूजा से ही सन्तुष्ट हो जाना ठीक नहीं है।

धर्म– (अध्याय 2.16-29) योगेश्वर श्रीकृष्ण के अनुसार असत् वस्तु का अस्तित्व नहीं है और सत् का कभी अभाव नहीं है। परमात्मा ही सत्य है, शाश्वत है; अजर, अमर, अपरिवर्तनशील और सनातन है; किन्तु वह परमात्मा अज्ञेय और अगोचर है, चित्त की तरंगों से परे है। अब चित्त का निरोध कैसे हो? चित्त का निरोध करके उस परमात्मा को पाने की विधि-विशेष का नाम कर्म है। इसी कर्म का कार्यरूप देना ही धर्म है, दायित्व है।

इसी पर पुनः बल देते हैं कि जिस परमात्मा से सभी प्राणियों की उत्पत्ति हुई है, जो सर्वत्र व्याप्त है, स्वभाव से उत्पन्न हुई क्षमता के अनुसार उसे भलीभाँति

पूजकर मानव परम सिद्धि को प्राप्त हो जाता है। अर्थात् निश्चित विधि से एक परमात्मा का चिन्तन ही धर्म है।

धर्म में प्रवेश किसको है? इसे करने का अधिकार किसे है? इसे स्पष्ट करते हुए योगेश्वर ने बताया कि- "अर्जुन! अत्यन्त दुराचारी भी यदि अनन्यभाव से मुझे भजता है, मुझे छोड़कर अन्य किसी को भी न भजकर केवल मुझे भजता है, तो 'क्षिप्रं भवति धर्मात्मा'- वह शीघ्र ही धर्मात्मा हो जाता है, उसकी आत्मा धर्म से संयुक्त हो जाती है।" अतः श्रीकृष्ण के अनुसार धर्मात्मा वह है, जो एक परमात्मा में अनन्य निष्ठा से लग गया है। धर्मात्मा वह है, जो एक परमात्मा की प्राप्ति के लिए नियत कर्म का आचरण करता है। धर्मात्मा वह है, जो स्वभाव से नियत क्षमता के अनुसार परमात्मा में तल्लीन है।

अन्त में कहते हैं कि 'सर्वधर्मान्परित्यज्य मामेकं शरणं व्रज।'- अर्जुन! सारे धर्मों की चिन्ता को छोड़कर एक मेरी शरण में हो जा। अतः एक परमात्मा के प्रति समर्पित व्यक्ति ही धार्मिक है। एक परमात्मा में श्रद्धा स्थिर करना ही धर्म है। उस एक परमात्मा की प्राप्ति की निश्चित क्रिया को करना धर्म है। इस स्थिति को प्राप्त महापुरुष, आत्मतृप्त महापुरुषों का सिद्धान्त ही सृष्टि में एकमात्र धर्म है। उसकी शरण में जाना चाहिए कि उन महापुरुषों ने कैसे उस परमात्मा को पाया? किस मार्ग से चले? वह मार्ग सदा एक ही है, उस मार्ग से चलना धर्म है।

धर्मान्तरण– सनातन-धर्म के आदि देश भारत में कुरीरियाँ यहाँ तक पनपीं कि मुसलमानों के आक्रमण के समय उनका धर्म आक्रामकों के हाथ का एक ग्रास चावल खाने से, दो घूँट पानी पीने से नष्ट होने लगा। धर्मभ्रष्ट घोषित हजारों हिन्दुओं ने आत्महत्या कर ली। धर्म के लिए वे मरना जानते थे, लेकिन धर्म समझें तब तो। धर्म तो हो गया छुईमुई। छुईमुई का पौधा छूने पर मुरझा जाता है, छूटते ही पनप जाता है; किन्तु, उनका सनातन-धर्म तो ऐसा मुरझाया कि कभी नहीं पनपा। जिस सनातन आत्मा को भौतिक वस्तुएँ स्पर्श भी नहीं कर पातीं, वह कहीं छूने-खाने से नष्ट होता है? आप तलवार से मरें, धर्म छूने मात्र से मर गया? क्या सचमुच धर्म नष्ट हुआ? कदापि नहीं। धर्म के नाम पर कोई कुरीति पल रही थी, वह नष्ट हुई। अलाउद्दीन खिलजी के शासनकाल में बयाना के काजी मुगीसुद्दीन ने व्यवस्था दी कि यदि कोई मुसलमान थूकना चाहता है तो हिन्दुओं को अपना मुँह खोल देना चाहिए। वह हिन्दू दीनदार (धार्मिक) हो जायेगा; क्योंकि उसके पास कोई अपना धर्म नहीं है। बुरा क्या कहा उसने? मुँह में थूकने

से तो एक ही मुसलमान बनता, कुएँ में थूकने से तो हजारों बन जाते थे। वस्तुतः वह आततायी था या उस समय का हिन्दू समाज?

जिन्होंने इस प्रकार धर्म-परिवर्तन कर लिया, क्या कोई धर्म पा गये? हिन्दू से मुसलमान बन जाना या एक प्रकार के रहन-सहन से दूसरे रहन-सहन में चले जाना धर्म तो नहीं है। इस प्रकार योजनाबद्ध षड्‌यंत्र का शिकंजा बनाकर जिन्होंने उन्हें बदला, क्या वे धर्मात्मा थे? वे तो और भी बड़ी कुरीतियों के शिकार थे। हिन्दू उसी में जाकर फँस गये। अविकसित और गुमराह कबीलों को सभ्य बनाने के लिए मुहम्मद ने विवाह, तलाक, वसीयत, लेन-देन, सूद, गवाही, कसम, प्रायश्चित, रोजी-रोटी, खान-पान, रहन-सहन इत्यादि विषय में एक सामाजिक व्यवस्था दी तथा मूर्तिपूजा, शिर्क, व्यभिचार, चोरी, शराब, जुआ, माँ-दादी, इत्यादि से विवाह पर प्रतिबन्ध लगाया। समलैंगिक तथा रजस्वला मैथुनों का निषेध करके रोजे के दिनों में भी इसके लिए ढील दी। जन्नत में बहुत-सी समवयस्क, अनछुई हूरों और किशोर बालकों का प्रलोभन दिया। यह कोई धर्म नहीं था, एक प्रकार की सामाजिक व्यवस्था थी। ऐसा कुछ कहकर उन्होंने वासना में डूबे हुए समाज को उधर से घुमाकर अपनी ओर उन्मुख किया। स्त्रियों को जन्नत में कितने पुरुष मिलेंगे?- इस पर उन्होंने सोचा ही नहीं। यह उनका दोष नहीं, दोष उस देश-काल और परिस्थिति का था, जिसमें स्त्रियों की आकांक्षाओं पर किसी का ध्यान ही नहीं जाता था।

मुहम्मद साहब ने जिसे धर्म बताया, उधर किसी का ध्यान ही नहीं है। उन्होंने कहा कि जिस पुरुष का एक भी श्वास उस खुदा के नाम के बगैर खाली जाता है, उससे खुदा कयामत में वैसे ही पूछता है, जैसे किसी पापी से पाप के बदले में पूछा जाये। जिसकी सजा है हमेशा-हमेशा के लिए दोजख (नरक)। कितने सच्चे मुसलमान हैं, जिनका एक भी श्वास खाली न जाता हो? करोड़ों में कदाचित् ही कोई हो। शेष तो सभी के श्वास खाली ही जाते हैं, जिसकी मुहम्मद ने व्यवस्था दी कि जो किसी को नहीं सताता, पशुओं को ठेस नहीं पहुँचाता, वह आकाश से खुदा की आवाज सुनता है। यह सभी स्थानों के लिए था; किन्तु पीछे वालों ने एक रास्ता निकाल लिया कि मक्का में एक मस्जिद है, जिसमें हरी घास नहीं तोड़नी चाहिए, उस मस्जिद में किसी पशु को नहीं मारना चाहिए, वहाँ किसी को ठेस नहीं पहुँचानी चाहिए और घूम-फिरकर वे उसी दायरे में खड़े हो गये। क्या खुदा की आवाज सुनने से पहले मुहम्मद ने कोई मस्जिद बनवायी थी? क्या कभी किसी मस्जिद में कोई आयत उतरी? यह मस्जिद तो उनकी स्थली रही है,

जिसमें उनकी यादगार सुरक्षित है। मुहम्मद के आशय को तबरेज ने जाना था, मंसूर ने जाना था, इकबाल ने जाना था? किन्तु वे मजहबी लोगों के शिकार बनें, उन्हें यातनाएँ दी गयीं। सुकरात को जहर पिलाया गया; क्योंकि वह लोगों को नास्तिक बना रहा था। ऐसा ही आरोप ईसा पर भी लगाया गया, उन्हें सूली दी गयी; क्योंकि वे विश्राम के दिन भी काम करते थे, अन्धों को दृष्टि प्रदान करते थे। ऐसा ही भारत में भी है। जब भी कोई प्रत्यक्षदर्शी महापुरुष सत्य की ओर इंगित करता है, तो इन मन्दिर, मस्जिद, मठ, सम्प्रदाय और तीर्थों से जिनकी जीविका चलती है, हाय-हाय करने लगते हैं, अधर्म-अधर्म चिल्लाने लगते हैं। किसी को इनसे लाखों-करोड़ों की आय है, तो किसी की दाल-रोटी ही चलती है। वास्तविकता के प्रचार से उनकी जीविका को खतरा दिखायी पड़ता है। वे सत्य को पनपने नहीं देते और न दे सकते हैं। इसके अतिरिक्त उनके विरोध का कोई कारण नहीं है। सुदूरकाल में यह स्मृति क्यों सँजोयी गयी थी, इसका उन्हें भान नहीं है।

यह चिन्ताजनक बात है कि हिन्दू धर्म दो खण्डों में विभक्त उत्पन्न हुआ-सवर्ण एवं शूद्र। शूद्र के द्वारा छूने या कभी-कभी छाया मात्र से ही ब्राह्मण अपवित्र हो जाते रहे हैं। गंगा का दूषित और गंदा पानी या गाय के गोबर को पवित्र माना जाता रहा है। लेकिन, शूद्र का छुआ हुआ चीज़ न ब्राह्मण खाता है और न ही पूजा के काम आता है। खास बात यह है कि मात्र हिन्दू धर्म में ही जाति के आधार पर लोग एक-दूसरे से अपवित्र होते हैं। शूद्र के द्वारा उगाये हुए अन्न खाने में ब्राह्मणों या सवर्णों को कोई परेशानी नहीं है। शूद्रों के द्वारा गायों को खिलाये गये घास से प्राप्त दूध के प्रयोग में भी ब्राह्मणों को कोई परेशानी नहीं होती है क्योंकि गाय का स्थान शूद्रों से ऊपर है। क्या पाखण्ड का यह ठोस प्रमाण नहीं है? हिन्दू समाज में कुछ लोग इतने निम्न माने जाते रहे हैं कि इस सम्बन्ध में जितना भी कहा जाये, वह उतना ही कम है। ऐसी है रोगग्रस्त प्राचीन हिन्दू धर्म की परेशानी। श्रीकृष्ण ने गीता में, भगवान् बुद्ध ने प्राचीनकाल में, भक्तिकालीन सन्तों व कवियों ने मध्यकालीन भारत में तथा समाज एवं धर्म सुधारकों ने आधुनिक भारत में हिन्दू धर्म में व्याप्त रोगों का इलाज करने का भरपूर प्रयास किया, इसके बावजूद 21वीं सदी का भारतीय समाज रोगग्रस्त है। खेद की बात है कि इसी बीच एक नया रोग भी आ गया है और वह यह है कि समन्वयकारी एवं मानवतावाद के संदेशों की जगह पर राजनीतिक स्वार्थों की पूर्ति हेतु अल्पसंख्यकों को यह कहकर बरगलाया जा रहा है कि उन्हें हिन्दू धर्म या हिन्दुत्व

से भारी खतरा है। साम्प्रदायिकता के इस अभियान में छद्म धर्मनिरपेक्षवादी लोग शामिल हैं। इस नये रोग का नाम है अल्पसंख्यक सम्प्रदायवाद ।

योग-प्रदाता– योगेश्वर श्रीकृष्ण के अनुसार कल्याण-पथ की जानकारी, उसका साधन और उसकी प्राप्ति सद्गुरु से होती है। इधर-उधर तीर्थों में बहुत भटकने या बहुत परिश्रम से यह तब तक नहीं मिलता, जब तक किसी सन्त द्वारा न प्राप्त किया जाये। अध्याय 5.34 में श्रीकृष्ण ने कहा- अर्जुन! तू किसी तत्त्वदर्शी महापुरुष के पास जाकर, भली प्रकार दण्ड-प्रणाम कर, निष्कपट भाव से सेवा करके, प्रश्न करके उस ज्ञान को प्राप्त कर। प्राप्ति का एकमात्र उपाय है, किसी महापुरुष का सान्निध्य और उनकी सेवा। उनके अनुसार चलकर योग की संसिद्धिकाल में पायेगा। अध्याय 18.18 में उन्होंने बताया कि परिज्ञाता, अर्थात् तत्त्वदर्शी महापुरुष, ज्ञान, अर्थात् जानने की विधि और श्रेय परमात्मा- तीनों कर्म के प्रेरक हैं। अतः श्रीकृष्ण के अनुसार महापुरुष ही कर्म के माध्यम हैं, न कि केवल पुस्तक। किताब तो एक नुस्खा है। नुस्खा रटने से कोई नीरोग नहीं होता बल्कि उसे अमल में लाना होता है।

नरक– अध्याय 16.16 में आसुरी सम्पद् का वर्णन करते हुए योगेश्वर श्रीकृष्ण ने बताया कि अनेक प्रकार से भ्रमित चित्तवाले, मोह में फँसे आसुरी स्वभाव वाले मनुष्य अपवित्र नरक में गिरते हैं। प्रश्न स्वाभाविक है कि नरक है कैसा और किसे कहते हैं? इसी क्रम में स्पष्ट करते हैं कि मुझसे द्वेष रखनेवाले नराधमों को मैं बारम्बार आसुरी योनियों में गिराता हूँ। यही नरक है। इस नरक का द्वार क्या है? उन्होंने बताया कि काम, क्रोध और लोभ नरक के तीन द्वार हैं? जिनमें आसुरी सम्पद् गठित होती है। अतः बारम्बार कीट-पतंग, पशु, इत्यादि योनियों में आना ही नरक है।

पिण्डदान– प्रथम अध्याय में विषादग्रस्त अर्जुन को आशंका थी कि युद्धजनित नरसंहार से पूर्वज पिण्डदान और तर्पण से वंचित हो जायेंगे, गिर जायेंगे। इस पर भगवान् श्रीकृष्ण ने कहा- अर्जुन! तुझे यह अज्ञान कहाँ से हो गया? पिण्डदान जैसे वैदिक कर्मकाण्ड को योगेश्वर ने अज्ञान कहा और बताया कि जिस प्रकार जीर्ण-शीर्ण वस्त्र को त्यागकर मनुष्य नया वस्त्र धारण कर लेता है, ठीक उसी प्रकार यह आत्मा जीर्ण शरीर को छोड़कर तत्काल शरीररूपी नवीन वस्त्र को ग्रहण कर लेता है। यहाँ शरीर मात्र एक वस्त्र है और जब आत्मा ने केवल वस्त्र बदला, वह मरा नहीं, नश्वर शरीर को ही बदला है, उसकी व्यवस्थाएँ पूर्ववत् हैं, तो इस भोजन (पिण्डदान), आसन, शय्या, सवारी, आवास

या जल इत्यादि से किसे तृप्त किया जाता है? यही कारण है कि योगेश्वर ने इसे अज्ञान कहा। श्लोक 15७ में इसी पर बल देते हुए कहते हैं कि यह आत्मा मेरा सनातन अंश है, स्वरूप है और मन तथा पाँचों इन्द्रियों के कार्य-कलापजन्य संस्कार को लेकर दूसरे शरीर को धारण कर लेता है और मनसहित षट् इन्द्रियों के द्वारा अगले शरीर में विषय-भोगों को भोगता है। आत्मा ने जिस शरीर को धारण किया, वहाँ भी भोग-सामग्री उपलब्ध है। फिर पिण्डदान क्यों दिया जाता है? पिण्डदान असल में ब्राह्मणों द्वारा प्रचारित कर्मकाण्ड है। इससे दूर रहना ही बेहतर है।

इधर एक शरीर को छोड़ा, उधर दूसरे को धारण किया। वह सीधा उस शरीर में जाता है। बीच में कोई विराम नहीं, कोई स्थान नहीं तो हजारों पीढ़ियों के पितरों का अनादिकाल से पड़े रहना और उनकी जीविका वंश-परम्परा के हाथ निर्धारित करना तथा पिंजड़े के पक्षी की तरह उनका रुदन, पतन एक अज्ञान मात्र है। इसीलिए श्रीकृष्ण ने इसे अज्ञान कहा।

पाप और पुण्य– इस प्रश्न पर समाज में अनेक भ्रान्तियाँ हैं; किन्तु श्रीकृष्ण के अनुसार रजोगुण से उत्पन्न यह काम और क्रोध भोगों से कभी तृप्त न होनेवाले महान् पापी हैं। अर्थात् काम ही एकमात्र पापी है। पाप का उद्गम काम है, कामनाएँ हैं। ये कामनाएँ रहती कहाँ हैं? श्रीकृष्ण ने बताया कि इन्द्रियाँ, मन और बुद्धि इसके वासस्थान कहे जाते हैं। जब विकार तन में नहीं, मन में ही होते हैं तो शरीर धोने से क्या होगा?

श्रीकृष्ण के अनुसार इस मन की शुद्धि होती है नाम-जप से, ध्यान से, समकालीन किसी तत्त्वदर्शी महापुरुष की सेवा से, उनके प्रति समर्पण से, जिसके लिए वे 4.34 में प्रोत्साहित करते हैं कि 'तद्विद्धि प्रणिपातेन'- सेवा और प्रश्न करके उस ज्ञान को प्राप्त करो, जिससे सभी पाप नष्ट हो जाते हैं। शरीर के जन्म का जो कारण है, वही पाप है और जो उस अमृत-तत्त्व को दिलानेवाला है, जिसके पश्चात् कभी शरीर धारण न करना पड़े, वही पुण्य है।

सारांशतः बार-बार जन्म-मृत्यु का कारण ही पाप है और जो उससे बचाकर शाश्वत परमात्मा की ओर घूमा दे, परम शान्ति की प्राप्ति करा दे, वही पुण्यकर्म है। सच बोलना, केवल अपने परिश्रम का खाना, स्त्रियों में मातृभाव, ईमानदारी इत्यादि भी इस पुण्यकर्म के सहायक अंग हैं; किन्तु सर्वोत्कृष्ट पुण्य है परमात्मा की प्राप्ति। जो मात्र एक परमात्मा की श्रद्धा को तोड़ता है, वह पाप है।

सन्त सब एक- वास्तव में श्रीकृष्ण एक पूर्ण योगेश्वर हैं। वे एक अव्यक्त और अविनाशी भाव की स्थिति के हैं। जब कभी परमात्मा से मिलाने वाली क्रिया, अर्थात् योग का सूत्रपात किया गया तो इसी स्थितिवाले किसी महापुरुष ने किया। चाहे वह राम हों या ऋषि जरथुस्त्र ही क्यों न रहे हों। परवर्तीकाल में यही उपदेश ईसा, मुहम्मद, गुरुनानक, इत्यादि जिस किसी के द्वारा निकला, कहा श्रीकृष्ण ने ही।

अत: सभी महापुरुष एक ही हैं। सब-के-सब एक ही बिन्दु का स्पर्श कर एक ही स्वरूप को पाते हैं। यह पद एक इकाई है। अनेक पुरुष इस पथ पर चलेंगे; लेकिन, जब पायेंगे, एक ही पद को पायेंगे। ऐसी अवस्था को प्राप्त सन्त का शरीर एक मकान मात्र रह जाता है। वे शुद्ध आत्मस्वरूप हैं। ऐसी स्थितिवाले ने कभी कुछ कहा, तो एक योगेश्वर ने ही कहा।

सन्त कहीं-न-कहीं तो जन्म लेता ही है। पूरब अथवा पश्चिम में, श्याम अथवा श्वेत परिवार में, पूर्वप्रचलित किन्हीं धर्मावलम्बियों के बीच अथवा अबोध कबीलों में, सामान्य जीवन जीने वाले गरीब अथवा अमीरों में जन्म लेकर भी सन्त उनकी परम्परावाला नहीं होता। वह तो अपने लक्ष्य परमात्मा को पकड़कर स्वरूप की ओर अग्रसर हो जाता है, वही हो जाता है। उसके उपदेशों में जाति-पाँति, वर्गभेद और अमीर-गरीब की दीवारें नहीं रहती हैं। यहाँ तक कि उसकी दृष्टि में नर-मादा का भेद भी नहीं रह जाता।

महापुरुषों के पश्चात् उनके अनुयायी अपना सम्प्रदाय बनाकर संकुचित हो जाते हैं। किसी महापुरुष के पीछे चलनेवाले यहूदी हो जाते हैं, तो किसी के अनुयायी ईसाई, मुलसमान, सनातनी इत्यादि हो जाते हैं; किन्तु इन दीवारों से सन्त का सम्बन्ध कदापि नहीं होता। सन्त न तो कोई साम्प्रदायिक है और न कोई जाति। सन्त सन्त हैं, उन्हें किसी सामाजिक संगठन में न समेटें।

अत: संसार भर के सन्तों की, चाहे किसी कबीले या मवेशी पालनेवाले परिवार में उनका जन्म हुआ है, चाहे किसी मजहब, सम्प्रदाय वाले उनका पूजन अधिक करते हों, किसी साम्प्रदायिक प्रभाव में आकर ऐसे सन्तों की आलोचना नहीं करनी चाहिए; क्योंकि वे निरपेक्ष हैं। संसार के किसी भी स्थान में उत्पन्न सन्त निन्दा के योग्य नहीं होता। यदि कोई ऐसा करता है तो वह अपने अन्दर स्थित अन्तर्यामी परमात्मा को दुर्बल करता है, अपने परमात्मा से दूरी पैदा कर लेता है, स्वयं अपनी क्षति करता है। संसार में जन्म लेनेवालों में यदि आपका कोई सच्चा हितैषी है, तो सन्त ही। अत: उनके प्रति सहृदय रहना संसार भर के लोगों का मूल कर्त्तव्य है। इससे वंचित होना अपने को धोखा देना है।

ओम्– श्रीकृष्ण के निर्देशन में ॐ के जप का विधान पाया जाता है। अध्याय 7.8- ओंकार मैं हूँ। 8.13- ॐ का जप कर और मेरा चिन्तन कर। अध्याय 9.17- जानने योग्य पवित्र ओंकार मैं हूँ। अध्याय 10.33- अक्षरों में 'अकार' हूँ। 10.25- वचनों में एक अक्षर मैं हूँ। अध्याय 17.23- ॐ, तत् और सत् ब्रह्म का परिचायक है। 17.24- यज्ञ, दान और तप की क्रियाएँ ॐ से ही प्रारम्भ होती हैं। अतः श्रीकृष्ण के अनुसार ॐ का जप नितान्त आवश्यक है, जिसकी विधि किसी अनुभवी महापुरुष से सीखें।

गीता से सम्बन्धित कतिपय मार्मिक विचार

1. गीता-दर्शन समन्वय का दर्शन है। यह उपनिषदों की विभिन्न व्याख्याओं- द्वैत, विशिष्टाद्वैत एवं अद्वैत में सामंजस्य स्थापित करता है। यह व्यक्तिगत गुणों के अनुरूप मनुष्यों का वर्गीकरण करता है, सिद्धान्तों का नहीं। इसकी मान्यता है कि सभी मार्ग मनुष्य को एक ही लक्ष्य-बिन्दु की ओर अग्रसारित करते हैं। मनुष्य अपनी-अपनी प्रवृत्तियों के अनुरूप अपने लिए अनुकूल मार्ग का अवलम्बन करता है।

2. गीता-दर्शन शान्ति का दर्शन है, युद्ध का नहीं। अकसर लोगों के मन में यह भ्रांति होती है कि 'महाभारत' युद्ध-शास्त्र है। यह भाव निर्मूल है। महाभारत में वर्णित शान्ति-प्रयासों को देखें। शान्ति के कारण पाण्डव विशाल साम्राज्य के बदले मात्र पाँच गाँव मांगकर शान्ति स्थापित करने का प्रयास करते हैं। परन्तु विपक्षी जब आततायी हों, मदान्ध हो, शान्ति की भाषा को कायरता समझते हों, तो इनके विरूद्ध जमकर युद्ध करने का पाठ पढ़ाता है। जब सत्य-असत्य से, धर्म-अधर्म से, न्याय-अन्याय से, सदाचार-दुराचार से एवं देवत्व-असुरत्व से पराजित होने की स्थिति उपस्थित हो, तो यह युद्ध के द्वारा शान्ति स्थापित करने का संदेश देता है। कायरों की तरह दुम दबाकर भागने का नहीं।

3. गीता अविनाशी आत्मा एवं नाशवान शरीर के मध्य युद्ध है। महाभारत के शान्ति पर्व के सोलहवें अध्याय के छब्बीसवें श्लोक में कहा गया है कि इस मन को नहीं जीते तो पता नहीं आप किस अवस्था को प्राप्त करेंगे और यदि जीत लिया तो कृत्य-कृत्य हो जायेंगे।

4. महाभारत एवं गीता में सर्वत्र आत्मा की महत्ता स्थापित की गयी है। वेदान्त-दर्शन में कहा गया है- 'ब्रह्म सत्यं जगन्नमिथ्या', अर्थात् ब्रह्म ही सत्य है जगत मिथ्या है। आत्मा, ब्रह्म का पर्यायवाची है। परमात्मा की ज्योति सभी प्राणियों

की आत्मा में समान रूप से रहती है। अन्यत्र कहीं नहीं। साम्यावस्था में स्थित होकर इसे स्वयं देखा जा सकता है।

5. गीता-दर्शन मनुष्य को भगवान के समकक्ष खड़ा करता है। इसके अनुसार ब्रह्माण्ड की सारी शक्तियाँ, सारा ज्ञान मनुष्य में उसी प्रकार विराजमान हैं जिस प्रकार भगवान में। जिस प्रकार भगवान उन शक्तियों को प्रस्फुटित कर भगवान हो गये हैं, उसी प्रकार प्रत्येक मनुष्य उन शक्तियों को प्रस्फुटित कर भगवान के समकक्ष खड़ा हो सकता है।

6. गीता-दर्शन सृष्टि की सृजन-प्रलय की चक्राकार गति में विश्वास रखता है। इसके अनुसार सृजन के बाद विसर्जन (प्रलय) एवं विसर्जन के बाद सृजन होता है। गीता में सृजन को 'व्यक्त' और विसर्जन को 'अव्यक्त' कहा गया है। व्यक्त से अव्यक्त एवं अव्यक्त से व्यक्त की चक्राकार गति पुनरावर्ती है। प्रत्येक एक-दूसरे के क्रमशः कार्य और कारण हैं। यह गति अनादि-अनंत है।

7. इन सब परिवर्तनशील सृष्टि के परे, गीता-दर्शन सर्वशक्तिमान ईश्वर के अपरिवर्तनीय सत्ता में विश्वास करता है। यह सृजन-प्रत्यय की सामान्य प्रक्रिया से परे है। यह सबका कारण है, पर इसका कोई कारण नहीं है। यह शाश्वत सत्ता है।

8. केवल एक परमात्मा में श्रद्धा और समर्पण का सन्देश देनेवाली गीता सबको पवित्र करने का खुला आमन्त्रण देती है। सृष्टि में कहीं भी रहनेवाले अमीर अथवा गरीब, कुलीन अथवा आदिवासी, पुण्यात्मा और पापी, स्त्री और पुरुष, सदाचारी एवं अत्यन्त दुराचारी- सबका उसमें प्रवेश है।

9. गीता किसी विशेष व्यक्ति, किसी जाति, वर्ग, पथ, देश-काल या किसी रूढ़िग्रस्त सम्प्रदाय का ग्रन्थ नहीं बल्कि यह सार्वलौकिक तथा सार्वकालिक धर्मशास्त्र है। यह प्रत्येक देश, प्रत्येक जाति, प्रत्येक आयु के प्रत्येक स्त्री-पुरुष के लिए, सबके लिए है। सचमुच गीता सम्पूर्ण मानव जाति का धर्मशास्त्र है।

10. पूज्य भगवान महावीर, तथागत भगवान बुद्ध विज्ञ होते हुए भी लोक भाषाओं में गीता के ही सन्देशवाहक हैं। आत्मा सत्य है और पूर्ण संयम से आत्मस्थिति का विधान है- यह गीता का ही विचार है। बुद्ध ने उसी तत्त्व को सर्वज्ञ तथा अविनाशी पद कहकर गीता के ही विचार को पुष्ट किया है। इतना ही नहीं, अपितु विश्व वाङ्मय में धर्म के नाम पर जो कुछ भी सार-सर्वस्व है, जैसे- एक ईश्वर, प्रार्थना, पश्चाताप, तप इत्यादि गीता के ही उपदेश है।

11. भारत की लोकगाथाओं में है कि सुकरात की शिष्य-परम्परा के मनीषी अरस्तू ने अपने शिष्य सिकन्दर को भारत से गीताज्ञानी गुरु लाने का निर्देश दिया था। गीता के ही एकेश्वरवाद को विश्व की विविध भाषाओं में मूसा, ईसा तथा अनेक सूफी महात्माओं ने फैलाया। भाषान्तर होने से यह पृथक्-पृथक् प्रतीत होते हैं, किन्तु सिद्धान्त गीता के ही हैं। अतः गीता मानव मात्र का अतर्क्य धर्मशास्त्र है।

12. गीता के दो हजार वर्ष बाद तक धर्म के नाम पर सम्प्रदाय नहीं बने थे, इसीलिए गीता मजहब मुक्त है। उस समय विश्व-मनीषा में एक ही शास्त्र गूँज रहा था- उपनिषद्- सार गीता! मोक्ष और समृद्धि की स्रोत गीता! शास्त्र पढ़ने की अपेक्षा उसका श्रवण अधिक लाभदायक है; क्योंकि उच्चारण की शुद्धता इत्यादि में एकाग्रता बँट जाती है।

13. वह घर श्मशान है जिसमें प्रभु-चर्चा न हो। आज का मानव इतना व्यस्त है कि चाहकर भी भजन के लिए समय नहीं निकाल पाता। ऐसी परिस्थिति में गीता का सन्देश कर्ण-कुहरों तक पहुँच भर जाये तो परमश्रेय और समृद्धि के संस्कारों का बीजारोपण हो जाता है।

14. संसार में जितने भी धार्मिक मत-मतान्त हैं, वे सब-के-सब किसी महापुरुष के पीछे श्रद्धालुओं का संगठित समाज है। महापुरुष की एकान्त भजन स्थली ही कालान्तर में तीर्थ, आश्रम, मठ और मन्दिरों का रूप ले लेते हैं, जहाँ महापुरुष के नाम पर जीविकोपार्जन से लेकर विलासिता तक के साधन जुटाये जाते हैं। गद्दियाँ महापुरुष के बाद बनती हैं, गद्दियों से कोई महापुरुष नहीं बनता। इसीलिए धर्म सदा से ही प्रत्यक्षदर्शी महापुरुष के क्षेत्र की वस्तु रही है। गीता ऐसे ही निर्विवाद महापुरुष योगेश्वर भगवान् श्रीकृष्ण की वाणी है।

15. क्यों व्यर्थ चिन्ता करते हो? किससे व्यर्थ डरते हो? कौन तुम्हें मार सकता है? आत्मा न पैदा होता है और न मरती है।

16. जो हुआ, वह अच्छा हुआ, जो हो रहा है, वह अच्छा हो रहा है। जो होगा, वह भी इच्छा ही होगा। तुम भूत का पश्चाताप न करो। भविष्य की चिन्ता न करो। वर्तमान चल रहा है।

17. तुम्हारा क्या गया, जो तुम रोते हो? तुम क्या लाये थे, जो तुमने खो दिया? तुमने क्या पैदा किया था, जो नाश हो गया? न तुम कुछ लेकर आए, जो लिया यहीं से लिया। जो दिया, यहीं पर दिया। जो लिया, इसी (भगवान्) से

लिया। जो दिया, इसी को दिया। खाली हाथ आए, खाली हाथ चले। जो आज तुम्हारा है, कल किसी और का था, परसों किसी और का होगा। तुम इसे अपना समझ कर मग्न हो रहे हो। बस, यही प्रसन्नता तुम्हारे दुःखों का कारण है।

18. परिवर्तन संसार का नियम है। जिसे तुम मृत्यु समझते हो, वही तो जीवन है। एक क्षण में तुम करोड़ों के स्वामी बन जाते हो, दूसरे ही क्षण में तुम दरिद्र हो जाते हो। मेरा-तेरा, छोटा-बड़ा, अपना-पराया मन से मिटा दो, विचार से हटा दो। फिर सब तुम्हारा है, तुम सब के हो।

19. न यह शरीर तुम्हारा है न तुम इस शरीर के हो। यह अग्नि, जल, वायु, पृथ्वी और आकाश से बना है और इसी में मिल जायेगा। परन्तु आत्मा स्थिर है फिर तुम क्या हो?

20. तुम अपने आपको भगवान् को अर्पित करो। यही सबसे उत्तम सहारा है। जो इसके सहारे को जानता है, वह भय, चिन्ता और शोक से सर्वदा मुक्त है।

21. जो कुछ भी तू करता है, उसे भगवान् को अर्पण करता चल। ऐसा करने से तू सदा जीवन-मुक्त का आनन्द अनुभव करेगा।

ॐ तत्सत्

श्रीमद्भगवद्गीता

यदा यदा हि धर्मस्य ग्लानिर्भवती भारत ।
अभ्युत्थानमधर्मस्य तदाऽऽत्मनं सृजाम्यहम ॥

अध्याय - 1

विषादयोग

प्रथम अध्याय गीता की प्रवेशिका है, जिसमें आरम्भ में जीवन की राह पर अग्रसर लोगों की होने वाली उलझनों का चित्रण है। लड़ने वाले सम्पूर्ण कौरव और पाण्डव हैं; किन्तु संशय का पात्र मात्र अर्जुन है। जो भी आगे बढ़ता है उसे विभिन्न प्रकार के द्वन्द्व से गुजरना पड़ता है। मनुष्य चाहता है कि पहले वह उस परम सत्य को आसानी से प्राप्त कर ले; किन्तु आगे बढ़ने पर वह देखता है कि उसे बहुत कुछ खोना होगा, तब हताश हो जाता है। वह पहले से जो कुछ धर्म-कर्म मानकर करता था, उतने में ही सन्तोष करने लगता है। अपने मोह की पुष्टि के लिए वह प्रचलित रूढ़ियों का प्रमाण भी प्रस्तुत करता है- जैसे अर्जुन ने किया कि कुलधर्म सनातन है। युद्ध से सनातन-धर्म का नाश होगा तथा व्यभिचार फैलेगा। यह अर्जुन का उत्तर नहीं था, बल्कि सद्‌गुरु के सान्निध्य से पूर्व अपनायी गयी एक कुरीति मात्र थी।

इन्हीं कुरीतियों में फँसकर मनुष्य पृथक्-पृथक् धर्म, अनेक सम्प्रदाय, छोटे-बड़े गुट और असंख्य जातियों की रचना कर लेता है। कोई नाक दबाता है, तो कोई कान फाड़ता है। किसी के छूने से धर्म नष्ट होता है, तो कहीं भोजन-पानी से धर्म नष्ट होता है। तो क्या अछूत या छूनेवालों का दोष है? कदापि नहीं! दोष हमारे भ्रमदाताओं का है। धर्म के नाम पर हम कुरीति के शिकार होते हैं, इसलिए दोष हमारा है।

[**समीक्षात्मक टिप्पणी–** महाभारत युद्ध के सन्दर्भ में दोनों तरफ से 18 अक्षौहिणी सेना की तैनाती की बात कही गयी है। महाभारतकाल की गणना के अनुसार अठारह अक्षौहिणी लगभग चालीस लाख के समकक्ष होता है; किन्तु

प्रचलित गणना के अनुसार अठारह अक्षौहिणी साढ़े छः अरब के लगभग होता है, जो आज के विश्व की जनसंख्या के समकक्ष है। यह खांटी बकवास है क्योंकि प्राचीनकाल में विश्व की आबादी कभी भी छः अरब की नहीं थी। चालीस लाख की जगह पर चालीस हजार ज्यादा यथार्थपूर्ण लगता है। प्राचीनकाल में जन्म-दर और मृत्यु-दर लगभग बराबर रहता था।]

धृतराष्ट्र ने पूछा

धर्मक्षेत्रे कुरुक्षेत्रे समवेता युयुत्सवः।
मामकाः पाण्डवाश्चैव किमकुर्वत संजय ॥ 1.1 ॥

भावार्थ– हे संजय! धर्मभूमि कुरुक्षेत्र में एकत्र युद्ध की इच्छावाले मेरे और पाण्डु के पुत्रों ने क्या किया ?

टिप्पणी– समस्त गीता में धृतराष्ट्र के मुख से निकले हुए केवल यही शब्द हैं और इन्हीं से उनके संकुचित दृष्टिकोण का आभास हो जाता है। अर्जुन के पिता पाण्डु है जो धृतराष्ट्र के भाई थे, जिनका स्वर्गवास हो चुका था, इसलिए धृतराष्ट्र को दोनों भाइयों के पुत्रों के प्रति समानभाव रखना चाहिए था। किन्तु उन्होंने अपने पुत्रों के लिए 'मामकाः' शब्द का प्रयोग करके अपना-पन दिखलाया और पाण्डु-पुत्रों के लिए 'पाण्डवाः' शब्द का प्रयोग करके पराया-भाव दिखलाया। अपने-पराये का भेद, संकुचित दृष्टिकोण का प्रतीक है।

संजय ने कहा

दृष्ट्वा तु पाण्डवानीकं व्यूढं दुर्योधनस्तदा।
आचार्यमुपसंगम्य राजा वचनमब्रवीत्॥ 1.2 ॥

भावार्थ– हे राजन्! पाण्डुपुत्रों द्वारा सेना की व्यूह रचना खड़ी देख कर दुर्योधन गुरु द्रोणाचार्य के पास गये और युद्ध के संचालन के विषय में अपने विचार प्रकट किए।

पश्यैतां पाण्डुपुत्राणामाचार्य महतीं चमूम् ।
व्यूढां द्रुपदपुत्रेण तव शिष्येण धीमता ॥ 1.3 ॥

भावार्थ– दुर्योधन ने कहा- हे आचार्य! पाण्डुपुत्रों की विशाल सेना को देखें, जिसे आपके बुद्धिमान् शिष्य द्रुपद-पुत्र धृष्टद्युम्न ने इतने प्रभावशाली ढंग से व्यवस्थित किया है।

दोनों पक्षों के प्रमुख योद्धा

अत्र शूरा महेष्वासा भीमार्जुनसमा युधि।
युयुधानो विराटश्च द्रुपदश्च महारथः ॥ 1.4 ॥

भावार्थ– दुर्योधन ने द्रोणाचार्य से कहा कि पाण्डवों की सेना में भीम और अर्जुन के समतुल्य अनेक शूरवीर और बड़े-बड़े धनुर्धारी योद्धा दिखलाई दे रहे हैं, जैसे-युयुधान (सात्यकि), विराट और द्रुपद (द्रौपदी के पिता) इत्यादि।

धृष्टकेतुश्चेकितानः काशिराजश्च वीर्यवान्।
पुरुजित्कुन्तिभोजश्च शैब्यश्च नरपुंगवः ॥ 1.5 ॥
युधामन्युश्च विक्रान्त उत्तमौजाश्च वीर्यवान्।
सौभद्रो द्रौपदेयाश्च सर्व एव महारथाः ॥ 1.6 ॥

भावार्थ–दुर्योधन ने पाण्डव-सेना के अन्य महारथियों के नाम भी गिनाए-धृष्टकेतु, चेकितान, काशिराज, पुरुजित्, कुन्तिभोज (कुन्ती के पिता), शैब्य, युधामन्यु, उत्तमौजा, अभिमन्यु (सुभद्रा का लाडला) तथा द्रौपदी के पाँच पुत्र।

अस्माकं तु विशिष्टा ये तान्निबोध द्विजोत्तम।
नायका मम सैन्यस्य संज्ञार्थं तान्ब्रवीमि ते ॥ 1.7॥

भावार्थ– किन्तु, हे द्विजश्रेष्ठ! आपकी सूचना के लिए मैं अपनी सेना के उन नायकों के विषय में बताना चाहूँगा जो मेरी सेना को संचालित करने में विशेष रूप से निपुण हैं।

भवान्भीष्मश्च कर्णश्च कृपश्च समितिंजयः।
अश्वत्थामा विकर्णश्च सौमदत्तिस्तथैव च ॥ 1.8 ॥

भावार्थ–दुर्योधन ने द्रोणाचार्य से कहा, हमारी सेना में आप हैं, भीष्म हैं, कर्ण हैं, कृपाचार्य हैं, अश्वत्थामा (द्रोणाचार्य का पुत्र) हैं, विकर्ण हैं और भूरिश्रवा (सोमदत्त का पुत्र) हैं।

[**समीक्षात्मक टिप्पणी–** महाभारत की कहानी से यह स्पष्ट होता है कि इस युद्ध में एक ही परिवार के चार पुश्तों के सदस्य शामिल थे। युद्ध के मैदान में भीष्म पितामह से लेकर अर्जुन और भीम के पुत्र तक मौजूद थे, जो चार पुश्तों के लोगों के होने का ठोस प्रमाण है। यह कतई सम्भव नहीं है कि चार पुश्तों के लोग एक साथ इकट्ठा युद्ध करें क्योंकि वैसी स्थिति में कोई व्यक्ति सौ वर्ष से ऊपर का होगा तो कोई दस-पाँच वर्षों का भी होगा। इससे स्पष्ट होता है कि

महाभारत की कहानी में बहुत-सारी बनावटी बातें बिना समझे-बुझे जोड़ दिया गया है। हम युद्ध के यथार्थ को नकार नहीं रहे हैं। निश्चित रूप से पारिवारिक स्तर का बहुत बड़ा युद्ध हुआ होगा, लेकिन इसका यह अभिप्राय नहीं है कि छोटे बच्चे और वृद्ध एकसाथ एक-दूसरे के खिलाफ युद्ध कर रहे थे। खैर, जो भी हो, यह हरेक दृष्टि से अव्यावहारिक घटना का चित्रण है। किसी भी युद्ध में एक साथ दो से अधिक पीढ़ियों के लोग नहीं हो सकते हैं। युद्ध का मैदान मनोरंजन पार्क नहीं होता है।]

अन्ये च बहवः शूरा मदर्थे त्यक्तजीविताः।
नानाशस्त्रप्रहरणाः सर्वे युद्धविशारदाः ॥ 1.9 ॥

भावार्थ– और भी बहुत से शूरवीर अनेक शस्त्रों से युक्त मेरे लिए जीवन की आशा को त्यागकर युद्ध में डटे हैं। सभी मेरे लिए प्राण त्यागने के लिए तैयार हैं; किन्तु उनकी कोई ठोस गणना नहीं है।

अब कौन-सी सेना किस प्रकार सुरक्षित है, इस पर कहते हैं-

अपर्याप्तं तदस्माकं बलं भीष्माभिरक्षितम्।
पर्याप्तं त्विदमेतेषां बलं भीमाभिरक्षितम् ॥ 1.10 ॥

भावार्थ– दुर्योधन ने द्रोणाचार्य से कहा, हमारी सेना जिसकी रक्षा स्वयं भीष्म कर रहे हैं उनकी शक्ति असीमित है, जबकि पाण्डवों की सेना जिसकी रक्षा भीम कर रहे हैं उनकी शक्ति सीमित है।

टिप्पणी– हमारी शक्ति अपरिमेय है और हम सब पितामह द्वारा भली-भाँति संरक्षित हैं, जबकि पाण्डवों की शक्ति भीम द्वारा भली-भाँति संरक्षित होकर भी सीमित है। दुर्योधन द्वारा कथित वचनों को सुनाकर संजय युद्ध-भूमि सम्बन्धित अपना वृत्तान्त जारी रखते हुए धृतराष्ट्र से बोले-

अयनेषु च सर्वेषु यथाभागमवस्थिताः।
भीष्ममेवाभिरक्षन्तु भवन्तः सर्व एव हि ॥ 1.11 ॥

भावार्थ– अतएव सैन्यव्यूह में अपने-अपने मोर्चों पर खड़े रहकर आप सभी भीष्म पितामह को पूरी-पूरी सहायता दें।

टिप्पणी– सभी मोर्चों पर अपनी-अपनी जगह स्थित रहते हुए आप लोग सब-के-सब भीष्म की सब ओर से रक्षा करें। यदि भीष्म जीवित हैं तो हम अजेय हैं। इसलिए आप पाण्डवों से न लड़कर केवल भीष्म की ही रक्षा करें। कैसा योद्धा है भीष्म, जो स्वयं अपनी रक्षा नहीं कर पा रहा है, कौरवों को उसकी

रक्षा-व्यवस्था करनी पड़ रही है? भीष्म वृद्ध हो चले थे। बहुत लड़ने की स्थिति में नहीं थे, पर मस्तिष्क से काफी सबल और युद्ध कौशल में निपुण थे।

युद्ध-आरम्भ की घोषणा

तस्य संजनयन्हर्षं कुरुवृद्धः पितामहः ।
सिंहनादं विनद्योच्चैः शङ्खं दध्मौ प्रतापवान् ॥ 1.12 ॥

भावार्थ– उस समय भीष्म पितामह ने (जो कुरुवंश के सबसे बड़े एवं प्रतापी पुरुष थे) सिंह की तरह गर्जना करके अपना शंखनाद किया।

टिप्पणी– प्राचीनकाल में युद्ध के पूर्व उसकी घोषणा की जाती थी, चूँकि उस समय आमने-सामने की लड़ाई होती थी। शंखध्वनि पात्रों के पराक्रम की घोषणा है। कौरवों में वृद्ध प्रतापवान् पितामह भीष्म ने उस दुर्योधन के हृदय में हर्ष उत्पन्न करते हुए उच्च स्वर से सिंहनाद के समान भयप्रद शंख बजाया। सिंह प्रकृति के भयावह पहलू का प्रतीक है। शंखनाद एक प्रकार की चुनौती की भी ध्वनि है।

ततः शङ्खाश्च भेर्यश्च पणवानकगोमुखाः ।
सहसैवाभ्यहन्यन्त स शब्दस्तुमुलोऽभवत् ॥ 1.13 ॥

भावार्थ– उसके बाद शंख, नगाड़े, ढोल, मृदंग आदि लड़ाई के बाजे एक साथ बजने लगे और उन सबका सम्मिलित नाद चारों ओर गूँज उठा। वह इकट्ठा स्वर अत्यन्त कोलाहलपूर्ण था।

ततः श्वेतैर्हयैर्युक्ते महति स्यंदने स्थितौ ।
माधवः पाण्डवश्चैव दिव्यौ शङ्खौ प्रदध्मतुः ॥ 1.14 ॥

भावार्थ– तत्पश्चात् सफेद घोड़ों से जुते हुए विशाल रथ पर बैठे हुए माधव और अर्जुन ने भी अपने-अपने दिव्य शंख बजाये।

टिप्पणी– महान् रथ पर बैठे हुए श्रीकृष्ण और अर्जुन ने अलौकिक शंख बजाये। अलौकिक का अर्थ है, लोकों से परे। मृत्युलोक, देवलोक तथा ब्रह्मलोक, जहाँ तक जन्म-मरण का भय है उन समस्त लोकों से परे पारलौकिक, पारमार्थिक स्थिति प्रदान करने की घोषणा श्रीकृष्ण की है।

पाञ्चजन्यं हृषीकेशो देवदत्तं धनञ्जयः ।
पौण्ड्रं दध्मौ महाशङ्खं भीमकर्मा वृकोदरः ॥ 1.15 ॥

अनन्तविजयं राजा कुन्तीपुत्रो युधिष्ठिरः।
नकुलः सहदेवश्च सुघोषमणिपुष्पकौ ॥ 1.16 ॥

भावार्थ– भगवान् कृष्ण ने अपना पाञ्चजन्य शंख बजाया, अर्जुन ने देवदत्त शंख तथा अतिभोजी एवं अतिमानवीय कार्य करनेवाले भीम ने पौण्ड्र नामक भयंकर शंख बजाया। कुन्तीपुत्र राजा युधिष्ठिर ने अनन्तविजय नामक शंख बजाया तथा नकुल ने सुघोष नामक शंख बजाया और सहदेव ने मणिपुष्पक नामक शंख बजाया।

टिप्पणी– 'हृषीकेशः', जो हृदय के सर्वज्ञाता हैं, उन श्रीकृष्ण ने 'पाञ्चजन्य शंख' बजाया। पाँचों ज्ञानेन्द्रियों को पंच तन्मात्राओं (शब्द, स्पर्श, रूप, रस, गन्ध) के रसों से समेटकर अपने भक्तों की श्रेणी में ढालने की घोषणा की। विकराल रूप से बहकती हुई इन्द्रियों को समेटकर उन्हें अपने सेवक की श्रेणी में खड़ा कर देना हृदय से प्रेरक सद्गुरु की देन है। श्रीकृष्ण एक योगेश्वर, सद्गुरु थे। श्रीकृष्ण के द्वारा शंखनाद का एक यही भाव महत्त्वपूर्ण है।

काश्यश्च परमेष्वासः शिखण्डी च महारथः।
धृष्टद्युम्नो विराटश्च सात्यकिश्चापराजितः ॥ 1.17 ॥
द्रुपदो द्रौपदेयाश्च सर्वशः पृथिवीपते।
सौभद्रश्च महाबाहुः शङ्खान्दध्मुः पृथक्पृथक् ॥ 1.18 ॥

भावार्थ– हे राजन्! महान् धनुर्धर काशिराज, परम योद्धा शिखण्डी, धृष्टद्युम्न, विराट, अजेय सात्यकि, द्रुपद, द्रौपदी के पुत्रों तथा सुभद्रा के महाबाहु पुत्र आदि सबों ने अपने-अपने शंख बजाये।

स घोषो धार्तराष्ट्राणां हृदयानि व्यदारयत्।
नभश्च पृथिवीं चैव तुमुलो व्यनुनादयन् ॥ 1.19 ॥

भावार्थ– संजय ने कहा, इन सब शंखों के बजने से भयावह शोर उत्पन्न हुआ- उससे आकाश और पृथ्वी गूँज उठे तथा धृतराष्ट्र के पुत्रों के हृदय विदीर्ण होने लगे।

टिप्पणी– उस घोर शब्द ने आकाश और पृथ्वी को भी शब्दायमान करते हुए धृतराष्ट्र-पुत्रों के हृदय विदीर्ण कर दिये। सेना तो पाण्डवों की ओर भी थी, किन्तु हृदय विदीर्ण हुए धृतराष्ट्र-पुत्रों के। वस्तुतः पाञ्चजन्य, दैवी शक्ति पर आधिपत्य, अनन्त पर विजय, अशुभ का शमन और शुभ की घोषणा

धारावाही होने लगे तो कुरुक्षेत्र, आसुरी सम्पद्, बहिर्मुखी प्रवृत्तियों का हृदय विदीर्ण हो जायेगा।

अर्जुन का समयोचित उत्साह

अथ व्यवस्थितान्दृष्ट्वा धार्तराष्ट्रान् कपिध्वजः ।
प्रवृत्ते शस्त्रसम्पाते धनुरुद्यम्य पाण्डवः ॥ 1.20 ॥

भावार्थ– उस समय हनुमान से अंकित ध्वजा लगे रथ पर आसीन पाण्डुपुत्र अर्जुन अपना धनुष उठा कर तीर चलाने के लिए उद्यत हुआ। हे राजन्! धृतराष्ट्र के पुत्रों को व्यूह में खड़ा देखकर अर्जुन ने श्रीकृष्ण से ये वचन कहे।

टिप्पणी– कुछ विद्वान कहते हैं- ध्वजा चंचल थी, इसलिए कपिध्वज कहा गया। किन्तु नहीं, यहाँ कपि साधारण बन्दर नहीं स्वयं हनुमान थे, जिन्होंने मान-अपमान का हनन किया था। हनुमान का वर्णन प्रथमवार रामायण में मिलता है। इतिहासकार एक स्वर से रामायण काल को महाभारत के काल से पहले मानते हैं, जो सही भी है।

श्लोक 1.21 के उत्तरार्ध से श्लोक 1.23 तक अर्जुन के वचन हैं, इसलिए हम इन श्लोकों को एकसाथ लिख रहे हैं-

हृषीकेशं तदा वाक्यमिदमाह महीपते ।
सेनयोरुभयोर्मध्ये रथं स्थापय मेऽच्युत ॥ 1.21 ॥
यावदेतान्निरीक्षेऽहं योद्धुकामानवस्थितान् ।
कैर्मया सह योद्धव्यमस्मिन्रणसमुद्यमे ॥ 1.22 ॥
योत्स्यमानानवेक्षेऽहं य एतेऽत्र समागताः ।
धार्तराष्ट्रस्य दुर्बुद्धेर्युद्धे प्रियचिकीर्षवः ॥ 1.23 ॥

भावार्थ– अर्जुन ने श्रीकृष्ण से कहा, हे अच्युत, आप मेरे रथ को दोनों सेनाओं के बीच में ले जाकर खड़ा कीजिए जिससे कि मैं उन योद्धाओं को देख सकूँ जो युद्ध के लिए उत्सुक खड़े हैं। मैं यह ठीक प्रकार से जानना चाहता हूँ कि इस युद्ध में मुझे किनके साथ युद्ध करना है। विशेषतः उन योद्धाओं को मैं देख लूँ जो दुर्बुद्धि धृतराष्ट्र के पुत्रों को विजय प्राप्त करवाने की इच्छा से यहाँ आए हैं।

टिप्पणी– अर्जुन अपने दुश्मन की शक्ति के सन्दर्भ में अपनी सामरिक शक्ति का मूल्याकंन करना चाह रहे थे। क्योंकि युद्ध का परिणाम कभी अच्छा नहीं होता है। उस अर्जुन ने व्यवस्थित रूप से धृतराष्ट्र-पुत्रों को खड़े देखकर

शस्त्र चलाने की तैयारी के समय धनुष उठाकर 'हृषिकेशम्'- जो हृदय के सर्वज्ञाता हैं, उन योगेश्वर श्रीकृष्ण से यह वचन कहा- 'हे अच्युत! (जो कभी च्युत नहीं होता) मेरे रथ को दोनों सेनाओं के बीच खड़ा करें। यहाँ सारथी को दिया गया आदेश नहीं, इष्ट (सद्गुरु) से की गयी प्रार्थना है। किसलिए खड़ा करें?

दुर्बुद्धि दुर्योधन का युद्ध में कल्याण चाहनेवाले जो-जो राजा लोग इस सेना में आये हैं, उन युद्ध करनेवालों को मैं देखूँगा। दुर्बुद्धि (दुर्जन) का प्रिय चाहने वाले, अर्थात् अन्यायी के साथ सहयोग करनेवाले भी अन्यायी- इस सिद्धान्त का यहाँ उल्लेख है। अर्जुन के वचनों को सुनकर श्रीकृष्ण ने क्या किया, इसका वर्णन अगले दो श्लोकों में।

[**समीक्षात्मक टिप्पणी–** अर्जुन के रथ के ऊपर एक झण्डा लगा है जिस पर हनुमान का चित्र है। पर संशय उत्पन्न करता है क्योंकि महाभारत काल में हनुमान को वह लोक प्रसिद्धि प्राप्त नहीं थी जो आज प्राप्त है। यह ठीक है कि रामायण काल महाभारत काल से काफी पहले का है, लेकिन अतिप्राचीनकाल में हनुमान को देवता का स्थान प्राप्त नहीं हो सका था। प्राय: सभी इति हासकार यही मानते हैं कि वाल्मिकी रामायण की रचना महाभारत के बाद हुई है इस तथ्य के बावजूद कि महाभारत का काल बाद का है। सच कहा जाये तो हनुमान को देवता का स्थान पुराणों तथा तुलसीकृत रामचरितमानस के माध्यम से प्राप्त हुआ। इससे यह स्पष्ट होता है कि हनुमान से सम्बन्धित श्लोक को बाद में राम भक्तों ने गीता में डाल दिया है।

सारी दुनिया के मानवशास्त्री यही मानते हैं कि विभिन्न प्रकार की आदिम जातियाँ विभिन्न प्रकार के जीवों या प्राकृतिक चीज़ों को अपनी पहचान के लिए टोटम के रूप में इस्तेमाल किया करती थी। टोटम का एक धार्मिक महत्त्व हुआ करता था। उसके विरूद्ध लोग कुछ भी ऐसा नहीं करते थे कि टोटम का अपमान हो, क्योंकि टोटम से लोग डरते भी थे। इसी तरह से टोटम ने समय के साथ धर्म का स्थान ले लिया। इस बात की पूरी सम्भावना है कि हनुमान या बन्दर को लोगों ने प्रथमत: अपनी पहचान के लिए टोटम के रूप में प्रयोग किया होगा और धीरे-धीरे इसे देवता का स्थान प्राप्त हो गया।]

संजय ने कहा

एवमुक्तो हृषीकेशो गुडाकेशेन भारत।
सेनयोरुभयोर्मध्ये स्थापयित्वा रथोत्तमम् ॥ 1.24 ॥

भीष्मद्रोणप्रमुखतः सर्वेषां च महीक्षिताम्।
उवाच पार्थ पश्यैतान् समवेतान्कुरूनिति ॥ 1.25 ॥

भावार्थ– संजय ने धृतराष्ट्र से कहा, हे राजन्, गुडाकेश (अर्जुन) के इन वचनों को सुनकर हृषिकेश (श्रीकृष्ण) ने उस उत्तम रथ को दोनों सेनाओं के बीच में ले जाकर खड़ा कर दिया, ठीक उस स्थान पर जो भीष्म, द्रोण तथा अन्य राजाओं के सामने था। वहाँ रथ को स्थिर कर भगवान् ने अर्जुन से कहा, हे पार्थ, यहाँ एकत्रित हुए कौरव योद्धाओं को देखने की तुम्हारी इच्छा है, सो उन्हें देख लो।

टिप्पणी– संजय ने कहा- हे भरतवंशी! निद्राजयी अर्जुन द्वारा इस प्रकार कहे जाने पर हृदय के ज्ञाता श्रीकृष्ण ने दोनों सेनाओं के बीच भीष्म, द्रोण और 'महीक्षिताम्'- शरीररूपी पृथ्वी पर अधिकार जमाये हुए सम्पूर्ण राजाओं के बीच उत्तम रथ को खड़ा करके कहा- पार्थ! इन एकत्रित कौरवों को देखो। यहाँ उत्तम रथ सोने-चाँदी का रथ नहीं है। संसार में उत्तम की परिभाषा नश्वर के प्रति अनुकूलता-प्रतिकूलता से की जाती है। यह परिभाषा अपूर्ण है। जो हमारी आत्मा, हमारे स्वरूप का सदैव साथ दे, वही उत्तम है। जिसके पीछे 'अनुत्तम'- मलिनता न हो। इस अध्याय में भगवान् श्रीकृष्ण द्वारा बोले गये केवल यही शब्द हैं। उनके उपदेशात्मक वचन दूसरे अध्याय से आरम्भ होता है।

अर्जुन की मानसिक उलझन

तत्रापश्यत्स्थितान्पार्थः पितृनथ पितामहान्।
आचार्यान् मातुलान् भ्रातृन् पुत्रान् पौत्रान् सखींस्तथा ॥1.26 ॥
श्वशुरान् सुहृदश्चैव सेनयोरुभयोरपि।
तान्समीक्ष्य स कौन्तेयः सर्वान् बन्धूनवस्थितान् ॥ 1.27 ॥

भावार्थ– वहाँ अर्जुन ने देखा कि युद्ध करने को तैयार कोई अनजान या पराया व्यक्ति नहीं है, बल्कि सब एक-दूसरे के निकट सम्बन्धी हैं जैसे पिता, पितामह, आचार्य, मामा, भाई, पुत्र, पौत्र, सखा, श्वसुर, आदि। जब कुन्तीपुत्र अर्जुन ने देखा कि निकटतम बंधु-बांधव ही परस्पर युद्ध करने के लिए खड़े हैं, तब उसमें युद्ध के विपरीत करुणा भाव तथा आन्तरिक क्लेश भाव उत्पन्न हुआ।

टिप्पणी– अर्जुन उस समय इस बात को भूल गया कि इस युद्ध का वास्तविक लक्ष्य है 'दुष्टों को राज्य पद से हटा कर जनता का भला करना है'।

अर्जुन ने कहा

कृपया परयाविष्टो विषीदन्निदमब्रवीत्।
दृष्ट्वेमं स्वजनं कृष्ण युयुत्सुं समुपस्थितम् ॥ 1.28 ॥
सीदन्ति मम गात्राणि मुखं च परिशुष्यति।
वेपथुश्च शरीरे मे रोमहर्षश्च जायते ॥ 1.29 ॥

भावार्थ– हे कृष्ण! इस प्रकार युद्ध की इच्छा रखने वाले अपने मित्रों तथा सम्बन्धियों को अपने समक्ष उपस्थित देखकर मेरे शरीर के अंग शिथिल हो रहे हैं और मेरा मुँह सूखा जा रहा है। मेरा सारा शरीर काँप रहा है, मेरे रोंगटे खड़े हो रहे हैं।

गाण्डीवं स्रंसते हस्तात्त्वक्चैव परिदह्यते।
न च शक्नोम्यवस्थातुं भ्रमतीव च मे मनः ॥ 1.30 ॥

भावार्थ–अर्जुन ने कहा, हे कृष्ण! मेरा गाण्डीव धनुष मेरे हाथ से सरक रहा है और मेरी त्वचा भी जल रही है। मैं खड़ा रहने में असमर्थ हूँ। मैं अपने को भूल रहा हूँ और मेरा सिर चकरा रहा है।

निमित्तानि च पश्यामि विपरीतानि केशव।
न च श्रेयोऽनुपश्यामि हत्वा स्वजनमाहवे ॥ 1.31 ॥

भावार्थ– हे केशव! मुझे तो केवल अमंगल के कारण दिख रहे हैं। इस युद्ध में अपने ही स्वजनों का वध करने से न तो मुझे कोई अच्छाई दिखती है।

टिप्पणी– अपनी मानसिक उलझन को स्पष्ट करते हुए अर्जुन ने कहा मुझे सब लक्षण विपरीत दिखलाई दे रहे हैं क्योंकि इस युद्ध में अपने स्वजनों की (अर्थात् जिन्हें मैं 'अपना' समझता हूँ, 'पराया' नहीं, उनकी) हत्या करके मैं अपना श्रेयस् (अर्थात् कल्याण) कैसे प्राप्त कर सकूँगा ? इस श्लोक से हम यह जान पाते हैं कि गीता का उपदेश सुनने से पहले अर्जुन के मन में दो लक्ष्यों की प्रधानता थी–(अ) अपना श्रेयस् (अर्थात् कल्याण)। 'श्रेयस्' शब्द कठोपनिषद् का है और उसका एक अर्थ 'मोक्ष' भी है। इस शब्द का प्रयोग गीता के अन्य अध्यायों में भी हुआ है। (आ) स्वजन-हित (अर्थात् उन व्यक्तियों का भला तथा रक्षण जिन्हें अर्जुन 'अपना' समझता था, 'पराया' नहीं। अपने-पराए का भेद, संकुचित दृष्टिकोण का लक्षण है।)

न कांक्षे विजयं कृष्ण न च राज्यं सुखानि च।
किं नो राज्येन गोविन्द किं भोगैर्जीवितेन वा ॥ 1.32 ॥

भावार्थ– अर्जुन ने कहा- हे कृष्ण! न, मैं उससे किसी प्रकार की विजय, राज्य या सुख की इच्छा रखता हूँ। अचानक मेरा लड़ने का तथा जीने का उत्साह समाप्त हो गया है। अब मुझे कुछ नहीं चाहिए- न मुझे विजय की इच्छा है, न राज्य की, न सुख की। क्योंकि हे गोविन्द, हमें राज्य लेकर क्या करना है, भोगों का क्या करना है और जीवित रह कर भी क्या करना है?

टिप्पणी– सम्पूर्ण परिवार युद्ध के मुहाने पर है। इन्हें युद्ध में मारकर विजय, विजय से मिलनेवाला राज्य और राज्य से मिलनेवाला सुख अर्जुन को नहीं चाहिए। वह कहता है, मैं विजय नहीं चाहता। राज्य तथा सुख भी नहीं चाहता। गोविन्द! हमें राज्य या भोग अथवा जीवन से भी क्या प्रयोजन है?

येषामर्थे कांक्षितं नो राज्यं भोगाः सुखानि च।
त इमेऽवस्थिता युद्धे प्राणांस्त्यक्त्वा धनानि च ॥ 1.33 ॥

भावार्थ– अर्जुन ने कहा, हे कृष्ण! जिनके लिए हमने राज्य, भोग तथा सुख की इच्छा की थी, वे सभी धन-जन का मोह त्याग कर युद्ध में आ खड़े हुए हैं।

टिप्पणी– हमें जिनके लिए राज्य, भोग और सुखादिक इच्छित हैं, वे ही परिवार जीवन की आशा त्यागकर युद्ध के मैदान में खड़े हैं। हमें राज्य इच्छित था तो परिवार को लेकर; भोग, सुख और धन की पिपासा थी तो स्वजन और परिवार के साथ उन्हें भोगने की थी। किन्तु जब सब-के-सब प्राणों की आशा त्यागकर खड़े हैं तो मुझे सुख, राज्य या भोग नहीं चाहिए। यह सब इन्हीं के लिए प्रिय थे। इनसे अलग होने पर हमें इनकी आवश्यकता नहीं है। जब तक परिवार रहेगा, तभी तक ये वासनाएँ भी रहती हैं। झोपड़ी में रहनेवाला भी अपने परिवार, मित्र और स्वजन को मारकर विश्व का साम्राज्य स्वीकार नहीं करेगा। अर्जुन भी यही कहता है कि हमें भोग प्रिय थे, विजय प्रिय थी; किन्तु जिनके लिए थी, जब वे ही नहीं रहेंगे तो भोगों से क्या प्रयोजन?

आचार्याः पितरः पुत्रास्तथैव च पितामहाः।
मातुलाः श्वशुराः पौत्राः श्यालाः सम्बन्धिनस्तथा ॥ 1.34 ॥
एतान्न हन्तुमिच्छामि घ्नतोऽपि मधुसूदन।
अपि त्रैलोक्यराज्यस्य हेतोः किं नु महीकृते ॥ 1.35 ॥

भावार्थ– अर्जुन ने कहा, हे मधुसूदन, आचार्य, पिता, पुत्र, पितामह, मामा, श्वसुर, पौत्र, साले तथा अन्य सगे-सम्बन्धियों को मारने की मुझे कोई इच्छा नहीं है–चाहे वे मुझे मार डालें या तीनों लोको का राज्य मुझे मिले, फिर इस पृथ्वी के राज्य का तो कहना ही क्या ?

टिप्पणी– हे मधुसूदन! जब गुरुजन, पितृगण, पुत्रगण, पितामह, मामा, ससुर, पौत्रगण, साले तथा अन्य सारे सम्बन्धी अपना अपना धन एवं प्राण देने के लिए तत्पर हैं और मेरे समक्ष खड़े हैं तो फिर मैं इन सबको क्यों मारना चाहूँगा, भले ही वे मुझे क्यों न मार डालें? हे जीवों के पालक! मैं इन सबों से लड़ने को तैयार नहीं, भले ही बदले में मुझे तीनो लोक क्यों न मिलते हों, इस पृथ्वी की तो बात ही छोड़ दें। भला धृतराष्ट्र के पुत्रों को मारकर हमें कौन-सी प्रसन्नता मिलेगी? अर्जुन चाहता है कि उसके पिता का परिवार, ससुराल का परिवार, मामा का परिवार, सुहृद्, मित्र और गुरुजन साथ रहें, सभी सुखी रहें और इन सबकी व्यवस्था करते हुए वह परमात्मा-स्वरूप की प्राप्ति भी कर ले। किन्तु जब वह समझता है कि आराधना में अग्रसर होने के लिए परिवार छोड़ना होगा, इन सम्बन्धों का मोह समाप्त करना होगा तो वह अधीर हो उठता है।

निहत्य धार्तराष्ट्रान्नः का प्रीतिः स्याज्जनार्दन।
पापमेवाश्रयेदस्मान् हत्वैतानाततायिनः ॥ 1.36 ॥

भावार्थ– अर्जुन ने कहा, हे जनार्दन, कौरवों का हनन करने से हमें क्या सुख प्राप्त हो सकता है? यद्यपि ये गलत एवं अत्याचारी हैं फिर भी इन्हें मारने से तो हमें पाप ही लगेगा और वह पाप श्रेयस् प्राप्ति के मार्ग में रुकावट डालेगा।

टिप्पणी– जहाँ धृतराष्ट्र अर्थात् धृष्टता का राष्ट्र है, उससे उत्पन्न मोहरूपी दुर्योधन इत्यादि को मारकर भी हमें क्या प्रसन्नता होगी? इन आततायियों को मारकर हमें पाप ही तो लगेगा। जो जीवनयापन के तुच्छ लाभ के लिए अनीति अपनाता है, वह आततायी कहलाता है; किन्तु वस्तुतः इससे भी बड़ा आततायी वह है, जो आत्मा के पथ में अवरोध उत्पन्न करता है। आत्मदर्शन में बाधक काम, क्रोध, लोभ, मोह आदि का समूह ही आततायी है। 'आततायी' शब्द की परिभाषा वशिष्ठ स्मृति में दी गयी है और उसके छः लक्षण हैं- घर में आग लगाना, विष देना, बिना कारण हत्या करना, धन लूटना, खेत पर कब्जा करना तथा स्त्री का अपहरण करना।

तस्मान्नार्हा वयं हन्तुं धार्तराष्ट्रान् स्वबांधवान्।
स्वजनं हि कथं हत्वा सुखिनः स्याम माधव ॥ 1.37 ॥

भावार्थ– अर्जुन ने कहा, हे माधव, कौरवों को मारना हमारे लिए उचित नहीं है क्योंकि वे हमारे स्वजन हैं और स्वजनों को मार कर हम सुखी नहीं हो सकते हैं।

टिप्पणी– वस्तुतः शरीर के रिश्ते अज्ञान से उत्पन्न होते हैं। यह मामा हैं, ससुराल है, स्वजन-समुदाय है- यह सब अज्ञान ही तो है। जब शरीर ही नश्वर है, तब इसके रिश्ते ही कहाँ रहेंगे? मोह है तभी तक सुहृद् हैं, हमारा परिवार है, हमारी दुनिया है। मोह नहीं तो कुछ भी नहीं। इसलिए वे शत्रु भी अर्जुन को स्वजन दिखायी पड़े। वह कहता है कि अपने कुटुम्ब को मारकर हम कैसे सुखी होंगे? यदि अज्ञान और मोह न रहे तो कुटुम्ब का अस्तित्व न हो। यह अज्ञान ज्ञान का प्रेरक भी है। तुलसी, भर्तृहरि इत्यादि अनेक महानुभावों को वैराग्य की प्रेरणा पत्नी से मिली, तो कोई सौतेली माँ के व्यवहार से खिन्न होकर वैराग्य-पथ पर अग्रसर हुआ दिखायी देता है।

यद्यप्येते न पश्यन्ति लोभोपहतचेतसः ।
कुलक्षयकृतं दोषं मित्रद्रोहे च पातकम् ॥ 1.38 ॥
कथं न ज्ञेयमस्माभिः पापादस्मान्निवर्तितुम् ।
कुलक्षयकृतं दोषं प्रपश्यद्भिर्जनार्दन ॥ 1.39 ॥

भावार्थ– हे जनार्दन! कुटुम्बियों का वध करके हमें सुख की प्राप्ति कैसे होगी? राज्य के प्रलोभन में इन लोगों की बुद्धि भ्रमित हो गयी है। इसी से इन्हें कुलनाश या मित्र से छल का दोष प्रतीत नहीं हो रहा है। हमारी तो बुद्धि भ्रमित नहीं हुई है, हमें तो दोषादि का विचार करना ही चाहिए।

टिप्पणी– हे जनार्दन! कुलनाश से होनेवाले दोषों को जाननेवाले हम लोगों को इस पाप से बचने के लिए क्यों नहीं विचार करना चाहिए? मैं ही पाप करता हूँ, ऐसी बात नहीं, आप भी भूल करने जा रहे हैं। अर्जुन ने श्रीकृष्ण पर भी आरोप लगाया। समझ में अर्जुन खुद को श्रीकृष्ण से कम नहीं आंकता। प्रत्येक नया साधक सद्गुरु की शरण जाने पर इसी प्रकार तर्क करता है और अपने को जानकारी में कम नहीं समझता।

कुलक्षये प्रणश्यन्ति कुलधर्माः सनातनाः ।
धर्मे नष्टे कुलं कृत्स्नमधर्मोऽभिभवत्युत ॥ 1.40 ॥

भावार्थ– कुल के नाश होने से सनातन कुलधर्म नष्ट हो जाते हैं। अर्जुन कुलधर्म, कुलाचार को ही सनातन-धर्म समझ रहा था। धर्म के नाश होने पर सम्पूर्ण कुल को पाप भी बहुत दबा लेता है ।

अधर्माभिभवात्कृष्ण प्रदुष्यन्ति कुलस्त्रियः ।
स्त्रीषु दुष्टासु वार्ष्णेय जायते वर्णसंकरः ॥ 1.41 ॥

भावार्थ– अर्जुन ने कहा, हे कृष्ण! जब कुटुम्ब तथा समाज में अधर्म फैल जाता है तब स्त्रियों का चरित्र गिर जाता है और परिणामस्वरूप वर्णसंकर सन्तानें उत्पन्न होती हैं।

टिप्पणी– हे कृष्ण! पाप के अधिक बढ़ जाने से कुल की स्त्रियाँ दूषित हो जाती हैं। हे वार्ष्णेय! स्त्रियों के दूषित होने पर वर्णसंकर उत्पन्न होता है। अर्जुन की मान्यता थी कि कुल की स्त्रियों के दूषित होने से वर्णसंकर होता है। अर्जुन ऐसा इसलिए कह रहें है कि युद्ध में पुरुष अधिक मारे जाते हैं जिसके चलते समाज में यौन सन्तुलन बिगड़ जाता है– महिलाओं की अधिकता और पुरुषों की कमी की स्थिति। वर्णसंकर के दोषों पर अर्जुन प्रकाश डालता है–

संकरो नरकायैव कुलघ्नानां कुलस्य च।
पतन्ति पितरो ह्येषां लुप्तपिण्डोदकक्रियाः ॥ 1.42 ॥

भावार्थ–अर्जुन ने कहा, हे कृष्ण! वर्णसंकर सन्तानें पुराने संस्कारों को छोड़ देती हैं जिसके फलस्वरूप पुरानी पीढ़ी के लोग नरक के समान दुःखी जीवन व्यतीत करते हैं।

टिप्पणी– अवांछित सन्तानों की वृद्धि से निश्चय ही परिवार के लिए तथा पारिवारिक परम्परा को विनष्ट करने वालों के लिए नारकीय जीवन उत्पन्न होता है। ऐसे पतित कुलों के पुरखे (पितर लोग) गिर जाते हैं क्योंकि उन्हें जल तथा पिण्ड दान देने की क्रियाएँ समाप्त हो जाती हैं।

दोषैरेतैः कुलघ्नानां वर्णसंकरकारकैः।
उत्साद्यन्ते जातिधर्माः कुलधर्माश्च शाश्वताः ॥ 1.43 ॥

भावार्थ– अर्जुन ने कहा, हे कृष्ण! इन सब दोषों के कारण पुरानी सामाजिक व्यवस्था एवं कुलधर्म नष्ट हो जाते हैं।

टिप्पणी– जो लोग कुल-परम्परा को विनष्ट करते हैं और इस तरह अवांछित सन्तानों को जन्म देते हैं उनके दुष्कर्मों से समस्त प्रकार की सामुदायिक योजनाएँ तथा पारिवारिक कल्याण-कार्य विनष्ट हो जाते हैं। इन वर्णसंकरकारक दोषों से कुल और कुलघातियों के सनातन कुलधर्म और जातिधर्म नष्ट हो जाते हैं। अर्जुन मानता था कि कुलधर्म सनातन है, कुलधर्म ही शाश्वत है। किन्तु श्रीकृष्ण ने इसका खण्डन किया और आगे बताया कि आत्मा ही सनातन-शाश्वत धर्म है।

उत्सन्नकुलधर्माणां मनुष्याणां जनार्दन।
नरकेऽनियतं वासो भवतीत्यनुशुश्रुम॥ 1.44 ॥

भावार्थ– अर्जुन ने कहा, हे जनार्दन, हमने ऐसा सुना है कि जिन लोगों के कुलधर्म नष्ट हो जाते हैं उनका जीवन नारकीय हो जाता है।

टिप्पणी– अर्जुन ने कहा कि नष्ट हुए कुल धर्म वाले मनुष्यों का अनन्तकाल तक नरक में वास होता है, ऐसा हमने सुना है। केवल कुलधर्म ही नहीं नष्ट होता, बल्कि शाश्वत-सनातन धर्म भी नष्ट हो जाता है।

अहो बत महत्पापं कर्तुं व्यवसिता वयम्।
यद्राज्यसुखलोभेन हन्तुं स्वजनमुद्यताः॥ 1.45 ॥

भावार्थ– अर्जुन ने कहा कि कितने आश्चर्य की बात है कि हम सब जघन्य पापकर्म करने के लिए तत्पर हो रहे हैं। राज्यसुख भोगने की इच्छा से प्रेरित होकर हम अपने ही सम्बन्धियों को मारने पर तुले हैं।

टिप्पणी– अभी अर्जुन अपने को कम ज्ञाता नहीं समझता। आरम्भ में प्रत्येक साधक इसी प्रकार बोलता है। महात्मा बुद्ध का कथन है कि मनुष्य जब अधूरी जानकारी रखता है तो अपने को महान् ज्ञानी समझता है और जब आधे से आगे की जानकारी हासिल करने लगता है तो अपने को महान् मूर्ख समझता है। ठीक इसी प्रकार अर्जुन भी अपने को ज्ञानी ही समझता है। वह श्रीकृष्ण को ही समझाता है कि इस पाप से परम कल्याण हो- ऐसी बात भी नहीं, केवल राज्य और सुख के लोभ में पड़कर हम लोग कुलनाश करने को उद्यत हुए हैं- महान् भूल कर रहे हैं। हम ही भूल कर रहे हैं- ऐसी बात नहीं, आप भी भूल कर रहे हैं। एक धक्का श्रीकृष्ण को भी दिया। अन्त में अर्जुन अपना निर्णय देता है-

यदि मामप्रतीकारमशस्त्रं शस्त्रपाणयः।
धार्तराष्ट्रा रणे हन्युस्तन्मे क्षेमतरं भवेत्॥ 1.46 ॥

भावार्थ–अर्जुन ने कहा, हे कृष्ण! यदि धृतराष्ट्र के पुत्र हाथ में शस्त्र लेकर मुझ निःशस्त्र को इस युद्ध में मार दें और मैं उनका सामना भी न करूँ तो मेरे लिए वह उचित ही होगा।

टिप्पणी– यदि मुझ शस्त्ररहित, सामना न करनेवाले को शस्त्रधारी धृतराष्ट्र के पुत्र रण में मारें तो उनका वह मारना भी मेरे लिए अति कल्याणकारी होगा। इतिहास तो कहेगा कि अर्जुन समझदार था, जिसने अपनी बलि देकर युद्ध बचा लिया। लोग प्राणों की आहुति दे डालते हैं कि भोले-भाले मासूम बच्चे सुखी रहें,

कुल तो बचा रहे। जब कोई विदेश चला जाये और वैभवपूर्ण ढंग से रहे; किन्तु दो दिन बाद उसे अपनी छोड़ी हुई झोपड़ी याद आने लगती है। मोह इतना प्रबल होता है। इसलिए अर्जुन कहता है कि शस्त्रधारी धृतराष्ट्र के पुत्र मुझ न प्रतिकार करनेवाले को रण में मार दें, तब भी वह मेरे लिए अति कल्याणकारी होगा ताकि परिवार के लोग तो सुखी रहें।

संजय ने कहा

एवमुक्त्वार्जुनः संख्ये रथोपस्थ उपाविशत्।
विसृज्य सशरं चापं शोकसंविग्नमानसः ॥ 1.47 ॥

भावार्थ– संजय ने धृतराष्ट्र से कहा, हे राजन्, उस समय अर्जुन अपने मन की उलझन में बुरी तरह फँस कर इतना शोकाकुल हो चुका था कि युद्धभूमि में शारीरिक रूप से मौजूद होते हुए भी वह अपना धनुष-बाण छोड़कर रथ के पीछे जाकर बैठ गया।

[**समीक्षात्मक टिप्पणी–** गीता में ऐसे कई श्लोक हैं जिनमें कर्मकाण्डों की आलोचना की गयी है। गीता पूजा-पाठ के विधि-विधानों पर कोई बल नहीं देता। श्रीकृष्ण का सीधा उपदेश यही है कि परब्रह्म तक पहुँचने के लिए परब्रह्म के प्रति पूर्ण समर्पण कर भाव होना चाहिए। पूजा-पद्धति विश्वास का सूचक हो सकता है, वह कभी भी ब्रह्म अनुभूति का माध्यम नहीं हो सकता है। आस्था समर्पण पर बल देता है, पूजा-पद्धति पर नहीं। पूजा-पद्धति एक ब्राह्मणवादी सोच या व्यवस्था की उपज है।]

ॐ तत्सत्

अध्याय - 2

सांख्ययोग

इस अध्याय में मानसिक बल तथा आत्मज्ञान के अतिरिक्त अन्य उपदेश इन विषयों पर हैं– स्वधर्म (कर्त्तव्य) का हर स्थिति में पालन, निःस्वार्थ-भाव की महत्ता तथा निष्काम कर्म में कुशलता लाने वाली समत्व बुद्धि। निष्काम कर्म से सम्बन्धित, आधुनिक काल के लिए विशेषतः उपयुक्त, गीता का एक महत्त्वपूर्ण संदेश यह है कि स्वर्ग प्राप्ति के प्रलोभन से काम करना निष्काम-भावना के विरुद्ध है। इस अध्याय की एक और विशेषता यह है कि इसमें 'स्थितप्रज्ञ' नाम से एक आदर्श कर्मयोगी का चित्रण है जो अनासक्तिपूर्वक लोक कल्याणार्थ कर्म में लीन रहता है।

[**समीक्षात्मक टिप्पणी–** कतिपय विद्वानों ने अध्याय-2 को समस्त गीता का निचोड़ माना है इसलिए कि गीता में सन्निहित विभिन्न प्रकार के दर्शनों का निचोड़ देखने को मिलता है। पर यहाँ यह भी प्रश्न खड़ा होता है कि क्या कुरुक्षेत्र के मैदान में श्रीकृष्ण ने अपने योद्धा को जीवन-दर्शन का उपदेश देना पसन्द किया होगा? जिस प्रकार के दर्शन की बात यहाँ की गयी है उसके लिए युद्धक्षेत्र उपयुक्त स्थान प्रतीत नहीं होता है क्योंकि वैसी अवस्था में कोई व्यक्ति सही मानसिक सन्तुलन में नहीं होता है। यह अर्जुन जैसे अज्ञानी योद्धा के लिए काफी कठिन है। इससे यह भी स्पष्ट होता है कि गीता में जिन विचारों का प्रतिपादन हुआ है वे सभी रणक्षेत्र में प्रतिपादित नहीं हुए हैं। बाद में विद्वानों ने गीता में अपने विचारों को डाल दिया ताकि लोग भगवान् के नाम पर उनके विचारों सहजता से स्वीकार कर सकें। ऐसा स्वाभाविक है क्योंकि गीता की रचना न तो कुरुक्षेत्र के मैदान में हुई और न ही युद्ध के तुरन्त बाद। गीता तो मौखिक रूप से गायी जाने वाली गीतों का ऐसा संग्रह है जिसका विकास लम्बे समय तक चलता रहा।

श्रीकृष्ण ने अर्जुन को स्थितप्रज्ञ होने का उपदेश दिया है जिसका तात्पर्य यह है कि व्यक्ति को सुख-दुःख, आनन्द-पीड़ा, आदर-अनादर, हार-जीत व अपना-पराया के बीच की स्थिति में रहना चाहिए, जिसे बौद्ध धर्म में मध्यममार्ग कहा गया है। व्यावहारिक जीवन में ऐसा किसी व्यक्ति के लिए कर पाना बहुत कठिन काम है। कभी-कभी तो ऐसा लगता है कि यह खोखला दर्शन है। व्यक्ति समाज में रहे और अपने आप को हर स्थिति में तटस्थ रखे, यह सम्भव नहीं है। महाभारत में तो यह स्थिति स्वयं श्रीकृष्ण के लिए भी सम्भव नहीं हो सका था। एक बार कुरुक्षेत्र में वे इतने गुस्से में थे कि भीष्म पितामह को मारने के लिए स्वयं आगे बढ़ गये थे, लेकिन अर्जुन के रोकने पर वे रुक गये।]

संजय ने कहा

तं तथा कृपयाविष्टमश्रुपूर्णाकुलेक्षणम् ।
विषीदन्तमिदं वाक्यमुवाच मधुसूदनः ॥ 2.1 ॥

भावार्थ– हे राजन्, करुणा से व्याप्त, शोकयुक्त, अश्रुपूरित नेत्रों वाले और गम्भीर मानसिक उलझन ने उसे अकर्मण्य बना दिया था। उस दयनीय अवस्था से उसे उबारने के लिए मधुसूदन (कृष्ण) ने ये शब्द कहे-

दुर्बलता-त्याग का सन्देश

श्रीकृष्ण ने कहा

कुतस्त्वा कश्मलमिदं विषमे समुपस्थितम् ।
अनार्यजुष्टमस्वर्ग्यमकीर्तिकरमर्जुन ॥ 2.2 ॥

भावार्थ– हे प्रिय अर्जुन, तू तो इतना शूरवीर है, फिर अचानक इस कठिन परिस्थिति में यह पलायनवाद-जनित मोह तुझे कहाँ से आ गया? यह एक आर्य को शोभा नहीं देता है। यह न स्वर्ग को दे सकता है और न कीर्ति को बढ़ानेवाला है। यह एक आर्य के लिए अशोभनीय है।

टिप्पणी– श्रीकृष्ण ने कहा कि युद्ध आरम्भ होने की ऐसी विशेष वेला में इस प्रकार के मोह ने किसी शूरवीर को आज तक कभी नहीं घेरा, यह तो उन्नति से दूर ले जाने वाला अर्थात् भटकाने वाला मार्ग है जिससे तुम्हारी कीर्ति पर कलंक का धब्बा लग जायेगा। अर्जुन तो सनातन-धर्म की रक्षा के लिए कटिबद्ध है। क्या सनातन-धर्म की रक्षा के लिए प्राण-पण से तत्पर होना अज्ञान है? श्रीकृष्ण कहते हैं- हाँ, यह अज्ञान है।

[**समीक्षात्मक टिप्पणी–** 'आर्य के लिए अशोभनीय' जैसे शब्द से स्पष्ट होता है कि कौरव और पाण्डव आर्य प्रजाति के थे और श्रीकृष्ण अनार्य थे। श्रीकृष्ण के काले रंग से भी इस तथ्य की पुष्टि होती है, जैसा कि पूर्व में भी कहा जा चुका है।]

क्लैब्यं मा स्म गमः पार्थ नैतत्त्वय्युपपद्यते।
क्षुद्रं हृदयदौर्बल्यं त्यक्त्वोत्तिष्ठ परन्तप ॥ 2.3 ॥

भावार्थ- हे पृथापुत्र, तुम्हे किसी भी प्रकार की कायरता शोभा नहीं देती है। तू तो परन्तप है, अर्थात् शत्रुओं पर विजय पाना तेरा स्वभाव बन चुका है, इसलिए नपुंसकता के मार्ग पर तू बिलकुल कदम मत रख। उठो और युद्ध के लिए तैयार हो जाओ।

टिप्पणी–स्वामी विवेकानन्द ने दुर्बलता-त्याग के संदेश को बहुत अधिक महत्त्व दिया है। निस्सन्देह मानसिक दुर्बलता उद्देश्य प्राप्ति में बाधक होता है। हमेशा सकारात्मक सोच रखने की कोशिश की जानी चाहिए। भाग्य के भरोसे नहीं जीना चाहिए। श्रीकृष्ण ने स्पष्ट शब्दों में अर्जुन से कहा कि तू नपुंसक मत बनो। यह उचित नहीं है। हृदय की क्षुद्र दुर्बलता को त्यागकर युद्ध के लिए खड़ा हो। आसक्ति का त्याग करो।

अर्जुन ने प्रश्न किया-

कथं भीष्ममहं संख्ये द्रोणं च मधुसूदन।
इषुभिः प्रति योत्स्यामि पूजार्हावरिसूदन ॥ 2.4 ॥

भावार्थ– हे मधुसूदन, आप मुझे उठ जाने को कहते हैं, किन्तु हे अरिसूदन, मैं भीष्म पितामह और गुरु द्रोणाचार्य के विरुद्ध कैसे युद्ध कर सकता हूँ। वे दोनों ही पूजनीय हैं।

गुरूनहत्वा हि महानुभावान् श्रेयो भोक्तुं भैक्ष्यमपीह लोके।
हत्वार्थकामांस्तु गुरूनिहैव भुञ्जीय भोगान्रुधिरप्रदिग्धान् ॥ 2.5॥

भावार्थ–अर्जुन ने कहा, हे कृष्ण! मेरे लिए इन पूजनीय शिक्षकों को मारना ठीक नहीं क्योंकि उनको मार कर महलों में रहने की अपेक्षा भीख माँग कर पेट भरना कहीं अधिक बेहतर होगा। अगर मैं इन्हें मारूँगा तो मुझे भी ऐसा प्रतीत होगा कि मैं रक्त से सने हुए वस्तुओं का भोग कर रहा हूँ।

न चैतद्विद्मः कतरन्नो गरीयो यद्वा जयेम यदि वा नो जयेयुः।
यानेव हत्वा न जिजीविषामस्तेऽवस्थिताः प्रमुखे धार्तराष्ट्राः ॥ 2.6 ॥

भावार्थ- अर्जुन ने कहा, हे कृष्ण! हम तो यह भी नहीं जानते कि हमारे लिए कौन-सा विकल्प बेहतर होगा-एक विकल्प तो यह है कि हम उन्हें जीत लें और दूसरा विकल्प यह है कि वे हमें जीत लें। जिन स्वजनों की हत्या करने के बाद हम स्वयं भी जीने की इच्छा छोड़ देंगे, वे ही कौरव हमारे सामने जीने-मरने की बाजी लगाए खड़े हैं।

टिप्पणी-इस श्लोक के पूरा होते ही अर्जुन की दलीलें समाप्त हो जाती हैं। अभी तक वह अपने आपको बड़ा पण्डित और शान्ति प्रेमी समझ रहा था, किन्तु अब उसे महसूस हुआ कि वह किंकर्त्तव्य विमूढ़ है, अर्थात् वह अपनी मानसिक उलझन के फन्दे से बाहर निकलने में असमर्थ है। इस समय उसको आन्तरिक प्रेरणा भी मिली कि क्यों न वह अपने सारथी श्रीकृष्ण से मालूम करे कि उसे क्या करना चाहिए।

मार्गदर्शन की प्रार्थना

कार्पण्यदोषोपहतस्वभावः पृच्छामि त्वां धर्मसम्मूढचेताः।
यच्छ्रेयः स्यान्निश्चितं ब्रूहि तन्मे शिष्यस्तेऽहं शाधि मां त्वां प्रपन्नम्॥ 2.7॥

भावार्थ- अर्जुन ने कहा, अब मैं अपनी कृपण-दुर्बलता के कारण अपना कर्त्तव्य भूल गया हूँ और सारा धैर्य खो चुका हूँ। उलझन में फँसा मैं आपसे सलाह माँगता हूँ कि जो मेरे लिए श्रेयस्कर है, वह मुझे बतलाइए। मैं आप का शिष्य हूँ और आपकी शरण में आया हूँ, इसलिए मुझे उचित शिक्षा दीजिए।

टिप्पणी- समर्पित भाव में अर्जुन ने कहा जो कुछ निश्चित परम कल्याणकारी हो, वह साधन मेरे लिए कहिये। मैं आपका शिष्य हूँ, आपकी शरण में हूँ, मुझे साधिये। केवल शिक्षा न दीजिये, बल्कि जहाँ लड़खड़ाऊँ वहाँ सँभालिए। यहाँ अर्जुन ने पूर्ण समर्पण कर दिया। अभी तक वह श्रीकृष्ण को अपने स्तर का ही व्यक्ति समझता था, कुछ विद्याओं में अपने को आगे ही मानता था। यहाँ अर्जुन ने अपनी बागडोर श्रीकृष्ण को वस्तुतः सौंप दी।

न हि प्रपश्यामि ममापनुद्याद् यच्छोकमुच्छोषणमिन्द्रियाणाम्।
अवाप्य भूमावसपत्नमृद्धं राज्यं सुराणामपि चाधिपत्यम्॥ 2.8॥

भावार्थ-अर्जुन ने कहा, हे कृष्ण! भले ही मुझे सारी पृथ्वी में निष्कंटक, धन-धान्य-सम्पन्न राज्य मिल जाये, भले ही मुझे स्वर्गलोक के देवी-देवताओं पर शासन करने का अवसर मिल जाये, फिर भी मुझे कोई ऐसी युक्ति नहीं दिखलाई पड़ती जो इन्द्रियों को सुखा डालने वाले मेरे शोक को दूर कर सके।

संजय ने कहा-

एवमुक्त्वा हृषीकेशं गुडाकेशः परन्तप।
न योत्स्य इति गोविन्दमुक्त्वा तूष्णीं बभूव ह ॥ 2.9 ॥

भावार्थ– इस प्रकार कहने के बाद शत्रुओं का दमन करने वाला गुडाकेश ने कृष्ण से कहा, 'हे हृषीकेश! मैं युद्ध नहीं करूँगा,' और चुप हो गया।

तमुवाच हृषीकेशः प्रहसन्निव भारत।
सेनयोरुभयोर्मध्ये विषीदन्तमिदं वचः ॥ 2.10 ॥

भावार्थ– संजय ने कहा, हे राजन्, जहाँ एक ओर अर्जुन शोक में डूबा हुआ दोनों सेनाओं के बीच अपने रथ में बैठा था, वहाँ भगवान् ने मुस्कुराते हुए उसे समझाने का प्रयास किया।

टिप्पणी– भगवान् ने अर्जुन से श्लोक 2.3 में कहा था कि मानसिक दुर्बलता को छोड़ो, इसलिए उन्होंने अपने चेहरे की हँसी के माध्यम से यह संदेश दिया कि मैं जैसा कहता हूँ वैसा स्वयं करता भी हूँ।

इस अध्याय के शेष भाग में भगवान् द्वारा दी गयी शिक्षा के चार मुख्य विषय हैं–(अ) आत्मा की अमरता, (आ) स्वधर्म-पालन की महत्ता, (इ) निष्काम कर्म और समत्व बुद्धि का संदेश, (ई) स्थितप्रज्ञ नाम से आदर्श कर्मयोगी का चित्रण।

आत्मा की अमरता

श्रीकृष्ण ने कहा-

अशोच्यानन्वशोचस्त्वं प्रज्ञावादांश्च भाषसे।
गतासूनगतासूंश्च नानुशोचन्ति पण्डिताः ॥ 2.11 ॥

भावार्थ– तुम बुद्धिमत्तापूर्ण वचन कहते हुए उनके लिए शोक कर रहे हो जो शोक करने योग्य नहीं हैं। जो बुद्धिमान होते हैं, वे न तो जीवित के लिए, न ही मृत के लिए शोक करते हैं।

टिप्पणी– हे अर्जुन! तू बातें तो पण्डितों-जैसी करता है किन्तु तेरा आचरण पण्डितों-जैसा नहीं है। उदाहरणार्थ तू शोक में डूबा हुआ है, भीष्म-द्रोण आदि के लिए, किन्तु यदि तू ज्ञान की दृष्टि अपनाए तो तेरी समझ में आ जायेगा कि इनके लिए शोक करना उचित नहीं। श्रीकृष्ण ने कहा- तुम पाण्डित्यपूर्ण वचन कहते

हुए उनके लिए शोक कर रहे हो जो शोक करने योग्य नहीं हैं। जो विद्वान् होते हैं, वे न तो जीवित के लिए, न ही मृत के लिए शोक करते हैं।

न त्वेवाहं जातु नासं न त्वं नेमे जनाधिपाः।
न चैव न भविष्यामः सर्वे वयमतः परम् ॥ 2.12 ॥

भावार्थ– किसी काल में मैं नहीं था और तू नहीं था तथा ये राजा लोग नहीं थे, यह बात भी नहीं है; और इसके बाद भविष्य में मैं, तू और राजा लोग नहीं रहेंगे, यह बात भी नहीं है।

देहिनोऽस्मिन्यथा देहे कौमारं यौवनं जरा।
तथा देहान्तरप्राप्तिर्धीरस्तत्र न मुह्यति ॥ 2.13 ॥

भावार्थ– जिस प्रकार शरीर धारी आत्मा इस (वर्तमान) शरीर में बाल्यावस्था से युवावस्था में और फिर वृद्धावस्था में निरन्तर अग्रसर होता रहता है, उसी प्रकार मृत्यु होने पर आत्मा दूसरे शरीर में चली जाती है। बुद्धिमान व्यक्ति ऐसे परिवर्तन से भ्रमित नहीं होते है।

मात्रास्पर्शास्तु कौन्तेय शीतोष्णसुखदुःखदाः।
आगमापायिनोऽनित्यास्तांस्तितिक्षस्व भारत ॥ 2.14 ॥

भावार्थ– हे कुन्तीपुत्र! सुख तथा दुःख का क्षणिक उदय तथा कालक्रम में उनका अन्तर्धान होना सर्दी तथा गर्मी की ऋतुओं के आने-जाने के समान है। हे भरतवंशी! वे इन्द्रियबोध से उत्पन्न होते हैं उन्हें मनुष्यों को सहन करने के लिए सीखना चाहिए।

टिप्पणी– श्रीकृष्ण ने कहा सुख, दुःख, सर्दी और गर्मी को देने वाले इन्द्रियों और विषयों के संयोग तो अनित्य हैं, क्षणभंगुर हैं। अतः अर्जुन तू इनका त्याग कर। अर्जुन इन्द्रिय और विषय के संयोगजन्य सुख का स्मरण करके ही विकल था। कुलधर्म, कुलगुरुओं की पूज्यता इत्यादि इन्द्रियों के लगाव के अन्तर्गत हैं। ये क्षणिक हैं, झूठे हैं, नाशवान् हैं। विषयों का संयोग न सदैव मिलेगा और न सदैव इन्द्रियों में क्षमता ही रहेगी। अतः तू इनका त्याग कर, सहन कर। क्यों?

यं हि न व्यथयन्त्येते पुरुषं पुरुषर्षभ।
समदुःखसुखं धीरं सोऽमृतत्वाय कल्पते ॥ 2.15 ॥

भावार्थ– हे पुरुषश्रेष्ठ! जो पुरुष सुख तथा दुःख में विचलित नहीं होता और इन दोनों में समान भाव रखता है, वह निश्चित रूप से मुक्ति के योग्य है।

टिप्पणी– दु:ख-सुख को समान समझनेवाले जिस बुद्धिमान पुरुष को इन्द्रियों और विषयों के संयोग परेशान नहीं कर पाते, वह मृत्यु से परे अमृत-तत्त्व की प्राप्ति के योग्य हो जाता है। यहाँ श्रीकृष्ण ने एक उपलब्धि 'अमृत' की चर्चा की। अर्जुन सोचता था कि युद्ध के परिणाम में स्वर्ग मिलेगा या पृथ्वी; किन्तु श्रीकृष्ण कहते हैं कि न स्वर्ग मिलेगा और न पृथ्वी, बल्कि अमृत मिलेगा। अमृत क्या है?- सुख-दु:ख में चित्त की समता बनाए रखने की शिक्षा, जो इस लोक में प्रथम बार दी गयी है, गीता के शेष भाग में भी बार-बार दी जायेगी।

नासतो विद्यते भावो नाभावो विद्यते सतः ।
उभयोरपि दृष्टोऽन्तस्त्वनयोस्तत्त्वदर्शिभिः ॥ 2.16 ॥

भावार्थ– श्रीकृष्ण बोले, हे अर्जुन! जो असत् (नाशवान्) है उसका अस्तित्व नहीं है (अर्थात् थोड़े समय के लिए ही है) और जो सत् (अविनाशी) है उसका अभाव (अर्थात् नाश) कभी हो नहीं सकता। तत्त्वज्ञानी पुरूषों द्वारा दोनों तत्त्व देखे गये है।

टिप्पणी– अर्जुन ध्यान रखों कि असत् वस्तु का अस्तित्व नहीं है, वह है ही नहीं, उसे रोका नहीं जा सकता और सत्य का तीनो काल में अभाव नहीं है, उसे मिटाया नहीं जा सकता। अर्जुन ने पूछा- क्या भगवान् होने के नाते आप कहते हैं? श्रीकृष्ण ने बताया- मैं तो कहता ही हूँ, इन दोनों का यह अन्तर हमारे साथ-साथ तत्त्वदर्शियों द्वारा भी देखा गया है। श्रीकृष्ण ने वही सत्य दोहराया, जो तत्त्वदर्शियों ने कभी पहले देखा था।

[**समीक्षात्मक टिप्पणी–** आत्मा शब्द का प्रयोग गीता में एक से अधिक अर्थों में हुआ है, जैसे- जीवात्मा, जीव, सत्, आत्मा इत्यादि। आत्मा को परमात्मा का ही अभिन्न व लघुरूप माना गया है। आत्मा अनश्वर है और बाकी तमाम चीज़ें नश्वर हैं।]

अविनाशि तु तद्विद्धि येन सर्वमिदं ततम् ।
विनाशमव्ययस्यास्य न कश्चित्कर्तुमर्हति ॥ 2.17 ॥

भावार्थ– आत्मा से समस्त जगत् व्याप्त है। आत्मा अविनाशी है, अव्यय है, अर्थात् कोई भी, कभी भी, आत्मा का नाश नहीं कर सकता।

अन्तवन्त इमे देहा नित्यस्योक्ताः शरीरिणः ।
अनाशिनोऽप्रमेयस्य तस्माद्युध्यस्व भारत ॥ 2.18 ॥

भावार्थ– इस अविनाशी (आत्मा) का कभी भी और किसी भी काल में विनाश नहीं किया जा सकता। यह देह ही नाशवान है। सर्वव्यापी आत्मा अनंत, नित्य, अमर, आकार रहित है। विनाश तो इस देह का होता है। अतः हे भरतवंशी अर्जुन! युद्ध करो।

टिप्पणी– श्रीकृष्ण ने कहा, हे अर्जुन! नित्य, अविनाशी और सर्वव्यापी आत्मा के देह (अर्थात् शरीर) नाशवान् है। इस प्रकार आत्मा और देह का भेद समझकर तू जूझता रह, अर्थात् अपने कर्त्तव्य से विमुख न हो तथा अपने-पराए का भेद मत कर। आत्मा ही अविनाशी है, जिसका तीनों काल में नाश नहीं होता। आत्मा ही सत् है। शरीर नाशवान् है यही असत् है, जिसका तीनों काल में अस्तित्व नहीं है।

य एनं वेत्ति हन्तारं यश्चैनं मन्यते हतम्।
उभौ तौ न विजानीतो नायं हन्ति न हन्यते ॥ 2.19 ॥

भावार्थ– जो इस आत्मा को मारने वाला या मरने वाला मानते हैं, वे दोनों ही नासमझ हैं क्योंकि आत्मा न किसी को मारती है और न किसी के द्वारा मारी जा सकती है।

टिप्पणी– जो इस आत्मा को मारनेवाला मानता है तथा जो इस आत्मा को मरा हुआ समझता है, वे दोनों ही आत्मा को नहीं समझते; क्योंकि यह आत्मा न तो मारती है और न मारी ही जाती है। पुनः इसी पर बल देते हुए श्रीकृष्ण ने कहा-

न जायते म्रियते वा कदाचिन्नायं भूत्वा भविता वा न भूयः।
अजो नित्यः शाश्वतोऽयं पुराणो न हन्यते हन्यमाने शरीरे ॥ 2.20 ॥

भावार्थ– आत्मा कभी न जन्म लेती है और न मरती ही है। आत्मा अजन्मा, नित्य, शाश्वत और पुरातन है। शरीर के नाश होने पर भी इसका नाश नहीं होता।

टिप्पणी– आत्मा न कभी उत्पन्न होती है और न कभी मरती है। ऐसा भी नहीं है कि एक बार जब वह अस्तित्व में आ जाये तो फिर दोबारा नहीं होगी, अर्थात् आत्मा के विषय में भूत-भविष्य काल के आधार पर कोई भी रोक-टोक (सीमा) नहीं लगाई जा सकती। आत्मा अजन्मा है, नित्य है, शाश्वत है, पुरातन है और शरीर के अन्त होने पर भी आत्मा अमर है। यह आत्मा किसी काल में न तो जन्म लेती है और न मरती है; क्योंकि यह वस्त्र ही तो बदलती है। शरीर के नाश होने पर भी इसका नाश नहीं होता। आत्मा ही सत्य है, आत्मा ही पुरातन

है, आत्मा ही शाश्वत और सनातन है। हम कौन हैं? सनातन-धर्म के अनुयायी। सनातन कौन है? आत्मा। हम आत्मा के अनुयायी हैं। आत्मा, परमात्मा और ब्रह्म एक-दूसरे के पर्याय हैं।

वेदाविनाशिनं नित्यं य एनमजमव्ययम्।
कथं स पुरुषः पार्थ कं घातयति हन्ति कम्॥ 2.21॥

भावार्थ– हे पार्थ! जो व्यक्ति यह जानता है कि आत्मा अविनाशी, अजन्मा, शाश्वत तथा अपरिवर्तनशील है, वह भला किसी को कैसे मार सकती है या मरवा सकती है?

टिप्पणी– पार्थिव शरीर को रथ बनाकर ब्रह्मरूपी लक्ष्य पर अचूक निशाना लगानेवाला पृथापुत्र अर्जुन! जो पुरुष इस आत्मा को नाश रहित, नित्य, अजन्मा और अव्यक्त जानता है, वह पुरुष कैसे किसी को मरवाता है और कैसे किसी को मारता है? अविनाशी का विनाश असम्भव है। अजन्मा जन्म नहीं लेता। अतः इस शरीर के लिए शोक नहीं करना चाहिए।

वासांसि जीर्णानि यथा विहाय नवानि गृह्णाति नरोऽपराणि।
तथा शरीराणि विहाय जीर्णान्यन्यानि संयाति नवानि देही॥ 2.22॥

भावार्थ– जैसे मनुष्य अपने पुराने वस्त्रों को उतारकर दूसरे नये वस्त्र धारण करता है, वैसे ही जीव मृत्यु के बाद अपने पुराने शरीर को त्यागकर दूसरा नया शरीर प्राप्त करता है।

टिप्पणी– जैसे मनुष्य 'जीर्णानि वासांसि'- जीर्ण-शीर्ण पुराने वस्त्रों को त्यागकर नये वस्त्रों को ग्रहण करता है, ठीक वैसे ही यह जीवात्मा पुराने शरीरों को त्यागकर दूसरे नये शरीरों को धारण करती है। जीर्ण होने पर ही नया शरीर धारण करता है तो शिशु क्यों मर जाते हैं? यह वस्त्र तो और विकसित होना चाहिए। वस्तुतः यह शरीर संस्कारों पर आधारित है। जब संस्कार जीर्ण होते हैं तो शरीर छूट जाता है। यदि संस्कार दो-तीन दिन का है तो दूसरे-तीसरे दिन ही शरीर जीर्ण हो गया। इसके बाद मनुष्य एक श्वास भी अधिक नहीं जीता। संस्कार ही शरीर है। आत्मा संस्कारों के अनुसार नया शरीर धारण कर लेती है।

नैनं छिन्दन्ति शस्त्राणि नैनं दहति पावकः।
न चैनं क्लेदयन्त्यापो न शोषयति मारुतः॥ 2.23॥

भावार्थ– अर्जुन! इस आत्मा को शस्त्रादि नहीं काट सकते, अग्नि इसे जला नहीं सकती, जल इसे गीला नहीं कर सकता और वायु इसको सुखा नहीं सकता।

अच्छेद्योऽयमदाह्योऽयमक्लेद्योऽशोष्य एव च।
नित्यः सर्वगतः स्थाणुरचलोऽयं सनातनः ॥ 2.24 ॥

भावार्थ–आत्मा में छिद्र नहीं किया जा सकता, उसे जलाया नहीं जा सकता, गीली नहीं की जा सकती और सुखायी भी नहीं जा सकती क्योंकि आत्मा नित्य है, सब जगह व्याप्त है, स्थिर है, अचल और अपरिवर्तनशील है।

टिप्पणी– आत्मा अमर है। आत्मा सनातन और अविनाशी है। शरीर नश्वर है। आत्मा को कोई स्पर्श और दूषित नहीं कर सकता है तब फिर छुआछूत की भावना सनातन धर्म में कहाँ से आ गयी है। एक सच्ची धारणा के माध्यम से हिन्दू धर्म में व्याप्त छुआछूत की भावना को स्पष्ट किया जा रहा है । यह आज राष्ट्रीय एवं सामाजिक एकता के लिए चुनौती बनी हुई है।

विभिन्न प्रकार के कुरीतियों के कथानक इतिहास में भरे पड़े हैं। उदाहरण स्वरूप, हमीरपुर जिले (उत्तर प्रदेश) में पचास-साठ परिवार कुलीन क्षत्रिय थे। आज वे सब मुसलमान हैं। न उन पर तोप का हमला हुआ, न तलवार का। हुआ क्या? अर्द्धरात्रि में दो-एक मौलवी उस गाँव के एकमात्र कुएँ के समीप छिप गये कि कर्मकाण्डी ब्राह्मण सबसे पहले यहाँ स्नान करने आयेगा। वहाँ वे आये तो उन्हें पकड़ लिया, उनका मुँह बन्द कर दिया। उनके सामने उन्होंने कुएँ से पानी निकाला, मुँह लगाकर पिया और बचा हुआ पानी कुएँ में डाल दिया। रोटी का एक टुकड़ा भी डाल दिया। पण्डितजी देखते ही रह गये, विवश थे। तत्पश्चात् पण्डितजी को भी साथ लेकर वे चले गये। अपने घर में उन्हें बन्द कर दिया।

दूसरे दिन उन्होंने हाथ जोड़कर पण्डितजी से भोजन के लिए निवेदन किया तो वे बिगड़ पड़े- 'अरे, तुम यवन हो मैं ब्राह्मण, भला कैसे खा सकता हूँ?' उन्होंने कहा- 'महाराज! हमें आप-जैसे विचारवान् लोगों की बड़ी आवश्यकता है। क्षमा करें।' पण्डितजी को छोड़ दिया गया।

पण्डितजी अपने गाँव आये। देखा, लोग कुएँ का प्रयोग पूर्ववत् कर रहे थे। वे अनशन करने लगे। लोगों ने कारण पूछा तो बोले- यवन इस कुएँ की जगत पर चढ़ गये थे। मेरे सामने उन्होंने इस कुएँ को जूठा किया और इसमें रोटी का टुकड़ा भी डाल दिया। गाँव के लोग स्तब्ध रह गये। पूछा- 'अब क्या होगा?' पण्डित जी ने बताया- 'अब क्या? धर्म तो नष्ट हो गया।'

उस समय लोग शिक्षित नहीं थे। स्त्रियों और शूद्रों से पढ़ने का अधिकार न जाने कब से छीन लिया गया था। वैश्य धनोपार्जन ही अपना धर्म मान बैठे थे। क्षत्रिय चारणों (ब्राह्मणों) के प्रशस्ति-गायन में खोये थे कि अन्नदाता की तलवार

चमकी तो बिजली कौंधने लगी, दिल्ली का तख्त डगमगाने लगा। सम्मान वैसे ही प्राप्त है तो पढ़ें क्यों? धर्म से उन्हें क्या लेना-देना? धर्म केवल ब्राह्मणों की वस्तु बनकर रह गया था। वे ही धर्मसूत्रों के रचयिता, वे ही उसके व्याख्याकार और वही उसके झूठ-सच के निर्णायक थे- जबकि प्राचीन काल में स्त्रियों, शूद्रों, वैश्यों, क्षत्रियों और ब्राह्मणों को, सबको वेद पढ़ने का अधिकार था। प्रत्येक वर्ग के ऋषियों ने वैदिक मन्त्रों की रचना की है, शास्त्रार्थ-निर्णय में भाग लिया है। प्राचीन राजाओं ने धर्म के नाम पर आडम्बर फैलानेवालों को दण्ड दिया, धर्मपरायणों का समादर किया था। किन्तु मध्यकालीन भारत में सनातन-धर्म की यथार्थ जानकारी न रखने से उपर्युक्त गाँव के निवासी भेड़ की तरह एक कोने में खड़े होते गये कि धर्म नष्ट हो गया। कई लोगों ने इस अप्रिय शब्द को सुनकर आत्महत्या कर ली; किन्तु सब कहाँ तक प्राणान्त करते। अटूट श्रद्धा के पश्चात् भी विवश होकर अन्य हल खोजना पड़ा। आज भी वे बाँस गाड़कर, मूसल रखकर हिन्दुओं की तरह विवाह करते हैं, बाद में एक मौलवी निकाह पढ़ाकर चला जाता है। सब-के-सब शुद्ध हिन्दू हैं, सब-के-सब मुसलमान बन गये।

हुआ क्या था? पानी पिया था, अनजाने में मुसलमानों का छुआ खा लिया था इसलिए धर्म नष्ट हो गया। धर्म तो हो गया छुईमुई (लाजवन्ती)। यह एक पौधा होता है। आप छू दें तो उसकी पत्तियाँ संकुचित हो जाती हैं और हाथ हटाते ही पुनः फैल जाती हैं। यह पौधा हाथ हटाने पर विकसित हो जाता है; किन्तु धर्म तो ऐसा मुरझाया कि कभी विकसित नहीं होगा। वे मर गये, सदा के लिए उनके राम, श्रीकृष्ण और परमात्मा मर गये। जो शाश्वत थे, वे मर गये। वास्तव में वह शाश्वत के नाम पर कोई कुरीति थी, जिसे लोग धर्म मान बैठे थे।

धर्म की शरण में हम क्यों जाते हैं? क्योंकि हम मरणधर्मा (मरने-जीनेवाले) हैं और धर्म कोई ठोस चीज़ है, जिसकी शरण में जाकर हम भी अमर हो जाए। हम तो मारने से मरेंगे और यह सिर्फ धर्म है जो छूने और खाने से मर जायेगा, तो हमारी क्या रक्षा करेगा? धर्म तो आपकी रक्षा करता है, आपसे शक्तिशाली है। आप तलवार से मरेंगे और धर्म? वह छूने मात्र से नष्ट हो गया। कैसा है आपका धर्म? कुरीतियाँ नष्ट होती हैं, न कि सनातन। सनातन तो ऐसी ठोस वस्तु है जिसे शस्त्र नहीं काटते, अग्नि जला नहीं सकती, जल इसे गीला नहीं कर सकता। खानपान तो दूर, प्रकृति में उत्पन्न कोई वस्तु उसका स्पर्श भी नहीं कर पाती तो वह सनातन नष्ट कैसे हो गया? (सन्दर्भः **यथार्थ गीता**- स्वामी अड़गड़ानन्द, 2016)

ऐसी ही कतिपय कुरीतियाँ अर्जुनकाल में भी थीं। उनका शिकार अर्जुन भी था। उसने विलाप करते हुए गिड़गिड़ाकर कहा कि कुलधर्म सनातन है। युद्ध से सनातन–धर्म नष्ट हो जायेगा। कुलधर्म नष्ट होने से हम अनन्तकाल तक नरक में चले जायेंगे। किन्तु श्रीकृष्ण ने कहा– 'तुझे यह अज्ञान कहाँ से उत्पन्न हो गया?' सिद्ध है कि वह कोई कुरीति थी, तभी तो श्रीकृष्ण ने उसका निराकरण किया और बताया कि आत्मा ही सनातन है। यदि आप आत्मिक पथ नहीं जानते तो सनातन–धर्म में आपका अभी तक प्रवेश नहीं हुआ है।

अव्यक्तोऽयमचिन्त्योऽयमविकार्योऽयमुच्यते।
तस्मादेवं विदित्वैनं नानुशोचितुमर्हसि ॥ 2.25 ॥

भावार्थ– श्रीकृष्ण बोले, हे अर्जुन! आत्मा अव्यक्त है (इंद्रियों की पहुँच से परे है) और अचिन्त्य भी है (मन की पहुँच से भी परे है)। आत्मा सर्वथा विकार रहित है। यह जानकर तुम्हें शोक नहीं करना चाहिए।

टिप्पणी– यह आत्मा अव्यक्त, अर्थात् इन्द्रियों का विषय नहीं है। इन्द्रियों के द्वारा इसे समझा नहीं जा सकता। जबतक इन्द्रियों और विषयों का संयोग है, तब तक आत्मा है तो; किन्तु उसे समझा नहीं जा सकता। वह अज्ञेय है। जब तक चित्त और चित्त की लहर है, तब तक वह शाश्वत है तो; किन्तु हमारे दर्शन, उपभोग और प्रवेश के लिए नहीं है। अतः चित्त का निरोध करें।

अथ चैनं नित्यजातं नित्यं वा मन्यसे मृतम्।
तथापि त्वं महाबाहो नैवं शोचितुमर्हसि ॥ 2.26 ॥

भावार्थ– किन्तु यदि तुम यह सोचते हो कि आत्मा (अथवा जीवन का लक्षण) सदा जन्म लेता है तथा सदा मरता है तो भी हे महाबाहु! तुम्हारे शोक करने का कोई कारण नहीं है।

जातस्य हि ध्रुवो मृत्युर्ध्रुवं जन्म मृतस्य च।
तस्मादपरिहार्येऽर्थे न त्वं शोचितुमर्हसि ॥ 2.27 ॥

भावार्थ– जन्म लेनेवाले की मृत्यु निश्चित है और मरने वाले का जन्म निश्चित है। अतः जो अटल है, उसके विषय में तुम्हें शोक नहीं करना चाहिए।

टिप्पणी– ऐसा मान लेने पर भी जन्मने वाले की निश्चित मृत्यु और मरने वाले का निश्चित जन्म सिद्ध होता है। इसलिए भी तू बिना उपाय वाले इस विषय में शोक करने लायक नही है। जिसका कोई इलाज नहीं, उसके लिए शोक करना एक अन्य दुःख को आमन्त्रित करना है।

अव्यक्तादीनि भूतानि व्यक्तमध्यानि भारत।
अव्यक्तनिधनान्येव तत्र का परिदेवना॥ 2.28॥

भावार्थ– सभी प्राणी जन्म से पहले अप्रकट थे और मृत्यु के बाद फिर अप्रकट हो जायेंगे, केवल जन्म और मृत्यु के बीच में प्रकट दिखते है; फिर इसमें शोक करने की क्या बात है?

टिप्पणी– सम्पूर्ण प्राणी जन्म से पहले बिना शरीर वाले और मरने के बाद भी बिना शरीर वाले होते हैं। जन्म के पूर्व और मृत्यु के पश्चात् दिखायी नहीं पड़ते, केवल जन्म-मृत्यु के बीच में ही शरीर धारण किये हुए दिखायी देते हैं। अतः इस परिवर्तन के लिए व्यर्थ की चिन्ता क्यों करते हो? इस आत्मा को देखता कौन है? इस पर कहते हैं-

आश्चर्यवत्पश्यति कश्चिदेनमाश्चर्यवद्वदति तथैव चान्यः।
आश्चर्यवच्चैनमन्यः, शृणोति श्रुत्वाप्येनं वेद न चैव कश्चित्॥ 2.29॥

भावार्थ– कोई आत्मा को आश्चर्य से देखता है, कोई इसे आश्चर्य की तरह बताता है तथा कोई इसे आश्चर्य की तरह सुनता है, किन्तु कोई-कोई इसके विषय में सुनकर भी कुछ नहीं समझ पाते।

देही नित्यमवध्योऽयं देहे सर्वस्य भारत।
तस्मात्सर्वाणि भूतानि न त्वं शोचितुमर्हसि॥ 2.30॥

भावार्थ– श्रीकृष्ण बोले, हे अर्जुन! सबके शरीर में निवास करने वाली आत्मा सदा ही अनश्वर है, अर्थात् कोई भी इसका नाश नहीं कर सकता। इसलिए किसी भी प्राणी के लिए तुझे शोक नहीं करना चाहिए।

स्वधर्म-पालन की महत्ता

स्वधर्ममपि चावेक्ष्य न विकम्पितुमर्हसि।
धर्म्याद्धि युद्धाच्छ्रेयोऽन्यत्क्षत्रियस्य न विद्यते॥ 2.31॥

भावार्थ– हे अर्जुन! अपने कर्त्तव्य का पालन हर स्थिति में करना चाहिए। तू क्षत्रिय है और तेरे लिए धर्मयुद्ध से बढ़कर श्रेयस्-प्राप्ति का अन्य साधन नहीं है। इसलिए इस अवसर पर तेरा मन विचलित नहीं होना चाहिए।

टिप्पणी– अर्जुन! स्वधर्म देखकर भी तू भय करने योग्य नहीं है; क्योंकि धर्मसंयुक्त युद्ध से बढ़कर अन्य कोई परमकल्याणकारी मार्ग क्षत्रिय के लिए नहीं है। अभी तक तो 'आत्मा शाश्वत है', 'आत्मा सनातन है', 'वही एकमात्र धर्म है'

कहा गया है। अब यह स्वधर्म कैसा? यह एक प्रकार की विडम्बना है हम भारतीय जाति व वर्ण से अलग होकर सोचने और समझने में असमर्थ हैं। स्वार्थवश ब्राह्मणों ने ही अर्जुन को क्षत्रिय के रूप में प्रस्तुत किया है, जो खेदपूर्ण है।

यदृच्छया चोपपन्नं स्वर्गद्वारमपावृतम् ।
सुखिनः क्षत्रियाः पार्थ लभन्ते युद्धमीदृशम् ॥ 2.32 ॥

भावार्थ–भगवान् बोले, हे अर्जुन! अपने आप प्राप्त हुआ युद्ध स्वर्ग के खुले हुए द्वार जैसा है, जो सौभाग्यशाली क्षत्रियों को ही प्राप्त होता है।

[**समालोचना–** श्रीकृष्ण को अर्जुन से जाति या वर्ण सम्बन्धी बात करने की कोई आवश्यकता ही नहीं रही होगी क्योंकि वे आपस में निकटवर्ती सम्बन्धी हैं। इस तरह की बात तो गैरों के बीच की जा सकती है। निस्सन्देह परम्परावादी या जातिवादी टीकाकार ने जाति-व्यवस्था को वैधता देने के लिए इस श्लोक को यहाँ जोड़ दिया है। प्राचीनकाल में बौद्ध धर्म ने जाति-व्यवस्था का घोर विरोध किया था। जैन धर्म भी जातिवादी धर्म नहीं था।]

अथ चेत्त्वमिमं धर्म्यं संग्रामं न करिष्यसि ।
ततः स्वधर्मं कीर्तिं च हित्वा पापमवाप्स्यसि ॥ 2.33 ॥

भावार्थ– किन्तु यदि तुम युद्ध करने के स्वधर्म को सम्पन्न नहीं करते तो तुम्हें निश्चित रूप से अपने कर्त्तव्य की उपेक्षा करने का पाप लगेगा और तुम योद्धा के रूप में भी अपना यश खो दोगे।

अकीर्तिं चापि भूतानि कथयिष्यन्ति तेऽव्ययाम् ।
संभावितस्य चाकीर्तिर्मरणादतिरिच्यते ॥ 2.34 ॥

भावार्थ– श्रीकृष्ण बोले, हे अर्जुन! यदि तू स्वधर्म पालन नहीं करेगा तो सब लोग तेरे अपयश की चर्चा करेंगे और वह अपयश तेरे नाम के साथ हमेशा जुड़ा रहेगा। सम्मानित व्यक्ति के लिए अपयश का मिलना मृत्यु से भी अधिक बढ़कर है।

टिप्पणी– सब लोग बहुत काल तक तेरी अपकीर्ति का कथन करेंगे। ध्यान रहे कि पदच्युत होनेवाले महात्माओं में विश्वामित्र, पराशर, निमि, श्रृंगी इत्यादि की गणना होती है। बहुत से साधक अपने धर्म पर विचार करते हैं, सोचते हैं कि लोग हमें क्या कहेंगे?

भयाद्रणादुपरतं मंस्यन्ते त्वां महारथाः ।
येषां च त्वं बहुमतो भूत्वा यास्यसि लाघवम् ॥ 2.35 ॥

भावार्थ– जिन-जिन महान् योद्धाओं ने तुम्हारे नाम तथा यश को सम्मान दिया है वे सोचेंगे कि तुमने डर के मारे युद्धभूमि छोड़ दी है और इस तरह वे तुम्हें तुच्छ मानेंगे ।

अवाच्यवादांश्च बहून्वदिष्यन्ति तवाहिताः ।
निन्दन्तस्तव सामर्थ्यं ततो दुःखतरं नु किम् ॥ 2.36 ॥

भावार्थ– श्रीकृष्ण बोले, हे अर्जुन! तेरे शत्रु तेरे सामर्थ्य की निंदा करते हुए बहुत-सी ऐसी बातें कहेंगे जो कहने योग्य नहीं हैं। तेरे लिए इससे अधिक दुःख की बात क्या हो सकती है?

हतो वा प्राप्स्यसि स्वर्गं जित्वा वा भोक्ष्यसे महीम् ।
तस्मादुत्तिष्ठ कौन्तेय युद्धाय कृतनिश्चयः ॥ 2.37 ॥

भावार्थ– युद्ध में मरकर तुम स्वर्ग जाओगे या विजयी होकर पृथ्वी का राज्य भोगोगे; इसलिए हे कौन्तेय, तुम युद्ध के लिए निश्चय करके खड़े हो जाओ।

सुखदुःखे समे कृत्वा लाभालाभौ जयाजयौ ।
ततो युद्धाय युज्यस्व नैवं पापमवाप्स्यसि ॥ 2.38 ॥

भावार्थ– हे अर्जुन! सुख-दुःख, लाभ-हानि और जीत-हार की चिन्ता न करके मनुष्य को अपनी शक्ति के अनुसार कर्त्तव्य-कर्म करना चाहिए। ऐसे भाव से कर्म करने पर मनुष्य को पाप (अर्थात् कर्म का बन्धन) नहीं लगता।

निष्काम कर्म एवं समत्व बुद्धि का संदेश

एषा तेऽभिहिता सांख्ये बुद्धिर्योगे त्विमां शृणु ।
बुद्ध्या युक्तो यया पार्थ कर्मबन्धं प्रहास्यसि ॥ 2.39 ॥

भावार्थ– श्रीकृष्ण ने कहा, हे अर्जुन! अबतक मैंने जो संदेश दिया वह सांख्य दर्शन पर आधारित है। अब योग-विद्या के अनुसार कर्म करने के लिए उपयुक्त बुद्धि के विषय में सुन। इस बुद्धि की विशेषता यह है कि तू कर्म में लीन होने पर भी उसके बन्धन से मुक्त हो जायेगा।

टिप्पणी– पार्थ! यह बुद्धि तेरे लिए ज्ञानयोग के विषय में कही गयी है। कौन-सी बुद्धि? यही कि युद्ध कर। ज्ञानयोग में इतना ही है कि अपनी हस्ती को देखकर, लाभ-हानि का भली प्रकार विचार करके कि जीतेंगे तो राज-पाट

और हारेंगे तो देवत्व, जय में सर्वस्व और पराजय में भी देवत्व- दोनों तरह लाभ है। युद्ध नहीं करोगे तो सभी हमें बुरा कहेंगे, भय से विरक्त हुआ मानेंगे, बदनामी होगी।

इस श्लोक से यह स्पष्ट हो जाता है कि स्वधर्म-पालन के प्रसंग को भी भगवान् ने सांख्य सिद्धान्त के अनुकूल बतलाया है अर्थात् श्लोक 2.11 से 2.30 तक दिये गये आत्मज्ञान में तथा श्लोक 2.31 से 2.38 तक दिये गये स्वधर्म-पालन के संदेश में किसी प्रकार का विरोध नहीं समझना चाहिए। स्वधर्म पालन सभी के लिए आवश्यक है, आत्मज्ञानी के लिए भी।

कर्म करने के लिए उपयुक्त बुद्धि का पूरा नाम है– निष्काम कर्म करने के लिए समत्व बुद्धि-जिसका विस्तृत वर्णन अगले श्लोकों में है और जिसे 'कर्मयोग' भी कहते हैं। इस श्लोक में भगवान् ने उसकी प्रशंसा की है, अर्थात् उसको अपनाने की सलाह दी है।

नेहाभिक्रमनाशोऽस्ति प्रत्यवायो न विद्यते ।
स्वल्पमप्यस्य धर्मस्य त्रायते महतो भयात् ॥ 2.40 ॥

भावार्थ– हे अर्जुन! कर्मयोग की विशेषता यह है कि जितना भी प्रयत्न इसके अनुसार किया जाता है उसका कभी नाश नहीं होता और उसका कोई हानिकारक परिणाम भी नहीं होता। इसलिए कर्मयोग रूपी धर्म का थोड़ा-सा भी आचरण कर जन्म और मृत्यु के भय से बच सकते हो।

टिप्पणी– इस श्लोक में कर्मयोग तथा कर्मकाण्ड के बीच भेद स्पष्ट किया गया है। कर्मकाण्ड में पूजा-विधि और उच्चारण की महत्ता है, कर्मयोग में लक्ष्य और भावना की। 'अल्प' शब्द का तात्पर्य यह है कि परोपकार के कर्म में भावना की महत्ता है, न कि मात्रा या गिनती की।

व्यवसायात्मिका बुद्धिरेकेह कुरुनन्दन ।
बहुशाखा ह्यनन्ताश्च बुद्धयोऽव्यवसायिनाम् ॥ 2.41 ॥

भावार्थ– हे कुरुनन्दन! मेरे प्रति जो पुरुष दृढ़भाव में रहते हैं, उनका लक्ष्य भी एक ही होता है, लेकिन जो दृढ़प्रतिज्ञ नहीं है उनकी बुद्धि अनेक शाखाओं में विभक्त रहती है।

टिप्पणी– अर्जुन! इस निष्काम कर्मयोग में क्रियात्मिका बुद्धि एक ही है। क्रिया एक है और परिणाम एक ही है। आत्मिक सम्पत्ति ही स्थिर सम्पत्ति है। इस सम्पत्ति को प्रकृति के द्वन्द्व से धीरे-धीरे अर्जित करना व्यवसाय है। यह व्यवसाय

अथवा निश्चयात्मक क्रिया भी एक ही है। तब तो जो लोग बहुत सी क्रियाएँ बताते हैं, क्या वे भजन नहीं करते? श्रीकृष्ण कहते हैं- 'हाँ, वे भजन नहीं करते। उन पुरुषों की बुद्धि अनन्त शाखाओं वाली होती है, इसलिए अनन्त क्रियाओं का विस्तार कर लेते हैं।'

यामिमां पुष्पितां वाचं प्रवदन्त्यविपश्चितः ।
वेदवादरताः पार्थ नान्यदस्तीति वादिनः ॥ 2.42 ॥
कामात्मानः स्वर्गपरा जन्मकर्मफलप्रदाम् ।
क्रियाविशेषबहुलां भोगैश्वर्यगतिं प्रति ॥ 2.43 ॥
भोगैश्वर्यप्रसक्तानां तयापहृतचेतसाम् ।
व्यवसायात्मिका बुद्धिः समाधौ न विधीयते ॥ 2.44 ॥

भावार्थ– श्रीकृष्ण बोले, हे अर्जुन! वैदिक कर्मकाण्ड के चक्कर में फँसे हुए लोग कर्मयोग का पालन नहीं करते और वे अज्ञानी होते हैं। कर्मकाण्डी लोगों के बोल तो आकर्षक होते हैं किन्तु उनकी बुद्धि संकुचित होती है क्योंकि वे कहते हैं कि कर्मकाण्ड के अतिरिक्त और कोई सच्चा मार्ग नहीं है। उनके कर्मकाण्ड में सामग्री, द्रव्य आदि पर जोर दिया जाता है और उनका लक्ष्य स्वर्ग प्राप्ति तथा अन्य कामनाओं की पूर्ति करवाना है। किन्तु भोगप्राप्ति का लक्ष्य मन की शान्ति तथा बुद्धि की स्थिरता के अनुकूल नहीं होता (क्योंकि शान्ति तथा स्थिरता की प्राप्ति कर्मयोग से होती है, कर्मकाण्ड से नहीं)।

टिप्पणी– अल्पज्ञानी मनुष्य वेदों के उन आलंकारिक शब्दों के प्रति अत्यधिक आसक्त रहते हैं, जो स्वर्ग की प्राप्ति, अच्छे जन्म, शक्ति आदि के लिए विविध सकाम कर्म करने की संस्तुति करते हैं। इन्द्रियतृप्ति तथा ऐश्वर्यमय जीवन की अभिलाषा के कारण वे कहते हैं कि इससे बढ़कर और कुछ नहीं है। जो लोग इन्द्रियभोग तथा भौतिक ऐश्वर्य के प्रति अत्यधिक आसक्त होते हैं, उनके मन में भगवान् के प्रति भक्तिभाव दृढ़ नहीं होता।

इन श्लोकों को श्लोक 2.47 के साथ पढ़ने से यह संदेश मिलता है स्वर्गप्राप्ति के लोभ में कोई काम करना निष्काम-कर्म नहीं है। यह संदेश आधुनिक काल के आतंकवाद की समस्या के प्रसंग में विशेषतः महत्त्वपूर्ण है।

त्रैगुण्यविषया वेदा निस्त्रैगुण्यो भवार्जुन ।
निर्द्वन्द्वो नित्यसत्त्वस्थो निर्योगक्षेम आत्मवान् ॥ 2.45 ॥

भावार्थ– हे अर्जुन! वेद तीनों गुणों के कार्य का ही वर्णन करनेवाला है। तू

तीनों गुणों से रहित हो जा, राग-द्वेषादि द्वन्द्वों से रहित हो जा, निरन्तर नित्य वस्तु परमात्मा में स्थित हो जा, योगक्षेम की चाहत भी मत रख और परमात्मपरायण हो जा।

टिप्पणी– वेद तीन गुणों तक ही प्रकाश करते हैं। इसके आगे का हाल वे नहीं जानते। इसलिए अर्जुन! तू तीनों गुणों से ऊपर उठ, अर्थात् वेदों के कार्यक्षेत्र से आगे बढ़। कैसे बढ़ा जाये? इस पर श्रीकृष्ण कहते हैं- 'निर्द्वन्द्वः'- सुख-दुःख के द्वन्द्वों से रहित, नित्य सत्य वस्तु में स्थित और योगक्षेम को न चाहता हुआ आत्मपरायण हो। इस प्रकार ऊपर उठ। श्रीकृष्ण बताते हैं कि जो भी आगे उठता है, वह ब्रह्म को जानता है और जो ब्रह्म को जानता है, वही ब्रह्मज्ञानी है।

योग का अर्थ है-जो प्राप्त न हो उसे प्राप्त करना, क्षेम का अर्थ है– प्राप्त हो जाने पर उसे सम्भाल कर रखना, निर्योगक्षेम का अर्थ है– योगक्षेम के झंझट से मुक्ति।

यावानर्थ उदपाने सर्वतः सम्प्लुतोदके।
तावान्सर्वेषु वेदेषु ब्राह्मणस्य विजानतः ॥ 2.46 ॥

भावार्थ– सब तरफ से परिपूर्ण जलाशय के प्राप्त होने पर छोटे गड्ढे में भरे जल से मनुष्य का जितना प्रयोजन रहता है, वेदों और शास्त्रों को जानने वाले ब्रह्मज्ञानी का सम्पूर्ण वेदों से उतना ही प्रयोजन रहता है, अर्थात् कुछ भी प्रयोजन नहीं रहता।

टिप्पणी– सब ओर से परिपूर्ण जलाशय के प्राप्त होने पर मनुष्य का छोटे जलाशय से प्रयोजन बहुत कम रहता है, उसी प्रकार अच्छी प्रकार ब्रह्म को जानेवाले ब्राह्मण को वेदों से उतना ही प्रयोजन रहता है। तात्पर्य यह है कि जो वेदों से ऊपर उठता है वह ब्रह्म को जानता है, वही ब्राह्मण है। अर्थात् तू वेदों से ऊपर उठ और ब्राह्मण बन। यह ध्यान में रहे कि श्रीकृष्ण वेदों से ऊपर की बात कर रहे हैं, चूँकि वे साक्षात् परब्रह्म हैं।

कर्मण्येवाधिकारस्ते मा फलेषु कदाचन।
मा कर्मफलहेतुर्भूर्मा ते सङ्गोऽस्त्वकर्मणि ॥ 2.47 ॥

भावार्थ– श्रीकृष्ण ने कहा, हे अर्जुन! कर्त्तव्य-कर्म करने का ही तेरा अधिकार है, फलों पर कोई अधिकार नहीं। अतः तू कर्मफल का हेतु मत बनो और तेरी कर्म न करने में भी आसक्ति नहीं होनी चाहिए।

टिप्पणी– तुम्हें अपना कर्म (कर्त्तव्य) करने का अधिकार है, किन्तु कर्म के फलों पर किसी का अधिकार नहीं होता है। तुम न तो कभी अपने आपको अपने कर्मों के फलों का कारण मानो, न ही कर्म न करने में कभी आसक्त होओ।

फल की वासना मत करो, लेकिन कर्म करने में अश्रद्धा भी न हो। कर्म निरन्तर में लीन होकर कोई कार्य करें; किन्तु यह नहीं बताया कि वह कर्म है क्या? प्राय: इस श्लोक का उद्धरण देकर लोग कहते हैं कि कुछ भी करो, केवल फल की कामना मत करो, हो गया निष्काम कर्मयोग। पर इसका यह तात्पर्य नहीं है। अभी तक श्रीकृष्ण ने यह नहीं बताया कि वह कर्म है कौन-सा, जिसे करें? यहाँ पर केवल कर्म की विशेषताओं पर प्रकाश डाला कि कर्म देता क्या है और कर्म करते समय बरती जानेवाली सावधानियाँ क्या हैं? प्रश्न ज्यों-का-त्यों बना हुआ है, जिसे योगेश्वर आगे अध्याय तीन-चार में स्पष्ट करेंगे।

इस श्लोक में वर्णित मार्ग 'निष्काम कर्मयोग' या 'नि:स्वार्थ कर्मयोग' या संक्षेप में 'कर्मयोग' के नाम से प्रसिद्ध है और उसका यह मूल श्लोक है। कर्मफलत्याग का यह अर्थ नहीं कि लापरवाही से कर्म करना। हमें यह अवश्य ज्ञात होना चाहिए कि हमारे कर्म का सम्भवत: क्या परिणाम होगा और हमें सफल होने के लिए क्या करना है। कर्म का फल तो ईश्वर के हाथ में है।

योगस्थ: कुरु कर्माणि सङ्गं त्यक्त्वा धनंजय।
सिद्ध्यसिद्ध्यो: समो भूत्वा समत्वं योग उच्यते ॥ 2.48 ॥

भावार्थ– हे अर्जुन! जय अथवा पराजय की समस्त आसक्ति त्याग कर समभाव से अपना कर्म करो। ऐसा समता योग कहलाता है।

टिप्पणी–भगवान् बोले, हे अर्जुन! तू कर्मयोग में स्थित होकर कर्म कर, अर्थात् कर्म के फल की लालसा मत रख। कर्म सफल होने पर तू उछल-कूद मत कर और न ही असफल होने पर रोना-धोना कर। यही योग की परिभाषा है कि कर्म करने में पूरा प्रयत्न करना और तत्पश्चात् सफलता-असफलता, दोनों स्थितियों में समान भाव रखना। इसी को कहते है 'समत्व बुद्धि'।

दूरेण ह्यवरं कर्म बुद्धियोगाद्धनंजय।
बुद्धौ शरणमन्विच्छ कृपणा: फलहेतव: ॥ 2.49 ॥

भावार्थ– हे धनंजय! बुद्धियोग (समता) की अपेक्षा सकामकर्म दूर से अत्यन्त ही निकृष्ट हैं। अत: तू बुद्धि (समता) का आश्रय ले क्योंकि फल के हेतु बननेवाले अत्यन्त दीन हैं।

टिप्पणी– कर्मयोग में स्थित होकर कर्म पूरा करना- इसके दो भाग हैं, एक तो स्थूल क्रिया (अर्थात् हाथ-पाँव का प्रयोग), दूसरा समत्व बुद्धि (अर्थात् कर्म के पीछे सही भावना और सफलता-असफलता में समान भाव)। इस श्लोक में श्रीकृष्ण कहते हैं कि स्थूल क्रिया से भी अधिक महत्त्वपूर्ण है समत्व-बुद्धि, इसलिए हे अर्जुन! तू समत्व बुद्धि को अपना ले। जो समत्व बुद्धि को छोड़कर फल को हेतु बनाते हैं (अर्थात् फल प्राप्ति के लिए अनुचित काम करने को भी तैयार हैं) वे तो घटिया किस्म के लोग हैं।

फल की कामनावाले कृपण हैं। वे आत्मा के साथ उदारता नहीं बरतते, अतः समत्व बुद्धियोग का आश्रय ग्रहण कर। जैसी कामना है वैसा मिल भी जाये तो उसे भोगने के लिए शरीर धारण करना पड़ेगा। आवागमन बना है तो कल्याण कैसा? साधक को तो मोक्ष की भी वासना नहीं रखनी चाहिए; क्योंकि वासनाओं से मुक्त होना ही तो मोक्ष है। फल की प्राप्ति का चिन्तन करने से साधक का समय व्यर्थ नष्ट हो जाता है और फल प्राप्त होने पर वह उसी फल में उलझ जाता है। उसकी साधना समाप्त हो जाती है। आगे वह भजन क्यों करें? वहाँ से वह भटक जाता है। इसलिए समत्व बुद्धि से योग का आचरण करें।

बुद्धियुक्तो जहातीह उभे सुकृतदुष्कृते।
तस्माद्योगाय युज्यस्व योगः कर्मसु कौशलम् ॥ 2.50 ॥

भावार्थ– समत्व बुद्धि से युक्त मनुष्य यहाँ जीवित अवस्था में ही पुण्य और पाप दोनों का त्याग कर देता है। अतः समत्व योग में लग जा क्योंकि कर्मों में योग ही कुशलता है ।

टिप्पणी– भक्ति में संलग्न मनुष्य इस जीवन में ही अच्छे तथा बुरे कार्यों से अपने को मुक्त कर लेता है। समत्व बुद्धियुक्त पुरुष पुण्य-पाप दोनों को ही इसी लोक में त्याग देता है, उनमें लिप्त नहीं होता। इसलिए समत्व बुद्धियोग के लिए चेष्टा कर। 'योगः कर्मसु कौशलम्'- समत्व बुद्धि के साथ कर्मों का आचरण-कौशल ही योग है, अर्थात् कुशलतापूर्वक कर्म को सम्पादित करना ही योग है।

संसार में कर्म करने के दो दृष्टिकोण प्रचलित हैं। लोग कर्म करते हैं तो उसका फल भी अवश्य चाहते हैं या फल न मिले तो कर्म करना ही नहीं चाहते; किन्तु योगेश्वर श्रीकृष्ण इन कर्मों को बन्धनकारी बताते हुए 'आराधना' को एकमात्र कर्म मानते हैं। इस अध्याय में उन्होंने कर्म का नाम भर लिया। योग की

दोनों परिभाषाओं (समत्व बुद्धि, कर्मकुशलता) में कोई पारस्परिक विरोध नहीं है, बल्कि दोनों एक-दूसरे के पूरक हैं।

कर्मजं बुद्धियुक्ता हि फलं त्यक्त्वा मनीषिणः ।
जन्मबंधविनिर्मुक्ताः पदं गच्छन्त्यनामयम् ॥ 2.51 ॥

भावार्थ– समतायुक्त बुद्धिमान साधक कर्मजन्य फल का अर्थात् संसार मात्र का त्याग करके जन्म रूपी बन्धन से मुक्त होकर निर्विकार पद को प्राप्त हो जाते हैं।

टिप्पणी– इस तरह भगवद्‌भक्ति में लगे रहकर बड़े-बड़े ऋषि, मुनि तथा भक्तगण अपने आपको इस भौतिक संसार में कर्म के फलों से मुक्त कर लेते हैं। इस प्रकार वे जन्म-मृत्यु के चक्र से छूट जाते हैं और भगवान् के पास जाकर उस अवस्था को प्राप्त करते हैं, जो समस्त दुःखों से परे है।

यहाँ तीन बुद्धियों का चित्रण है। (श्लोक 39) सांख्य बुद्धि में दो फल हैं- स्वर्ग और श्रेय। (श्लोक 51) कर्मयोग में प्रवृत्त बुद्धि का एक ही फल है जन्म-मृत्यु से मुक्ति, निर्मल अविनाशी पद की प्राप्ति। बस ये दो ही योग क्रिया हैं। इसके अतिरिक्त बुद्धि अविवेकजन्य है, अनन्त शाखाओं वाली है, जिसका फल कर्मभोग के लिए बारम्बार जन्म-मृत्यु है। समत्वबुद्धि युक्त कर्मयोगी मोक्ष की भी कामना नहीं करते। उन्हें अर्थ-धर्म-काम-मोक्ष, इन चारों फलों में से किसी की भी चाह नहीं होती है।

यदा ते मोहकलिलं बुद्धिर्व्यतितरिष्यति।
तदा गन्तासि निर्वेदं श्रोतव्यस्य श्रुतस्य च ॥ 2.52 ॥

भावार्थ– भगवान् बोले, हे अर्जुन! जिस समय तेरी बुद्धि मोह रूपी दलदल को भलीभाँति तर जायेगी, उसी समय सुने हुए और सुनने में आनेवाले भोगों से वैराग्य को प्राप्त हो जायेगा ।

टिप्पणी– जिस काम में तेरी (प्रत्येक साधक की) बुद्धि मोहरूपी दलदल को पूर्णतः पार कर लेगी, लेशमात्र भी मोह न रह जाये- न पुत्र में, न धन में, न प्रतिष्ठा में- इन सबसे लगाव टूट जायेगा, उस समय जो सुनने योग्य है उसे तू सुन सकेगा और सुने हुए के अनुसार वैराग्य को प्राप्त हो सकेगा, अर्थात् उसे आचरण में ढाल सकेगा। अभी तो जो सुनने लायक है, उसे न तो तू सुन पाया है और आचरण का तो प्रश्न ही नहीं खड़ा होता।

श्रुतिविप्रतिपन्ना ते यदा स्थास्यति निश्चला।
समाधावचला बुद्धिस्तदा योगमवाप्स्यसि ॥ 2.53 ॥

भावार्थ– भगवान् बोले, हे अर्जुन! जिस काल में शास्त्रीय मतभेदों से विचलित हुई तेरी बुद्धि निश्चल हो जायेगी और परमात्मा में अचल हो जायेगी, उस काल में तुम्हें योग की प्राप्ति हो जायेगी ।

टिप्पणी– अनेक प्रकार के वेदवाक्यों को सुनकर विचलित हुई तुम्हारी बुद्धि जब परमात्मस्वरूप में समाधिस्थ होकर अचल-स्थिर ठहर जायेगी, तब तू समत्व योग को प्राप्त कर सकेगा। पूर्ण सम स्थिति को प्राप्त करेगा, जिसे 'अनामय परमपद' कहते हैं। यही योग की पराकाष्ठा है और यही अप्राप्य की प्राप्ति है। योग का अर्थ है कर्मयोग।

स्थितप्रज्ञ नाम से आदर्श कर्मयोगी का चित्रण

अर्जुन ने पूछा

स्थितप्रज्ञस्य का भाषा समाधिस्थस्य केशव।
स्थितधीः किं प्रभाषेत किमासीत व्रजेत किम् ॥ 2.54 ॥

भावार्थ– हे केशव! अध्यात्म में लीन चेतना वाले व्यक्ति (स्थितप्रज्ञ) के क्या लक्षण हैं? स्थितिप्रज्ञ पुरुष कैसे बोलता है? वह कैसे बैठता है? वह कैसे चलता है?

श्रीकृष्ण ने कहा

प्रजहाति यदा कामान्सर्वान्पार्थ मनोगतान्।
आत्मन्येवात्मना तुष्टः स्थितप्रज्ञस्तदोच्यते ॥ 2.55 ॥

भावार्थ– हे पार्थ, जिस काल में साधक मन में आयी सम्पूर्ण कामनाओं का भलीभाँति त्याग कर देता है और अपने-आपसे अपने-आपमें ही सन्तुष्ट रहता है, उस काल में वह स्थिरबुद्धि कहा जाता है।

टिप्पणी– जब मनुष्य सम्पूर्ण कामनाओं को त्याग देता है, तब वह आत्मा से आत्मा में ही सन्तुष्ट हुआ स्थिरबुद्धिवाला कहा जाता है। कामनाओं के त्याग पर ही आत्मा का दिग्दर्शन होता है। ऐसा आत्माराम, आत्मतृप्त महापुरुष ही स्थितिप्रज्ञ है। (1) अपने व्यक्तिगत लाभ की कामनाओं को पूरी तरह से छोड़ देता है, अर्थात् वह स्वार्थी नहीं होता। (2) अपने सन्तोष के लिए सांसारिक

विषयों पर निर्भर नहीं करता बल्कि आध्यात्मिक एवं सेवापूर्ण जीवन में ही वह परम सुख का अनुभव करता है।

दु:खेष्वनुद्विग्नमनाः सुखेषु विगतस्पृहः ।
वीतरागभयक्रोधः स्थितधीर्मुनिरुच्यते ॥ 2.56 ॥

भावार्थ– दैहिक, दैविक तथा भौतिक दु:खों में जिसका मन उद्विग्न नहीं होता, सुखों की प्राप्ति में जिसकी स्पृहा दूर हो गयी है तथा जिसके राग, भय और क्रोध नष्ट हो गये हैं, मननशीलता की चरम सीमा पर पहुँचा हुआ मुनि स्थितिप्रज्ञ कहा जाता है।

टिप्पणी– स्थितप्रज्ञ के अगले तीन लक्षण इस प्रकार हैं– (3) दु:खों के आने पर बेचैन न होना (अर्थात् विपत्ति के समय धैर्य)। (4) सांसारिक सुखों की प्राप्ति के लिए लालसा न रखना (अर्थात् लोभ का त्याग)। (5) सांसारिक वस्तुओं में राग (आसक्ति) का त्याग, भय से मुक्ति (कोई भी व्यक्ति डरा कर उससे गलत काम नहीं करवा सकता) और क्रोध-रहित व्यवहार।

यः सर्वत्रानभिस्नेहस्तत्तत्प्राप्य शुभाशुभम् ।
नाभिनन्दति न द्वेष्टि तस्य प्रज्ञा प्रतिष्ठिता ॥ 2.57 ॥

भावार्थ– इस भौतिक जगत् में जो मनुष्य न तो शुभ की प्राप्ति से हर्षित होता है और न अशुभ के प्राप्त होने पर उससे घृणा करता है, वह पूर्ण ज्ञान में स्थिर होता है।

टिप्पणी–स्थितप्रज्ञ के अगले दो लक्षण इस प्रकार हैं– (6) सांसारिक आकर्षणों के मध्य रहकर भी उनसे लिप्त न होना। (7) समत्व बुद्धि (अनुकूल परिस्थिति में उछल-कूद नहीं, प्रतिकूल परिस्थिति में रोना-धोना नहीं)।

यदा संहरते चायं कूर्मोऽङ्गानीव सर्वशः ।
इन्द्रियाणीन्द्रियार्थेभ्यस्तस्य प्रज्ञा प्रतिष्ठिता ॥ 2.58 ॥

भावार्थ– जिस प्रकार कछुआ अपने अंगों को सब ओर से समेट लेता है, उसी तरह जो मनुष्य अपनी इन्द्रियों को इन्द्रियविषयों से खींच लेता है, वह पूर्ण चेतना में दृढ़तापूर्वक स्थिर होता है।

टिप्पणी– स्थितप्रज्ञ का एक और (अन्तिम) लक्षण इस प्रकार है। (8) इंद्रिय संयम (जैसे कछुआ जल में अपने अंगों को फैला कर तैरता है किन्तु संकट से रक्षा करने के लिए अपने अंग समेट लेता है, वैसे ही स्थितप्रज्ञ संसार में मर्यादित जीवन व्यतीत करता है और मर्यादा से बाहर के विषयों के प्रति संयम

का प्रयोग करता है)। किन्तु यह तो एक दृष्टान्त मात्र है। खतरे का एहसास मिटते ही कछुआ तो अपने अंगों को पुनः फैला देता है, क्या इसी प्रकार स्थितप्रज्ञ महापुरुष भी विषयों में रस लेने लगता है?

विषया विनिवर्तन्ते निराहारस्य देहिनः ।
रसवर्जं रसोऽप्यस्य परं दृष्ट्वा निवर्तते ॥ 2.59 ॥

भावार्थ– हे अर्जुन! निराहरी मनुष्य भोजन को छोड़ देता है किन्तु उसके स्वाद की याद मन में रहती है, उसी प्रकार अन्य विषयों को भी स्थूल रूप से छोड़ने पर उनको भोगने की इच्छा मन में रहती है। आन्तरिक इच्छा तब मिटती है जब मन ईश्वर में रम जाता है और उससे परम आनन्द प्राप्त करता है।

टिप्पणी– इन्द्रियों द्वारा विषयों को न ग्रहण करने वाले पुरुषों के विषय तो निवृत्त हो जाते हैं क्योंकि वे ग्रहण ही नहीं करते; किन्तु उनका राग निवृत्त नहीं होता, आसक्ति लगी रहती है। सम्पूर्ण इन्द्रियों को विषयों से समेटनेवाले निष्कामकर्मी का राग भी 'परं दृष्ट्वा'- परमतत्त्व परमात्मा का साक्षात्कार करके निवृत्त हो जाता है।

यततो ह्यपि कौन्तेय पुरुषस्य विपश्चितः ।
इन्द्रियाणि प्रमाथीनि हरन्ति प्रसभं मनः ॥ 2.60 ॥
तानि सर्वाणि संयम्य युक्त आसीत मत्परः ।
वशे हि यस्येन्द्रियाणि तस्य प्रज्ञा प्रतिष्ठिता ॥ 2.61 ॥

भावार्थ– हे अर्जुन! इन्द्रियाँ इतनी प्रबल तथा वेगवान हैं कि वे उस विवेकी पुरुष के मन को भी बलपूर्वक हर लेती हैं, जो उन्हें वश में करने का प्रयत्न करता है। जो इन्द्रियों को पूर्णतया वश में रखते हुए इन्द्रिय-संयमन करता है और अपनी चेतना को मुझमें स्थिर कर देता है, वह मनुष्य स्थिरबुद्धि कहलाता है।

टिप्पणी– इन्द्रियों पर नियन्त्रण के तीन उपाय हैं–

(1) प्रयत्न (कर्मयोग)।

(2) विवेक (ज्ञान योग)।

(3) ईश्वरपरायणता (भक्तियोग) इनमें से प्रथम दो उपायों से संयम का आरम्भ होता है किन्तु पूरी सफलता नहीं मिलती। तीसरे उपाय (भक्ति) के उपयोग से पूरी सफलता मिलती है और इंद्रिय संयम से स्थितप्रज्ञावस्था प्राप्त होती है।

ध्यायतो विषयान्पुंसः सङ्गस्तेषूपजायते।
सङ्गात्संजायते कामः कामात्क्रोधोऽभिजायते ॥ 2.62 ॥
क्रोधाद्भवति सम्मोहः सम्मोहात्स्मृतिविभ्रमः।
स्मृतिभ्रंशाद् बुद्धिनाशो बुद्धिनाशात्प्रणश्यति ॥ 2.63 ॥

भावार्थ–भगवान् बोले, हे अर्जुन! इंद्रियों के विषयों का ध्यान करने से अर्थात् उनके बारे में लगातार सोचने से उनके प्रति आसक्ति का होना स्वाभाविक है। आसक्ति से कामना उत्पन्न होती है। कामना कभी पूर्ण हो ही नहीं सकती इसलिए उसकी पूर्ति में बाधा पड़ने पर क्रोध आता है। क्रोध से सम्मोह होता है, अर्थात् विवेक का नाश। सम्मोह से स्मृति का नाश, अर्थात् प्राप्त किये हुए ज्ञान पर पर्दा पड़ जाता है। स्मृति-नाश से बुद्धि-नाश, अर्थात् ठीक प्रकार सोच कर काम करने की शक्ति का नाश। तत्पश्चात् अन्तिम कदम है- बुद्धिनाश से सर्वनाश।

टिप्पणी– इन्द्रिय विषयों का चिन्तन करते हुए मनुष्य की उनमें आसक्ति उत्पन्न हो जाती है और ऐसी आसक्ति से काम उत्पन्न होता है और फिर काम से क्रोध प्रकट होता है। क्रोध से पूर्ण मोह उत्पन्न होता है और मोह से स्मरण शक्ति का विभ्रम हो जाता है। जब स्मरण शक्ति भ्रमित हो जाती है, तो बुद्धि नष्ट हो जाती है और बुद्धि नष्ट होने पर मनुष्य फिर नीचे पुनः गिर जाता है।

1. इन दो श्लोकों में व्यक्ति के विनाश की जंजीर का वर्णन है जो आठ चरणों में पतन का क्रम है। सोलहवें अध्याय में सामाजिक स्तर पर द्वेष की जंजीर का वर्णन है, और दो जंजीरें क्यों हैं–इस प्रश्न पर भी विचार किया जायेगा।
2. अगले दो श्लोकों में उत्थान की सीढ़ी का वर्णन है।

रागद्वेषवियुक्तैस्तु विषयानिन्द्रियैश्चरन्।
आत्मवश्यैर्विधेयात्मा प्रसादमधिगच्छति ॥ 2.64 ॥
प्रसादे सर्वदुःखानां हानिरस्योपजायते।
प्रसन्नचेतसो ह्याशु बुद्धिः पर्यवतिष्ठते ॥ 2.65 ॥

भावार्थ– आत्मा की विधि को प्राप्त प्रत्यक्षदर्शी महापुरुष राग-द्वेष से रहित वश में की हुई अपनी इन्द्रियों द्वारा विषयों में विचरता हुआ भी अन्तःकरण की निर्मलता को प्राप्त करता है। वह अपनी भाव दृष्टि में रहता है। महापुरुष के लिए विधि-निषेध नहीं रह जाते। उसके लिए कहीं अशुभ नहीं रहता, जिससे

वह बचाव करे तथा उसके लिए कोई शुभ शेष नहीं रह जाता, जिसकी वह कामना करे।

टिप्पणी– श्रीकृष्ण ने कहा कि उत्थान की सीढ़ी पर चढ़ने के पाँच चरण हैं, जो इस प्रकार हैं–

(1) न किसी से राग (आसक्ति), न किसी से द्वेष।

(2) अपनी इंद्रियों को अपने वश में रखना, अर्थात् संयम से रहना।

(3) मन को मर्यादित जीवन की ओर मोड़कर आवश्यकतानुसार विषयों का सेवन करना, अर्थात् सामान्य जीवन व्यतीत करना।

(4) मर्यादित जीवन में प्रसन्नता का अनुभव करना।

(5) अपनी मनः स्थिति को ऐसा शान्त बनाना कि बड़े से बड़ा दुःख भी प्रसन्नचित्तता को हटा न सके। इस सीढ़ी से उत्थान होकर स्थितप्रज्ञावस्था प्राप्त हो जाती है।

नास्ति बुद्धिरयुक्तस्य न चायुक्तस्य भावना ।
न चाभावयतः शान्तिरशान्तस्य कुतः सुखम् ॥ 2.66 ॥

भावार्थ– श्रीकृष्ण बोले, हे अर्जुन! जो कर्मयोग को नहीं अपनाता, वह बुद्धि की स्थिरता को प्राप्त नहीं कर सकता और न ही अपने मन सद्भावना की ओर मोड़ सकता है। बिना सद्भावना के न शान्ति मिल सकती है, न सुख।

इन्द्रियाणां हि चरतां यन्मनोऽनुविधीयते ।
तदस्य हरति प्रज्ञां वायुर्नावमिवाम्भसि ॥ 2.67 ॥

भावार्थ– जिस प्रकार पानी में तैरती नौका को प्रचण्ड वायु दूर बहा ले जाती है उसी प्रकार विचरणशील इन्द्रियों में से कोई एक जिस पर मन निरन्तर लगा रहता है, मनुष्य की बुद्धि को हर लेती है।

टिप्पणी– जल में नाव को जिस प्रकार वायु हरण करके गन्तव्य से दूर कर देती है, ठीक वैसे ही विषयों में विचरण करती हुई इन्द्रियों में जिस इन्द्रिय के साथ मन रहता है, वह एक ही इन्द्रिय उस असम्बध पुरुष की बुद्धि को हर लेती है। अतः योग का आचरण अनिवार्य है। इंद्रियों के पीछे मन और मन के पीछे बुद्धि–यह पतन का मार्ग है।

तस्माद्यस्य महाबाहो निगृहीतानि सर्वशः ।
इन्द्रियाणीन्द्रियार्थेभ्यस्तस्य प्रज्ञा प्रतिष्ठिता ॥ 2.68 ॥

भावार्थ– श्रीकृष्ण बोले, हे महाबाहो! जो व्यक्ति अपनी इन्द्रियों को सांसारिक भोगों में न फँसा कर उनके द्वारा कर्मयोग की मर्यादा (अर्थात् संयम) का पालन करवाता है, उसकी बुद्धि स्थिर है।

टिप्पणी– जिस पुरुष की इन्द्रियाँ इन्द्रियों के विषयों से सर्वथा वश में की हुई होती हैं, उसकी बुद्धि स्थिर होती है। भगवान 'महाबाहु' एवं 'आजानुबाहु' कहे जाते हैं। वे बिना हाथ-पैर के सर्वत्र कार्य करते हैं। उनमें जो प्रवेश पाता है या जो उसी भगवत्ता की ओर अग्रसर है वह भी महाबाहु है। श्रीकृष्ण और अर्जुन दोनों को महाबाहु कहा गया है।

या निशा सर्वभूतानां तस्यां जागर्ति संयमी ।
यस्यां जाग्रति भूतानि सा निशा पश्यतो मुनेः ॥ 2.69 ॥

भावार्थ– सम्पूर्ण प्राणियों के लिए जो रात (परमात्मा से विमुखता) है, उसमें संयमी मनुष्य जागता है और जिसमें सब प्राणी जागते हैं (भोग और संग्रह में लगे रहते हैं), वह तत्त्व को जानने वाले मुनि की दृष्टि में रात के समान है।

टिप्पणी– सम्पूर्ण भूतप्राणियों के लिए वह परमात्मा रात्रि के तुल्य है; क्योंकि दिखायी नहीं देता, न विचार ही काम करता है इसलिए रात्रि सदृश है। उस रात्रि में परमात्मा में संयमी पुरुष भली प्रकार देखता है, चलता है, जागता है; क्योंकि वहाँ उसकी पकड़ है। योगी इन्द्रियों के संयम द्वारा उसमें प्रवेश पा जाता है। जिन नाशवान् सांसारिक सुख-भोग के लिए सम्पूर्ण प्राणी रात-दिन परिश्रम करते हैं, योगी के लिए वही निशा है।

आपूर्यमाणमचलप्रतिष्ठं समुद्रमापः प्रविशन्ति यद्वत् ।
तद्वत्कामा यं प्रविशन्ति सर्वे स शान्तिमाप्नोति न कामकामी ॥ 2.70 ॥

भावार्थ– जो पुरुष समुद्र में निरन्तर प्रवेश करती रहने वाली नदियों के समान इच्छाओं के निरन्तर प्रवाह से विचलित नहीं होता और जो सदैव स्थिर रहता है, वही शान्ति प्राप्त कर सकता है, वह नहीं, जो ऐसी इच्छाओं को तुष्ट करने की चेष्टा करता हो।

टिप्पणी– कर्मयोगी (स्थितप्रज्ञ) समुद्र की भाँति शान्त रहता है। जिस प्रकार समुद्र चारों ओर से आनेवाले पानी को अपने अन्दर समा लेता है, फिर भी अपनी सीमा का उल्लंघन नहीं करता, उसी प्रकार कर्मयोगी, अनेक कामनाओं के चारों ओर से, अपने अन्दर प्रवेश करने पर भी, विचलित नहीं होता और स्थितप्रज्ञावस्था

की शान्ति प्राप्त करता है। जो कामनाओं के पीछे दौड़ता है, उस कामकामी (भोगी) को शान्ति प्राप्त नहीं हो सकती।

भयंकर वेग से बहने वाली सहस्त्रों नदियों के **स्रोत** फसल को नष्ट करते हुए, हत्याएँ करते हुए, नगरों को डुबोते हुए, हाहाकार मचाते हुए बड़े वेग से समुद्र में गिरते हैं; किन्तु समुद्र को न एक इंच ऊपर उठा पाते हैं और न गिरा ही पाते हैं, बल्कि उसी में समाहित हो जाते हैं। ठीक इसी प्रकार स्थितप्रज्ञ महापुरुष के प्रति सम्पूर्ण भोग उतने ही वेग से आते हैं, किन्तु समाहित हो जाते हैं। उन महापुरुषों में न शुभ संस्कार डाल पाते हैं, न अशुभ।

विहाय कामान्यः सर्वान् पुमांश्चरति निःस्पृहः।
निर्ममो निरहंकारः स शान्तिमधिगच्छति ॥ 2.71 ॥

भावार्थ– जिस मनुष्य ने इन्द्रियतृप्ति की समस्त इच्छाओं का परित्याग कर दिया है, जो इच्छाओं से रहित रहता है और जिसने ममता त्याग दी है तथा अहंकार से रहित है, वह शान्ति को प्राप्त होता है।

टिप्पणी– जो पुरुष सम्पूर्ण कामनाओं को त्यागकर 'निर्ममः'- मैं और मेरे के भाव तथा अहंकार और स्पृहा से रहित हुआ बरतता है, वह उस परम शान्ति को प्राप्त होता है जिसके बाद कुछ भी पाना शेष नहीं रह जाता। स्थितप्रज्ञ निःस्वार्थ भाव से समाज की सेवा करता है। स्थितप्रज्ञ की स्थिति ऐसी है कि वह विश्वमय हो जाता है, 'मैं और मेरा'–यह भाषा ही वहाँ नहीं रहती। वह लोगों से कहता–अब न मैं हूँ, न मेरा है, जो कुछ है सो तुम और तुम्हारा; तुम अपना सँभालो। निर्ममो निरहंकारः का यही वास्तविक अर्थ है। वह सब चीज़ों पर उपकार करने के लिए ही जीता है।

एषा ब्राह्मी स्थितिः पार्थ नैनां प्राप्य विमुह्यति।
स्थित्वास्यामन्तकालेऽपि ब्रह्मनिर्वाणमृच्छति ॥ 2.72 ॥

भावार्थ– हे अर्जुन! यह ब्रह्म प्राप्ति की स्थिति है। इसको प्राप्त होकर कभी कोई मोहित नहीं होता। इस स्थिति में यदि अन्तकाल में भी स्थित हो जाये तो निर्वाण ब्रह्म की प्राप्ति हो जाती है।

टिप्पणी– उपर्युक्त स्थिति ब्रह्म को प्राप्त हुए पुरुष की स्थिति है। समुद्रवत् उन महापुरुषों में विषय नदियों की तरह समा जाते हैं। वे पूर्ण संयमी और प्रत्यक्षतः परमात्मदर्शी हैं। केवल 'अहं ब्रह्मास्मि' कहने से यह स्थिति नहीं मिलती। साधन करके ही इस ब्रह्म की स्थिति को पाया जाता है। ऐसा महापुरुष

ब्रह्मनिष्ठा में स्थित रहते हुए शरीर के अन्तकाल में भी ब्रह्मानन्द को ही प्राप्त होता है।

निष्कर्ष

प्रायः कुछ लोग कहते हैं कि दूसरे अध्याय में गीता पूर्ण हो गयी; किन्तु यदि केवल कर्म का नाम लेने मात्र से कर्म पूरा हो जाता हो, तब तो गीता का समापन माना जा सकता है। इस अध्याय में योगेश्वर श्रीकृष्ण ने यही बताया कि- अर्जुन! निष्काम कर्मयोग के विषय में सुन, जिसे जानकर तू संसार-बन्धन से मुक्त हो जायेगा। तेरा अधिकार कर्म पर है, फल पर कभी नहीं। कर्म करने में तेरी अश्रद्धा न हो। निरन्तर करने के लिए तत्पर हो जा। इसके परिणामस्वरूप तू परमपुरुष का दर्शन कर स्थितप्रज्ञ बनेगा, परमशान्ति पायेगा। किन्तु यह नहीं बताया कि 'कर्म' है क्या?

इस अध्याय में कर्म की गरिमा, उसे करने में बरती जानेवाली सावधानी और स्थितप्रज्ञ के लक्षण बताकर श्रीकृष्ण ने अर्जुन के मन में कर्म के प्रति उत्कण्ठा जाग्रत की है, उसे कुछ प्रश्न दिये हैं। आत्मा शाश्वत है, सनातन है, उसे जानकर तत्त्वदर्शी बनो। उसकी प्राप्ति के दो साधन हैं- ज्ञानयोग और निष्काम कर्मयोग।

अपनी शक्ति को समझकर, हानि-लाभ का स्वयं निर्णय लेकर कर्म में प्रवृत्त होना ज्ञानमार्ग है तथा इष्ट पर निर्भर होकर समर्पण के साथ उसी कर्म में प्रवृत्त होना निष्काम कर्ममार्ग या भक्तिमार्ग है।

श्रीकृष्ण ने कहा, मेरे दो प्रकार के भजनेवाले हैं- एक ज्ञानमार्गी और दूसरा भक्तिमार्गी। निष्काम कर्ममार्गी या भक्तिमार्गी शरणागत होकर मेरा आश्रय लेकर चलता है। ज्ञानयोगी अपनी शक्ति सामने रखकर, अपने हानि-लाभ का विचार कर अपने भरोसे चलता है, जबकि दोनों के शत्रु एक ही हैं। ज्ञानमार्गी को काम, क्रोधादि शत्रुओं पर विजय पाना है और निष्काम कर्मयोगी को भी इन्हीं से युद्ध करना है। कामनाओं का त्याग दोनों करते हैं और दोनों मार्गों में किया जानेवाला कर्म भी एक ही है। 'इस कर्म के परिणाम में परम शान्ति को प्राप्त हो जाओगे।'- लेकिन यह नहीं बताया कि कर्म है क्या?

ॐ तत्सत्

अध्याय - 3

कर्मयोग

इस अध्याय में भगवान् श्रीकृष्ण ने बताया कि यह बुद्धि तेरे लिए ज्ञानमार्ग के विषय में कही गयी। कौन-सी बुद्धि? यही कि युद्ध कर। जीतोगे तो महामहिम की स्थिति प्राप्त कर लोगे और हारोगे तो देवत्व है। जीत में सर्वस्व है और हार में भी देवत्व है, कुछ मिलना ही है। अतः इस दृष्टि से लाभ और हानि दोनों में कुछ-न-कुछ मिलता ही है, किंचित भी क्षति नहीं है। फिर कहा- अब इसी को तू निष्काम कर्मयोग के विषय में सुन, जिस बुद्धि से युक्त होकर तू कर्मों के बन्धन से अच्छी प्रकार छूट जायेगा। फिर उसकी विशेषताओं पर प्रकाश डाला। कर्म करते समय आवश्यक सावधानियों पर बल दिया कि फल वासनावाला न हो, कामनाओं से रहित होकर कर्म में प्रवृत्त हो और कर्म करने में तेरी अश्रद्धा भी न हो, जिससे तू कर्मबन्धन से मुक्त हो जायेगा। मुक्त तो होगा; किन्तु रास्ते में अपनी स्थिति नहीं दिखायी पड़ी।

अतः अर्जुन ने निष्काम कर्मयोग की अपेक्षा ज्ञानमार्ग सरल और प्राप्तिवाला प्रतीत हुआ। उसने प्रश्न किया- जनार्दन! निष्काम कर्म की अपेक्षा ज्ञानमार्ग आपकी दृष्टि में श्रेष्ठ है तो मुझे भयंकर कर्म में क्यों लगाते हैं? प्रश्न स्वाभाविक था। मान लें, एक ही स्थान पर जाने के दो रास्ते हैं। यदि आपको वास्तव में जाना है तो आप अवश्य प्रश्न करेंगे कि इसमें सुगम कौन है? यदि ऐसा नहीं करते हैं तो आप पथिक नहीं। ठीक इसी प्रकार अर्जुन ने भी प्रश्न रखा-

[**समीक्षात्मक टिप्पणी–** इस अध्याय में श्रीकृष्ण राजा जनक का उदाहरण देते हैं, जबकि श्रीकृष्ण स्वयं परब्रह्म हैं। रामायण के एक पात्र राजा जनक का उदाहरण देने की उनके सामने कोई आवश्यकता नहीं थी। राजा जनक की लोक

प्रसिद्धि वाल्मिकी रामायण से हुई, जिसकी रचना निश्चित रूप से महाभारत युद्ध के बाद हुई है, इस तथ्य के बावजूद कि ऐतिहासिक दृष्टि से रामायण काल महाभारत काल से पूर्ववर्ती है। इतिहासकारों का यही कहना है कि वाल्मिकी रामायण की रचना ई0पू0 पाँचवीं शताब्दी से ई0पू0 प्रथम सदी के मध्य कभी हुई, तो फिर श्रीकृष्ण राजा जनक का उदाहरण अर्जुन के सामने क्यों पेश करेंगे। इससे स्पष्ट होता है कि राजा जनक का विवरण बाद में गीता में जोड़ दिया गया है।]

अर्जुन ने प्रश्न किया-

ज्यायसी चेत्कर्मणस्ते मता बुद्धिर्जनार्दन ।
तत्किं कर्मणि घोरे मां नियोजयसि केशव ॥ 3.1 ॥

भावार्थ– हे जनार्दन, आपने बतलाया था कि स्थूल क्रिया से अधिक महत्त्वपूर्ण है समत्वबुद्धि, तो फिर क्यों न मैं सारा ध्यान समत्व बुद्धि पर ही लगा लूँ जिससे मुझे इस भयंकर कर्म से छुटकारा मिल सके। यदि आप बुद्धि को सकाम कर्म से श्रेष्ठ समझते हैं तो फिर आप मुझे इस घोर युद्ध में क्यों लगाना चाहते हैं?

टिप्पणी– निष्काम कर्मयोग में अर्जुन को भयंकरता दिखायी पड़ी; क्योंकि इसमें कर्म करने में ही अधिकार है, फल में कभी नहीं। कर्म करने में अश्रद्धा भी न हो और निरन्तर समर्पण के साथ योग पर दृष्टि रखते हुए कर्म में लगा रह। जबकि ज्ञानमार्ग में हारोगे तो देवत्व है, जीतने पर महामहिम स्थिति है। अपनी लाभ-हानि स्वयं देखते हुए आगे बढ़ना है।

श्रेयस् की प्राप्ति की विधि

व्यामिश्रेणेव वाक्येन बुद्धिं मोहयसीव मे ।
तदेकं वद निश्चित्य येन श्रेयोऽहमाप्नुयाम् ॥ 3.2 ॥

भावार्थ–अर्जुन ने कहा, हे केशव, आपने निष्काम कर्म और समत्व बुद्धि-दोनों की साथ-साथ व्याख्या की, इसलिए मुझे आपकी बात समझने में कठिनाई हुई। आप तो मुझे निश्चित करके एक ही उपाय बतलाइए जिससे मुझे कल्याण प्राप्त हो सके।

टिप्पणी– श्रेयस् प्राप्त करने की इच्छा को अर्जुन पहले भी प्रकट कर चुके हैं।

श्रेयस् शब्द का प्रथम प्रयोग कठोपनिषद् में यम-नचिकेता संवाद में हुआ है। धर्मराज यम जीवन के लक्ष्यों को दो भागों में विभाजित करते हैं–प्रेयस् और

श्रेयस्। जो प्रिय लगे वह प्रेयस् है और जो कल्याणकारी हो वह श्रेयस् है। महाभारत में पुरुषार्थ नाम से जीवन के चार लक्ष्य बतलाये गये हैं-अर्थ, काम, धर्म, मोक्ष। इनमें से अर्थ तथा काम– दोनों की गिनती प्रेयस् के अन्तर्गत की जाती है और धर्म तथा मोक्ष–दोनों की गिनती श्रेयस् के अन्तर्गत की जाती है। कठोपनिषद् में यमराज नचिकेता से कहते हैं- तुम तीन वर माँग लो। नचिकेता कहता है-मेरा पहला वर यह है कि मेरे पिताजी क्रोधरहित और शान्तसंकल्प होकर मुझसे बातें करें। दूसरे वर के लिए नचिकेता कहता है–मुझे अग्नि की शिक्षा दो, अर्थात् यज्ञविधि और योगविधि सिखाओ जिससे सांसारिक सुख (प्रेयस्) प्राप्त होता है। तीसरे वर के लिए नचिकेता यमराज से ब्रह्मविद्या माँगता है जिससे श्रेयस् प्राप्त होता है। नचिकेता की लग्न और योग्यता से प्रसन्न होकर यमराज उसे पिता-प्रेम, प्रेयस् तथा श्रेयस्-तीनों वरों के लिए 'तथास्तु' कह देते हैं।

श्रीकृष्णा ने कहा

लोकेऽस्मिन् द्विविधा निष्ठा पुरा प्रोक्ता मयानघ।
ज्ञानयोगेन सांख्यानां कर्मयोगेन योगिनाम् ॥ 3.3 ॥

भावार्थ– हे अर्जुन! इस मनुष्य लोक में दो प्रकार से होनेवाली निष्ठा मेरे द्वारा पहले कही गयी है। उनमें ज्ञानियों की निष्ठा ज्ञानयोग से और योगियों की निष्ठा कर्मयोग से होती है।

टिप्पणी– ज्ञानियों के लिए ज्ञानमार्ग और योगियों के लिए निष्काम कर्ममार्ग बताया गया। दोनों ही मार्गों के अनुसार कर्म तो करना ही पड़ेगा। इस श्लोक से यह स्पष्ट होता है कि गीता में भक्तियोग कोई अलग तीसरा मार्ग नहीं है, इसलिए इसकी गिनती कर्मयोग के अन्तर्गत ही हो जाती है।

न कर्मणामनारम्भान्नैष्कर्म्यं पुरुषोऽश्नुते।
न च संन्यसनादेव सिद्धिं समधिगच्छति ॥ 3.4 ॥

भावार्थ– हे अर्जुन! तेरे मन में कर्म छोड़ने का जो विचार आया है, वह ठीक नहीं है और उससे तुझे लक्ष्य की प्राप्ति नहीं हो सकती क्योंकि कर्म को छोड़ने से कर्म-बन्धन से छुटकारा नहीं मिलता। इसी प्रकार संन्यास लेने मात्र से सिद्धि प्राप्ति नहीं होती।

न हि कश्चित्क्षणमपि जातु तिष्ठत्यकर्मकृत्।
कार्यते ह्यवशः कर्म सर्वः प्रकृतिजैर्गुणैः ॥ 3.5 ॥

भावार्थ– कोई भी मनुष्य किसी भी अवस्था में क्षणमात्र भी कुछ-न-कुछ कर्म किये बिना नहीं रह सकता। कर्मों का लगातार होना यह प्रकृति का नियम है। प्रकृति के तीन गुण-सत्त्व, रजस्, तमस्– प्रत्येक व्यक्ति से, चाहे उसकी इच्छा न हो तो भी, लगातार कर्म करवाते हैं।

टिप्पणी– प्रत्येक व्यक्ति को प्रकृति से अर्जित गुणों के अनुसार विवश होकर कर्म करना पड़ता है। अतः कोई भी क्षणभर के लिए भी बिना कर्म किये नहीं रह सकता।

कर्मेन्द्रियाणि संयम्य य आस्ते मनसा स्मरन्।
इन्द्रियार्थान्विमूढात्मा मिथ्याचारः स उच्यते ॥ 3.6 ॥

भावार्थ– जो लोग अपनी कर्मेंद्रियों को जबरदस्ती रोक कर कर्म करने की स्थूल क्रिया को होने नहीं देते वे मिथ्याचारी और अज्ञानी हैं क्योंकि उनका मन जबरदस्ती छोड़ी हुई चीज़ों को याद करता रहता है।

टिप्पणी– जो कर्मेन्द्रियों को हठ से रोककर इन्द्रियों के भोगों का मन से स्मरण करते रहते हैं वे मिथ्याचारी हैं, पाखण्डी हैं, न कि ज्ञानी। सिद्ध है कि कृष्णकाल में भी ऐसी रूढ़ियाँ थीं। लोग करने योग्य क्रिया को छोड़कर इन्द्रियों को हठ से रोककर बैठ जाते थे और कहने लगते थे कि मैं ज्ञानी हूँ, पूर्ण हूँ। किन्तु श्रीकृष्ण कहते हैं कि वे धूर्त हैं। ज्ञानमार्ग अच्छा लगे या निष्काम कर्मयोग, दोनों ही मार्गों में कर्म तो करना ही पड़ेगा।

यस्त्विन्द्रियाणि मनसा नियम्यारभतेऽर्जुन।
कर्मेन्द्रियैः कर्मयोगमसक्तः स विशिष्यते ॥ 3.7 ॥

भावार्थ– हे अर्जुन! जो मनुष्य मन से इन्द्रियों पर नियन्त्रण करके आसक्ति रहित होकर निष्काम भाव से कर्मेन्द्रियों के द्वारा कर्मयोग का आचरण करता है, वही श्रेष्ठ है।

टिप्पणी–इस श्लोक में दिया गया मर्यादित जीवन बिताने का वर्णन दूसरे अध्याय के स्थितप्रज्ञ प्रसंग के श्लोक 2.64 के समान है।

नियतं कुरु कर्म त्वं कर्म ज्यायो ह्यकर्मणः।
शरीरयात्रापि च ते न प्रसिद्ध्येदकर्मणः ॥ 3.8 ॥

भावार्थ– श्रीकृष्ण बोले, हे अर्जुन! तू शास्त्र विधि से नियत किये हुए कर्त्तव्य कर्म कर; क्योंकि कर्म न करने की अपेक्षा कर्म करना ज्यादा बेहतर है तथा कर्म न करने से शरीर निर्वाह भी नहीं हो सकता।

टिप्पणी– अर्जुन! तू निर्धारित किये हुए कर्म को कर। अर्थात् कर्म तो बहुत से हैं, उनमें से कोई एक चुना हुआ है; उसी नियत कर्म को कर। कर्म न करने की अपेक्षा कर्म करना ही श्रेष्ठ है। कर्म न करने से तेरी शरीर-यात्रा भी सिद्ध नहीं होगी । शरीर-यात्रा का अर्थ लोग कहते हैं- 'शरीर-निर्वाह'। कैसा शरीर-निर्वाह? क्या आप शरीर हैं? यह पुरुष जन्म-जन्मान्तरों से, युग-युगान्तरों से शरीरों की यात्रा ही तो करता चला आ रहा है। जैसे वस्त्र जीर्ण हुआ तो दूसरा-तीसरा धारण किया, इसी प्रकार कीट-पतंग से मानव तक, ब्रह्मा से लेकर एक मामूली वस्तु तक जगत् परिवर्तनशील है। ऊपर-नीचे योनियों में बराबर यह जीव शरीरों की ही तो यात्रा कर रहा है।

(1) कौन-सा कर्म किया जाये, इस प्रश्न का एक उत्तर श्लोक 2.31-38 में स्वधर्म-पालन नाम से दिया गया था। इसी प्रश्न का दूसरा उत्तर श्लोक 3. 9-19 में 'यज्ञ' नाम से दिया जायेगा और वहाँ 'यज्ञ' का वास्तविक अर्थ भी समझाया जायेगा।

(2) यदि कोई सोचे कि मैं भिक्षा माँग कर अपना जीवन-निर्वाह कर लूँगा तो इसका मतलब हुआ समाज पर अपना भार डालना, जो गीता के अनुसार अनुचित है।

यज्ञ अर्थात् त्याग भावना, सेवा

यज्ञार्थात्कर्मणोऽन्यत्र लोकोऽयं कर्मबन्धनः ।
तदर्थं कर्म कौन्तेय मुक्तसङ्गः समाचर ॥ 3.9 ॥

भावार्थ– श्रीकृष्ण ने कहा, हे अर्जुन! यज्ञ अर्थात् त्याग भावना से किया गया कर्म बन्धन में नहीं डालता। बन्धन तो उस कर्म से होता है जो स्वार्थ भावना से किया जाता है। बन्धन से पूर्ण-मुक्ति पाने के लिए तू यज्ञार्थ कर्म को बिना किसी फल की आसक्ति के कुशलता पूर्वक कर।

टिप्पणी– यज्ञ की प्रक्रिया ही कर्म है। वह हरकत कर्म है, जिससे यज्ञ पूर्ण होता है। सिद्ध है कि कर्म एक निर्धारित प्रक्रिया है। इसके अतिरिक्त जो कर्म होते हैं, क्या वे कर्म नहीं हैं? श्रीकृष्ण कहते हैं- नहीं, वे कर्म नहीं है। वैदिक यज्ञ के मंत्रों में 'इदं न मम' शब्दों का प्रयोग होता है जिनका अर्थ है कि यज्ञ-कर्त्ता अपनेपन का भाव छोड़कर सब कुछ ईश्वर को अर्पण करता है। यह समर्पण-भाव या त्याग-भाव ही यज्ञ का मूल है, अग्नि में सामग्री की आहुति देकर किसी प्रिय वस्तु की कामना करना तो कर्मकाण्ड है। इस दृष्टि से यज्ञार्थ कर्म, निष्काम कर्म,

लोककल्याणार्थ कर्म- इन तीनों का एक ही अर्थ है। वास्तव में गीता ने यज्ञ को नया रूप दिया है।

सहयज्ञाः प्रजाः सृष्ट्वा पुरोवाच प्रजापतिः ।
अनेन प्रसविष्यध्वमेष वोऽस्त्विष्टकामधुक् ॥ 3.10 ॥

भावार्थ– हे अर्जुन! प्रजापति ब्रह्माजी ने सृष्टि के आदिकाल में प्राणियों को रचते-रचते यज्ञ-भाव को उनके स्वभाव का एक अंग ही बना दिया था। यज्ञ-भाव में त्यागभाव और परस्पर-भाव, दोनों का समावेश है। प्राणियों को इस तथ्य का ज्ञान कराने के लिए प्रजापति ने उनसे कहा था कि यज्ञ-भाव के सहारे से ही तुम अपनी वंश-परम्परा चलाओ और इसी के द्वारा तुम्हारी सब आवश्यकताएँ पूर्ण होंगी।

टिप्पणी– यज्ञसहित प्रजा को किसने रचा? प्रजापति ब्रह्मा ने। ब्रह्मा कौन? क्या चार मुख और आठ आँखोंवाला देवता, जैसा कि प्रचलित है? नहीं, श्रीकृष्ण के अनुसार देवता नाम की कोई अलग सत्ता है ही नहीं। फिर प्रजापति कौन है? वस्तुतः जिसने प्रजा के मूल उद्‌गम परमात्मा में प्रवेश पा लिया है, वह महापुरुष प्रजापति है।

(1) इस श्लोक में यज्ञ की उपमा कामधेनु से की गयी है इसलिए उसका यह अर्थ लेना उचित है कि कामधेनु से केवल लाभदायक वस्तुएँ ही प्राप्त होती थीं, हानिकारक नहीं।

(2) प्रजापति के वचन अगले श्लोक में भी हैं और उसमें परस्पर-भाव का महत्त्वपूर्ण संदेश है। परस्पर भाव की महत्ता की ओर ध्यान आकर्षित करने के लिए हमने इस श्लोक के भावार्थ में भी उसका उल्लेख कर दिया है।

परस्पर-भाव से श्रेयस् की प्राप्ति

देवान्भावयतानेन ते देवा भावयन्तु वः ।
परस्परं भावयन्तः श्रेयः परमवाप्स्यथ ॥ 3.11 ॥

भावार्थ– प्रजापति ने प्राणियों से कहा कि यज्ञ-भाव से ही तुम सब देवी-देवताओं के साथ अच्छा व्यवहार करो और बदले में तुम्हें भी अच्छा व्यवहार मिलेगा। इस प्रकार के परस्पर-भाव से तुम्हें 'परम श्रेयस्', अर्थात् सर्व-कल्याण की प्राप्ति होगी।

टिप्पणी– यज्ञ द्वारा देवताओं की उन्नति करो अर्थात् दैवी सम्पद् की वृद्धि करो। वे देवता लोग तुम लोगों की उन्नति करेंगे। इस प्रकार आपस में वृद्धि करते हुए परमश्रेय, जिसके बाद कुछ भी पाना शेष न रहे, ऐसे परमकल्याण को प्राप्त हो जाओ। ज्यो-ज्यों हम यज्ञ में प्रवेश करेंगे, (आगे यज्ञ का अर्थ होगा- आराधना की विधि) त्यों-त्यों हृदय-देश में दैवी सम्पद् अर्जित होती चली जायेगी। परमदेव एकमात्र परमात्मा है, उस परमदेव में प्रवेश दिला देने वाली जो सम्पद् है, अन्तःकरण की जो सजातीय प्रवृत्ति है उसी को 'दैवी सम्पद्' कहते हैं। वह परमदेव को सम्भव करती है इसलिए दैवी सम्पद् कही जाती है, न कि बाहरी देवता-पत्थर-पानी, जैसा कि लोग कल्पना कर लेते हैं।

(1) 'देवाः' शब्द का अर्थ 'देवताओं आदि' लेना उचित है क्योंकि तात्पर्य उन सब व्यक्तियों और संस्थाओं से है जो प्राणीमात्र की आवश्यकताओं को पूरा करने में सहायक हों।

(2) श्लोक 3.2 में अर्जुन ने श्रेयस्-प्राप्ति का उपाय पूछा था। इस श्लोक में भगवान् ने कहा कि परस्पर भाव (एक-दूसरे की सहायता करने) से श्रेयस् ही नहीं, परम श्रेयस् की प्राप्ति होगी। इस दृष्टि से यह श्लोक गीता के अति प्रसिद्ध श्लोकों में अपना स्थान रखता है। यह श्लोक महाभारत में वर्णित 'अनुगीता' में भी सम्मिलित किया गया है। 'अनुगीता' का उपदेश श्रीकृष्ण ने अर्जुन को अन्तिम विदाई लेने से पहले दिया था और उसमें भगवद्गीता के चुने हुए भाव ही हैं। भगवद्गीता और अनुगीता-दोनों गीताओं के उपदेश में सम्मिलित किये जाने से परस्पर-भाव का महत्त्व और भी अधिक हो जाता है।

ऋण-भाव का सन्देश-यज्ञ के प्रसंग में

इष्टान्भोगान्हि वो देवा दास्यन्ते यज्ञभाविताः ।
तैर्दत्तानप्रदायैभ्यो यो भुंक्ते स्तेन एव सः ॥ 3.12 ॥

भावार्थ– जीवन की विभिन्न आवश्यकताओं की पूर्ति करनेवाले विभिन्न देवता यज्ञ सम्पन्न होने पर प्रसन्न होकर तुम्हारी सारी आवश्यकताओं की पूर्ति करेंगे। उन देवताओं की दी हुई सामग्री को दूसरों की सेवा में लगाये बिना जो मनुष्य स्वयं ही उसका उपभोग करता है, वह निश्चित रूप से चोर है।

टिप्पणी–समाज सेवा की शिक्षा देने वाला यह प्रसिद्ध श्लोक है। इसका व्यावहारिक उपयोग यह है कि प्रत्येक व्यक्ति इस बात को समझे कि उसके परिवार तथा समाज ने उसे बड़ा किया और योग्य बनाया, इसलिए वह कृतज्ञ भाव

से समाज सेवा करे। प्रत्येक व्यक्ति समाज का ऋणी है। इस प्रकार के ऋण-भाव को जाग्रत करके समाज के प्रति कृतज्ञता और सेवा-भाव को प्रोत्साहन देना-यह गीता का लक्ष्य है। गीता ने 'चोर' शब्द का प्रयोग करके लोगों को चेतावनी भी दी है कि समाज सेवा न करने से स्वयं उनका कितना भारी पतन हो जाता है।

यज्ञशिष्टाशिनः सन्तो मुच्यन्ते सर्वकिल्बिषैः ।
भुंजते ते त्वघं पापा ये पचन्त्यात्मकारणात् ॥ 3.13 ॥

भावार्थ– यज्ञ अर्थात् समाज सेवा में अपने साधनों का उपयोग करने के बाद बाकी बचे हुए साधनों से अपना मर्यादित जीवन निर्वाह करनेवाले ही धर्मात्मा सन्त हैं क्योंकि वे अनुचित काम करना बिलकुल छोड़ देते हैं। इसके विपरीत जो अपने सारे साधनों का लाभ केवल स्वयं ही लेते है वे पापी लोग पाप का ही भक्षण करते हैं।

टिप्पणी–(1) 'यज्ञशिष्टाशिनः' का शाब्दिक अर्थ है 'यज्ञ से शेष बचे हुए अन्न को खाने वाले' किन्तु इसका वास्तविक तात्पर्य भोजन तक ही सीमित न रख कर सारे साधनों के उपयोग पर लागू करना उचित है जैसा कि भावार्थ में लिखा गया है।

(2) 'मुच्यन्ते सर्वकिल्बिषैः' का शाब्दिक अर्थ है 'सब पापों से मुक्त हो जाते है' किन्तु इसका व्यावहारिक तात्पर्य यह है कि वे अनुचित काम करना छोड़ देते हैं।

अन्नाद्भवन्ति भूतानि पर्जन्यादन्नसम्भवः ।
यज्ञाद्भवति पर्जन्यो यज्ञः कर्मसमुद्भवः ॥ 3.14 ॥

भावार्थ– सम्पूर्ण प्राणी अन्न से उत्पन्न होते है। अन्न की उत्पत्ति वर्षा से होती है। वर्षा यज्ञ सम्पन्न करने से होती है और यज्ञ नियत कर्मों से सम्पन्न होता है।

टिप्पणी– जिस प्रकार पिछले श्लोक में भोजन का तात्पर्य सारे साधनों पर लागू किया था, उसी प्रकार इस श्लोक में अन्न और वर्षा का भी व्यापक अर्थ लेना उचित है। प्राणियों को अनेक साधनों से लाभ होता है और उन साधनों को उपलब्ध कराने वाले दूसरे अन्य साधन ही होते हैं। यज्ञ अर्थात् सेवा भाव से ही इन सारे साधनों का उपयोग प्राणीमात्र के लाभ के लिए होता है, इसलिए यज्ञ का अर्थ है 'सेवा रूपी कर्म'। 'यज्ञः कर्मसमुद्भवः' का यही तात्पर्य है कि उचित कर्म के द्वारा ही यज्ञ सम्पन्न होता है। उदाहरणतः अन्न, वर्षा तथा जितने भी

जीवनोपयोगी साधन हैं उन सब को प्राणीमात्र के लिए उपलब्ध कराने में यज्ञ-भावना का उपयोग अवश्य होता है। 'अन्न से प्राणी, वर्षा से अन्न, यज्ञ से वर्षा'-ऐसा शाब्दिक अर्थ पढ़ने की अपेक्षा, व्यावहारिक तात्पर्य (जैसा भावार्थ में लिखा गया है) समझना उचित है।

कर्म ब्रह्मोद्भवं विद्धि ब्रह्माक्षरसमुद्भवम्।
तस्मात्सर्वगतं ब्रह्म नित्यं यज्ञे प्रतिष्ठितम्॥ 3.15 ॥

भावार्थ– कर्मों की उत्पत्ति वेद से हुई है और वेद की उत्पत्ति अक्षर ब्रह्म से हुई है। इसलिए वह सर्वव्यापी परमात्मा यज्ञ में नियत स्थित है।

एवं प्रवर्तितं चक्रं नानुवर्तयतीह यः।
अघायुरिन्द्रियारामो मोघं पार्थ स जीवति॥ 3.16 ॥

भावार्थ– हे अर्जुन! जो मानव जीवन में इस प्रकार वेदों द्वारा स्थापित यज्ञ-चक्र का पालन नहीं करता वह निश्चय ही पापमय जीवन व्यतीत करता है। ऐसा व्यक्ति केवल इन्द्रियों की तुष्टि के लिए व्यर्थ ही जीवित रहता है।

टिप्पणी– यज्ञार्थ कर्म के माध्यम से व्यक्ति, समाज, प्रकृति और परमेश्वर का पारस्परिक सम्बन्ध (चक्र की भाँति) सृष्टि के आदिकाल से चला आ रहा है और उसे धर्मचक्र या यज्ञचक्र भी कह सकते हैं। जो इस चक्र के क्रम को तोड़ता है, अर्थात् जो यज्ञ रूपी सेवा कर्म को नहीं करता वह धर्मचक्र से अलग हो जाता है। तात्पर्य यह है कि सेवा कर्म को छोड़कर विषय भोगों में फँसा हुआ व्यक्ति पाप का भागी है और समाज की दृष्टि से उसका जीवन व्यर्थ है।

यस्त्वात्मरतिरेव स्यादात्मतृप्तश्च मानवः।
आत्मन्येव च संतुष्टस्तस्य कार्यं न विद्यते॥ 3.17 ॥

भावार्थ–जो आत्मज्ञानी है जो मैं और मेरा की संकुचित भावना को लाँघ चुका है, वह अध्यात्म में ही परम आनन्द एवं सन्तोष का अनुभव करता है और उसे सांसारिक विषयों को भोगने की लालसा नहीं रहती, इसलिए उसे स्वयं अपने व्यक्तिगत लाभ के लिए कर्म करने की आवश्यकता नहीं रहती।

टिप्पणी– परन्तु जो मनुष्य आत्मा में ही लीन है, उसके लिए कोई कर्त्तव्य नहीं रह जाता। यही तो लक्ष्य था। जब अव्यक्त, सनातन, अविनाशी आत्मतत्त्व प्राप्त हो तो आगे ढूँढें किसे? ऐसे पुरुष के लिए न कर्म की आवश्यकता है, न किसी आराधना की। आत्मा और परमात्मा एक-दूसरे के पर्याय हैं। 'तस्य कार्यं न विद्यते' का यह अर्थ तो हो नहीं सकता कि आत्मज्ञानी को किसी भी कर्म को

करने की आवश्यकता नहीं क्योंकि कर्म तो सभी को करना है। हाँ, उसे स्वयं अपने लिए कर्म करने की आवश्यकता नहीं, अर्थात् उसका कर्म दूसरों के भले के लिए होता है और वह उसे सहज-भाव से करता है।

नैव तस्य कृतेनार्थो नाकृतेनेह कश्चन।
न चास्य सर्वभूतेषु कश्चिदर्थव्यपाश्रयः ॥ 3.18 ॥

भावार्थ– आत्मज्ञानी व्यक्ति अपने स्वार्थ की पूर्ति के लिए किसी भी प्राणी पर निर्भर नहीं करता और स्वयं अपने लिए उसको यह देखना भी आवश्यक नहीं कि कर्म हुआ या नहीं हुआ। आत्मज्ञानी व्यक्ति का कर्म अपने लिए नहीं, दूसरों के लिए (यज्ञार्थ) होता है।

टिप्पणी– इस संसार में उस पुरुष का कर्म किये जाने से कोई लाभ नहीं है और न छोड़ देने से कोई हानि है, जबकि पहले आवश्यक था। उसका सम्पूर्ण प्राणियों में कोई स्वार्थ-सम्बन्ध नहीं रह जाता। आत्मा ही तो शाश्वत, सनातन, अव्यक्त, अपरिवर्तनशील और अक्षय है। जब उसी को पा लिया, उसी से सन्तुष्ट, उसी से तृप्त, उसी में ओतप्रोत और स्थित है, आगे कोई सत्ता ही नहीं तो किसको खोजे? मिलेगा क्या?

तस्मादसक्तः सततं कार्यं कर्म समाचर।
असक्तो ह्याचरन्कर्म परमाप्नोति पूरुषः ॥ 3.19 ॥

भावार्थ– इसलिए कर्मफल में आसक्त हुए बिना मनुष्य को अपना कर्त्तव्य समझ कर निरन्तर कर्म करते रहना चाहिए क्योंकि अनासक्त होकर कर्म करने से उसे परब्रह्म की प्राप्ति होती है।

लोकसंग्रह अर्थात् लोककल्याण

कर्मणैव हि संसिद्धिमास्थिता जनकादयः।
लोकसंग्रहमेवापि संपश्यन्कर्तुमर्हसि ॥ 3.20 ॥

भावार्थ– राजा जनक जैसे अनेक महापुरुषों ने केवल नियत कर्मों को करने से ही सिद्धि प्राप्त की थी। तू भी वैसा ही कर और कर्म के लक्ष्य के रूप में लोक कल्याण की ओर विशेष ध्यान दे।

टिप्पणी– वाल्मिकी रामायण से प्रभावित होकर विद्वानों ने यहाँ राजा जनक की महानता का उल्लेख किया है। श्रीकृष्ण जिन्हें परब्रह्म का स्थान प्राप्त है उनके मुख से राजा जनक की बात निकले यह सहज विश्वास नहीं होता है। राजा जनक

का काल श्रीकृष्ण से सैकड़ों वर्ष से अधिक पुराना है। महाभारत के काल में राजा जनक को लोकप्रिय राजा के रूप में प्रसिद्धि प्राप्त नहीं थी। इस बात की पूरी सम्भावना है कि किसी राम भक्त टीकाकार ने अपनी ओर से गीता में यह प्रसंग डाल दिया है ताकि श्रीकृष्ण के नाम के साथ-साथ राजा जनक का भी प्रचार हो। यह एक आश्चर्य की बात है कि गीता में राम की कोई चर्चा नहीं है, लेकिन जनक जी की चर्चा है। इस प्रकार के गीता में अनगिनत क्षेपक हैं। जिसको जो मन में आया उसने वैसे ही विचारों को स्थान दिया। चूँकि प्राचीनकाल में धार्मिक ग्रन्थों को पुस्तक का रूप प्राप्त नहीं था।

यद्यदाचरति श्रेष्ठस्तत्तदेवेतरो जनः।
स यत्प्रमाणं कुरुते लोकस्तदनुवर्तते ॥ 3.21 ॥

भावार्थ– श्रेष्ठ व्यक्ति जैसा आचरण करता है उसी का अनुसरण साधारण लोग भी करते हैं क्योंकि वे श्रेष्ठ व्यक्ति को प्रमाण-स्वरूप समझते हैं।

न मे पार्थास्ति कर्त्तव्यं त्रिषु लोकेषु किञ्चन।
नानवाप्तमवाप्तव्यं वर्त एव च कर्मणि ॥ 3.22 ॥

भावार्थ– हे अर्जुन! मैं ईश्वर रूप में कर्मयोग का आदर्श लोगों के लिए प्रस्तुत करता हूँ। स्वयं अपने लिए तीनों लोकों में मुझे कुछ भी कर्म करने की आवश्यकता नहीं है क्योंकि ऐसी कोई वस्तु नहीं जो मुझे प्राप्त न हो, फिर भी मैं लगातार कर्म में लीन रहता हूँ।

टिप्पणी– ईश्वर तीनों लोकों का स्वामी है और वह लगातार सब के भरण-पोषण का कर्म करता है, सूर्य के द्वारा प्रकाश दे कर, धर्मग्रन्थों के द्वारा सदुपदेश दे कर, आदि। तात्पर्य यह है कि ईश्वर को और आत्मज्ञानी व्यक्ति को भी स्वयं अपने लिए कर्म करने की आवश्यकता नहीं होती-उनके सारे कर्म दूसरों के लिए होते हैं। यह जीवन का आदर्श होना चाहिए।

यदि ह्यहं न वर्तेयं जातु कर्मण्यतन्द्रितः।
मम वर्त्मानुवर्तन्ते मनुष्याः पार्थ सर्वशः ॥ 3.23 ॥

भावार्थ– हे पार्थ! यदि मैं सावधान होकर कर्त्तव्य कर्म न करूँ तो बड़ी हानि हो जाये; क्योंकि मनुष्य सब प्रकार से मेरे ही मार्ग का अनुसरण करते हैं।

उत्सीदेयुरिमे लोका न कुर्यां कर्म चेदहम्।
सङ्करस्य च कर्ता स्यामुपहन्यामिमाः प्रजाः ॥ 3.24 ॥

भावार्थ– यदि मैं नियतकर्म न करूँ तो ये सारे लोग नष्ट हो जायँ। तब मैं अवांछित जनसमुदाय (वर्णसंकर) को उत्पन्न करने का कारण हो जाऊँगा और इस तरह समस्त प्रजा को नष्ट करने वाला बनूँगा।

टिप्पणी– पीछे वालों के मार्गदर्शन के लिए ही महापुरुष कर्म करते हैं, मैं (श्रीकृष्ण) भी करता हूँ। उन्होंने कहा- महापुरुष लोकसंग्रह के लिए कर्म करता है, मैं भी करता हूँ। यदि न करूँ तो लोगों का पतन हो जाये, सभी कर्म छोड़ बैठेंगे। इस श्लोक के आधार पर लोकसंग्रह की परिभाषा की जा सकती है- सब लोकों को नष्ट होने से रोकने के लिए, प्राणीमात्र के विनाश को रोकने के लिए और संसार में अव्यवस्था के फैलाव को रोकने के लिए जो-जो कर्म आवश्यक हों, वे सब लोकसंग्रह के ही अंग हैं। उदाहरणार्थ वातावरण को दूषित होने से रोकना, प्राणीमात्र के कल्याण के लिए शिक्षा, स्वास्थ्य, रोजगार-वृद्धि आदि के लिए प्रयत्न करना, सब लोगों को सन्मार्ग पर चलने के लिए प्रोत्साहित करना, परस्पर भाव और आपसी मेलजोल को बढ़ाना, आदि। श्लोक 15.12-15 में श्रीकृष्ण द्वारा किये गये लोककल्याणार्थ कर्म का विस्तृत वर्णन है।

सक्ताः कर्मण्यविद्वांसो यथा कुर्वन्ति भारत।
कुर्याद्विद्वांस्तथासक्तश्चिकीर्षुर्लोकसंग्रहम् ॥ 3.25 ॥

भावार्थ–इस श्लोक में श्रीकृष्ण उत्तम कर्म का लक्ष्य तथा उसे करने की विधि-इन दोनों बातों की शिक्षा एक साथ दे रहे हैं। वे कहते हैं कि स्वार्थभाव से काम करनेवाले तथा कर्मफल में आसक्ति रखने वाले लोग अज्ञानी हैं। ज्ञानी व्यक्ति वह है जिसके कर्म का लक्ष्य हो लोक कल्याण और जिसके कर्म की विधि हो अनासक्ति (अर्थात् निष्काम भाव या कर्मफल त्याग)।

टिप्पणी– गीता का मुख्य संदेश देने वाला यह प्रसिद्ध श्लोक है। लोक कल्याण की भावना पर बल दिया गया है। कर्म में आसक्त हुए अज्ञानीजन जैसे कर्म करते हैं, वैसे ही अनासक्त हुआ विद्वान, पूर्णज्ञाता भी लोक-हृदय में प्रेरणा और कल्याण-संग्रह चाहता हुआ कर्म करे। यज्ञ की विधि जानते और करते हुए भी हम अज्ञानी हैं। ज्ञान का अर्थ है प्रत्यक्ष जानकारी। जब तक लेशमात्र भी हम अलग हैं, आराध्य अलग है तब तक अज्ञान विद्यमान है। जबतक अज्ञान है तब तक कर्म में आसक्ति रहती है।

न बुद्धिभेदं जनयेदज्ञानां कर्मसङ्गिनाम्।
जोषयेत्सर्वकर्माणि विद्वान्युक्तः समाचरन् ॥ 3.26 ॥

भावार्थ– विज्ञ जनों को चाहिए कि वह कर्मों में आसक्ति वाले अज्ञानी मनुष्यों की बुद्धि में भ्रम उत्पन्न न करे, बल्कि स्वयं समस्त कर्मों को अच्छी तरह से करता हुआ उनसे भी वैसे ही करवाये।

टिप्पणी–इस श्लोक में भगवान् सामाजिक कार्यकर्त्ताओं को कर्म-कुशलता की विधि बतला रहे हैं जिसके तीन मुख्य अंग हैं–(अ) लोक कल्याण का कार्य स्वयं ठीक प्रकार करें (ब) जो लोग अज्ञान या फलासक्ति के कारण लोक कल्याण के कार्यक्रमों में सम्मिलित न हों उनके साथ भी नम्र व्यवहार रखें और (स) आपसी मतभेद को धीरे-धीरे शान्तिपूर्वक दूर करने का प्रयत्न करें, न कि मतभेद को बढ़ाने का।

(क) किसी कुरीति को हटाने का कार्यक्रम तभी सफल हो सकता है जब समाज के पथ प्रदर्शक पहले स्वयं उस कुरीति को छोड़ें।

(ख) समाज सुधार के लिए कानूनी दबाव की अपेक्षा जनता को ठीक से समझाना अधिक लाभदायक होता है।

(ग) आपसी मतभेद को मिटाने में चाहे जो भी समय लगे शान्ति का मार्ग ही उचित है, न कि लड़ाई-झगड़े का।

निरहंकार-भाव तथा समर्पण-भाव

प्रकृतेः क्रियमाणानि गुणैः कर्माणि सर्वशः ।
अहंकारविमूढात्मा कर्ताहमिति मन्यते ॥ 3.27 ॥

भावार्थ– श्रीकृष्ण बोले, हे अर्जुन! सम्पूर्ण कर्म सब प्रकार से प्रकृति के गुणों द्वारा किये जाते हैं; किन्तु अहंकार से मोहित अन्तःकरणवाला अज्ञानी मनुष्य मैं कर्त्ता हूँ ऐसा मान लेता है।

तत्त्ववित्तु महाबाहो गुणकर्मविभागयोः ।
गुणा गुणेषु वर्तन्त इति मत्वा न सज्जते ॥ 3.28 ॥

भावार्थ– जो व्यक्ति यह बात ठीक प्रकार से समझता है कि प्रकृति के तीन गुणों के द्वारा ही सब कर्म सम्पन्न होते हैं वह ज्ञानी है और इस ज्ञान के द्वारा वह कर्मफल में आसक्ति को छोड़कर अहंकार-भाव को भी छोड़ सकता है।

टिप्पणी– यहाँ तत्त्व का अर्थ परमतत्त्व परमात्मा है, न कि पाँच या पचीस तत्त्व- जैसा कि लोग गणना करते हैं। योगेश्वर श्रीकृष्ण के शब्दों में तत्त्व एकमात्र

परमात्मा है, अन्य कोई तत्त्व है ही नहीं। गुणों को पार करके परमतत्त्व परमात्मा में स्थित महापुरुष गुण के अनुसार कर्मों का विभाजन देख पाते हैं।

प्रकृतेर्गुणसम्मूढाः सज्जन्ते गुणकर्मसु।
तानकृत्स्नविदो मन्दान्कृत्स्नविन्न विचालयेत् ॥ 3.29 ॥

भावार्थ– प्रकृतिजन्य गुणों से अत्यन्त मोहित हुए अज्ञानी मनुष्य गुणों और कर्मों में आसक्त रहते हैं। पूर्णतया न समझने वाले मन्द बुद्धि अज्ञानियों को पूर्णतया जानने वाला ज्ञानी मनुष्य उन्हें विचलित न करे।

टिप्पणी– माया के गुणों से मोहग्रस्त होने पर अज्ञानी पुरुष पूर्णतया भौतिक कार्यों में संलग्न रहकर उनमें आसक्त हो जाते हैं। यद्यपि उनके ये कार्य उनमें ज्ञानाभाव के कारण अधम होते हैं, किन्तु ज्ञानी को चाहिए कि उन्हें विचलित न करे।

मयि सर्वाणि कर्माणि संन्यस्याध्यात्मचेतसा।
निराशीर्निर्ममो भूत्वा युध्यस्व विगतज्वरः ॥ 3.30 ॥

भावार्थ– हे अर्जुन! आध्यात्मिक ज्ञान का सहारा लेकर अपने सारे कर्मों को मुझमें समर्पित करके मेरे पूर्ण ज्ञान से युक्त होकर, लाभ की आकांक्षा से रहित, स्वामित्व के किसी दावे के बिना तथा आलस्य से रहित होकर युद्ध करो।

टिप्पणी–भगवान् बोले, हे अर्जुन! आध्यात्मिक ज्ञान का सहारा लेकर सब कर्मों का और उनके फल का भी तू मुझे मानसिक समर्पण कर दे। ऐसा करने से चित्त को व्याकुल करने वाली आशाओं और व्यक्तिगत लाभ की कामनाओं से छुटकारा मिल सकता है और शान्त मन से अहंकार रहित होकर अपना स्वधर्म सम्पन्न हो सकता है। तू ऐसा ही कर।

ये मे मतमिदं नित्यमनुतिष्ठन्ति मानवाः।
श्रद्धावन्तोऽनसूयन्तो मुच्यन्ते तेऽपि कर्मभिः ॥ 3.31 ॥

भावार्थ– जो मनुष्य मेरे आदेशों के अनुसार अपना कर्त्तव्य करते रहते हैं और ईर्ष्यारहित होकर इस उपदेश का श्रद्धापूर्वक पालन करते हैं, वे सकाम कर्मों के बन्धन से मुक्त हो जाते हैं।

टिप्पणी– जो कोई मनुष्य दोषदृष्टि से रहित होकर, श्रद्धाभाव समर्पण से संयुक्त हुए सदा मेरे इस मत के अनुसार बरतते हैं कि 'युद्ध कर', वे पुरुष भी सम्पूर्ण कर्मों से छूट जाते हैं। योगेश्वर का यह आश्वासन किसी हिन्दू, मुसलमान

या ईसाई के लिए नहीं अपितु मानवमात्र के लिए है। उनका मत है कि युद्ध कर! इससे ऐसा प्रतीत होता है कि यह उपदेश युद्धवालों के लिए है। जो स्थिति अर्जुन के सामने थी वैसी ही स्थिति अन्य लोगों के सामने भी होती है। जो पलायनवादी होता है वह जीवन के संघर्ष से दूर रहने का प्रयास करता है।

ये त्वेतदभ्यसूयन्तो नानुतिष्ठन्ति मे मतम्।
सर्वज्ञानविमूढांस्तान्विद्धि नष्टानचेतसः ॥ 3.32 ॥

भावार्थ– परन्तु जो मनुष्य ईर्ष्यावश इन उपदेशों की उपेक्षा करते हैं और इनका पालन नहीं करते उन्हें समस्त ज्ञान से रहित, दिग्भ्रमित तथा सिद्धि के प्रयासों में उनका पतन ही होता है।

सदृशं चेष्टते स्वस्याः प्रकृतेर्ज्ञानवानपि।
प्रकृतिं यान्ति भूतानि निग्रहः किं करिष्यति ॥ 3.33 ॥

भावार्थ– श्रीकृष्ण कहते हैं कि किसी भी व्यक्ति को स्वयं भी अपने स्वभाव के विपरीत कर्म करने के लिए जबरदस्ती नहीं करनी चाहिए क्योंकि ज्ञानी लोगों का आचरण भी अपनी प्रकृति के अनुसार होता है, फिर साधारण लोगों की तो बात ही क्या?

टिप्पणी– सभी प्राणी अपनी प्रकृति के अनुकूल ही आचरण करते हैं। प्रत्यक्षदर्शी ज्ञानी भी अपनी प्रकृति के अनुसार चेष्टा करता है। प्राणी अपने कर्मों में सावधानी बरतते हैं और ज्ञानी अपने स्वरूप में। जैसा जिसकी प्रकृति का दबाव है, वैसा ही कार्य करता है। यह स्वयंसिद्ध है। इसमें निराकरण कोई क्या करेगा? यही कारण है कि सभी लोग मेरे मत के अनुसार कर्म में प्रवृत्त नहीं हो पाते। 'निग्रह' का अर्थ है 'हठ पूर्वक अपने स्वभाव के विरुद्ध जबरदस्ती करना'। गीता के अनुसार संयम तो उचित है किन्तु निग्रह से मानसिक तनाव बढ़ सकता है।

इन्द्रियस्येन्द्रियस्यार्थे रागद्वेषौ व्यवस्थितौ।
तयोर्न वशमागच्छेत्तौ ह्यस्य परिपन्थिनौ ॥ 3.34 ॥

भावार्थ– श्रीकृष्ण बोले, हे अर्जुन! राग और द्वेष हानिकारक हैं- राग से विषयों में आसक्ति उत्पन्न होती है और द्वेष से परस्पर प्रेम के भाव टूट जाते हैं- इसलिए संयम का उन्नित प्रयोग करके राग-द्वेष से होने वाली हानि को रोकने या कम करने का प्रयत्न करना चाहिए।

टिप्पणी– इन्द्रिय भोग में राग और द्वेष स्थित हैं। इन दोनों के वश में नहीं होना चाहिए; क्योंकि इस कल्याण-मार्ग में कर्मों से छूट जानेवाली प्रणाली में ये

राग और द्वेष भीषण शत्रु हैं, आराधना का अपहरण कर ले जाते हैं। जब शत्रु भीतर हैं तो बाहर कोई किसी से क्यों लड़ेगा? शत्रु तो इन्द्रिय और भोगों के सन्सर्ग में हैं, अन्तःकरण में हैं।

श्रेयान्स्वधर्मो विगुणः परधर्मात्स्वनुष्ठितात् ।
स्वधर्मे निधनं श्रेयः परधर्मो भयावहः ॥ 3.35 ॥

भावार्थ– श्रीकृष्ण कहते हैं कि अच्छी प्रकार आचरण किये हुए दूसरे के धर्म से गुणरहित भी अपना धर्म अधिक उत्तम है। स्वभाव से उत्पन्न कर्म में प्रवृत्त होने की क्षमता स्वधर्म है। अपनी क्षमता के अनुसार कर्म में प्रवृत्त होने से साधक एक-न-एक दिन पार पा ही जाता है। अतः स्वधर्माचरण में मरना भी परम कल्याणकारी है और दूसरे का धर्म भय को देने वाला है।

टिप्पणी– इस श्लोक में पिछले 15 श्लोकों का सार प्रकट किया गया है जिसमें तीन मुख्य बातें हैं- अपना स्वधर्म अपने स्वभाव के अनुकूल होना चाहिए और इस विचार से प्रभावित नहीं होना चाहिए कि किसी अन्य व्यक्ति का धर्म ज्यादा बेहतर है। अपने स्वधर्म से लोककल्याण को हानि नहीं होनी चाहिए। इस प्रकार के स्वधर्म का पालन निर्भयता-पूर्वक करना चाहिए। धर्म का हमेशा अर्थ पूजा-पाठ की विधि नहीं होता है। किसी व्यक्ति का विशिष्ट गुण व आचरण जो लोकहितकारी है, वह भी धर्म है।

कामना अर्थात् स्वार्थ भावना से हानि

अर्जुन ने प्रश्न किया-

अर्थ केन प्रयुक्तोऽयं पापं चरति पूरुषः ।
अनिच्छन्नपि वार्ष्णेय बलादिव नियोजितः ॥ 3.36 ॥

भावार्थ– हे कृष्ण! मैं यह जानना चाहता हूँ कि साधारण व्यक्ति न चाहता हुआ भी पाप का आचरण क्यों करता है जैसे कोई बलपूर्वक उसे अनुचित मार्ग में धकेल रहा हो।

श्रीकृष्ण ने कहा

काम एष क्रोध एष रजोगुणसमुद्भवः ।
महाशनो महापाप्मा विद्ध्येनमिह वैरिणम् ॥ 3.37 ॥

भावार्थ– हे अर्जुन! इसका कारण रजोगुण के सम्पर्क से उत्पन्न काम, अर्थात् कामना है। कामना की पूर्ति में जब रुकावट आती है तब क्रोध उत्पन्न

होता है। अतः सब पापों (गलत कार्य) की जड़ कामना को ही तू अपना शत्रु समझ।

टिप्पणी– व्यक्ति को पाप के मार्ग या गलत रास्ते में धकेलने वाली शक्ति का मूल 'कामना', अर्थात् स्वार्थ भावना में है। प्रकृति के तीन गुण-सत्त्व, रजस्, तमस्-सब में होते हैं, उनमें से रजोगुण की वृद्धि होने से 'कामना' की उत्पत्ति होती है और उसे बल मिलता है। कामना कभी पूरी नहीं हो सकती, इसलिए जब कामना की पूर्ति में रुकावट आती है तब क्रोध उत्पन्न होता है। इस प्रकार 'क्रोध' भी कामना का ही रूप है। सब पापों की जड़ 'कामना' को ही तू अपना शत्रु समझ।

धूमेनाव्रियते वह्निर्यथादर्शो मलेन च ।
यथोल्बेनावृतो गर्भस्तथा तेनेदमावृतम् ॥ 3.38 ॥

भावार्थ– जिस प्रकार धुएँ से अग्नि, धूल से दर्पण ढक जाता है तथा भ्रूण से गर्भाशय ढका रहता है, उसी प्रकार जीवात्मा इस कामना के द्वारा यह ज्ञान, अर्थात् विवेक ढका हुआ है।

टिप्पणी– कामना (स्वार्थ भावना) के कारण व्यक्ति का ज्ञान ढक जाता है (अर्थात् व्यक्ति तमोगुण के प्रभाव में आ जाता है)। उस समय व्यक्ति उचित अनुचित के भेद को ठीक प्रकार से नहीं समझ सकता (रजोगुण का प्रभाव)-और अनुचित को उचित समझ लेता है (तमोगुण का प्रभाव)। कामना द्वारा ज्ञान के ढके जाने के तीन दृष्टान्त इस श्लोक में हैं-(अ) जैसे धुआँ आग को ढक लेता है। (आ) जैसे धूल दर्पण को ढक लेता है। (इ) जैसे भ्रूण गर्भ को ढक लेता है।

भीगी लकड़ी जलाने पर धुआँ-ही-धुआँ होता है। अग्नि रहकर भी लपट का रूप नहीं ले पाती। धूल से ढँके दर्पण पर जिस प्रकार प्रतिबिम्ब स्पष्ट नहीं होता, झिल्ली से जिस प्रकार गर्भ ढँका रहता है, वैसे ही इन विकारों के रहते परमात्मा का प्रत्यक्ष ज्ञान नहीं होता।

आवृतं ज्ञानमेतेन ज्ञानिनो नित्यवैरिणा।
कामरूपेण कौन्तेय दुष्पूरेणानलेन च ॥ 3.39 ॥

भावार्थ– इस प्रकार ज्ञानमय मनुष्य की शुद्ध चेतना उसके काम रूपी नित्य शत्रु से ढकी रहती है जो कभी भी तुष्ट नहीं होता और अग्नि के समान जलता रहता है।

टिप्पणी– इस श्लोक के एक भाग में तो पिछले श्लोकों के भाव को ही दोहराया गया है-कामना कभी भी भोगों से तृप्त (शांत) नहीं हो सकती (जैसे अग्नि घी डालने से बुझ नहीं सकती) और कामना ज्ञान को ढक लेती है। श्लोक के शेष भाग में नया भाव यह है कि अज्ञानी लोग कामना को कभी अपना मित्र समझते हैं और कभी अपना शत्रु (रजोगुण-तमोगुण का प्रभाव), किन्तु ज्ञानी लोगों की समझ सात्त्विक होती है इसलिए वे जानते हैं कि कामना 'नित्यशत्रु' है।

अभी तो श्रीकृष्ण ने काम और क्रोध दो शत्रु बताये। प्रस्तुत श्लोक में वे केवल एक शत्रु काम का नाम लेते हैं। वस्तुतः काम में क्रोध का अन्तर्भाव है। कार्य पूर्ण होने पर क्रोध समाप्त हो जाता है, किन्तु कामना समाप्त नहीं होती। कामना-पूर्ति में व्यवधान पड़ते ही क्रोध पुनः उभर आता है। काम के अन्तराल में क्रोध भी निहित है।

इन्द्रियाणि मनो बुद्धिरस्याधिष्ठानमुच्यते ।
एतैर्विमोहयत्येष ज्ञानमावृत्य देहिनम् ॥ 3.40 ॥

भावार्थ– इन्द्रियाँ, मन और बुद्धि इस कामना के निवासस्थान कहे जाते हैं। यह कामना इन मन, बुद्धि और इन्द्रियों के द्वारा ही ज्ञान को ढक करके मनुष्य को मोह में डालता है।

टिप्पणी–कामना का आरम्भ इंद्रियों से होता है (भोग के रूप में)। फिर यदि मन इंद्रियों का साथ दे तो वह भी कामना का निवास-स्थान बन जाता है। तत्पश्चात् यदि बुद्धि मन का समर्थन करे तो बुद्धि भी कामना का निवास-स्थान बन जाती है। जब इंद्रियाँ, मन और बुद्धि-तीनों कामना के निवास स्थान बन जाते हैं, तब कामना ज्ञान को ढक कर जीव को मोह में डाल देती है, अर्थात् उससे अनुचित कर्म करवाती है।

तस्मात्त्वमिन्द्रियाण्यादौ नियम्य भरतर्षभ ।
पाप्मानं प्रजहि ह्येनं ज्ञानविज्ञाननाशनम् ॥ 3.41 ॥

भावार्थ– हे भरतवंशियों में श्रेष्ठ अर्जुन! तू सबसे पहले इन्द्रियों को वश में करके इस पाप के महान् प्रतीक (काम) का दमन करो और ज्ञान तथा आत्म-साक्षात्कार के इस विनाशकर्त्ता का वध करो।

टिप्पणी– पिछले श्लोक में वर्णित क्रम को ध्यान में रखते हुए तेरा पहला कर्त्तव्य है कि तू अपनी इंद्रियों पर संयम रख और ज्ञान तथा विज्ञान दोनों को

ढकने वाली और अनुचित कर्म करवाने वाली कामना को उसके उत्पत्ति स्थान से ही हटा दे।

इन्द्रियाणि पराण्याहुरिन्द्रियेभ्यः परं मनः।
मनसस्तु परा बुद्धिर्यो बुद्धेः परतस्तु सः ॥ 3.42 ॥

भावार्थ– कर्मेन्द्रियाँ जड़ पदार्थ की अपेक्षा श्रेष्ठ हैं, मन इन्द्रियों से बढ़कर है, बुद्धि मन से भी उच्च है और वह (आत्मा) बुद्धि से भी बढ़कर है।

टिप्पणी– भगवान् कहते है कि जो व्यक्ति पाप, अर्थात् अनुचित कर्म से बचना चाहता है उसे चाहिए कि इन्द्रियों की आवाज को अधिक महत्त्व न दे क्योंकि यद्यपि इन्द्रियाँ बलवती हैं फिर भी इन्द्रियों की अपेक्षा मन का स्थान ऊँचा है और मन की अपेक्षा बुद्धि का स्थान ऊँचा है और बुद्धि से भी ऊपर आत्मा है।

एवं बुद्धेः परं बुद्ध्वा संस्तभ्यात्मानमात्मना।
जहि शत्रुं महाबाहो कामरूपं दुरासदम् ॥ 3.43 ॥

भावार्थ– इस प्रकार हे महाबाहु अर्जुन! अपने आपको भौतिक इन्द्रियों, मन तथा बुद्धि से परे जान कर और मन को सावधान आध्यात्मिक बुद्धि से स्थिर करके आध्यात्मिक शक्ति द्वारा इस काम-रूपी कठोर शत्रु को जीतो।

टिप्पणी– कामना (अर्थात् स्वार्थ भावना) को शत्रु समझ-इस पर विजय पाना कठिन है किन्तु उचित उपाय करने पर विजय सम्भव है। आत्मा का नियमन बुद्धि पर, बुद्धि का नियमन मन पर, और मन का नियमन इंद्रियों पर-इस क्रम से साधना करने पर सफलता मिल सकती है, अर्थात् कामना पर विजय प्राप्त हो सकती है जिससे अनुचित कर्म से बचाव हो जाये।

श्लोक 3.37-38 में तमोगुण-रजोगुण के कुप्रभाव का उल्लेख है। सत्त्वगुण के द्वारा तमोगुण और रजोगुण-दोनों का प्रभाव कम करने के लिए आत्मबल का प्रयोग करना-यही तात्पर्य है इस श्लोक का।

ॐ तत्सत्

अध्याय - 4

ज्ञान-कर्मयोग

श्रीकृष्ण कहते हैं कि मैं धर्म की स्थापना के लिए बार-बार प्रकट होता हूँ- यह संदेश सर्वधर्म समन्वय का मार्ग दिखलाता है। वैदिक धर्म की दृष्टि से प्रकटीकरण की घोषणा का एक अन्य प्रमुख संदेश यह है कि धर्म संस्थापन में धर्म के नवीनीकरण का भाव भी सम्मिलित है, अर्थात् अवतार के द्वारा धर्म को बदलती हुई परिस्थितियों के अनुकूल बनाया जाता है, जिससे कि धर्म कभी भी अप्रासंगिक न हो जाये, लोक कल्याण में बाधक न हो जाये। उदाहरण स्वरूप इस अध्याय में वैदिक यज्ञ को नया रूप देने से सम्बन्धित विस्तृत विवेचन है। अध्याय के अन्त में ज्ञान-प्राप्ति-विषयक श्लोक हैं जो यह बताते हैं कि कर्मयोग के मार्ग पर चलनेवाले को उचित समय पर स्वयं ही ज्ञान-प्राप्ति हो जाती है।

अध्याय तीन में योगेश्वर श्रीकृष्ण ने आश्वस्त किया कि दोषदृष्टि से रहित होकर जो भी मानव श्रद्धायुक्त हो मेरे मतानुसार चलेगा, वह कर्मों के बन्धन से भली प्रकार छूट जायेगा। कर्मबन्धन से मुक्ति दिलाने की क्षमता योग (ज्ञानयोग तथा कर्मयोग, दोनों) में है। योग में ही युद्ध-संचार निहित है। प्रस्तुत अध्याय में वे बताते हैं कि इस योग का प्रणेता कौन है? इसका क्रमिक विकास कैसे होता है?

श्रीकृष्णा ने कहा-

इमं विवस्वते योगं प्रोक्तवानहमव्ययम् ।
विवस्वान् मनवे प्राह मनुरिक्ष्वाकवेऽब्रवीत् ॥ 4.1 ॥

भावार्थ- हे अर्जुन! कर्मयोग अविनाशी है, अर्थात् इसका कभी नाश नहीं हो सकता। इसका उपदेश मैंने आरम्भ में सूर्य को दिया था, फिर सूर्य ने मनु को दिया और मनु ने इक्ष्वाकु को दिया।

[**समीक्षात्मक टिप्पणी–** मनु के सम्बन्ध में विभिन्न प्रकार की बातें सुनने को मिलती हैं, लेकिन इस सम्बन्ध में ध्यान देने योग्य बात यह है कि एक से अधिक मनु हुए हैं। यह सर्वथा गलत है कि एक ही मनु हुए हैं और उन्होंने ही हिन्दू धर्म के सम्बन्ध में विभिन्न प्रकार के ब्राह्मणवादी विचार दिये हैं। मनु से जुड़ी सबसे प्रमुख पुस्तक 'मनुस्मृति' है। मनु की परम्परा में वे सातवें मनु थे जिन्होंने वर्ण व्यवस्था का समर्थन किया और जिनके नाम से मनुस्मृति नामक ग्रन्थ प्रचलित हुआ। सातवें मनु ने जिन्हें वैवस्वत के नाम से भी जाना जाता है, ब्राह्मणवाद को स्थापित करने का भरपूर प्रयास किया और उसी प्रयास में गीता में भी कुछ श्लोक जोड़ दिये गये हैं जिनके द्वारा वर्ण-व्यवस्था और जाति-व्यवस्था का समर्थन मिलता है। गीता के अन्तर्गत जिस दर्शन का प्रतिपादन हुआ है उसके द्वारा वर्ण-व्यवस्था तथा जाति-व्यवस्था का विरोध होता है। इन बातों से यह प्रमाणित होता है कि समय-समय पर गीता के मूल गीतों के साथ काफी छेड़-छाड़ कर इसे ब्राह्मणवादी ग्रन्थ बनाने का प्रयास किया गया।]

एवं परम्पराप्राप्तमिमं राजर्षयो विदुः ।
स कालेनेह महता योगो नष्टः परन्तप ॥ 4.2 ॥

भावार्थ– इस प्रकार यह परम विज्ञान गुरु-परम्परा द्वारा प्राप्त किया गया और राजर्षियों ने इसी विधि से इसे समझा। किन्तु कालक्रम में यह परम्परा छिन्न हो गयी, अतः यह विज्ञान यथारूप में लुप्तप्राय हो गया।

टिप्पणी–'नष्टः' शब्द का अर्थ 'नष्ट हो गया'- ऐसा समझना उचित नहीं क्योंकि भगवान् ने पिछले श्लोक में कहा है कि यह योग नष्ट नहीं हो सकता। 'इस योग के कुछ अंश अप्रासंगिक हो गये'– यह भावार्थ उचित है क्योंकि इसी अध्याय में भगवान् बतलायेंगे कि वैदिक काल की यज्ञ-विधि को नया रूप देने की आवश्यकता प्रतीत हुई। साधना की प्रासंगिकता से सम्बन्धित उपदेश श्लोक 17.20-22 में भी दिया जायेगा।

स एवायं मया तेऽद्य योगः प्रोक्तः पुरातनः ।
भक्तोऽसि मे सखा चेति रहस्यं ह्येतदुत्तमम् ॥ 4.3 ॥

भावार्थ–भगवान् बोले, हे अर्जुन! पुराने योग को उत्तम रूप देकर मैं तुझे आज बतला रहा हूँ क्योंकि तू मेरा भक्त और सखा है।

टिप्पणी– वह ही पुरातन योग अब मैंने तेरे लिए वर्णन किया है; क्योंकि तू मेरा भक्त और सखा है और यह योग उत्तम रहस्यपूर्ण है। अर्जुन क्षत्रिय श्रेणी

का साधक था, राजर्षि की अवस्थावाला था, जहाँ ऋद्धियों-सिद्धियों के थपेड़े में साधक नष्ट हो जाता है। इस काल में भी योग कल्याण की मुद्रा में ही हैं; किन्तु प्रायः साधक यहाँ पहुँचकर लड़खड़ा जाते हैं। ऐसा अविनाशी किन्तु रहस्यमय योग श्रीकृष्ण ने अर्जुन से कहा क्योंकि नष्ट होने की अवस्था में अर्जुन था। क्यों कहा? इसलिए कि तू मेरा भक्त है, अनन्यभाव से मेरे आश्रित है, प्रिय है, सखा है।

अर्जुन ने प्रश्न किया

अपरं भवतो जन्म परं जन्म विवस्वतः।
कथमेतद्विजानीयां त्वमादौ प्रोक्तवानिति ॥ 4.4 ॥

भावार्थ– हे कृष्ण! आपका जन्म तो अभी का है, सूर्य का जन्म तो आपसे पहले हुआ था, इसलिए मुझे यह समझने में कठिनाई हो रही है कि आपने प्रारम्भ में कर्मयोग की शिक्षा सूर्य को दी थी।

श्रीकृष्णा ने कहा

बहूनि मे व्यतीतानि जन्मानि तव चार्जुन।
तान्यहं वेद सर्वाणि न त्वं वेत्थ परंतप ॥ 4.5 ॥

भावार्थ– मेरे और तुम्हारे बहुत से जन्म हो चुके हैं। मुझे तो उन सबका स्मरण है, किन्तु हे परंतप! तुम्हें उनका स्मरण नहीं है।

टिप्पणी– मेरे और तेरे बहुत से जन्म हो चुके हैं। उन सबको तू नहीं जानता; किन्तु मैं जानता हूँ। साधक नहीं जानता, स्वरूपस्थ महापुरुष जानता है, अव्यक्त की स्थिति वाला जानता है। क्या आप सबकी तरह पैदा होते हैं? श्रीकृष्ण कहते हैं- नहीं, स्वरूप की प्राप्ति शरीर-प्राप्ति से भिन्न है। मेरा जन्म इन आँखों से नहीं देखा जा सकता। मैं अजन्मा, अव्यक्त, शाश्वत होते हुए भी शरीर के आधारवाला हूँ। शरीर के रहते ही उस परमतत्त्व में प्रवेश पाया जाता है। लेशमात्र भी कमी रहने पर, जन्म लेना पड़ता है। अभी तक अर्जुन श्रीकृष्ण को अपने समान देहधारी समझता है। वह अन्तरंग प्रश्न रखता है- क्या आपका जन्म वैसा ही है, जैसा सबका है? क्या आप भी शरीरों की तरह पैदा होते हैं?

अजोऽपि सन्नव्ययात्मा भूतानामीश्वरोऽपि सन्।
प्रकृतिं स्वामधिष्ठाय संभवाम्यात्ममायया ॥ 4.6 ॥

भावार्थ– श्रीकृष्ण बोले, हे अर्जुन! यद्यपि मैं अजन्मा हूँ और मेरा नाश भी कभी नहीं हो सकता, किन्तु मैं सब प्राणियों का रक्षक भी हूँ और उस कार्य के

लिए, जब-जब आवश्यकता होती है, मैं संसार में अपनी माया शक्ति से प्रकट होता हूँ।

टिप्पणी– मैं विनाशरहित, पुनः जन्मरहित और समस्त प्राणियों के स्वर में संचारित होने पर भी अपनी प्रकृति को अधीन करके आत्ममाया से प्रकट होता हूँ। एक माया तो अविद्या है जो प्रकृति में ही विश्वास दिलाती है, नीच एवं अधम योनियों का कारण बनती है। दूसरी माया है आत्ममाया, जो आत्मा में प्रवेश दिलाती है, स्वरूप के जन्म का कारण बनती है। इसे योगमाया भी कहते हैं। जिससे हम अलग हैं उस शाश्वत स्वरूप से यह जोड़ती है, मिलन कराती है। उस आत्मिक प्रक्रिया द्वारा मैं अपनी त्रिगुणमयी प्रकृति को अधीन करके ही प्रकट होता हूँ।

प्रादुर्भाव की घोषणा

यदा यदा हि धर्मस्य ग्लानिर्भवति भारत।
अभ्युत्थानमधर्मस्य तदात्मानं सृजाम्यहम् ॥ 4.7 ॥

भावार्थ– हे अर्जुन! जब-जब धर्म की हानि और अधर्म की वृद्धि होती है, तब-तब परिस्थिति को ठीक करने के लिए मैं संसार में प्रकट होता हूँ।

टिप्पणी– जब-जब परमधर्म परमात्मा के लिए हृदय ग्लानि से भर जाता है, जब अधर्म की वृद्धि से भाविक पार पाते नहीं देखता, तब मैं आत्मा को रचने लगता हूँ। ऐसी ही ग्लानि मनु को हुई थी।

परित्राणाय साधूनां विनाशाय च दुष्कृताम्।
धर्मसंस्थापनार्थाय सम्भवामि युगे युगे ॥ 4.8 ॥

भावार्थ– भक्तों की रक्षा करने के लिए, दुष्टों का संहार करने के लिए और धर्म की संस्थापना करने के लिए मैं परब्रह्म परमात्मा हर युग में प्रकट होता हूँ।

टिप्पणी– हे अर्जुन! मैं युग युग में अर्थात् अनेक बार संसार में प्रकट होता हूँ और मेरे प्रकट होने के तीन उद्देश्य हैं- (अ) सज्जनता की रक्षा अर्थात् सात्त्विकता को प्रोत्साहन (ब) दुर्जनता का विनाश अर्थात् अन्याय पर रोक (स) धर्म का संस्थापन अर्थात् धर्म को बदलती हुई परिस्थिति के अनुसार नया रूप देकर उसके अनुरूप आचरण करने के लिए लोगों को शिक्षित करना।

'साधूनां परित्राणाय'- परमसाध्य एकमात्र परमात्मा है, जिसे साध लेने पर कुछ भी साधना शेष नहीं रह जाता। उस साध्य में प्रवेश दिलाने वाले विवेक,

वैराग्य, शम, दम इत्यादि दैवी सम्पद् को निर्विघ्न प्रवाहित करने के लिए तथा 'दुष्कृताम्'- जिनसे दूषित कार्यरूप लेते हैं उन काम, क्रोध, राग, द्वेषादि विजातीय प्रवृत्तियों को समूल नष्ट करने के लिए तथा धर्म को भली प्रकार स्थिर करने के लिए मैं प्रत्येक युग में प्रकट होता हूँ।

(1) यह समझना उचित नहीं कि सज्जन लोग अपनी रक्षा स्वयं नहीं कर सकते इसलिए इस श्लोक का तात्पर्य सज्जनता की रक्षा से है। अपनी रक्षा का भार भगवान् पर डालना और स्वयं प्रयत्न न करना-यह गीता के अनुकूल नहीं है। (2) भगवान् सब का भला चाहते हैं इसलिए वे दुर्जनों का भी भला करते हैं, उनकी दुर्जनता को दूर करके। (3) श्रीकृष्ण ने श्लोक 4.2 में कहा है कि धर्म के कुछ अंग लम्बे समय के बाद अप्रासंगिक हो जाते हैं इसलिए प्रत्येक युग की आवश्यकताओं के अनुकूल धर्म को नया रूप देना (नवीनीकरण) ही उसका संस्थापन है।

जन्म कर्म च मे दिव्यमेवं यो वेत्ति तत्त्वतः।
त्यक्त्वा देहं पुनर्जन्म नैति मामेति सोऽर्जुन ॥ 4.9 ॥

भावार्थ– हे अर्जुन! मेरे जन्म और कर्म दिव्य है। इस प्रकार मेरे जन्म और कर्म को जो मनुष्य जान लेता है या दृढ़तापूर्वक मान लेता है वह शरीर का त्याग करके पुनर्जन्म को प्राप्त नहीं होकर मुझको ही प्राप्त होता है।

टिप्पणी– मेरा वह जन्म अर्थात् ग्लानि के साथ स्वरूप की रचना तथा मेरा कर्म अर्थात् दुष्कृतियों के कारणों का विनाश, साध्य वस्तु को दिलानेवाली क्षमताओं का निर्दोष संचार, धर्म की स्थिरता, यह कर्म और जन्म दिव्य, अर्थात् अलौकिक है, लौकिक नहीं है। इन चर्म चक्षुओं से उसे देखा नहीं जा सकता, मन और बुद्धि से उसे मापा नहीं जा सकता। जब इतना गूढ़ है तो उसे देखता कौन है? केवल 'यो वेत्ति तत्त्वतः'- तत्त्वदर्शी ही मेरे इस जन्म और कर्म को देखता है और मेरा साक्षात् करके वह पुनर्जन्म को नहीं प्राप्त होता, बल्कि मुझे प्राप्त होता है।

वीतरागभयक्रोधा मन्मया मामुपाश्रिताः।
बहवो ज्ञानतपसा पूता मद्भावमागताः ॥ 4.10 ॥

भावार्थ– आसक्ति, भय तथा क्रोध से मुक्त होकर, मुझमें पूर्णतया तल्लीन होकर और मेरी शरण में आकर बहुत से व्यक्ति भूतकाल में मेरे ज्ञान से पवित्र हो चुके हैं। इस प्रकार से उन सबों ने मेरे प्रति दिव्य प्रेम को प्राप्त किया है।

टिप्पणी– बहुत से कर्मयोगी जिन्होंने भक्ति और ज्ञान का सहारा लिया है और जो पवित्रात्मा हो गये हैं, वे आसक्ति, भय तथा क्रोध से रहित होकर तथा पिछले श्लोक में वर्णित 'मत्कर्म' (लोक कल्याणार्थ कर्म) को सम्पन्न करके, दैवी-गुण को प्राप्त कर चुके हैं अर्थात्, लोक कल्याणार्थ कर्म करना उनका स्वभाव बन गया है।

राग और विराग, दोनों से परे वीतराग तथा इसी प्रकार भय-अभय, क्रोध-अक्रोध दोनों से परे, अनन्यभाव से अर्थात् अहंकार रहित मेरी शरण हुए बहुत से लोग ज्ञान-तप से पवित्र होकर मेरे स्वरूप को प्राप्त हो चुके हैं। अब ऐसा होने लगा हो- ऐसी बात नहीं है, यह विधान सदैव रहा है। बहुत से पुरुष इसी प्रकार से मेरे स्वरूप को प्राप्त हो चुके हैं। किस प्रकार? जिन-जिन का हृदय अधर्म की वृद्धि देखकर परमात्मा के लिए ग्लानि से भर गया, उस स्थिति में मैं अपने स्वरूप को रचता हूँ। वे मेरे स्वरूप को प्राप्त होते हैं।

सब प्रकार की प्रार्थना प्रभु को स्वीकार

ये यथा मां प्रपद्यन्ते तांस्तथैव भजाम्यहम् ।
मम वर्त्मानुवर्तन्ते मनुष्याः पार्थ सर्वशः ॥ 4.11 ॥

भावार्थ– हे पार्थ! जिस भाव से मनुष्य मेरी शरण ग्रहण करते हैं, उसी के अनुरूप मैं उन्हें आश्रय देता हूँ। प्रत्येक व्यक्ति सभी प्रकार से मेरे पथ का अनुगमन करता है।

टिप्पणी– मेरे पास पहुँचने के लिए यह आवश्यक नहीं कि किसी एक पूर्व-निर्धारित पगडंडी पर चला जाये क्योंकि मेरे पास पहुँचने का मार्ग तो राजमार्ग (सर्वसुलभ मार्ग) है। जो जिस प्रकार मुझे भजते हैं, मैं उसी रूप में उनकी प्रार्थना स्वीकार करता हूँ। प्राणी जिस किसी मार्ग से चलें, वह मेरा ही मार्ग है।

जो मुझे जितनी लगन से जैसा भजते हैं, मैं भी उनको वैसा ही भजता हूँ। उतनी ही मात्रा में सहयोग देता हूँ। साधक की श्रद्धा ही कृपा बनकर उसे मिलती है। इस रहस्य को जानकर सुधीजन सम्पूर्ण भावों से मेरे मार्ग के अनुसार ही बरतते हैं। जैसा मैं बरतता हूँ, जो मुझे प्रिय है वैसा ही आचरण करते हैं। जो मैं कराना चाहता हूँ, वही करते हैं।

कांक्षन्तः कर्मणां सिद्धिं यजन्त इह देवताः ।
क्षिप्रं हि मानुषे लोके सिद्धिर्भवति कर्मजा ॥ 4.12 ॥

भावार्थ– कर्मों की सिद्धि चाहनेवाले मनुष्य देवताओं की उपासना करते है; उन्हें कर्मों से उत्पन्न होने वाली सिद्धि जल्दी मिल जाती है।

टिप्पणी– वे पुरुष इस शरीर में कर्मों की सिद्धि चाहते हुए देवताओं को पूजते हैं। कौन-सा कर्म? श्रीकृष्ण ने कहा, "अर्जुन! तू नियत कर्म कर।" नियत कर्म क्या है? यज्ञ की प्रक्रिया ही कर्म है। यज्ञ क्या है? साधना की विधि-विशेष, जिसमें श्वास-प्रश्वास का हवन, इन्द्रियों के बहिर्मुखी प्रवाह को संयमाग्नि में हवन किया जाता है, जिसका परिणाम है परमात्मा।

चातुर्वर्ण्यं मया सृष्टं गुणकर्मविभागशः ।
तस्य कर्तारमपि मां विद्ध्यकर्तारमव्ययम् ॥ 4.13 ॥

भावार्थ– प्रकृति के तीनों गुणों और उनसे सम्बद्ध कर्म के अनुसार मेरे द्वारा मानव समाज के चार विभाग रचे गये। यद्यपि मैं इस व्यवस्था का रचयिता हूँ, किन्तु तुम यह जान लो कि मैं इतने पर भी अव्यय अकर्त्ता हूँ।

टिप्पणी– मेरे पास पहुँचने के मार्ग की भिन्नता का एक दृष्टान्त है- समाज में चार वर्णों की रचना जिसका आधार है, गुण और कर्म (न कि जन्म)। मैंने प्रत्येक वर्ण को अपने अपने कर्मों के द्वारा मेरे पास पहुँचने का मार्ग भी सुलभ कराया (अर्थात् वर्णों को समानता दी) इसलिए वर्ण-रचना का पक्षपात-रहित कर्म, बन्धनकारी कर्म नहीं।

'चातुर्वर्ण्यं मया सृष्टम्'- चार वर्णों की रचना मैंने की। तो क्या मनुष्यों को चार भागों में बाँट दिया? श्रीकृष्ण कहते हैं- नहीं, 'गुणकर्म-विभागशः'- गुणों के माध्यम से कर्म को चार भागों में बाँटा। गुण एक पैमाना है, मापदण्ड है। तामसी गुण होगा तो आलस्य, निद्रा, प्रमाद, कर्म में न प्रवृत्त होने का स्वभाव, जानते हुए भी अकर्त्तव्य से निवृत्ति न हो पाने की विवशता रहेगी। ऐसी अवस्था में साधन आरम्भ कैसे करें? दो घण्टे आप आराधना में बैठते हैं, इस कर्म के लिए प्रयत्नशील होना चाहते हैं किन्तु दस मिनट भी अपने पक्ष में नहीं पाते। शरीर अवश्य बैठा है, लेकिन जिस मन को बैठना चाहिए वह हवा से बातें कर रहा है, कुतर्कों का जाल बुन रहा है, तरंग पर तरंग छायी है, तो आप बैठे क्यों हैं? समय क्यों नष्ट करते हैं?

(1) गीता के अनुसार वर्ण का निर्णय गुण और कर्म से है, जन्म से नहीं।

(2) 'कर्त्ता होते हुए भी अकर्त्ता समझ'-इसका तात्पर्य यह है कि कर्त्ता ने उच्च कोटि का निष्काम कर्म सम्पन्न किया है।

[**समीक्षात्मक टिप्पणी–** एक बार यह पुनः कहा जा रहा है कि वर्ण सम्बन्धी विचार गीता में बाद में डाल दिया गया है। यह ब्राह्मणों की चालाकी थी कि उन्होंने श्रीकृष्ण के मुख से यह कहवाया है कि उन्होंने ही चार प्रकार के पेशों और उनसे जुड़ी चार वर्णों को जन्म दिया है। सच यह है कि इसको ऋग्वेद से लाकर जोड़ दिया गया है और ऐसा करने वालों ने श्रीकृष्ण के नाम पर अपना ही खेल खेला है।]

न मां कर्माणि लिम्पन्ति न मे कर्मफले स्पृहा ।
इति मां योऽभिजानाति कर्मभिर्न स बध्यते ॥ 4.14 ॥

भावार्थ– मुझ पर किसी कर्म का प्रभाव नहीं पड़ता, न ही मैं कर्मफल की कामना करता हूँ। जो मेरे सम्बन्ध में इस सत्य को जानता है, वह भी कर्मों से नहीं बँधता।

टिप्पणी– कर्मों के फल में मेरी स्पृहा नहीं है। कर्मों का फल क्या है? श्रीकृष्ण ने पीछे बताया कि यज्ञ जिससे पूरा होता है, उस क्रिया का नाम कर्म है और पूर्तिकाल में यज्ञ जिसकी रचना करता है, उस ज्ञानामृत का पान करनेवाला शाश्वत, सनातन ब्रह्म में प्रवेश पा लेता है। कर्म का परिणाम है परमात्मा, उस परमात्मा की चाह भी अब मुझे नहीं है; क्योंकि वह मुझसे भिन्न नहीं है। मैं अव्यक्त स्वरूप हूँ, उसी की स्थितिवाला हूँ।

लोक कल्याणकारी कर्म का निर्णय

एवं ज्ञात्वा कृतं कर्म पूर्वैरपि मुमुक्षुभिः ।
कुरु कर्मैव तस्मात्त्वं पूर्वैः पूर्वतरं कृतम् ॥ 4.15 ॥

भावार्थ–भगवान् बोले, हे अर्जुन! प्राचीनकाल के कर्मयोगियों ने निष्काम कर्म की विधि अपना कर अपने लक्ष्य की प्राप्ति की थी, इसलिए तेरे लिए भी वही मार्ग श्रेयष्कर है।

किं कर्म किमकर्मेति कवयोऽप्यत्र मोहिताः ।
तत्ते कर्म प्रवक्ष्यामि यज्ज्ञात्वा मोक्ष्यसेऽशुभात् ॥ 4.16 ॥

भावार्थ– हे अर्जुन! कर्म क्या है और अकर्म क्या है- इस प्रकार इस विषय में विद्वान् भी मोहित हो जाते हैं। अतः वह कर्म-तत्त्व मैं तुझे भली-भाँति कहूँगा, जिसको जानकर तू संसार बन्धन से मुक्त हो जायेगा।

टिप्पणी– कर्म क्या है और अकर्म क्या है?- इस विषय में बुद्धिमान् पुरुष भी मोहित हैं। इसलिए मैं वह कर्म तेरे लिए अच्छी तरह से कहूँगा, जिसे जानकर तू 'अशुभात् मोक्ष्यसे'- अशुभ, अर्थात् संसार-बन्धन से भली प्रकार छूट जायेगा। कर्म कोई ऐसी वस्तु है, जो संसार-बन्धन से मुक्ति दिलाती है।

कर्मणो ह्यपि बोद्धव्यं बोद्धव्यं च विकर्मणः ।
अकर्मणश्च बोद्धव्यं गहना कर्मणो गतिः ॥ 4.17 ॥

भावार्थ– कर्म की बारीकियों को समझना अत्यन्त कठिन है। अतः मनुष्य को यह ठीक से जानना चाहिए कि कर्म क्या है, विकर्म क्या है और अकर्म क्या है।

टिप्पणी– लोक कल्याणकारी कर्म का निर्णय लेने से पहले तीन प्रकार के प्रश्नों पर विचार करना आवश्यक है-(अ) कौन-सा कर्म बन्धन में डालने वाला है और कौन-सा कर्म बन्धन से मुक्ति दिलवा सकता है? (ब) कौन-सा कर्म विधि प्रधान है (अर्थात् जिसमें कर्म की विधि को महत्ता दी जाती है) और कौन-सा कर्म लक्ष्य-प्रधान है? (स) कौन-सा कर्म करके भी ऐसा भास होता है कि कर्म क्रियाहीन नहीं? हे अर्जुन! ये प्रश्न जटिल हैं। इस श्लोक में प्रयुक्त तीन शब्दों-कर्म, विकर्म, अकर्म-के अनेक अर्थ किये गये हैं।

कर्मण्यकर्म यः पश्येदकर्मणि च कर्म यः ।
स बुद्धिमान्मनुष्येषु स युक्तः कृत्स्नकर्मकृत् ॥ 4.18 ॥

भावार्थ– जो मनुष्य कर्म में अकर्म और अकर्म में कर्म देखता है, वह सभी मनुष्यों में बुद्धिमान् है और सब प्रकार के कर्मों में प्रवृत्त रहकर भी दिव्य स्थिति में रहता है।

टिप्पणी–'कर्म में अकर्म, अकर्म में कर्म'-इन शब्दों का दार्शनिक भावार्थ न देकर, व्यावहारिक भावार्थ देना अधिक उपयोगी है। भगवान् ने कहा, हे अर्जुन! जो अपने कर्त्तव्य कर्म में इतना लीन हो जाता है कि उसे ऐसा भास ही नहीं होता कि कर्म किया, वह समत्व बुद्धि युक्त और कर्मकुशल है। उसी प्रकार जो पलायनवाद को छोड़ने में उतना ही तत्पर है जितना सकाम कर्म को छोड़ने में, वह भी समत्व बुद्धि युक्त और कर्म कुशल है।

जो पुरुष कर्म में अकर्म देखे, कर्म माने आराधना, अर्थात् आराधना करे और यह भी समझे कि करने वाला मैं नहीं हूँ बल्कि गुणों की अवस्था ही चिन्तन में हमें नियुक्त करती है, मैं इन गुणों द्वारा प्रेरित होकर कर्म में बरतता हूँ अथवा 'मैं

इष्ट द्वारा संचालित हूँ'- ऐसा देखे और जब इस प्रकार अकर्म देखने की क्षमता आ जाये और धारावाहिक रूप से कर्म होता रहे, तभी समझना चाहिए कि कर्म सही दिशा में हो रहा है। वही पुरुष मनुष्यों में बुद्धिमान् है, मनुष्यों में योगी है, योग से युक्त बुद्धिवाला है और सम्पूर्ण कर्मों को करनेवाला है। उसके द्वारा कर्म करने में लेशमात्र भी त्रुटि नहीं रह जाती।

यस्य सर्वे समारम्भाः कामसंकल्पवर्जिताः ।
ज्ञानाग्निदग्धकर्माणं तमाहुः पण्डितं बुधाः ॥ 4.19 ॥

भावार्थ– जिस व्यक्ति का सम्पूर्ण कर्मों का आरम्भ संकल्प और कामना से रहित होता है, उसे पूर्णज्ञानी समझा जाता है। उसे ही साधु पुरुष ऐसा कर्त्ता कहते हैं, जिसने पूर्णज्ञान की अग्नि से कर्मफलों को भस्मसात् कर दिया है ।

टिप्पणी– लोककल्याणकारी कर्म के विषय में समत्वबुद्धि रखने वाला व्यक्ति कामना, अर्थात् स्वार्थ भावना को छोड़ने का महत्त्व समझता है। इसलिए उसके कर्म में से बन्धनकारी अंश लुप्त हो जाते हैं मानो ज्ञान की अग्नि ने उन्हें भस्म कर दिया हो। कर्मों के बन्धनकारी अंश भस्म होते हैं, न कि लोककल्याणकारी अंश।

त्यक्त्वा कर्मफलाsङ्गं नित्यतृप्तो निराश्रयः ।
कर्मण्यभिप्रवृत्तोऽपि नैव किंचित् करोति सः ॥ 4.20 ॥

भावार्थ–भगवान् बोले, हे अर्जुन! जो व्यक्ति कर्मफल में आसक्ति को छोड़ देता है और लगातार अपना कर्त्तव्य कर्म करते हुए भी सन्तुष्ट और शान्त रहता है, उसे ऐसा प्रतीत होता है वह कुछ भी कर्म नहीं करता।

निराशीर्यतचित्तात्मा त्यक्तसर्वपरिग्रहः ।
शारीरं केवलं कर्म कुर्वन्नाप्नोति किल्बिषम् ॥ 4.21 ॥

भावार्थ– ऐसा ज्ञानी पुरुष पूर्णरूप से संयमित मन तथा बुद्धि से कार्य करता है, जिसने अपनी सम्पत्ति के सारे स्वामित्व को त्याग दिया हो और केवल शरीर-निर्वाह के लिए कर्म करता है। इस तरह कार्य करता हुआ वह पाप रूपी फलों से प्रभावित नहीं होता है।

टिप्पणी– जो व्यक्ति परिग्रह अर्थात् अपने व्यक्तिगत भोग के साधनों का संचय नहीं करता और प्रयत्नशील होते हुए भी फल की आशा नहीं रखता, उसे ऐसा प्रतीत होता है मानो उसके मन पर कर्म करने का कोई बोझ नहीं है (केवल शरीर ही कर्म कर रहा है) और पाप तो उसे छू भी नहीं सकता। जिसने

अन्तःकरण और शरीर को जीत लिया है, भोगों की सम्पूर्ण सामग्री जिसने त्याग दी है, ऐसे आशारहित पुरुष का शरीर केवल कर्म करता दिखायी भर पड़ता है। वस्तुतः वह करता-धरता कुछ नहीं, इसलिए पाप का भागी नहीं होता। वह पूर्णत्व को प्राप्त करता है, इसीलिए आवागमन से दूर होता है।

यदृच्छालाभसंतुष्टो द्वन्द्वातीतो विमत्सरः ।
समः सिद्धावसिद्धौ च कृत्वापि न निबध्यते ॥ 4.22 ॥

भावार्थ– अपने-आप जो कुछ मिल जाये, उसमें सन्तुष्ट रहता है, जो द्वन्द्व से मुक्त है और ईर्ष्या नहीं करता, जो सफलता तथा असफलता दोनों में स्थिर रहता है, वह कर्म करता हुआ भी कभी बँधता नहीं।

टिप्पणी– जो व्यक्ति लोककल्याणकारी कर्म के लिए पूरा प्रयत्न करते हुए भी उसकी सफलता-असफलता के प्रति समत्वभाव रखता है और किसी से ईर्ष्या नहीं करता (अर्थात् सब प्राणियों के प्रति समदृष्टि रखता है) वह सहज प्राप्त वस्तुओं से सन्तुष्ट रहता है और सुख-दुःख आदि द्वन्द्वों से प्रभावित नहीं होता। इसलिए वह कर्म करता हुआ भी कर्मबन्धन से मुक्त है।

अपने आप जो कुछ भी प्राप्त हो उसी में सन्तुष्ट रहनेवाला, सुख-दुःख, राग-द्वेष और हर्ष-शोकादि द्वन्द्वों से परे, ईर्ष्यारहित तथा सिद्धि और असिद्धि में समभाववाला पुरुष कर्मों को करके भी नहीं बँधता। सिद्धि अर्थात् जिसे पाना था वह अब भिन्न नहीं है और वह कभी अलग भी नहीं होगा, इसलिए असिद्धि का भी भय नहीं है। इस प्रकार सिद्धि और असिद्धि में समभाववाला पुरुष कर्म करके भी नहीं बँधता। कौन-सा कर्म वह करता है? वही नियत कर्म यज्ञ की प्रक्रिया।

भगवान् ने इस अध्याय के आरम्भ में कहा था कि धार्मिक साधना के कुछ अंश लम्बा समय बीतने पर अप्रासंगिक हो जाते हैं और लोककल्याण के लिए उन्हें नया रूप देना अनिवार्य हो जाता है। अब अगले दस श्लोकों में साधना के नवीनीकरण का भाव 'यज्ञ' का दृष्टान्त देकर स्पष्ट किया जायेगा। तीसरे अध्याय में भी यज्ञ के नये रूप का उल्लेख किया गया था।

यज्ञ का नया रूप

गतसङ्गस्य मुक्तस्य ज्ञानावस्थितचेतसः ।
यज्ञायाचरतः कर्म समग्रं प्रविलीयते ॥ 4.23 ॥

भावार्थ– जो पुरुष प्रकृति के गुणों के प्रति अनासक्त है और जो दिव्य ज्ञान में पूर्णतया स्थित है, उसके सारे कर्म ब्रह्म में लीन हो जाते हैं।

टिप्पणी– 'यज्ञायाचरतः कर्म'- यज्ञ का आचरण ही कर्म है और साक्षात्कार का नाम ही ज्ञान है। इस यज्ञ का आचरण करके साक्षात्कार के साथ ज्ञान में स्थित, संगदोष और आसक्ति से रहित मुक्त पुरुष के सम्पूर्ण कर्म भली प्रकार विलीन हो जाते हैं। वे कर्म कोई परिणाम उत्पन्न नहीं कर पाते; क्योंकि कर्मों का फल परमात्मा उनसे भिन्न नहीं रह गया। अब फल में कौन-सा फल लगेगा? इसलिए उन मुक्त पुरुषों को अपने लिए कर्म की आवश्यकता समाप्त हो जाती है। फिर भी लोकसंग्रह के लिए वे कर्म करते ही हैं और करते हुए भी वे इन कर्मों में लिप्त नहीं होते ।

ब्रह्मार्पणं ब्रह्म हविर्ब्रह्माग्नौ ब्रह्मणा हुतम् ।
ब्रह्मैव तेन गन्तव्यं ब्रह्मकर्मसमाधिना ॥ 4.24 ॥

भावार्थ– हे अर्जुन! पहले पहल मैं तुझे यह बतलाना चाहता हूँ कि जिस व्यक्ति ने ब्रह्मज्ञान पा लिया है उसकी दृष्टि में यज्ञ क्या है- वह समझता है कि सब कुछ ब्रह्म है, अग्नि, हवि (तिल, जौ, घी आदि), अर्पण करने के पात्र तथा यज्ञ करने वाला व्यक्ति भी ब्रह्म है। इस दृष्टि से सारा जीवन ब्रह्ममय हो जाता है। समस्त कर्म ब्रह्मकर्म का रूप ले लेता है और उसमें लीन व्यक्ति ब्रह्म को ही प्राप्त करता है।

टिप्पणी–तात्पर्य यह है कि ब्रह्मज्ञानी के लिए यह आवश्यक नहीं कि वह यज्ञ की अग्नि प्रज्वलित करे और उसमें सामग्री से आहुति दे क्योंकि लोक कल्याण का कर्म ज्ञान पूर्वक करने से यज्ञ का रूप ले लेता है।

दैवमेवापरे यज्ञं योगिनः पर्युपासते ।
ब्रह्माग्नावपरे यज्ञं यज्ञेनैवोपजुह्वति ॥ 4.25 ॥

भावार्थ– कुछ योगी विभिन्न प्रकार के यज्ञों द्वारा देवताओं की भली भाँति पूजा करते हैं और कुछ परब्रह्म रूपी अग्नि में आहुति डालते हैं।

टिप्पणी– हे अर्जुन! अब मैं तुझे भक्तियोगियों द्वारा किये गये यज्ञ के नये रूपों का वर्णन करता हूँ। उनमें से कुछ देवताओं की पूजा निष्कामभाव से करते हैं और दूसरे निर्गुण-भाव से ब्रह्म की उपासना करते हैं और तीसरे सगुण-भाव से ईश्वर को समर्पण-भाव से भजते हैं। तात्पर्य यह है कि भक्तिपूर्वक किया हुआ लोककल्याण का कर्म भी यज्ञ का रूप ले लेता है।

श्रोत्रादीनीन्द्रियाण्यन्ये संयमाग्निषु जुह्वति ।
शब्दादीन्विषयानन्य इन्द्रियाग्निषु जुह्वति ॥ 4.26 ॥

भावार्थ–भगवान् बोले, हे अर्जुन! अब मैं तुझे कर्मयोगी साधकों द्वारा अपनाए गये यज्ञ के नये रूपों के विषय में बतलाता हूँ। उनमें से कुछ लोग इंद्रिय-संयम का मार्ग अपनाते हैं और कुछ लोग मर्यादित रूप से विषयों का सेवन करते हैं।

टिप्पणी– अन्य योगीजन श्रोत्रादिक (श्रोत्र, नेत्र, त्वचा, जिह्वा और नासिका) इन्द्रियों को संयमरूपी अग्नि में हवन करते हैं, अर्थात् इन्द्रियों को विषयों से समेटकर संयत कर लेते हैं। यहाँ आग नहीं जलती। जैसे अग्नि में डालने से हर वस्तु भस्मसात् हो जाती है, ठीक इसी प्रकार संयम भी एक अग्नि है जो इन्द्रियों के सम्पूर्ण बहिर्मुखी प्रवाह को समाप्त कर देता है। दूसरे योगी लोग शब्दादिक (शब्द, स्पर्श, रूप, रस और गन्ध) विषयों को इन्द्रियरूपी अग्नि में हवन कर देते हैं अर्थात् उनका आशय बदलकर साधनापरक बना लेते हैं।

तात्पर्य यह है कि अपने व्यक्तिगत भोग को सीमित रखते हुए अपने साधनों के द्वारा सामर्थ्य के अनुकूल लोकसेवा करना भी यज्ञ का रूप ले लेता है।

सर्वाणीन्द्रियकर्माणि प्राणकर्माणि चापरे ।
आत्मसंयमयोगाग्नौ जुह्वति ज्ञानदीपिते ॥ 4.27 ॥

भावार्थ– दूसरे, जो मन तथा इन्द्रियों को वश में करके आत्म-साक्षात्कार करना चाहते हैं, सम्पूर्ण इन्द्रियों तथा प्राणवायु के कार्यों को संयमित मन रूपी अग्नि में आहुति कर देते हैं।

टिप्पणी–अष्टांग योग के साथ-साथ ज्ञान-दीप के प्रकाश को महत्त्व देने का तात्पर्य यह है कि ये व्यक्ति अपनी योग्यता का उपयोग लोककल्याण के लिए करते हैं।

द्रव्ययज्ञास्तपोयज्ञा योगयज्ञास्तथापरे ।
स्वाध्यायज्ञानयज्ञाश्च यतयः संशितव्रताः ॥ 4.28 ॥

भावार्थ– कठोर व्रत अपनाकर कुछ लोग अपनी सम्पत्ति का त्याग करके, कुछ कठिन तपस्या द्वारा, कुछ अष्टांग योगपद्धति के अभ्यास द्वारा अथवा दिव्यज्ञान में उन्नति करने के लिए वेदों के अध्ययन द्वारा प्रबुद्ध बनते हैं।

टिप्पणी– श्रीकृष्ण ने अर्जुन से कहा कि नये प्रकार के यज्ञों का ज्ञान सुगम बनाने के लिए मैं उनके सार्थक नाम भी तुझे बता दूँ- (अ) द्रव्य यज्ञ अर्थात् भौतिक साधनों का लोकसेवा के लिए उपयोग करना। (आ) तपोयज्ञ अर्थात् अहिंसा से दुर्जनों का हृदय परिवर्तन करने के लिए स्वयं कष्ट सहने को तैयार

रहना। (इ) योगयज्ञ अर्थात् योग से प्राप्त सामर्थ्य का उपयोग लोककल्याण के लिए करना। (ई) स्वाध्याय-यज्ञ अर्थात् शास्त्रों को पढ़कर उनमें से सेवा का सन्देश ग्रहण करना। (उ) ज्ञान यज्ञ अर्थात् लोगों को शास्त्रों का सच्चा ज्ञान देना। इन सब यज्ञों का आचरण करनेवाले प्राचीनकाल के ऋषियों की भाँति आदरणीय हैं।

अनेक लोग द्रव्य-यज्ञ करते हैं, अर्थात् आत्मपथ में, महापुरुषों की सेवा में पत्र-पुष्प अर्पित करते हैं। वे समर्पण के साथ महापुरुषों की सेवा में द्रव्य लगाते हैं। श्रीकृष्ण आगे कहते हैं- भक्तिभाव से पत्र, पुष्प, फल, जल जो कुछ भी मुझे देता है, उसे मैं खाता हूँ और उसका परमकल्याण-सृजन करनेवाला होता हूँ। यह भी यज्ञ है। हर आत्मा की सेवा करना, भूले हुए को आत्मपथ पर लाना द्रव्ययज्ञ है; क्योंकि प्राकृतिक संस्कारों को जलाने में समर्थ है।

अपाने जुह्वति प्राणं प्राणेऽपानं तथापरे।
प्राणापानगती रुद्ध्वा प्राणायामपरायणाः ॥ 4.29 ॥
अपरे नियताहाराः प्राणान्प्राणेषु जुह्वति ।
सर्वेऽप्येते यज्ञविदो यज्ञक्षपितकल्मषाः ॥ 4.30 ॥

भावार्थ– श्रीकृष्ण बोले, हे अर्जुन! शारीरिक तथा मानसिक विकारों को दूर करके अपने आपको लोकसेवा के योग्य बनाना भी यज्ञ है। इस दृष्टि से प्राणायाम, सात्त्विक आहार का अभ्यास डालना और साधनों के मर्यादित सेवन में सुख अनुभव करना-इन्हें भी यज्ञार्थ कर्म समझ ।

टिप्पणी– अन्य लोग भी हैं जो समाधि में रहने के लिए श्वास को रोके रहते हैं (प्राणायाम)। वे अपान में प्राण को और प्राण में अपान को रोकने का अभ्यास करते हैं और अन्त में प्राण-अपान को रोककर समाधि में रहते हैं। अन्य योगी कम भोजन करके प्राण की प्राण में आहुति देते हैं।

ये सभी यज्ञ करनेवाले यज्ञों का अर्थ जानने के कारण पापकर्मों से मुक्त हो जाते हैं और यज्ञों के फल रूपी अमृत को चखकर परम दिव्य आकाश की ओर बढ़ते जाते हैं।

योगी का आहार दृढ़, आसन दृढ़ और निद्रा दृढ़ होनी चाहिए। आहार-विहार पर नियन्त्रण बहुत आवश्यक है। ऐसे अनेक योगी प्राण को प्राण में ही हवन कर देते हैं, अर्थात् श्वास लेने पर ही ध्यान केन्द्रित रखते हैं, प्रश्वास पर ध्यान नहीं देते। साँस आयी तो सुना 'ओम्', पुनः साँस आयी तो 'ओम्' सुनते रहें। इस प्रकार

यज्ञों द्वारा नष्ट पाप वाले ये सभी पुरुष यज्ञ के जानकार हैं। इन निर्दिष्ट विधियों में से यदि कहीं से भी करते हैं तो वे सभी यज्ञ के ज्ञाता है।

जिसे श्रीकृष्ण प्राण-अपान कहते हैं, उसी को महात्मा बुद्ध 'अनापान' कहते हैं। इसी को उन्होंने श्वास-प्रश्वास भी कहा है। प्राण वह श्वास है जिसे आप भीतर खींचते हैं और अपान वह श्वास है जिसे आप बाहर छोड़ते हैं। योगियों की अनुभूति है कि आप श्वास के साथ बाह्य वायुमण्डल के संकल्प भी ग्रहण करते हैं और प्रश्वास में इसी प्रकार आन्तरिक भले-बुरे चिन्तन की लहर फेंकते रहते हैं। बाह्य किसी संकल्प का ग्रहण न करना प्राण का हवन है तथा भीतर संकल्पों को न उठने देना अपान का हवन है। न भीतर से किसी संकल्प का स्फुरण हो और न ही बाह्य दुनिया में चलनेवाले चिन्तन अन्दर क्षोभ उत्पन्न कर पायें, इस प्रकार प्राण और अपान दोनों की गति सम हो जाने पर प्राणों का याम, अर्थात् निरोध हो जाता है, यही प्राणायाम है। यह मन की विजितावस्था है। प्राणों का रुकना और मन का रुकना एक ही बात है।

यज्ञशिष्टामृतभुजो यान्ति ब्रह्म सनातनम् ।
नायं लोकोऽस्त्ययज्ञस्य कुतोऽन्यः कुरुसत्तम ॥ 4.31 ॥

भावार्थ– हे कुरुश्रेष्ठ! समाज सेवा में अपने साधनों का उपयोग करने के बाद बाकी बचे हुए साधनों से मर्यादित जीवन निर्वाह करनेवाले व्यक्ति सनातन परब्रह्म परमात्मा को प्राप्त होते हैं। जब यज्ञ के बिना मनुष्य इस लोक में या इस जीवन में ही सुखपूर्वक नहीं रह सकता, तो फिर अगले जन्म में कैसे रह सकेगा?

टिप्पणी– यज्ञ अर्थात् समाज सेवा में अपने साधनों का उपयोग करने के बाद बाकी बचे हुए साधनों से मर्यादित जीवन निर्वाह करनेवाले व्यक्ति सनातन ब्रह्म, अर्थात् परम शान्ति का अनुभव करते हैं। जो ऐसा नहीं करते उनके लिए इस लोक में शान्ति मिलने की कोई सम्भावना नहीं है-तो फिर परलोक में शान्ति कैसे मिल सकती है।

एवं बहुविधा यज्ञा वितता ब्रह्मणो मुखे ।
कर्मजान्विद्धि तान्सर्वानेवं ज्ञात्वा विमोक्ष्यसे ॥ 4.32 ॥

भावार्थ– ये विभिन्न प्रकार के यज्ञ वेदसम्मत हैं और ये सभी विभिन्न प्रकार के कर्मों से उत्पन्न हैं। इस प्रकार जानकर यज्ञ करने से तू कर्मबन्धन से मुक्त हो जायेगा।

टिप्पणी– हे अर्जुन! यज्ञ के अनेक नये रूप जिनका मैंने (श्रीकृष्ण) उल्लेख किया है, वैदिक शिक्षा के अनुरूप ही हैं क्योकि वे सब लोगों को ब्रह्म प्राप्ति का मार्ग दिखलाते हैं। वास्तव में वे सब लोकहितार्थ सम्पन्न किये गये निष्काम कर्म के ही रूप हैं, ऐसा जानकर और तदनुसार आचरण करके तू कर्मबन्धन से मुक्त हो जायेगा।

इस प्रकार उपर्युक्त बहुत प्रकार के यज्ञ वेद की वाणी में कहे गये हैं, ब्रह्म के मुख से विस्तारित हैं। प्राप्ति के पश्चात् महापुरुषों के शरीर को परब्रह्म धारण कर लेता है। ब्रह्म से अभिन्न अवस्थावाले उन महात्माओं की बुद्धि मात्र यन्त्र होती है। उनके द्वारा वह ब्रह्म ही बोलता है। उनकी वाणी में इन यज्ञों का विस्तार किया गया है।

कर्मयोग द्वारा ज्ञान की प्राप्ति

श्रेयान्द्रव्यमयाद्यज्ञाज्ज्ञानयज्ञः परन्तप ।
सर्वं कर्माखिलं पार्थ ज्ञाने परिसमाप्यते ॥ 4.33 ॥

भावार्थ– हे परंतप! द्रव्ययज्ञ से ज्ञानयज्ञ श्रेष्ठ है। हे पार्थ! अन्ततोगत्वा सारे कर्मयज्ञों का अवसान दिव्य ज्ञान में होता है।

टिप्पणी– नये प्रकार के यज्ञों की विशेषता यह है कि उनको सम्पन्न करने के लिए सम्पत्ति, सामग्री (अर्थात् द्रव्य) की इतनी आवश्यकता नहीं है जितनी ज्ञान की है। इस प्रकार द्रव्य यज्ञ की अपेक्षा ज्ञान यज्ञ का अधिक महत्त्व है। ज्ञान प्राप्ति के विषय में मैं तुझे बतलाऊँगा कि कर्म और ज्ञान के मार्ग अलग-अलग नहीं हैं क्योंकि कर्मयोग में लीन होने से ज्ञानप्राप्ति का मार्ग भी सुलभ हो जाता है।

सांसारिक द्रव्यों से सिद्ध होनेवाले यज्ञ की अपेक्षा ज्ञान यज्ञ श्रेयस्कर है, परमकल्याणकारी है। ज्ञान यज्ञ की पराकाष्ठा है। उसके पश्चात् कर्म किये जाने से न कोई लाभ है और न छोड़ देने से उस महापुरुष की कोई क्षति ही होती है। इसका यह तात्पर्य नहीं है कि ज्ञान प्राप्ति के बाद कर्म छूट जाता है- ज्ञानप्राप्ति से कर्मफलासक्ति मिट जाती है और लोककल्याणार्थ कर्म सहज हो जाता है।

तद्विद्धि प्रणिपातेन परिप्रश्नेन सेवया ।
उपदेक्ष्यन्ति ते ज्ञानं ज्ञानिनस्तत्त्वदर्शिनः ॥ 4.34 ॥

भावार्थ– तुम गुरु के पास जाकर सत्य को जानने का प्रयास करो। उनसे विनीत होकर जिज्ञासा करो और उनकी सेवा करो। स्वरूपसिद्ध व्यक्ति तुम्हें ज्ञान प्रदान कर सकते हैं क्योंकि उन्होंने सत्य का दर्शन किया है।

टिप्पणी– अपने आप को ज्ञान-प्राप्ति के 'योग्य' बनाने के लिए तीन सद्‌गुणों का विकास करना आवश्यक है- (अ) गुरुजनों के प्रति सम्मान भावना (आ) आदर पूर्वक प्रश्न पूछने की विधि (इ) ज्ञान का उपयोग लोक-सेवा के लिए ही करने की इच्छा। ज्ञान-प्राप्ति-क्रम से सम्बन्धित एक और मुख्य बात यह है कि ज्ञान का उपदेश करने के 'योग्य' व्यक्ति वे हैं जो न केवल विद्वान् हों बल्कि साथ ही तत्त्वदर्शी भी हों, अर्थात् जो अपने ज्ञान का उपयोग लोक कल्याण के लिए स्वयं करते हों।

श्रीकृष्ण कहते हैं कि तू तत्त्वदर्शी महापुरुष के पास जाकर भली प्रकार प्रणत होकर (दण्डवत्-प्रणाम करके, अहंकार त्यागकर, शरण होकर) भली प्रकार सेवा करके, निष्कपट भाव से प्रश्न करके तू उस ज्ञान को जान। वे तत्त्व को जानने वाले ज्ञानीजन तेरे लिए उस ज्ञान का उपदेश करेंगे, साधना-पथ पर चलायेंगे। समर्पित भाव से सेवा करने के उपरान्त ही इस ज्ञान को सीखने की क्षमता आती है। तत्त्वदर्शी महापुरुष परमतत्त्व परमात्मा का प्रत्यक्ष दिग्दर्शन करने वाले हैं। वे यज्ञ की विधि विशेष के ज्ञाता हैं और वही आपको भी सिखायेंगे।

यज्ज्ञात्वा न पुनर्मोहमेवं यास्यसि पाण्डव ।
येन भूतान्यशेषेण द्रक्ष्यस्यात्मन्यथो मयि ॥ 4.35 ॥

भावार्थ– हे अर्जुन! मेरा तात्पर्य उस प्रकार के (व्यावहारिक) ज्ञान से है जिसे पाकर अपने कर्त्तव्य के विषय में मोह न हो और जिसके पाने पर व्यक्ति सब प्राणियों को अपने में और परमात्मा में देखे (अर्थात् प्राणीमात्र की एकता को समझे।)।

टिप्पणी– उस ज्ञान को उनके द्वारा समझकर तू इस प्रकार फिर कभी मोह को प्राप्त नहीं होगा। उनसे दी गयी जानकारी के द्वारा उसपर चलते हुए तू अपनी आत्मा के अन्तर्गत सम्पूर्ण चीज़ों को देखेगा, अर्थात् सभी प्राणियों में इसी आत्मा का प्रसार देखेगा। जब सर्वत्र एक ही आत्मा के प्रसार को देखने की क्षमता आ जायेगी, उसके पश्चात् मुझमें प्रवेश करेगा। अतः उस परमात्मा को पाने का साधन 'तत्त्वस्थित महापुरुष' के द्वारा है। ज्ञान के सम्बन्ध में, धर्म और शाश्वत सत्य के सम्बन्ध में श्रीकृष्ण के अनुसार किसी तत्त्वदर्शी से ही पूछने का विधान है।

अपि चेदसि पापेभ्यः सर्वेभ्यः पापकृत्तमः ।
सर्वं ज्ञानप्लवेनैव वृजिनं संतरिष्यसि ॥ 4.36 ॥

भावार्थ– हे अर्जुन! अगर तू सब पापियों से भी अधिक पापी है, तो भी तू ज्ञानरूपी नौका के द्वारा निस्सन्देह सम्पूर्ण पाप-समुद्र से अच्छी तरह तर जायेगा।

टिप्पणी– श्रीकृष्ण कहते हैं कि यदि तू सब पापियों से भी अधिक पाप करनेवाला है, तब भी ज्ञानरूपी नौका द्वारा सभी पापों से निस्सन्देह भली प्रकार तर जायेगा। इसका आशय आप यह न लगा लें कि अधिक-से-अधिक पाप करके कभी भी तर जायेंगे। श्रीकृष्ण का आशय मात्र यही है कि कहीं आप भ्रम में न रहें कि 'हम तो बड़े पापी हैं', 'हमसे पार नहीं लगेगा'- ऐसी कोई गुंजाइश न निकालें, इसलिए श्रीकृष्ण प्रोत्साहन और आश्वासन देते हैं कि सब पापियों के पापों के समूह से भी अधिक पाप करनेवाला हो, फिर भी तत्त्वदर्शियों से प्राप्त ज्ञानरूपी नौका द्वारा निस्सन्देह सम्पूर्ण पापों को अच्छी प्रकार पार कर जायेगा।

यथैधांसि समिद्धोऽग्निर्भस्मसात्कुरुतेऽर्जुन।
ज्ञानाग्निः सर्वकर्माणि भस्मसात्कुरुते तथा ॥ 4.37 ॥

भावार्थ– हे अर्जुन! जिस प्रकार प्रज्ज्वलित अग्नि से ईंधन भस्म में परिवर्तित हो जाती है, उसी प्रकार ज्ञान-रूपी अग्नि सम्पूर्ण कर्मों को सर्वथा भस्म कर देती है।

टिप्पणी– यह ज्ञान की प्रवेशिका नहीं है जहाँ से यज्ञ में प्रवेश मिलता है वरन् यह ज्ञान, अर्थात् साक्षात्कार की पराकाष्ठा का चित्रण है, जिसमें पहले विजातीय कर्म भस्म होते हैं और फिर प्राप्ति के साथ चिन्तन-कर्म भी उसी में विलय हो जाते हैं।

न हि ज्ञानेन सदृशं पवित्रमिह विद्यते।
तत्स्वयं योगसंसिद्धः कालेनात्मनि विन्दति ॥ 4.38 ॥

भावार्थ– इस संसार में दिव्यज्ञान के समान कुछ भी पवित्र तथा शुद्ध नहीं है। ऐसा ज्ञान समस्त योग का परिपक्व फल है। जो व्यक्ति भक्ति में सिद्ध हो जाता है, वह यथासमय अपने अन्तर में इस ज्ञान का आस्वादन करता है।

टिप्पणी– यदि कोई अपवित्र है, अर्थात् बुरा काम करने वाला है, तो उसको पवित्र बनाने का अर्थात् उससे बुरा काम छुड़वाने का सबसे अच्छा उपाय यही है कि उसे ज्ञान की प्राप्ति कराई जाये। इस प्रकार पवित्रता लाने का सबसे उत्तम साधन है ज्ञान। उससे सम्बन्धित भगवान् का यह आश्वासन भी है कि कर्मयोग में लीन व्यक्ति को उचित समय आने पर स्वयं ही ज्ञान प्राप्ति हो जायेगी।

इस श्लोक के द्वारा भगवान् ने दो महत्त्वपूर्ण संदेश दिये हैं-(अ) कर्मयोग (लोक सेवा) में लग जाने का अवसर यह कहकर टालना उचित नहीं कि पहले मैं ज्ञान प्राप्त कर लूँ (ध्यान आदि के द्वारा) (आ) कर्मयोग और ज्ञानयोग दो अलग-अलग मार्ग नहीं हैं क्योंकि कर्मयोग के मार्ग पर चलनेवाले को उचित समय पर स्वयं ही ज्ञान प्राप्ति हो जायेगी अर्थात् कर्मयोग को प्राथमिकता देने से अपना और समाज का भी भला होगा।

श्रद्धावाँल्लभते ज्ञानं तत्परः संयतेन्द्रियः ।
ज्ञानं लब्ध्वा परां शान्तिमचिरेणाधिगच्छति ॥ 4.39 ॥

भावार्थ– जो श्रद्धालु दिव्यज्ञान में समर्पित हैं और जिसने इन्द्रियों को वश में कर लिया है, वह इस ज्ञान को प्राप्त करने का अधिकारी है और इसे प्राप्त करते ही वह तुरन्त आध्यात्मिक शान्ति को प्राप्त होता है।

टिप्पणी– इस श्लोक में भगवान् तीन सद्गुणों को सुदृढ़ करने का उपाय बतलाते हैं-(अ) गुरुजनों के प्रति सम्मान-भावना दृढ़ होती है श्रद्धा से (आ) आदरपूर्वक प्रश्न पूछने की विधि परिपक्व होती है तत्परता से क्योंकि उससे यह स्पष्ट हो जाता है कि शिष्य की ज्ञान-प्राप्ति में रुचि है (इ) ज्ञान का उपयोग लोक-सेवा के लिए ही करने की इच्छा सुदृढ़ होती है इंद्रिय-संयम से क्योंकि अपने व्यक्तिगत भोग पर नियन्त्रण रख कर ही साधनों का उपयोग लोककल्याणार्थ हो सकता है। ये तीन बातें स्पष्ट करने के बाद इस श्लोक में भगवान् कहते हैं कि ज्ञान प्राप्ति होने पर तुरन्त ही परम शान्ति भी प्राप्त हो जाती है।

इस श्लोक का यह तात्पर्य नहीं है कि परम शान्ति मिलने पर सेवा-कार्य बन्द हो जाता है क्योंकि वह स्थिति तो सहजभाव से कुशलतापूर्वक कर्म करने की है।

अज्ञश्चाश्रद्दधानश्च संशयात्मा विनश्यति ।
नायं लोकोऽस्ति न परो न सुखं संशयात्मनः ॥ 4.40 ॥

भावार्थ– जो विवेकहीन तथा श्रद्धाविहीन व्यक्ति शास्त्रों में सन्देह करते हैं, वे परमधाम नहीं प्राप्त करते, बल्कि नीचे गिर जाते हैं। संशयात्मा के लिए न तो इस लोक में, न ही परलोक में कोई सुख है।

टिप्पणी– इस श्लोक में भगवान् कहते हैं कि जिस व्यक्ति के विचार तथा कर्म- दोनों में अस्थिरता है, वह संशयात्मा है और वह विनाश की जंजीर में फँसता है। अस्थिरता का कारण यह है-ज्ञान और श्रद्धा का अभाव, अर्थात् स्वयं अपने में ज्ञान की कमी होने पर भी किसी अन्य व्यक्ति में विश्वास न रखना।

ऐसा व्यक्ति विनाश की जंजीर में फँसता है, अर्थात् न इस लोक में कुछ अच्छा काम करता है, न परलोक सुधरता है, न सुख पाता है।

अज्ञानी, जो यज्ञ की विधि-विशेष से अनभिज्ञ है एवं श्रद्धारहित तथा संशययुक्त पुरुष इस परमार्थ पथ से भ्रष्ट हो जाता है। उनमें भी संशययुक्त पुरुष के लिए न तो सुख है, न पुनः मनुष्य-शरीर है और न परमात्मा ही। अतः तत्त्वदर्शी महापुरुष के पास जाकर इस पथ के संशयों का निवारण कर लेना चाहिए, अन्यथा वे वस्तु का परिचय कभी नहीं पायेंगे।

योगसंन्यस्तकर्माणं ज्ञानसञ्छिन्नसंशयम् ।
आत्मवन्तं न कर्माणि निबध्नन्ति धनंजय ॥ 4.41 ॥

भावार्थ– हे धनंजय! जो व्यक्ति अपने कर्मफलों का परित्याग करते हुए भक्ति करता है और जिसके संशय दिव्यज्ञान द्वारा विनष्ट हो चुके होते हैं वही वास्तव में आत्मपरायण है। वह कर्मों के बन्धन से नहीं बँधता।

टिप्पणी– इस श्लोक में कर्मयोगी स्थितप्रज्ञ का ही वर्णन कुछ नये शब्दों के द्वारा किया गया है। इसके तीन भाग हैं-(अ) कर्मफल को त्यागने वाला कर्मयोगी (आ) स्थितप्रज्ञ जिसने ज्ञान के द्वारा संशय (अस्थिरता) को मिटा दिया है (इ) ईश्वरपरायण। इन तीनों भागों को मिलाने से इस श्लोक का भावार्थ यह है कि ईश्वरपरायण हुआ, कर्मयोगी स्थितप्रज्ञ, लोककल्याणार्थ कर्म करते रहने पर भी कर्मबन्धन से मुक्त रहता है।

तस्मादज्ञानसंभूतं हृत्स्थं ज्ञानासिनात्मनः ।
छित्त्वैनं संशयं योगमातिष्ठोत्तिष्ठ भारत ॥ 4.42 ॥

भावार्थ– हे अर्जुन! हृदय में स्थित इस अज्ञान से उत्पन्न अपने संशय को ज्ञानरूपी तलवार से काटकर योग समता में स्थित हो जा और युद्ध के लिए खड़ा हो जा।

टिप्पणी– हे भरतवंशी अर्जुन! तू योग में स्थित हो जा और अज्ञान से उत्पन्न हुए हृदय में स्थित अपने इस संशय को ज्ञानरूपी तलवार से काटकर युद्ध के लिए खड़ा हो।

निष्कर्ष

इस अध्याय के आरम्भ में योगेश्वर श्रीकृष्ण ने कहा कि इस योग को आरम्भ में मैंने सूर्य के प्रति कहा, सूर्य ने मनु से और मनु ने इक्ष्वाकु के प्रति कहा और

उनसे राजर्षियों ने जाना। मैंने अथवा अव्यक्त स्थिति वाले ने कहा। महापुरुष भी अव्यक्त स्वरूपवाला ही है। शरीर तो उसके रहने का मकान मात्र है। ऐसे महापुरुष की वाणी में परमात्मा ही प्रवाहित होता है। ऐसे किसी महापुरुष से योग सूर्य द्वारा संचारित होता है। योग कार्यरूप ले लेता है। क्रमशः उत्थान करते-करते यह योग ऋद्धियों-सिद्धियों की राजर्षित्व श्रेणी तक पहुँचने पर नष्ट होने की स्थिति में जा पहुँचता है; किन्तु जो प्रिय भक्त है, अनन्य सखा है उसे महापुरुष ही सँभाल लेते हैं।

अर्जुन के प्रश्न करने पर कि आपका जन्म तो अब हुआ है। योगेश्वर श्रीकृष्ण ने बताया- अव्यक्त, अविनाशी, अजन्मा और सम्पूर्ण चीज़ों में प्रवाहित होने पर भी आत्ममाया, योग-प्रक्रिया द्वारा अपनी त्रिगुणमयी प्रकृति को वश में करके मैं प्रकट होता हूँ। प्रकट होकर करते क्या हैं? साध्य वस्तुओं को परित्राण देने तथा जिनसे दूषित उत्पन्न होते हैं उनका विनाश करने के लिए, परमधर्म परमात्मा को स्थिर करने के लिए मैं आरम्भ से पूर्तिपर्यन्त पैदा होता हूँ। मेरा वह जन्म और कर्म दिव्य है। उसे केवल तत्त्वदर्शी ही जान पाते हैं।

इस प्रकार उन्होंने भगवान् के आविर्भाव की विधि को बताया कि वह किसी अनुरागी के हृदय में होता है, बाहर कदापि नहीं। श्रीकृष्ण ने बताया- मुझे कर्म नहीं बाँधते और इस स्तर से जो जानता है, उसे भी कर्म नहीं बाँधते।

ॐ तत्सत्

अध्याय - 5

कर्म-संन्यास योग

इस अध्याय के प्रारम्भिक भाग का संदेश यह है कि अभिकांश लोगों के लिए कर्म को स्थूल रूप से छोड़ने की अपेक्षा (अर्थात् कर्म संन्यास की अपेक्षा) कर्मयोग का मार्ग उत्तम है। सभी जीवों के प्रति समदृष्टि रखने की शिक्षा अध्याय के मध्य में दी गयी है और वर्तमान युग के लिए इसका विशेष महत्त्व है। अध्याय के अन्त में जीवन्मुक्त की स्थिति का वर्णन है जो दूसरे अध्याय में वर्णित स्थितप्रज्ञावस्था के समान है। गीता के द्वारा हमें यह संदेश मिलता है कि आध्यात्मिक पूर्णता का लक्ष्य इसी जीवन में सम्भव है (अर्थात् यह परलोक का विषय नहीं है)।

अध्याय तीन में अर्जुन ने प्रश्न रखा कि- श्रीकृष्ण जब ज्ञानयोग आपको श्रेष्ठ लगता है, तो आप मुझे भयंकर कर्मों में क्यों लगाते हैं? अर्जुन को निष्काम कर्मयोग की अपेक्षा ज्ञानयोग कुछ सरल प्रतीत हुआ लगता है; क्योंकि ज्ञानयोग में हारने पर देवत्व और विजय में महामहिम स्थिति, दोनों ही दशाओं में लाभ-ही- लाभ है। अब तक अर्जुन ने भली प्रकार समझ लिया है कि दोनों ही मार्गों में कर्म तो करना ही पड़ेगा (योगेश्वर उसे संशयरहित होकर तत्त्वदर्शी महापुरुष की शरण लेने के लिए भी प्रेरित करते हैं; क्योंकि इस तथ्य को ठीक से समझने के लिए वही एक स्थान है)। अत: दोनों मार्गों में से एक को चुनने से पूर्व अर्जुन ने निवेदन किया।

[**समीक्षात्मक टिप्पणी–** हिन्दू धर्म में व्यक्ति को संन्यास के माध्यम से समाज से अलग किये जाने का प्रयास किया जाता रहा है। ऐसी मान्यता है कि

मोक्ष की प्राप्ति के लिए व्यक्ति को संन्यासी होना चाहिए और संन्यासी होने के लिए समाज से अलग-थलग होने की जरूरत है। इस प्रकार की विचारधारा से हिन्दू समाज में कमजोरी आयी है क्योंकि इससे पलायनवाद को बढ़ावा मिलता है । संन्यासी का मुख्य उद्देश्य मोक्ष की प्राप्ति है जबकि मोक्ष प्राप्ति से समाज को कोई लाभ नहीं है। लेकिन गीता में संन्यासी का तात्पर्य ऐसे व्यक्ति से नहीं है जो समाज से अलग-थलग होकर जीता है। गीता में संन्यास का तात्पर्य निष्काम कर्म से है। व्यक्ति ऐसा कर्म करे जिसमें उसका कोई व्यक्तिगत स्वार्थ न हो। समाज में रहकर व्यक्ति को संन्यासी होने का संदेश दिया गया है। उसे सिर्फ अपने व्यक्तिगत स्वार्थ से ऊपर उठने के लिए कहा गया है और ऐसे संन्यासी से निश्चित रूप से समाज का कल्याण होगा क्योंकि वैसा व्यक्ति तो हमेशा समाज के लिए ही जियेगा। हर कोई जब दूसरों के लिए कुछ करेगा तो सबों का कल्याण स्वाभाविक रूप से हो जायेगा। जाने-अनजाने लोगों ने संन्यास का गलत अर्थ बताकर हिन्दू समाज को कमजोर करने का काम किया है। इसी गलत समझ के परिणामस्वरूप हिन्दू समाज में साधु-सन्त बन जाते हैं। पहाड़ों, जंगलों और नदियों के किनारे आश्रम, कुटिया या मन्दिर बनाकर समाज का बोझ बनकर जीते हैं। गीता के अनुसार यह समाज में भ्रामक किस्म का संन्यास है, इससे बचने की आवश्यकता है। कर्म से दूर भागकर समाज का बोझ बनकर जीने का प्रयास नहीं किया जाना चाहिए।]

अर्जुन का आग्रह

संन्यासं कर्मणां कृष्ण पुनर्योगं च शंससि ।
यच्छ्रेय एतयोरेकं तन्मे ब्रूहि सुनिश्चितम् ॥ 5.1 ॥

भावार्थ– अर्जुन ने कहा- हे कृष्ण! पहले आप मुझसे कर्म त्यागने के लिए कहते हैं और फिर भक्तिपूर्वक कर्म करने का आदेश देते हैं। क्या आप अब कृपा करके निश्चित रूप से मुझे बतायेंगे कि इन दोनों में से कौन अधिक कल्याणकारक है?

टिप्पणी– हे कृष्ण! आप कभी संन्यास-माध्यम से किये जाने वाले कर्म की और कभी निष्काम-दृष्टि से किये जानेवाले कर्म की प्रशंसा करते हैं। इन दोनों में से एक, जो भली प्रकार आपका निश्चय किया हुआ हो, जो परमकल्याणकारी हो उसे मेरे लिए कहिये। कहीं जाने के लिए आपको दो मार्ग बताये जाएं तो आप सुविधाजनक मार्ग अवश्य पूछेंगे।

श्रीकृष्ण ने उत्तर दिया

संन्यासः कर्मयोगश्च निःश्रेयसकरावुभौ ।
तयोस्तु कर्मसंन्यासात् कर्मयोगो विशिष्यते ॥ 5.2 ॥

भावार्थ– हे अर्जुन! श्रेयस्-प्राप्ति की दृष्टि से कर्मसंन्यास और कर्मयोग दोनों कल्याण करनेवाले हैं किन्तु लोककल्याण की दृष्टि से कर्मसंन्यास की अपेक्षा कर्मयोग श्रेष्ठ है।

टिप्पणी– संन्यास-माध्यम से किया जानेवाला कर्म, अर्थात् ज्ञानमार्ग से किया जानेवाला कर्म और 'कर्मयोग' (निष्काम-भावना से किया जानेवाला कर्म), ये दोनों ही परमश्रेय को दिलानेवाले हैं; परन्तु इन दोनों मार्गों में संन्यास अथवा ज्ञानदृष्टि से किये जानेवाले कर्म की अपेक्षा निष्काम कर्मयोग श्रेष्ठ है। प्रश्न स्वाभाविक है कि श्रेष्ठ क्यों है? लोककल्याण के लिए कर्मयोग का महत्त्व तीसरे और चौथे अध्यायों में बतलाया जा चुका है।

ज्ञेयः स नित्यसंन्यासी यो न द्वेष्टि न काङ्क्षति ।
निर्द्वन्द्वो हि महाबाहो सुखं बन्धात्प्रमुच्यते ॥ 5.3॥

भावार्थ– महाबाहु अर्जुन! जो न किसी से द्वेष करता है, न किसी चीज़ की आकांक्षा रखता है वह सदैव संन्यासी ही समझने योग्य है। चाहे वह ज्ञानमार्ग से या निष्काम कर्ममार्ग से ही क्यों न हो। राग, द्वेषादि द्वन्द्वों से रहित वह पुरुष सुखपूर्वक संसारबन्धन से मुक्त हो जाता है।

टिप्पणी– कर्मयोग का पालन करने वाला व्यक्ति किसी से द्वेष नहीं करता और किसी वस्तु की कामना भी नहीं करता। वह सुख-दुःख आदि द्वन्द्वों से प्रभावित नहीं होता और इसलिए वह सरलता से कर्मबन्धन से छूट जाता है। इस दृष्टि से यह कहना उचित है कि वह नित्यसंन्यासी है, अर्थात् जिस उद्देश्य से लोग संन्यास लेते हैं वे उद्देश्य कर्मयोगी को सदा सुलभ होते हैं।

सांख्ययोगौ पृथग्बालाः प्रवदन्ति न पण्डिताः ।
एकमप्यास्थितः सम्यगुभयोर्विन्दते फलम् ॥ 5.4 ॥

भावार्थ– अज्ञानी ही भक्ति (कर्मयोग) को भौतिक जगत् के विश्लेषणात्मक अध्ययन (सांख्य) से भिन्न कहते हैं। जो वस्तुतः ज्ञानी हैं वे कहते हैं कि जो इनमें से किसी एक मार्ग का भली भाँति अनुसरण करता है, वह दोनों के फलस्वरूप परमात्मा को प्राप्त कर लेता है ।

टिप्पणी– कर्मसंन्यास का आधार है सांख्यदर्शन और कर्मयोग का आधार है योगदर्शन। पंडित लोग इन दोनों दर्शनों को पृथक् नहीं समझते, इसलिए जो इनको एक-दूसरे से भिन्न बतलाते हैं उन्हें अज्ञानी समझा जाना चाहिए। इन दोनों की समानता का प्रमाण यह है कि इनमें से किसी एक का भी पालन ठीक प्रकार से हो जाये तो दोनों से प्राप्त होने वाला लाभ मिल जाता है।

वैदिक धर्म के आधार-स्तम्भ छः दर्शन हैं-न्याय, वैशेषिक, सांख्य, योग, मीमांसा, वेदान्त। गीता ने सांख्य, योग, वेदान्त-तीनों का उपयोग किया है।

यत्सांख्यैः प्राप्यते स्थानं तद्योगैरपि गम्यते।
एकं सांख्यं च योगं च यः पश्यति स पश्यति ॥ 5.5 ॥

भावार्थ– हे अर्जुन! सांख्य पर आधारित मार्ग के द्वारा जो स्थिति प्राप्त होती है, वही स्थिति योग पर आधारित मार्ग द्वारा भी प्राप्त होती है। इसलिए जो मनुष्य सांख्ययोग और कर्मयोग को एकसमान देखता है वह ठीक समझवाला व्यक्ति है।

टिप्पणी– जहाँ सांख्य दृष्टि से कर्म करनेवाला पहुँचता है, वहीं निष्काम माध्यम से कर्म करनेवाला भी पहुँचता है। इसलिए जो दोनों को फल की दृष्टि से देखता है, वही यथार्थ जानने वाला है। जब दोनों एक ही स्थान पर पहुँचते हैं तो निष्काम कर्मयोग विशेष क्यों? श्रीकृष्ण बताते हैं-

कर्मयोग पालन का महत्त्व

संन्यासस्तु महाबाहो दुःखमाप्तुमयोगतः।
योगयुक्तो मुनिर्ब्रह्म नचिरेणाधिगच्छति ॥ 5.6 ॥

भावार्थ– भगवान् बोले, हे अर्जुन! कर्मयोग का पालन किये बिना कर्मसंन्यास की स्थिति को पाना कठिन है। इसलिए साधना का आरम्भ कर्मयोग से ही करना उचित है। कर्मयोग में कुशलता की स्थिति प्राप्त करने पर शीध्र ही ब्रह्म को प्राप्त हो जाता है।

योगयुक्तो विशुद्धात्मा विजितात्मा जितेन्द्रियः।
सर्वभूतात्मभूतात्मा कुर्वन्नपि न लिप्यते ॥ 5.7 ॥

भावार्थ– जो भक्तिभाव से कर्म करता है, जो विशुद्ध आत्मा है और अपने मन तथा इन्द्रियों को वश में रखता है, सम्पूर्ण प्राणियों की आत्मा ही जिसकी आत्मा है, ऐसा कर्मयोगी कर्म करता हुआ भी कर्म बन्धन में नहीं बँधता।

टिप्पणी– कर्मयोगी अपने आन्तरिक विकारों (जिनमें से मुख्य विकार है स्वार्थ भावना) को मिटा कर भाव-शुद्धि प्राप्त कर लेता है। वह आत्मा द्वारा बुद्धि का, बुद्धि के द्वारा मन का और मन के द्वारा इन्द्रियों का नियमन करता है। 'सब' प्राणियों में एक ही आत्मा है- यह जान कर वह सबके साथ एकत्व का व्यवहार करता है। ऐसा कर्मयोगी अपना कर्त्तव्य कर्म करते हुए भी कर्मबन्धन में नहीं फँसता।

'विजितात्मा'- विशेष रूप से जीता हुआ है शरीर जिसका, 'जितेन्द्रियः'- जीती हुई हैं इन्द्रियाँ जिसकी और 'विशुद्धात्मा'- विशेष रूप से शुद्ध है अतःकरण जिसका, ऐसा पुरुष 'सर्वभूतात्मभूतात्मा'- सम्पूर्ण भूतप्राणियों के आत्मा के मूल उद्‌गम परमात्मा से एकीभाव हुआ योग से युक्त है। वह कर्म करता हुआ भी उससे लिप्त नहीं होता।

नैव किंचित्करोमीति युक्तो मन्येत तत्त्ववित् ।
पश्यञ्शृण्वन्स्पृशंजिघ्रन्नश्नन्गच्छन्स्वपन्श्वसन् ॥ 5.8 ॥
प्रलपन्विसृजन्गृह्णन्नुन्मिषन्निमिषन्नपि ॥
इन्द्रियाणीन्द्रियार्थेषु वर्तन्त इति धारयन् ॥ 5.9 ॥

भावार्थ– तत्त्व को जानेवाला सांख्ययोगी देखते, सुनते, स्पर्श करते, सूँघते, खाते, चलते-फिरते, सोते तथा श्वास लेते हुए भी अपने अन्तर में सदैव यही जानता रहता है कि वास्तव में वह कुछ भी नहीं करता। बोलते, ग्रहण करते, त्यागते या आँखे खोलते-बन्द करते हुए भी वह यह जानता रहा है कि भौतिक इन्द्रियाँ अपने-अपने विषयों में प्रवृत्त हैं और वह इन सबसे पृथक् है।

ब्रह्मण्याधाय कर्माणि संगं त्यक्त्वा करोति यः ।
लिप्यते न स पापेन पद्मपत्रमिवाम्भसा ॥ 5.10 ॥

भावार्थ– जो व्यक्ति कर्मफलों को परमेश्वर को समर्पित करके आसक्ति रहित होकर अपना कर्म करता है, वह पापकर्मों से उसी प्रकार अप्रभावित रहता है, जिस प्रकार कमल के पत्ते जल से अस्पृश्य रहता है।

टिप्पणी– जो व्यक्ति कर्मफल में आसक्ति को त्याग कर अपना कर्त्तव्य कर्म करता है और लोक कल्याण के कर्म को यह समझ कर करता है कि यह कर्म ईश्वर के लिए है और ईश्वर ही मुझसे यह कर्म करवा रहा है, वह कर्म कभी अनुचित नहीं कर सकता है। ऐसा कर्मयोगी संसार में रहते हुए भी सांसारिक

वासनाओं से लिप्त नहीं होता, जैसे कमल का पत्ता पानी में रहते हुए भी पानी से लिप्त नहीं होता।

कमल कीचड़ में होता है। उसका पत्ता पानी के ऊपर तैरता है। लहरें रात-दिन उसके ऊपर से गुजरती हैं; किन्तु आप पत्ते को देखें, सूखा मिलेगा। जल की एक बूँद भी उस पर टिक नहीं पाती। कीचड़ और जल में रहते हुए भी वह उनसे लिप्त नहीं होता। ठीक इसी प्रकार, जो पुरुष सब कर्मों को परमात्मा में विलय करके कर्म करता है, वह भी इसी प्रकार लिप्त नहीं होता।

कायेन मनसा बुद्ध्या केवलैरिन्द्रियैरपि ।
योगिनः कर्म कुर्वन्ति सङ्गं त्यक्त्वात्मशुद्धये ॥ 5.11 ॥

भावार्थ– हे अर्जुन! कर्मयोगी आसक्ति का त्याग करके केवल इन्द्रियाँ, शरीर, मन और बुद्धि के द्वारा अन्तःकरण की शुद्धि के लिए ही कर्म करते हैं।

टिप्पणी– योगीजन केवल इन्द्रिय, मन, बुद्धि और शरीर द्वारा भी आसक्ति त्यागकर आत्मशुद्धि के लिए कर्म करते हैं। जब कर्म ब्रह्म में विलीन हो चुके तो क्या अब भी आत्मा अशुद्ध ही है? नहीं, वे 'सर्वभूतात्मभूतात्मा' हो चुके हैं। सम्पूर्ण प्राणियों में वे अपनी ही आत्मा का प्रसार पाते हैं। उन समस्त आत्माओं की शुद्धि के लिए, आप सबका मार्गदर्शन करने के लिए वे कर्म में बरतते हैं। शरीर, मन, बुद्धि तथा केवल इन्द्रियों से वह कर्म करता है, स्वरूप से वह कुछ भी नहीं करता, स्थिर है। बाहर से वह सक्रिय दिखायी देता है; किन्तु भीतर में असीम शान्ति है।

युक्तः कर्मफलं त्यक्त्वा शान्तिमाप्नोति नैष्ठिकीम् ।
अयुक्तः कामकारेण फले सक्तो निबध्यते ॥ 5.12 ॥

भावार्थ– हे अर्जुन! कामना का त्याग और कर्मफल में आसक्ति का त्याग- ये दोनों शान्ति-प्राप्ति की कुंजी हैं। इन दोनों साधनों का उपयोग करके कर्मयोगी, परमशान्ति का अनुभव करता है। इसके विपरीत, जो कर्मयोगी नहीं है वह स्वार्थभावना से और फल में आसक्ति रख कर कर्म करता है और कर्म बन्धन में बँध जाता है।

टिप्पणी– 'योगयुक्त' अर्थात् योग के परिणाम को प्राप्त पुरुष, जो सब प्राणियों के आत्मा के मूल परमात्मा में स्थित है, ऐसा योगी कर्म के फल को त्यागकर शान्ति की अन्तिम अवस्था को प्राप्त होता है, जिसके आगे कोई शान्ति शेष नहीं है, जिसके पश्चात् वह कभी अशान्त नहीं होगा। किन्तु अयुक्त पुरुष,

जो योग के परिणाम से युक्त नहीं है, अभी रास्ते में है ऐसा पुरुष फल में आसक्त हुआ 'कामकारेण निबध्यते'- कामना करके बँध जाता है, अर्थात् पूर्तिपर्यन्त कामनाएँ जाग्रत होती हैं । अतः साधक को पूर्तिपर्यन्त सावधान रहना चाहिए।

सर्वकर्माणि मनसा संन्यस्यास्ते सुखं वशी।
नवद्वारे पुरे देही नैव कुर्वन्न कारयन् ॥ 5.13 ॥

भावार्थ– जब देहधारी जीवात्मा अपनी प्रकृति को वश में कर लेता है और मन से समस्त कर्मों का परित्याग कर देता है, तब वह नौ द्वारों वाले शरीररूपी नगर में बिना कुछ किये कराये सुखपूर्वक रहता है।

टिप्पणी– कर्मसंन्यास में कर्म को स्थूल रूप से छोड़ने का विधान है, किन्तु कर्मयोगी अपना कर्त्तव्य कर्म करते हुए मानसिक रूप से कर्मफल का त्याग करता है (और उसी को मानसिक संन्यास भी कह सकते हैं)। इस प्रकार के कर्मयोगी को नौ द्वार वाले इस शरीर में ऐसा प्रतीत होता है कि न मैंने कोई कर्म किया और न किसी कर्म को करवाया। कर्तृत्व भाव से मुक्त हुआ कर्मयोगी सुख का अनुभव करता है।

(1) शरीर के नौ मुख्य द्वार हैं- दो कान, दो आँखें, नाक के दो नथुने, एक मुख, मल द्वार, मूत्र द्वार। इनके अतिरिक्त त्वचा में असंख्य छोटे-छोटे द्वार भी हैं।

(2) महाभारत में भी मानसिक (आन्तरिक) संन्यास की प्रशंसा की है और स्थूल (बाहरी) संन्यास को अनावश्यक बताया है।

न कर्तृत्वं न कर्माणि लोकस्य सृजति प्रभुः ।
न कर्मफलसंयोगं स्वभावस्तु प्रवर्तते ॥ 5.14 ॥

भावार्थ– हे अर्जुन! यद्यपि ईश्वर समस्त विश्व का स्वामी है, फिर भी उसने संसार को चलाने का काम प्रकृति को सौप दिया है। लोगों के कर्म, कर्तृत्व-भाव और कर्मफल संयोग (किस कर्म का क्या फल मिले, यह विधान)- यह सब प्रकृति का खेल है। ईश्वर इन सब से परे है।

नादत्ते कस्यचित्पापं न चैव सुकृतं विभुः ।
अज्ञानेनावृतं ज्ञानं तेन मुह्यन्ति जन्तवः ॥ 5.15 ॥

भावार्थ– सर्वव्यापी परमात्मा न तो किसी के पाप कर्म को, न शुभ-कर्म को ही ग्रहण करता है। किन्तु, सारे देहधारी जीव उस अज्ञान के कारण मोहग्रस्त रहते हैं, जो उनके वास्तविक ज्ञान को आच्छादित किये रहता है।

टिप्पणी–प्रत्येक प्राणी अपने किये हुए कर्मों के लिए स्वयं जिम्मेदार है (चाहे वे पाप कर्म हों या पुण्य कर्म)। इनकी जिम्मेदारी ईश्वर पर थोपना ठीक नहीं। इस प्रकार का ज्ञान साधारण लोगों की पहुँच के बाहर प्रतीत होता है मानो ज्ञान को माया ने ढँक दिया है (अज्ञान के पर्दे से)। मोह (अज्ञान) के कारण साधारण लोग संसार-चक्र में फँसे रहते हैं।

ज्ञानेन तु तदज्ञानं येषां नाशितमात्मनः ।
तेषामादित्यवज्ज्ञानं प्रकाशयति तत्परम् ॥ 5.16 ॥

भावार्थ– परन्तु जब कोई उस ज्ञान से प्रबुद्ध होता है, जिससे अविद्या का विनाश होता है, तो उसके ज्ञान से सब कुछ उसी तरह प्रकट हो जाता है, जैसे दिन में सूर्य से सारी वस्तुएँ प्रकाशित हो जाती हैं।

टिप्पणी– जिसके अन्तःकरण का वह अज्ञान (जिसने ज्ञान को ढँक रखा था) आत्मसाक्षात्कार द्वारा नष्ट हो गया है और इस प्रकार जिसने ज्ञान प्राप्त कर लिया है, उसका वह ज्ञान सूर्य के सदृश उस परमतत्त्व परमात्मा को प्रकाशित करता है।

तद्बुद्धयस्तदात्मानस्तन्निष्ठास्तत्परायणाः ।
गच्छन्त्यपुनरावृत्तिं ज्ञाननिर्धूतकल्मषाः ॥ 5.17 ॥

भावार्थ– जब मनुष्य की बुद्धि, मन, श्रद्धा तथा शरण सब कुछ भगवान् में स्थिर हो जाते हैं, ऐसे परमात्मपरायण साधक ज्ञान के द्वारा पापरहित होकर परमगति को प्राप्त होते है।

टिप्पणी– इस श्लोक में ज्ञान तथा भक्ति के प्रभाव का वर्णन है। ज्ञान प्राप्ति होने पर साधक अनुचित काम करना छोड़ देता है। (अर्थात् उसके पाप धुल जाते हैं) और वह तत्परायण हो जाता है (अर्थात् प्राणीमात्र में स्थित परमात्मा की सेवा में लीन हो जाता है)। भक्ति मार्ग को अपनाने वाला साधक अपनी बुद्धि और मन को ईश्वर के प्रति अर्पण कर देता है और ईश्वर में ही उसकी निष्ठा (स्थिरता) हो जाती है (अर्थात् वह भी तत्परायण हो जाता है)। इस प्रकार ज्ञान तथा भक्ति-दोनों के सहारे, साधक संसार चक्र से मुक्त हो जाते हैं।

प्राणीमात्र के प्रति समदृष्टि

विद्याविनयसम्पन्ने ब्राह्मणे गवि हस्तिनि ।
शुनि चैव श्वपाके च पंडिताः समदर्शिनः ॥ 5.18 ॥

भावार्थ– हे अर्जुन! ज्ञान प्राप्त करके जो पण्डित हो जाते हैं वे भेद-बुद्धि से परे हो जाते हैं और प्राणीमात्र के प्रति समभाव रखते हैं, अर्थात् विनीत ब्राह्मण, गाय, हाथी, कुत्ते तथा चाण्डाल के प्रति उनका व्यवहार समान होता है।

इहैव तैर्जितः सर्गो येषां साम्ये स्थितं मनः ।
निर्दोषं हि समं ब्रह्म तस्माद्ब्रह्मणि ते स्थिताः ॥ 5.19 ॥

भावार्थ– जिनके मन एकत्व तथा समता में स्थित हैं और जिन्होंने जन्म तथा मृत्यु के बन्धनों को पहले ही जीत लिया है, वे ब्रह्म के समान निर्दोष हैं और सदा ब्रह्म में ही स्थित रहते हैं।

टिप्पणी– समदृष्टि (साम्य) का अर्थ समझने के लिए ईश्वर और उसकी शक्तियों से शिक्षा ले। ईश्वर सम है जैसे सूर्य सब प्राणियों को समान रूप से प्रकाश देता है और भेद-भाव के दोष से रहित है। उसी प्रकार समदृष्टि का अर्थ है, सेवा करते समय सब प्राणियों को समान समझना। जिसने यह भाव अपने मन में दृढ़ कर लिया वह जीवन्मुक्त हो जाता है और जीते-जी संसार चक्र से छूट जाता है। समदृष्टि से युक्त स्थिति को ही ब्राह्मी स्थिति समझे।

(1) भगवान् ने दूसरे अध्याय में समत्व बुद्धि की शिक्षा दी थी और अब पाँचवें अध्याय में समदृष्टि की शिक्षा दी है। इन दोनों में जो अन्तर है उसको इस प्रकार स्पष्ट कर सकते हैं-(अ) समत्वबुद्धि से तात्पर्य है- 'हरेक जाति को समान समझना', अर्थात् परिस्थितियों के प्रति समत्वबुद्धि। (अ) समदृष्टि से तात्पर्य है-'प्राणी-मात्र को समान समझना', अर्थात् लिंग, आयु, भाषा, सम्प्रदाय, जाति, वर्ण, विचार आदि के आधार पर कोई भेदभाव न करना। (इ) समत्व बुद्धि से श्रेयस्-प्राप्ति सम्भव है किन्तु लोक-कल्याण के लिए समदृष्टि की आवश्यकता है। (ई) डॉ. राधाकृष्णन का मत है कि समदृष्टि रखने वाला व्यक्ति अपने जीवनकाल में ही ईश्वर-तुल्य हो जाता है।

(2) 'जीवन्मुक्त' की स्थिति का वर्णन गीता में भिन्न-भिन्न नामों से अनेक बार हुआ है। अध्याय 2 में उसका नाम था 'स्थितप्रज्ञ'। जीवन्मुक्त की अवस्था आध्यात्मिक पूर्णता की अवस्था है- यही गीता का आदर्श है, न कि विदेह-मुक्ति। किन्तु 'जीवन्मुक्त' शब्द गीता का नहीं, योगवासिष्ठ नामक ग्रन्थ का है।

सर्वहित में लीन जीवन्मुक्त

अगले दस श्लोकों में जीवन्मुक्त का वर्णन है और उसका मुख्य लक्षण है

'सर्वभूतहिते रताः', अर्थात् सब प्राणियों का भला करना। तीसरे अध्याय में सर्वहित का भाव 'लोकसंग्रह' शब्द के द्वारा समझाया गया था।

न प्रहृष्येत्प्रियं प्राप्य नोद्विजेत्प्राप्य चाप्रियम्।
स्थिरबुद्धिरसम्मूढो ब्रह्मविद् ब्रह्मणि स्थितः ॥ 5.20 ॥

भावार्थ– जो न तो प्रिय वस्तु को पाकर हर्षित होता है और न अप्रिय को पाकर विचलित होता है, जो स्थिरबुद्धि है, जो मोहरहित है और ब्रह्म को जानने वाला है वह ब्रह्म में स्थित है।

टिप्पणी– समदृष्टि के साथ-साथ समत्व बुद्धि का भी बहुत महत्त्व है। जो व्यक्ति प्रिय वस्तु को पाकर अति-प्रसन्न नहीं होता और अप्रिय वस्तु को पाकर परेशान नहीं होता, ऐसा स्थिर बुद्धि वाला व्यक्ति 'असंमूढ़' होता है, अर्थात् उसका व्यवहार समदृष्टि पर आधारित होता है। उसे ब्रह्मज्ञान से युक्त समझे और उसकी स्थिति को ब्राह्मी स्थिति समझे।

इस श्लोक का भाव श्लोक 2.57 के समान है जिसमें स्थितप्रज्ञ का वर्णन है। वर्तमान श्लोक में प्रयुक्त हुआ है 'स्थिरबुद्धि' शब्द जो स्थितप्रज्ञ के समान है।

बाह्यस्पर्शेष्वसक्तात्मा विन्दत्यात्मनि यत्सुखम्।
स ब्रह्मयोगयुक्तात्मा सुखमक्षयमश्नुते ॥ 5.21 ॥

भावार्थ–जीवनन्मुक्त मनुष्य सांसारिक विषयों में सुख को नहीं ढूँढ़ता क्योंकि वह ब्रह्मयोग में लीन हुआ आन्तरिक सुख का अनुभव करता है। इस प्रकार वह व्यक्ति परब्रह्म में एकाग्रचित होने के कारण सदा सुख भोगता है।

टिप्पणी– बाहर संसार के विषय- भोगों में अनासक्त पुरुष अन्तरात्मा में स्थित जो सुख है, उस सुख को प्राप्त होता है। वह पुरुष 'ब्रह्मयोगयुक्तात्मा'- परब्रह्म परमात्मा के साथ मिलन से युक्त आत्मावाला है इसलिए अक्षय आनन्द का अनुभव करता है, जिस आनन्द का कभी क्षय नहीं होता।

ये हि संस्पर्शजा भोगा दुःखयोनय एव ते।
आद्यन्तवन्तः कौन्तेय न तेषु रमते बुधः ॥ 5.22 ॥

भावार्थ– बुद्धिमान् मनुष्य दुःख के कारणों में भाग नहीं लेता जो कि भौतिक इन्द्रियों के सन्सर्ग से उत्पन्न होते हैं। हे कुन्तीपुत्र! ऐसे भोगों का आदि तथा अन्त होता है, अतः चतुर व्यक्ति उनमें आनन्द नहीं लेता।

टिप्पणी– इस श्लोक में पिछले श्लोक के भाव को ही स्पष्ट किया गया है। जीवन्मुक्त मनुष्य सांसारिक भोगों के प्रति इसलिए आकर्षित नहीं होता कि ये

भोग तो आदि-अन्त वाले, अर्थात् क्षणिक हैं और इनसे सुख के स्थान पर दुःख ही मिलने वाला है।

शक्नोतीहैव यः सोढुं प्राक्शरीरविमोक्षणात्।
कामक्रोधोद्भवं वेगं स युक्तः स सुखी नरः ॥ 5.23 ॥

भावार्थ– यदि इस शरीर को त्यागने के पूर्व कोई मनुष्य इन्द्रियों के वेगों को सहन करने तथा इच्छा एवं क्रोध के वेग को रोकने में समर्थ होता है, तो वह इस संसार में सुखी रह सकता है।

टिप्पणी– इस श्लोक में 'जीवन्मुक्त' शब्द क्यों प्रयुक्त होता है- इस प्रश्न का उत्तर है। भगवान् कहते हैं कि इसी जीवन में कर्मयोगी साधकों को काम-क्रोध आदि विकारों पर विजय प्राप्त करने में सफलता मिल सकती है और वे सुख और शान्ति का अनुभव कर सकते है, अर्थात् मुक्ति इस संसार में रहते हुए ही मिल सकती है।

इसलिए जो मनुष्य शरीर के नाश होने से पहले ही काम और क्रोध से उत्पन्न हुए वेग को सहन करने में (मिटा देने में) सक्षम है, वह नर (न रमन करनेवाला) है। वही इस लोक में योग से युक्त है और वही सुखी है। जिसके पीछे दुःख नहीं है, उस सुख में अर्थात् परमात्मा में स्थितिवाला है। जीते-जी ही इसकी प्राप्ति का विधान है, मरने पर नहीं।

योऽन्तःसुखोऽन्तरारामस्तथान्तर्ज्योतिरेव यः।
स योगी ब्रह्मनिर्वाणं ब्रह्मभूतोऽधिगच्छति ॥ 5.24 ॥

भावार्थ– कर्मयोगी साधक अपने भीतर ही सुख की प्राप्ति करता है, अपने भीतर ही आराम पाता है और अपने भीतर ही प्रकाश का अनुभव करता है। इस प्रकार वह ब्रह्ममय हो जाता है और जीते-जी ब्रह्मनिर्वाण रूपी अवस्था को प्राप्त करता है।

लभन्ते ब्रह्मनिर्वाणमृषयः क्षीणकल्मषाः।
छिन्नद्वैधा यतात्मानः सर्वभूतहिते रताः ॥ 5.25॥

भावार्थ– भेदभाव से रहित, कर्मयोगी ऋषि संयम-मय मर्यादित जीवन व्यतीत करते हुए पाप-वृत्ति से छुटकारा पाते हैं और सब प्राणियों को समान समझते हुए, उनका भला करने में लीन होते है वे विवेकी साधक ब्रह्मनिर्वाण को प्राप्त होते हैं।

कामक्रोधवियुक्तानां यतीनां यतचेतसाम् ।
अभितो ब्रह्मनिर्वाणं वर्तते विदितात्मनाम् ॥ 5.26 ॥

भावार्थ– जो आत्मज्ञानी हैं, संसार में रहते हुए भी भौतिक इच्छाओं से रहित हैं, जिन्होंने मन को जीत लिया है और जो काम-क्रोध आदि विकारों से रहित हो गये हैं, उनके लिए चारों ओर ब्रह्मनिर्वाण ही ब्रह्मनिर्वाण है।

स्पर्शान्कृत्वा बहिर्बाह्यांश्चक्षुश्चैवान्तरे भ्रुवोः ।
प्राणापानौ समौ कृत्वा नासाभ्यन्तरचारिणौ ॥ 5.27 ॥
यतेन्द्रियमनोबुद्धिर्मुनिर्मोक्षपरायणः ।
विगतेच्छाभयक्रोधो यः सदा मुक्त एव सः ॥ 5.28 ॥

भावार्थ– समस्त इन्द्रिय विषयों को बाहर करके, नेत्रों की दृष्टि को भौंहों के बीच में केन्द्रित करके, प्राण तथा अपान वायु को नथुनों के भीतर रोककर और इस तरह मन, इन्द्रियों तथा बुद्धि को वश में करके जो मोक्ष को लक्ष्य बनाता है वह योगी इच्छा, भय तथा क्रोध से रहित हो जाता है। जो निरन्तर इस अवस्था में रहता है, वह सदा ही मुक्त है।

टिप्पणी– इन दो श्लोकों में पिछले श्लोकों के भाव को विस्तार से लिखा गया है। श्रीकृष्ण कहते हैं, हे अर्जुन! जो सांसारिक विषयों में आसक्ति नहीं रखते, जो प्राणायाम साधना आदि का अभ्यास करके अपने इंद्रिय, मन और बुद्धि को वश में कर लेते हैं, वे कामना-भय-क्रोध आदि विकारों से मुक्त होकर तत्परायण हो जाते हैं (अर्थात् प्राणीमात्र में स्थित परमात्मा की सेवा में लीन हो जाते हैं)। ऐसे व्यक्ति जीवन्मुक्त हैं, सदैव मुक्त हैं।

बाहर के विषयों, दृश्यों का चिन्तन न करते हुए, उन्हें त्यागकर, नेत्रों की दृष्टि को भृकुटी के बीच में स्थिर करके, भृकुटी के बीच का शुद्ध अर्थ इतना ही है कि सीधे बैठने पर दृष्टि भृकुटी के ठीक मध्य से सीधे आगे पड़े। दाहिने-बायें, इधर-उधर न देखें। नाक की डाँड़ी पर सीधी दृष्टि रखते हुए (कहीं नाक ही न देखने लगें) नासिका के अन्दर चलनेवाले प्राण और अपान वायु को सम करके, अर्थात् दृष्टि को वहाँ स्थिर करें और सुरत को श्वास में लगा दें कि कब श्वास भीतर गयी? कितनी रुकी? (लगभग आधा सेकण्ड रुकती है, प्रयास करके न रोकें।) कब श्वास बाहर निकली? कितनी देर तक बाहर रही? कहने की आवश्यकता नहीं कि श्वास में उठनेवाली नामध्वनि सुनायी पड़ती रहेगी। इस प्रकार श्वास-प्रश्वास पर जब सुरत टिक जायेगी तो धीरे-धीरे श्वास अचल, स्थिर

ठहर जायेगी, सम हो जायेगी। न भीतर से संकल्प उठेंगे और न बाह्य संकल्प अन्दर टकराव कर पायेंगे। बाहर के भोगों का चिन्तन तो बाहर ही त्याग दिया गया था, भीतर भी संकल्प नहीं जाग्रत होंगे।

भोक्तारं यज्ञतपसां सर्वलोकमहेश्वरम् ।
सुहृदं सर्वभूतानां ज्ञात्वा मां शान्तिमृच्छति ॥ 5.29 ॥

भावार्थ– मुझे समस्त यज्ञों तथा तपों का भोक्ता, समस्त लोकों तथा देवताओं का परमेश्वर एवं समस्त जीवों का उपकारी एवं हितैषी जानकर मेरे भक्ति से पूर्ण पुरुष भौतिक दु:खों से शान्ति को प्राप्त हो जाता है।

टिप्पणी– जीवन्मुक्त कर्मयोगी अपने लोकहितार्थ किये गये कर्मों (यज्ञ, तप आदि) को ईश्वरार्पण बुद्धि से करता है क्योंकि वह जानता है कि कर्मों का फल स्वयं न भोग कर सर्वलोकमहेश्वर प्रभु को ही सौंपना चाहिए। यह जानकर कि ईश्वर सब प्राणियों का मित्र है, कर्मयोगी भी वैसा ही करने को प्रेरित होता है और इसलिए वह परम शान्ति को प्राप्त करता है।

वह मुक्त पुरुष मुझे यज्ञ और तपों का भोगनेवाला, सम्पूर्ण लोकों के ईश्वरों का भी ईश्वर, सम्पूर्ण प्राणियों का स्वार्थरहित हितैषी, ऐसा साक्षात् जानकर शान्ति को प्राप्त होता है। यज्ञ और तप अन्त में जिसमें विलय होते हैं, वह मैं हूँ। वह मुझे प्राप्त होता है। यज्ञ के अन्त में जिसका नाम शान्ति है, वह मेरा ही स्वरूप है। वह मुक्त पुरुष मुझे जानता है और जानते ही मुझे प्राप्त हो जाता है। इसी का नाम शान्ति है। आदिशंकराचार्य ने 'सुहृद' शब्द की व्याख्या करते हुए लिखा है कि वह 'बदले में कुछ भी लेने की आशा न रखते हुए सब का भला करता है'।

निष्कर्ष

इस अध्याय के आरम्भ में अर्जुन ने प्रश्न किया कि कभी तो आप निष्काम-कर्मयोग की प्रशंसा करते हैं और कभी आप संन्यास-मार्ग से कर्म करने की प्रशंसा करते हैं, अत: दोनों में एक को, जो आपका सुनिश्चित किया हो, परम कल्याणकारी हो, उसे कहिये। श्रीकृष्ण ने बताया- अर्जुन! परम कल्याण तो दोनों में है। दोनों में वही निर्धारित यज्ञ की क्रिया ही की जाती है, फिर भी निष्काम कर्मयोग विशेष है। बिना इसे किये संन्यास (शुभाशुभ कर्मों का अन्त) नहीं होता। संन्यास मार्ग नहीं, मंजिल का नाम है। योगयुक्त ही संन्यासी है। योगयुक्त के लक्षण बताये कि वही प्रभु है। वह न करता है, न कुछ कराता है; बल्कि स्वभाव में प्रकृति के दबाव के अनुरूप लोग व्यस्त हैं। जो साक्षात् मुझे जान लेता है वही

ज्ञाता है, वही पण्डित है। यज्ञ के परिणाम में लोग मुझे जानते हैं। श्वास-प्रश्वास का जप और यज्ञ-तप जिसमें विलय होते हैं, मैं ही हूँ। यज्ञ के परिणामस्वरूप मेरे को जानकर वे जिस शान्ति को प्राप्त होते हैं, वह भी मैं ही हूँ, अर्थात् श्रीकृष्ण-जैसा, महापुरुष-जैसा स्वरूप उस प्राप्तिवाले को भी मिलता है। वह भी ईश्वरों का ईश्वर, आत्मा का भी आत्मस्वरूपमय हो जाता है, उस परमात्मा के साथ एकीभाव पा लेता है (एक होने में जन्म चाहे जितने लगें।)

[**समीक्षात्मक टिप्पणी–** गीता में निष्काम कर्म या कर्मयोग पर काफी बल दिया गया है। यही स्थापित करने का प्रयास किया गया है कि हमें व्यक्तिगत स्वार्थों से ऊपर उठकर काम करना चाहिए। निश्चित रूप से यह दर्शन एक महान् जीवन-दर्शन है इसलिए कि यदि प्रत्येक व्यक्ति दूसरों के हितों के लिए काम करता है तो इसमें सबों का हित छिपा है। इसके अन्तर्गत हर आदमी एक-दूसरे को मदद पहुँचा रहा है। यह कहना तो आसान है, पर करना कठिन है। समाज में किसी व्यक्ति को कोई निजी स्वार्थ नहीं हो, यह व्यवहार भी सम्भव नहीं है। यदि ऐसा होता है तो समाज में चोरी, घूसखोरी, हिंसा या जितने भी प्रकार की भी समस्याऐं होती हैं उनसे समाज मुक्त हो जायेगा।

ऐसा लगता है कि निष्काम कर्म की विचारधारा एक काल्पनिक धारणा है क्योंकि आज तक ऐसा सम्भव कहीं हुआ नहीं है। महाभारत में भी जो कुछ हुआ वह अपने चचेरे भाइयों के बीच का युद्ध था। वह पूरी तरह व्यक्तिगत स्वार्थों से प्रभावित था। श्रीकृष्ण अर्जुन के साथ हैं, इसमें श्रीकृष्ण स्वार्थी नजर आते हैं क्योंकि श्रीकृष्ण पाण्डवों के नजदीकी सम्बन्धी थे। बिना व्यक्तिगत या अन्य प्रकार के स्वार्थ के कोई व्यक्ति किसी काम को क्यों करेगा? हर कार्य का कारण और अपना उद्देश्य होता है। इस संसार में कुछ भी अकारण और निरुद्देश्य नहीं होता है।]

ॐ तत्सत्

अध्याय - 6

ध्यान योग या आत्मसंयम योग

इस अध्याय के आरम्भ में योगारूढ़-स्थिति, अर्थात् आध्यात्मिक पूर्णता के लिए कर्म की अनिवार्यता का उल्लेख है। कर्मयोगी के लिए ही, ध्यान आदि को, केवल कुछ समय (नियमित रूप से) करने का संदेश है। तत्पश्चात् समदृष्टि का विवेचन है जिसका महत्त्व पाँचवें अध्याय में दर्शाया गया था और जिसका व्यावहारिक रूप इस अध्याय में स्पष्ट किया गया है। अध्याय के मध्य भाग में ध्यान योग तथा मध्यम मार्ग का एवं उनसे प्राप्त होनेवाली आध्यात्मिक पूर्णता का चित्रण है। यह चित्रण स्थितप्रज्ञ या जीवन्मुक्त के समान है। अध्याय के अन्त में सर्वमुक्ति का संदेश है जिसको समझाते हुए गीता ने नरक का भय दिखलाने की सामान्य प्रथा को अनुचित बतलाया है। ब्राह्मणों ने वेदों और पुराणों का उल्लेख कर नरक भय और स्वर्ग का प्रलोभन देकर लोगों को बेवकूफ बनाया और स्वार्थ से वशीभूत होकर शोषण किया।

संसार में धर्म के नाम पर रीति-रिवाज, पूजा-पद्धतियाँ, सम्प्रदायों का बाहुल्य होने पर कुरीतियों का शमन करके एक ईश्वर की स्थापना एवं उसकी प्राप्ति की प्रक्रिया को प्रशस्त करने के लिए किसी महापुरुष का आविर्भाव होता है। क्रियाओं को छोड़कर बैठ जाने और ज्ञानी कहलाने की रूढ़ि कृष्णकाल में अत्यन्त व्यापक थी। इसलिए इस अध्याय के प्रारम्भ में ही योगेश्वर श्रीकृष्ण ने इस प्रश्न को चौथी बार स्वयं उठाया कि ज्ञानयोग तथा निष्काम कर्मयोग दोनों के अनुसार कर्म करना ही होगा।

अध्याय दो में उन्होंने कहा- अर्जुन! क्षत्रिय के लिए युद्ध से बढ़कर कल्याणकारी कोई रास्ता नहीं है। इस युद्ध में हारोगे तो भी देवत्व है और जीतने

पर महामहिम स्थिति है ही- ऐसा समझकर युद्ध कर। अर्जुन! यह बुद्धि तेरे लिए ज्ञानयोग के विषय में कही गयी। कौन-सी बुद्धि? यही कि युद्ध कर। ज्ञानयोग में ऐसा नहीं है कि हाथ-पर-हाथ रखकर बैठे रहें। ज्ञानयोग में केवल अपने हानि-लाभ का स्वयं निश्चय करके, अपनी शक्ति समझकर कर्म में प्रवृत्त होना है, जबकि प्रेरक महापुरुष ही हैं। ज्ञानयोग में युद्ध करना अनिवार्य है।

अब अर्जुन ने भली प्रकार समझ लिया कि ज्ञानमार्ग अच्छा लगे अथवा निष्काम-कर्मयोग, दोनों दृष्टियों में कर्म करना ही है; फिर भी पाँचवें अध्याय में उसने प्रश्न किया कि फल की दृष्टि से कौन श्रेष्ठ है? कौन सुविधाजनक है? श्रीकृष्ण ने कहा- अर्जुन! दोनों ही परमश्रेय को देनेवाले हैं। एक ही स्थान पर दोनों पहुँचाते हैं, फिर भी सांख्य की अपेक्षा निष्काम कर्मयोग श्रेष्ठ है; क्योंकि निष्काम कर्म का आचरण किये बिना कोई संन्यासी नहीं हो सकता। दोनों में कर्म एक ही है। अतः स्पष्ट है कि वह निर्धारित कर्म किये बिना कोई संन्यासी नहीं हो सकता और न कोई योगी ही हो सकता है।

श्रीकृष्णा ने कहा

अनाश्रितः कर्मफलं कार्यं कर्म करोति यः ।
स संन्यासी च योगी च न निरग्निर्न चाक्रियः ॥ 6.1 ॥

भावार्थ– जो पुरुष अपने कर्मफल के प्रति अनासक्त है और जो अपने कर्त्तव्य का पालन करता है, वही संन्यासी तथा योगी है। वह नहीं, जो न तो अग्नि जलाता है और न कर्म करता है।

टिप्पणी– पाँचवें अध्याय के अन्तिम श्लोक में प्रयुक्त शब्द 'सुहृदं सर्वभूतानां' को ध्रुवतारे की भाँति मार्गदर्शक समझकर कर्मयोगी क्या करता है? वह 'सब प्राणियों की निःस्वार्थ सेवा' को ही अपना कर्त्तव्य समझता है और अपने लिए कुछ फल नहीं चाहता। वही सच्चा संन्यासी भी है, न कि कर्मों को स्थूल रूप से छोड़नेवाला। केवल अग्नि को त्यागनेवाला तथा केवल क्रिया को त्यागने वाला न संन्यासी है न योगी। क्रियाएँ बहुत-सी हैं। उनमें से 'कार्यम् कर्म'- करने योग्य क्रिया, 'नियत कर्म'- निर्धारित की हुई कोई क्रिया-विशेष है। वह है यज्ञ की प्रक्रिया। जिसका शुद्ध अर्थ है आराधना, जो आराध्य देव में प्रवेश दिला देने वाली विधि-विशेष है। उसको कार्यरूप देना कर्म है। जो उसे करता है वही संन्यासी है, वही योगी होता है।

यं संन्यासमिति प्राहुर्योगं तं विद्धि पाण्डव।
न ह्यसंन्यस्तसंकल्पो योगी भवति कश्चन ॥ 6.2 ॥

भावार्थ– हे अर्जुन! लोग जिसको संन्यास कहते हैं, उसी को तुम योग समझो; क्योंकि संकल्पों का त्याग किये बिना कोई भी मनुष्य योगी नहीं हो सकता।

टिप्पणी– अर्जुन! जिसे 'संन्यास' ऐसा कहते हैं, उसी को तू योग जान; क्योंकि संकल्पों का त्याग किये बिना कोई भी पुरुष न योगी होता है और न ही संन्यासी होता है, अर्थात् कामनाओं का त्याग दोनों ही मार्गियों के लिए आवश्यक है। तब तो सरल है कि कह दें कि हम संकल्प नहीं करते और हो गये योगी-संन्यासी।

संकल्प-घोषणा के शब्द इस प्रकार के होते हैं अमुक उद्देश्य की प्राप्ति के लिए मैं अमुक कर्म या त्याग करूँगा। संन्यासी द्वारा संकल्प त्याग का अर्थ है कर्म त्याग। कर्मयोगी द्वारा संकल्प त्याग का अर्थ है फल त्याग (कर्म त्याग नहीं)।

योगारूढ़ द्वारा सहज सेवा

आरुरुक्षोर्मुनेर्योगं कर्म कारणमुच्यते।
योगारूढस्य तस्यैव शमः कारणमुच्यते ॥ 6.3 ॥

भावार्थ– योग के नये साधकों के लिए कर्म साधन कहलाता है और योगसिद्ध पुरुष के लिए समस्त भौतिक कार्यकलापों का परित्याग ही साधन कहा जाता है।

टिप्पणी–इस श्लोक में साधनावस्था तथा सिद्धावस्था का अन्तर समझाया गया है। सरल भाषा में कहें तो साधक, लोक कल्याणार्थ कर्म को, कर्त्तव्य समझकर करता है जबकि सिद्ध पुरुष उसी प्रकार के कर्म को सहज भाव से करता है। श्लोक में प्रयुक्त शब्दों का भावार्थ इस प्रकार है-कर्मयोग के द्वारा ऊपर उठने वाले का साधन 'कर्म' है। योगारूढ़ होने पर वह परम शान्ति (शम) का अनुभव करता है और उससे प्रेरणा पाकर लोकसेवा करना उसका स्वभाव बन जाता है, अर्थात् 'शम' से प्रेरित होकर वह कर्म करता है।

यदा हि नेन्द्रियार्थेषु न कर्मस्वनुषज्जते।
सर्वसंकल्पसंन्यासी योगारूढ़स्तदोच्यते ॥ 6.4 ॥

भावार्थ– जिस समय कोई मनुष्य समस्त भौतिक इच्छाओं का त्याग करके न तो इन्द्रियतृप्ति के लिए कार्य करता है और न कर्मों में ही आसक्त होता है, वह उस समय सम्पूर्ण संकल्पों का त्यागी मनुष्य योगारूढ़ कहा जाता है।

टिप्पणी– जब कोई पुरुष समस्त भौतिक इच्छाओं का त्याग करके न तो इन्द्रियतृप्ति के लिए कार्य करता है और न सकामकर्मों में प्रवृत्त होता है तो वह योगारूढ़ कहलाता है।

आध्यात्मिक उत्थान के लिए आत्म विश्वास

उद्धरेदात्मनात्मानं नात्मानमवसादयेत्।
आत्मैव ह्यात्मनो बन्धुरात्मैव रिपुरात्मनः ॥ 6.5 ॥

भावार्थ– अर्जुन! मनुष्य को चाहिए कि अपने मन की सहायता से अपना उद्धार करे, अपने आत्मा को अधोगति में न पहुँचावे; क्योंकि यह जीवात्मा स्वयं ही अपना मित्र है और यही अपना शत्रु भी है।

टिप्पणी– प्रत्येक व्यक्ति को आध्यात्मिक उत्थान की सीढ़ी पर चढ़ने के लिए कटिबद्ध तथा सतर्क रहना चाहिए- इस बात का विशेष ध्यान रखते हुए कि सीढ़ी पर चढ़ने के बजाय गति उलटी (नीचे की ओर) न हो जाये। साधना के लिए आत्मविश्वास तथा आत्मनिर्भरता का बहुत महत्त्व है क्योंकि प्रत्येक व्यक्ति स्वयं ही अपना मित्र और शत्रु है।

बन्धुरात्मात्मनस्तस्य येनात्मैवात्मना जितः।
अनात्मनस्तु शत्रुत्वे वर्तेतात्मैव शत्रुवत् ॥ 6.6 ॥

भावार्थ–जिसने अपनी आत्मा से बुद्धि को और बुद्धि से मन को जीत लिया, वह मन उसका सर्वश्रेष्ठ मित्र है। परन्तु जो ऐसा नहीं कर पाया उसके लिए मन सबसे बड़ा शत्रु है।

जितात्मनः प्रशान्तस्य परमात्मा समाहितः।
शीतोष्णसुखदुःखेषु तथा मानापमानयोः ॥ 6.7 ॥

भावार्थ– जिसने अपनी आत्मा से बुद्धि को और बुद्धि से मन को जीत लिया है, उसने पहले ही परमात्मा को प्राप्त कर लिया है क्योंकि उसने शान्ति प्राप्त कर ली है। ऐसे पुरुष के लिए सर्दी-गर्मी, सुख-दुःख एवं मान-अपमान एक से है।

टिप्पणी– सर्दी-गर्मी, सुख-दु:ख और मान-अपमान में जिसके अन्तःकरण की वृत्तियाँ भली प्रकार शान्त हैं, ऐसे स्वाधीन आत्मा वाले पुरुष में परमात्मा सदैव स्थित है, कभी विलग नहीं होता। 'जितात्मा', अर्थात् जिसने मन सहित इन्द्रियों को जीत लिया है, वृत्ति परम शान्ति में प्रवाहित हो गयी है।

दो प्रकार की समभाव स्थितियाँ

ज्ञानविज्ञानतृप्तात्मा कूटस्थो विजितेन्द्रियः ।
युक्त इत्युच्यते योगी समलोष्टाश्मकाञ्चनः ॥ 6.8 ॥
सुहृन्मित्रार्युदासीनमध्यस्थद्वेष्यबन्धुषु ।
साधुष्वपि च पापेषु समबुद्धिर्विशिष्यते ॥ 6.9 ॥

भावार्थ– वह व्यक्ति आत्म-साक्षात्कार को प्राप्त तथा योगी कहलाता है जो अपने अर्जित ज्ञान तथा अनुभूति से पूर्णतया सन्तुष्ट रहता है। ऐसा व्यक्ति अध्यात्म को प्राप्त तथा जितेन्द्रिय कहलाता है। वह सभी वस्तुओं को- चाहे वे कंकड़ हों, पत्थर हों या कि सोना- एक समान देखता है। उसी प्रकार जो मनुष्य निष्कपट हितैषियों, प्रिय मित्रों, तटस्थों, मध्यस्थों, ईर्ष्यालुओं, शत्रुओं तथा मित्रों, पुण्यात्माओं एवं पापियों को समान भाव से देखता है, तो वह समबुद्धि वाला मनुष्य श्रेष्ठ है।

टिप्पणी– इन दो श्लोकों में दो प्रकार की समभाव स्थितियों को स्पष्ट किया गया है। श्लोक 6.8 के अनुसार वस्तुओं तथा परिस्थितियों के प्रति समत्व बुद्धि रखने वाला व्यक्ति कर्मयोग की पूर्णावस्था तक पहुँच जाता है और ज्ञान-विज्ञान के सहारे अपनी बुद्धि, मन तथा इन्द्रियों को आत्मा के वश में करके श्रेयस् की प्राप्ति करता है। श्लोक 6.9 के अनुसार प्राणीमात्र के प्रति समदृष्टि रखनेवाला व्यक्ति सबका भला करता है (चाहे वे मित्रता दिखलानेवाले सज्जन हों या शत्रुता दिखलानेवाले दुर्जन हों) और ईश्वर-तुल्य बन जाता है।

जिसका अन्तःकरण ज्ञान-विज्ञान से तृप्त है, जिसकी स्थिति अचल, स्थिर और विकार रहित है, जिसने इन्द्रियों को विशेष रूप से जीत लिया है, जिसकी दृष्टि में मिट्टी, पत्थर और सुवर्ण एक समान हैं- ऐसा योगी 'युक्त' कहा जाता है। 'युक्त' का अर्थ है योग से संयुक्त। यह योग की पराकाष्ठा है, जिसे योगेश्वर पाँचवें अध्याय में श्लोक सात से बारह तक चित्रित कर आये हैं। परमतत्त्व परमात्मा का साक्षात्कार और उसके साथ होने वाली जानकारी ज्ञान है। एक इंच भी इष्ट से दूरी है, जानने की इच्छा बनी है, तब तक वह अज्ञानी है। वह प्रेरक कैसे सर्वव्याप्त है? कैसे प्रेरणा देता है? कैसे अनेक आत्माओं का एकसाथ

पथ-प्रदर्शन करता है? कैसे वह भूत, भविष्य और वर्त्तमान का ज्ञाता है? उस प्रेरक इष्ट की इस कार्य-प्रणाली का ज्ञान ही 'विज्ञान' है।

प्राप्ति के पश्चात् महापुरुष समदर्शी और समवर्ती होते हैं। वह हृदय से सहायता करनेवाले सहृदय, मित्र, बैरी, उदासीन, द्वेषी, बन्धुगणों, धर्मात्मा तथा पापियों में भी समान दृष्टिवाला योगयुक्त पुरुष अतिश्रेष्ठ है। वह उनके कार्यों पर दृष्टि नहीं डालता, बल्कि उनके भीतर आत्मा के संचार पर ही उसकी दृष्टि पड़ती है। इन सबमें वह केवल इतना ही अन्तर देखता है कि कोई कुछ नीचे की सीढ़ी पर खड़ा है, तो कोई निर्मलता के समीप; किन्तु वह क्षमता सबमें है। यहाँ योगयुक्त के लक्षण पुनः दुहराये गये।

मध्यम मार्ग एवं ध्यान योग

योगी युञ्जीत सततमात्मानं रहसि स्थितः ।
एकाकी यतचित्तात्मा निराशीरपरिग्रहः ॥ 6.10 ॥

भावार्थ– हे अर्जुन! कर्मयोगी को चाहिए कि अपने व्यस्त कार्यक्रम में से कुछ समय निकालकर एकान्त में बैठे और अपने मन से स्वार्थ-भावना और संग्रह करने की भावना को हटाकर, परमेश्वर के साथ स्वयं को जोड़ने का सतत अभ्यास करे।

टिप्पणी– यह स्पष्ट है कि भगवान् ने चौबीसों घंटे ध्यान लगाने का आदेश नहीं दिया क्योंकि कर्मयोगी के लिए सेवा कार्य को प्राथमिकता न देना स्वधर्म के विरुद्ध होगा।

शुचौ देशे प्रतिष्ठाप्य स्थिरमासनमात्मनः ।
नात्युच्छ्रितं नातिनीचं चैलाजिनकुशोत्तरम् ॥ 6.11 ॥

भावार्थ– ध्यान योग के लिए आवश्यक है कि बैठने का स्थान शुद्ध हो और आसन का निर्माण कुश घास, मृगछाला और वस्त्र बिछे हो तथा आसन न अधिक ऊँचा हो, न अधिक नीचा।

भावार्थ– शुद्ध भूमि में कुश, मृगछाला अथवा इससे भी उत्तरोत्तर (रेशमी, ऊनी वस्त्र, तख्त, इत्यादि कुछ भी) बिछाकर अपने आसन को न अति ऊँचा, न नीचा स्थिर स्थापित करे। शुद्ध भूमि का तात्पर्य उसे झाड़ने-बुहारने, सफाई करने से है। जमीन पर कुछ बिछा लेना चाहिए- चाहे मृगछाला हो या चटाई अथवा कोई भी वस्त्र, तख्त जो भी उपलब्ध हो। आसन हिलने-डुलनेवाला न हो। न जमीन से बहुत ऊँचा हो और न एकदम नीचा ही।

तत्रैकाग्रं मनः कृत्वा यतचित्तेन्द्रियक्रियः ।
उपविश्यासने युञ्ज्याद्योगमात्मविशुद्धये ॥ 6.12 ॥

भावार्थ– उस आसान पर बैठकर मन को एकाग्र करे, चित्त और इन्द्रियों को भटकने न दे और अन्तःकरण की शुद्धि के लिए योग का अभ्यास करें।

टिप्पणी– बैठकर ही ध्यान करने का विधान है। मन को एकाग्र करके, चित्त और इन्द्रियों की क्रियाओं को वश में रखते हुए अन्तःकरण की शुद्धि के लिए योगाभ्यास करें। मन की शुद्धि, अर्थात् स्वार्थ-भाव को हटाना, परहित-भाव को जगाना।

समं कायशिरोग्रीवं धारयन्नचलं स्थिरः ।
सम्प्रेक्ष्य नासिकाग्रं स्वं दिशश्चानवलोकयन् ॥ 6.13 ॥

भावार्थ– अपनी काया, सिर और गर्दन को सीधा रखे, नाक के अगले सिरे पर दृष्टि जमाये तथा अन्य किसी दिशा में न देखते हुए स्थिर होकर बैठे।

टिप्पणी– शरीर, गर्दन और सिर को सीधा, अचल-स्थिर करके (जैसे कोई पटरी खड़ी कर दी गयी हो, इस प्रकार सीधा) दृढ़ होकर बैठ जायँ और अपनी नासिका के अग्रभाग को देखकर (नासिका की नोंक देखते रहने का निर्देश नहीं है बल्कि सीधे बैठने पर नाम के सामने जहाँ दृष्टि पड़ती हैं, वहाँ दृष्टि रहे।

प्रशान्तात्मा विगतभीर्ब्रह्मचारिव्रते स्थितः ।
मनः संयम्य मच्चित्तो युक्त आसीत मत्परः ॥ 6.14 ॥

भावार्थ– हे अर्जुन! ध्यानयोग का अभ्यास करने वाला कर्मयोगी, शान्त तथा निर्भय होकर, ब्रह्मचर्य का पालन करते हुए और मन पर संयम रखते हुए, मुझमें चित्त लगाए और मेरे परायण होकर बैठे।

टिप्पणी– ब्रह्मचर्य व्रत में स्थित होकर (प्रायः लोग कहते हैं कि जननेन्द्रिय का संयम ब्रह्मचर्य है) किन्तु महापुरुषों की अनुभूति है कि मन से विषयों का स्मरण करके, आँखों से वैसे दृश्य देखकर, त्वचा से स्पर्श कर, कानों से विषयोत्तेजक शब्द सुनकर जननेन्द्रिय-संयम सम्भव नहीं है। ब्रह्मचारी का वास्तविक अर्थ है- 'ब्रह्म आचरति स ब्रह्मचारी' ब्रह्म का आचरण है।

युञ्जन्नेवं सदात्मानं योगी नियतमानसः ।
शान्तिं निर्वाणपरमां मत्संस्थामधिगच्छति ॥ 6.15 ॥

भावार्थ– इस प्रकार ध्यानयोग का अभ्यास करने वाला कर्मयोगी, मन को इस तरह सदा परमात्मा में लगाता हुआ मुझमें सम्यक् स्थिति वाली जो निर्वाणरूपी (अथवा ईश्वर प्राप्तिरूपी) परम शान्ति को प्राप्त हो जाता है।

नात्यश्नतस्तु योगोऽस्ति न चैकान्तमनश्नतः।
न चाति स्वप्नशीलस्य जाग्रतो नैव चार्जुन ॥ 6.16 ॥

भावार्थ– अर्जुन! यह योग न तो बहुत खाने वाले का सिद्ध होता है और न बिलकुल न खाने वाले का सिद्ध होता है, न अत्यन्त सोने वाले का और न अत्यन्त जागने वाले का ही सिद्ध होता है।

युक्ताहारविहारस्य युक्तचेष्टस्य कर्मसु।
युक्तस्वप्नावबोधस्य योगो भवति दुःखहा ॥ 6.17 ॥

भावार्थ– जिसका आहार-विहार नियमित हो, जिसकी चेष्टाएँ नियमित और यथाशक्ति हों, जिसका सोना-जागना नियमित हो, ऐसे मध्यम मार्ग का अनुसरण करने वाले कर्मयोगी को यह परम सुखदायक योग सिद्ध होता है।

टिप्पणी– दुःखों का नाश करनेवाला यह योग उचित आहार-विहार, कर्मों में उपर्युक्त चेष्टा और सन्तुलित शयन-जागरण करने वाले का ही पूर्ण होता है। अधिक भोजन करने से आलस्य, निद्रा और प्रमाद घेरेंगे, तब साधना नहीं होगी। भोजन छोड़ देने से इन्द्रियाँ क्षीण हो जायेंगी, अचल-स्थिर बैठने की क्षमता नहीं रहेगी। साधन के अनुकूल विचरण, कुछ परिश्रम भी करते रहना चाहिए, कोई कार्य ढूँढ़ लेना चाहिए अन्यथा रक्त-संचार शिथिल पड़ जायेगा, रोग घेर लेंगे। आयु, सोना और जागना, आहार और अभ्यास से घटता-बढ़ता है। मध्यम मार्ग की महत्ता बतलानेवाला यह प्रसिद्ध श्लोक है। गीता निराहार उपवास की अपेक्षा युक्ताहार (सन्तुलित भोजन) के पक्ष में है।

यदा विनियतं चित्तमात्मन्येवावतिष्ठते।
निःस्पृहः सर्वकामेभ्यो युक्त इत्युच्यते तदा ॥ 6.18 ॥

भावार्थ– जब योगी योगाभ्यास द्वारा अपने मानसिक कार्यकलापों को वश में कर लेता है और अध्यात्म में स्थित हो जाता है एवं समस्त भौतिक इच्छाओं से रहित हो जाता है, तब वह योग सिद्धि की स्थिति कही जाती है।

यथा दीपो निवातस्थो नेङ्गते सोपमा स्मृता।
योगिनो यतचित्तस्य युञ्जतो योगमात्मनः ॥ 6.19 ॥

भावार्थ– जिस प्रकार वायुरहित स्थान में स्थित दीपक हिलता-डुलता नहीं, उसी तरह जिस योगी का मन वश में होता है, वह आत्मतत्त्व के ध्यान में सदैव स्थिर रहता है।

टिप्पणी– जिस प्रकार वायुरहित स्थान में रखा गया दीपक चलायमान नहीं होता, लौ सीधे ऊपर जाती है, उसमें कम्पन नहीं होता, यही उपमा परमात्मा के ध्यान में लगे हुए योगी के जीते हुए चित्त की दी गयी है। दीपक तो उदाहरण मात्र है। आजकल दीपक का प्रचलन शिथिल पड़ रहा है। अगरबत्ती ही जलाने पर धुआँ सीधे ऊपर जाता है, यदि वायु में वेग न हो। यह योगी के द्वारा जीते हुए चित्त का एक उदाहरण मात्र है। अभी चित्त भले ही जीता गया है, निरोध हो गया है; किन्तु अभी चित्त है। जब निरुद्ध चित्त का भी विलय हो जाता है, तब कौन-सी विभूति मिलती है?

यत्रोपरमते चित्तं निरुद्धं योगसेवया।
यत्र चैवात्मनात्मानं पश्यन्नात्मनि तुष्यति ॥ 6.20 ॥

भावार्थ– योग का अभ्यास करने से जिस अवस्था में चित्त वश में रहता है और अत्यन्त शान्त हो जाता है तथा जिस अवस्था में आत्मा द्वारा परमात्मा का अनुभव होने से साधक पूर्ण सन्तोष का अनुभव करता है।

सुखमात्यन्तिकं यत्तद्बुद्धिग्राह्यमतीन्द्रियम्।
वेत्ति यत्र न चैवायं स्थितश्चलति तत्त्वतः ॥ 6.21 ॥

भावार्थ– तथा इन्द्रियों से अतीत केवल शुद्ध हुई सूक्ष्म बुद्धि द्वारा ग्रहण करने योग्य जो अनन्त आनन्द है, उसको जिस अवस्था में अनुभव करता है और जिस अवस्था में स्थित हुआ योगी भगवत्स्वरूप को तत्त्व से जानकर चलायमान नहीं होता, सदैव उसी में प्रतिष्ठित रहता है।

टिप्पणी– इस श्लोक में योगसाधना के पूर्ण होने की स्थिति के दो और लक्षण बतलाये गये हैं-(इ) परम सुख का अनुभव, ऐसा सुख जो बुद्धि से ग्रहण होता है और इन्द्रियों से परे है (ई) परमात्म-तत्त्व के साथ जुड़ने की अचल स्थिति का अनुभव।

यं लब्ध्वा चापरं लाभं मन्यते नाधिकं ततः।
यस्मिन्स्थितो न दुःखेन गुरुणापि विचाल्यते ॥ 6.22 ॥

भावार्थ– जिस लाभ की प्राप्ति होने पर उससे अधिक कोई दूसरा लाभ उसके मन में भी नहीं आता और जिसमें स्थित होने पर वह बड़े भारी दुःख से भी विचलित नहीं किया जा सकता।

तं विद्याद्दुःखसंयोगवियोगं योगसञ्ज्ञितम्।
स निश्चयेन योक्तव्यो योगोऽनिर्विण्णचेतसा ॥ 6.23 ॥

भावार्थ– जो संसार के संयोग और वियोग से रहित है, उसी का नाम योग है। जो आत्यन्तिक सुख है, उसके मिलन का नाम योग है। जिसे परमतत्त्व परमात्मा कहते हैं, उसके मिलन का नाम योग है। वह योग न उकताये हुए चित्त से निश्चयपूर्वक करना कर्त्तव्य है। धैर्यपूर्वक लगा रहनेवाला मनुष्य ही योग में सफल होता है।

टिप्पणी– हे अर्जुन! पिछले तीन श्लोकों में जिस स्थिति के छः लक्षण बतलाये गये हैं, उसका संक्षिप्त नाम है 'योग' और उसका मुख्य लक्षण है 'परम सुख' जिसे दुःख कभी छू भी नहीं सकती। ऐसी स्थिति तक पहुँचने की साधना के लिए दो बातें आवश्यक हैं- दृढ़ निश्चय और अखण्ड उत्साह (जहाँ ऊबने का प्रश्न की नहीं उठता)। इसका संक्षिप्त नाम है 'योग' और पूरा नाम है 'मध्यममार्गानुगामी कर्मयोगी तथा ध्यानयोग'।

संकल्पप्रभवान्कामांस्त्यक्त्वा सर्वानशेषतः।
मनसैवेन्द्रियग्रामं विनियम्य समन्ततः ॥ 6.24 ॥
शनैः शनैरुपरमेद्बुद्ध्या धृतिगृहीतया।
आत्मसंस्थं मनः कृत्वा न किंचिदपि चिन्तयेत् ॥ 6.25 ॥

भावार्थ– मनुष्य को चाहिए कि संकल्प तथा श्रद्धा के साथ योगाभ्यास में लगे और पथ से विचलित न हो। उसे चाहिए कि मनोधर्म से उत्पन्न समस्त इच्छाओं को निरपवाद रूप से त्याग दे और इस प्रकार मन के द्वारा सभी ओर से इन्द्रियों को वश में करे। धीरे-धीरे, क्रमशः पूर्ण विश्वासपूर्वक बुद्धि के द्वारा समाधि में स्थित होना चाहिए और इस प्रकार मन को आत्मा में ही स्थित करना चाहिए तथा अन्य कुछ भी नहीं सोचना चाहिए।

टिप्पणी– पिछले चार श्लोकों में वर्णित स्थिति तक पहुँचने की साधना का इन दो श्लोकों में चित्रण है और उसके चार पद (कदम) हैं- (अ) संकल्प से उत्पन्न होनेवाली सब कामनाओं का त्याग, (आ) मन द्वारा इन्द्रियों पर पूरा नियन्त्रण, (इ) धैर्ययुक्त बुद्धि से धीरे-धीरे मन को शान्त करना और (ई) मन को आत्मा में स्थित करके सांसारिक विषयों का चिन्तन न करना।

यतो यतो निश्चरति मनश्चञ्चलमस्थिरम्।
ततस्ततो नियम्यैतदात्मन्येव वशं नयेत् ॥ 6.26 ॥

भावार्थ– मन अपनी चंचलता तथा अस्थिरता के कारण जहाँ कहीं भी विचरण करता हो, मनुष्य को चाहिए कि उसे वहाँ से खींचे और अपने वश में ले आए।

टिप्पणी– यह स्थिर न रहनेवाला चंचल मन जिस-जिस कारण से सांसारिक पदार्थों में विचरता है, उस-उस से रोककर बारम्बार अन्तरात्मा में ही निरुद्ध करें। प्राय: लोग कहते हैं कि मन जहाँ भी जाता है जाने दें, प्रकृति में ही तो जायेगा और प्रकृति भी उस ब्रह्म के ही अन्तर्गत है, प्रकृति में विचरण करना ब्रह्म के बाहर नहीं है; किन्तु श्रीकृष्ण के अनुसार यह गलत है। गीता में इन मान्यताओं का कोई भी स्थान नहीं है। श्रीकृष्ण का कथन है कि मन जहाँ-जहाँ जाये, जिन माध्यमों से जाये, उन्हीं माध्यमों से रोककर परमात्मा में ही लगावें। मन का निरोध सम्भव है।

प्रशान्तमनसं ह्येनं योगिनं सुखमुत्तमम् ।
उपैति शान्तरजसं ब्रह्मभूतमकल्मषम् ॥ 6.27 ॥

भावार्थ– जिसके सब पाप नष्ट हो गये हैं, जिसका रजोगुण शान्त हो गया है तथा जिसका मन सर्वथा निर्मल हो गया है, ऐसे ब्रह्मरूप बने हुए योगी को निश्चित ही उत्तम सुख प्राप्त होता है।

टिप्पणी– जिसका मन पूर्णरूपेण शान्त है, जो पाप से रहित है, जिसका रजोगुण शान्त हो गया है, ऐसे ब्रह्म से एकीभूत योगी को सर्वोत्तम आनन्द प्राप्त होता है, जिससे उत्तम कुछ भी नहीं है।

युञ्जन्नेवं सदात्मानं योगी विगतकल्मषः ।
सुखेन ब्रह्मसंस्पर्शमत्यन्तं सुखमश्नुते ॥ 6.28 ॥

भावार्थ– इस प्रकार योगाभ्यास में निरन्तर लगा रहकर आत्मसंयमी योगी समस्त भौतिक पापों से मुक्त हो जाता है और भगवान् की दिव्य प्रेमाभक्ति में परमसुख प्राप्त करता है।

टिप्पणी–यह इस प्रसंग का अन्तिम श्लोक है और इसमें पिछले श्लोकों का सारांश है। योग साधना के पूर्ण होने पर धर्म के विपरीत कर्म बिलकुल बन्द हो जाते हैं और अत्यन्त सुख का अनुभव होता है। योगी को ऐसा लगता है कि बड़ी सरलता से विषयों का स्पर्श छूटा और ब्रह्म का स्पर्श प्राप्त हुआ। पापरहित योगी इस प्रकार आत्मा को निरन्तर उस परमात्मा में लगाता हुआ सुखपूर्वक परब्रह्म परमात्मा की प्राप्ति के अनन्त आनन्द की अनुभूति करता है। वह 'ब्रह्मसंस्पर्श',

अर्थात् ब्रह्म के स्पर्श और प्रवेश के साथ अनन्त आनन्द का अनुभव करता है। अतः भजन अनिवार्य है।

सर्वभूतस्थमात्मानं सर्वभूतानि चात्मनि ।
ईक्षते योगयुक्तात्मा सर्वत्र समदर्शनः ॥ 6.29 ॥

भावार्थ– सभी जगह अपने स्वरूप को देखने वाला और ध्यानयोग से युक्त अन्तःकरणवाला अपने स्वरूप को सभी प्राणियों में देखता है और सम्पूर्ण प्राणियों को अपने स्वरूप में देखता है।

टिप्पणी– योग के परिणाम से युक्त आत्मावाला, सबमें समभाव से देखने वाला योगी आत्मा को सम्पूर्ण प्राणियों में व्याप्त देखता है और सम्पूर्ण चीज़ों को आत्मा में ही प्रवाहित देखता है।

यो मां पश्यति सर्वत्र सर्वं च मयि पश्यति ।
तस्याहं न प्रणश्यामि स च मे न प्रणश्यति ॥ 6.30 ॥

भावार्थ– हे अर्जुन! जो व्यक्ति सब प्राणियों में मुझे देखता है और मुझमें सब प्राणियों को देखता है, मैं उसके लिए अदृश्य नहीं होता और वह मेरे लिए अदृश्य नहीं होता।

टिप्पणी– जो पुरुष सम्पूर्ण वस्तुओं में मुझ परमात्मा को देखता है, व्याप्त देखता है और सम्पूर्ण वस्तुओं को मुझ परमात्मा के ही अन्तर्गत देखता है, उसके लिए मैं अदृश्य नहीं होता हूँ और वह मेरे लिए अदृश्य नहीं होता। यह प्रेरक का आमने-सामने मिलन है, सख्यभाव है, सामीप्य मुक्ति है।

सर्वभूतस्थितं यो मां भजत्येकत्वमास्थितः ।
सर्वथा वर्तमानोऽपि स योगी मयि वर्तते ॥ 6.31 ॥

भावार्थ– जो योगी मुझे तथा परमात्मा को अभिन्न जानते हुए परमात्मा की भक्तिपूर्वक भजन करता है, वह हर प्रकार से मुझमें सदैव स्थित रहता है।

टिप्पणी– जो पुरुष अनेकता से परे उपर्युक्त एकत्व भाव से मुझ परमात्मा को भजता है, वह योगी सब प्रकार के कार्यों में बरतता हुआ भी मेरे में ही बरतता है; क्योंकि मुझे छोड़कर उसके लिए कोई बचा भी तो नहीं। उसका तो सब मिट गया, इसलिए वह अब उठता, बैठता जो कुछ भी करता है, मेरे संकल्प से करता है।

आत्मौपम्येन सर्वत्र समं पश्यति योऽर्जुन।
सुखं वा यदि वा दुःखं स योगी परमो मतः॥ 6.32॥

भावार्थ– हे अर्जुन! जो भक्त अपने शरीर की उपमा से सब जगह मुझे समान देखता है और सुख अथवा दुःख को भी समान देखता है, वह परम योगी माना गया है।

टिप्पणी–आत्मौपम्य-भाव का अर्थ है, सबमें एक ही आत्मा को देखना। व्यावहारिक साम्ययोगी इस भाव के आधार पर सब प्राणियों के प्रति सम-भाव रखता है और उनके दुःख से दुःखी और सुख में सुखी होता है। भगवान् कहते हैं कि वह योगी परम श्रेष्ठ है क्योंकि उसका सम-भाव केवल बौद्धिक स्तर पर ही नहीं रहा, बल्कि व्यवहार में भी प्रतिबिम्बित होता है (वह जैसा सोचता है और बोलता है, वैसा ही आचरण भी करता है)।

सर्वमुक्ति का सन्देश

इस अध्याय के शेष भाग में अर्जुन के दो प्रश्न और भगवान् द्वारा दिये गये उनके उत्तर हैं जिनका सार यह है कि एक जन्म में नहीं तो अनेक जन्मों में, सब प्राणी भगवान् के पास ही पहुँचेंगे (जहाँ से वे आए थे) इसलिए किसी भी प्राणी को नरक का भय दिखलाना उचित नहीं। सर्वमुक्ति के इस संदेश के साथ-साथ भगवान् यह भी कहते हैं कि साधना के मार्ग में कठिनाइयों के आने पर निरुत्साहित नहीं होना चाहिए।

अर्जुन ने कहा

योऽयं योगस्त्वया प्रोक्तः साम्येन मधुसूदन।
एतस्याहं न पश्यामि चञ्चलत्वात्स्थितिं स्थिराम्॥ 6.33॥

भावार्थ– हे मधुसूदन, आपने समतापूर्वक जिस योग नाम से जिस साधना का वर्णन किया, उसके पूर्ण होने के विषय में मुझे आशंका है क्योंकि चंचल मन में पूरी स्थिरता कैसे आएगी।

चञ्चलं हि मनः कृष्ण प्रमाथि बलवद्दृढम्।
तस्याहं निग्रहं मन्ये वायोरिव सुदुष्करम्॥ 6.34॥

भावार्थ– हे कृष्ण! मन बहुत चंचल, जिद्दी और बलवान है। उसको रोकना मैं आकाश में स्थित वायु को रोकने जैसा अत्यन्त कठिन मानता हूँ।

श्रीकृष्ण ने कहा

असंशयं महाबाहो मनो दुर्निग्रहं चलम्।
अभ्यासेन तु कौन्तेय वैराग्येण च गृह्यते ॥ 6.35 ॥

भावार्थ– हे महाबाहु कुन्तीपुत्र! निस्सन्देह चंचल मन को वश में करना अत्यन्त कठिन है, किन्तु उपर्युक्त अभ्यास और वैराग्य के द्वारा ऐसा सम्भव है।

टिप्पणी– महान् कार्य करने के लिए प्रयत्नशील अर्थात् महाबाहु अर्जुन! निस्सन्देह मन चंचल है, बड़ी कठिनाई से वश में होनेवाला है; परन्तु कौन्तेय! यह अभ्यास और वैराग्य के द्वारा वश में होता है। यहाँ चित्त को लगाना है, वहाँ स्थिर करने के लिए बार-बार प्रयत्न का नाम अभ्यास है तथा देखी-सुनी विषय-वस्तुओं में (संसार या स्वर्गादि भोगों में) राग, अर्थात् लगाव का त्याग वैराग्य है। श्रीकृष्ण कहते हैं कि मन को वश में करना कठिन है, किन्तु अभ्यास और वैराग्य के द्वारा यह वश में हो सकता है।

असंयतात्मना योगो दुष्प्राप इति मे मतिः।
वश्यात्मना तु यतता शक्योऽवाप्तुमुपायतः ॥ 6.36 ॥

भावार्थ– जिसका मन पूरा वश में नहीं है, उसके लिए योग प्राप्त होना कठिन है, किन्तु जिसका मन संयमित है और जो समुचित उपाय करता है उसकी सफलता निश्चित है। ऐसा मेरा मत है।

टिप्पणी–इस श्लोक में संयम, यत्न और उपाय- इन तीन साधनों की उपयोगिता समझाई गयी है। भगवान् ने कहा, हे अर्जुन! मेरे मतानुसार कोई भी व्यक्ति योग-साधना को पूर्ण नहीं कर सकता जब तक कि वह संयम के द्वारा अपने मन को वश में न कर ले। इसलिए न केवल मन को, बल्कि इन्द्रियों को और बुद्धि को भी, वश में करने के लिए यत्न करने की आवश्यकता है और सब उपायों के सम्मिलित अभ्यास से ही सफलता मिल सकती है।

अर्जुन ने कहा

अयतिः श्रद्धयोपेतो योगाच्चलितमानसः।
अप्राप्य योगसंसिद्धिं कां गतिं कृष्ण गच्छति ॥ 6.37 ॥

भावार्थ– हे श्रीकृष्ण! योग करते-करते यदि किसी का मन चलायमान हो जाये, यद्यपि अभी योग में उसकी श्रद्धा है ही, तो ऐसा पुरुष योगसिद्धि को प्राप्त न होकर किस गति को पाता है?

कच्चिन्नोभयविभ्रष्टश्छिन्नाभ्रमिव नश्यति।
अप्रतिष्ठो महाबाहो विमूढो ब्रह्मणः पथि ॥ 6.38 ॥

भावार्थ– हे महाबाहु कृष्ण! संसार के आश्रय से रहित और परमात्म प्राप्ति के मार्ग में मोहित, अर्थात् विचलित इस तरह दोनों ओर से भ्रष्ट हुआ साधक क्या छिन्नभिन्न बादल की भाँति नष्ट तो नहीं हो जाता?

टिप्पणी– अर्जुन ने इसी प्रश्न को दूसरे ढंग से प्रकट किया-कहीं ऐसा तो नहीं कि योग सिद्धि पूर्ण होने से पहले ही यदि किसी की साधना टूट जाये (जैसे मृत्यु हो जाने पर) तो दोनों ओर से हानि-ही-हानि की स्थिति हो जाये? अर्जुन ने बादल का दृष्टान्त दिया- यदि बादल बरसे बिना ही छिन्न-भिन्न हो जाये, तो न वर्षा हुई और न बादल ही रहा। उसी प्रकार साधक को न सिद्धि मिले और न साधना का क्रम बना रहे, तो क्या दोनों ओर से विनाश होगा- यह था अर्जुन का संशय।

महाबाहु श्रीकृष्ण! भगवत्प्राप्ति के मार्ग से विचलित हुआ वह मोहित पुरुष छिन्न-भिन्न बादल की भाँति दोनों ओर से नष्ट-भ्रष्ट तो नहीं हो जाता? छोटी-सी बदली आकाश में छाये, तो वह न बरस पाती है न लौटकर मेघों से ही मिल पाती है; बल्कि हवा के झोंकों से देखते-देखते नष्टप्रायः हो जाती है। इसी प्रकार शिथिल प्रयत्नवाला, कुछ काल तक साधन करके स्थगित करनेवाला नष्ट तो नहीं हो जाता? वह न आपमें प्रवेश कर सका और न भोग ही भोग पाया। उसकी कौन-सी गति होती है?

एतन्मे संशयं कृष्ण छेत्तुमर्हस्यशेषतः।
त्वदन्यः संशयस्यास्य छेत्ता न ह्युपपद्यते ॥ 6.39 ॥

भावार्थ–अर्जुन ने कहा, हे कृष्ण! मेरे इस संशय को केवल आप ही पूरी तरह से निवारण कर सकते हैं। क्योंकि आपके सिवाय कोई दूसरा इस संशय को दूर करने वाला मिलना सम्भव नहीं है।

श्रीकृष्ण ने कहा

पार्थ नैवेह नामुत्र विनाशस्तस्य विद्यते।
न हि कल्याणकृत्कश्चिद्दुर्गतिं तात गच्छति ॥ 6.40 ॥

भावार्थ– हे पृथापुत्र! कल्याण-कार्यों में लगे योगी का न तो इस लोक में और न परलोक में ही विनाश होता है। हे मित्र! भलाई का काम करनेवाले मनुष्य दुर्गति को प्राप्त नहीं होते।

टिप्पणी– हे अर्जुन! यदि साधना में लीन व्यक्ति की सिद्धि प्राप्त होने से पहले ही मृत्यु हो जाये, तो भी उसके विनाश का तो प्रश्न ही नहीं उठता। तूने पूछा कि क्या उसका दोनों ओर से विनाश होगा। मैं तुझे विश्वास दिलाता हूँ कि उसका विनाश न इस लोक में हो सकता है, न परलोक में क्योंकि मैंने ऐसा विधान बनाया है कि कल्याण का कर्म करनेवाला व्यक्ति कभी दुर्गति को प्राप्त नहीं करेगा।

प्राप्य पुण्यकृतां लोकानुषित्वा शाश्वतीः समाः ।
शुचीनां श्रीमतां गेहे योगभ्रष्टोऽभिजायते ॥ 6.41 ॥

भावार्थ–भगवान् बोले, हे अर्जुन! योग की साधना बीच में टूट जानेवाले साधक की मृत्यु के बाद वह पुण्यशाली लोगों के धाम में निवास करता है और तत्पश्चात् पवित्र और साधन-सम्पन्न घर में जन्म लेता है।

अथवा योगिनामेव कुले भवति धीमताम् ।
एतद्धि दुर्लभतरं लोके जन्म यदीदृशम् ॥ 6.42 ॥

भावार्थ– अथवा दीर्घकाल तक योग करने के बाद असफल रहे तो वह ऐसे योगियों के कुल में जन्म लेता है जो अति बुद्धिमान हैं। निश्चय ही इस संसार में ऐसा जन्म दुर्लभ है।

तत्र तं बुद्धिसंयोगं लभते पौर्वदेहिकम् ।
यतते च ततो भूयः संसिद्धौ कुरुनन्दन ॥ 6.43 ॥

भावार्थ– जब योगभ्रष्ट का उत्तम कुल में पुनर्जन्म होता है तो वहाँ पर उसको पहले मनुष्य जन्म की साधन-सम्पत्ति अनायास ही प्राप्त हो जाती है। फिर वह पूर्वजन्म के संस्कारों से प्रेरित होकर फिर से साधना के मार्ग पर चलने लगता है, अर्थात् जहाँ तक पहले प्रगति हुई भी, उससे आगे वह बढ़ता है।

पूर्वाभ्यासेन तेनैव ह्रियते ह्यवशोऽपि सः ।
जिज्ञासुरपि योगस्य शब्दब्रह्मातिवर्तते ॥ 6.44 ॥

भावार्थ– हे अर्जुन! पूर्वजन्म के संस्कारों से प्रभावित होकर उत्तम कुल में जन्म लेने वाला योगभ्रष्ट मानो योगसाधना के मार्ग पर चलने को विवश हो गया हो। योगमार्ग पर चलने की यह इच्छा वेदों में कहे हुए सकाम कर्मों से भी अधिक प्रगति करवा सकती है।

प्रयत्नाद्यतमानस्तु योगी संशुद्धकिल्बिषः ।
अनेकजन्मसंसिद्धस्ततो याति परां गतिम् ॥ 6.45 ॥

भावार्थ– जो योगी सच्ची निष्ठा से आगे प्रगति करने का प्रयास करता है और जिसके पाप नष्ट हो गये हैं तथा जो अनेक जन्मों से सिद्ध हुआ है, वह योगी फिर परमगति को प्राप्त हो जाता है।

टिप्पणी– अनेक जन्मों से प्रयत्न करनेवाला योगी परमसिद्धि को प्राप्त हो जाता है। प्रयत्नपूर्वक अभ्यास करनेवाला योगी सभी पापों से अच्छी प्रकार शुद्ध होकर परमगति को प्राप्त हो जाता है। प्राप्ति का यही क्रम है। पहले शिथिल प्रयत्न से वह योग आरम्भ करता है, मन चलायमान होने पर जन्म लेता है, सद्गुरु के कुल में प्रवेश पाता है और प्रत्येक जन्म में अभ्यास करते हुए वहीं पहुँच जाता है, जिसका नाम परमगति परमधाम है।

श्री अरविंदो घोष ने इस श्लोक के आधार पर सर्वमुक्ति का सिद्धान्त दिया है, अर्थात् सारे प्राणी अन्ततः मुक्त अवश्य होंगे। श्लोक 15.19 में भी सर्वमुक्ति का उल्लेख किया जायेगा। किसी भी प्राणी को नरक का भय दिखलाना इस सिद्धान्त के विपरीत है।

तपस्विभ्योऽधिको योगी ज्ञानिभ्योऽपि मतोऽधिकः ।
कर्मिभ्यश्चाधिको योगी तस्माद्योगी भवार्जुन ॥ 6.46 ॥

भावार्थ– योगी पुरुष तपस्वी से, ज्ञानी से तथा सकामकर्मी से श्रेष्ठ होता है। अतः हे अर्जुन! तुम सभी प्रकार से योगी बनो।

योगिनामपि सर्वेषां मद्गतेनान्तरात्मना ।
श्रद्धावान्भजते यो मां स मे युक्ततमो मतः ॥ 6.47 ॥

भावार्थ– हे अर्जुन! सभी योगियों में भी जो अत्यन्त श्रद्धावान् भक्त मुझमें तल्लीन है, अपने अन्तःकरण से मेरा भजन करता है, वह मेरे मत में सर्वश्रेष्ठ योगी है।

टिप्पणी– सम्पूर्ण निष्काम कर्मयोगियों में जो श्रद्धा विभोर होकर अन्तरात्मा से, अन्तर्चिन्तन से मुझे निरन्तर भजता है, वह योगी मुझे परमश्रेष्ठ मान्य है। भजन दिखावे या प्रदर्शन की वस्तु नहीं है। इससे समाज भले ही अनुकूल हो किन्तु प्रभु प्रतिकूल हो जाते हैं। भजन अत्यन्त गोपनीय है और वह अन्तःकरण से होता है। उसका उतार-चढ़ाव अन्तःकरण के ऊपर है।

[**समीक्षात्मक टिप्पणी–** अध्याय-6 में योग की काफी चर्चा हुई है, विशेषकर पतंजली के योगसूत्र की। जिस समय महाभारत का युद्ध हुआ था उस समय पतंजलि के योगसूत्र का कहीं अता-पता नहीं था, इसलिए कि पतंजलि ईसा पूर्व 500-200 के बीच के हैं, जबकि उससे लगभग 2500 वर्ष पूर्व महाभारत का युद्ध हुआ था। योग सम्बन्धी श्लोक से यही स्पष्ट होता है कि महाभारत तथा गीता में समय के साथ धीरे-धीरे कुछ-न-कुछ जुड़ता चला गया। अतः यह समझना कि गीता में प्रत्येक चीज़ भगवान् श्रीकृष्ण द्वारा कही गयी है, यह सही नहीं है।]

निष्कर्ष

इस अध्याय के आरम्भ में योगेश्वर श्रीकृष्ण ने कहा कि फल के आश्रय से रहित होकर जो करने योग्य प्रक्रिया-विशेष का आचरण करता है, वही संन्यासी है और उसी कर्म को करनेवाला ही योगी है। केवल क्रियाओं अथवा अग्नि को त्यागनेवाला योगी अथवा संन्यासी नहीं होता। संकल्पों का त्याग किये बिना कोई भी पुरुष संन्यासी अथवा योगी नहीं होता। हम संकल्प नहीं करते- ऐसा कह देने मात्र से संकलप पिण्ड नहीं छोड़ते। सर्वसंकल्पों का अभाव ही संन्यास है।

योगेश्वर ने पुनः बताया कि आत्मा अधोगति में जाता है और उसका उद्धार भी होता है। जिस पुरुष द्वारा मनसहित इन्द्रियाँ जीत ली गयी हैं, उसका आत्मा उसके लिए मित्र बनकर मित्रता में बरतता है तथा परमकल्याण करनेवाला होता है। जिसके द्वारा ये नहीं जीती गयीं, उसके लिए उसी का आत्मा शत्रु बनकर शत्रुता में बरतता है, यातनाओं का कारण बनता है। अतः मनुष्य को चाहिए कि अपने आत्मा को अधोगति में न पहुँचावे, अपने द्वारा अपनी आत्मा का उद्धार करे।

योगी की जीवन-शैली कैसी होती है, यह स्पष्ट किया गया है। बैठने के तरीके पर श्रीकृष्ण ने कहा कि स्थान एकान्त और स्वच्छ हो। वस्त्र, मृगचर्म अथवा कुश की चटाई में से कोई एक आसन हो। कर्म के अनुरूप चेष्टा, युक्ताहार-विहार, सोने-जागने के संयम पर उन्होंने बल दिया। योगी के निरुद्ध चित्त की उपमा उन्होंने वायुरहित स्थान में दीपक की अकम्पित लौ से दी। और इस प्रकार उस निरुद्ध चित्त का भी जब विलय हो जाता है, उस समय वह योग की पराकाष्ठा अनन्त आनन्द को प्राप्त होता है। संसार के संयोग-वियोग से रहित अनन्त सुख का नाम योग है। योग का अर्थ है उससे मिलन। जो योगी इसमें प्रवेश पा जाता है, वह सम्पूर्ण चीज़ों में समदृष्टिवाला हो जाता है। जैसे अपनी आत्मा वैसे ही सबकी आत्मा को देखता है। वह परम पराकाष्ठा की शान्ति को प्राप्त

होता है। अत: योग आवयक है। मन जहाँ-जहाँ जाये, वहाँ-वहाँ से घसीटकर बारम्बार इसका निरोध करना चाहिए। श्रीकृष्ण ने स्वीकार किया कि मन बड़ी कठिनाई से वश में होनेवाला है, लेकिन होता है। यह अभ्यास और वैराग्य द्वारा वश में हो जाता है। शिथिल प्रयत्नवाला व्यक्ति भी अनेक जन्म के अभ्यास से वहीं पहुँच जाता है, जिसका नाम परमगति अथवा परमधाम है। तपस्वियों, ज्ञानमार्गियों तथा केवल कर्मियों से भी योगी श्रेष्ठ है, इसलिए अर्जुन! तू योगी बन। समर्पण के साथ अन्तर्मन से योग का आचरण कर।

ॐ तत्सत्

अध्याय - 7

ज्ञान-विज्ञान योग

भक्ति के सन्दर्भ में ज्ञान और विज्ञान-दोनों का उल्लेख करके गीता यह संदेश देती है कि अन्धविश्वास से दूर रहो। इस अध्याय के आरम्भ में ईश्वर, प्रकृति और जीव के भेद को स्पष्ट किया गया है। अध्याय के मध्य में ईश्वर-भक्त के दो प्रमुख लक्षणों के रूप में सात्त्विक कर्म और उदार-भाव का महत्त्व समझाया गया है। तत्पश्चात् देवताओं की सकाम भक्ति को निष्काम भक्ति से भिन्न होने के कारण ज्ञान और विज्ञान के मापदण्ड से अपूर्ण बतलाया गया है। अध्याय का अन्तिम भाग आठवें अध्याय के लिए भूमिका तैयार करता है।

गत अध्यायों में गीता के तमाम प्रमुख प्रश्नों का उत्तर पूर्ण हो गये हैं। निष्काम कर्मयोग, ज्ञानयोग, कर्म तथा यज्ञ का स्वरूप और उसकी विधि, योग का वास्तविक स्वरूप और उसका परिणाम तथा अवतार, वर्णसंकर, सनातन, आत्मस्थित महापुरुष के लिए भी लोकहितार्थ कर्म करने पर बल, युद्ध इत्यादि पर विशद चर्चा की गयी। अगले अध्यायों में योगेश्वर श्रीकृष्ण ने इन्हीं से सन्दर्भित अनेक पूरक प्रश्नों को लिया है, जिसका समाधान तथा अनुष्ठान आराधना में सहायक सिद्ध होगा।

छठे अध्याय के अन्तिम श्लोक में योगेश्वर ने यह कहकर प्रश्न का स्वयं बीजारोपण कर दिया कि जो योगी मुझमें अच्छी प्रकार स्थित है, उसे मैं अतिशय श्रेष्ठ योगी मानता हूँ। परमात्मा में अच्छी प्रकार स्थिति क्या है? बहुत से योगी परमात्मा को प्राप्त तो होते हैं फिर भी कहीं कोई कमी उन्हें खटकती है। लेशमात्र भी कसर न रह जाये, ऐसी अवस्था कब आयेगी? सम्पूर्णता से परमात्मा की जानकारी कब आयेगी?

श्रीकृष्ण ने कहा

मय्यासक्तमनाः पार्थ योगं युञ्जन्मदाश्रयः ।
असंशयं समग्रं मां यथा ज्ञास्यसि तच्छृणु ॥ 7.1 ॥

भावार्थ– हे पृथानन्दन! मुझमें आसक्त मन वाला, मेरे आश्रित होकर योग का अभ्यास करता हुआ तू मेरे जिस समग्र रूप को निस्सन्देह जिस प्रकार से जानेगा, उसको उसी प्रकार से सुन।

टिप्पणी–(1) इस श्लोक में प्रयुक्त 'योग' शब्द से तात्पर्य कर्मयोग से है, जैसा कि पिछले अध्याय के अन्तिम श्लोक की टिप्पणी में बतलाया गया था।

(2) यद्यपि सातवें अध्याय से बारहवें अध्याय तक भक्ति का विवेचन है फिर भी गीता के अनुसार भक्तियोग कोई अलग (स्वतन्त्र) मार्ग नहीं है क्योंकि यह कर्मयोग का ही एक अंग है। श्लोक 3.3 और उसकी टिप्पणी में भी यह स्पष्ट किया जा चुका है।

ज्ञानं तेऽहं सविज्ञानमिदं वक्ष्याम्यशेषतः ।
यज्ज्ञात्वा नेह भूयोऽन्यज्ज्ञातव्यमवशिष्यते ॥ 7.2 ॥

भावार्थ– अब मैं तेरे लिए यह विज्ञान सहित ज्ञान सम्पूर्णता से कहूँगा, जिसको जानने के बाद फिर इस विषय में जानने योग्य अन्य कुछ भी शेष नहीं रहेगा।

टिप्पणी–(1) 'ज्ञातव्य' अर्थात् जानने योग्य। ईश्वर, प्रकृति और जीवन–इन तीनों का ज्ञान होने के बाद और कुछ भी ज्ञातव्य नहीं बचेगा।

(2) ज्ञान तथा विज्ञान के कई अर्थ हो सकते हैं। आज के वैज्ञानिक युग के लिए यह अर्थ लेना उचित है कि भगवान् हमें अन्धविश्वास से दूर रखना चाहते हैं और यदि कोई पुरानी परम्परा वैज्ञानिक सिद्धान्तों के विपरीत हो तो भगवान् चाहते हैं कि हम उसे बदल दें। अध्याय 9 में भी ज्ञान और विज्ञान का विवेचन होगा।

मनुष्याणां सहस्त्रेषु कश्चिद्यतति सिद्धये ।
यततामपि सिद्धानां कश्चिन्मां वेत्ति तत्त्वतः ॥ 7.3 ॥

भावार्थ– हे अर्जुन! हजारों मनुष्यों में से कोई एक अपनी आध्यात्मिक साधना की पूर्णता के लिए प्रयास करता है और पूर्णता प्राप्त करने पर भी जो प्रयास करते रहते हैं, उनमें से कोई एक ही मुझे यथार्थ रूप से जानता है।

ईश्वर, प्रकृति और जीव

भूमिरापोऽनलो वायुः खं मनो बुद्धिरेव च।
अहंकार इतीयं मे भिन्ना प्रकृतिरष्टधा ॥ 7.4 ॥

भावार्थ– हे अर्जुन! पृथ्वी, जल, अग्नि, वायु, आकाश, मन, बुद्धि तथा अहंकार- इस प्रकार यह आठ प्रकार के भेदों वाली मेरी यह अपरा प्रकृति है।

टिप्पणी–अधिक विस्तार में जाने पर प्रकृति के 24 तत्त्व हैं जिनकी सूची अध्याय 13 में दी जायेगी।

अपरेयमितस्त्वन्यां प्रकृतिं विद्धि मे पराम्।
जीवभूतां महाबाहो ययेदं धार्यते जगत्॥ 7.5 ॥

भावार्थ– हे महाबाहु अर्जुन, इस अपरा प्रकृति से भिन्न जीवरूप बनी हुई मेरा परा प्रकृति को जान जिसके द्वारा यह जगत् धारण किया जाता है।

एतद्योनीनि भूतानि सर्वाणीत्युपधारय।
अहं कृत्स्नस्य जगतः प्रभवः प्रलयस्तथा ॥ 7.6 ॥

भावार्थ– हे अर्जुन! सारे प्राणियों के उत्पन्न होने में अपरा और परा इन दोनों प्रकृति का संयोग ही कारण है- ऐसा तुम समझो। मैं सम्पूर्ण जगत के आदि और अन्त का कारण हूँ।

मत्तः परतरं नान्यत्किंचिदस्ति धनंजय।
मयि सर्वमिदं प्रोतं सूत्रे मणिगणा इव ॥ 7.7 ॥

भावार्थ– हे धनंजय! मेरे सिवाय इस जगत् का दूसरा कोई किंचिन्मात्र भी कारण तथा कार्य नहीं है। जैसे सूत के धागे में मणियाँ पिरोई हुई होती हैं उसी प्रकार मुझमें यह सारा जगत् पिरोया हुआ है।

टिप्पणी– यह सम्पूर्ण जगत् सूत्र में मणियों के सदृश मेरे में गुँथा हुआ है। भगवान् का तात्पर्य यह है कि मेरे माध्यम से सब प्राणियों में परस्पर-भाव और एकत्व-भाव होना चाहिए।

रसोऽहमप्सु कौन्तेय प्रभास्मि शशिसूर्ययोः।
प्रणवः सर्ववेदेषु शब्दः खे पौरुषं नृषु ॥ 7.8 ॥

भावार्थ– कौन्तेय! जलों में रस मैं हूँ, चन्द्रमा और सूर्य में प्रकाश मैं हूँ, सम्पूर्ण वेदों में ओंकार, आकाश में शब्द और पुरुषों में पुरुषार्थ मैं हूँ।

पुण्यो गन्धः पृथिव्यां च तेजश्चास्मि विभावसौ।
जीवनं सर्वभूतेषु तपश्चास्मि तपस्विषु ॥ 7.9 ॥

भावार्थ– पृथ्वी में पवित्र गन्ध मैं हूँ और अग्नि में तेज मैं हूँ तथा सम्पूर्ण प्राणियों में उनका जीवनशक्ति मैं हूँ और तपस्वियों में तपस्या मैं हूँ।

बीजं मां सर्वभूतानां विद्धि पार्थ सनातनम्।
बुद्धिर्बुद्धिमतामस्मि तेजस्तेजस्विनामहम् ॥ 7.10 ॥

भावार्थ– हे पृथापुत्र! यह जान लो कि मैं ही समस्त जीवों का आदि बीज हूँ, बुद्धिमानों की बुद्धि तथा समस्त तेजस्वी पुरुषों का तेज मैं हूँ।

बलं बलवतां चाहं कामरागविवर्जितम्।
धर्माविरुद्धो भूतेषु कामोऽस्मि भरतर्षभ ॥ 7.11 ॥

भावार्थ– हे अर्जुन! बलवानों में काम और राग से रहित बल मैं हूँ। इसी प्रकार सब प्राणियों में धर्म के अनुकूल काम-भाव भी मैं हूँ।

टिप्पणी– मैं बलवानों की कामना और आसक्ति रहित बल हूँ। संसार में सब बलवान् ही तो बनते हैं। कोई दण्ड-बैठक लगाता है, तो कोई परमाणु इकट्ठा करता है; किन्तु नहीं, श्रीकृष्ण कहते हैं- काम और राग से परे जो बल है वह मैं हूँ। वही वास्तविक बल है। सभी चीज़ों में धर्म के अनुकूल कामना मैं हूँ। परब्रह्म परमात्मा ही एकमात्र धर्म है, जो सबको धारण किये हुए है। जो शाश्वत आत्मा है वही धर्म है। जो उससे अविरोध रखनेवाली कामना है, मैं हूँ। आगे भी श्रीकृष्ण ने कहा- अर्जुन! मेरी प्राप्ति के लिए इच्छा कर! सब कामनाएँ तो वर्जित हैं; किन्तु उस परमात्मा को पाने की कामना आवश्यक है अन्यथा आप साधन कर्म में प्रवृत्त नहीं होंगे। ऐसी कामना भी मेरी ही देन है।

ये चैव सात्त्विका भावा राजसास्तामसाश्च ये।
मत्त एवेति तान्विद्धि न त्वहं तेषु ते मयि ॥ 7.12 ॥

भावार्थ– जितने भी सात्त्विक, राजस और तामस भाव हैं, वे सब मुझसे ही होते हैं- ऐसा उनको समझो। परन्तु मैं उनमें और वे मुझमें नहीं हैं।

टिप्पणी– तू यही समझ कि जो भी सत्त्वगुण से उत्पन्न होने वाले भाव हैं या जो रजोगुण और तमोगुण से उत्पन्न होने वाले भाव हैं, वे सभी मुझसे ही उत्पन्न होते हैं। परन्तु वास्तव में उनमें मैं और वे मेरे में नहीं है क्योंकि न मैं उनमें खोया हुआ हूँ और न वे ही मुझमें प्रवेश कर पाते हैं; क्योंकि मुझे किसी प्रकार की इच्छा नहीं है। मैं निर्लेप हूँ, मुझे इनमें कुछ पाना नहीं है।

जिस प्रकार आत्मा की उपस्थिति से ही शरीर को भूख-प्यास लगती है, आत्मा को अन्न अथवा जल से कोई प्रयोजन नहीं है, उसी प्रकार प्रकृति परमात्मा की उपस्थिति में ही अपना कार्य कर पाती है। परमात्मा उसके गुण और कार्यों से अलग रहता है। तात्पर्य यह है कि भगवान् ने किसी के साथ पक्षपात नहीं किया।

त्रिभिर्गुणमयैर्भावैरेभिः सर्वमिदं जगत्।
मोहितं नाभिजानाति मामेभ्यः परमव्ययम्॥ 7.13॥

भावार्थ– हे अर्जुन! इन तीन गुणों के प्रभाव से मोह अर्थात् अज्ञान का पर्दा मानो ज्ञान को ढक लेता है और सांसारिक प्राणी मुझ परमात्मा को पहचान नहीं पाते।

टिप्पणी– सात्त्विक, राजस और तामस इन तीन गुणों के कार्यरूप भावों से यह सारा जगत् मोहित हो रहा है, इसलिए लोग इन तीनों गुणों से परे मुझ अविनाशी को तत्त्व से भली प्रकार नहीं जानते। मैं इन तीनों गुणों से परे हूँ, अर्थात् जब तक अंशमात्र भी गुणों का आवरण विद्यमान है, तब तक कोई मुझे नहीं जानता।

दैवी ह्येषा गुणमयी मम माया दुरत्यया।
मामेव ये प्रपद्यन्ते मायामेतां तरन्ति ते॥ 7.14॥

भावार्थ– प्रकृति के तीन गुणों वाली इस मेरी दैवी शक्ति को पार कर पाना कठिन है। किन्तु जो मेरे शरणागत हो जाते हैं, वे सरलता से इसे पार कर जाते हैं।

टिप्पणी– जो माया मोह का पर्दा डालती है वह त्रिगुणात्मक प्रकृति ही है जिसका अध्यक्ष मैं हूँ। इसलिए जो मेरी शरण में आकर मेरा सहारा पाते हैं वे माया के द्वारा उत्पन्न की गयी उलझन को मिटा सकते हैं।

न मां दुष्कृतिनो मूढाः प्रपद्यन्ते नराधमाः।
माययापहृतज्ञाना आसुरं भावमाश्रिताः॥ 7.15॥

भावार्थ– जो मनुष्यों में अधम हैं, जिनका ज्ञान माया द्वारा हर लिया गया है तथा जो असुरों की नास्तिक प्रकृति को धारण करनेवाले हैं, ऐसे दुष्ट मेरी शरण ग्रहण नहीं करते।

टिप्पणी– जो मुझे निरन्तर भजते हैं, वे जानते हैं। फिर भी लोग नहीं भजते। माया के द्वारा जिनके ज्ञान का अपहरण कर लिया गया है, जो आसुरी स्वभाव

को धारण किये हुए, मनुष्यों में अधम, काम-क्रोधादि दुष्कृतियों को करनेवाले मूढ़लोग मुझे नहीं भजते।

ईश्वरभक्त की पहचान-सत्कर्म एवं उदार भाव

चतुर्विधा भजन्ते मां जनाः सुकृतिनोऽर्जुन।
आर्तो जिज्ञासुरर्थार्थी ज्ञानी च भरतर्षभ ॥ 7.16 ॥

भावार्थ– हे भरतश्रेष्ठ! पवित्र कर्म करनेवाले अर्थार्थी, आर्त, जिज्ञासु तथा ज्ञानी- ये चार प्रकार के मनुष्य मेरा भजन करते है, अर्थात् मेरे शरण होते हैं।

टिप्पणी– हे अर्जुन! अभी मैंने उनका उल्लेख किया जो मेरी शरण में नहीं आते। अब यह सुन कि कौन-कौन लोग मेरा सहारा ढूँढ़ते हैं। उनकी पहचान का मुख्य चिह्न तो यह है कि उनके कर्म सात्त्विक होते हैं, अर्थात् लोककल्याणार्थ होते हैं। अब उनकी भावना के विषय में सुन! मेरा ध्यान पहले पहल उनकी ओर जाता है जो दुःखी हैं। उसके बाद मेरा ध्यान जाता है जिज्ञासु की ओर जो जानना चाहता है मुझको और मेरे पास पहुँचने के मार्ग को। उसके बाद मेरा ध्यान जाता है अर्थार्थी की ओर जो मेरे वचनों का अर्थ मुझसे पूछता है। अन्त में मेरा ध्यान जाता है ज्ञानी की ओर जो जनक की भाँति अपने ज्ञान का उपयोग लोक-कल्याण के लिए करता है। 'आर्तः' अर्थात् दुःख से छूटने की इच्छावाले, 'जिज्ञासुः', अर्थात् प्रत्यक्ष रूप से जानने की इच्छावाले अर्थार्थी जो मेरे वचनों का अर्थ जानना चाहता है, और 'ज्ञानी', अर्थात् जो प्रवेश की स्थिति में हैं- ये चार प्रकार के भक्तजन मुझे भजते हैं।

एक दूसरे अर्थ में 'अर्थ' वह भौतिक वस्तु है, जिससे हमारे शरीर अथवा सम्बन्धों की पूर्ति होती है। इसलिए अर्थ, कामनाएँ सब कुछ पहले तो भगवान द्वारा पूर्ण होती हैं। श्रीकृष्ण कहते हैं कि मैं ही उसे पूर्ण करता हूँ। कुछ लोग भौतिक अभिलाषाओं जैसे सम्पत्ति के लिए भी भगवान् की प्रार्थना करते हैं

तेषां ज्ञानी नित्ययुक्त एकभक्तिर्विशिष्यते।
प्रियो हि ज्ञानिनोऽत्यर्थमहं स च मम प्रियः ॥ 7.17 ॥

भावार्थ– उन चार भक्तों में मुझमें निरन्तर लगा हुआ अनन्य भक्तिवाला ज्ञानी श्रेष्ठ है क्योंकि मैं उसे अत्यन्त प्रिय हूँ और वह मुझे अत्यन्त प्रिय है।

टिप्पणी– भगवान् बोले, हे अर्जुन! यद्यपि मैंने कहा कि ज्ञानी की ओर मेरा ध्यान अन्त में जाता है परन्तु उसका यह तात्पर्य नहीं कि ज्ञानी मुझे प्रिय नहीं है-वस्तुतः ज्ञानी को मैं प्रिय हूँ और ज्ञानी मुझे प्रिय है क्योंकि ज्ञानी की भक्ति

एकत्व-भाव पर आधारित है, अर्थात् वह सब प्राणियों में एक ही परमात्मा को देखता है। ज्ञानी की भक्ति निष्काम होने के कारण सदा एक-रस (समान) रहती है।

उदाराः सर्व एवैते ज्ञानी त्वात्मैव मे मतम्।
आस्थितः स हि युक्तात्मा मामेवानुत्तमां गतिम्॥ 7.18॥

भावार्थ– हे अर्जुन! पहले कहे हुए चारों ही भक्त बड़े उदार भाव वाले हैं। परन्तु ज्ञानी तो मेरा स्वरूप ही है- ऐसा मेरा मत है। क्योंकि वह मुझसे जुड़ा रहता है और जिससे श्रेष्ठ दूसरी कोई गति नहीं है, ऐसे मुझमें ही दृढ़ स्थित है।

बहूनां जन्मनामन्ते ज्ञानवान्मां प्रपद्यते।
वासुदेवः सर्वमिति स महात्मा सुदुर्लभः॥ 7.19॥

भावार्थ– हे अर्जुन! अनेक जन्मों के बाद मनुष्य जन्म में सब कुछ परमात्मा ही हैं- इस प्रकार का ज्ञानवान् जब मेरे शरण होता है, ऐसे ज्ञान के ज्ञाता को महात्मा कहते हैं और वे दुर्लभ होते हैं।

टिप्पणी– अभ्यास करते-करते बहुत जन्मों के अन्त के जन्म में, प्राप्तिवाले जन्म में साक्षात्कार को प्राप्त हुआ ज्ञानी 'सब कुछ वासुदेव ही है'- इस प्रकार मेरे को भजता है। वह महात्मा अति दुर्लभ है। वह किसी वासुदेव की प्रतिमा नहीं गढ़वाता बल्कि अपने भीतर ही उस परमदेव का वास पाता है। उसी ज्ञानी महात्मा को श्रीकृष्ण तत्त्वदर्शी भी कहते हैं। इन्हीं महापुरुषों से बाहर समाज में कल्याण सम्भव है। इस प्रकार के प्रत्यक्ष तत्त्वदर्शी महापुरुष श्रीकृष्ण के शब्दों में अति दुर्लभ है। महाभारत में भगवान् ने वासुदेव शब्द का अर्थ समझाया है–

सर्वभूताधिवासश्च वासुदेवस्ततो ह्यहम्

अर्थात् मैं सब प्राणियों में वास करता हूँ इसलिए मेरा नाम वासुदेव है।

देवताओं की भक्ति-कामनाओं से प्रेरित

कामैस्तैस्तैर्हृतज्ञानाः प्रपद्यन्तेऽन्यदेवताः।
तं तं नियममास्थाय प्रकृत्या नियताः स्वया॥ 7.20॥

भावार्थ– जिनकी बुद्धि भौतिक इच्छाओं द्वारा मारी गयी है, वे अन्य देवताओं की शरण में जाते हैं और वे अपने-अपने स्वभाव के अनुसार पूजा के विशेष विधि-विधानों का पालन करते हैं।

टिप्पणी– हे अर्जुन! मैंने ज्ञानी की प्रशंसा की क्योंकि उसकी भक्ति निष्काम है। किन्तु बहुत से लोगों की प्रकृति में रजोगुण की मात्रा अधिक होती है इसलिए वे भाँति-भाँति की कामनाएँ रखते हैं जो उनके ज्ञान को ढक लेती हैं। ऐसे लोग देवताओं की भक्ति करते हैं और उसके लिए भाँति-भाँति के नियमों (कर्मकाण्डों) का पालन करते हैं।

यो यो यां यां तनुं भक्तः श्रद्धयार्चितुमिच्छति।
तस्य तस्याचलां श्रद्धां तामेव विदधाम्यहम्॥ 7.21॥

भावार्थ– हे अर्जुन! जो-जो भक्त श्रद्धापूर्वक जिस देवता का पूजन करना चाहता है, मैं उस-उस देवता के प्रति उसकी श्रद्धा को दृढ़ता प्रदान करता हूँ।

टिप्पणी– जो-जो सकामी भक्त जिस-जिस देवता के स्वरूप को श्रद्धा से पूजना चाहता है, मैं उसी देवता के प्रति उसकी श्रद्धा को स्थिर करता हूँ। मैं ऐसा इसलिए स्थिर करता हूँ क्योंकि देवता नाम की कोई वस्तु होती तब तो वह देवता ही श्रद्धा को स्थिर करता। जो जैसा चाहता है वैसा ही बन जाता है।

स तया श्रद्धया युक्तस्तस्याराधनमीहते।
लभते च ततः कामान्मयैव विहितान्हि तान्॥ 7.22॥

भावार्थ– हे अर्जुन! ऐसा भक्त उस श्रद्धा से युक्त होकर उस देवता की सकाम भावपूर्वक उपासना करना चाहता है और करता है। देवता की आराधना से वह अपनी कामनाओं की पूर्ति करता है, किन्तु वास्तव में यह सब मैं ही करवाता हूँ।

टिप्पणी–किसी भी कर्म की पूर्ति भगवान् की मर्जी के बिना नहीं हो सकती।

अन्तवत्तु फलं तेषां तद्भवत्यल्पमेधसाम्।
देवान्देवयजो यान्ति मद्भक्ता यान्ति मामपि॥ 7.23॥

भावार्थ– अल्पबुद्धि वाले मनुष्यों को उन देवताओं की आराधना का फल सीमित तथा क्षणिक मिलता है। देवताओं की पूजा करनेवाले देवताओं को प्राप्त होते हैं, किन्तु मेरे भक्त मुझे ही प्राप्त होते हैं।

टिप्पणी– परन्तु उन अल्पबुद्धिवालों का वह फल नाशवान है। आज फल है तो भोगते-भोगते नष्ट हो जायेगा इसलिए नाशवान है। देवताओं को पूजनेवाले देवताओं को प्राप्त होते हैं, अर्थात् देवता भी नाशवान हैं।

अव्यक्तं व्यक्तिमापन्नं मन्यन्ते मामबुद्धयः ।
परं भावमजानन्तो ममाव्ययमनुत्तमम् ॥ 7.24 ॥

भावार्थ– बुद्धिहीन मनुष्य मुझको ठीक से न जानने के कारण सोचते हैं कि मैं (श्रीकृष्ण) पहले निराकार था और अब मैंने इस स्वरूप को धारण किया है। वे अपने अल्पज्ञान के कारण मेरी अविनाशी तथा सर्वोच्च प्रकृति को नहीं जान पाते।

टिप्पणी– यद्यपि जब देवताओं के नाम पर देवता नाम की कोई वस्तु है ही नहीं, जो फल मिलता है वह भी नाशवान् है, फिर भी सब लोग मेरा भजन नहीं करते; क्योंकि बुद्धिहीन पुरुष मेरे सर्वोत्तम, अविनाशी और परमप्रभाव को भली प्रकार नहीं जानते, इसलिए वे मुझ अव्यक्त पुरुष को व्यक्तिभाव को प्राप्त हुआ मानते हैं, मनुष्य मानते हैं अर्थात् श्रीकृष्ण भी मनुष्य शरीरधारी योगी थे, योगेश्वर थे। जो स्वयं योगी हों और दूसरों को भी योग प्रदान करने की जिनमें क्षमता हो, उन्हें योगेश्वर कहते हैं।

नाहं प्रकाशः सर्वस्य योगमायासमावृतः ।
मूढोऽयं नाभिजानाति लोको मामजमव्ययम् ॥ 7.25 ॥

भावार्थ– मैं मूर्खों तथा अल्पज्ञों के लिए कभी भी प्रकट नहीं हूँ। उनके लिए तो मैं अपनी योगमाया शक्ति से अच्छी तरह ढका हुआ रहता हूँ, अतः वे यह नहीं जान पाते कि मैं अजन्मा तथा अविनाशी हूँ।

टिप्पणी– सामान्य मनुष्य के लिए माया एक परदा है, जिसके द्वारा परमात्मा सर्वथा छिपा है। योग-साधना समझकर वह इसमें प्रवृत्त होता है। इसके पश्चात् योगमाया, अर्थात् योगक्रिया भी एक आवरण ही है। योग का अनुष्ठान करते-करते उसकी पराकाष्ठा योगारूढ़ता आ जाने पर वह छिपा हुआ परमात्मा विदित होता है। योगेश्वर कहते हैं- मैं अपनी योगमाया से ढँका हुआ हूँ। केवल योग की परिपक्व अवस्थावाले ही मुझे यथार्थ देख सकते हैं।

वेदाहं समतीतानि वर्तमानानि चार्जुन ।
भविष्याणि च भूतानि मां तु वेद न कश्चन ॥ 7.26 ॥

भावार्थ– अर्जुन! मैं अतीत, वर्तमान और भविष्य में होनेवाले उन सब प्राणियों को तो मैं जानता हूँ; परन्तु मुझे कोई नहीं भी जानता।

टिप्पणी– ऊपर वर्णित बुद्धिहीन लोगों की दयनीय दशा का मुझे पूरा ज्ञान है क्योंकि मैं त्रिकालदर्शी हूँ, अर्थात् भूतकाल, वर्तमान और भविष्य को भी मैं

स्पष्ट देख सकता हूँ। इसके विपरीत, अज्ञान के कारण ही साधारण लोग मुझे (अर्थात् ईश्वर को) भूलकर संसार-चक्र में फँसे रहते हैं।

इच्छाद्वेषसमुत्थेन द्वन्द्वमोहेन भारत।
सर्वभूतानि सम्मोहं सर्गे यान्ति परन्तप ॥ 7.27 ॥

भावार्थ– हे भरतवंशी! हे शत्रुविजेता! सम्पूर्ण प्राणी जन्म लेकर इच्छा तथा घृणा से उत्पन्न द्वन्द्वों से मोहग्रस्त होकर मोह को प्राप्त होते हैं।

टिप्पणी– अज्ञान के कारण ही साधारण लोग सांसारिक द्वन्द्वों में फँस जाते हैं जैसे अपने निजी जीवन में सुख-दुःख का अनुभव तथा सामाजिक व्यवहार में किसी से राग, किसी से द्वेष। इन्हीं कारणों से उत्पन्न हुआ कर्म-बन्धन सबको सताता है। इच्छा और द्वेष अर्थात् राग-द्वेषादि द्वन्द्व के मोह से संसार के सम्पूर्ण प्राणी अत्यन्त मोह को प्राप्त हो रहे हैं इसलिए मुझे नहीं जान पाते। तो क्या कोई जानेगा ही नहीं?

येषां त्वन्तगतं पापं जनानां पुण्यकर्मणाम्।
ते द्वन्द्वमोहनिर्मुक्ता भजन्ते मां दृढव्रताः ॥ 7.28 ॥

भावार्थ– जिन पुण्यकर्मा मनुष्यों के पापकर्म नष्ट हो गये हैं, वे मोह के द्वन्द्वों से मुक्त हो जाते हैं और वे संकल्पपूर्वक मेरा भजन करते हैं।

टिप्पणी– अज्ञान से मुक्त हुए लोग तामसिक और राजसी कर्मों (अर्थात् अनुचित कर्मों, पाप-कर्मों) को छोड़कर सात्त्विक कर्म करने में अपना मन लगाते हैं। वे सांसारिक द्वन्द्वों के जाल से निकल जाते हैं। (सबके साथ सम-व्यवहार करते हैं)। इस प्रकार सब प्राणियों में स्थित मुझको वे पहचानते हैं और मेरे पक्के भक्त बन जाते हैं।

जरामरणमोक्षाय मामाश्रित्य यतन्ति ये।
ते ब्रह्म तद्विदुः कृत्स्नमध्यात्मं कर्म चाखिलम् ॥ 7.29 ॥
साधिभूताधिदैवं मां साधियज्ञं च ये विदुः।
प्रयाणकालेऽपि च मां ते विदुर्युक्तचेतसः ॥ 7.30 ॥

भावार्थ– वृद्धावस्था और मृत्यु से मुक्ति पाने के लिए जो मनुष्य मेरा आश्रय लेता है, वे उस ब्रह्म को सम्पूर्ण अध्यात्म को और सम्पूर्ण कर्म को जान जाते हैं। जो मनुष्य अधिभूत तथा अधिदैव के सहित और अधियज्ञ के सहित मुझे जानते हैं, वे मुझमें लगे हुए चित्तवाले मनुष्य अन्तकाल में भी मुझे ही प्राप्त होते हैं।

टिप्पणी– हे अर्जुन! जिन लोगों को यह विश्वास हो जाता है कि संसार-चक्र से मुक्ति पाने के लिए मेरा (अर्थात् ईश्वर का) सहारा चाहिए वे उसी दिशा में बढ़ने का प्रयत्न करते हैं, अर्थात् सात्त्विक कर्मरूपी साधना करते हैं। तत्पश्चात् (जैसा मैंने श्लोक 4.38) में बतलाया था) उन लोगों को उचित समय आने पर स्वयं ही ज्ञान-प्राप्ति हो जायेगी और वे ब्रह्म, अध्यात्म, कर्म, अधिभूत, अधिदैव तथा अधियज्ञ- इन सबका अर्थ भी समझ जायेंगे और मुझसे लगातार जुड़े हुए वे संसार से प्रयाण करते समय भी मेरा स्मरण करेंगे।

जो पुरुष अधिभूत, अधिदैव तथा अधियज्ञ के सहित मुझे जानते हैं, मुझमें समाहित चित्तवाले वे पुरुष अन्तकाल में भी मुझको ही जानते हैं, मुझमें ही स्थिर रहते हैं और सदैव मुझे प्राप्त रहते हैं। छब्बीसवें-सत्ताईसवें श्लोक में उन्होंने कहा- मुझे कोई नहीं जानता; क्योंकि वे मोहग्रस्त हैं। किन्तु जो उस मोह से छूटने के लिए प्रयत्नशील हैं, वे (1) सम्पूर्ण ब्रह्म, (2) सम्पूर्ण अध्यात्म, (3) सम्पूर्ण कर्म, (4) सम्पूर्ण अधिभूत, (5) सम्पूर्ण अधिदैव और (6) सम्पूर्ण अधियज्ञसहित मुझको जानते हैं, अर्थात् इन सबका परिणाम मैं (सद्गुरु) हूँ। वही मुझे जानता है, ऐसा नहीं कि कोई नहीं जानता।

ॐ तत्सत्

अध्याय - 8

अक्षरब्रह्म योग

सातवें अध्याय के अन्त में योगेश्वर श्रीकृष्ण ने कहा कि पुण्यकर्म (नियत कर्म, आराधना) को करनेवाले योगी सम्पूर्ण पापों से छूटकर उस व्याप्त ब्रह्म को जानते हैं, अर्थात् कर्म कोई ऐसी वस्तु है, जो व्याप्त ब्रह्म की जानकारी दिलाता है। उस कर्म को करनेवाले व्याप्त ब्रह्म को, सम्पूर्ण कर्म को, सम्पूर्ण अध्यात्म को, सम्पूर्ण अधिदैव, अधिभूत और अधियज्ञसहित मुझको जानते हैं। अतः कर्म कोई ऐसी वस्तु है, जो इन सबसे परिचय कराता है। वे अन्तकाल में भी मुझको ही जानते हैं। उनकी जानकारी कभी विस्मृत नहीं होती है।

इस अध्याय के आरम्भ में अर्जुन द्वारा पूछे गये सात प्रश्न हैं जिनमें से प्रथम प्रश्न है 'ब्रह्म क्या है' और अन्तिम प्रश्न है 'मृत्यु के उपरान्त ब्रह्मप्राप्ति कैसे हो'। अध्याय के प्रथम सात श्लोकों में भगवान् श्रीकृष्ण द्वारा दिये गये उत्तर भी हैं जिनमें जीवन की कला का मुख्य उपदेश है-मन में ब्रह्म, तन से कर्म। अध्याय के शेष भाग में मृत्यु और उसके उपरान्त से सम्बन्धित विवेचन है।

अर्जुन ने कहा

किं तद्ब्रह्म किमध्यात्मं किं कर्म पुरुषोत्तम।
अधिभूतं च किं प्रोक्तमधिदैवं किमुच्यते ॥ 8.1 ॥

अधियज्ञः कथं कोऽत्र देहेऽस्मिन्मधुसूदन।
प्रयाणकाले च कथं ज्ञेयोऽसि नियतात्मभिः ॥ 8.2 ॥

भावार्थ– हे पुरुषोत्तम! वह ब्रह्म क्या है? अध्यात्म क्या है? कर्म क्या है? अधिभूत किसको कहा गया है? अधिदैव किसे कहा जाता है? यहाँ अधियज्ञ कौन

है? वह इस शरीर में कैसे है? हे मधुसूदन! समाहित चित्तवाले मनुष्यों द्वारा अन्त समय में आप किस प्रकार जानने में आते हैं? इन सातों प्रश्नों का क्रम से निर्णय देने के लिए योगेश्वर श्रीकृष्ण बोले-

श्रीकृष्ण ने कहा

अक्षरं ब्रह्म परमं स्वभावोऽध्यात्ममुच्यते।
भूतभावोद्भवकरो विसर्गः कर्मसञ्ज्ञितः ॥ 8.3 ॥
अधिभूतं क्षरो भावः पुरुषश्चाधिदैवतम्।
अधियज्ञोऽहमेवात्र देहे देहभृतां वर ॥ 8.4 ॥

भावार्थ– हे अर्जुन! परम अविनाशी तत्त्व को ब्रह्म कहते हैं (उसी से यह सारा ब्रह्माण्ड व्याप्त है)। ब्रह्म का ही अपना रूप जीवात्मा है- उसे अध्यात्म भी कहते हैं। प्राणीमात्र की एकता के भाव को उत्पन्न करने वाली त्याग-भावना और तदनुसार की गयी क्रिया को कर्म कहते हैं। अक्षर ब्रह्म का जो नाशवान् पदार्थ हैं उन्हें अधिभूत कहते हैं। ईश्वरीय शक्तियों (जैसे सूर्य, चन्द्र) को अधिदैव कहते हैं। प्राणियों में जो त्याग-भावना है उसे बनाए रखने का काम मैं (श्रीकृष्ण) करता हूँ इसलिए अधियज्ञ मैं ही हूँ।

टिप्पणी– 'अक्षरं ब्रह्म परमम्'- जो अक्षय है, जिसका क्षय नहीं होता, वही परम ब्रह्म है। 'स्वभावः अध्यात्मम् उच्यते'- स्वयं में स्थिर भाव ही अध्यात्म, अर्थात् आत्मा का आधिपत्य है। इससे पहले सभी माया के आधिपत्य में रहते हैं; किन्तु जब 'स्व'-भाव अर्थात् स्वरूप में स्थिरभाव (स्वयं में स्थिरभाव) मिल जाता है तो आत्मा का ही आधिपत्य उसमें प्रवाहित हो जाता है। यही अध्यात्म है, अध्यात्म की पराकाष्ठा है।

जब तक अक्षयभाव नहीं मिलता, तब तक नष्ट होनेवाले सम्पूर्ण क्षर भाव अधिभूत अर्थात् भौतिक चीज़ों के अधिष्ठान हैं। वही भौतिक चीज़ों की उत्पत्ति के कारण हैं। 'पुरुषः च अधिदैवतम्'- प्रकृति से परे जो परम पुरुष है, वही अधिदैव अर्थात् सम्पूर्ण देवों (दैवी सम्पद्) का अधिष्ठाता है। दैवी सम्पद् उसी परमदेव में विलीन हो जाती है। देहधारियों में श्रेष्ठ अर्जुन! इस मनुष्य-तन में मैं ही 'अधियज्ञ' हूँ, अर्थात् यज्ञों का अधिष्ठाता हूँ। अतः इसी शरीर में, अव्यक्त स्वरूप में स्थित महापुरुष ही अधियज्ञ है। श्रीकृष्ण एक योगी थे। जो सम्पूर्ण यज्ञों का भोक्ता है, अन्त में यज्ञ उसमें प्रवेश पा जाते हैं। वही परमस्वरूप मिल जाता है। इस प्रकार अर्जुन के छः प्रश्नों का समाधान हुआ।

अन्तकाले च मामेव स्मरन्मुक्त्वा कलेवरम् ।
यः प्रयाति स मद्भावं याति नास्त्यत्र संशयः ॥ 8.5 ॥

भावार्थ– जो मनुष्य जीवन के अन्तकाल में केवल मेरा स्मरण करते हुए शरीर का त्याग करता है, वह तुरन्त मेरे स्वभाव को प्राप्त करता है। इसमें तनिक भी सन्देह नहीं है।

टिप्पणी– शरीर का निधन शुद्ध अन्तकाल नहीं है। मरने के बाद भी शरीरों का क्रम पीछे लगा रहता है। संचित संस्कारों की सतह के मिट जाने के साथ ही मन का निरोध हो जाता है। और वह मन भी जब विलीन हो जाता है तो वहीं पर अन्तकाल है, जिसके बाद शरीर धारण नहीं करना पड़ता। यह क्रियात्मक है। केवल कहने से, वार्त्ताक्रम से समझ में नहीं आता। जब तक वस्त्रों की तरह शरीर का परिवर्तन हो रहा है, तब तक शरीरों का अन्त कहाँ हुआ?

यं यं वापि स्मरन्भावं त्यजत्यन्ते कलेवरम् ।
तं तमेवैति कौन्तेय सदा तद्भावभावितः ॥ 8.6 ॥

भावार्थ– हे कुन्तीपुत्र! शरीर त्यागते समय मनुष्य जिस-जिस भाव का स्मरण करता है, वह उस-उस भाव को निश्चित रूप से प्राप्त होता है।

टिप्पणी– मृत्यु के समय मनुष्य जिस-जिस भी भाव को स्मरण करता हुआ शरीर को त्यागता है, उस-उस को ही प्राप्त होता है। तब तो बड़ा सस्ता सौदा है, आजीवन मौज करें और मरने लगें तो भगवान का स्मरण कर लेंगे। किन्तु श्रीकृष्ण कहते हैं- ऐसा होता नहीं, 'सदा तद्भावभावितः'- उस ही भाव का चिन्तन कर पाता है, जैसा जीवन भर किया है। वही विचार बरबस आ जाता है जिसका जीवन भर अभ्यास किया गया है, अन्यथा नहीं हो पाता।

तस्मात्सर्वेषु कालेषु मामनुस्मर युध्य च ।
मय्यर्पितमनोबुद्धिर्मामेवैष्यस्यसंशयम् ॥ 8.7 ॥

भावार्थ– हे अर्जुन! इसलिए तू सब समय मेरा स्मरण कर और युद्ध भी कर। इस प्रकार अपने मन और बुद्धि को मुझे अर्पण करने से तू निस्सन्देह मुझको ही प्राप्त होगा।

टिप्पणी– इसलिए अर्जुन! तू हर समय मेरा स्मरण कर और युद्ध कर! मुझमें अर्पित मन और बुद्धि से युक्त होकर तू निस्सन्देह मुझे ही प्राप्त होगा। निरन्तर चिन्तन और युद्ध एकसाथ कैसे सम्भव है? हो सकता है कि निरन्तर

चिन्तन और युद्ध का यही स्वरूप हो कि 'जय कन्हैयालाल की', 'जय भगवान् की' कहते रहें और बाण चलाते रहें।

ईश्वर-स्मरण के लिए सब समय उपयुक्त है और उससे स्वधर्मपालन में सहारा मिलता है। ईश्वर-अर्पित कर्त्तव्य-पालन का ही संक्षिप्त नाम है 'मत्कर्म', अर्थात् 'मन में ब्रह्म, तन से कर्म'- यह इस अध्याय का मुख्य संदेश है और यही जीवन की कला है।

अभ्यासयोगयुक्तेन चेतसा नान्यगामिना।
परमं पुरुषं दिव्यं याति पार्थानुचिन्तयन्॥ 8.8॥

भावार्थ– हे पार्थ! जो मनुष्य अभ्यास योग से युक्त और अन्य का चिन्तन न करनेवाले चित्त से परम दिव्य पुरुष का चिन्तन करता हुआ शरीर छोड़ने वाला मनुष्य उसी को प्राप्त हो जाता है।

टिप्पणी– मेरे सिवाय दूसरी ओर न जानेवाले चित्त से निरन्तर चिन्तन करनेवाला परम प्रकाशस्वरूप दिव्यपुरुष, अर्थात् परमात्मा को प्राप्त होता है। मान लीजिये कि यह पत्थर भगवान है, तो इसके सिवाय अन्य किसी वस्तु का स्मरण नहीं आना चाहिए। इसके अगल-बगल आपको पेड़ दिखायी पड़ती है या अन्य कुछ भी, तो आपका स्मरण खण्डित हो जाता है। स्मरण जब इतना सूक्ष्म है कि इष्ट के अतिरिक्त दूसरी वस्तु का स्मरण भी न हो, मन में तरंगें भी न आयें। वस्तुतः जब आप चित्त को सब ओर से समेटकर अपने एक आराध्य के स्मरण में प्रवृत्त होंगे तो उस समय मायिक प्रवृत्तियाँ काम-क्रोध, राग-द्वेष बाधा के रूप में सामने प्रकट ही हैं। आप स्मरण करेंगे; किन्तु वे आपके अन्दर उद्वेग पैदा करेंगी, आपका मन स्मरण से चलायमान करना चाहेंगी।

कविं पुराणमनुशासितारमणोरणीयांसमनुस्मरेद्यः।
सर्वस्य धातारमचिन्त्यरूपमादित्यवर्णं तमसः परस्तात्॥ 8.9॥

भावार्थ– जो सर्वज्ञ, अनादि, सबपर शासन करने वाला, सूक्ष्म से अत्यन्त सूक्ष्म, सबका धारण-पोषण करनेवाला, अज्ञान से परे, सूर्य की तरह प्रकाशमान, अर्थात् ज्ञानस्वरूप- ऐसे अचिन्त्य स्वरूप का चिन्तन करता है।

प्रयाणकाले मनसाचलेन, भक्त्या युक्तो योगबलेन चैव।
भ्रुवोर्मध्ये प्राणमावेश्य सम्यक् स तं परं पुरुषमुपैति दिव्यम्॥ 8.10॥

भावार्थ– मृत्यु के समय जो व्यक्ति अपने प्राण को भौहों के मध्य स्थिर कर लेता है और योगबल के द्वारा अविचलित मन से पूर्णभक्ति के साथ परमेश्वर

के स्मरण में अपने को लगाता है, वह निश्चित रूप से भगवान् को प्राप्त होता है।

टिप्पणी– जो निरन्तर उस परमात्मा का स्मरण करता है, वह भक्तियुक्त पुरुष 'प्रयाणकाले'- मन के विलीन अवस्थाकाल में योगबल से, अर्थात् उसी नियत कर्म के आचरण द्वारा भृकुटी के मध्य में प्राण को भली प्रकार स्थापित करके (प्राण-अपान को भली प्रकार सम करके, न अन्दर से उद्वेग पैदा हो न बाह्य संकल्प कोई लेनेवाला हो, सत्-रज-तम भली प्रकार शान्त हों, सुरत इष्ट में ही स्थित हो, उस काल में) वह अचल मन, अर्थात् स्थिर बुद्धिवाला पुरुष उस दिव्यपुरुष परमात्मा को प्राप्त होता है। स्मरणीय है कि उसी एक परमात्मा की प्राप्ति का विधान योग है। उसके लिए नियत क्रिया का आचरण ही योगक्रिया है।

यदक्षरं वेदविदो वदन्ति विशन्ति यद्यतयो वीतरागाः।
यदिच्छन्तो ब्रह्मचर्यं चरन्ति तत्ते पदं संग्रहेण प्रवक्ष्ये ॥ 8.11 ॥

भावार्थ– जो वेदों के ज्ञाता हैं, जो ओंकार का उच्चारण करते हैं और जो संन्यास आश्रम के बड़े-बड़े मुनि हैं, वे ब्रह्म में प्रवेश करते हैं। ऐसी सिद्धि की इच्छा करनेवाले ब्रह्मचर्य व्रत का पालन करते हैं। मैं तुम्हें वह विधि बताऊँगा, जिससे कोई भी मनुष्य मुक्ति-लाभ कर सकता है।

सर्वद्वाराणि संयम्य मनो हृदि निरुध्य च।
मूर्ध्न्याधायात्मनः प्राणमास्थितो योगधारणाम् ॥ 8.12 ॥

भावार्थ– समस्त ऐन्द्रिय क्रियाओं से विरक्ति को योग की स्थिति कहा जाता है। इन्द्रियों के समस्त द्वारों को बन्द करके तथा मन को हृदय में और प्राणवायु को सिर पर केन्द्रित करके मनुष्य स्वयं को योग में स्थापित करता है।

टिप्पणी– सब इन्द्रियों के दरवाजों को रोककर, अर्थात् वासनाओं से अलग रहकर, मन को हृदय में स्थित करके (ध्यान हृदय में ही धरा जाता है, बाहर नहीं। पूजा बाहर नहीं होती), प्राण अर्थात् अन्तःकरण के व्यापार को मस्तिष्क में निरोधकर योग-धारणा में स्थित होकर (योग को धारण किये रहना है, दूसरा तरीका नहीं है)।

ओमित्येकाक्षरं ब्रह्म व्याहरन्मामनुस्मरन्।
यः प्रयाति त्यजन्देहं स याति परमां गतिम् ॥ 8.13 ॥

भावार्थ– इस योगाभ्यास में स्थित होकर तथा अक्षरों के परम संयोग यानि 'ॐ' इस एक अक्षर ब्रह्म का उच्चारण और मेरा स्मरण करता हुआ अपने शरीर का त्याग करता है, तो वह निश्चित रूप से परमगति को प्राप्त होता है।

टिप्पणी– श्रीकृष्ण एक योगेश्वर, परमतत्त्व में स्थित महापुरुष, सद्गुरु थे। योगेश्वर श्रीकृष्ण ने बताया कि 'ओम्' अक्षय ब्रह्म का परिचायक है, तू इसका जप कर और ध्यान मेरा कर। योगेश्वर ने 'कृष्ण-कृष्ण' जपने का निर्देश नहीं दिया लेकिन कालान्तर में भावुकों ने उनका भी नाम जपना आरम्भ कर दिया और अपनी श्रद्धा के अनुसार उसका फल भी पाते हैं। मनुष्य की श्रद्धा जहाँ टिक जाती है वहाँ भगवान् उसकी श्रद्धा को पुष्ट करते तथा फल का विधान भी करते हैं।

अनन्यचेताः सततं यो मां स्मरति नित्यशः ।
तस्याहं सुलभः पार्थ नित्ययुक्तस्य योगिनः ॥ 8.14 ॥

भावार्थ– हे पार्थ! जो मनुष्य मेरा अनन्यभाव से निरन्तर मेरा स्मरण करता है उसके लिए मैं सुलभ हूँ क्योंकि वह मेरी भक्ति में प्रवृत्त रहता है।

मामुपेत्य पुनर्जन्म दुःखालयमशाश्वतम् ।
नाप्नुवन्ति महात्मानः संसिद्धिं परमां गताः ॥ 8.15 ॥

भावार्थ– महात्मा लोग मुझे प्राप्त करके दुःखों और निरन्तर बदलने वाले पुनर्जन्म को प्राप्त नहीं होते क्योंकि उन्हें परम सिद्धि प्राप्त हो चुकी होती है।

भावार्थ– मुझे प्राप्त कर वे दुःखों के स्थानस्वरूप क्षणभंगुर पुनर्जन्म को प्राप्त नहीं होते, बल्कि परम सिद्धि को प्राप्त होते हैं, अर्थात् मुझे प्राप्त होना अथवा परम सिद्धि को प्राप्त होना एक ही बात है। केवल भगवान ही ऐसे हैं, जिन्हें पाकर उस पुरुष का पुनर्जन्म नहीं होता।

आब्रह्मभुवनाल्लोकाः पुनरावर्तिनोऽर्जुन ।
मामुपेत्य तु कौन्तेय पुनर्जन्म न विद्यते ॥ 8.16 ॥

भावार्थ– हे अर्जुन! ब्रह्मलोक तक सभी लोक पुनरावर्तीवाले है, अर्थात् वहाँ जाने पर पुनः लौटकर संसार में आना पड़ता है; किन्तु हे कुन्तीपुत्र! जो मेरे धाम को प्राप्त कर लेता है, वह फिर कभी जन्म नहीं लेता ।

टिप्पणी– धर्मग्रन्थों में लोक-लोकान्तरों की परिकल्पना ईश्वर-पथ की विभूतियों का बोध कराने के आन्तरिक अनुभव या रूपक मात्र हैं। अन्तरिक्ष में

न तो कोई ऐसी जगह है जहाँ कीड़े काटते हों और न ऐसा महल जिसे स्वर्ग कहा जाता हो। दैवी सम्पद् से युक्त पुरुष देवता और आसुरी सम्पद् से युक्त मनुष्य ही दानव हैं। श्रीकृष्ण के ही सगे-सम्बन्धी कंस राक्षस और बाणासुर दैत्य थे।

सहस्त्रयुगपर्यन्तमहर्यद्ब्रह्मणो विदुः ।
रात्रिं युगसहस्त्रान्तां तेऽहोरात्रविदो जनाः ॥ 8.17 ॥

भावार्थ– मानवीय गणना के अनुसार एक हजार युग मिलकर ब्रह्मा का एक दिन बनता है और इतनी ही बड़ी ब्रह्मा की रात्रि भी होती है। जो मनुष्य यह जानते है वे ब्रह्मा के दिन और रात को जानने वाले हैं।

अव्यक्ताद्व्यक्तयः सर्वाः प्रभवन्त्यहरागमे ।
रात्र्यागमे प्रलीयन्ते तत्रैवाव्यक्तसञ्ज्ञके ॥ 8.18 ॥

भावार्थ– ब्रह्मा के दिन के शुभारम्भ में सारे जीव अव्यक्त अवस्था से व्यक्त होते हैं और फिर जब रात्रि आती है तो वे पुनः अव्यक्त में विलीन हो जाते हैं।

टिप्पणी– ब्रह्मा के दिन के प्रवेशकाल में, अर्थात् विद्या (दैवी सम्पद्) के प्रवेश काल में सम्पूर्ण प्राणी अव्यक्त बुद्धि में जाग्रत हो जाते हैं और रात्रि के प्रवेश काल में उसी अव्यक्त, अदृश्य बुद्धि में जागृति के सूक्ष्म तत्त्व अचेत हो जाते हैं। वे प्राणी अविद्या की रात्रि में स्वरूप को स्पष्ट देख नहीं पाते; किन्तु उनका अस्तित्व रहता है। जाग्रत होने और अचेत होने का माध्यम यह बुद्धि है, जो सबमें अव्यक्त रहती है, दृष्टिगोचर नहीं है।

भूतग्रामः स एवायं भूत्वा प्रलीयते ।
रात्र्यागमेऽवशः पार्थ प्रभवत्यहरागमे ॥ 8.19 ॥

भावार्थ– जब-जब ब्रह्मा का दिन आता है तो सारे जीव प्रकट होते हैं और ब्रह्मा की रात्रि होते ही वे असहायवत् विलीन हो जाते हैं।

परस्तस्मात्तु भावोऽन्योऽव्यक्तोऽव्यक्तात्सनातनः ।
यः स सर्वेषु भूतेषु नश्यत्सु न विनश्यति ॥ 8.20 ॥

भावार्थ– इसके अतिरिक्त एक अन्य अव्यक्त प्रकृति है, जो शाश्वत है और इस व्यक्त तथा अव्यक्त पदार्थ से परे है। यह श्रेष्ठ और कभी नाश न होने वाली है। जब इस संसार का सबकुछ लय हो जाता है, तब भी उसका नाश नहीं होता।

अव्यक्तोऽक्षर इत्युक्तस्तमाहुः परमां गतिम्।
यं प्राप्य न निवर्तन्ते तद्धाम परमं मम॥ 8.21॥

भावार्थ– उसी को अव्यक्त और अक्षर कहा गया है तथा उसी को परमगति कहा गया है और जिसको प्राप्त होने पर जीव फिर लौटकर संसार में नहीं आते, वही मेरा परमधाम है।

टिप्पणी– उस सनातन अव्यक्त भाव को अक्षर, अर्थात् अविनाशी कहा जाता है। उसी को परमगति कहते हैं। वही मेरा परमधाम है, जिसे प्राप्त होकर मनुष्य पीछे नहीं आते, उनका पुनर्जन्म नहीं होता। इस सनातन अव्यक्त भाव की प्राप्ति का विधान बताते हैं–

पुरुषः स परः पार्थ भक्त्या लभ्यस्त्वनन्यया।
यस्यान्तःस्थानि भूतानि येन सर्वमिदं ततम्॥ 8.22॥

भावार्थ– हे अर्जुन! सम्पूर्ण प्राणी जिसके अन्तर्गत हैं और जिससे यह सम्पूर्ण संसार व्याप्त है, वह परम पुरुष परमात्मा तो अनन्य भक्ति द्वारा ही प्राप्त किये जा सकते हैं।

टिप्पणी– पार्थ! जिस परमात्मा के अन्तर्गत सम्पूर्ण भूत हैं, जिससे सम्पूर्ण जगत् व्याप्त है, सनातन अव्यक्त भाव वाला वह परमपुरुष अनन्य भक्ति से प्राप्त होने योग्य है। अनन्य भक्ति का तात्पर्य है कि परमात्मा के सिवाय अन्य किसी का स्मरण न करते हुए उनसे जुड़ जाये। अनन्य भाव से लगनेवाले पुरुष भी कब तक पुनर्जन्म की सीमा में हैं और कब वे पुनर्जन्म का अतिक्रमण कर जाते हैं?

यत्र काले त्वनावृत्तिमावृत्तिं चैव योगिनः।
प्रयाता यान्ति तं कालं वक्ष्यामि भरतर्षभ॥ 8.23॥

भावार्थ– हे अर्जुन! जिस काल में शरीर त्यागकर गये हुए योगीजन पुनर्जन्म को नहीं पाते और जिस काल में शरीर त्यागने पर पुनर्जन्म पाते हैं, मैं अब उस काल का वर्णन करता हूँ।

अग्निर्ज्योतिरहः शुक्लः षण्मासा उत्तरायणम्।
तत्र प्रयाता गच्छन्ति ब्रह्म ब्रह्मविदो जनाः॥ 8.24॥

भावार्थ– जो परब्रह्म के ज्ञाता हैं, वे अग्निदेव के प्रभाव में, प्रकाश में, दिन के शुभक्षण में, शुक्लपक्ष में या जब सूर्य उत्तरायण में रहता है, उन छह मासों में इस संसार से शरीर त्याग करने पर उस परब्रह्म को प्राप्त करते हैं।

धूमो रात्रिस्तथा कृष्णः षण्मासा दक्षिणायनम्।
तत्र चान्द्रमसं ज्योतिर्योगी प्राप्य निवर्तते ॥ 8.25 ॥

भावार्थ– जो योगी धुएँ, रात्रि, कृष्णपक्ष में या सूर्य के दक्षिणायन रहने के छह महीने में दिवंगत होता है, वह चन्द्रलोक को प्राप्त होकर लौट आता है, अर्थात् जन्म-मरण को प्राप्त होता है।

टिप्पणी– जिसके प्रयाणकाल में धुआँ फैला रहा हो, योगाग्नि हो (अग्नि यज्ञ-प्रक्रिया में पायी जानेवाली अग्नि का स्वरूप है।) किन्तु धुएँ से आच्छादित हो, अविद्या की रात्रि हो, अँधेरा हो, कृष्णपक्ष का चन्द्रमा क्षीण हो रहा हो, कालिमा का बाहुल्य हो, षड्विकारों (काम, क्रोध, लोभ, मोह, मद और मत्सर) से युक्त दक्षिणायन, अर्थात् बहिर्मुखी हो (जो परमात्मा के प्रवेश से अभी बाहर है।) उस योगी को पुनः जन्म लेना पड़ता है। तो क्या शरीर के साथ उस योगी की साधना नष्ट हो जाती है। इस पर योगेश्वर श्रीकृष्ण कहते हैं-

शुक्लकृष्णे गती ह्येते जगतः शाश्वते मते।
एकया यात्यनावृत्तिमन्ययावर्तते पुनः ॥ 8.26 ॥

भावार्थ– वैदिक मतानुसार इस संसार से प्रयाण करने के दो मार्ग हैं– एक प्रकाश का तथा दूसरा अन्धकार का। जब मनुष्य प्रकाश के मार्ग से जाता है तो वह वापस नहीं आता, किन्तु अन्धकार के मार्ग से जाने वाला पुनः लौटकर आता है।

टिप्पणी– उपर्युक्त शुक्ल और कृष्ण दोनों प्रकार की गतियाँ जगत् में शाश्वत हैं, अर्थात् साधन का कभी विनाश नहीं होता। एक (शुक्ल) अवस्था में प्रयाण करनेवाला पीछे न आनेवाली परमगति को प्राप्त होता है और दूसरी अवस्था में, जिसमें क्षीण प्रकाश तथा अभी कालिमा है ऐसी अवस्था को गया हुआ पीछे लौटता है, जन्म लेता है। जब तक पूर्ण प्रकाश नहीं मिलता, तब तक उसे भजन करना है।

नैते सृती पार्थ जानन्योगी मुह्यति कश्चन।
तस्मात्सर्वेषु कालेषु योगयुक्तो भवार्जुन ॥ 8.27 ॥

भावार्थ– हे पार्थ! इन दोनों मार्गों को जानने वाला कोई भी योगी मोहित नहीं होता। अतः हे अर्जुन! तुम भक्ति में सदैव स्थिर रहो।

टिप्पणी– हे पार्थ! इस प्रकार इन मार्गों को जानकर कोई भी योगी मोहित नहीं होता। वह जानता है कि पूर्ण प्रकाश पा लेने पर ब्रह्म को प्राप्त होगा और

क्षीण प्रकाश रहने पर भी पुनर्जन्म में साधन का नाश नहीं होता। दोनों गतियाँ शाश्वत हैं। अतः अर्जुन! तू सब काल में योग से युक्त हो, अर्थात् निरन्तर साधन कर।

वेदेषु यज्ञेषु तपःसु चैव दानेषु यत्पुण्यफलं प्रदिष्टम्।
अत्येति तत्सर्वमिदं विदित्वा योगी परं स्थानमुपैति चाद्यम्॥ 8.28॥

भावार्थ– जो योगी भक्तिमार्ग स्वीकार करता है, वह वेदाध्ययन, तपस्या, दान, दार्शनिक तथा सकार कर्म करने से प्राप्त होनेवाले फलों से वंचित नहीं होता। वह मात्र भक्ति सम्पन्न करके इन समस्त फलों की प्राप्ति करता है और अन्त में परमात्मा को प्राप्त हो जाता है।

टिप्पणी– इसको साक्षात्कार सहित जानकर (मानकर नहीं) योगी वेद, यज्ञ, तप और दान के पुण्यफलों का निस्सन्देह अतिक्रमण कर जाता है और सनातन परमपद को प्राप्त होता है। अविदित परमात्मा की साक्षात् जानकारी का नाम वेद है। वह अविदित तत्त्व जब विदित हो गया तो अब कौन किसे जाने? अतः विदित होने के पश्चात् वेदों से भी प्रयोजन समाप्त हो जाता है; क्योंकि जानने वाला भिन्न नहीं है। यज्ञ अर्थात् आराधना की नियत क्रिया आवश्यक थी; किन्तु जब वह तत्त्व विदित हो गया, तो किसके लिए भजन करें?

निष्कर्ष

इस अध्याय में पाँच प्रमुख बिन्दुओं पर विचार किया गया। जिनमें सर्वप्रथम अध्याय सात के अन्त में योगेश्वर श्रीकृष्ण द्वारा बीजारोपित प्रश्नों को स्पष्ट समझाने की जिज्ञासा से इस अध्याय के आरम्भ में अर्जुन ने सात प्रश्न किये कि- भगवन्! जिसे आपने कहा, वह ब्रह्म क्या है? वह अध्यात्मक क्या है? वह सम्पूर्ण कर्म क्या है? अधिदैव, अधिभूत और अधियज्ञ क्या है और अन्तकाल में आप किस प्रकार जानने में आते हैं कि कभी विस्मृत नहीं होते? योगेश्वर श्रीकृष्ण ने बताया कि जिसका विनाश नहीं होता, वही परब्रह्म है। स्वयं की उपलब्धिवाला परमभाव ही अध्यात्म है। जिससे जीव माया के आधिपत्य से निकलकर आत्मा के आधिपत्य में हो जाता है, वही अध्यात्म है और भौतिक चीज़ों के वे भाव जो शुभ अथवा अशुभ संस्कारों को उत्पन्न करते हैं उन भावों का रुक जाना, 'विसर्गः'- मिट जाना ही कर्म की सम्पूर्णता है। इसके आगे कर्म करने की आवश्यकता नहीं रह जाती। अतः कर्म कोई ऐसी वस्तु है, जो संस्कारों के उद्गम को ही मिटा देता है।

इसी प्रकार क्षरभाव अधिभूत हैं, अर्थात् नष्ट होनेवाले ही भौतिक चीज़ों को उत्पन्न करने में माध्यम हैं। वे ही भौतिक चीज़ों के अधिष्ठाता हैं। परमपुरुष ही अधिदैव है। उसमें दैवी सम्पद् विलीन होती है। इस शरीर में अधियज्ञ मैं ही हूँ, अर्थात् जिसमें यज्ञ विलय होते हैं वह मैं हूँ, यज्ञ का अधिष्ठाता हूँ। वह मेरे स्वरूप को ही प्राप्त होता है, अर्थात् श्रीकृष्ण एक योगी थे। अधियज्ञ कोई ऐसा पुरुष है जो इस शरीर में रहता है, बाहर नहीं। अन्तिम प्रश्न कि अन्त समय में आप किस प्रकार जानने में आते हैं? उन्होंने बताया कि जो मेरा निरन्तर स्मरण करते हैं, मेरे सिवाय किसी दूसरे विषय-वस्तु का चिन्तन नहीं आने देते और ऐसा करते हुए शरीर का सम्बन्ध त्याग देते हैं, वे मेरे साक्षात् स्वरूप को प्राप्त होते हैं, जिसे अन्त में भी वही प्राप्त रहता है।

इस प्राप्ति के लिए उन्होंने स्मरण का विधान बताया- अर्जुन! निरन्तर मेरा स्मरण कर और युद्ध कर। दोनों एक साथ कैसे सम्भव है, कदाचित् ऐसा हो कि 'जय गोपाल, हे कृष्ण' कहते रहें, लाठी भी चलाते रहें। स्मरण का स्वरूप स्पष्ट किया कि योग-धारणा में स्थिर रहते हुए, मेरे सिवाय अन्य किसी भी वस्तु का स्मरण न करते हुए निरन्तर स्मरण किया जा सकता है। यही है श्रीकृष्ण का सन्देश।

ॐ तत्सत्

अध्याय - 9

राजविद्या गुह्य योग

अध्याय छः तक योगेश्वर श्रीकृष्ण ने योग का क्रमबद्ध विश्लेषण किया, जिसका शुद्ध अर्थ है यज्ञ की प्रक्रिया। यज्ञ उस परम में प्रवेश दिला देने वाली आराधना की विधि-विशेष का चित्रण है, जिसमें चराचर जगत् हवन-सामग्री के रूप में है। मन के निरोध और निरुद्ध मन के भी विलयकाल में वह अमृत-तत्त्व विदित हो जाता है। पूर्तिकाल में यज्ञ जिसकी सृष्टि करता है, उसको पान करने वाला ज्ञानी है और वह सनातन ब्रह्म में प्रवेश पा जाता है। उस मिलन का नाम ही योग है। उस यज्ञ को कार्यरूप देना कर्म कहलाता है। सातवें अध्याय में उन्होंने बताया कि इस कर्म को करने वाले व्याप्त ब्रह्म, सम्पूर्ण कर्म, सम्पूर्ण अध्यात्म, सम्पूर्ण अधिदैव, अधिभूत और अधियज्ञ सहित मुझको जानते हैं। आठवें अध्याय में उन्होंने कहा कि यही परमगति है, यही परमधाम है।

प्रस्तुत अध्याय में योगेश्वर श्रीकृष्ण ने स्वयं चर्चा की कि योगयुक्त पुरुष का ऐश्वर्य कैसा है? सबमें व्याप्त रहने पर भी वह कैसे निर्लेप है? करते हुए भी वह कैसे अकर्त्ता है? उस पुरुष के स्वभाव एवं प्रभाव पर प्रकाश डाला, योग को आचरण में ढालने पर आने वाले देवतादिक विघ्नों से सतर्क किया और उस पुरुष की शरण होने पर बल दिया।

सरल भाषा में इसका आशय यह है कि इस अध्याय में उच्च कोटि का ज्ञान और उसको आचरण में लाने की विधि-दोनों का समावेश है। वास्तव में इस अध्याय में अनेक महत्त्वपूर्ण संदेश हैं, जैसे मानव का अपमान अज्ञानी की पहचान है, प्राणीमात्र में ईश्वर का दर्शन ज्ञानी और भक्त की पहचान है, दुराचारी के सुधार की आशा मानव के प्रति प्रेम का ही अंग है, कर्मों का ईश्वर-समर्पण

अहंकार से मुक्ति की विधि है, आदि। अध्याय के अन्तिम श्लोक में भगवान् ने (गीता के) उपदेश का पंचसूत्री सार भी बतला दिया है (क्योंकि वह श्लोक गीता का मध्य बिन्दु है)।

श्री भगवान् ने कहा

इदं तु ते गुह्यतमं प्रवक्ष्याम्यनसूयवे ।
ज्ञानं विज्ञानसहितं यज्ज्ञात्वा मोक्ष्यसेऽशुभात् ॥ 9.1 ॥

भावार्थ– हे अर्जुन! यह अत्यन्त गोपनीय विज्ञान सहित ज्ञानदोष दृष्टिरहित तेरे लिए मैं फिर अच्छी तरह से कहूँगा, जिसे जानकर तुम जन्म-मरण रूपी संसार से मुक्त हो जायेगा।

राजविद्या राजगुह्यं पवित्रमिदमुत्तमम् ।
प्रत्यक्षावगमं धर्म्यं सुसुखं कर्तुमव्ययम् ॥ 9.2 ॥

भावार्थ– हे अर्जुन! जो विज्ञान सहित ज्ञान मैं तुझे बतला रहा हूँ वह सम्पूर्ण विद्याओं का राजा और सम्पूर्ण गोपनीयों का राजा है, उत्तम है, पवित्र है, धर्म के अनुकूल है, अविनाशी है और साधन करने में सुगम है, अर्थात् इसको प्राप्त करना बहुत सुगम है।

टिप्पणी–'राज विद्या राज गुह्य' के कई अर्थ हो सकते हैं-तात्पर्य यह है कि यह ज्ञान-विज्ञान बहुत उच्च कोटि का है। यह अति पवित्र, उत्तम और प्रत्यक्ष फलवाला है। 'इधर करो, उधर लो'- ऐसा प्रत्यक्ष फलवाला है। यह अन्धविश्वास नहीं है कि इस जन्म में साधन करो, फल कभी दूसरे जन्म में मिलेगा। यह परमधर्म परमात्मा से संयुक्त है। विज्ञान सहित यह ज्ञान करने में सरल और अविनाशी है।

अश्रद्दधानाः पुरुषा धर्मस्यास्य परन्तप ।
अप्राप्य मां निवर्तन्ते मृत्युसंसारवर्त्मनि ॥ 9.3 ॥

भावार्थ– हे परंतप! इस धर्म की महिमा पर श्रद्धा न रखनेवाले मनुष्य मुझे प्राप्त न होकर मृत्युरूपी संसार के मार्ग में लौटते रहते हैं, अर्थात् बार-बार जन्मते-मरते रहते हैं।

टिप्पणी– इस धर्म में (जिसका थोड़ा भी साधन करने पर विनाश नहीं होता) श्रद्धारहित पुरुष (एक इष्ट में मन को केन्द्रित न रखनेवाला पुरुष) मुझे न प्राप्त होकर संसार-क्षेत्र में भ्रमण करता ही रहता है। अतः श्रद्धा अनिवार्य है। क्या आप संसार से परे हैं?

ईश्वर, प्रकृति और जीव

मया ततमिदं सर्वं जगदव्यक्तमूर्तिना।
मत्स्थानि सर्वभूतानि न चाहं तेष्ववस्थितः॥ 9.4॥

भावार्थ– यह सम्पूर्ण जगत् मेरे अव्यक्त रूप द्वारा व्याप्त है। समस्त जीव मुझमें स्थित हैं, किन्तु मैं उनमें स्थित नहीं हूँ।

टिप्पणी– मेरा मूल रूप अव्यक्त है (जिसे नेत्रों से देख नहीं सकते) और मैं सारे विश्व में व्याप्त हूँ (अर्थात् मैं ही सबकुछ हूँ)। सारे प्राणी मुझमें समाते हैं किन्तु वे सब मिलकर भी मुझे नहीं समा सकते (क्योंकि मैं अनन्त हूँ)। मुझ अव्यक्त स्वरूप से यह सब जगत् व्याप्त है, अर्थात् मैं जिस स्वरूप में स्थित हूँ, वह र्स्वत्र व्याप्त है। सभी प्राणी मुझमें स्थान पाये हैं किन्तु मैं उनमें स्थित नहीं हूँ; क्योंकि मैं अव्यक्त स्वरूप में स्थित हूँ। महापुरुष जिस अव्यक्त स्वरूप में स्थित हैं, वहीं से (शरीर छोड़कर उसी अव्यक्त स्तर से ही) बात करते हैं।

न च मत्स्थानि भूतानि पश्य मे योगमैश्वरम्।
भूतभृन्न च भूतस्थो ममात्मा भूतभावनः॥ 9.5॥

भावार्थ– तथापि मेरे द्वारा उत्पन्न सारी वस्तुएँ मुझमें स्थित नहीं रहती। यद्यपि मैं सब प्राणियों को उत्पन्न करता हूँ और उनका भरण-पोषण करता हूँ फिर भी मेरा स्वरूप उन प्राणियों में स्थित नहीं है।

टिप्पणी– वस्तुतः सब भूत भी मुझमें स्थित नहीं हैं क्योंकि वे मरणधर्मा हैं, प्रकृति के आश्रित हैं; किन्तु मेरी योगमाया के ऐश्वर्य को देख कि जीवधारियों को उत्पन्न और पोषण करने वाली मेरी आत्मा भौतिक चीज़ों में स्थित नहीं है। मैं आत्मस्वरूप हूँ, इसलिए मैं उन भौतिक चीज़ों में स्थित नहीं हूँ। यही योग का प्रभाव है।

यथाकाशस्थितो नित्यं वायुः सर्वत्रगो महान्।
तथा सर्वाणि भूतानि मत्स्थानीत्युपधारय॥ 9.6॥

भावार्थ– हे अर्जुन! सब जगह विचरने वाली महान् वायु नित्य ही आकाश में स्थित रहती है। इसी प्रकार प्राणियों का समुदाय चाहे जितना विशाल हो, वह मुझसे ही उत्पन्न होता है और मुझमें ही स्थित रहता है।

टिप्पणी– जैसे आकाश से ही उत्पन्न होनेवाले महान् वायु आकाश में सदैव स्थित है किन्तु उसे मलिन नहीं कर पाता, ठीक वैसे ही सम्पूर्ण भौतिक चीज़ें

मुझमें स्थित हैं, ऐसा समझ। ठीक इसी प्रकार मैं आकाशवत् निर्लेप हूँ। वे मुझे मलिन नहीं कर पाते।

सर्वभूतानि कौन्तेय प्रकृतिं यान्ति मामिकाम्।
कल्पक्षये पुनस्तानि कल्पादौ विसृजाम्यहम्॥ 9.7 ॥

भावार्थ– हे कुन्तीपुत्र! कल्प का अन्त होने पर सारे प्राणी मेरी प्रकृति में प्रवेश करते हैं और अन्य कल्प के आरम्भ होने पर मैं फिर उन्हें अपनी शक्ति से पुनः उत्पन्न करता हूँ।

टिप्पणी– कल्प के विलयकाल में सब 'भूत'- प्राणी मेरी प्रकृति, अर्थात् मेरे स्वभाव को प्राप्त होते हैं और कल्प के प्रारम्भ में मैं उनको बार-बार 'विसृजामि'- विशेष रूप से सृजन करता हूँ। थे तो वे पहले से किन्तु विकृत थे, उन्हीं को रचता हूँ, सजाता हूँ। जो अचेत हैं उन्हें जाग्रत करता हूँ, कल्प के लिए प्रेरित करता हूँ। कल्प का तात्पर्य है उत्थानोन्मुख परिवर्तन। आसुरी सम्पद् से निकलकर जैसे-जैसे पुरुष दैवी सम्पद् में प्रवेश पाता है, यहीं से कल्प का आरम्भ है और जब ईश्वरभाव को प्राप्त हो जाता है, वहीं कल्प का क्षय है। अपना कर्म पूरा करके कल्प भी विलीन हो जाता है। भजन का आरम्भ कल्प का आदि है और भजन की पराकाष्ठा, जहाँ लक्ष्य विदित होता है, कल्प का अन्त है।

प्रकृतिं स्वामवष्टभ्य विसृजामि पुनः पुनः।
भूतग्राममिमं कृत्स्नमवशं प्रकृतेर्वशात्॥ 9.8 ॥

भावार्थ– सम्पूर्ण विराट जगत मेरे अधीन है। इस सम्पूर्ण प्राणि समुदाय की कल्पों के आदि में मैं अपनी प्रकृति को वश में करके बार-बार उत्पत्ति करता हूँ।

न च मां तानि कर्माणि निबध्नन्ति धनंजय।
उदासीनवदासीनमसक्तं तेषु कर्मसु॥ 9.9 ॥

भावार्थ– हे धनंजय! यद्यपि मैं प्राणियों की उत्पत्ति आदि अनेक कर्म करता हूँ, फिर भी मैं कर्म-बन्धन से मुक्त रहता हूँ क्योंकि मेरे कर्म उदासीन की भाँति बिना पक्षपात के और बिना आसक्ति के होते हैं।

मयाध्यक्षेण प्रकृतिः सूयते सचराचरम्।
हेतुनानेन कौन्तेय जगद्विपरिवर्तते॥ 9.10 ॥

भावार्थ– हे अर्जुन! प्रकृति मेरी अध्यक्षता में चराचर सहित सम्पूर्ण जगत की रचना करती है। प्रकृति के गुणों के प्रभाव से यह संसार-चक्र घूमता रहता है।

अज्ञानी की पहचान- मानव का अपमान

अवजानन्ति मां मूढा मानुषीं तनुमाश्रितम्।
परं भावमजानन्तो मम भूतमहेश्वरम् ॥ 9.11 ॥

भावार्थ– मूर्ख लोग मेरे सम्पूर्ण प्राणियों के महान् ईश्वर रूप श्रेष्ठ भाव को जानते हुए मुझे मनुष्य शरीर के आश्रित मानकर, अर्थात् साधारण मनुष्य मानकर मेरा उपहास करते हैं।

टिप्पणी– मैं ब्रह्माण्ड में हूँ और पिण्ड में भी हूँ, मैं सब प्राणियों का महेश्वर हूँ और प्रत्येक प्राणी के शरीर में भी हूँ किन्तु अज्ञानी (मूढ़) लोग इस रहस्य को नहीं समझते और मानव का अपमान करते हैं (और परोक्षरूप से यह मेरा ही अपमान है)। सम्पूर्ण चीज़ों के महान् ईश्वररूप मेरे परमभाव को न जाननेवाले मूढ़ लोग मुझे मनुष्य-शरीर के आधार वाला और तुच्छ समझते हैं। सम्पूर्ण प्राणियों के ईश्वरों का भी जो महान् ईश्वर है, उस परमभाव में मैं स्थित हूँ; किन्तु हूँ मनुष्य-शरीरधारी, मूढ़ लोग इसे नहीं जानते। वे मुझे मनुष्य कहकर सम्बोधित करते हैं। उनका दोष भी क्या है? जब वे दृष्टिपात करते हैं तो महापुरुष का शरीर ही तो दिखायी पड़ता है। कैसे वे समझें कि आप महान् ईश्वरभाव में स्थित हैं? वे क्यों नहीं देख पाते?

मोघाशा मोघकर्माणो मोघज्ञाना विचेतसः।
राक्षसीमासुरीं चैव प्रकृतिं मोहिनीं श्रिताः ॥ 9.12 ॥

भावार्थ– हे अर्जुन! जो आसुरी, राक्षसी और मोहिनी प्रकृति का ही आश्रय लेते हैं, ऐसे अविवेकी मनुष्यों की सब आशाएँ व्यर्थ होती हैं, सब शुभ कर्म व्यर्थ होते हैं तथा सब ज्ञान व्यर्थ होते हैं, अर्थात् आशाएँ, कर्म और ज्ञान सत्फल देने वाले नहीं होते।

टिप्पणी– असुर और राक्षस मन का एक स्वभाव है, न कि कोई जाति या योनि। आसुरी स्वभाव वाले मुझे नहीं जान पाते; किन्तु महात्माजन मुझे जानते है और मेरा भजन करते हैं।

महात्मानस्तु मां पार्थ दैवीं प्रकृतिमाश्रिताः।
भजन्त्यनन्यमनसो ज्ञात्वा भूतादिमव्ययम् ॥ 9.13 ॥

भावार्थ– हे पार्थ, दैवी प्रकृति के आश्रित अन्नय मन वाले महात्मा लोग मुझे सम्पूर्ण प्राणियों का आदि और अविनाशी समझकर मेरा भजन करते हैं।

टिप्पणी– हे पार्थ! मोहमुक्त महात्माजन दैवी प्रकृति के संरक्षण में रहते हैं। वे पूर्णतः भक्ति में निमग्न रहते हैं क्योंकि वे मुझे आदि तथा अविनाशी भगवान् के रूप में जानते हैं। दैवी सम्पद् के आश्रित हुए महात्माजन मुझे सब भौतिक चीज़ों का आदिकारण, अव्यक्त और अक्षर जानकर अनन्य मन से, अर्थात् मन के अन्तराल में किसी अन्य को स्थान न देकर केवल मुझमें श्रद्धा रखकर निरन्तर मुझे भजते हैं।

सततं कीर्तयन्तो मां यतन्तश्च दृढव्रताः ॥
नमस्यन्तश्च मां भक्त्या नित्ययुक्ता उपासते ॥ 9.14 ॥

भावार्थ– नित्य-निरन्तर मुझमें लगे हुए मनुष्य मेरी महिमा का नित्य कीर्तन करते हुए दृढसंकल्प के साथ प्रयास करते हुए, मुझे नमस्कार करते हुए, भक्तिभाव से निरन्तर मेरी पूजा करते हैं।

टिप्पणी– दैवी प्रकृति वाले लोगों में वही गुण होते है जिनको मैंने भक्तों की पहचान के नाम से सातवें अध्याय में बतलाया था- सत्कर्म एवं उदार भाव। वे सत्कर्म के लिए लगातार यत्न करते हैं और उदार भाव को दृढ़तापूर्वक ग्रहण किये रहते हैं। साथ ही उनका मन सामूहिक रूप से मेरे गुणगान में लगता है और सब प्राणियों में स्थित मुझको वे नमस्कार भी करते हैं (अर्थात् समाज में परस्पर-भाव को वे बढ़ावा देते हैं)। वे निरन्तर चिन्तन के व्रत में अचल रहते हुए मेरे नाम और गुणों का चिन्तन करते हैं, प्राप्ति के यत्न करते हैं और मुझे बारम्बार नमस्कार करते हुए सदैव मुझसे संयुक्त होकर अनन्य भक्ति से मेरी उपासना करते हैं। अविरल लगे रहते हैं।

ज्ञानी की पहचान- सबमें ईश्वर का दर्शन

ज्ञानयज्ञेन चाप्यन्ये यजन्तो मामुपासते ।
एकत्वेन पृथक्त्वेन बहुधा विश्वतोमुखम् ॥ 9.15 ॥

भावार्थ– हे अर्जुन! दूसरे साधक ज्ञान यज्ञ के द्वारा एकीभाव से मेरा पूजन करते हुए मेरी उपासना करते हैं और दूसरे भी कई साधक स्वयं को पृथक् मानकर संसार को मेरा विराट्रूप मानकर सेवक भाव से मेरी विभिन्न प्रकार से उपासना करते हैं।

अहं क्रतुरहं यज्ञः स्वधाहमहमौषधम् ।
मन्त्रोऽहमहमेवाज्यमहमग्निरहं हुतम् ॥ 9.16 ॥

भावार्थ– हे अर्जुन! ज्ञानी लोग यह जानते हैं कि- मैं ही यज्ञ हूँ, स्वधा मैं हूँ, मैं ही औषध हूँ, मैं ही सामग्री हूँ, मैं ही मंत्र हूँ, मैं ही घी हूँ, मैं ही अग्नि हूँ, मैं ही आहूति हूँ।

टिप्पणी– श्रीकृष्ण कहते हैं कि कर्त्ता मैं हूँ। वस्तुतः कर्त्ता के पीछे प्रेरक के रूप में सदैव संचालित करने वाला इष्ट ही है। कर्त्ता द्वारा जो पार लगता है, मेरी देन है। यज्ञ मैं हूँ। यज्ञ आराधना की विधि-विशेष है। पूर्तिकाल में यज्ञ जिसका सृजन करता है, उस अमृत को पान करनेवाला पुरुष सनातन ब्रह्म में प्रवेश पा जाता है। स्वधा मैं हूँ, अर्थात् अतीत के अनन्त संस्कारों को विलय करना, उन्हें तृप्त कर देना मेरी देन है। भवरोग को मिटाने वाली औषधि मैं हूँ। मुझे पाकर लोग इस रोग से निवृत्त हो जाते हैं। मन्त्र मैं हूँ। मन को श्वास के अन्तराल में निरोध करना मेरी देन है। मेरे ही प्रकाश में मन की सभी प्रवृत्तियाँ विलीन होती हैं। हवन अर्थात् समर्पण भी मैं ही हूँ।

पिताहमस्य जगतो माता धाता पितामहः ।
वेद्यं पवित्रमोंकार ऋक्साम यजुरेव च ॥ 9.17 ॥

भावार्थ– मैं इस ब्रह्माण्ड का पिता, माता, आश्रय तथा पितामह हूँ। मैं जानने योग्य पवित्र ओंकार, ऋग्वेद, सामवेद तथा यजुर्वेद भी मैं ही हूँ।

टिप्पणी– मैं ही सम्पूर्ण जगत् का 'धाता', अर्थात् धारण करनेवाला, 'पिता' अर्थात् पालन करने वाला, 'माता' अर्थात् उत्पन्न करने वाला, 'पितामहः' अर्थात् मूल उद्गम हूँ, जिसमें सभी प्रवेश पाते हैं और जानने योग्य पवित्र ओंकार, अर्थात् 'अहं आकार इति ओंकारः'- वह परमात्मा मेरे स्वरूप में है। 'सोऽहं, तत्त्वमसि' इत्यादि एक-दूसरे के पर्याय हैं, ऐसा जानने योग्य स्वरूप मैं ही हूँ। 'ऋक्' अर्थात् सम्पूर्ण प्रार्थना, 'साम', अर्थात् समत्व दिलानेवाली प्रक्रिया, 'यजुः', अर्थात् यजन की विधि-विशेष भी मैं ही हूँ। योग-अनुष्ठान के उक्त तीनों आवश्यक अंग मुझसे होते हैं।

[**समीक्षात्मक टिप्पणी–** चूँकि वेद कर्मकाण्ड प्रधान धार्मिक ग्रन्थ है इसलिए गीता में वेदों की कई जगहों पर आलोचना हुई है। उपर्युक्त श्लोक में विभिन्न वेदों की चर्चा विज्ञ पाठकों को संशय में डालता है। एक तरफ तो श्रीकृष्ण वेदों की आलोचना करते हैं और दूसरी तरफ उसकी प्रशंसा भी। यह विरोधाभास से भरा श्लोक है। यहाँ यही कहा जा सकता है कि वेदों की पूर्णरूपेण स्वीकृति पर प्रश्नवाचक चिन्ह नहीं लगे शायद इसीलिए पण्डितों ने यहाँ पर वेदों की चर्चा कर दी है। श्रीकृष्ण का स्थान वेदों से काफी ऊपर है।]

गतिर्भर्ता प्रभुः साक्षी निवासः शरणं सुहृत्।
प्रभवः प्रलयः स्थानं निधानं बीजमव्ययम्॥ 9.18॥

भावार्थ– मैं ही परमगति, पालनकर्त्ता, स्वामी, साक्षी, धाम, शरणस्थली तथा अत्यन्त प्रिय मित्र हूँ। मैं सृष्टि तथा प्रलय, सबका आधार, आश्रय तथा अविनाशी बीज भी हूँ।

टिप्पणी– मैं ही परमगति हूँ, मैं ही भरण-पोषण करने वाला हूँ, मैं ही सबका स्वामी तथा शुभाशुभ का फल देने वाला पक्षपात-रहित साक्षी हूँ, मैं ही सबका वास्तविक निवास तथा शरण हूँ, मैं ही सबका हितकारी सुहृद हूँ, मैं ही संसार की उत्पत्ति-विनाश-स्थिति हूँ, मैं ही सबका आधार और अविनाशी कारण हूँ। 'गतिः' अर्थात् प्राप्त होने योग्य परमगति, 'भर्ता'- भरण-पोषण करनेवाला, सबका स्वामी, 'साक्षी' अर्थात् द्रष्टा-रूप में स्थित सबको जाननेवाला, सबका वासस्थान, शरण लेने योग्य, अकारण प्रेमी मित्र, उत्पत्ति और प्रलय अर्थात् शुभाशुभ संस्कारों का विलय तथा अविनाशी कारण मैं ही हूँ, अर्थात् अन्त में जिनमें प्रवेश मिलता है, वे सारी विभूतियाँ मैं ही हूँ।

तपाम्यहमहं वर्षं निगृह्णाम्युत्सृजामि च।
अमृतं चैव मृत्युश्च सदसच्चाहमर्जुन॥ 9.19॥

भावार्थ– हे अर्जुन! संसार के हित के लिए मैं ही सूर्यरूप से तपता हूँ, मैं ही जल को ग्रहण करता हूँ और फिर उस जल को मैं ही वर्षा रूप से बरसा देता हूँ, अमृत और मृत्यु दोनों मैं हूँ और इसी प्रकार सत् और असत् दोनों मैं हूँ।

टिप्पणी– मैं सूर्यरूप से तपता हूँ, वर्षा को आकर्षित करता हूँ और उसे बरसाता हूँ। मृत्यु से परे अमृत-तत्त्व तथा मृत्यु, सत् और असत् सबकुछ मैं ही हूँ, अर्थात् जो परम प्रकाश प्रदान करता है, वह सूर्य मैं ही हूँ। कभी-कभी भजनेवाले मुझे असत् भी मान बैठते हैं, वे मृत्यु को प्राप्त होते हैं।

स्वर्ग की कामना– निष्काम-भाव के विरुद्ध

त्रैविद्या मां सोमपाः पूतपापा-
यज्ञैरिष्ट्वा स्वर्गतिं प्रार्थयन्ते।
ते पुण्यमासाद्य सुरेन्द्रलोक-
मश्नन्ति दिव्यान्दिवि देवभोगान्॥ 9.20॥

भावार्थ– हे अर्जुन! तीनों वेदों में कहे हुए सकाम अनुष्ठान को करनेवाले, सोमरस का पान करनेवाले, यज्ञों द्वारा पाप-रहित होकर स्वर्ग की कामना करते

हैं। पवित्र इन्द्रलोक (स्वर्ग) पहुँचकर वे अपने पुण्य कर्मों के फलस्वरूप देवताओं की भाँति भोग भोगते हैं।

[**समीक्षात्मक टिप्पणी–** चूँकि श्रीकृष्ण परब्रह्म हैं इसलिए न उनके समतुल्य और न उनके ऊपर किसी का स्थान बनता है। फिर इस श्लोक में इन्द्र की बात करना कहीं से उचित प्रतीत नहीं होता है। इन्द्र तो एक ऋग्वैदिक देवता हैं। वेदों में भी इन्द्र को परब्रह्म का स्थान प्राप्त नहीं है। अतः शायद ब्राह्मणों ने इन्द्र का स्थान ऊँचा दिखाने के लिए ऐसा किया होगा। प्राचीनकाल में ब्राह्मणों ने विभिन्न देवी-देवताओं को अपनी समझ के अनुसार ऊँचा या नीचा दिखाने के लिए हमेशा संघर्ष किया। जो जिस देवी-देवता के भक्त थे उसी को ऊँचा दिखाने का प्रयास किया करते थे। ठीक वैसे ही जैसे आज के विद्यार्थी अपने प्रिय शिक्षकों को ऊँचा दिखाने का प्रयास किया करते हैं।]

ते तं भुक्त्वा स्वर्गलोकं विशालं-
क्षीणे पुण्ये मर्त्यलोकं विशन्ति ।
एवं त्रयीधर्ममनुप्रपन्ना-
गतागतं कामकामा लभन्ते ॥ 9.21 ॥

भावार्थ– हे अर्जुन! वे उस विशाल स्वर्गलोक के भोगों को भोगकर पुण्य क्षीण होने पर वापस इसी संसार में आ जाते हैं। इस प्रकार कर्मकाण्ड का मार्ग, कामनाओं का मार्ग, संसार चक्र में भटकते रहने का ही मार्ग है।

टिप्पणी– इस प्रकार जब वे (उपासक) विस्तृत स्वर्गिक इन्द्रियसुख को भोग लेते हैं और उनके पुण्यकर्मों के फल क्षीण हो जाते हैं तो वे इस मृत्युलोक में पुनः लौट आते हैं। इस प्रकार जो तीनों वेदों के सिद्धान्तों में दृढ रहकर इन्द्रिय सुख की खोज करते हैं, उन्हें जन्म-मृत्यु के चक्र से जुड़े रहना पड़ता है। वे उस विशाल स्वर्ग को भोगकर पुण्य क्षीण होने पर मृत्युलोक, अर्थात् जन्म-मृत्यु को प्राप्त होते हैं। पुनर्जन्म तो होता है किन्तु उनका मूल नाश कभी नहीं होता; क्योंकि इस पथ में बीज का नाश नहीं है। किन्तु जो किसी प्रकार की कामना नहीं करते, उन्हें क्या मिलता है?

[**समीक्षात्मक टिप्पणी–** गीता में स्वर्गलोक की बात को बाद में ब्राह्मणों ने अपनी ओर से जोड़ दिया है। गीता के अन्तर्गत स्वर्ग-नरक की बात निरर्थक है क्योंकि गीता के उपदेशों से यह मेल नहीं खाता है। गीता नरक और स्वर्ग में विश्वास ही नहीं करती।]

अनन्याश्चिन्तयन्तो मां ये जनाः पर्युपासते ।
तेषां नित्याभियुक्तानां योगक्षेमं वहाम्यहम् ॥ 9.22 ॥

भावार्थ– जो लोग अनन्यभाव से मेरे दिव्यस्वरूप का ध्यान करते हुए निरन्तर मेरी उपासना करते हैं, उनकी जो आवश्यकताएँ होती हैं, उन्हें मैं पूरा करता हूँ और जो कुछ उनके पास है, उसकी रक्षा करता हूँ ।

टिप्पणी– अनन्यभाव से मुझमें स्थित भक्तजन मुझ परमात्मस्वरूप का निरन्तर चिन्तर करते हैं, 'पर्युपासते'- लेशमात्र भी त्रुटि न रखकर मेरी उपासना करते हैं। उन नित्य एकीभाव से संयुक्त हुए पुरुषों का योगक्षेम मैं स्वयं वहन करता हूँ, अर्थात् उनके योग की सुरक्षा की सारी जिम्मेदारी मैं अपने हाथ में लेता हूँ। इतना होने पर भी लोग अन्य देवताओं को भजते हैं। योग का अर्थ है- जो प्राप्त न हो उसे प्राप्त करना। क्षेम का अर्थ है- प्राप्त हो जाने पर उसे सम्भाल कर रखना।

देवताओं की भक्ति– ज्ञान-विज्ञान की दृष्टि से अपूर्ण

येऽप्यन्यदेवता भक्ता यजन्ते श्रद्धयान्विताः ।
तेऽपि मामेव कौन्तेय यजन्त्यविधिपूर्वकम् ॥ 9.23 ॥

भावार्थ– हे कुन्तीपुत्र! जो लोग अन्य देवताओं के भक्त हैं और उनकी श्रद्धापूर्वक पूजा करते हैं, वास्तव में वे भी मेरी ही पूजा करते हैं, किन्तु वे यह अविधिपूर्वक, अर्थात् देवताओं को मुझसे अलग मानते हुए करते हैं।

टिप्पणी– कामनाओं द्वारा जिनका ज्ञान क्षीण या विकृत हो गया है, ऐसे मूढ़बुद्धि पुरुष अन्य देवताओं की पूजा करते हैं। जहाँ वे पूजा करते हैं, वहाँ देवता नाम की सक्षम सत्ता भी नहीं होती है। पीपल, पत्थर, भूत, भवानी अथवा अन्यत्र जहाँ उनकी श्रद्धा झुक जाती है, वहाँ कोई देवता नहीं है। मैं ही सर्वत्र हूँ। उस स्थान पर मैं ही खड़ा होकर उनकी देवश्रद्धा को उन स्थानों पर स्वीकार करता हूँ। उनका फल नाशवान है। आज है तो कल भोगने में आ जायेगा, नष्ट हो जायेगा, जबकि मेरे भक्त का कुछ भी नष्ट नहीं होता। अतः वे मूढ़बुद्धि जिनके ज्ञान में काफी त्रुटि है, वही अन्य देवताओं की पूजा करते हैं।

अहं हि सर्वयज्ञानां भोक्ता च प्रभुरेव च ।
न तु मामभिजानन्ति तत्त्वेनातश्च्यवन्ति ते ॥ 9.24 ॥

भावार्थ– क्योंकि सम्पूर्ण यज्ञों का एकमात्र भोक्ता तथा स्वामी मैं ही हूँ, अतः जो लोग मेरे वास्तविक दिव्य स्वभाव को नहीं पहचान पाते, वे नीचे गिर जाते हैं।

टिप्पणी– देव पूजा करनेवाले लोग यह समझते हैं कि उनकी कामना की पूर्ति करने का सामर्थ्य देवताओं में है। यह उनका अज्ञान है क्योंकि सब पूजा, यज्ञ आदि का स्वामी मैं ही हूँ और उनके फल दिलवाने का विधान भी मैंने ही बनाया है। यह रहस्य न जानने के कारण वे लोग मेरी पूजा न करके देव पूजा को सम्पन्न करते हैं जो कि अपूर्ण है। सम्पूर्ण यज्ञों का भोक्ता, अर्थात् यज्ञ जिसमें विलय होते हैं, यज्ञ के परिणाम में जो मिलता है वह मैं हूँ और स्वामी भी मैं ही हूँ; परन्तु वे मुझे तत्त्व से भली प्रकार नहीं जानते। इस प्रकार अन्य देवताओं की पूजा करते हैं और नीचे गिरते हैं।

यान्ति देवव्रता देवान् पितृन्यान्ति पितृव्रताः ।
भूतानि यान्ति भूतेज्या यान्ति मद्याजिनोऽपि माम् ॥ 9.25 ॥

भावार्थ– हे अर्जुन! देवताओं की पूजा करनेवाले देवताओं को प्राप्त होते हैं, पितरों की पूजा करनेवाले पितरों को प्राप्त होते हैं, भूत-प्रेतों की पूजा करनेवाले भूत-प्रेतों को प्राप्त होते हैं, परन्तु मेरी पूजा करनेवाले मुझको प्राप्त होते हैं।

समर्पण-भाव– मुक्ति के द्वार

पत्रं पुष्पं फलं तोयं यो मे भक्त्या प्रयच्छति ।
तदहं भक्त्युपहृतमश्नामि प्रयतात्मनः ॥ 9.26 ॥

भावार्थ– यदि कोई प्रेम तथा भक्ति के साथ मुझे पत्र, पुष्प, फल या जल अर्पण करता है, तो मैं उसे स्वीकार करता हूँ ।

टिप्पणी– अब मैं पूजा की विधि के विषय में दो महत्त्वपूर्ण संदेश देता हूँ। पहला संदेश यह है कि मेरी दृष्टि में भक्त के भाव का ही महत्त्व है, उसके द्वारा भेंट की गयी वस्तु का नहीं। इसलिए मुझे भक्तिपूर्वक अर्पण करने के लिए पत्र, पुष्प, फल, जल-ऐसे (प्रकृति द्वारा दिये गये) उत्तम पदार्थ हैं। दूसरा संदेश यह है कि मुझे भेंट करते समय बदले में किसी (व्यक्तिगत) लाभ को प्राप्त करने की कोई कामना न हो। भक्ति का आरम्भ यहीं से है कि पत्र, पुष्प, फल, जल, इत्यादि जो कोई मुझे भक्तिपूर्वक अर्पित करता है, मन से अर्पण करने वाले उस भक्त का वह सब मैं खाता हूँ, अर्थात् स्वीकार करता हूँ।

यत्करोषि यदश्नासि यज्जुहोषि ददासि यत्।
यत्तपस्यसि कौन्तेय तत्कुरुष्व मदर्पणम् ॥ 9.27 ॥

भावार्थ– हे कुन्तीपुत्र! तुम जो कुछ करते हो, जो कुछ खाते हो, जो कुछ अर्पित करते हो या दान देते हो और जो भी तपस्या करते हो, वह सब मुझे अर्पण करते हुए करो।

टिप्पणी– मैंने अभी भेंट में वस्तु-अर्पण के विषय में संदेश दिये। वास्तव में मेरी भक्ति के लिए सबसे उत्तम विधि है 'कर्म-समर्पण', अर्थात् तू जो कुछ करता है, जो कुछ खाता है, जो कुछ हवन करता है, जो कुछ दान देता है, जो कुछ तप करता है-वह सब मुझे अर्पण करने की भावना से कर। समर्पण करने से योग के क्षेम की जिम्मेदारी मैं ले लूँगा।

कर्म-समर्पण से सम्बधित चार बातें मुख्य हैं-(अ) स्वयं को कर्त्ता न समझना (निरहंकार-भाव) (आ) कर्म को निष्काम भाव से करना (लोक कल्याणार्थ) (इ) कर्म सात्त्विक हो (भगवान् को अर्पण करने योग्य) (ई) कर्म समर्पण के समय 'कृष्णार्पणमस्तु' बोलने का इतना महत्त्व नहीं है जितना भावना का है।

शुभाशुभफलैरेवं मोक्ष्यसे कर्मबन्धनैः।
संन्यासयोगयुक्तात्मा विमुक्तो मामुपैष्यसि ॥ 9.28 ॥

भावार्थ– इस प्रकार मुझे अर्पण करने से तुम कर्म के बन्धन तथा इसके शुभाशुभ फलों से मुक्त हो जायेगा। इस प्रकार स्वयं सहित अपना सब कुछ मुझे अर्पण करनेवाला अपने चित्त को स्थिर करके तुम मुक्त होकर मुझे प्राप्त हो जायेगा।

टिप्पणी– कर्म-समर्पण का आधार निष्काम-भाव होने के कारण, न तुझे अच्छे फल की कामना होगी, न अशुभ फल का भय होगा, और न कर्मबन्धन होगा। इसी को संन्यास योग भी कह सकते हैं (कर्म संन्यास नहीं)। इस प्रकार कर्म समर्पण का मार्ग मुक्ति का द्वार है, मेरे पास पहुँचने का मार्ग है। उपर्युक्त तीन श्लोकों में योगेश्वर श्रीकृष्ण ने क्रमबद्ध साधन और उसके परिणाम का चित्रण किया है- पहले पत्र-पुष्प, फल-जल का पूर्ण श्रद्धा से अर्पण, दूसरे समर्पित होकर कर्म का आचरण और तीसरे पूर्ण समर्पण के साथ सर्वस्व का त्याग। इनके द्वारा कर्मबन्धन से विमुक्त (विशेष रूप से मुक्त) हो जायेगा।

समोऽहं सर्वभूतेषु न मे द्वेष्योऽस्ति न प्रियः ।
ये भजन्ति तु मां भक्त्या मयि ते तेषु चाप्यहम् ॥ 9.29 ॥

भावार्थ– हे अर्जुन! मैं सब प्राणियों में समान रूप से विद्यमान हूँ इसलिए मैं पक्षपात-रहित हूँ, अर्थात् न किसी से द्वेष है, न किसी से प्रेम है। जो भक्त कर्म समर्पण विधि से मुझे भजते हैं उन्हें ऐसा विश्वास होता है कि हम भगवान् में हैं और भगवान् हममें हैं।

टिप्पणी– मैं सभी प्राणियों में सम हूँ। सृष्टि में न मेरा कोई प्रिय है और न अप्रिय है; किन्तु जो अनन्य भक्त है, 'वह मुझमें है और मैं उसमें हूँ' यही मेरा एकमात्र रिश्ता है। मैं उसमें परिपूर्ण हो जाता हूँ। मुझमें और उसमें कोई अन्तर नहीं रह जाता। तब तो बहुत भाग्यशाली लोग ही भजन करते होंगे? भजन करने का अधिकार किसे है? इस पर योगेश्वर श्रीकृष्ण कहते हैं-

भक्त का मानव प्रेम

अपि चेत्सुदुराचारो भजते मामनन्यभाक् ।
साधुरेव स मन्तव्यः सम्यग्व्यवसितो हि सः ॥ 9.30 ॥
क्षिप्रं भवति धर्मात्मा शश्वच्छान्तिं निगच्छति ।
कौन्तेय प्रतिजानीहि न मे भक्तः प्रणश्यति ॥ 9.31 ॥

भावार्थ– हे अर्जुन! अगर कोई दुराचारी-से-दुराचारी व्यक्ति भी अनन्य भक्त होकर मेरा भजन करता है तो उसको साधु ही मानना चाहिए। क्योंकि उसने अपना निश्चय बहुत अच्छी तरह कर लिया है, वह उसी क्षण धर्मात्मा हो जाता है और निरन्तर रहनेवाली शान्ति को प्राप्त हो जाता है। हे कुन्तीपुत्र! तुम मन में यह दृढ़ विश्वास रख कि मेरा भक्त कभी नष्ट नहीं होता।

टिप्पणी– यदि अत्यन्त दुराचारी भी अनन्यभाव से, अर्थात् मेरे सिवाय किसी अन्य वस्तु या देवता को न भजकर केवल मुझे ही निरन्तर भजता है, वह साधु ही मानने योग्य है। अभी वह साधु हुआ नहीं है किन्तु उसके हो जाने में सन्देह भी नहीं है; क्योंकि वह यथार्थ निश्चय से लग गया है। गीता पापियों का उद्धार करती है और वह पथिक इस भजन के प्रभाव से दुराचारी भी शीघ्र ही धर्मात्मा हो जाता है, परमधर्म परमात्मा से संयुक्त हो जाता है तथा सदैव रहनेवाली परमशान्ति को प्राप्त होता है। कौन्तेय! तू निश्चयपूर्वक सत्य जान कि मेरे भक्त कभी नष्ट नहीं होता। यदि एक जन्म में पार नहीं लगा तो अगले जन्मों में भी

वही साधन करके शीघ्र ही परमशान्ति को प्राप्त होता है। अतः सदाचारी, दुराचारी सभी को भजन करने का अधिकार है। इतना ही नहीं, अपितु-

मां हि पार्थ व्यपाश्रित्य येऽपि स्युः पापयोनयः।
स्त्रियो वैश्यास्तथा शूद्रास्तेऽपि यान्ति परां गतिम् ॥ 9.32 ॥

भावार्थ– हे पार्थ! जो भी पाप योनि वाले हों तथा जो भी स्त्रियाँ, वैश्य (व्यापारी) और शूद्र (श्रमिक) वे भी सर्वथा मेरे शरण होकर निस्सन्देह परमगति को प्राप्त हो जाते हैं।

टिप्पणी– श्रीकृष्ण के पास आने का द्वार सबके लिए खुला है- उनके लिए भी जिन्हें लोग पतित-वर्ग में जन्म होने के कारण असहाय समझते हैं। उनकी यह घोषणा है कि स्त्री, वैश्य, शूद्र- जिनको सामाजिक परम्परा ने उचित स्थान नहीं दिया- वे भी उनके सहारे से परमगति प्राप्त करेंगे। पार्थ! स्त्री, वैश्य, शूद्रादि तथा जो कोई पाप योनि वाले भी हों, वे सभी उनके आश्रित होकर परमगति को प्राप्त होते हैं। अतः यह गीता मनुष्य मात्र के लिए है, चाहे वह कुछ भी करता हो, कहीं भी पैदा हुआ हो। सबके लिए यह एक समान कल्याण का उपदेश करती है। गीता सार्वभौम है। 'पापयोनयः' शब्द के विषय में दो बातें ध्यान में रखनी चाहिए- (अ) गीता की दृष्टि समदृष्टि की है, इसलिए वह किसी को पापयोनि नहीं मान सकती। (आ) इस शब्द को स्त्री, वैश्य, शूद्र से अलग समझना चाहिए।

किं पुनर्ब्राह्मणाः पुण्या भक्ता राजर्षयस्तथा।
अनित्यमसुखं लोकमिमं प्राप्य भजस्व माम् ॥ 9.33 ॥

भावार्थ– जो पवित्र आचरण करनेवाले ब्राह्मणों, ऋषिस्वरूप क्षत्रिय तथा राजर्षियों के लिए तो कहना ही क्या है! अतः इस क्षणिक दुःखमय संसार में आ जाने पर मेरी भक्ति में अपने आपको लगाओ।

टिप्पणी– मैंने अभी कहा था कि मेरे पास आने का द्वार सबके लिए खुला है, तो वही द्वार पाप कर्म से दूर रहनेवाले ब्राह्मणों और भक्तिभाव से प्रेरित राजर्षियों के लिए भी खुला है। जिस प्रकार मैं सब प्राणियों के प्रति समान-भाव रखता हूँ, उसी प्रकार तू भी कर (मेरा अनुगमन कर)। ऐसा करने से तू (तथा अन्य प्राणी भी) संसार-चक्र से तथा दुःखों से मुक्ति पायेंगे।

उपदेश का पंच-सूत्री सार

मन्मना भव मद्भक्तो मद्याजी मां नमस्कुरु।
मामेवैष्यसि युक्त्वैवमात्मानं मत्परायणः ॥ 9.34 ॥

भावार्थ– अपने मन को मेरे नित्य चिन्तन में लगाओ, तुम मेरे भक्त बनो, मुझे नमस्कार करो और मेरी ही पूजा करो। इस प्रकार मुझमें पूर्णतया तल्लीन होने पर तुम निश्चित रूप से मुझको प्राप्त होगे।

टिप्पणी–भगवान् बोले, हे अर्जुन! मैंने अभी कहा था कि मेरे पास आने का द्वार सबके लिए खुला है, अब मैं संक्षेप में इतना और बतला दूँ कि मेरे पास पहुँचने के लिए तू पंच-सूत्री मार्ग का सहारा ले-(अ) मुझमें मन लगा (आ) मेरी निष्काम भक्ति कर (इ) मेरे समर्पित यज्ञ कर, अर्थात् मत्कर्म कर (ई) सब प्राणियों में स्थित मुझे नमस्कार कर (उ) मत्परायण हो (सांसारिक भोगों में आसक्त न हो, सेवापरायण हो)। इस प्रकार की साधना में लीन होकर तू निश्चयपूर्वक मेरे पास पहुँचेगा। इसका तात्पर्य भौतिक रूप से पहुँचना नहीं है।

अर्जुन! मेरे में ही मनवाला हो। सिवाय मेरे दूसरे भाव मन में न आने पायें। मेरा अनन्य भक्त हो, अनवरत चिन्तन में लग। श्रद्धा सहित मेरा ही निरन्तर पूजन कर और मेरे को ही नमस्कार कर। इस प्रकार मेरी शरण हुआ, आत्मा को मुझमें एकीभाव से स्थित कर तू मुझे ही प्राप्त होगा, अर्थात् मेरे साथ एकता प्राप्त करेगा।

'मां नमस्कुरु' का शाब्दिक अर्थ है 'मुझे नमस्कार कर', किन्तु वास्तविक तात्पर्य है 'सब प्राणियों में स्थित मुझे नमस्कार कर'। ऐसा भावार्थ विनोबाजी के मतानुसार है।

निष्कर्ष

इस अध्याय के आरम्भ में श्रीकृष्ण ने कहा- अर्जुन! तुझ दोषरहित भक्त के लिए मैं इस ज्ञान को विज्ञान सहित कहूँगा, जिसे जानकर कुछ भी जानना शेष नहीं रहेगा। इसे जानकर तू संसार-बन्धन से छूट जायेगा। यह ज्ञान सम्पूर्ण विद्याओं का राजा है। विद्या वह है जो परमब्रह्म में प्रवेश दिलाये। यह ज्ञान उसका भी राजा है, अर्थात् निश्चित कल्याण करनेवाला है। यह सम्पूर्ण गोपनीयों का भी राजा है, गोपनीय वस्तु को भी प्रत्यक्ष करनेवाला है। यह प्रत्यक्ष फलवाला, साधन करने में सुगम और अविनाशी है। इसका थोड़ा भी साधन आप से पार लग जाये तो इसका कभी नाश नहीं होता वरन् इसके प्रभाव से वह परमश्रेय तक पहुँच जाता है; किन्तु इसमें एक शर्त है। श्रद्धाविहीन पुरुष परमगति को प्राप्त न होकर संसार-चक्र में भटकता रहता है।

भगवान् श्रीकृष्ण ने योग के ऐश्वर्य पर भी प्रकाश डाला। जो संसार के संयोग-वियोग से सर्वथा रहित है, उसका नाम योग है। परमतत्त्व परमात्मा के मिलन का नाम योग है। परमात्मा की प्राप्ति ही योग की पराकाष्ठा है। जो इसमें प्रवेश पा गया, उस योगी के प्रभाव को देख कि सम्पूर्ण भौतिक चीज़ों का स्वामी और जीवधारियों का पोषण करनेवाला होने पर भी मेरा आत्मा उन भौतिक चीज़ों में स्थित नहीं है। मैं आत्मस्वरूप में स्थित हूँ। वही हूँ। जैसे आकाश से उत्पन्न सर्वत्र विचरने वाला वायु आकाश में ही स्थित है किन्तु उसे मलिन नहीं कर पाता, उसी प्रकार सम्पूर्ण भूत मुझमें स्थित हैं लेकिन मैं उनमें लिप्त नहीं हूँ।

अर्जुन! सृष्टि के प्रारम्भ में मैं भौतिक चीज़ों को विशेष प्रकार से रचता हूँ, सजाता हूँ और कल्प के पूर्तिकाल में सम्पूर्ण भूत मेरी प्रकृति को, अर्थात् योगारूढ़ महापुरुष की जीवन-शैली को, उनके अव्यक्त भाव को प्राप्त होते हैं। यद्यपि महापुरुष प्रकृति से परे है; किन्तु प्राप्ति के पश्चात् स्वभाव, अर्थात् स्वयं में स्थित रहते हुए लोकसंग्रह के लिए जो कार्य करता है, वह उसकी एक जीवन-शैली है। इसी जीवन-शैली के कार्य-कलाप को उस महापुरुष की प्रकृति कहकर सम्बोधित किया गया है।

श्रीकृष्ण कहते हैं- अर्जुन! मूढ़ लोग मुझे नहीं जानते। साधारण मनुष्य मुझ ईश्वरों के ईश्वर को भी तुच्छ समझते हैं। प्रत्येक महापुरुष के साथ यह विडम्बना रही है कि तत्कालीन समाज ने उनकी उपेक्षा की, उनका डटकर विरोध हुआ। श्रीकृष्ण भी इसके अपवाद नहीं थे। वे कहते हैं- मैं परमभाव में स्थित हूँ; किन्तु शरीर मेरा भी मनुष्य का ही है, अतः मूढ़ पुरुष मुझे तुच्छ कहकर, मनुष्य कहकर सम्बोधित करते हैं। ऐसे लोग व्यर्थ आशा वाले हैं, व्यर्थ कर्म वाले हैं, व्यर्थ ज्ञान वाले हैं कि कुछ भी करें और कह दें कि हम तो कामना नहीं करते, हो गये निष्काम कर्मयोगी। वे आसुरी भाव से मेरा ध्यान करते हैं, मेरे गुणों का निरन्तर चिन्तन करते हैं।

अनन्य उपासना अर्थात् यज्ञार्थ कर्म के दो ही मार्ग हैं। पहला है ज्ञानमार्ग, अर्थात् अपने भरोसे, अपनी शक्ति को समझकर उसी नियत कर्म में प्रवृत होना और दूसरी विधि स्वामी-सेवक भावना की है, जिसमें सद्गुरु के प्रति समर्पित होकर वही कर्म किया जाता है। इन्हीं दो दृष्टियों से लोग मेरी उपासना करते हैं; किन्तु उनके द्वारा जो पार लगता है वह यज्ञ, वह हवन, वह कर्त्ता, श्रद्ध और औषधि- जिससे भवरोग की चिकित्सा होती है, मैं ही हूँ। अन्त में जो गति प्राप्त होती है, वह गति भी मैं ही हूँ।

इतना होने पर भी कुछ लोग अन्य देवताओं की पूजा करते हैं। वे भी मेरी ही पूजा करते हैं; किन्तु वह मेरी प्राप्ति की विधि नहीं है। वे सम्पूर्ण यज्ञों के भोक्ता के रूप में मुझे नहीं जानते, अर्थात् उनकी पूजा के परिणाम में मैं नहीं मिलता, इसीलिए उनका पतन हो जाता है। वे देवता, भूत अथवा पितरों के कल्पित रूप में निवास करते हैं, जबकि मेरा भक्त साक्षात् मुझमें निवास करता है, मेरा ही स्वरूप हो जाता है।

दुनिया के सभी प्राणी मेरे ही हैं। किसी भी प्राणी से न मुझे प्रेम है न द्वेष, मैं तटस्थ हूँ; किन्तु जो मेरा अनन्य भक्त है, मैं उसमें हूँ और वह मुझमें है। अत्यन्त दुराचारी, जघन्यतम पापी ही कोई क्यों न हो, फिर भी अनन्य श्रद्धा-भक्ति से मुझे भजता है तो वह साधु मानने योग्य है। उसका निश्चय स्थिर है तो वह शीघ्र ही परम से संयुक्त हो जाता है और सदा रहने वाली परमशान्ति को प्राप्त होता है। यहाँ श्रीकृष्ण ने स्पष्ट किया कि धार्मिक कौन है। सृष्टि में जन्म लेने वाला कोई भी प्राणी अनन्यभाव से एक परमात्मा को भजता है, उसका चिन्तन करता है तो वह शीघ्र ही धार्मिक हो जाता है। अतः धार्मिक वह है, जो एक परमात्मा का सुमिरन करता है। अन्त में आश्वासन देते हैं- अर्जुन! मेरा भक्त कभी नष्ट नहीं होता। कोई शूद्र हो, नीच हो, आदिवासी हो या अनादिवासी या कुछ भी नामधारी हो, पुरुष अथवा स्त्री हो अथवा पापयोनि, तिर्यक् योनिवाला भी जो हो, मेरी शरण होकर परमश्रेय को प्राप्त होता है। इसलिए अर्जुन! सुखरहित, क्षणभंगुर किन्तु दुर्लभ मनुष्य-शरीर को पाकर मेरा भजन कर।

ॐ तत्सत्

अध्याय - 10

विभूति-विस्तार योग

गत अध्याय में योगेश्वर श्रीकृष्ण ने गुप्त राजविद्या का चित्रण किया, जो निश्चित ही कल्याण करती है। इस अध्याय में उनका कथन है- महाबाहु अर्जुन! मेरे परम रहस्ययुक्त वचन को फिर भी सुन। यहाँ उसी को दूसरी बार कहने की आवश्यकता क्या है? वस्तुतः साधक को पूर्तिपर्यन्त खतरा है। ज्यों-ज्यों वह स्वरूप में ढलता जाता है, प्रकृति के आवरण सूक्ष्म होते जाते हैं, नये-नये दृश्य आते हैं। उसकी जानकारी महापुरुष ही देते रहते हैं। वह नहीं जानता। यदि वे मार्गदर्शन करना बन्द कर दें तो साधक स्वरूप की उपलब्धि से वंचित रहेगा। जब तक वह स्वरूप से दूर है, तब तक सिद्ध है कि प्रकृति का कोई-न-कोई आवरण बना है। फिसलने-लड़खड़ाने की सम्भावना बनी रहती है। अर्जुन शरणागत शिष्य है। अध्याय 10 का सार यह है कि विभूति ईश्वर की देन है और उसका उपयोग लोककल्याणार्थ ही होना चाहिए। यही सार संस्कृत की प्रसिद्ध लोकोक्ति के द्वारा गुंजित है-परोपकाराय सतां विभूतिः ।

श्रीकृष्णा ने कहा

भूय एव महाबाहो शृणु मे परमं वचः ।
यत्तेऽहं प्रीयमाणाय वक्ष्यामि हितकाम्यया ॥ 10.1 ॥

भावार्थ– हे महाबाहु अर्जुन! चूँकि तुम मेरे प्रिय मित्र हो, अतः मैं तुम्हारे लाभ के लिए ऐसा ज्ञान प्रदान करूँगा, जो अभी तक मेरे द्वारा बताये गये ज्ञान से श्रेष्ठ होगा।

न मे विदुः सुरगणाः प्रभवं न महर्षयः ।
अहमादिर्हि देवानां महर्षीणां च सर्वशः ॥ 10.2 ॥

भावार्थ– न तो देवतागण मेरी उत्पत्ति या ऐश्वर्य को जानते हैं और न महर्षिगण ही जानते हैं क्योंकि मैं सब प्रकार से देवताओं और महर्षियों का आदि कारण हूँ।

टिप्पणी– श्रीकृष्ण ने कहा कि मेरी उत्पत्ति को न देवता लोग जानते हैं और न महर्षिगण ही जानते हैं। श्रीकृष्ण ने कहा था, 'जन्म कर्म च मे दिव्यम्'- मेरा वह जन्म और कर्म अलौकिक है, इन चर्मचक्षुओं से देखा नहीं जा सकता। इसलिए मेरे उस प्रकट होने को देव और महर्षि स्तर तक पहुँचे हुए लोग भी नहीं जानते। मैं सब प्रकार से देवताओं और महर्षियों का आदि कारण हूँ।

यो मामजमनादिं च वेत्ति लोकमहेश्वरम् ।
असम्मूढः स मर्त्येषु सर्वपापैः प्रमुच्यते ॥ 10.3 ॥

भावार्थ– जो मनुष्य मुझे अजन्मा, अनादि और सम्पूर्ण लोकों का स्वामी जानता है, मनुष्यों में केवल वही ज्ञानवान है और वह समस्त पापों से मुक्त हो जाता है।

टिप्पणी– श्रीकृष्ण कहते हैं कि मैंने पिछले अध्याय (श्लोक 9.11) में कहा था कि **'मूढ़'** वह है जो दूसरे मानव का अपमान करता है। मेरा उपदेश है कि लोगों को 'असंमूढ़' (मूढ़ का विपरीत) बनना चाहिए, अर्थात् सब प्राणियों में मुझे देखकर उनके साथ प्रेम-पूर्ण व्यवहार करना चाहिए। ऐसा पाप-रहित आचरण ही इस बात की पहचान है कि हम ईश्वर को अजन्मा, अनादि एवं लोक महेश्वर- सब रूपों में जानते हैं।

जो मुझे जन्म-मृत्यु से रहित, आदि-अन्त से रहित सब लोकों के महान् ईश्वर को साक्षात्कार सहित विदित कर लेता है, वह पुरुष मरणधर्मा मनुष्यों में ज्ञानवान् है, अर्थात् अजन्मा, अनादि और सर्वलोक महेश्वर को भली प्रकार जानना ही ज्ञान है और ऐसा जानने वाला सम्पूर्ण पापों से मुक्त हो जाता है, वह पुनर्जन्म को प्राप्त नहीं होता। श्रीकृष्ण कहते हैं कि यह उपलब्धि भी मेरी ही देन है।

भगवान् ही सबका आदि कारण

बुद्धिर्ज्ञानमसम्मोहः क्षमा सत्यं दमः शमः ।
सुखं दुःखं भवोऽभावो भयं चाभयमेव च ॥ 10.4 ॥

अहिंसा समता तुष्टिस्तपो दानं यशोऽयशः ।
भवन्ति भावा भूतानां मत्त एव पृथग्विधाः ॥ 10.5 ॥

भावार्थ– बुद्धि, ज्ञान, असम्मोह, क्षमा, सत्य, संयम, सुख-दुःख, भय-अभय, अहिंसा, समता, सन्तोष, तप, दान, यश-अपयश, आदि-आदि प्राणियों के भिन्न-भिन्न भाव मूलतः मेरे कारण ही उत्पन्न होते हैं।

महर्षयः सप्त पूर्वे चत्वारो मनवस्तथा ।
मद्भावा मानसा जाता येषां लोक इमाः प्रजाः ॥ 10.6 ॥

भावार्थ– हे अर्जुन! सप्तर्षिगण तथा उनसे भी पूर्व चार अन्य महर्षि एवं सारे मनु (मानवजाति के पूर्वज) सब मेरे मन से उत्पन्न हुए हैं और मुझमें श्रद्धा-भक्ति रखने वाले हैं, जिनकी संसार में यह सम्पूर्ण प्रजा है।

परस्परभाव से आध्यात्मिक उत्थान

एतां विभूतिं योगं च मम यो वेत्ति तत्त्वतः ।
सोऽविकम्पेन योगेन युज्यते नात्र संशयः ॥ 10.7 ॥

भावार्थ– जो मनुष्य मेरे इस विभूति को तथा योग से पूर्णतया आश्वस्त है, वह मेरी अनन्य भक्ति में तत्पर होता है। इसमें तनिक भी संशय नहीं है।

टिप्पणी– हे अर्जुन! साधक के लिए दो बातें आवश्यक हैं- (अ) मेरी विभूति का ज्ञान। (आ) विभूति-उपयोग का ज्ञान। इन दोनों बातों को जानने वाला व्यक्ति निश्चित रूप से स्थितप्रज्ञ की भाँति निष्काम कर्मयोग की साधना में लीन रहता है। जो पुरुष योग की और मेरी उपर्युक्त विभूतियों को साक्षात्कार के साथ जानता है, वह स्थिर ध्यान योग द्वारा मुझमें एकीभाव से स्थित होता है। इसमें कुछ भी संशय नहीं है। जिस प्रकार वायुरहित स्थान में रखे दीपक की लौ सीधी जाती है, कम्पन नहीं होता, योगी द्वारा जीते हुए चित्त का यही स्वरूप होता है।

अहं सर्वस्य प्रभवो मत्तः सर्वं प्रवर्तते ।
इति मत्वा भजन्ते मां बुधा भावसमन्विताः ॥ 10.8 ॥

मच्चित्ता मद्‌गतप्राणा बोधयन्तः परस्परम् ।
कथयन्तश्च मां नित्यं तुष्यन्ति च रमन्ति च ॥ 10.9 ॥

भावार्थ– मैं समस्त आध्यात्मिक तथा भौतिक जगतों का कारण हूँ, प्रत्येक वस्तु मुझ ही से उत्पन्न है। जो बुद्धिमान भक्त यह भली-भाँति जानते हैं, वे मेरी प्रेमाभक्ति में लगते हैं तथा हृदय से पूरी तरह मेरा भजन करते हैं। मेरे शुद्धभक्तों

के विचार मुझमें वास करते हैं, वे जीवनभर मेरी सेवा में अर्पित रहते हैं और वे एक-दूसरे को ज्ञान प्रदान करते तथा मेरे विषय में बातें करते हुए परम सन्तोष तथा आनन्द का अनुभव करते हैं।

टिप्पणी– मैं सम्पूर्ण जगत् की उत्पत्ति का कारण हूँ, मुझसे ही सम्पूर्ण जगत् चेष्टा करता है- इस प्रकार मानकर श्रद्धा और भक्ति से युक्त विवेकीजन मेरा निरन्तर भजन करते हैं। तात्पर्य यह है कि योगी द्वारा मेरे अनुरूप जो प्रवृत्ति होती है, उसे मैं ही किया करता हूँ। वह मेरा ही प्रसाद है। (कैसे है? इसे पीछे स्थान-स्थान पर बताया जा चुका है।) वे निरन्तर भजन किस प्रकार करते हैं? इस पर कहते हैं- अन्य किसी को स्थान न देकर मुझमें ही निरन्तर चित्त को लगाने वाले, मुझमें ही प्राणों को लगाने वाले सदैव परस्पर मेरी प्रक्रियाओं का बोध करते हैं। मेरा गुणगान करते हुए ही सन्तुष्ट होते हैं तथा निरन्तर मुझमें ही रमण करते हैं।

तेषां सततयुक्तानां भजतां प्रीतिपूर्वकम्।
ददामि बुद्धियोगं तं येन मामुपयान्ति ते ॥ 10.10 ॥
तेषामेवानुकम्पार्थमहमज्ञानजं तमः।
नाशयाम्यात्मभावस्थो ज्ञानदीपेन भास्वता ॥ 10.11 ॥

भावार्थ– जो प्रेमपूर्वक मेरी भक्ति में निरन्तर लगे रहते हैं, उन्हें मैं ज्ञान प्रदान करता हूँ, जिसके द्वारा वे मुझ तक आ सकते हैं। मैं उन पर विशेष कृपा करने के हेतु उनके हृदयों में वास करते हुए ज्ञान के प्रकाशमान दीपक के द्वारा अज्ञानजन्य अंधकार को दूर करता हूँ।

टिप्पणी– निरन्तर मेरे ध्यान में लगे हुए तथा प्रेमपूर्वक भजनेवाले उन भक्तों को मैं वह बुद्धियोग, अर्थात् योग में प्रवेश वाली बुद्धि देता हूँ, जिससे वे मुझे प्राप्त होते हैं, अर्थात् योग की जागृति ईश्वर की देन है। वह अव्यक्त पुरुष 'महापुरुष' योग में प्रवेश दिलाने वाली बुद्धि कैसे देता है?- उनके ऊपर पूर्ण अनुग्रह करने के लिए मैं उनकी आत्मा से अभिन्न खड़ा होकर, रथी होकर अज्ञान से उत्पन्न हुए अन्धकार को ज्ञानरूपी दीपक के द्वारा प्रकाशित कर नष्ट करता हूँ। वस्तुतः किसी स्थितिप्रज्ञ योगी द्वारा जब तक वह परमात्मा आपके आत्मा से ही जाग्रत होकर पल-पल पर संचालन नहीं करता, रोकथाम नहीं करता, इस प्रकृति के द्वन्द्व से निकालते हुए स्वयं आगे नहीं ले चलता, तबतक वास्तव में यथार्थ भजन आरम्भ ही नहीं होता। वैसे तो भगवान सर्वत्र से बोलने लगते हैं,

लेकिन प्रारम्भ में वे स्वरूपस्थ महापुरुष द्वारा ही बोलते हैं। यदि ऐसा महापुरुष आपको प्राप्त नहीं है तो वह स्पष्ट नहीं बोलेंगे।

ईश्वरीय विभूति का वर्णन

अर्जुन ने कहा

परं ब्रह्म परं धाम पवित्रं परमं भवान्।
पुरुषं शाश्वतं दिव्यमादिदेवमजं विभुम्॥ 10.12 ॥

भावार्थ– आप परब्रह्म हैं, परमधाम हैं, परम पवित्र आप ही हैं। शाश्वत दिव्य पुरुष हैं, आदिदेव हैं, अजन्मा हैं और सर्वव्यापी हैं।

आहुस्त्वामृषयः सर्वे देवर्षिर्नारदस्तथा।
असितो देवलो व्यासः स्वयं चैव ब्रवीषि मे॥ 10.13 ॥

भावार्थ– आपको सब-के-सब ऋषियों, देवर्षि नारद, असित, देवल, व्यास और स्वयं आपने भी मुझे बतलाया है।

टिप्पणी– अर्जुन ने कहा- आप परम भगवान्, परमधाम, परमपवित्र, परम सत्य हैं। आप नित्य, दिव्य, आदि पुरुष, अजन्मा तथा महानतम हैं। नारद, असित, देवल तथा व्यास जैसे ऋषि आपके इस सत्य की पुष्टि करते हैं और अब आप स्वयं भी मुझसे प्रकट कर रहे हैं।

हे कृष्ण! आप परमब्रह्म, परमधाम तथा परमपवित्र हैं; क्योंकि आपको सभी ऋषिगण सनातन, दिव्यपुरुष, देवों का भी आदिदेव, अजन्मा और सर्वव्यापी कहते हैं। परमपुरुष, परमधाम का ही पर्याय दिव्यपुरुष, अजन्मा आदि शब्द हैं।

सर्वमेतदृतं मन्ये यन्मां वदसि केशव।
न हि ते भगवन्व्यक्तिं विदुर्देवा न दानवाः॥ 10.14 ॥

भावार्थ– हे केशव! मुझसे आप जो कुछ भी कह रहे हैं, वह सब मैं सत्य मानता हूँ। हे भगवन्! आपके प्रकट होने को न देवता और न दानव ही जानते हैं।

स्वयमेवात्मनात्मानं वेत्थ त्वं पुरुषोत्तम।
भूतभावन भूतेश देवदेव जगत्पते॥ 10.15 ॥

भावार्थ– हे परमपुरुष, हे सबको उत्पन्न करनेवाले, हे सबका पालन करनेवाले, हे देवों के देव, हे जगत् के स्वामी, आप स्वयं ही, अपने ही द्वारा, अपने-आपको जानते हैं।

टिप्पणी– हे भौतिक जगत को उत्पन्न करनेवाले! हे भौतिक जगत के ईश्वर! हे देवाधिदेव! हे जगत् के स्वामी! हे पुरुषों में उत्तम! स्वयं आप ही अपने को जानते हैं अथवा जिसकी आत्मा में जाग्रत होकर आप जना देते हैं, वही जानता है। यह भी आपके द्वारा आपका जानना हुआ। इसलिए–

वक्तुमर्हस्यशेषेण दिव्या ह्यात्मविभूतयः ।
याभिर्विभूतिभिर्लोकानिमांस्त्वं व्याप्य तिष्ठसि ॥ 10.16 ॥

भावार्थ– अर्जुन ने कहा, हे भगवन्, जिन विभूतियों के द्वारा आप इन सब लोकों को व्याप्त करके स्थित हैं, उन दिव्य विभूतियों के विषय में विस्तार से वर्णन करने में आप ही समर्थ हैं।

कथं विद्यामहं योगिंस्त्वां सदा परिचिन्तयन् ।
केषु केषु च भावेषु चिन्त्योऽसि भगवन्मया ॥ 10.17 ॥

भावार्थ– हे परम योगी! (श्रीकृष्ण एक योगी थे) मैं किस प्रकार निरन्तर चिन्तन करता हुआ आपको कैसे जानूँ और हे भगवन्! मैं किन-किन भावों द्वारा आपका चिन्तन करूँ?

विस्तरेणात्मनो योगं विभूतिं च जनार्दन ।
भूयः कथय तृप्तिर्हि शृण्वतो नास्ति मेऽमृतम् ॥ 10.18 ॥

भावार्थ– अर्जुन ने कहा, हे जनार्दन, आप पुनः अपने ऐश्वर्य तथा योग शक्ति को विस्तार से कहिए; क्योंकि आपके अमृतमय वचन सुनते-सुनते मेरी तृप्ति नहीं हो रही है।

टिप्पणी– हे जनार्दन! अपनी योगशक्ति को और योग की विभूति को फिर से विस्तारपूर्वक कहिये। संक्षेप में तो इसी अध्याय के आरम्भ में कहा ही है लेकिन पुनः कहिये; क्योंकि अमृत-तत्त्व को दिलानेवाले इन वचनों को सुनने से मेरी तृप्ति नहीं होती। इस श्लोक से यह संदेश मिलता है कि सात्त्विक बातों के विषय में तृप्त न होना एक गुण है, दोष नहीं।

श्री भगवान् ने कहा

हन्त ते कथयिष्यामि दिव्या ह्यात्मविभूतयः ।
प्राधान्यतः कुरुश्रेष्ठ नास्त्यन्तो विस्तरस्य मे ॥ 10.19 ॥

भावार्थ– हे कुरुश्रेष्ठ अर्जुन! अब मैं अपनी दिव्य विभूतियों को, उनमें से प्रमुख विभूतियों को तुझसे संक्षेप में कहूँगा; क्योंकि मेरी विभूतियों के विस्तार का अन्त नहीं है।

अहमात्मा गुडाकेश सर्वभूताशयस्थितः ।
अहमादिश्च मध्यं च भूतानामन्त एव च ॥ 10.20 ॥

भावार्थ– हे अर्जुन! मैं समस्त जीवों का आदि, मध्य तथा अन्त हूँ। मैं ही समस्त जीवों के हृदयों में स्थित आत्मा हूँ।

आदित्यानामहं विष्णुर्ज्योतिषां रविरंशुमान् ।
मरीचिर्मरुतामस्मि नक्षत्राणामहं शशी ॥ 10.21 ॥

भावार्थ– भगवान् बोले, हे अर्जुन! आदित्यों में मैं विष्णु हूँ, ज्योतियों में सूर्य हूँ, मरुद्गण में मरीचि हूँ, नक्षत्रों का अधिपति चन्द्रमा हूँ।

टिप्पणी– श्रीकृष्ण ने कहा कि मैं अदिति के बारह पुत्रों में विष्णु और ज्योतियों में प्रकाशमान सूर्य हूँ। वायु के भेदों में मैं मरीचि नामक वायु और नक्षत्रों में मैं चन्द्रमा हूँ।

वेदानां सामवेदोऽस्मि देवानामस्मि वासवः ।
इन्द्रियाणां मनश्चास्मि भूतानामस्मि चेतना ॥ 10.22 ॥

भावार्थ– वेदों में मैं सामवेद हूँ, देवताओं में इन्द्र हूँ, इन्द्रियों में मन हूँ, प्राणियों की चेतना हूँ।

टिप्पणी– वेदों में मैं सामवेद, अर्थात् पूर्ण समत्व दिलाने वाला गायन हूँ। देवों में मैं उनका अधिपति इन्द्र हूँ और इन्द्रियों में मन हूँ; क्योंकि मन के निग्रह से ही मैं जाना जाता हूँ तथा प्राणियों में मैं उनकी चेतना हूँ।

रुद्राणां शंकरश्चास्मि वित्तेशो यक्षरक्षसाम् ।
वसूनां पावकश्चास्मि मेरुः शिखरिणामहम् ॥ 10.23 ॥

भावार्थ– रुद्रों में मैं शंकर हूँ, यक्ष तथा राक्षसों में कुबेर हूँ, वसुओं में पवित्र करने वाली अग्नि हूँ, पर्वतों में मेरु हूँ।

टिप्पणी– श्रीकृष्ण ने कहा, एकादश रुद्रों में मैं शंकर हूँ। शङ्क अरः स शंकरः, अर्थात् शंकाओं से अलग अवस्था में हूँ। यक्ष तथा राक्षसों में मैं धन का स्वामी कुबेर हूँ। आठ वसुओं में मैं अग्नि और शिखर वालों में सुमेरु, अर्थात् शुभों का मेल मैं हूँ। वही सर्वोपरि शिखर है, न कि कोई पहाड़ी। वस्तुतः यह सब योग-साधना के प्रतीक हैं, यौगिक शब्द हैं।

पुरोधसां च मुख्यं मां विद्धि पार्थ बृहस्पतिम् ।
सेनानीनामहं स्कन्दः सरसामस्मि सागरः ॥ 10.24 ॥

भावार्थ– पुरोहितों में मैं बृहस्पति हूँ, सेनापतियों में कार्तिकेय हूँ, जलाशयों में समुद्र मैं हूँ।

महर्षीणां भृगुरहं गिरामस्म्येकमक्षरम्।
यज्ञानां जपयज्ञोऽस्मि स्थावराणां हिमालयः ॥ 10.25 ॥

भावार्थ– महर्षियों में मैं भृगु हूँ, वाणी में ओंकार हूँ, सम्पूर्ण यज्ञों में जपयज्ञ हूँ और स्थिर रहने वालों में हिमालय मैं हूँ।

टिप्पणी– महर्षियों में मैं भृगु हूँ और वाणी में एक अक्षर 'ॐ' कार हूँ, जो उस ब्रह्म का परिचायक है। सब प्रकार के यज्ञों में मैं जपयज्ञ हूँ। यज्ञ परम में प्रवेश दिला देनेवाली आराधना की विधि-विशेष का चित्रण है। उसका सारांश है- स्वरूप का स्मरण और नाम का जप। दो वाणियों से पार हो जाने पर नाम जब यज्ञ की श्रेणी में आता है तो वाणी से नहीं जपा जाता, न चिन्तन से, न कण्ठ से; बल्कि वह श्वास में जाग्रत हो जाता है। केवल सुरत को श्वास के पास लगाकर मन से अविरल चलना भर पड़ता है। यज्ञ की श्रेणी वाले नाम का उतार-चढ़ाव श्वास पर निर्भर है। यह क्रियात्मक है। स्थिर रहने वालो में मैं हिमालय पर्वत हूँ।

अश्वत्थः सर्ववृक्षाणां देवर्षीणां च नारदः।
गंधर्वाणां चित्ररथः सिद्धानां कपिलो मुनिः ॥ 10.26 ॥

भावार्थ– सम्पूर्ण वृक्षों में अश्वत्थ हूँ और देवर्षियों में नारद हूँ। गन्धर्वों में मैं चित्ररथ हूँ और सिद्धों में मैं कपिल मुनि हूँ।

टिप्पणी– सब वृक्षों में मैं अश्वत्थ हूँ। अश्वः- कल तक भी जिसके रहने की गारण्टी नहीं दी जा सकती, ऐसा 'ऊर्ध्वमूलमधःशाखम् अश्वत्थम्' (15.1)- ऊपर परमात्मा जिसका मूल है, नीचे प्रकृति जिसकी शाखाएँ हैं, ऐसा संसार ही एक वृक्ष है, जिसे पीपल की संज्ञा दी गयी है। सामान्य पीपल का वृक्ष नहीं कि पूजा करने लगें। इसी पर कहते हैं कि वह मैं हूँ और देवर्षियों में मैं नारद हूँ। नादस्य रंध्रः स नारदः। दैवी सम्पद् इतनी सूक्ष्म हो गयी कि स्वर में उठनेवाली ध्वनि (नाद) पकड़ में आ जाये, ऐसी जागृति मैं हूँ। गन्धर्वों में मैं चित्ररथ हूँ, अर्थात् गायन (चिन्तन) करने वाली प्रवृत्तियों में जब स्वरूप चित्रित होने लगे, वह अवस्था-विशेष मैं हूँ। सिद्धों में मैं कपिल मुनि हूँ। काया ही कपिल है। इसमें जब लव लग जाये, ऐसी ईश्वरीय संचार की अवस्था मैं हूँ।

उच्चैः श्रवसमश्वानां विद्धि माममृतोद्भवम्।
ऐरावतं गजेन्द्राणां नराणां च नराधिपम्॥ 10.27 ॥

भावार्थ– अमृतमंथन के समय निकला हुआ उच्चैःश्रवा नामक घोड़ा मैं हूँ, हाथियों में ऐरावत हूँ, मनुष्यों में राजा हूँ।

टिप्पणी– घोड़ों में मैं अमृत से उत्पन्न होने वाला उच्चैःश्रवा नामक घोड़ा हूँ। दुनिया में हर वस्तु नाशवान् है। आत्मा ही अजर-अमर, अमृतस्वरूप है। इस अमृतस्वरूप से जिसका संचार है, वह घोड़ा मैं हूँ। घोड़ा गति का प्रतीक है। आत्मतत्त्व को ग्रहण करने में मन जब उधर गति पकड़ता है, घोड़ा है। ऐसी गति मैं हूँ। हाथियों में ऐरावत नामक हाथी मैं हूँ। मनुष्यों में राजा मुझको जान। वस्तुतः महापुरुष ही राजा है, जिसके पास अभाव नहीं है।

आयुधानामहं वज्रं धेनूनामस्मि कामधुक्।
प्रजनश्चास्मि कन्दर्पः सर्पाणामस्मि वासुकिः॥ 10.28 ॥

भावार्थ– शस्त्रों में मैं वज्र और गायों में कामधेनु हूँ, सन्तान उत्पत्ति का हेतु कामदेव मैं हूँ और सर्पों में वासुकि मैं हूँ।

टिप्पणी– शस्त्रों में मैं वज्र हूँ। गायों में कामधेनु हूँ। कामधेनु कोई ऐसी गाय नहीं है, जो दूध के स्थान पर मनचाहा व्यंजन परसती हो। ऋषियों में वशिष्ठ के पास कामधेनु थी।

अनन्तश्चास्मि नागानां वरुणो यादसामहम्।
पितृणामर्यमा चास्मि यमः संयमतामहम्॥ 10.29 ॥

भावार्थ– नागों में मैं शेषनाग हूँ, जलचरों में वरुण हूँ, पितरों में अर्यमा हूँ, शासन करने वालों में यमराज मैं हूँ।

टिप्पणी– नागों में मैं अनन्त, अर्थात् शेषनाग हूँ। वैसे यह कोई सर्प नहीं है। गीता की समकालीन पुस्तक श्रीमद्भागवत में इसके रूप की चर्चा है कि इस पृथ्वी से तीस हजार योजन की दूरी पर परमात्मा की वैष्णवी शक्ति है, जिसके सिर पर यह पृथ्वी सरसों के दाने की तरह भार रहित टिकी है। उस युग में योजन का पैमाना चाहे जो रहा हो, फिर भी यह पर्याप्त दूर है। वस्तुतः यह आकर्षण शक्ति का चित्रण है। वैज्ञानियों ने जिसे ईथर माना है। ग्रह-उपग्रह सभी उसी शक्ति के आधार पर टिके हैं। उस शून्य में ग्रहों का कोई भार भी नहीं है। वह शक्ति सर्प की कुण्डली की तरह सभी ग्रहों को लपेटे है। यही है वह अनन्त, जिससे पृथ्वी धारण की जाती है। श्रीकृष्ण कहते हैं- ऐसी ईश्वरीय शक्ति मैं हूँ।

जलचरों में उनका अधिपति 'वरुण' हूँ तथा पितरों में 'अर्यमा' हूँ। अहिंसा, सत्य, अस्तेय, ब्रह्मचर्य और अपरिग्रह पाँच यम हैं। इनके पालन में आने वाले विकारों को काटना 'अरः' है। विकारों के शमन से पितृ, अर्थात् भूत-संस्कार तृप्त होते हैं, निवृत्ति प्रदान कर देते हैं। शासन करने वालों में मैं यमराज हूँ, अर्थात् उपर्युक्त यमों का नियामक हूँ।

प्रह्लादश्चास्मि दैत्यानां कालः कलयतामहम्।
मृगाणां च मृगेन्द्रोऽहं वैनतेयश्च पक्षिणाम् ॥ 10.30 ॥

भावार्थ– दैत्यों में मैं भक्तराज प्रह्लाद हूँ, गणना करने वालों में काल हूँ, पशुओं में सिंह हूँ तथा पक्षियों में गरुड़ हूँ।

टिप्पणी– मैं दैत्यों में प्रह्लाद हूँ। (पर + आह्लाद- पर के लिए आह्लाद) प्रेम ही प्रह्लाद है। आसुरी सम्पद् में रहते हुए ईश्वर के लिए आकर्षण-विकलता आरम्भ होती है, जिससे परमप्रभु का दिग्दर्शन होता है, ऐसा प्रेमोल्लास मैं हूँ। गिनती करनेवालों में मैं समय हूँ। एक, दो, तीन, चार ऐसी गिनती या क्षण, घड़ी, दिन, पक्ष, मास इत्यादि नहीं, बल्कि ईश्वर के चिन्तन में लगा हुआ समय मैं हूँ। पशुओं में मृगराज तथा पक्षियों में गुरुड़ मैं हूँ।

[**समीक्षात्मक टिप्पणी–** इस अध्याय में, विशेषकर श्लोक 10.28 से 10.31 तक, श्रीकृष्ण अपनी तुलना बादल की गर्जना, हाथी, घोड़ा, साँप, इत्यादि से करते हैं। कभी अपनी तुलना शार्क जैसे समुद्री मछली से भी करते हैं या फिर राम से भी करते हैं। जब श्रीकृष्ण अर्जुन को अपना विश्वरूप दिखाने में सक्षम हैं तो श्रीकृष्ण भला छोटी-मोटी चेतन और अचेतन चीज़ों से अपनी तुलना कर अपने अस्तित्व को क्यों स्पष्ट करेंगे। अर्जुन इतना बेवकूफ भी तो नहीं था कि बच्चों की तरह उसे परब्रह्म के बारे में समझाया जाये। सत्य तो यह है कि परब्रह्म को इस प्रकार के उदाहरणों द्वारा समझा भी नहीं जा सकता है। यहाँ यह बिलकुल स्पष्ट हो जाता है कि समय-समय पर टीकाकारों ने अनर्गल बातों को गीता में स्थान दे दिया है। गीता के अन्तर्गत महान् दर्शन का प्रतिपादन हुआ है और उस ग्रन्थ में श्रीकृष्ण का श्रीकृष्ण द्वारा निम्नस्तरीय तुलना इस बात का द्योतक है कि समय-समय पर गीता में एक से अधिक लेखकों या टीकाकारों का हस्तक्षेप हुआ है।]

पवनः पवतामस्मि रामः शस्त्रभृतामहम्।
झषाणां मकरश्चास्मि स्त्रोतसामस्मि जाह्नवी ॥ 10.31 ॥

भावार्थ– पवित्र करने वालों में मैं वायु हूँ, शस्त्रधारियों में राम हूँ, मछलियों में मगर हूँ, नदियों में गंगा हूँ।

सर्गाणामादिरन्तश्च मध्यं चैवाहमर्जुन।
अध्यात्मविद्या विद्यानां वादः प्रवदतामहम् ॥ 10.32 ॥

भावार्थ– हे अर्जुन! मैं सम्पूर्ण सृष्टियों का आदि, मध्य और अन्त हूँ। मैं समस्त विद्याओं में अध्यात्म विद्या हूँ और वाद-विवाद करने वालों का तत्त्व-वाद मैं हूँ।

टिप्पणी– हे अर्जुन! सृष्टियों का आदि, अन्त और मध्य मैं ही हूँ। विद्याओं में अध्यात्म विद्या मैं हूँ। जो आत्मा का आधिपत्य दिला दे, वह विद्या मैं हूँ। संसार में अधिकांश प्राणी माया के आधिपत्य में हैं। राग, द्वेष, काल, कर्म, स्वभाव और गुणों से प्रेरित हैं। इनके आधिपत्य से निकालकर आत्मा के आधिपत्य में ले जानेवाली विद्या मैं हूँ, जिसे अध्यात्म विद्या कहते हैं। परस्पर होने वाले विवादों में, ब्रह्मचर्चा में जो निर्णायक है, ऐसी वार्त्ता मैं हूँ। शेष निर्णय तो अनिर्णीत होते हैं।

अक्षराणामकारोऽस्मि द्वन्द्वः सामासिकस्य च।
अहमेवाक्षयः कालो धाताहं विश्वतोमुखः ॥ 10.33 ॥

भावार्थ– अक्षरों में मैं अकार हूँ, समासों में द्वन्द्व-समास मैं हूँ, काल का भी महाकाल तथा विराट स्वरूप वाला, सबका पालन-पोषण करने वाला मैं ही हूँ।

टिप्पणी– मैं अक्षरों में अकार-ओंकार तथा समासों में द्वन्द्व नामक समास हूँ। (साधना की उन्नत अवस्था में मन सिमटते-सिमटते केवल साधक और इष्ट आमने-सामने रह जाते हैं, शेष कोई संकल्प नहीं रह जाता, स्वामी-सेवक में संघर्ष है; किन्तु द्वन्द्व की यह अवस्था भगवान् की देन है।) अक्षयकाल मैं हूँ। काल सदैव परिवर्तनशील है; किन्तु वह समय जो अक्षय, अजर, अमर परमात्मा में प्रवेश दिलाता है, वह अवस्था मैं हूँ। विराट् स्वरूप अर्थात् सर्वत्र व्याप्त, सबका भरण-पोषण करनेवाला भी मैं ही हूँ।

मृत्युः सर्वहरश्चाहमुद्भवश्च भविष्यताम्।
कीर्तिः श्रीर्वाक्च नारीणां स्मृतिर्मेधा धृतिः क्षमा ॥ 10.34 ॥

भावार्थ– सबका नाश करनेवाला मृत्यु और आगे होनेवालों की उत्पत्ति का कारण मैं ही हूँ। स्त्रियों में मैं कीर्ति, श्री, वाक्पटुता, स्मृति, मेधा अर्थात् बुद्धि, धैर्य और क्षमा हूँ।

बृहत्साम तथा साम्नां गायत्री छन्दसामहम्।
मासानां मार्गशीर्षोऽहमृतूनां कुसुमाकरः॥ 10.35॥

भावार्थ– गाये जाने वाली श्रुतियों में बृहत्साम और सब छन्दों में गायत्री छन्द मैं हूँ, मासों में मार्गशीर्ष हूँ, ऋतुओं में वसन्त हूँ।

द्यूतं छलयतामस्मि तेजस्तेजस्विनामहम्।
जयोऽस्मि व्यवसायोऽस्मि सत्त्वं सत्त्ववतामहम्॥ 10.36॥

भावार्थ– छलियों में मैं जूआ हूँ, तेजस्वियों का तेज हूँ, जीतने वालों की विजय हूँ, निश्चय करने वालों का निश्चय हूँ, सात्त्विक प्राणियों का सात्त्विक भाव हूँ।

टिप्पणी– तेजस्वी पुरुषों का तेज मैं हूँ। जुए में छल करनेवालों का छल मैं हूँ। तब तो अच्छा है कि जुआ खेलें, उसमें कलबल–छल करें, वही भगवान हैं। नहीं, ऐसा कुछ नहीं है। यह प्रकृति ही एक जुआ है। यही ठगिनी है। जीतनेवालों की विजय मैं हूँ और व्यवसायियों का निश्चय (जिसे अध्याय दो, श्लोक इकतालीस में कह आये हैं– इस योग में निश्चयात्मक क्रिया एक है, बुद्धि एक ही है, दिशा एक ही है), क्रियात्मिका बुद्धि मैं हूँ, सात्त्विक पुरुषों का तेज और ओज मैं ही हूँ।

वृष्णीनां वासुदेवोऽस्मि पाण्डवानां धनंजयः।
मुनीनामप्यहं व्यासः कवीनामुशना कविः॥ 10.37॥

भावार्थ– वृष्णिवंशियों में मैं वासुदेव हूँ, पाण्डवों में अर्जुन हूँ, मुनियों में व्यास हूँ, कवियों में शुक्राचार्य हूँ।

टिप्पणी– श्रीकृष्ण कहते हैं, वृष्णिवंश में मैं वासुदेव, अर्थात् सर्वत्र वास करने वाला देव हूँ। पाण्डवों में मैं धनंजय हूँ। पुण्य ही पाण्डु है और आत्मिक सम्पत्ति ही स्थिर सम्पत्ति है। पुण्य से प्रेरित होकर आत्मिक सम्पत्ति को अर्जित करनेवाला धनंजय मैं हूँ। मुनियों में मैं व्यास हूँ। परमतत्त्व को व्यक्त करने की जिसमें क्षमता है, वह मुनि मैं हूँ। कवियों में उशना, अर्थात् उसमें प्रवेश दिलाने वाला काव्यकार मैं हूँ।

दण्डो दमयतामस्मि नीतिरस्मि जिगीषताम्।
मौनं चैवास्मि गुह्यानां ज्ञानं ज्ञानवतामहम्॥ 10.38॥

भावार्थ– दमन करनेवालों में दण्डनीति और विजय की इच्छावालों की मैं

नीति हूँ। गुप्त रखने योग्य भावों में मैं मौन हूँ और ज्ञानवानों में साक्षात् के साथ मिलने वाली जानकारी, पूर्ण ज्ञान मैं हूँ।

यच्चापि सर्वभूतानां बीजं तदहमर्जुन।
न तदस्ति विना यत्स्यान्मया भूतं चराचरम् ॥ 10.39 ॥

भावार्थ– और हे अर्जुन! मैं समस्त सृष्टि का जनक बीज हूँ। ऐसा चर तथा अचर कोई भी प्राणी नहीं है, जो मेरे बिना हो, अर्थात् चर-अचर सब कुछ मैं ही हूँ।

नान्तोऽस्ति मम दिव्यानां विभूतीनां परन्तप।
एष तूद्देशतः प्रोक्तो विभूतेर्विस्तरो मया ॥ 10.40 ॥

भावार्थ– हे अर्जुन! मेरी दिव्य विभूतियों का कोई अन्त नहीं है। मैंने विभूतियों का जो विस्तार कहा है, यह तो केवल संक्षेप से नाम मात्र कहा है।

टिप्पणी– इस अध्याय में कुछ ही विभूतियों का स्पष्टीकरण किया गया है; क्योंकि अगले ही अध्याय में अर्जुन इन सबको देखना चाहता है। प्रत्यक्ष दर्शन से ही विभूतियाँ समझ में आती हैं। विचारधारा समझने के लिए इसी से थोड़ा अर्थ दिया गया।

यद्यद्विभूतिमत्सत्त्वं श्रीमदूर्जितमेव वा।
तत्तदेवावगच्छ त्वं मम तेजोंऽशसम्भवम् ॥ 10.41 ॥

भावार्थ– हे अर्जुन! जो-जो ऐश्वर्ययुक्त, शोभायुक्त और बलयुक्त प्राणी तथा पदार्थ है, उसको तुम मेरे ही तेज के अंश से उत्पन्न हुआ समझो।

टिप्पणी–वैसे तो ईश्वर सभी में है किन्तु विशेष विभूति वाला व्यक्ति अपनी योग्यता का अहंकार न कर ले, इसलिए यह श्लोक भगवान् ने चेतावनी की भाँति कहा है। सरल भाषा में इसका संदेश यह है कि विभूति ईश्वर की देन है।

अथवा बहुनैतेन किं ज्ञातेन तवार्जुन।
विष्टभ्याहमिदं कृत्स्नमेकांशेन स्थितो जगत् ॥ 10.42 ॥

भावार्थ– हे अर्जुन! मेरी विभूति के विषय में और अधिक विस्तृत ज्ञान की तुझे क्या आवश्यकता है? यह समझना पर्याप्त है कि इस सम्पूर्ण जगत् को व्याप्त करके स्थित हूँ, अर्थात् अनन्त ब्रह्माण्ड मेरे किसी एक अंश में है।

टिप्पणी– अर्जुन! मेरे बारे में बहुत जानने का तेरा क्या प्रयोजन है? मैं इस सम्पूर्ण जगत् को एक अंशमात्र से धारण करके स्थित हूँ। उपर्युक्त विभूतियों के

वर्णन का तात्पर्य यह नहीं है कि आप इन सभी वस्तुओं को पूजने लगें, बल्कि श्रीकृष्ण का आशय केवल इतना ही है कि इन सब ओर से श्रद्धा समेटकर केवल उन अविनाशी परमात्मा में लगावें। इतने से ही सब पूर्ण हो जाता है।

निष्कर्ष

इस अध्याय में श्रीकृष्ण ने कहा कि अर्जुन्! मैं तुझे पुनः उपदेश करूँगा क्योंकि तू मेरा अतिशय प्रिय है। पहले कह चुके हैं, फिर भी कहने जा रहे हैं क्योंकि पूर्तिपर्यन्त सद्गुरु से सुनने की आवश्यकता रहती है। मेरी उत्पत्ति को न देवता और न महर्षिगण ही जानते हैं क्योंकि मैं उनका भी आदि कारण हूँ। अव्यक्त स्थिति के पश्चात् भी सार्वभौम अवस्था को वही जानता है, जो हो चुका है। जो मुझे अजन्मा, अनादि और सम्पूर्ण लोकों के महान् ईश्वर को साक्षात्कारसहित जानता है, वही ज्ञानी है।

अर्जुन! मैं ही सबकी उत्पत्ति का कारण हूँ- ऐसा जो श्रद्धा से जान लेते हैं वे अनन्यभाव से मेरा चिन्तन करते हैं, निरन्तर मुझमें मन, बुद्धि और प्राणों से लगने वाले होते हैं, आपस में मेरा गुण-चिन्तन और मुझमें रमण करते हैं। उन निरन्तर मुझसे संयुक्त हुए पुरुषों को मैं योग में प्रवेश करानेवाली बुद्धि प्रदान करता हूँ। यह भी मेरी ही देन है। किस प्रकार बुद्धियोग देते हैं? तो अर्जुन! 'आत्मभावस्थ'- उनकी आत्मा में जाग्रत होकर खड़ा हो जाता हूँ और उनके हृदय में अज्ञान से उत्पन्न अन्धकार को ज्ञानरूपी दीपक से नष्ट करता हूँ।

अर्जुन ने प्रश्न किया कि भगवन्! आप परम पवित्र, सनातन, दिव्य, अनादि और सर्वत्र व्याप्त हैं- ऐसा महर्षिगण कहते हैं तथा वर्तमान में देवर्षि नारद, देवल, व्यास और आप भी वही कहते हैं। यह सत्य भी है कि आपको न देवता जानते हैं और न दानव, स्वयं आप जिसे जना दें वही जान पाता है। आप ही अपनी विभूतियों को कहने में समर्थ हैं। अतः जनार्दन! आप अपनी विभूतियों को विस्तार से कहिये। पूर्तिपर्यन्त इष्ट से सुनते रहने की उत्कण्ठा बनी रहनी चाहिए। आगे इष्ट के अन्तराल में क्या है, उसे साधक क्या जाने।

इस पर योगेश्वर श्रीकृष्ण ने एक-एक करके अपनी प्रमुख विभूतियों का लक्षण संक्षेप में बताया- जिनमें से कुछ तो योग-साधन में प्रवेश करने के साथ मिलने वाली अन्तरंग विभूतियों का चित्रण है और शेष कुछ समाज में ऋद्धियों-सिद्धियों के साथ पायी जानेवाली विभूतियों पर प्रकाश डाला और अन्त में उन्होंने बल देकर कहा- अर्जुन! बहुत कुछ जानने से तेरा क्या प्रयोजन है? इस संसार में जो

कुछ भी तेज और ऐश्वर्ययुक्त वस्तुएँ हैं, वह सब मेरे तेज के अंशमात्र में स्थित हैं। वस्तुतः मेरी विभूतियाँ अपार हैं। ऐसा कहते हुए योगेश्वर ने इस अध्याय का पटाक्षेप किया।

ॐ तत्सत्

अध्याय - 11

विश्वरूप दर्शन योग

पिछले अध्याय में योगेश्वर श्रीकृष्ण ने अपनी प्रमुख विभूतियों का संक्षिप्त विवरण प्रस्तुत किया। किन्तु अर्जुन को लगा कि उसने विस्तार से सुन लिया है। उसने कहा कि आपकी वाणी सुनने से मेरा सारा मोह समाप्त हो गया; किन्तु आपने जो कहा, उसे प्रत्यक्ष देखना चाहता हूँ। सुनने और देखने में पश्चिम और पूर्व का अन्तर है। चलकर देखने पर वस्तुस्थिति कुछ और ही होती है। अर्जुन ने उस रूप को देखा तो काँपने लगा, क्षमा याचना करने लगा। क्या ज्ञानी भयभीत होता है? क्या उसे कोई जिज्ञासा रह जाती है? नहीं, बौद्धिक स्तर की जानकारी सदैव धूमिल रहती है। हाँ, वह यथार्थ जानकारी के लिए प्रेरणा अवश्य देती है।

इस अध्याय में तीन मुख्य विषय हैं– (अ) दिव्य चक्षु, (आ) विश्वरूप, (इ) मत्कर्म का संदेश। इनका पारस्परिक सम्बन्ध इस प्रकार प्रकट किया जा सकता है–

(1) विश्वरूप का दर्शन करने के लिए दिव्य चक्षु अनिवार्य हैं।

(2) मत्कर्म की साधना करने से दिव्य चक्षु की प्राप्ति हो जाती है। मत्कर्म का सरल अर्थ है 'लोककल्याणार्थ कर्म'। मत्कर्म करनेवाले के लिए इस अध्याय में 'निमित्त मात्रं भव'- इन शब्दों का प्रयोग भी किया गया है जिनका तात्पर्य है कि वह कर्त्तापन के अहंकार से रहित होकर ईश्वर का कर्म पूरा करने में केवल निमित्त बना है। आदिशंकराचार्य के मतानुसार, इस अध्याय के अन्तिम श्लोक में गीतोपदेश का सार है और वह मत्कर्म पर आधारित है।

अर्जुन ने प्रश्न किया-

मदनुग्रहाय परमं गुह्यमध्यात्मसञ्ज्ञितम् ।
यत्त्वयोक्तं वचस्तेन मोहोऽयं विगतो मम ॥ 11.1 ॥

भावार्थ– हे कृष्ण! अपने मुझ पर कृपा करके जो परम गोपनीय अध्यात्मिक-विषयक वचन कहे, उससे मेरा मोह दूर हो गया है।

भवाप्ययौ हि भूतानां श्रुतौ विस्तरशो मया ।
त्वत्तः कमलपत्राक्ष माहात्म्यमपि चाव्ययम् ॥ 11.2 ॥

भावार्थ– अर्जुन ने कहा, हे कमलनयन, आपने प्राणी मात्र की उत्पत्ति और विनाश के क्रम का वर्णन किया और साथ ही यह भी बतलाया कि परिवर्तनशील सृष्टि का आधार-रूप अविनाशी ईश्वर-तत्त्व है।

एवमेतद्यथात्थ त्वमात्मानं परमेश्वर ।
द्रष्टुमिच्छामि ते रूपमैश्वरं पुरुषोत्तम ॥ 11.3 ॥

भावार्थ– हे परमेश्वर! आप अपने-आपको जैसा कहते हैं, यह ठीक वैसा ही है, इसमें कोई सन्देह नहीं है। किन्तु मैंने उसे केवल सुना है। अतः हे पुरुषोत्तम! उस ऐश्वर्ययुक्त स्वरूप को मैं प्रत्यक्ष देखना चाहता हूँ।

टिप्पणी– श्लोक 10.18 में अर्जुन ने ईश्वरीय विभूति के श्रवण की इच्छा प्रकट की थी और यहाँ ईश्वरीय रूप के दर्शन की इच्छा प्रकट की है। इन दो श्लोकों से यह संदेश मिलता है कि सात्त्विक बातों के लिए इच्छा का उत्पन्न होना निष्काम भावना के विरुद्ध नहीं है।

मन्यसे यदि तच्छक्यं मया द्रष्टुमिति प्रभो ।
योगेश्वर ततो मे त्वं दर्शयात्मानमव्ययम् ॥ 11.4 ॥

भावार्थ– हे प्रभु! हे योगेश्वर! यदि आप सोचते हैं कि मैं आपके विश्वरूप को देखने में समर्थ हो सकता हूँ, तो कृपा करके मुझे अपना अविनाशी स्वरूप दिखलाइये।

टिप्पणी– हे प्रभो! मेरे द्वारा आपका वह रूप देखा जाना सम्भव है, यदि आप ऐसा मानते हों, तो हे योगेश्वर! आप अपने अविनाशी स्वरूप का मुझे दर्शन कराइये। इस पर योगेश्वर ने कोई प्रतिवाद नहीं किया क्योंकि पहले भी वे स्थान-स्थान पर कह चुके हैं कि तू मेरा अनन्य भक्त और प्रिय सखा है।

श्रीकृष्ण ने कहा

पश्य मे पार्थ रूपाणि शतशोऽथ सहस्त्रशः ।
नानाविधानि दिव्यानि नानावर्णाकृतीनि च ॥ 11.5 ॥

भावार्थ– श्रीकृष्ण ने कहा- हे पार्थ! अब तुम मेरे ऐश्वर्य को, सैकड़ों-हजारों प्रकार के दैवी तथा विविध रंगों वाले अलौकिक रूपों को देखो।

टिप्पणी–भगवान् बोले, हे अर्जुन! तू मेरे ईश्वरीय रूप को देखना चाहता है तो पहले पहल मैं तुझे यह बतला दूँ कि मेरा रूप एक नहीं है क्योंकि सैकड़ों-हजारों रूप इसके अन्तर्गत हैं और वे रूप नाना प्रकार के हैं। दिव्य हैं, नाना वर्णों वाले हैं और नाना आकृतियों वाले हैं।

पश्यादित्यान्वसून्रुद्रानश्विनौ मरुतस्तथा ।
बहून्यदृष्टपूर्वाणि पश्याश्चर्याणि भारत ॥ 11.6 ॥

भावार्थ– हे भारत! अदिति के बारह पुत्रों, आठ वसुओं, एकादश रुद्रों, दोनों अश्विनीकुमारों और उनचास मरुद्‌गणों को देख तथा अन्य बहुत से जो पहले तुम्हारे द्वारा कभी न देखे हुए आश्चर्यजनक रूपों को देख।

इहैकस्थं जगत्कृत्स्नं पश्याद्य सचराचरम् ।
मम देहे गुडाकेश यच्चान्यद्द्रष्टुमिच्छसि ॥ 11.7 ॥

भावार्थ–भगवान् बोले, हे अर्जुन! चराचर सहित सम्पूर्ण जगत् को, एक जगह स्थित मेरे शरीर में तू अभी देख ले। इसके अतिरिक्त और भी जो कुछ तू देखना चाहेगा वह भी देख ले।

टिप्पणी– अर्जुन! अब मेरे इस शरीर में एक ही स्थान पर स्थित चराचर सहित सम्पूर्ण जगत् को देख तथा और भी जो कुछ देखना चाहता है, वह सभी देख। इस प्रकार तीनों श्लोकों तक भगवान लगातार दिखाते चले गये, लेकिन अर्जुन को कुछ दिखायी नहीं पड़ा (वह आँखें मलता रह गया)। अतः ऐसा दिखाते हुए भगवान सहसा रुक जाते हैं और कहते हैं-

दिव्य-चक्षु ईश्वरीय देन

न तु मां शक्यसे द्रष्टुमनेनैव स्वचक्षुषा ।
दिव्यं ददामि ते चक्षुः पश्य मे योगमैश्वरम् ॥ 11.8 ॥

भावार्थ– परन्तु तुम मुझे अपनी इन आँखों से देख ही नहीं सकता, इसलिए मैं तुम्हें दिव्य चक्षु दे रहा हूँ। इनके द्वारा तू मेरे ईश्वरीय रूप को देख।

टिप्पणी– अर्जुन! तू मुझे अपने नेत्रों द्वारा, अर्थात् बौद्धिक दृष्टि द्वारा देखने में समर्थ नहीं है। इसलिए मैं तुझे दिव्य, अर्थात् अलौकिक दृष्टि देता हूँ, जिससे तू मेरे प्रभाव और योगशक्ति को देख सकेगा।

इधर योगेश्वर श्रीकृष्ण के कृपा-प्रसाद से अर्जुन को वही दृष्टि प्राप्त हुई। उसने देखा और उधर योगेश्वर व्यास के कृपा-प्रसाद से वही दृष्टि संजय को मिली थी। जो कुछ अर्जुन ने देखा, अक्षरशः वही संजय ने भी देखा और उसके प्रभाव से अपने को कल्याण का भागी बनाया।

संजय ने कहा

एवमुक्त्वा ततो राजन्महायोगेश्वरो हरिः ।

दर्शयामास पार्थाय परमं रूपमैश्वरम् ॥ 11.9 ॥

भावार्थ– संजय ने धृतराष्ट्र से कहा, हे राजन्! इस प्रकार कहकर अर्जुन को दिव्य चक्षु देकर महायोगेश्वर श्रीकृष्ण ने अपना परम ऐश्वर्ययुक्त विराट्रूप दिखलाया।

टिप्पणी– संजय बोला- हे राजन्! महायोगेश्वर हरि ने इस प्रकार कहकर उसके उपरान्त पार्थ को अपना परम ऐश्वर्ययुक्त दिव्यस्वरूप दिखाया। जो स्वयं योगी हो और दूसरों को भी योग प्रदान करने की जिसमें क्षमता हो, जो योग का स्वामी हो, उसे योगेश्वर कहते हैं। उन्होंने पार्थ को अपना दिव्य स्वरूप दिखाया। सामने तो खड़े ही थे।

विश्वरूप का वर्णन

अनेकवक्त्रनयनमनेकाद्भुतदर्शनम् ।

अनेकदिव्याभरणं दिव्यानेकोद्यतायुधम् ॥ 11.10 ॥

दिव्यमाल्याम्बरधरं दिव्यगन्धानुलेपनम् ।

सर्वाश्चर्यमयं देवमनन्तं विश्वतोमुखम् ॥ 11.11 ॥

भावार्थ– अर्जुन ने उस विश्वरूप में असंख्य मुख, असंख्य नेत्र तथा असंख्य आश्चर्यमय दृश्य देखे। यह रूप अनेक दैवी आभूषणों से अलंकृत था और अनेक दैवी शस्त्र उठाये हुए था तथा जिनके गले में दिव्य मालाएँ है, जो अलौकिक वस्त्र पहने हुए हैं और उस पर अनेक दिव्य लेप था और उसमें सब प्रकार के आश्चर्यमय दृश्य दिखलाई दिये। ईश्वर का विराट् रूप अनन्त था और उसमें सब ओर मुख-ही-मुख दिखलाई दिये।

टिप्पणी– दिव्य चक्षु के द्वारा अर्जुन ने ईश्वर का विराट् स्वरूप देखा जो अनेक मुख और नेत्रों से युक्त था, जिसमें अनेक अद्भुत दृश्य थे, जो अनेक दिव्य आभूषणों से सुसज्जित था, जो दिव्य शस्त्रों को, मालाओं को और वस्त्रों को धारण किये हुए था। ईश्वर के विराट् शरीर पर दिव्य गन्धों का लेप था और उसमें सब प्रकार के आश्चर्यमय दृश्य दिखलाई दिये। ईश्वर का विराट् रूप अनन्त था और उसमें सब ओर मुख-ही-मुख दिखलाई दिये।

दिवि सूर्यसहस्रस्य भवेद्युगपदुत्थिता।
यदि भाः सदृशी सा स्याद्भासस्तस्य महात्मनः ॥ 11.12 ॥

भावार्थ– यदि आकाश में एक हजार सूर्यों के एक साथ प्रकट होने से जो प्रकाश हो सकता है, वह भी उस विश्वरूप परमात्मा के प्रकाश की अपेक्षा कम ही रहेगा।

टिप्पणी– संजय ने कहा हे राजन्! आकाश में एक साथ हजार सूर्यों के उदय होने से जितना प्रकाश होता है, वह भी विश्वरूप उन महात्मा (श्रीकृष्ण) के प्रकाश के समान नहीं है।

तत्रैकस्थं जगत्कृत्स्नं प्रविभक्तमनेकधा।
अपश्यद्देवदेवस्य शरीरे पाण्डवस्तदा ॥ 11.13 ॥

भावार्थ– उस समय अर्जुन भगवान् के विश्वरूप में एक ही स्थान पर स्थित हजारों भागों में विभक्त सम्पूर्ण ब्रह्माण्ड के अनन्त अंशों को देखा।

ततः स विस्मयाविष्टो हृष्टरोमा धनंजयः।
प्रणम्य शिरसा देवं कृतांजलिरभाषत ॥ 11.14 ॥

भावार्थ– भगवान् के विश्वरूप को देखकर अर्जुन को आश्चर्य का ठिकाना नहीं रहा। रोमांचित होकर, सिर से प्रणाम करते हुए अर्जुन ने हाथ जोड़कर विश्वरूप परमात्मा से बोले।

अर्जुन ने कहा

पश्यामि देवांस्तव देव देहे सर्वांस्तथा भूतविशेषसङ्घान्।
ब्रह्माणमीशं कमलासनस्थमृषींश्च सर्वानुरगांश्च दिव्यान् ॥ 11.15 ॥

भावार्थ– अर्जुन ने कहा, हे देव, आपके इस विराट् शरीर में मैं सम्पूर्ण देवताओं को तथा प्राणियों के विशेष-विशेष समुदायों को और कमलासन पर

बैठे हुए ब्रह्मा जी को, शंकर जी को, सम्पूर्ण ऋषियों को और दिव्य सर्पों को देख रहा हूँ।

टिप्पणी– हे देव! मैं आपके शरीर में सम्पूर्ण देवों को तथा अनेक भूतों के समुदायों को, कमल के आसन पर बैठे हुए ब्रह्मा को, महादेव को, सम्पूर्ण ऋषियों को तथा दिव्य सर्पों को देखता हूँ। यह प्रत्यक्ष दर्शन था, कोरी कल्पना नहीं। किन्तु ऐसा तभी सम्भव है, जब योगेश्वर, पूर्णत्व प्राप्त महापुरुष हृदय से दृष्टि प्रदान करें। यह साधनगम्य है।

अनेकबाहूदरवक्त्रनेत्रं पश्यामि त्वां सर्वतोऽनन्तरूपम्।
नान्तं न मध्यं न पुनस्तवादिं पश्यामि विश्वेश्वर विश्वरूप ॥ 11.16 ॥

भावार्थ– हे विश्व के स्वामी! मैं आपको अनेक हाथों, पेटों, मुखों और नेत्रों वाला तथा सब ओर से अनन्त रूपोंवाला देखता हूँ। हे विश्वरूप! न मैं आपके आदि को, न मध्य को और न अन्त को ही देख रहा हूँ।

किरीटिनं गदिनं चक्रिणं च तेजोराशिं सर्वतो दीप्तिमन्तम्।
पश्यामि त्वां दुर्निरीक्ष्यं समन्ताद्दीप्तानलार्कद्युतिमप्रमेयम् ॥ 11.17 ॥

भावार्थ– अर्जुन ने कहा, हे परमात्मन्, मैं आपको मुकुट, गदा और चक्र धारण किये हुए देख रहा हूँ। आपका रूप तेज का पुंज़ है और वह सब ओर से प्रकाशमान है, जिसकी ज्योति अग्नि और सूर्य के समान कान्ति वाले, नेत्रों के द्वारा कठिनता से देखे जाने योग्य और सब तरफ से अप्रमेय स्वरूप देख रहा हूँ।

टिप्पणी– मैं आपको मुकुटयुक्त, गदायुक्त, चक्रयुक्त, सब ओर से प्रकाशमान तेजपुंज स्वरूप, प्रज्वलित अग्नि और सूर्य के सदृश देखने में दुष्कर, अर्थात् कठिनाई से देखा जाने वाला और सब ओर से बुद्धि आदि से ग्रहण न हो सकने वाला अप्रमेय देखता हूँ। इस प्रकार सम्पूर्ण इन्द्रियों से पूर्णतया समर्पित होकर योगेश्वर श्रीकृष्ण को इस रूप में देखकर अर्जुन उनकी स्तुति करने लगा–

त्वमक्षरं परमं वेदितव्यं त्वमस्य विश्वस्य परं निधानम्।
त्वमव्ययः शाश्वतधर्मगोप्ता सनातनस्त्वं पुरुषो मतो मे ॥ 11.18 ॥

भावार्थ–अर्जुन ने कहा, हे विश्वेश्वर, आप ही जानने योग्य परब्रह्म परमात्मा हैं, आप ही इस सम्पूर्ण विश्व के परम आश्रय हैं, आप ही सनातन धर्म के रक्षक हैं और आप ही अविनाशी सनातन पुरुष हैं। ऐसा मैं मानता हूँ।

टिप्पणी– भगवन्! आप जानने योग्य परम अक्षर, अर्थात् अक्षय परमात्मा हैं, आप इस जगत् के परम आश्रय हैं, आप शाश्वत-धर्म के रक्षक हैं तथा आप

अविनाशी सनातन पुरुष हैं- ऐसा मुझे लगता है। आत्मा का स्वरूप क्या है? शाश्वत है, सनातन है, अव्यक्त रूप है, अविनाशी है। यहाँ श्रीकृष्ण का क्या स्वरूप है? वही शाश्वत, सनातन, अव्यय, अविनाशी, अर्थात् प्राप्ति के पश्चात् महापुरुष भी उसी आत्मभाव में स्थित होता है। तभी तो भगवान और आत्मा एक ही लक्षण वाले माने जाते हैं।

अनादिमध्यान्तमनन्तवीर्यमनन्तबाहुं शशिसूर्यनेत्रम् ।
पश्यामि त्वां दीप्तहुताशवक्त्रं स्वतेजसा विश्वमिदं तपन्तम् ॥ 11.19 ॥

भावार्थ– आपको मैं आदि, मध्य तथा अन्त से रहित, अनन्त प्रभावशाली, अनन्त भुजाओं वाले, चन्द्र और सूर्य रूप नेत्रों वाले, प्रज्ज्वलित अग्निरूप मुखों वाले और अपने तेज से इस संसार को तपाते हुए देख रहा हूँ।

टिप्पणी– हे परमात्मन्! मैं आपको आदि, मध्य और अन्त से रहित, अनन्त सामर्थ्य से युक्त, अनन्त हाथोंवाला (पहले हजारों थे, अब अनन्त हो गये), चन्द्रमा और सूर्यरूपी नेत्रों वाला तथा प्रज्वलित अग्निरूपी मुखवाला तथा अपने तेज से इस जगत् को तपाते हुए देखता हूँ।

द्यावापृथिव्योरिदमन्तरं हि व्याप्तं त्वयैकेन दिशश्च सर्वाः ।
दृष्ट्वाद्भुतं रूपमुग्रं तवेदं लोकत्रयं प्रव्यथितं महात्मन् ॥ 11.20 ॥

भावार्थ– हे महात्मन्! यह स्वर्ग और पृथ्वी के बीच का अन्तराल और सम्पूर्ण दिशाएँ एक आपसे ही परिपूर्ण हैं। आपके इस अद्‌भुत तथा भयानक रूप को देखकर तीनों लोक भयभीत हैं।

अमी हि त्वां सुरसङ्घा विशन्ति
केचिद्भीताः प्राञ्जलयो गृणन्ति ।
स्वस्तीत्युक्त्व महर्षिसिद्धसङ्घाः
स्तुवन्ति त्वां स्तुतिभिः पुष्कलाभिः ॥ 11.21 ॥

भावार्थ– वे देवताओं के समूह आपमें ही प्रवेश कर रहे हैं और कई तो भयभीत होकर हाथ जोड़े हुए आपके गुणों का कीर्तन कर रहे हैं। महर्षियों और सिद्धों के समुदाय स्वस्तिवाचन, अर्थात् 'कल्याण हो! मंगल हो!', ऐसा कहते हुए उत्तम-उत्तम स्तोत्रों द्वारा आपकी स्तुति कर रहे हैं।

रुद्रादित्या वसवो ये च साध्या विश्वेऽश्विनौ मरुतश्चोष्मपाश्च ।
गन्धर्वयक्षासुरसिद्धसङ्घा वीक्षन्ते त्वां विस्मिताश्चैव सर्वे ॥ 11.22 ॥

भावार्थ– ग्यारह रूद्र, बारह सूर्य, आठ वसु, सन्तजन, विश्वेदेव, अश्विनी कुमार, मरुद्गण, पितृगण, गन्धर्व, यक्ष, असुर, सिद्धपुरुष आदि सभी आश्चर्यपूर्वक आपको देख रहे हैं।

टिप्पणी– रुद्र, आदित्य, वसु, साध्य, विश्वेदेव, अश्विनीकुमार, वायुदेव और 'उष्मपा:'- ईश्वरीय ऊष्मा ग्रहण करनेवाले तथा गन्धर्व, यक्ष, राक्षस और सिद्धों के समुदाय सभी आश्चर्य से आपको देख रहे हैं, अर्थात् देखते हुए भी समझ नहीं पा रहे हैं? क्योंकि उनके पास वह दृष्टि ही नहीं है। श्रीकृष्ण ने पीछे बताया कि आसुरी स्वभाववाले मुझे तुच्छ कहकर सम्बोधित करते हैं, सामान्य मनुष्य-जैसा मानते हैं जबकि मैं परमभाव में, परमेश्वर रूप में स्थित हूँ। यद्यपि हूँ मनुष्य-शरीर के आधारवाला। उसी का विस्तार यहाँ है कि वे आश्चर्य से देख रहे हैं, यथार्थत: समझ नहीं पा रहे हैं- नहीं देखते हैं।

रूपं महत्ते बहुवक्त्रनेत्रं महाबाहो बहुबाहूरुपादम् ।
बहूदरं बहुदंष्ट्राकरालं दृष्ट्वा लोकाः प्रव्यथितास्तथाहम् ॥ 11.23 ॥

भावार्थ– हे महाबाहु! आपके इस अनेक मुख, नेत्र, बाहु, जंघा, पाँव, पेट तथा बहुत विकराल दाढ़ों वाले विराट रूप को देखकर देवतागण सहित सभी प्राणी व्यथित हो रहे है तथा मैं भी व्यथित हो रहा हूँ।

टिप्पणी– महाबाहु (श्रीकृष्ण महाबाहु हैं और अर्जुन भी। प्रकृति से परे महान् सत्ता में जिसका कार्यक्षेत्र हो, वह महाबाहु है।) योगेश्वर! आपके बहुत मुख और नेत्रोंवाले, बहुत हाथ, जंघा और पैरों वाले, बहुत उदरों वाले, अनेक विकराल दाढ़ों वाले महान् रूप को देखकर सब लोक व्याकुल हो रहे हैं तथा मैं भी व्याकुल हो रहा हूँ। अब अर्जुन आश्चर्यचकित हो रहा है कि श्रीकृष्ण इतने महान् हैं।

नभःस्पृशं दीप्तमनेकवर्णं,
व्यात्ताननं दीप्तविशालनेत्रम् ।
दृष्ट्वा हि त्वां प्रव्यथितान्तरात्मा,
धृतिं न विन्दामि शमं च विष्णो ॥ 11.24 ॥

भावार्थ– हे सर्वव्यापी विष्णु! नाना ज्योतिर्मय रंगों से युक्त आप आकाश को स्पर्श कर रहे हैं, मुख फैलाये तथा बड़ी-बड़ी चमकती आपकी आँखें देखकर भय से मेरा मन विचलित हो रहा है। मैं न तो धैर्य धारण कर पा रहा हूँ, न मानसिक सन्तुलन ही पा रहा हूँ।

दंष्ट्राकरालानि च ते मुखानि दृष्ट्वैव कालानलसन्निभानि।
दिशो न जाने न लभे च शर्म प्रसीद देवेश जगन्निवास ॥ 11.25 ॥

भावार्थ– हे देवेश! हे जगन्निवास! आप मुझ पर प्रसन्न हों। मैं इस प्रकार से आपके प्रलयाग्नि स्वरूप मुखों को तथा विकराल दाँतों को देखकर अपना सन्तुलन नहीं रख पा रहा। मुझे न तो दिशाओं का ज्ञान हो रहा है और न शान्ति ही मिल रही है।

अमी च त्वां धृतराष्ट्रस्य पुत्राः सर्वे सहैवावनिपालसङ्घैः।
भीष्मो द्रोणः सूतपुत्रस्तथासौ सहास्मदीयैरपि योधमुख्यैः ॥ 11.26 ॥

भावार्थ– हमारे पक्ष के मुख्य-मुख्य योद्धाओं सहित भीष्म पितामह, द्रोणाचार्य तथा वह कर्ण भी आपमें प्रविष्ट हो रहा है। राजाओं के समुदायों सहित धृतराष्ट्र के सब-के-सब पुत्र।

वक्त्राणि ते त्वरमाणा विशन्ति दंष्ट्राकरालानि भयानकानि।
केचिद्विलग्ना दशनान्तरेषु सन्दृश्यन्ते चूर्णितैरुत्तमाङ्गैः ॥ 11.27 ॥

भावार्थ– आपके विकराल दाढ़ों के कारण भयंकर मुखों में बड़ी तेजी से प्रविष्ट हो रहे हैं। उनमें से कई तो चूर्ण हुए सिरों सहित आपके दाँतों के बीच में फँसे हुए दीख रहें हैं।

टिप्पणी– धृतराष्ट्र के सारे पुत्र अपने समस्त सहायक राजाओं सहित तथा भीष्म, द्रोण, कर्ण एवं हमारे प्रमुख योद्धा भी आपके विकराल मुख में प्रवेश कर रहे हैं। उनमें से कुछ के सिरों को तो मैं आपके दाँतों के बीच चूर्णित हुआ देख रहा हूँ।

यथा नदीनां बहवोऽम्बुवेगाः समुद्रमेवाभिमुखा द्रवन्ति।
तथा तवामी नरलोकवीरा विशन्ति वक्त्राण्यभिविज्वलन्ति ॥ 11.28 ॥

भावार्थ– जिस प्रकार नदियों के बहुत से प्रवाह समुद्र की तरफ दौड़ते हैं, उसी प्रकार ये समस्त महान् योद्धा भी आपके प्रज्ज्वलित मुखों में प्रवेश कर रहे हैं।

टिप्पणी– जैसे नदियों के बहुत-से जल-प्रवाह (अपने में विकराल होते हुए भी) समुद्र की ओर दोड़ते हैं, समुद्र में प्रवेश करते हैं, ठीक उसी प्रकार वे शूरवीर मनुष्यों के समुदाय आपके प्रज्वलित मुखों में प्रवेश कर रहे हैं। अर्थात् वे अपने में शूरवीर तो हैं, लेकिन आप समुद्रवत् हैं। आपके समक्ष उनका बल तुच्छ है।

यथा प्रदीप्तं ज्वलनं पतङ्गा विशन्ति नाशाय समृद्धवेगाः ।
तथैव नाशाय विशन्ति लोकास्तवापि वक्त्राणि समृद्धवेगाः ॥ 11.29 ॥

भावार्थ– मैं समस्त लोगों को पूर्ण वेग से आपके मुख में उसी प्रकार प्रविष्ट होते देख रहा हूँ, जिस प्रकार पतंगे मोहवश अपना नाश करने के लिए प्रज्ज्वलित अग्नि में कूद पड़ते हैं।

लेलिह्यसे ग्रसमानः समन्ताल्लोकान्समग्रान्वदनैर्ज्वलद्भिः ।
तेजोभिरापूर्य जगत्समग्रं भासस्तवोग्राः प्रतपन्ति विष्णो ॥ 11.30 ॥

भावार्थ– हे विष्णु! मैं देखता हूँ कि आप अपने प्रज्ज्वलित मुखों से सभी दिशाओं से लोगों को निगले जा रहे हैं। आप सम्पूर्ण जगत् को अपने तेज से आपूरित करके अपनी विकराल झुलसाती किरणों सहित प्रकट हो रहे हैं।

टिप्पणी– आप उन समस्त लोकों को प्रज्वलित मुखों द्वारा सब ओर से निगलते हुए चाट रहे हैं, उनका आस्वादन कर रहे हैं। आपकी उग्र प्रभा सम्पूर्ण जगत् को अपने तेज से व्याप्त करके तपा रही है। तात्पर्य यह है कि पहले आसुरी सम्पद् परमतत्त्व में विलीन हो जाती है, उसके पश्चात् दैवी सम्पद् का कोई प्रयोजन नहीं रह जाता। इसलिए वह भी उसी स्वरूप में विलीन हो जाती है। अर्जुन ने देखा कि कौरव-पक्ष, तदनन्तर उसके अपने पक्ष के योद्धा श्रीकृष्ण के मुखों में विलीन होते जा रहे हैं।

आख्याहि मे को भवानुग्ररूपो नमोऽस्तु ते देववर प्रसीद ।
विज्ञातुमिच्छामि भवन्तमाद्यं न हि प्रजानामि तव प्रवृत्तिम् ॥ 11.31 ॥

भावार्थ– मुझे बताइये कि उग्र रूप वाले आप कौन हैं? हे देवों में श्रेष्ठ! आपको नमस्कार है, आप प्रसन्न हों। आदिस्वरूप! मैं आपको भली प्रकार जानना चाहता हूँ क्योंकि आपकी प्रवृत्ति को मैं भली'भाँति नहीं जानता हूँ।

कालोऽस्मि लोकक्षयकृत्प्रवृद्धो लोकान्समाहर्तुमिह प्रवृत्तः ।
ऋतेऽपि त्वां न भविष्यन्ति सर्वे येऽवस्थिताः प्रत्यनीकेषु योधाः
॥ 11.32 ॥

भावार्थ– भगवान् ने कहा- मैं सम्पूर्ण लोकों का नाश करने वाला बढ़ा हुआ काल हूँ और इस समय मैं इन सब लोगों का संहार करने के लिए यहाँ आया हूँ। तुम्हारे प्रतिपक्ष में जो योद्धा खड़े है, वे सब तुम्हारे युद्ध किये बिना भी नहीं रहेंगे।

श्रीकृष्ण ने कहा

तस्मात्त्वमुत्तिष्ठ यशो लभस्व जित्वा शत्रून्भुङ्क्ष्व राज्यं समृद्धम्।
मयैवैते निहताः पूर्वमेव निमित्तमात्रं भव सव्यसाचिन्॥ 11.33 ॥

भावार्थ– अतः उठो! युद्ध के लिए तैयार हो जाओ और यश प्राप्त करो तथा शत्रुओं को जीतकर सम्पन्न राज्य का भोग करो। ये सब मेरे द्वारा पहले ही मारे जा चुके हैं। हे सव्यसाची! तुम इनको मारने में केवल निमित्तमात्र बन जाओ।

टिप्पणी–भगवान् बोले, हे अर्जुन! विश्वरूप दर्शन के द्वारा मैं तुझे यह समझाना चाहता हूँ कि कर्मों का वास्तविक कर्त्ता तू नहीं, मैं हूँ। मैं ही दुष्टों का संहार करूँगा, लेकिन सामान्य लोग (जो दिव्य चक्षु से रहित हैं) ऐसा समझेंगे कि तूने यह कर्म किया। ईश्वरीय विधान को पूरा करने में तू निमित्त बन जा। अपना कर्त्तव्य पूरा कर लोग विजय का यश तुझे देंगे। किन्तु तू बिना आसक्ति और अहंकार के राज्य का भार सँभालना।

'निमित्तमात्रं भव'- यह कर्म करने की कला है- मन में ऐसा विश्वास रखना कि भगवान् मेरे द्वारा यह कर्म करवा रहा है, इसलिए निरहंकार भाव से अपने कर्त्तव्य को पूरा करना।

द्रोणं च भीष्मं च जयद्रथं च कर्णं तथान्यानपि योधवीरान्।
मया हतांस्त्वं जहि मा व्यथिष्ठा युध्यस्व जेतासि रणे सपत्नान्
॥ 11.34 ॥

भावार्थ– द्रोण, भीष्म, जयद्रथ, कर्ण तथा अन्य सभी योद्धा मेरे द्वारा मारे हुए शूरवीरों को तुम मारो। तुम तनिक भी विचलित न होओ। तुम केवल युद्ध करो। युद्ध में तुम अवश्य अपने शत्रुओं को परास्त करोगे।

टिप्पणी– इन द्रोण, भीष्म, जयद्रथ और कर्ण तथा अन्यान्य बहुत से मेरे द्वारा मारे गये शूरवीर योद्धाओं को तू मार। भय मत कर। संग्राम में बैरियों को तू निश्चित जीतेगा, इसलिए युद्ध करो। यहाँ भी योगेश्वर ने कहा कि ये मेरे द्वारा मारे हुए हैं, इन मरे हुए को तू मार। स्पष्ट किया कि मैं कर्त्ता हूँ, जबकि पाँचवें अध्याय के 13, 14 एवं 15वें श्लोक में उन्होंने कहा- भगवान् अकर्त्ता है। अठारहवें अध्याय में वे कहते हैं कि शुभ अथवा अशुभ प्रत्येक कार्य के होने में पाँच माध्यम हैं- अधिष्ठान, कर्त्ता, करण, चेष्टा और दैव। जो कहते हैं कि कैवल्यस्वरूप परमात्मा करते हैं वे अविवेकी हैं, यथार्थ नहीं जानते। अर्थात् भगवान् नहीं करते।

संजय ने कहा

एतच्छ्रुत्वा वचनं केशवस्य कृतांजलिर्वेपमानः किरीटी।
नमस्कृत्वा भूय एवाह कृष्णं सगद्गदं भीतभीतः प्रणम्य ॥ 11.35 ॥

भावार्थ–संजय ने धृतराष्ट्र से कहा, हे राजन्! जब अर्जुन ने भगवान् का यह संदेश सुना तो उसके मन में स्तुतिभाव और भी अधिक दृढ़ हो गया और बार-बार प्रणाम करके, गद्गद वाणी से भगवान् श्रीकृष्ण से बोला।

अर्जुन ने कहा

स्थाने हृषीकेश तव प्रकीर्त्या जगत्प्रहृष्यत्यनुरज्यते च।
रक्षांसि भीतानि दिशो द्रवन्ति सर्वे नमस्यन्ति च सिद्धसङ्घाः
॥ 11.36 ॥

भावार्थ– हे हृषीकेश! यह उचित ही है कि आपके नाम, गुण, लीला का कीर्तन करने से संसार हर्षित हो रहा है और अनुराग को प्राप्त हो रहा है। आपकी ही महिमा से भयभीत हुए राक्षस विभिन्न दिशाओं में भागते हैं और सब सिद्धगणों के समुदाय आपकी महिमा को देखकर नमस्कार करते हैं। यह सब होना उचित ही है।

कस्माच्च ते न नमेरन्महात्मन् गरीयसे ब्रह्मणोऽप्यादिकर्त्रे।
अनन्त देवेश जगन्निवास त्वमक्षरं सदसत्तत्परं यत् ॥ 11.37 ॥

भावार्थ– अर्जुन ने कहा, हे महात्मन्! गुरुओं के भी गुरु और ब्रह्मा के भी आदिकर्त्ता आपके लिए वे सिद्धगण नमस्कार क्यों न करें? हे देवेश, आप अनन्त हैं और जगत् को आश्रय देनेवाले हैं। आप अक्षर ब्रह्म हैं-सत्, असत् और उनसे परे। सन्त लोग आपको नमस्कार करके सन्मार्ग पर टिके रहने की प्रेरणा पाते हैं।

टिप्पणी– हे महात्मन्! ब्रह्मा के भी आदिकर्त्ता और सबसे बड़े, आपके लिए ये सब कैसे नमस्कार न करें क्योंकि हे अनन्त! हे देवेश! सत्, असत् और उनसे भी परे अक्षर, अर्थात् अक्षय स्वरूप आप ही हैं। अर्जुन ने अक्षय स्वरूप का प्रत्यक्ष दर्शन किया था। केवल बौद्धिक स्तर पर कल्पना करने या मान लेने मात्र से कोई ऐसी स्थिति नहीं मिलती, जो अक्षय हो। अर्जुन का प्रत्यक्ष दर्शन उसकी आन्तरिक अनुभूति है।

त्वमादिदेवः पुरुषः पुराणस्त्वमस्य विश्वस्य परं निधानम्।
वेत्तासि वेद्यं च परं च धाम त्वया ततं विश्वमनन्तरूप ॥ 11.38 ॥

भावार्थ– आप ही आदिदेव और सनातन पुरुष हैं। आप इस जगत् के परम आश्रय और जाननेवाले हैं, जानने योग्य हैं तथा परमधाम हैं। हे अनन्तस्वरूप! आपसे ही सम्पूर्ण संसार व्याप्त है।

वायुर्यमोऽग्निर्वरुणः शशाङ्कः प्रजापतिस्त्वं प्रपितामहश्च ।
नमो नमस्तेऽस्तु सहस्रकृत्वः पुनश्च भूयोऽपि नमो नमस्ते ॥ 11.39 ॥

भावार्थ– हे सर्वशक्तिमान्! लोकों का संचालन करने वाली शक्तियाँ- सब आपके ही अनेक रूप हैं, जैसे वायु, यम, अग्नि, वरुण, चन्द्र। आप ही प्रजापति हैं और आप ही ब्रह्मा जी के भी पिता हैं। सब शक्तियों और प्राणियों में स्थित आपको बारम्बार नमस्कार, हजार बार नमस्कार।

टिप्पणी– आप ही वायु, यमराज, अग्नि, वरुण, चन्द्रमा तथा प्रजा के स्वामी ब्रह्मा और ब्रह्मा के भी पिता हैं। आपको हजारों बार नमस्कार है। अतिशय श्रद्धा और भक्ति के कारण नमन करते हुए अर्जुन को तृप्ति नहीं हो रही है।

नमः पुरस्तादथ पृष्ठतस्ते नमोऽस्तु ते सर्वत एव सर्व ।
अनन्तवीर्यामितविक्रमस्त्वं सर्वं समाप्नोषि ततोऽसि सर्वः ॥ 11.40 ॥

भावार्थ– हे सर्वव्यापी! सब आपके ही रूप हैं इसलिए सबमें स्थित आपको नमस्कार, आपको आगे से नमस्कार हो, पीछे से नमस्कार हो, सब दिशाओं से नमस्कार हो। आपका सामर्थ्य अनन्त है, आपका पराक्रम अनन्त है। समस्त विश्व को आपने व्याप्त किया है। इसलिए आप ही सर्वरूप हैं।

सखेति मत्वा प्रसभं यदुक्तं हे कृष्ण हे यादव हे सखेति ।
अजानता महिमानं तवेदं मया प्रमादात्प्रणयेन वापि ॥ 11.41 ॥
यच्चावहासार्थमसत्कृतोऽसि विहारशय्यासनभोजनेषु ।
एकोऽथवाप्यच्युत तत्समक्षं तत्क्षामये त्वामहमप्रमेयम् ॥ 11.42 ॥

भावार्थ– आपको अपना सखा मानते हुए मैंने हठपूर्वक आपको हे कृष्ण! हे यादव, हे सखा जैसे सम्बोधनों से पुकारा है क्योंकि मैं आपकी महिमा को नहीं जानता था। मैंने मूर्खतावश या प्रेमवश जो कुछ भी किया है, कृपया उसके लिए मुझे क्षमा कर दें। यही नहीं, मैंने कई बार आराम करते समय, एक साथ लेटे हुए या साथ-साथ खाते या बैठे हुए, कभी अकेले तो कभी अनेक मित्रों के समक्ष आपका अनादर किया है। हे अच्युत! मेरे इन समस्त अपराधों को क्षमा करें।

पितासि लोकस्य चराचरस्य त्वमस्य पूज्यश्च गुरुर्गरीयान् ।
न त्वत्समोऽस्त्यभ्यधिकः कुतोऽन्यो लोकत्रयेऽप्यप्रतिमप्रभाव ॥ 11.43 ॥

भावार्थ– आप इस चराचर जगत् के पिता, गुरु से भी बड़े गुरु और अति पूजनीय हैं, जिसकी कोई प्रतिमा नहीं। ऐसे अप्रतिम प्रभाव वाले! आपके समान तीनों लोकों में दूसरा कोई नहीं है। फिर आपसे अधिक तो कोई हो ही कैसे सकता है।

तस्मात्प्रणम्य प्रणिधाय कायं प्रसादये त्वामहमीशमीड्यम् ।
पितेव पुत्रस्य सखेव सख्युः प्रियः प्रियायार्हसि देव सोढुम् ॥ 11.44 ॥

भावार्थ– अर्जुन ने कहा, हे आराधनीय प्रभो, मैं साष्टांग प्रणाम करके आपसे प्रार्थना करता हूँ कि आप मुझ पर प्रसन्न हों। जिस प्रकार पिता अपने पुत्र के, मित्र अपने मित्र के और पति जैसे पत्नी के अपमान सह लेता है, ऐसे ही हे देव! आप मेरे द्वारा किये गये अपमान सहने में, अर्थात् क्षमा करने में समर्थ है।

टिप्पणी– आप चराचर के पिता हैं, इसलिए मैं अपने शरीर को भली प्रकार आपके चरणों में रखकर, प्रणाम करके, स्तुति करने योग्य आप ईश्वर को प्रसन्न होने के लिए प्रार्थना करता हूँ। हे देव! पिता जैसे पुत्र के, सखा जैसे सखा के और पति जैसे प्रिय स्त्री के अपराधों को क्षमा करता है, वैसे ही आप भी मेरे अपराधों को सहन करने योग्य हैं। अपराध क्या था? हमने कभी हे यादव!, हे सखे!, हे कृष्ण! कहा था। समाज के बीच अथवा एकान्त में कहा था, भोजन के समय अथवा सोने के समय कहा था। क्या श्रीकृष्ण कहना अपराध था? काले थे ही, गोरे कैसे कहे जाते? यादव कहना भी अपराध नहीं था; क्योंकि यदुकुल में तो जन्म ही हुआ था। सखा कहना भी अपराध नहीं था; क्योंकि स्वयं श्रीकृष्ण भी अपने को अर्जुन का सखा मानते थे। जब कृष्ण कहना अपराध है, एक बार कृष्ण कहने के लिए अर्जुन अनन्त बार गिड़गिड़ाकर क्षमायाचना कर रहा है, तो जप किसका करेंगे?

अदृष्टपूर्वं हृषितोऽस्मि दृष्ट्वा भयेन च प्रव्यथितं मनो मे ।
तदेव मे दर्शय देवरूपं प्रसीद देवेश जगन्निवास ॥ 11.45 ॥

भावार्थ– पहले कभी न देखे गये आपके इस विराट रूप का दर्शन करके मैं हर्षित हो रहा हूँ और साथ-ही-साथ भय से मेरा मन व्यथित हो रहा है। अतः आप मुझ पर कृपा करें और हे देवेश! हे जगन्निवास! अपना पुरुषोत्तम भगवत् स्वरूप पुनः दिखाएँ।

टिप्पणी– अभी तक अर्जुन के समक्ष योगेश्वर विश्वरूप में हैं। अतः वह कहता है कि मैं पहले न देखे हुए आपके इस आश्चर्यमय रूप को देखकर हर्षित

हो रहा हूँ तथा मेरा मन भय से अति व्याकुल भी हो रहा है। पहले तो सखा समझता था, धनुर्विद्या में कदाचित् अपने को कुछ आगे ही पाता था; किन्तु अब प्रभाव देखकर भयभीत हो रहा है। पिछले अध्याय में प्रभाव सुनकर वह अपने को ज्ञानी मानता था। क्या ज्ञानी को कहीं भय होता है? वस्तुतः प्रत्यक्ष दर्शन का प्रभाव ही विलक्षण होता है। सब कुछ सुन और मान लेने के बाद भी सब कुछ चलकर जानना शेष ही रहता है। वह कहता है- पहले न देखे हुए आपके इस रूप को देखकर मैं हर्षित हो रहा हूँ।

किरीटिनं गदिनं चक्रहस्तमिच्छामि त्वां द्रष्टुमहं तथैव।
तेनैव रूपेण चतुर्भुजेन सहस्रबाहो भव विश्वमूर्ते ॥ 11.46 ॥

भावार्थ– मैं आपको वैसे ही मुकुटधारण किये हुए, हाथ में गदा और चक्र लिए हुए देखना चाहता हूँ। इसलिए हे सहस्रबाहो! हे विश्वमूर्ते! आप अपने उसी चतुर्भुज स्वरूप में होइए।

[**समीक्षात्मक टिप्पणी–** इस श्लोक से यह स्पष्ट होता है कि श्रीकृष्ण विष्णु के अवतार हैं। ऐसा अन्य देवताओं, महापुरुषों और मुनियों जैसे- राम, परशुराम और बुद्ध के बारे में भी कहा जाता है कि वे विष्णु के अवतार थे। ऐसा वैष्णव सम्प्रदाय के सन्तों ने अपनी सम्प्रदाय की श्रेष्ठता को स्थापित करने के लिए किया है। जब श्रीकृष्ण स्वयं परब्रह्म हैं, तो उन्हें विष्णु का अवतार होने की बात भ्रामक है। श्रीकृष्ण की महानता को कम कर आँकने के लिए उन्हें विष्णु का अवतार बताया गया है। विष्णु को तो कहीं पर भी परब्रह्म का दर्जा भी प्राप्त नहीं था। उन्हें तो ब्रह्मा और शिव के समतुल्य माना गया है। विष्णु के सम्बन्ध में बृहत जानकारी **विष्णु पुराण** में मिलती है, जिस ग्रन्थ के बारे में यह कहा जाता है कि इसकी रचना ईसा पूर्व 400-300 वर्ष के बीच हुई है। यह तो सर्वविदित है कि महाभारत की घटना विष्णु पुराण से हजारों वर्ष पहले की है तो ऐसी स्थिति में यही स्पष्ट होता है कि गीता में विष्णु से जुड़े श्लोक को बाद में जोड़ दिया गया है अथवा यह कहा जाये कि विष्णु सम्बन्धी श्लोक मूल गीता का हिस्सा नहीं है।]

श्री भगवान् ने कहा

मया प्रसन्नेन तवार्जुनेदं रूपं परं दर्शितमात्मयोगात्।
तेजोमयं विश्वमनन्तमाद्यं यन्मे त्वदन्येन न दृष्टपूर्वम् ॥ 11.47 ॥

भावार्थ– मैंने प्रसन्न होकर, आत्मयोग के द्वारा, तुझे विश्वरूप का दर्शन करवाया है, जो अत्यन्त श्रेष्ठ, तेजस्वरूप सबका आदि और अनन्त विश्वरूप है। जिसको तुम्हारे सिवाय पहले किसी ने नहीं देखा है ।

टिप्पणी– इस प्रकार अर्जुन की प्रार्थना सुनकर श्रीकृष्ण बोले- अर्जुन! मैंने अनुग्रहपूर्वक अपनी योगशक्ति के प्रभाव से अपना परम तेजोमय, सबका आदि और सीमारहित विश्वरूप तुझे दिखाया है, जिसे तेरे सिवाय दूसरे किसी ने पहले कभी नहीं देखा।

न वेदयज्ञाध्ययनैर्न दानैर्न च क्रियाभिर्न तपोभिरुग्रैः ।
एवंरूपः शक्य अहं नृलोके द्रष्टुं त्वदन्येन कुरुप्रवीर ॥ 11.48 ॥

भावार्थ– हे कुरुश्रेष्ठ! मनुष्य लोक में इस प्रकार के विश्वरूप वाला मैं न वेदों के पाठ से, न यज्ञों के अनुष्ठान से, न शास्त्रों के अध्ययन से, न दान से, न तप से और न मात्र क्रियाओं से तेरे सिवाय और किसी के द्वारा देखा जा सकता हूँ।

टिप्पणी– अर्जुन! इस मनुष्यलोक में इस प्रकार विश्वरूपवाला मैं न वेद से, न यज्ञ से, न अध्ययन से, न दान से, न क्रिया से, न उग्र तप से और न तेरे सिवाय किसी अन्य से देखे जाने को सम्भव हूँ। अर्थात् तेरे सिवाय यह रूप अन्य कोई देख नहीं सकता। भगवान् श्रीकृष्ण कहते हैं, अर्जुन! राग, भय और क्रोध से रहित अनन्य मन से मेरी शरण हुए बहुत से लोग ज्ञानरूपी तप से पवित्र होकर साक्षात् मेरे स्वरूप को प्राप्त हो चुके हैं।

मा ते व्यथा मा च विमूढभावो दृष्ट्वा रूपं घोरमीदृङ्ममेदम् ।
व्यपेतभीः प्रीतमनाः पुनस्त्वं तदेव मे रूपमिदं प्रपश्य ॥ 11.49 ॥

भावार्थ– हे अर्जुन! विश्वरूप को देखकर तुझे व्यथा और मूढ़-भाव का अनुभव हुआ। किन्तु अब तू उससे मुक्त हो जा और प्रसन्न-भाव से मेरे शंख-चक्र-गदा-पद्म युक्त इस चतुर्भुज रूप को अच्छी तरह से देख ले।

संजय ने कहा

इत्यर्जुनं वासुदेवस्तथोक्त्वा स्वकं रूपं दर्शयामास भूयः ।
आश्वासयामास च भीतमेनं भूत्वा पुनः सौम्यवपुर्महात्मा ॥ 11.50 ॥

भावार्थ– संजय ने धृतराष्ट्र से कहा- अर्जुन से इस प्रकार कहने के बाद भगवान् श्रीकृष्ण ने अपना चतुर्भुज रूप प्रकट किया और अन्त में दो भुजाओं वाला अपना रूप प्रदर्शित करके भयभीत अर्जुन को आश्वासन दिया।

अर्जुन ने कहा

दृष्ट्वेदं मानुषं रूपं तव सौम्यं जनार्दन।
इदानीमस्मि संवृत्तः सचेताः प्रकृतिं गतः ॥ 11.51 ॥

भावार्थ– हे जनार्दन! आपके इस सौम्य मनुष्य रूप को देखकर मैं स्थिर-चित्त हो गया हूँ और अपनी स्वाभाविक मनोदशा में आ गया हूँ।

भावार्थ– अर्जुन ने कहा आपके इस अत्यन्त शान्त मनुष्य रूप को देखकर अब मैं प्रसन्नचित्त हुआ अपने स्वभाव को प्राप्त हो गया हूँ। अर्जुन ने कहा था, भगवन्! अब आप मुझे उसी चतुर्भुज स्वरूप का दर्शन कराइये। योगेश्वर ने कराया भी; किन्तु अर्जुन ने जब देखा तो क्या पाया? 'मानुषं रूपं' मनुष्य के रूप को देखा। वस्तुतः प्राप्ति के पश्चात् महापुरुष ही चतुर्भुज और अनन्तभुज कहलाते हैं। दो भुजावाला महापुरुष तो अनुरागी के समक्ष बैठा ही है; किन्तु अन्यत्र कहीं से कोई स्मरण करता है तो वही महापुरुष उस स्मरणकर्त्ता से जाग्रत (रथी) होकर उसका भी मार्गदर्शन करता है। 'भुजा' स्वरूप है।

श्री भगवान् ने कहा

सुदुर्दर्शमिदं रूपं दृष्टवानसि यन्मम।
देवा अप्यस्य रूपस्य नित्यं दर्शनकांक्षिणः ॥ 11.52 ॥

भावार्थ– मेरे इस चतुर्भुज रूप का दर्शन बहुत दुर्लभ है। देवता भी इस रूप के दर्शन के लिए सदा लालायित रहते हैं।

टिप्पणी– श्रीकृष्ण ने कहा- अर्जुन! मेरा यह रूप अति दुर्लभ है, जैसा कि तूने देखा है; क्योंकि देवता भी सदा इस रूप के दर्शन की इच्छा रखते हैं। वस्तुतः सभी लोग सन्त को पहचान ही नहीं पाते हैं। किसी-किसी पुण्यात्मा को आकाशवाणी होती है कि ये सद्गुरु हैं। जिन्होंने उसे हृदय से पकड़ा, उनके स्वरूप को पाया और अपनी गति पा ली । यही श्रीकृष्ण कहते हैं कि जिनके हृदय में दैवी सम्पद् जाग्रत है, वे देवता भी सदा इस रूप के दर्शन की आकांक्षा रखते हैं।

नाहं वेदैर्न तपसा न दानेन न चेज्यया।
शक्य एवंविधो द्रष्टुं दृष्टवानसि मां यथा ॥ 11.53 ॥

भावार्थ– न वेदों से, न तप से, न दान से और न यज्ञ से मैं इस प्रकार देखा जाने को सुलभ हूँ, जिस प्रकार तूने देखा है। तब क्या आपको देख पाने का कोई उपाय नहीं है? वे महात्मा कहते हैं, एक उपाय है-

भक्त्या त्वनन्यया शक्य अहमेवंविधोऽर्जुन।
ज्ञातुं द्रष्टुं च तत्त्वेन प्रवेष्टुं च परन्तप॥ 11.54॥

भावार्थ– हे अर्जुन! केवल अनन्य भक्ति द्वारा मुझे उस रूप में समझा जा सकता है, जिस रूप में मैं तुम्हारे समक्ष खड़ा हूँ और इसी प्रकार मेरा साक्षात् दर्शन भी किया जा सकता है। केवल इसी विधि से तुम मेरे ज्ञान के रहस्य को पा सकते हो।

टिप्पणी– हे श्रेष्ठ तपवाले अर्जुन! अनन्य भक्ति के द्वारा, अर्थात् सिवाय मेरे अन्य किसी देवता का स्मरण न करते हुए, अनन्य श्रद्धा से तो मैं इस प्रकार प्रत्यक्ष देखने के लिए, तत्त्व से साक्षात् जानने के लिए तथा प्रवेश करने के लिए भी सुलभ हूँ। अर्थात् उनकी प्राप्ति का एकमात्र सुगम माध्यम अनन्य भक्ति है। अन्त में ज्ञान भी अनन्य भक्ति में परिणत हो जाता है। जैसा कि पीछे अध्याय सात में द्रष्टव्य है। पीछे उन्होंने कहा कि तेरे सिवाय न कोई देख सका है और न कोई देख सकेगा, जबकि यहाँ कहते हैं कि अनन्य भक्ति से न केवल मुझे देखा जा सकता है अपितु साक्षात् जाना और मुझमें प्रवेश भी पाया जा सकता है। अर्थात् अर्जुन अनन्य भक्त का नाम है, एक अवस्था का नाम है।

मत्कर्म का सन्देश

मत्कर्मकृन्मत्परमो मद्भक्तः सङ्गवर्जितः।
निर्वैरः सर्वभूतेषु यः स मामेति पाण्डव॥ 11.55॥

भावार्थ– हे पाण्डव! जो मेरे लिए ही कर्म करने वाला, मेरे ही परायण और जो मेरा भक्त है, जो सर्वथा आसक्ति रहित और जो किसी भी प्राणी से वैर-भाव नहीं रखता-वह भक्त मुझे प्राप्त होता है।

टिप्पणी–(1) आदि शंकराचार्य के मतानुसार इस श्लोक में गीता का सार है। मत्कर्म का सरल अर्थ है 'लोक कल्याणार्थ कर्म'। भगवान् ने मत्कर्म का सन्देश श्लोक (9.34) में दिया था। श्लोक 11.55 में फिर से उसी संदेश को देने का तात्पर्य यह है कि मत्कर्म करनेवाले को दिव्य-चक्षु की प्राप्ति भी हो जाती है (जिसका उल्लेख श्लोक 11.8 में किया गया था)।

निष्कर्ष

इस अध्याय के आरम्भ में अर्जुन ने कहा- भगवन्! आपकी विभूतियों को मैंने विस्तार से सुना, जिससे मेरा मोह समाप्त हो गया, अज्ञान का शमन हो गया; लेकिन जैसा आपने बताया कि मैं सर्वत्र हूँ, इसे मैं प्रत्यक्ष देखना चाहता हूँ। यदि

मेरे द्वारा देखना सम्भव हो, तो कृपया उसी स्वरूप को दिखाइये। अर्जुन प्रिय सखा था, अनन्य सेवक था। अतएव योगेश्वर श्रीकृष्ण ने कोई प्रतिवाद न कर तुरन्त दिखाना प्रारम्भ किया कि अब मेरे ही अन्दर खड़े सप्तर्षि और उनसे भी पूर्व होने वाले ऋषियों को देख, ब्रह्मा और विष्णु को देख, सर्वत्र फैले मेरे तेज को देख, मेरे ही शरीर में एक स्थान पर खड़े तू चराचर जगत् को देखा, किन्तु अर्जुन आँखें मलता ही रह गया। इसी प्रकार योगेश्वर श्रीकृष्ण तीन श्लोकों तक अनवरत दिखाते गये, लेकिन अर्जुन को कुछ भी दिखायी नहीं पड़ा। सभी विभूतियाँ योगेश्वर में उस समय थीं, किन्तु अर्जुन को वे सामान्य मनुष्य- जैसे ही दिखायी पड़ रहे थे। तब इस प्रकार दिखाते-दिखाते योगेश्वर श्रीकृष्ण सहसा रुक जाते हैं और कहते हैं- अर्जुन! इन आँखों से तू मुझे नहीं देख सकता। अपनी बुद्धि से तू मुझे परख नहीं सकता। लो, अब मैं तुझे वह दृष्टि देता हूँ, जिससे तू मुझे देख सकेगा। भगवान् तो सामने खड़े ही थे। अर्जुन ने देखा, वास्तव में देखा। देखने के पश्चात् क्षुद्र त्रुटियों के लिए क्षमायाचना करने लगा, जो वास्तव में त्रुटियाँ नहीं थीं। उदाहरण के लिए; भगवन्! कभी मैंने आपको कृष्ण, यादव और कभी सखा कह दिया था, इसके लिए आप मुझे क्षमा करें। श्रीकृष्ण ने क्षमा किया और अर्जुन की प्रार्थना स्वीकार कर वे सौम्य स्वरूप में आ गये तथा धीरज बँधाया।

वस्तुतः कृष्ण कहना अपराध नहीं था। वे साँवले थे ही, गोरे कैसे कहलाते। यदुवंश में जन्म हुआ ही था। श्रीकृष्ण स्वयं भी अपने को सखा मानते ही थे। वास्तव में प्रत्येक साधक महापुरुष को पहले ऐसा ही समझते हैं। कुछ उन्हें रूप और आकार से सम्बोधित करते हैं, कुछ उनकी वृत्ति से उन्हें पुकारते हैं और कुछ उन्हें अपने ही समकक्ष मानते हैं, उनके यथार्थ स्वरूप को नहीं समझते। उनके अचिन्त्य स्वरूप को अर्जुन ने समझा तो पाया कि ये न तो काले हैं और न गोरे, न किसी कुल के हैं और न किसी के साथी ही हैं। इनके समान कोई है ही नहीं, तो सखा कैसा? बराबर कैसा? यह तो अचिन्त्य स्वरूप हैं। जिसे यह स्वयं दिखा दें, वही इन्हें देख पाता है। अतः अर्जुन ने अपनी प्रारम्भिक भूलों के लिए क्षमा याचना की।

अर्जुन ने प्रार्थना की कि चतुर्भुज रूप में दर्शन दीजिये। श्रीकृष्ण ने उसी सौम्य स्वरूप को धारण किया। अर्जुन ने कहा- भगवन्! आपके इस सौम्य मानव स्वरूप को देखकर अब मैं प्रकृतिस्थ हुआ। माँगा था चतुर्भुज रूप, दिखाया 'मानुषं रूपं'। वास्तव में शाश्वत में प्रवेश वाला योगी शरीर से यहाँ बैठा है, बाहर दो हाथों से कार्य करता है और साथ ही अन्तरात्मा से जाग्रत होकर जहाँ से भी

जो भाविक स्मरण करते हैं, एकसाथ सर्वत्र उनके हृदय से जाग्रत होकर प्रेरक के रूप में कार्य करता है। हाथ उसके कार्य का प्रतीत है, यही चतुर्भुज है।

श्रीकृष्ण ने कहा- अर्जुन! तेरे सिवाय मेरे इस रूप को न कोई देख सका है और न भविष्य में कोई देख सकेगा। तब गीता तो हमारे लिए व्यर्थ है। किन्तु नहीं, योगेश्वर कहते हैं- एक उपाय है। जो मेरा अनन्य भक्त है, मेरे सिवाय जो दूसरे किसी का स्मरण न करके निरन्तर मेरा ही चिन्तन करनेवाला है, उसकी अनन्य भक्ति के द्वारा मैं प्रत्यक्ष देखने को (जैसा तूने देखा है), तत्त्व से जानने को और प्रवेश करने को भी सुलभ हूँ। अन्त में श्रीकृष्ण ने कहा- अर्जुन! मेरे द्वारा निर्दिष्ट कर्म को कर, मेरा अनन्य भक्त होकर कर, मेरी शरण होकर कर।

ॐ तत्सत्

अध्याय - 12

भक्ति योग

एकादश अध्याय के अन्त में श्रीकृष्ण ने बार-बार बल दिया कि मेरा यह स्वरूप जिसे तूने देखा, तेरे सिवाय न पहले कभी देखा है और न भविष्य में कोई देख सकेगा। मैं न तप से, न यज्ञ से और न दान से ही देखे जाने को सुलभ हूँ। लेकिन अनन्य भक्ति के द्वारा, अर्थात् मेरे अतिरिक्त अन्यत्र कहीं श्रद्धा बिखरने न पाये, निरन्तर मेरे चिन्तन के द्वारा ठीक इसी प्रकार जैसा तूने देखा, मैं प्रत्यक्ष दिखने के लिए सुलभ हूँ। अतः अर्जुन! निरन्तर मेरा ही चिन्तन कर, भक्त बन। अर्जुन! तू मेरे ही द्वारा निर्धारित किये गये कर्म को कर। 'मत्परमः'- अपितु मेरे परायण होकर कर। अनन्य भक्ति ही उनकी प्राप्ति का माध्यम है। इस पर अर्जुन का प्रश्न स्वाभाविक है कि जो अव्यक्त अक्षर की उपासना करते हैं और जो सगुण आपकी उपासना करते हैं, इन दोनों में श्रेष्ठ कौन है?

यहाँ इस प्रश्न को अर्जुन ने तीसरी बार उठाया है। अध्याय तीन में उसने कहा- भगवन्! यदि निष्काम कर्मयोग की अपेक्षा सांख्ययोग आपको श्रेष्ठ मान्य है, तो आप मुझे भयंकर कर्मों में क्यों लगाते हैं? इस पर श्रीकृष्ण ने कहा- अर्जुन! निष्काम कर्ममार्ग अच्छा लगे चाहे ज्ञानमार्ग, दोनों ही दृष्टियों से कर्म तो करना ही पड़ेगा। इतने पर भी जो इन्द्रियों को हठ से रोककर मन से विषयों का स्मरण करता है वह दम्भाचारी है, ज्ञानी नहीं। अतः अर्जुन! तू कर्म कर। कौन-सा कर्म करे?, तो 'नियतं कुरु कर्म त्वम्'- निर्धारित किये हुए कर्म को कर। निर्धारित कर्म क्या है? तो बताया- यज्ञ की प्रक्रिया ही एकमात्र कर्म है। यज्ञ की विधि को बताया, जो आराधना-चिन्तन की विधि-विशेष है, परम में प्रवेश दिलाने वाली प्रक्रिया है। जब निष्काम कर्ममार्ग और ज्ञानमार्ग दोनों में ही कर्म करना है,

यज्ञार्थ कर्म करना है, क्रिया एक ही है तो अन्तर कैसा? भक्त कर्मों का समर्पण करके इष्ट के आश्रित होकर यज्ञार्थ कर्म में प्रवृत्त होता है, तो दूसरा सांख्ययोगी अपनी शक्ति को समझकर (अपने भरोसे) उसी कर्म में प्रवृत्त होता है, पूरा श्रम करता है।

अध्याय पाँच में अर्जुन ने पुनः प्रश्न किया- भगवन्! आप कभी सांख्य-माध्यम से कर्म करने की प्रशंसा करते हैं, तो कभी समर्पण-माध्यम से निष्काम कर्मयोग की प्रशंसा करते हैं- इन दोनों में श्रेष्ठ कौन है? यहाँ तक अर्जुन समझ चुका है कि कर्म दोनों दृष्टियों से करना होगा, फिर भी दोनों में श्रेष्ठ मार्ग वह चुनना चाहता है। श्रीकृष्ण ने कहा- अर्जुन! दोनों ही दृष्टियों से कर्म में प्रवृत्त होने वाले मुझको ही प्राप्त होते हैं; किन्तु सांख्यमार्ग की अपेक्षा निष्काम कर्म मार्ग श्रेष्ठ है। निष्काम कर्मयोग का अनुष्ठान किये बिना न कोई योगी होता है और न ज्ञानी। सांख्ययोग दुष्कर है, उसमें कठिनाइयाँ अधिक हैं।

यहाँ तीसरी बार अर्जुन ने यही प्रश्न रखा कि- भगवन्! आपमें अनन्य भक्ति से लगने वाले और अव्यक्त अक्षर की उपासना से (सांख्यमार्ग से) लगने वाले, इन दोनों में श्रेष्ठ कौन है?

इस अध्याय में तीन मुख्य विषयों से सम्बन्धित विवेचन है-

(अ) कर्मयोग के मार्ग पर चलने वालों के लिए साकार भक्ति और निराकार उपासना-इन दोनों में श्रेष्ठतर क्या है? (आ) कर्मयोग और भक्तियोग की सम्मिलित साधना के लिए कौन-सी विधि सुगम है? (इ) कर्मयोगी भक्त के लक्षण। गीता ने यह स्पष्ट किया है कि भक्तियोग कोई अलग मार्ग नहीं है-यह कर्मयोग का ही अंग है। कर्मयोगी भक्त का अर्थ है आध्यात्मिक पूर्णता को प्राप्त करनेवाला व्यक्ति जिसका वर्णन भिन्न-भिन्न नामों से अध्याय 2, 5, 6 में भी हो चुका है ।

अर्जुन ने पूछा

एवं सततयुक्ता ये भक्तास्त्वां पर्युपासते।
ये चाप्यक्षरमव्यक्तं तेषां के योगवित्तमाः ॥ 12.1 ॥

भावार्थ– जो भक्त आपकी सेवा में सदैव तत्पर रहते हैं, या जो अव्यक्त निर्विशेष ब्रह्म की उपासना करते हैं, इन दोनों में से किसे अधिक पूर्ण (सिद्ध) माना जाये?

टिप्पणी– अर्जुन ने कहा, हे भगवन् अभी आपने मत्कर्म करनेवाले, अर्थात् कर्मयोग के साथ-साथ भक्ति (साकार रूप की भक्ति) करने वाले व्यक्तियों का वर्णन किया। इनके अतिरिक्त वे व्यक्ति भी हैं जो कर्मयोग के साथ-साथ अव्यक्त (निराकार) ब्रह्म की उपासना करते हैं। आपके मतानुसार इन दोनों में श्रेष्ठतर कौन है। सरल भाषा में अर्जुन का प्रश्न यह है कि कर्मयोग के मार्ग पर चलनेवालों के लिए 'साकार भक्ति' और 'निराकार उपासना'-इन दोनों में श्रेष्ठतर क्या है?

साकार-निराकार भक्ति

श्री भगवान् ने कहा

मय्यावेश्य मनो ये मां नित्ययुक्ता उपासते।
श्रद्धया परयोपेतास्ते मे युक्ततमा मताः ॥ 12.2 ॥

भावार्थ– जो भक्त मुझमें गन लगाकर परम श्रद्धा और भक्ति से युक्त होकर मुझ परब्रह्म परमेश्वर के साकार रूप की उपासना करते हैं, वे मेरे मत से श्रेष्ठ योगी हैं।

ये त्वक्षरमनिर्देश्यमव्यक्तं पर्युपासते।
सर्वत्रगमचिन्त्यं च कूटस्थमचलं ध्रुवम् ॥ 12.3 ॥
सन्नियम्येन्द्रियग्रामं सर्वत्र समबुद्धयः।
ते प्राप्नुवन्ति मामेव सर्वभूतहिते रताः ॥ 12.4 ॥

भावार्थ– परन्तु जो मनुष्य अपनी इन्द्रियों को वश में करके तथा सबों के प्रति समभाव रखकर परम सत्य की निराकार कल्पना के अन्तर्गत उस अव्यक्त ब्रह्म की उपासना करते हैं, जो इन्द्रियों की अनुभूति के परे हैं, सर्वव्यापी हैं, अकल्पनीय हैं, अपरिवर्तनीय हैं, अचल तथा ध्रुव हैं, वे समस्त लोगों के कल्याण में संलग्न रहकर मुझे ही प्राप्त करते हैं।

टिप्पणी– श्रीकृष्ण कहते हैं कि अब मैं दूसरे प्रकार के (अर्थात् निराकार) उपासकों के प्रति अपना मत प्रकट करता हूँ। वे अव्यक्त ब्रह्म की उपासना करते हैं जो सर्वत्र व्यापक है, अविनाशी है, निराकार हैं। वे अपनी इन्द्रियों पर संयम रखते हैं, सब प्राणियों के प्रति समदृष्टि अपनाते हैं और सबका भला करने में लगे रहते हैं। वे भी मुझे ही प्राप्त करते हैं।

क्लेशोऽधिकतरस्तेषामव्यक्तासक्तचेतसाम्।
अव्यक्ता हि गतिर्दुःखं देहवद्भिरवाप्यते ॥ 12.5 ॥

भावार्थ– हे अर्जुन! निराकार ब्रह्म की साधना में कष्ट अधिक होता है क्योंकि देहधारियों द्वारा निराकार की गति कठिनता से प्राप्त होती है।

ये तु सर्वाणि कर्माणि मयि संन्यस्य मत्पराः ।
अनन्येनैव योगेन मां ध्यायन्त उपासते ॥ 12.6 ॥
तेषामहं समुद्धर्ता मृत्युसंसारसागरात् ।
भवामि नचिरात्पार्थ मय्यावेशितचेतसाम् ॥ 12.7 ॥

भावार्थ– जो भक्त मुझको ही अपना परम लक्ष्य मानते हुए अपने सारे कर्मों को मुझमें अर्पित करके तथा अविचलित भाव से मेरी भक्ति करते हुए मेरी पूजा करते हैं और अपने चित्तों को मुझ पर स्थिर करके निरन्तर मेरा ध्यान करते हैं, उन भक्तों का हे पार्थ! मैं शीघ्र ही मृत्युरूपी संसार सागर से उद्धार कर देता हूँ।

टिप्पणी– जो मेरे परायण होकर सम्पूर्ण कर्मों, अर्थात् आराधना को मुझमें अर्पण करके अनन्यभाव से योग, अर्थात् आराधना-प्रक्रिया के द्वारा निरन्तर चिन्तन करते हुए भजते हैं, केवल मुझमें चित्त लगाने वाले उन भक्तों का मैं शीघ्र ही मृत्युरूपी संसार-सागर से उद्धार करनेवाला होता हूँ। इस प्रकार चित्त लगाने की प्रेरणा और विधि पर योगेश्वर प्रकाश डालते हैं-

मय्येव मन आधत्स्व मयि बुद्धिं निवेशय ।
निवसिष्यसि मय्येव अत ऊर्ध्वं न संशयः ॥ 12.8 ॥

भावार्थ– तुम मुझ में ही अपने चित्त को स्थिर करो और अपनी सारी बुद्धि मुझमें लगाओ। इस प्रकार तुम निस्सन्देह मुझमें सदैव वास करोगे।

टिप्पणी– इसलिए अर्जुन! तू मुझमें मन लगा, मुझमें ही बुद्धि लगा। इसके उपरान्त तू मुझमें ही निवास करेगा, इसमें कुछ भी संशय नहीं है। मन और बुद्धि भी न लगा सके, तब? (अर्जुन ने पीछे कहा भी है कि मन को रोकना तो मैं वायु की तरह दुष्कर समझता हूँ) इस पर योगेश्वर श्रीकृष्ण कहते हैं-

कर्मयोग एवं भक्तियोग की सम्मिलित साधना

अथ चित्तं समाधातुं न शक्नोषि मयि स्थिरम् ।
अभ्यासयोगेन ततो मामिच्छाप्तुं धनंजय ॥ 12.9 ॥

भावार्थ– हे अर्जुन! यदि तुम अपने मन को मुझमें अचलभाव से स्थित करने में असमर्थ हो तो हे धनंजय! तुम पूजा-पाठ आदि के अभ्यास के द्वारा मुझे प्राप्त करने की इच्छा से प्रयत्न करो।

टिप्पणी– यदि तू मन को मुझमें अचल स्थापित करने में समर्थ नहीं है, तो हे अर्जुन! योग के अभ्यास द्वारा मुझे प्राप्त होने की इच्छा कर। (जहाँ भी चित्त जाये, वहाँ से घसीटकर उसे आराधना, चिन्तन-क्रिया में लगाने का नाम अभ्यास है) यदि यह भी न कर पाये तो?-

अभ्यासेऽप्यसमर्थोऽसि मत्कर्मपरमो भव।
मदर्थमपि कर्माणि कुर्वन्सिद्धिमवाप्स्यसि ॥ 12.10 ॥

भावार्थ– यदि तुम अभ्यास करने में भी स्वयं को असमर्थ पाता है, तो मेरे लिए अपने कर्त्तव्य कर्मों को पालन करो, मेरे लिए कर्मों को करता हुआ भी तू सिद्धि को प्राप्त हो जायेगा ।

टिप्पणी– यदि तू अभ्यास में भी असमर्थ है तो केवल मेरे लिए कर्म कर, अर्थात् आराधना करने में तत्पर हो जा। इस प्रकार मेरी प्राप्ति के लिए कर्मों को करता हुआ तू मेरी प्राप्तिरूपी सिद्धि को ही प्राप्त होगा। अर्थात् अभ्यास भी पार न लगे तो साधना-पथ में लगे भर रहो।

अथैतदप्यशक्तोऽसि कर्तुं मद्योगमाश्रितः।
सर्वकर्मफलत्यागं ततः कुरु यतात्मवान् ॥ 12.11 ॥

भावार्थ– हे अर्जुन! यदि तुम इसे करने में भी असमर्थ है तो मुझ पर निर्भर रहकर, मन इन्द्रियों को वश में करके सब कर्मों के फल की इच्छा का त्याग कर।

टिप्पणी– यदि इसे भी करने में असमर्थ है तो सम्पूर्ण कर्मों के फल का त्याग कर, अर्थात् लाभ-हानि की चिन्ता छोड़कर 'मद्योग' के आश्रित होकर, अर्थात् समर्पण के साथ आत्मवान् महापुरुष की शरण में जा। उनसे प्रेरित होकर कर्म स्वतः होने लगेगा। समर्पण के साथ कर्मफल के त्याग का महत्त्व बताते हुए योगेश्वर श्रीकृष्ण कहते हैं-

श्रेयो हि ज्ञानमभ्यासाज्ज्ञानाद्ध्यानं विशिष्यते।
ध्यानात्कर्मफलत्यागस्त्यागाच्छान्तिरनन्तरम् ॥ 12.12 ॥

भावार्थ– अभ्यास से शास्त्रों का ज्ञान श्रेष्ठ है, शास्त्रज्ञान से ध्यान श्रेष्ठ है और ध्यान से भी श्रेष्ठ है सब कर्म फलों की इच्छा का त्याग क्योंकि त्याग से तत्काल परम शान्ति की प्राप्ति होती है।

टिप्पणी– केवल चित्त को रोकने के अभ्यास से ज्ञानमार्ग से कर्म में प्रवृत्त होना श्रेष्ठ है। ज्ञान-माध्यम से कर्म को कार्य रूप देने की अपेक्षा ध्यान श्रेष्ठ है;

क्योंकि ध्यान में इष्ट रहता ही है। ध्यान से भी सम्पूर्ण कर्मों के फल का त्याग श्रेष्ठ है, चूँकि इष्ट के प्रति समर्पण के साथ ही योग पर दृष्टि रखते हुए कर्मफल का त्याग करने से उसके योगक्षेम की जिम्मेदारी इष्ट की हो जाती है। इसलिए इस त्याग से वह तत्काल ही परमशान्ति को प्राप्त हो जाता है।

अभी तक योगेश्वर श्रीकृष्ण ने बताया कि अव्यक्त की उपासना करने वाले ज्ञानमार्गी से समर्पण के साथ कर्म करनेवाला निष्काम कर्मयोगी श्रेष्ठ है। दोनों एक ही कर्म करते हैं, लेकिन ज्ञानमार्गी के पथ में व्यवधान अधिक हैं। उसके लाभ-हानि की जिम्मेदारी स्वयं पर रहती है, जबकि समर्पित भक्त की जिम्मेदारी महापुरुष पर होती है, इसलिए वह कर्मफल-त्याग द्वारा शीघ्र ही शान्ति को प्राप्त होता है।

कर्मयोगी भक्त के लक्षण

अद्वेष्टा सर्वभूतानां मैत्रः करुण एव च ।
निर्ममो निरहंकारः समदुःखसुखः क्षमी ॥ 12.13 ॥
सन्तुष्टः सततं योगी यतात्मा दृढनिश्चयः ।
मय्यर्पितमनोबुद्धिर्यो मद्भक्तः स मे प्रियः ॥ 12.14 ॥

भावार्थ– जो मनुष्य सब प्राणियों के प्रति मित्र भाव वाला है, दयालु है, ममता और अहंकार से रहित, सुख और दुःख में सम, क्षमाशील और निरन्तर सन्तुष्ट है; जो अपने मन और इन्द्रियों को वश में करके मुझ में दृढ़निश्चय होकर अपने मन और बुद्धि को मुझे अपर्ण करके सदा मेरा ही ध्यान करता है, वह भक्त मुझे प्रिय है।

टिप्पणी– हे अर्जुन! कर्मयोगी भक्त किसी भी प्राणी से द्वेष नहीं करता, वह सबका मित्र होता है और सबके साथ दया का व्यवहार करता है। वह 'मैं और मेरा'-ऐसी संकुचित भावना से ऊपर उठकर लोककल्याणार्थ कर्म करता है। वह सुख-दुःख की प्राप्ति में समत्वबुद्धि रखता है। क्षमा करना उसका स्वभाव बन जाता है। जीवन निर्वाह के लिए जो प्राप्त हो जाये उसी से वह सन्तुष्ट रहता है। वह कर्मयोग का पालन करते हुए संयममय मर्यादित जीवन व्यतीत करता है और अपने मार्ग से भटकता नहीं। वह अपने मन, बुद्धि और कर्म को मुझे अर्पित करता है। इस प्रकार का कर्मयोगी भक्त मुझे प्रिय होता है।

इस प्रकार शान्ति को प्राप्त हुआ जो पुरुष सब भूतों में द्वेषभाव से रहित, सबका प्रेमी और हेतुरहित दयालु है और जो ममता से रहित, अहंकार से रहित,

सुख-दु:ख की प्राप्ति में सम तथा क्षमावान् है, जो निरन्तर योग की पराकाष्ठा से संयुक्त है, लाभ तथा हानि में सन्तुष्ट है, मन तथा इन्द्रियोंसहित शरीर को वश में किये हुए है, दृढ़-निश्चयवाला है, वह मुझमें अर्पित मन-बुद्धिवाला मेरा भक्त मुझे प्रिय है।

यस्मान्नोद्विजते लोको लोकान्नोद्विजते च यः।
हर्षामर्षभयोद्वेगैर्मुक्तो यः स च मे प्रियः ॥ 12.15 ॥

भावार्थ– हे अर्जुन! जिससे कोई भी प्राणी उद्विग्न नहीं होता और वह स्वयं भी किसी से उद्विग्न नहीं होता। हर्ष, ईर्ष्या, भय आदि विकारों से रहित है, वह मुझे प्रिय है।

अनपेक्षः शुचिर्दक्ष उदासीनो गतव्यथः।
सर्वारम्भपरित्यागी यो मद्भक्तः स मे प्रियः ॥ 12.16 ॥

भावार्थ– हे अर्जुन! जो भक्त किसी से कुछ नहीं चाहता, वह बाहर-भीतर से पवित्र है और पक्षपात से रहित, सुखी और सभी कर्मों में अनासक्त है, वैसा भक्त मुझे प्रिय है।

टिप्पणी– जो पुरुष आकांक्षाओं से रहित, सर्वथा पवित्र है, 'दक्षः'- अर्थात् आराधना का विशेषज्ञ है (ऐसा नहीं कि चोरी या किसी गलत काम में दक्ष है। श्रीकृष्ण के अनुसार कर्म एक ही है, नियत कर्म- आराधना-चिन्तन, उसमें जो दक्ष है), जो पक्ष-विपक्ष से परे है, दु:खों से मुक्त है, सभी आरम्भों का त्यागी वह मेरा भक्त मुझे प्रिय है। करने योग्य कोई क्रिया उसके द्वारा आरम्भ होने के लिए शेष नहीं रहती।

यो न हृष्यति न द्वेष्टि न शोचति न कांक्षति।
शुभाशुभपरित्यागी भक्तिमान्यः स मे प्रियः ॥ 12.17 ॥

भावार्थ– जो न किसी से द्वेष करता है, न सुख में हर्षित होता है, न दु:ख में शोक करता है, जो न कामना करता है तथा जो शुभ और अशुभ दोनों कर्मों के फलों का त्याग करने वाला है, ऐसा भक्त मुझे प्रिय है।

टिप्पणी– हे अर्जुन! कर्मयोगी भक्त हर्ष-द्वेष आदि द्वन्द्वों से मुक्त होता है। वह कामनाएँ नहीं रखता, इसलिए शोक करने की भी उसे आवश्यकता नहीं होती। उसे न शुभ कर्मों के अच्छे फल (स्वर्ग) का लालच है, न अशुभ कर्मों के बुरे फल (नरक) का भय है। इस प्रकार का कर्मफल-त्यागी मुझे प्रिय होता है।

जो न कभी हर्षित होता है, न द्वेष करता है, न शोक करता है, न कामना ही करता है तथा जो शुभ और अशुभ सम्पूर्ण कर्मों के फल का त्यागी है, जहाँ कोई शुभ विलग नहीं है, अशुभ शेष नहीं है, भक्ति की इस पराकाष्ठा से युक्त वह पुरुष मुझे प्रिय है।

समः शत्रौ च मित्रे च तथा मानापमानयोः।
शीतोष्णसुखदुःखेषु समः संगविवर्जितः ॥ 12.18 ॥
तुल्यनिन्दास्तुतिर्मौनी संतुष्टो येन केनचित्।
अनिकेतः स्थिरमतिर्भक्तिमान्मे प्रियो नरः ॥ 12.19 ॥

भावार्थ– जो शत्रु और मित्र, मान और अपमान में सम है, सर्दी और गर्मी तथा सुख और दुःख में सम है; जो आसक्ति रहित है और जो निन्दा और स्तुति को समान समझने वाला है, जो कम बोलता है, जो कुछ हो उसी में सन्तुष्ट है, जिसे स्थान में आसक्ति नहीं है तथा स्थिर बुद्धिवाला है, वह भक्त मुझे प्रिय है।

टिप्पणी– हे अर्जुन! कर्मयोगी भक्त शत्रु-मित्र के प्रति समदृष्टि रखता है तथा मान-अपमान से प्रभावित नहीं होता। शीत-उष्ण, सुख-दुःख आदि द्वन्द्वों के प्रति उसकी समत्व बुद्धि रहती है। कर्मफल की आसक्ति उसे छू नहीं सकती, निन्दा-स्तुति उसे विचलित नहीं कर सकती। वह मित-भाषी होता है, अर्थात् थोड़े शब्दों में अपने विचार प्रकट करता है। जीवन-निर्वाह के लिए जो भी मिल जाये उसी से वह सन्तुष्ट रहता है। वह अपने रहने के स्थान में ममता और आसक्ति से रहित होता है। ऐसे कर्मयोगी भक्त को स्थिर मति या स्थितप्रज्ञ भी कह सकते हैं, और मुझे वह प्रिय होता है।

जो पुरुष शत्रु और मित्र में, मान तथा अपमान में सम है, जिसके अन्तःकरण की वृत्तियाँ सर्वथा शान्त हैं, जो सर्दी-गर्मी, सुख-दुःखादि द्वन्द्वों में सम और आसक्ति रहित है तथा जो निन्दा तथा स्तुति को समान समझने वाला है, मननशीलता की चरम सीमा पर पहुँचकर जिसकी मनसहित इन्द्रियाँ शान्त हो चुकी हैं, जिस किसी प्रकार शरीर-निर्वाह होने में जो सदैव सन्तुष्ट है, जो अपने निवास-स्थान में ममता से रहित है, भक्ति की पराकाष्ठा पर पहुँचा हुआ वह स्थिरबुद्धिवाला पुरुष मुझे प्रिय है।

ये तु धर्म्यामृतमिदं यथोक्तं पर्युपासते।
श्रद्दधाना मत्परमा भक्तास्तेऽतीव मे प्रियाः ॥ 12.20 ॥

भावार्थ– हे अर्जुन! जो श्रद्धावान भक्त मुझे ही अपना परम लक्ष्य मानकर इस धर्ममय अमृत का जैसा कहा है, वैसा ही भलीभाँति सेवन करते हैं, वे मुझे अत्यन्त प्रिय हैं।

निष्कर्ष

अर्जुन ने प्रश्न किया कि- भगवन्! अनन्यभाव से जो आपका चिन्तन करते हैं और दूसरे वे जो अक्षर अव्यक्त की उपासना करते हैं, इन दोनों में उत्तम कौन है? योगेश्वर श्रीकृष्ण ने बताया कि दोनों मुझे ही प्राप्त होते हैं; क्योंकि मैं अव्यक्त स्वरूप हूँ। किन्तु जो इन्द्रियों को वश में रखते हुए मन को सब ओर से समेटकर अव्यक्त परमात्मा में आसक्त हैं, उनके पथ में क्लेश विशेष हैं। जब तक देह का अध्यास (भान) है, तब तक अव्यक्त स्वरूप की प्राप्ति दु:खपूर्ण है; क्योंकि अव्यक्त स्वरूप तो चित्त के निरोध और विलयकाल में मिलेगा। उसके पूर्व उसका शरीर ही बीच में बाधक बन जाता है। 'मैं हूँ, मैं हूँ', 'मुझे पाना है'- कहते-कहते अपने शरीर की ही ओर घूम जाता है। उसके लड़खड़ाने की अधिक सम्भावना है। अत: अर्जुन! तू सम्पूर्ण कर्मों को मुझमें अर्पण करके अनन्य भक्ति से मेरा चिन्तन कर। जो मेरे परायण भक्तजन सम्पूर्ण कर्मों को मुझमें अर्पण करके मानव शरीरधारी मुझ सगुण योगी के रूप का निरन्तर चिन्तन करते हैं, उनका मैं शीघ्र ही संसार-सागर से उद्धार करने वाला हो जाता हूँ। अत: भक्तिमार्ग श्रेष्ठ है।

अर्जुन! मुझमें मन को लगा। मन न लगे तो भी लगाने का अभ्यास कर। जहाँ भी चित्त जाये, पुन: घसीटकर उसका निरोध कर। यह भी करने में असमर्थ है तो तू कर्म कर। कर्म एक ही है, यज्ञार्थ कर्म। तू कार्यम् कर्म करता भर जा, दूसरा न कर। उतना ही कर, पार लगे चाहे न लगे। यदि यह भी करने में असमर्थ है तो स्थितप्रज्ञ, आत्मवान्, तत्त्वज्ञ महापुरुष की शरण होकर सम्पूर्ण कर्मफलों का त्याग कर। ऐसा त्याग करने से तू परमशान्ति को प्राप्त करेगा।

परमशान्ति को प्राप्त हुए भक्त के लक्षण बताते हुए योगेश्वर श्रीकृष्ण ने कहा- जो सम्पूर्ण भौतिक जगत में द्वेषभाव से रहित है, जो करूणा से युक्त और दयालु है, ममता और अहंकार से रहित है, वह भक्त मुझे प्रिय है। जो ध्यान-योग में निरन्तर तत्पर और आत्मवान्, आत्मस्थित है, वह भक्त मुझे प्रिय है। जिससे न किसी को उद्वेग प्राप्त होता है और स्वयं भी जो किसी से उद्वेग को प्राप्त नहीं होता, ऐसा भक्त मुझे प्रिय है। सम्पूर्ण कामनाओं का त्यागी और शुभाशुभों का पार

पानेवाला भक्त मुझे प्रिय है। जो निन्दा और स्तुति में समान और मौन है, मनसहित जिसकी इन्द्रियाँ शान्त और मौन हैं, जो किसी भी प्रकार शरीर-निर्वाह में सन्तुष्ट और रहने के स्थान में ममता से रहित है, शरीर-रक्षा में भी जिसकी आसक्ति नहीं है, ऐसा स्थितिप्रज्ञ भक्तिमान् पुरुष मुझे प्रिय है।

ॐ तत्सत्

अध्याय - 13

क्षेत्र-क्षेत्रज्ञ विभाग योग

शरीर को क्षेत्र कहा गया है- जैसे खेत में बीज बोने से पौधा उत्पन्न होता है, वैसे ही शरीर द्वारा किये गये कर्म का कर्म-फल होता है। क्षेत्रज्ञ का सरल अर्थ है 'आत्मा', जो परमात्मा का ही अंश है। इस अध्याय के आरम्भिक भाग में (क्षेत्र की परिभाषा बतलाने के बाद) ज्ञान की परिभाषा को एक नया व्यापक रूप दिया है। इस सम्बन्ध में दो बातों की ओर ध्यान आकृष्ट किया गया है- (अ) ज्ञान को पूर्णत्व मिलता है 'क्षेत्र तथा क्षेत्रज्ञ' दोनों को जानने से। (आ) ज्ञान प्राप्ति की पहचान है- 20 सद्गुणों को ग्रहण करना। अध्याय के शेष भाग में क्षेत्रज्ञ, अर्थात् आत्मा (परमात्मा) से सम्बन्धित विवेचन है जिसका मुख्य संदेश यह है कि बाहरी रूप से भिन्न-भिन्न दिखलाई देने पर भी प्राणीमात्र में एकत्व-भाव है क्योंकि परमात्मा एक है।

[**समीक्षात्मक टिप्पणी–** अधिकांश गीता के विद्वान, दर्शनशास्त्री एवं इतिहासकार यही मानते हैं कि अध्याय 13-18 तक मूल गीता का हिस्सा नहीं है, विद्वानों ने इन्हें बाद में जोड़ दिया है। यह इस बात से भी स्पष्ट होता है कि अध्याय 13 सांख्यदर्शन पर आधारित है, जिसके प्रणेता आचार्य कपिल माने जाते हैं। साथ में यह भी सर्वविदित है कि कपिल ने कभी भी भगवान् की बात नहीं की। बाद में कपिल मुनि के शिष्यों ने भगवान में आस्था बताकर सांख्यदर्शन को एक आस्तिक दर्शन बनाया। ऐसी स्थिति में सांख्यदर्शन पर आधारित विचार गीता में रखना स्वाभाविक रूप से संशय उत्पन्न करता है। कम-से-कम यह तो प्रमाणित होता ही है कि इसे बाद में जोड़ा गया है। श्रीकृष्ण के समय तो कपिल थे ही नहीं, तो उनकी चर्चा श्रीकृष्ण कैसे करेंगे?]

श्रीकृष्ण ने कहा

इदं शरीरं कौन्तेय क्षेत्रमित्यभिधीयते।
एतद्यो वेत्ति तं प्राहुः क्षेत्रज्ञ इति तद्विदः ॥ 13.1 ॥

भावार्थ– हे अर्जुन! इस शरीर को क्षेत्र नाम से पुकारते हैं और शरीर (क्षेत्र) को जो जानता है, उसे ज्ञानी लोग क्षेत्रज्ञ नाम से पुकारते हैं।

टिप्पणी– जैसे खेत (क्षेत्र) में बोये हुए बीज का उसके अनुरूप फल, समय पर प्रकट होता है, उसी प्रकार शरीर के द्वारा किये गये कर्म का फल समय पर प्रकट होता है, इसलिए शरीर को क्षेत्र कहते हैं।

क्षेत्रज्ञं चापि मां विद्धि सर्वक्षेत्रेषु भारत।
क्षेत्रक्षेत्रयोर्ज्ञानं यत्तज्ज्ञानं मतं मम ॥ 13.2 ॥

भावार्थ– हे अर्जुन! सम्पूर्ण क्षेत्रों में क्षेत्रज्ञ तुम मुझे ही जानो और क्षेत्र-क्षेत्रज्ञ का जो ज्ञान है, मेरे मत से वही ज्ञान है।

टिप्पणी– हे अर्जुन! तू सब क्षेत्रों में क्षेत्रज्ञ मुझे समझो, अर्थात् मैं क्षेत्रज्ञ हूँ। जो इस क्षेत्र को जानता है, वह क्षेत्रज्ञ है- ऐसा उसे साक्षात् जानने वाले महापुरुष कहते हैं और श्रीकृष्ण कहते हैं कि- मैं भी क्षेत्रज्ञ हूँ, अर्थात् श्रीकृष्ण भी एक योगेश्वर ही थे। क्षेत्र और क्षेत्रज्ञ, अर्थात् विकार सहित प्रकृति और पुरुष को तत्त्व से जानना ही ज्ञान है, ऐसा मेरा मत है। अर्थात् साक्षात्कार सहित इनकी जानकारी का नाम ज्ञान है। कोरी बहस का नाम ज्ञान नहीं है।

इस श्लोक में भगवान् ने 'ज्ञान' की परिभाषा को व्यापक रूप दिया है। साधारणतया आत्म-ज्ञान को ज्ञान कहते हैं, किन्तु यहाँ भगवान् कहते हैं कि भौतिक ज्ञान और आत्म-ज्ञान-दोनों मिलकर ज्ञान कहलाते हैं।

समाज में पृथक्-भाव-क्षेत्र के माध्यम से

शरीर क्षेत्र है और ब्रह्माण्ड में प्रकृति को भी क्षेत्र कहा जाता है। सातवें अध्याय में संक्षिप्त रूप से प्रकृति के 8 तत्त्वों का उल्लेख किया गया था। यहाँ प्रकृति के 24 तत्त्वों का वर्णन होगा-श्लोक 13.5 में।

तत्क्षेत्रं यच्च यादृक् च यद्विकारि यतश्च यत्।
स च यो यत्प्रभावश्च तत्समासेन मे शृणु ॥ 13.3 ॥

भावार्थ– अब तुम मुझसे यह सब संक्षेप में सुनो कि क्षेत्र क्या है? यह किस प्रकार बना है? इसमें क्या परिवर्तन होते हैं? यह कहाँ से उत्पन्न होता है? इस क्षेत्र को जानने वाला कौन है और उसके क्या प्रभाव हैं?

टिप्पणी– वह क्षेत्र जैसा है और जिन विकारों वाला है तथा जिस कारण से हुआ है तथा वह क्षेत्रज्ञ भी जो है और जिस प्रभाववाला है, वह सब मुझसे संक्षेप में सुन। अर्थात् क्षेत्र विकारवाला है, किसी कारण से हुआ है, जबकि क्षेत्रज्ञ केवल प्रभाववाला है। मैं ही कहता हूँ- ऐसी बात नहीं है, ऋषि भी कहते हैं-

ऋषिभिर्बहुधा गीतं छन्दोभिर्विविधैः पृथक् ।
ब्रह्मसूत्रपदैश्चैव हेतुमद्भिर्विनिश्चितैः ॥ 13.4 ॥

भावार्थ– हे अर्जुन! क्षेत्र और क्षेत्रज्ञ के विषय में ऋषियों द्वारा अनेक प्रकार से बताया गया है, विविध वेदमन्त्रों ने विभाग पूर्वक उसे स्पष्ट किया है और तर्क द्वारा निश्चित किये गये ब्रह्मसूत्र ने उसे सैद्धान्तिक रूप से समझाया है।

टिप्पणी– यह क्षेत्र और क्षेत्रज्ञ का तत्त्व ऋषियों द्वारा बहुत प्रकार से गायन किया गया है। नाना प्रकार से वेदों की मन्त्रों द्वारा विभाजित करके भी कहा गया है तथा विशेष रूप से निश्चित किये हुए युक्तियुक्त ब्रह्मसूत्र के वाक्यों द्वारा भी वही कहा गया है। अर्थात् वेदान्त, महर्षि, ब्रह्मसूत्र और हम एक ही बात कहने जा रहे हैं। श्रीकृष्ण वही कहते हैं, जो इन सबने कहा है। क्या शरीर (क्षेत्र) इतना ही है, जितना दिखायी देता है? अगले श्लोक में प्रकृति के 24 तत्त्वों का उल्लेख है जो सांख्यदर्शन के अनुरूप है, इसलिए सांख्य के मूल ऋषि कपिल का नाम हमने भावार्थ में लिखा है।

महाभूतान्यहंकारो बुद्धिरव्यक्तमेव च ।
इन्द्रियाणि दशैकं च पञ्च चेन्द्रियगोचराः ॥ 13.5 ॥

भावार्थ– क्षेत्र (प्रकृति) के 24 तत्त्व होते हैं–5 महाभूत (पृथ्वी, जल, अग्नि, वायु, आकाश), 10 इंन्द्रियाँ, 1 मन, 5 इंद्रियों के विषय (देखना, सूँघना, सुनना, चखना, छूना), 3 (मूल प्रकृति, बुद्धि, अहंकार)।

टिप्पणी– अर्जुन! पंच महाभूत (क्षिति, जल, पावक, गगन और समीर), अहंकार, बुद्धि और चित्त (चित्त का नाम न लेकर उसे अव्यक्त परा प्रकृति कहा गया, अर्थात् मूल प्रकृति पर प्रकाश डाला गया है, जिसमें परा प्रकृति भी सम्मिलित है, उपर्युक्त आठों अष्टधा मूल प्रकृति है) तथा दस इन्द्रियाँ (आँख, कान, नाम, त्वचा, जिह्वा, वाक्, हाथ, पैर, उपस्थ तथा गुदा), एक मन और पाँच इन्द्रियों के विषय (रूप, रस, गन्ध, शब्द और स्पर्श) तथा इन तत्त्वों की भिन्न-भिन्न मात्राओं के कारण प्राणी-प्राणी में भेद होता है जो पृथक्-भाव को उत्पन्न करता है।

इच्छा द्वेषः सुखं दुःखं सङ्घातश्चेतना धृतिः ।
एतत्क्षेत्रं समासेन सविकारमुदाहृतम् ॥ 13.6 ॥

भावार्थ– हे अर्जुन! समाज में पृथक्-भाव (विकार) को बढ़ानेवाली मानसिक वृत्तियाँ भी क्षेत्र के अन्तर्गत हैं, जैसे- इच्छा, द्वेष, सुख-दुःख की अनुभूति आदि।

टिप्पणी– इच्छा, द्वेष, सुख, दुःख और सबका समूह स्थूल देह का यह पिण्ड, चेतना और धैर्य- इस प्रकार यह क्षेत्र विकारों सहित संक्षेप में कहा गया। संक्षेप में यही क्षेत्र का स्वरूप है, जिसमें बोया हुआ भला और बुरा बीज संस्कारों के रूप में उगता है। शरीर ही क्षेत्र है। शरीर किस चीज़ से बना है? तो यही पाँच तत्त्व, दस इन्द्रियाँ, एक मन इत्यादि- जैसा लक्षण ऊपर गिनाया गया है। इन सबका सामूहिक संघात पिण्ड शरीर है। जब तक ये विकार रहेंगे, तब तक यह पिण्ड भी विद्यमान रहेगा, इसलिए कि यह विकारों से बना है। अब उस क्षेत्रज्ञ का स्वरूप देखें, जो इस क्षेत्र में लिप्त नहीं बल्कि इससे निवृत्त है।

भिन्न-भिन्न प्राणियों की भिन्न-भिन्न वृत्तियाँ होती हैं जिनके कारण सामाजिक विभाजन की समस्या गम्भीर हो जाती है।

ज्ञान की बृहत परिभाषा

श्लोक 13.2 में ज्ञान की परिभाषा को व्यापक बनाने का क्रम आरम्भ हुआ था- यह बतलाकर कि क्षेत्र और क्षेत्रज्ञ, दोनों का ज्ञान आवश्यक है। अब 5 श्लोकों में भगवान् यह कहते हैं कि 20 सद्गुणों को ग्रहण करना, ज्ञान प्राप्ति की पहचान है।

अमानित्वमदम्भित्वमहिंसा क्षान्तिरार्जवम् ।
आचार्योपासनं शौचं स्थैर्यमात्मविनिग्रहः ॥ 13.7 ॥

भावार्थ– हे अर्जुन! ज्ञान प्राप्ति की पहचान करवाने वाले 20 सद्गुणों में से 9 गुण ये हैं- निरभिमानता, दम्भहीनता, अहिंसा, क्षमा, सरलता, आचार्य की सेवा, शौच, स्थिरता, आत्मसंयम ।

टिप्पणी– हे अर्जुन! मान-अपमान का अभाव, दम्भाचरण का अभाव, अहिंसा (अर्थात् अपनी तथा अन्य किसी की आत्मा को कष्ट न देना अहिंसा है। अहिंसा का अर्थ केवल इतना ही नहीं है कि चींटी मत मारो। श्रीकृष्ण ने कहा कि अपनी आत्मा को अधोगति में न पहुँचाओ। उसको अधोगति में पहुँचाना हिंसा है और उसका उत्थान ही शुद्ध अहिंसा है। ऐसा पुरुष अन्य आत्माओं के उत्थान

हेतु भी उन्मुख रहता है। हाँ, इसका आरम्भ किसी को ठेस न पहुँचाने से होता है। यह उसी का एक अंग-प्रत्यंग है), क्षमाभाव, मन-वाणी की सरलता, आचार्योपासना, अर्थात् श्रद्धा-भक्ति सहित सद्‌गुरु की सेवा और उनकी उपासना, पवित्रता, अन्तःकरण की स्थिरता, मन और इन्द्रियों सहित शरीर का निग्रह और-

इन्द्रियार्थेषु वैराग्यमनहंकार एव च ।
जन्ममृत्युजराव्याधिदुःखदोषानुदर्शनम् ॥ 13.8 ॥

भावार्थ– 20 सद्‌गुणों में से 3 ये हैं– इन्द्रियों के विषयों से वैराग्य-भाव, अहंकार का अभाव, जन्म-मरण-बुढ़ापा-व्याधि के दुःख रूप दोषों को बार-बार देखना।

[**समीक्षात्मक टिप्पणी–** उपर्युक्त श्लोकों से यह स्पष्ट होता है कि इस दुनिया में हर किसी का जीवन काफी दुःखमय है। बुद्ध ने भी यही कहा है कि मनुष्य जीवन में लोगों को काफी दुःख झेलना पड़ता है। सांख्य दर्शन में यह बताया गया है कि इस पृथ्वी पर जितने भी प्रकार के प्राणी हैं उनकी उत्पत्ति पुरुष एवं प्रकृति के संयोग से हुई है। प्रारम्भ में मनुष्यों ने ऐसा क्या किया था कि मानव जीवन इतना दुःखमय हुआ। यदि इसके लिए परमात्मा स्वयं जिम्मेवार नहीं है तो इसमें पुरुष और प्रकृति दोनों की जिम्मेवारी बनती है क्योंकि पुरुष एवं प्रकृति के संयोग के बिना जीवों का अस्तित्व में आना सम्भव ही नहीं है। यह बात स्पष्ट नहीं होती है कि इस क्षेत्र में पुरुष या प्रकृति कैसे लाचार और विवश रहा और परमात्मा तटस्थ भाव से इस स्थिति को कैसे देखते रहे। यह एक कठिन पहेली है।]

असक्तिरनभिष्वंगः पुत्रदारगृहादिषु ।
नित्यं च समचित्तत्वमिष्टानिष्टोपपत्तिषु ॥ 13.9 ॥

भावार्थ– 20 सद्‌गुणों में से 3 और ये हैं- अनासक्ति, पुत्र-स्त्री-घर आदि में ममता का न होना, प्रिय और अप्रिय की प्राप्ति में समत्व-बुद्धि ।

मयि चानन्ययोगेन भक्तिरव्यभिचारिणी ।
विविक्तदेशसेवित्वमरतिर्जनसंसदि ॥ 13.10 ॥

भावार्थ– 20 सद्‌गुणों में से 3 और ये हैं– मुझमें अटल भक्ति का होना, शुद्ध एवं एकान्त स्थान में रहना तथा जनसमूह में राग न रखना।

टिप्पणी– मुझमें (श्रीकृष्ण एक योगी थे, अर्थात् ऐसे किसी महापुरुष में) अनन्य योग से, अर्थात् योग के अतिरिक्त अन्य कुछ भी स्मरण न करते हुए,

अव्यभिचारिणी भक्ति (इष्ट के अतिरिक्त किसी चिन्तन का न आना), एकान्त स्थान का सेवन, मनुष्यों के समूह में रहने की आसक्ति का न होना तथा-

अध्यात्मज्ञाननित्यत्वं तत्त्वज्ञानार्थदर्शनम् ।
एतज्ज्ञानमिति प्रोक्तमज्ञानं यदतोऽन्यथा ॥ 13.11 ॥

भावार्थ– हे अर्जुन! 18 सद्‌गुण तो मैंने बतला दिये, अब दो और ये हैं- अध्यात्मज्ञान की प्राप्ति में लगे रहना और तत्त्वज्ञान के अर्थ रूप परमात्मा को सब जगह देखना। इन 20 सद्‌गुणों की प्राप्ति को ज्ञान समझ और यदि कोई इन गुणों को ग्रहण न करे तो उसे अज्ञानी समझ ।

टिप्पणी– विनम्रता, दम्भहीनता, अहिंसा, सहिष्णुता, सरलता, प्रामाणिक गुरु के पास जाना, पवित्रता, स्थिरता, आत्मसंयम, इन्द्रियतृप्ति के विषयों का परित्याग, अहंकार का अभाव, जन्म, मृत्यु, वृद्धावस्था तथा रोग के दोषों की अनुभूति, वैराग्य, सन्तान, स्त्री, घर तथा अन्य वस्तुओं की ममता से मुक्ति, अच्छी तथा बुरी घटनाओं के प्रति समभाव, मेरे प्रति निरन्तर अनन्य भक्ति, एकान्त स्थान में रहने की इच्छा, जन समूह से विलगाव, आत्म-साक्षात्कार की महत्ता को स्वीकारना तथा परम सत्य की दार्शनिक खोज- इन सबकों मैं ज्ञान घोषित करता हूँ और इनके अतिरिक्त जो भी है, वह सब अज्ञान है।

परमतत्त्व परमात्मा के साक्षात्कार के साथ मिलने वाली जानकारी का नाम ज्ञान है। इसके विपरीत सब अज्ञान है।

पृथक् में एकत्वभाव-क्षेत्रज्ञ के माध्यम से

ज्ञेयं यत्तत्प्रवक्ष्यामि यज्ज्ञात्वामृतमश्नुते ।
अनादिमत्परं ब्रह्म न सत्तन्नासदुच्यते ॥ 13.12 ॥

भावार्थ– हे अर्जुन! अब मैं तुझे 'ज्ञेय' के विषय में विस्तार से बतलाऊँगा। 'ज्ञेय' वह तत्त्व है जिसको जानने से अमरत्व की प्राप्ति होती है। ऋषियों ने उस अनादि तत्त्व को 'परब्रह्म' कहकर पुकारा है। वही 'एक' समस्त विश्व में व्याप्त है, इसलिए उसे न 'सत्' (अर्थात् अक्षय या अविनाशी) कह सकते हैं, न असत् (अर्थात् क्षर या नाशवान) कह सकते है (क्योंकि वह इन दोनों से परे हैं)।

टिप्पणी– अर्जुन! जो जानने योग्य है तथा जिसे जानकर मरणधर्मा मनुष्य अमृत-तत्त्व को प्राप्त होता है, उसे अच्छी प्रकार कहूँगा। वह आदि रहित परमब्रह्म न सत् कहा जाता है और न असत् ही कहा जाता है; क्योंकि जब तक वह अलग

है, तब तक वह सत् है और जब मनुष्य उसमें समाहित हो गया तो कौन किससे कहे। एक ही रह जाता है, दूसरे का भान नहीं। ऐसी स्थिति में वह ब्रह्म न सत् है, न असत् है; बल्कि जो स्वयं सहज है, वही है।

सर्वतःपाणिपादं तत्सर्वतोऽक्षिशिरोमुखम्।
सर्वतःश्रुतिमल्लोके सर्वमावृत्य तिष्ठति ॥ 13.13 ॥

भावार्थ– उनके हाथ, पाँव, आखें, सिर तथा मुँह तथा उनके कान सर्वत्र हैं। इस प्रकार परमात्मा सभी वस्तुओं में व्याप्त होकर स्थित है।

सर्वेन्द्रियगुणाभासं सर्वेन्द्रियविवर्जितम्।
असक्तं सर्वभृच्चैव निर्गुणं गुणभोक्तृ च ॥ 13.14 ॥

भावार्थ– परमात्मा सम्पूर्ण इन्द्रियों से रहित होने पर भी वह सम्पूर्ण इन्द्रियों के विषयों को जानते है, आसक्ति रहित होने पर भी वे सबका भरण-पोषण करते है, निराकार होने पर भी वह साकार की भाँति गुणों के भोक्ता हैं।

टिप्पणी– वह सम्पूर्ण इन्द्रियों के विषयों को जानने वाला है, फिर भी सब इन्द्रियों से रहित है। वह आसक्ति रहित, गुणों से अतीत होने पर भी सबको धारण और पोषण करनेवाला और सभी गुणों को भोगनेवाला है। अर्थात् एक-एक करके सभी गुणों को अपने में लय कर लेता है। जैसा श्रीकृष्ण कह आये हैं कि यज्ञ और तपों को भोगनेवाला मैं हूँ। अन्त में सम्पूर्ण गुण मुझमें विलीन हो जाते हैं।

बहिरन्तश्च भूतानामचरं चरमेव च।
सूक्ष्मत्वात्तदविज्ञेयं दूरस्थं चान्तिके च तत् ॥ 13.15 ॥

भावार्थ– परब्रह्म ही सर्वेसर्वा है- चर भी तथा अचर भी। परब्रह्म ही सर्वत्र है, प्राणियों के अन्दर भी तथा बाहर भी। दूर भी वही है, समीप भी वही है। सूक्ष्म होने के कारण कोई परब्रह्म को देख नहीं सकता और जान भी नहीं सकता।

टिप्पणी– वह ब्रह्म सभी जीवधारियों के बाहर-भीतर परिपूर्ण है। चर और अचर रूप भी वही है। सूक्ष्म होने से वह दिखायी नहीं पड़ता, अविज्ञेय है, मन-इन्द्रियों से परे है तथा अति समीप और दूर भी वही है।

अविभक्तं च भूतेषु विभक्तमिव च स्थितम्।
भूतभर्तृ च तज्ज्ञेयं ग्रसिष्णु प्रभविष्णु च ॥ 13.16 ॥

भावार्थ– परब्रह्म एक होते हुए भी अलग-अलग प्राणियों में विभक्त जैसा प्रतीत होते हैं किन्तु वास्तव में वह अविभाज्य है, अविभक्त है। विष्णु रूप से वह

सबका भरण-पोषण करते हैं, रुद्र रूप से संहार करते हैं और ब्रह्मा रूप से सबको उत्पन्न करते हैं।

टिप्पणी– अविभाज्य होकर भी वह सम्पूर्ण चराचर भौतिक जगत में अलग-अलग प्रतीत होता है। वह जानने योग्य परमात्मा समस्त भौतिक जगत को उत्पन्न करनेवाला, भरण-पोषण करनेवाला और अन्त में संहार करनेवाला है। यहाँ बाह्य और आन्तरिक दोनों भावों की ओर संकेत किया गया है। जैसे- बाहर जन्म और भीतर जागृति, बाहर पालन और भीतर योगक्षेम का निर्वाह, बाहर शरीर का परिवर्तन और भीतर सर्वस्व का विलय। अर्थात् भौतिक जगत की उत्पत्ति के कारणों का लय और उस लय के साथ ही अपने स्वरूप को प्राप्त हो जाता है। 'अविभक्तं विभक्तेषु'-इस ज्ञान के आधार पर विभक्त समाज को जोड़ने का प्रयत्न किया जा सकता है।

ज्योतिषामपि तज्ज्योतिस्तमसः परमुच्यते।
ज्ञानं ज्ञेयं ज्ञानगम्यं हृदि सर्वस्य विष्ठितम् ॥ 13.17 ॥

भावार्थ– परब्रह्म सम्पूर्ण ज्योतियों के भी ज्योति और अज्ञान से अत्यन्त परे कहे गये हैं। वे ज्ञानस्वरूप, जानने योग्य, ज्ञान से प्राप्त करने योग्य और सबके हृदय में विराजमान हैं।

टिप्पणी– वह ज्ञेय ब्रह्म ज्योतियों का भी ज्योति है, तम से अति परे कहा जाता है। वह पूर्ण ज्ञानस्वरूप है, पूर्ण ज्ञाता है, जानने योग्य है और ज्ञान द्वारा ही प्राप्त होने वाला है। साक्षात्कार के साथ मिलनेवाली जानकारी का नाम ज्ञान है। ऐसी जानकारी द्वारा ही उस ब्रह्म का प्राप्त होना सम्भव है। वह सबके हृदय में स्थित है। उसका निवास स्थान हृदय है। अन्यत्र ढूँढ़ने पर वह नहीं मिलेगा। अतः हृदय में ध्यान तथा योगाचरण द्वारा ही उस ब्रह्म की प्राप्ति का विधान है।

इति क्षेत्रं तथा ज्ञानं ज्ञेयं चोक्तं समासतः।
मद्भक्त एतद्विज्ञाय मद्भावायोपपद्यते ॥ 13.18 ॥

भावार्थ– हे अर्जुन! इस प्रकार मेरे द्वारा सृष्टि, तत्त्वज्ञान और जानने योग्य परब्रह्म के विषय में संक्षेप से कहा गया है। मेरा भक्त इसको तत्त्व से जानकर मुझे प्राप्त करता है।

टिप्पणी– बस इतना ही क्षेत्र, ज्ञान तथा जानने योग्य परमात्मा का स्वरूप संक्षेप में कहा गया है। इसे जानकर मेरा भक्त मेरे साक्षात् स्वरूप को प्राप्त होता

है। अभी तक योगेश्वर श्रीकृष्ण ने जिसे क्षेत्र कहा था, उसी को अब 'प्रकृति' और जिसे क्षेत्रज्ञ कहा था, उसी को अब 'पुरुष' शब्द से इंगित करते हैं।

प्रकृतिं पुरुषं चैव विद्ध्यनादी उभावपि ।
विकारांश्च गुणांश्चैव विद्धि प्रकृतिसम्भवान् ॥ 13.19 ॥

भावार्थ– भगवान् बोले, हे अर्जुन! प्रकृति और पुरुष दोनों को ही अनादि समझो और विकारों को तथा गुणों को भी प्रकृति से ही उत्पन्न समझो।

कार्यकरणकर्तृत्वे हेतुः प्रकृतिरुच्यते ।
पुरुषः सुखदुःखानां भोक्तृत्वे हेतुरुच्यते ॥ 13.20 ॥

भावार्थ– शरीर और इन्द्रियों की उत्पत्ति प्रकृति से होती है और सुख-दुःख की अनुभूति पुरुष, अर्थात् चेतन शक्ति के द्वारा होती है।

टिप्पणी– कार्य और करण (जिनके द्वारा शुभ कार्य किये जाते हैं- विवेक, वैराग्य इत्यादि तथा अशुभ कार्य होने में काम, क्रोध इत्यादि करण हैं) को उत्पन्न करने में हेतु प्रकृति कही जाती है और यह पुरुष सुख-दुःखों को भोगने में कारण कहा जाता है। प्रश्न उठता है कि क्या वह भोगता ही रहेगा या इससे कभी छुटकारा भी मिलेगा? जब प्रकृति और पुरुष दोनों ही अनादि हैं, तब कोई इनसे छूटेगा कैसे? इस पर कहते हैं-

पुरुषः प्रकृतिस्थो हि भुंक्ते प्रकृतिजान्गुणान् ।
कारणं गुणसङ्गोऽस्य सदसद्योनिजन्मसु ॥ 13.21 ॥

भावार्थ– प्रकृति में स्थित पुरुष ही प्रकृतिजन्य गुणों को भोगता है और गुणों का संग होने के कारण ही पुरुष जीव बनकर अच्छी और बुरी योनियों में जन्म लेता है।

टिप्पणी– प्रकृति के बीच में खड़ा होने वाला पुरुष ही प्रकृति से उत्पन्न हुए गुणों के कार्यरूप पदार्थों को भोगता है और इन गुणों का संग ही इस जीवात्मा के अच्छी तथा बुरी योनियों में जन्म लेने का कारण है। यह कारण, अर्थात् प्रकृति के गुणों का संग समाप्त होने पर ही जन्म-मृत्यु से मुक्ति मिलती है। अब उस पुरुष पर प्रकाश डालते हैं कि वह किस प्रकार प्रकृति में खड़ा है?-

उपद्रष्टानुमन्ता च भर्ता भोक्ता महेश्वरः ।
परमात्मेति चाप्युक्तो देहेऽस्मिन् पुरुषः परः ॥ 13.22 ॥

भावार्थ– जीवरूप से शरीर में स्थित आत्मा वास्तव में परमात्मा का ही अंश है-इसका उत्तरोत्तर अनुभव होता है। अर्थात् परमात्मा ही उपद्रष्टा, अनुमन्ता, भर्त्ता,

और भोक्ता है- ऐसा समझते-समझते अन्त में परमात्मा को ही महेश्वर के रूप में जीवन समर्पण करने की साधना पूर्ण होती है।

टिप्पणी– वह पुरुष उपद्रष्टा, हृदय-देश में बहुत ही समीप- हाथ, पाँव, मन जितना आपके समीप है उससे भी अधिक समीप द्रष्टा के रूप में स्थित है। उसके प्रकाश में आप भला करें, बुरा करें, उसे कोई प्रयोजन नहीं है। वह साक्षी के रूप में खड़ा है। साधना का सही क्रम पकड़ में आने पर पथिक कुछ ऊपर उठा, उसकी ओर बढ़ा तो द्रष्टा पुरुष का क्रम बदल जाता है। वह 'अनुमन्ता'- अनुमति प्रदान करने लगता है, अनुभव देने लगता है। साधना द्वारा और समीप पहुँचने पर वही पुरुष 'भर्त्ता' बनकर भरण-पोषण करने लगता है, जिसमें आपके योगक्षेत्र की भी व्यवस्था कर देता है। साधना और सूक्ष्म होने पर वही 'भोक्ता' हो जाता है।

उत्तरोत्तर अनुभव की पाँच अवस्थाओं को विनोबाजी ने इस प्रकार समझाया है–

प्रथम अवस्था में मनुष्य साधारण क्रियाओं में ही तल्लीन रहता है। आध्यात्मिक विकास का आरम्भ अभी नहीं हुआ है। इस अवस्था में आत्मा सिर्फ देखता रहता है। इस स्थिति को 'उपद्रष्टा' कहा है, अर्थात् साक्षी रूप से सब देखने वाला।

द्वितीय अवस्था में मनुष्य की नैतिक भूमिका शुरू होती है। स्वच्छन्दता की जगह संयम आता है। जब जीव इस नैतिक भूमिका में आता है तब आत्मा केवल देखता नहीं, बल्कि भीतर से अनुमोदन देता है-'शाबास', 'खूब', ऐसी आवाज अन्दर से आती है। अब वह केवल 'उपद्रष्टा' न रहा, 'अनुमन्ता' हो गया।

तृतीय अवस्था कर्मयोग में प्रगति की सूचक है। सत्कर्म होते-होते जब चित्त के स्थूल मल धुल जाते हैं और सूक्ष्म मल धुलने का समय आता है, और जब उसके सारे प्रयत्न थकने लगते हैं, तब जीव परमात्मा को पुकारता है और परमात्मा 'अभी आया' कहकर दौड़ा आता है। इस अवस्था में परमात्मा 'भर्त्ता' होता है, अर्थात् सब तरह सहायक ।

चतुर्थ अवस्था कर्म-समर्पण की सूचक है। इस अवस्था में भक्त सारा फल-लाभ परमात्मा को अर्पण कर देता है। 'उपद्रष्टा', 'अनुमन्ता', 'भर्त्ता'-इन स्वरूपों में प्रतीत होनेवाला परमात्मा अब 'भोक्ता' हो जाता है।

पंचम अवस्था सम्पूर्ण समर्पण की सूचक है। कर्मयोग तथा भक्तियोग रूपी दोनों पंखों से उड़ता हुआ साधक अन्तिम मंजिल तक पहुँच जाता है जहाँ प्रभु ही उसके जीवन का 'महेश्वर' हो जाता है।

य एवं वेत्ति पुरुषं प्रकृतिं च गुणैः सह ।
सर्वथा वर्तमानोऽपि न स भूयोऽभिजायते ॥ 13.23 ॥

भावार्थ– इस प्रकार पुरुष को और गुणों के सहित प्रकृति को जो मनुष्य अलग-अलग जानता है, वह सब तरह का बर्ताव करता हुआ भी पुनर्जन्म को नहीं प्राप्त करता है।

टिप्पणी– इस प्रकार पुरुष को और गुणों के सहित प्रकृति को जो मनुष्य साक्षात्कार के साथ विदित कर लेता है, वह सब प्रकार से बरतता हुआ भी फिर नहीं जन्मता, अर्थात् उसका पुनर्जन्म नहीं होता। यही मुक्ति है। अभी तक योगेश्वर श्रीकृष्ण ने ब्रह्म और प्रकृति की प्रत्यक्ष जानकारी के साथ मिलनेवाली परमगति, अर्थात् उसका पुनर्जन्म से निवृत्ति पर प्रकाश डाला और अब वे उस योग पर बल देते हैं, जिसकी प्रक्रिया है आराधना। इस कर्म को कार्यरूप दिये बिना कोई कुछ नहीं पाता है।

ध्यानेनात्मनि पश्यन्ति केचिदात्मानमात्मना ।
अन्ये सांख्येन योगेन कर्मयोगेन चापरे ॥ 13.24 ॥
अन्ये त्वेवमजानन्तः श्रुत्वान्येभ्य उपासते ।
तेऽपि चातितरन्त्येव मृत्युं श्रुतिपरायणाः ॥ 13.25 ॥

भावार्थ– कई मनुष्य परमात्मा को ध्यानयोग के द्वारा अपने भीतर देखते हैं, तो दूसरे लोग ज्ञान के अनुशीलन द्वारा और कुछ ऐसे हैं जो निष्काम कर्मयोग द्वारा देखते हैं। परन्तु कुछ लोग परमात्मा को ध्यानयोग, सांख्ययोग, कर्मयोग आदि द्वारा नहीं जानते। यद्यपि शास्त्र और महापुरुषों के वचनों से परम पुरुष के विषय में सुनकर उनकी पूजा करने लगते हैं। ये लोग भी प्रामाणिक पुरुषों से श्रवण करने की मनोवृत्ति होने के कारण जन्म तथा मृत्यु के पथ को पार कर जाते हैं।

यावत्संजायते किंचित्सत्त्वं स्थावरजङ्गमम् ।
क्षेत्रक्षेत्रज्ञसंयोगात्तद्विद्धि भरतर्षभ ॥ 13.26 ॥

भावार्थ– हे अर्जुन! जितने भी स्थावर-जंगम (चर-अचर) प्राणी पैदा होते हैं, वे सब क्षेत्र और क्षेत्रज्ञ के संयोग से ही उत्पन्न होते हैं।

समं सर्वेषु भूतेषु तिष्ठन्तं परमेश्वरम् ।
विनश्यत्स्वविनश्यन्तं यः पश्यति स पश्यति ॥ 13.27 ॥

भावार्थ– जो मनुष्य अविनाशी परमेश्वर को ही नष्ट होते हुए सम्पूर्ण प्राणियों में समान भाव से स्थित देखता है, वही वास्तव में सही देखता है।

टिप्पणी– हे अर्जुन! परमेश्वर के विषय में दो बातों का ज्ञान होना आवश्यक है-(अ) परमेश्वर की दृष्टि में सब प्राणी समान हैं और परमेश्वर सबके हृदय में समान-रूप से स्थित है। (आ) शरीर के नष्ट होने पर भी शरीर में स्थित परमेश्वर का नाश नहीं होता। यही सच्चा ज्ञान है।

समं पश्यन्हि सर्वत्र समवस्थितमीश्वरम् ।
न हिनस्त्यात्मनात्मानं ततो याति परां गतिम् ॥ 13.28 ॥

भावार्थ– जो व्यक्ति परमात्मा को सर्वत्र तथा प्रत्येक जीव में समान रूप से देखता है, वह अपने मन के द्वारा अपने आपको भ्रष्ट नहीं करता। इस प्रकार वह परमगति को प्राप्त करता है।

टिप्पणी– जो व्यक्ति सब प्राणियों में सम-भाव से स्थित परमेश्वर को देखता है वह स्वयं भी सम-भाव को अपनाता है (मानव में माधव के दर्शन करता है)। ऐसा व्यक्ति किसी की हिंसा नहीं करता क्योंकि किसी की भी हिंसा करने का अर्थ होगा अपने हाथों अपनी ही हिंसा करना।

वह पुरुष सर्वत्र समभाव से स्थित परमेश्वर को समान देखता हुआ अपने द्वारा स्वयं को नष्ट नहीं करता। चूँकि जैसा था, वैसा उसने देखा। इसलिए वह परमगति को प्राप्त होता है। प्राप्तिवाले पुरुष के लक्षण बताते हैं-

प्रकृत्यैव च कर्माणि क्रियमाणानि सर्वशः ।
यः पश्यति तथात्मानमकर्तारं स पश्यति ॥ 13.29 ॥

भावार्थ– हे अर्जुन! जो व्यक्ति यह समझ लेता है कि सब कर्म प्रकृति के तीन गुणों- सत्त्व, रजस्, तमस्– के द्वारा ही होते हैं और अपने आपको कर्त्ता नहीं मानता है, वास्तव में वही ज्ञानी है।

यदा भूतपृथग्भावमेकस्थमनुपश्यति ।
तत एव च विस्तारं ब्रह्म सम्पद्यते तदा ॥ 13.30 ॥

भावार्थ– हे अर्जुन! जिस समय साधक सभी प्राणियों को तथा उनके अलग-अलग भावों को एकमात्र परब्रह्म परमात्मा से ही उत्पन्न समझ जाता है, उसी क्षण वह परब्रह्म परमात्मा को प्राप्त हो जाता है।

टिप्पणी– जिस काल में मनुष्य भौतिक जगत के न्यारे-न्यारे भावों को एक परमात्मा में प्रवाहित, स्थित देखता है तथा उस परमात्मा से ही सम्पूर्ण भौतिक जगत का विस्तार देखता है, उस समय वह ब्रह्म को प्राप्त होता है। जिस क्षण वह अवस्था आ गयी, उसी क्षण वह ब्रह्म को प्राप्त होता है। यह लक्षण भी स्थितप्रज्ञ महापुरुष का ही है। इस श्लोक का भाव श्लोक 13.16 के समान है।

अनादित्वान्निर्गुणत्वात्परमात्मायमव्ययः ।
शरीरस्थोऽपि कौन्तेय न करोति न लिप्यते ॥ 13.31 ॥

भावार्थ– हे अर्जुन! अविनाशी परमात्मा अनादि और विकार रहित होने के कारण शरीर में वास करता हुआ भी, न कुछ करता है और न देह से लिप्त होता है।

टिप्पणी– अनादि होने से और गुणातीत होने से यह अविनाशी परमात्मा शरीर में स्थित होते हुए भी वास्तव में न करता है और न लिप्त ही होता है। किस प्रकार?-

यथा सर्वगतं सौक्ष्म्यादाकाशं नोपलिप्यते ।
सर्वत्रावस्थितो देहे तथात्मा नोपलिप्यते ॥ 13.32 ॥

भावार्थ– जिस प्रकार सर्वव्यापी आकाश अत्यन्त सूक्ष्म होने के कारण किसी विकार से दूषित नहीं होता, उसी प्रकार सब शरीरों में स्थित आत्मा किसी भी कर्म से दूषित नहीं होती।

टिप्पणी– जिस प्रकार सर्वत्र व्याप्त हुआ आकाश सूक्ष्म होने के कारण लिप्त नहीं होता, ठीक वैसे ही सर्वत्र देह में स्थित हुआ भी आत्मा गुणातीत होने के कारण देह के गुणों से लिप्त नहीं होता। आगे कहते हैं-

यथा प्रकाशयत्येकः कृत्स्नं लोकमिमं रविः ।
क्षेत्रं क्षेत्री तथा कृत्स्नं प्रकाशयति भारत ॥ 13.33 ॥

भावार्थ– अर्जुन! जिस प्रकार एक ही सूर्य सम्पूर्ण ब्रह्माण्ड को प्रकाशित करता है, उसी प्रकार एक ही आत्मा सम्पूर्ण क्षेत्र को प्रकाशित करता है।

क्षेत्रक्षेत्रज्ञयोरेवमन्तरं ज्ञानचक्षुषा ।
भूतप्रकृतिमोक्षं च ये विदुर्यान्ति ते परम् ॥ 13.34 ॥

भावार्थ– इस प्रकार जो लोग तत्त्वज्ञान द्वारा क्षेत्र और क्षेत्रज्ञ के भेद को तथा साधना द्वारा जीव के प्रकृति के विकारों से मुक्त होने के उपाय को जान लेते हैं, वे परब्रह्म परमात्मा को प्राप्त होते है।

टिप्पणी– हे अर्जुन! क्षेत्र और क्षेत्रज्ञ के भेद को समझना ज्ञान प्राप्ति की पहचान है। संक्षेप में भेद यह है कि क्षेत्र के माध्यम से समाज में पृथक्-भाव उत्पन्न होता है और क्षेत्रज्ञ के माध्यम से पृथक् में एकत्व-भाव का ज्ञान होता है। विभक्त समाज को जोड़ना ही भूतप्रकृतिमोक्ष है। अर्थात् क्षेत्र पर आधारित विभाजन से मुक्ति। एकत्व भाव की प्राप्ति ही परम ब्रह्म की प्राप्ति है।

इस प्रकार क्षेत्र और क्षेत्रज्ञ के भेद को तथा विकारसहित प्रकृति से छूटने के उपाय को जो ज्ञानरूपी नेत्रों द्वारा देख लेते हैं, वे महात्माजन परब्रह्म परमात्मा को प्राप्त होते हैं, अर्थात् क्षेत्र-क्षेत्रज्ञ को देखने की आँख ज्ञान है और ज्ञान साक्षात्कार का ही पर्याय है।

निष्कर्ष

शरीर (जो क्षेत्र है) क्या इतना ही है, जितना दिखायी देता है? इसके होने के पीछे जिनका बहुत बड़ा हाथ है, उन्हें गिनाते हुए बताया कि अष्टधा मूल प्रकृति, अव्यक्त प्रकृति, दस इन्द्रियाँ और मन, इन्द्रियों के पाँचों विषय, आशा, तृष्णा और वासना- इस प्रकार इन विकारों का सामूहिक मिश्रण यह शरीर है। जब तक ये रहेंगे, तब तक शरीर किसी-न-किसी रूप में रहेगा ही। यही क्षेत्र है, जिसमें बोया भला-बुरा बीज संस्कार रूप में उगता है। जो इसका पार पा लेता है, वह क्षेत्रज्ञ है। क्षेत्रज्ञ का स्वरूप बताते हुए उन्होंने ईश्वरीय गुण-धर्मों पर प्रकाश डाला और कहा कि क्षेत्रज्ञ इस क्षेत्र का प्रकाशक है।

उन्होंने बताया कि साधना के पूर्तिकाल में परमतत्त्व परमात्मा का प्रत्यक्ष दर्शन ही ज्ञान है। ज्ञान का अर्थ है साक्षात्कार। इसके अतिरिक्त जो कुछ भी है, अज्ञान है। जानने योग्य वस्तु है परब्रह्म। वह न सत् है, न असत्- इन दोनों से परे है। उसे जानने के लिए लोग हृदय में ध्यान करते हैं, बाहर मूर्ति रखकर नहीं। बहुत से लोग सांख्य-माध्यम से ध्यान करते हैं, तो शेष निष्काम कर्मयोग, समर्पण के साथ उसकी प्राप्ति के लिए उसी निर्धारित कर्म आराधना का आचरण करते हैं। जो उसकी विधि नहीं जानते, वे तत्त्वस्थित महापुरुष के द्वारा सुनकर आचरण करते हैं। वे भी परमकल्याण को प्राप्त हो जाते हैं। अतः कुछ भी समझ में न आये, तो उसके ज्ञाता महापुरुष का सत्संग आवश्यक है।

स्थितप्रज्ञ व्यक्ति के लक्षण बताते हुए श्रीकृष्ण ने कहा कि- जैसे आकाश सर्वत्र सम रहता हुआ भी निर्लेप है, जैसे सूर्य सर्वत्र प्रकाश करते हुए भी निर्लेप है, ठीक इसी प्रकार स्थितप्रज्ञ पुरुष, सर्वत्र सम ईश्वर को जैसा है वैसा ही देखने की क्षमतावाला पुरुष क्षेत्र से अथवा प्रकृति से सर्वथा निर्लेप है। अन्त में उन्होंने

निर्णय दिया कि क्षेत्र और क्षेत्रज्ञ की जानकारी ज्ञानरूपी नेत्रों द्वारा ही सम्भव है। ज्ञान, जैसा कि पीछे बताया गया, उस परमात्मा के प्रत्यक्ष दर्शन के साथ मिलने वाली जानकारी है। शास्त्रों को बहुत रटकर दुहराना ज्ञान नहीं बल्कि अध्ययन तथा महापुरुष से उस कर्म को समझकर, उस कर्म पर चलकर मन सहित इन्द्रियों के निरोध और उस निरोध के भी विलयकाल में परमतत्त्व को देखने के साथ जो अनुभूति होती है, उसी अनुभूति का नाम ज्ञान है। क्रिया आवश्यक है। इस अध्याय में मुख्यतः क्षेत्रज्ञ का विस्तार से वर्णन किया गया। वस्तुतः क्षेत्र का स्वरूप व्यापक है। समग्र ब्रह्माण्ड मूल प्रकृति का विस्तार है। अनन्त अन्तरिक्षों तक आपके शरीर का विस्तार है।

ॐ तत्सत्

अध्याय - 14

गुणत्रय विभाग योग

प्रस्तुत अध्याय चौदह में श्रीकृष्ण कहते हैं कि अर्जुन! उन ज्ञानों में भी परम उत्तम ज्ञान को मैं फिर भी तेरे लिए कह रहा हूँ। योगेश्वर उसी की पुनरावृत्ति करने जा रहे हैं; क्योंकि भली प्रकार चिन्तन किया हुआ शास्त्र भी बार-बार देखना चाहिए। इतना ही नहीं, ज्यों-ज्यों आप साधन-पथ पर अग्रसर होंगे, ज्यों-ज्यों उस इष्ट में प्रवेश पाते जायेंगे, त्यों-त्यों ब्रह्म से नवीन-नवीन अनुभूति मिलेगी। यह जानकारी सद्‌गुरु महापुरुष ही देते हैं, इसलिए श्रीकृष्ण कहते हैं कि मैं फिर भी कहूँगा।

स्मृति एक ऐसा पटल है जिस पर संस्कारों का अंकन सदैव होता रहा है। यदि पथिक को इष्ट में प्रवेश दिलाने वाली जानकारी धूमिल पड़ती है तो उस स्मृति-पटल पर प्रकृति अंकित होने लगती है, जो विनाश का कारण है। इसलिए पूर्तिपर्यन्त साधक को इष्ट-सम्बन्धी जानकारी दुहराते रहना चाहिए। आज स्मृति जीवन्त है; लेकिन अग्रेतर अवस्थाओं में प्रवेश मिलने के साथ यह अवस्था नहीं रह जायेगी।

यह तो साधक के लिए है; किन्तु जो वास्तविक सद्‌गुरु होते हैं, वे सतत उस पथिक के पीछे लगे रहते हैं। भीतर उसकी आत्मा से जाग्रत होकर तथा बाहर अपने क्रिया-कलापों से उसे भविष्य में घटित होने वाली परिस्थितियों से अवगत कराते चलते हैं। योगेश्वर श्रीकृष्ण भी महापुरुष थे। अर्जुन शिष्य के स्थान पर है। उसने उनसे सँभालने की प्रार्थना की थी। इसलिए योगेश्वर श्रीकृष्ण का कथन है कि ज्ञानों में भी अति उत्तम ज्ञान को मैं पुनः तेरे लिए कहूँगा।

इस अध्याय में प्रकृति के तीन गुणों- सत्त्व, रजस् और तमस्- का विवेचन है जिसके अन्तर्गत तीन मुख्य संदेश दिये गये हैं– (अ) प्रत्येक व्यक्ति में तीनों गुण होते हैं। किन्तु उनकी मात्रा भिन्न-भिन्न होती है। (आ) तमोगुण-रजोगुण का त्याग करके सत्त्वगुण द्वारा कर्त्तव्य पालन, अर्थात् सात्त्विक कर्म को कुशलतापूर्वक करना-यह जीवन की कला है। इससे आध्यात्मिक उत्थान में अच्छी प्रगति होती है- ऐसे कर्म को मत्कर्म भी कहते हैं। (इ) जब मत्कर्म सहज (स्वाभाविक) हो जाता है तब दैवी-गुण की प्राप्ति होती है, जो जीवन्मुक्त की अवस्था है और जिसके लिए इस अध्याय में 'त्रिगुणातीत' शब्द प्रयुक्त हुआ है। आध्यात्मिक पूर्णता का गीता में यह पाँचवाँ वर्णन है (पिछले चार वर्णन अध्याय 2, 5, 6 तथा 12 में हो चुके हैं)।

श्रीकृष्ण ने कहा

परं भूयः प्रवक्ष्यामि ज्ञानानां ज्ञानमुत्तमम् ।
यज्ज्ञात्वा मुनयः सर्वे परां सिद्धिमितो गताः ॥ 14.1 ॥

भावार्थ– श्रीकृष्ण ने कहा- अब मैं तुमसे समस्त ज्ञानों में उत्तम और श्रेष्ठ इस परम ज्ञान को पुनः कहूँगा, जिसे जानकर सब-के-सब मुनियों ने परम सिद्धि प्राप्त की है।

टिप्पणी– अर्जुन! ज्ञानों में भी अति उत्तम ज्ञान, परम ज्ञान को मैं फिर भी तेरे लिए कहूँगा (जिसे पीछे कह चुके हैं), जिसे जानकर सब मुनिजन इस संसार से मुक्त होकर परम सिद्धि को प्राप्त होते हैं (जिसके बाद कुछ भी पाना शेष नहीं रहता)।

इदं ज्ञानमुपाश्रित्य मम साधर्म्यमागताः ।
सर्गेऽपि नोपजायन्ते प्रलये न व्यथन्ति च ॥ 14.2 ॥

भावार्थ– हे अर्जुन! इस ज्ञान का आश्रय लेकर मेरे स्वरूप को प्राप्त मनुष्य सृष्टि के आदि में पुनर्जन्म नहीं लेते तथा प्रलयकाल में भी व्यथित नहीं होते।

ब्रह्म, प्रकृति और तीन गुण

मम योनिर्महद्ब्रह्म तस्मिन्गर्भं दधाम्यहम् ।
सम्भवः सर्वभूतानां ततो भवति भारत ॥ 14.3 ॥
सर्वयोनिषु कौन्तेय मूर्तयः सम्भवन्ति याः ।
तासां ब्रह्म महद्योनिरहं बीजप्रदः पिता ॥ 14.4 ॥

भावार्थ– हे अर्जुन! मेरी प्रकृति सभी प्राणियों की योनि है, जिसमें मैं चेतनारूप बीज डालकर, जड़ और चेतन के संयोग से, समस्त जीवों की उत्पत्ति करता हूँ। हे कुन्तीपुत्र! सभी योनियों में जितने शरीर पैदा होते हैं, प्रकृति उन सबकी माता (प्रकृति) है और मैं चेतना देने वाला पिता (पुरुष) हूँ।

टिप्पणी– हे अर्जुन! अष्टधा मूल प्रकृति सम्पूर्ण भूतों की योनि है और उसमें मैं चेतनरूपी बीज को स्थापित करता हूँ। उस जड़-चेतन के संयोग से सभी भूतों की उत्पत्ति होती है। कौन्तेय! सब योनियों में जितने शरीर उत्पन्न होते हैं, उन सबकी 'योनिः'- गर्भ धारण करने वाली माता आठ भेदों वाली मूल प्रकृति है और मैं ही बीज का स्थापन करनेवाला पिता हूँ। अन्य कोई न माता है, न पिता। जबतक जड़-चेतन का संयोग रहेगा, जन्म होते रहेंगे; निमित्त तो कोई-न-कोई बनता ही रहेगा। चेतन आत्मा जड़ प्रकृति में क्यों बँध जाती है? ईश्वर की सन्तान होने के नाते सब प्राणियों में एकत्व-भाव है- यही ज्ञान अलग प्रकार से पिछले अध्याय में भी दिया गया था।

सत्त्वं रजस्तम इति गुणाः प्रकृतिसम्भवाः ।
निबध्नन्ति महाबाहो देहे देहिनमव्ययम् ॥ 14.5 ॥

भावार्थ– हे महाबाहो! भौतिक प्रकृति तीन गुणों से युक्त है। ये हैं- सत्त्व, रजस और तमस गुण। जब शाश्वत जीव प्रकृति के सन्सर्ग में आता है, तो वह इन तीनों गुणों से बँध जाता है।

तत्र सत्त्वं निर्मलत्वात्प्रकाशकमनामयम् ।
सुखसङ्गेन बध्नाति ज्ञानसङ्गेन चानघ ॥ 14.6 ॥

भावार्थ– हे अर्जुन! इन तीनों में सत्त्वगुण निर्मल है, ज्ञान का प्रकाश देने वाला है, आरोग्यकर है- वह सुख और ज्ञान के प्रति आसक्ति उत्पन्न करके बाँधता है।

रजो रागात्मकं विद्धि तृष्णासङ्गसमुद्भवम् ।
तन्निबध्नाति कौन्तेय कर्मसङ्गेन देहिनम् ॥ 14.7 ॥

भावार्थ– रजोगुण का मूल विषयों के प्रति आकर्षण है, जो तृष्णा और आसक्ति का रूप लेता है- वह जीवात्मा को कर्मफल की आसक्ति से बाँधता है।

तमस्त्वज्ञानजं विद्धि मोहनं सर्वदेहिनाम् ।
प्रमादालस्यनिद्राभिस्तन्निबध्नाति भारत ॥ 14.8 ॥

भावार्थ– हे अर्जुन! सब जीवों को भ्रम में डालने वाले तमोगुण का मूल अज्ञान है और वह प्राणियों को लापरवाही, आलस और निद्रा के द्वारा बाँधता है।

टिप्पणी– अर्जुन! समस्त देहधारियों को मोहनेवाले तमोगुण को तू अज्ञान से उत्पन्न हुआ जान। वह इस जीवात्मा को उन्माद या पागलपन, आलस्य और निद्रा के द्वारा बाँधता है। निद्रा का अर्थ यह नहीं है कि तमोगुणी अधिक सोता है। शरीर सोता हो ऐसी बात नहीं। जगत् ही रात्रि है। तमोगुणी व्यक्ति इस जगत्रूपी निशा में रात-दिन व्यस्त रहता है, प्रकाश स्वरूप की ओर अचेत रहता है। यही तमोगुणी निद्रा है। जो इसमें फँसा है, सोता है।

सत्त्वं सुखे संजयति रजः कर्मणि भारत।
ज्ञानमावृत्य तु तमः प्रमादे संजयत्युत ॥ 14.9 ॥

भावार्थ– हे अर्जुन! सत्त्वगुण सुख में लगाता है, रजोगुण कर्म में लगाता है और तमोगुण ज्ञान को ढक कर जीव को लापरवाह बना देता है।

टिप्पणी– अर्जुन! सत्त्वगुण सुख में लगाता है, शाश्वत परमसुख की धारा में लगाता है, रजोगुण कर्म में प्रवृत्त करता है और तमोगुण ज्ञान को आच्छादित करके प्रमाद में, अर्थात् अन्तःकरण की व्यर्थ चेष्टाओं में लगाता है। जब गुण एक ही स्थान पर एक ही हृदय में हैं तो अलग-अलग कैसे विभक्त हो जाते हैं?

रजस्तमश्चाभिभूय सत्त्वं भवति भारत।
रजः सत्त्वं तमश्चैव तमः सत्त्वं रजस्तथा ॥ 14.10 ॥

भावार्थ– हे अर्जुन! रजोगुण और तमोगुण को दबाकर सत्त्वगुण बढ़ता है, सत्त्वगुण और तमोगुण को दबाकर रजोगुण बढ़ता है। वैसे ही सत्त्वगुण और रजोगुण को दबाकर तमोगुण बढ़ता है।

टिप्पणी– रजोगुण और तमोगुण को दबाकर सत्त्वगुण बढ़ता है, वैसे ही सत्त्वगुण और तमोगुण को दबाकर रजोगुण बढ़ता है तथा इसी प्रकार रजोगुण और सत्त्वगुण को दबाकर तमोगुण बढ़ता है। यह कैसे पहचाना जाये कि कब और कौन-सा गुण कार्य कर रहा है?- इस श्लोक का तात्पर्य यह भी है कि सत्त्वगुण की वृद्धि के लिए तमोगुण-रजोगुण का त्याग आवश्यक है।

सर्वद्वारेषु देहेऽस्मिन्प्रकाश उपजायते।
ज्ञानं यदा तदा विद्याद्विवृद्धं सत्त्वमित्युत ॥ 14.11 ॥

भावार्थ– जब इस मनुष्य शरीर में सब द्वारों, अर्थात् समस्त इन्द्रियों एवं अन्तःकरण में प्रकाश और विवेक प्रकट हो जाता है तब यह जानना चाहिए कि सतोगुण बढ़ा हुआ है।

टिप्पणी– जिस काल में इस शरीर तथा अन्तःकरण और सम्पूर्ण इन्द्रियों में ईश्वरीय प्रकाश और बोधशक्ति उत्पन्न होती है, उस समय ऐसा जानना चाहिए कि सत्त्वगुण विशेष वृद्धि को प्राप्त हुआ है।

लोभः प्रवृत्तिरारम्भः कर्मणामशमः स्पृहा।
रजस्येतानि जायन्ते विवृद्धे भरतर्षभ ॥ 14.12 ॥

भावार्थ– हे अर्जुन! रजोगुण की विशेष वृद्धि होने पर लोभ, कार्य में प्रवृत्त होने की चेष्टा, कर्मों का आरम्भ, अशान्ति, अर्थात् मन की चंचलता, विषय-भोगों की लालसा- यह सब उत्पन्न होते हैं।

अप्रकाशोऽप्रवृत्तिश्च प्रमादो मोह एव च।
तमस्येतानि जायन्ते विवृद्धे कुरुनन्दन ॥ 14.13 ॥

भावार्थ– तमोगुण के बढ़ने पर कुमार्ग पर चलने का विचार, उत्साह की कमी, कर्म में अकुशलता और मोह आदि वृत्तियाँ उत्पन्न होते हैं।

यदा सत्त्वे प्रवृद्धे तु प्रलयं याति देहभृत्।
तदोत्तमविदां लोकानमलान्प्रतिपद्यते ॥ 14.14 ॥

भावार्थ– जिस समय सतोगुण बढ़ा हो, उस समय यदि देहधारी मनुष्य मर जाता है तो वह महर्षियों के विशुद्ध उच्चतर लोकों में जाता है।

रजसि प्रलयं गत्वा कर्मसङ्गिषु जायते।
तथा प्रलीनस्तमसि मूढयोनिषु जायते ॥ 14.15 ॥

भावार्थ– रजोगुण के बढ़ने पर मरने वाला प्राणी कर्मसंगी मनुष्य योनि में जन्म लेता है तथा तमोगुण के बढ़ने पर मरने वाला प्राणी पशु आदि मूढ़ योनियों में जन्म लेता है।

टिप्पणी– रजोगुण की वृद्धि होने पर मृत्यु को प्राप्त होने वाला कर्मों की आसक्ति वाले मनुष्यों में जन्म लेता है तथा तमोगुण की वृद्धि में मरा हुआ पुरुष कीड़े-मकोड़े जैसे मूढ़ योनियों में जन्म लेता है। अतः गुणों में भी मनुष्यों को सात्त्विक गुणों वाला होना चाहिए। प्रकृति का यह बैंक आपके अर्जित गुणों को मृत्यु के उपरान्त भी उन्हें आपको सुरक्षित लौटाता है।

कर्मणः सुकृतस्याहुः सात्त्विकं निर्मलं फलम्।
रजसस्तु फलं दुःखमज्ञानं तमसः फलम्॥ 14.16॥

भावार्थ– सात्त्विक कर्म का फल शुभ और निर्मल कहा गया है। राजस कर्म का फल दुःख कहा गया है और तामस कर्म का फल अज्ञान (मूढ़ता) कहा गया है।

सत्त्वात्संजायते ज्ञानं रजसो लोभ एव च।
प्रमादमोहौ तमसो भवतोऽज्ञानमेव च॥ 14.17॥

भावार्थ– सतोगुण से ज्ञान उत्पन्न होता है, रजोगुण से लोभ उत्पन्न होता है और तमोगुण से अज्ञान, प्रमाद और मोह उत्पन्न होता है।

टिप्पणी– सत्त्वगुण से ज्ञान उत्पन्न होता है (ईश्रीय अनुभूति का नाम ज्ञान है), ईश्वरीय अनुभूति का प्रवाह होता है। रजोगुण से निस्सन्देह लोभ उत्पन्न होता है तथा तमोगुण से उन्माद, मोह, आलस्य (अज्ञान) ही उत्पन्न होता है।

ऊर्ध्वं गच्छन्ति सत्त्वस्था मध्ये तिष्ठन्ति राजसाः।
जघन्यगुणवृत्तिस्था अधो गच्छन्ति तामसाः॥ 14.18॥

भावार्थ– सतोगुणी व्यक्ति उत्तम लोकों को जाते हैं, रजोगुणी इसी मृत्युलोक में जन्म लेते हैं और तमोगुण में स्थित तामस मनुष्य नीच योनियों में जन्म लेते हैं।

टिप्पणी– सत्त्वगुण में स्थित हुआ पुरुष उस मूल परमात्मा की ओर प्रवाहित होता है, निर्मल लोकों को जाता है। रजोगुण में स्थित राजस पुरुष मध्यम श्रेणी के मनुष्य होते हैं। अर्थात पुनर्जन्म को प्राप्त होते हैं और निन्दित तमोगुण में प्रवृत्त हुए तामस पुरुष 'अधोगतिः', अर्थात् पशु–पक्षी, कीट–पतंगादि अधम योनियों को प्राप्त होते हैं। इस प्रकार तीनों गुण किसी–न–किसी रूप में योनि के ही कारण हैं। जो पुरुष गुणों को पार कर लेते हैं। वे जन्म–बन्धन से छूट जाते हैं और मेरे स्वरूप को प्राप्त होते हैं।

नान्यं गुणेभ्यः कर्तारं यदा द्रष्टानुपश्यति।
गुणेभ्यश्च परं वेत्ति मद्भावं सोऽधिगच्छति॥ 14.19॥

भावार्थ– हे अर्जुन! जब विवेकी मनुष्य तीनों गुणों के अलावा किसी अन्य को कर्त्ता नहीं समझता और गुणों से परे मुझ परमात्मा को जान लेता है, उस समय वह मुझे प्राप्त हो जाता है।

गुणानेतानतीत्य त्रीन्देही देहसमुद्भवान् ।
जन्ममृत्युजरादुःखैर्विमुक्तोऽमृतमश्नुते ॥ 14.20 ॥

भावार्थ– जब मनुष्य देह को उत्पन्न करनेवाले इन तीनों गुणों से पार हो जाता है, तब वह मुक्ति पाकर जन्म, वृद्धावस्था और मृत्यु रूपी दुःखों से रहित हुआ अमरता का अनुभव करता है।

भावार्थ– हे अर्जुन! पिछले श्लोक में वर्णित 'द्रष्टा' जिसके लिए मत्कर्म करना सहज (स्वाभाविक) हो जाता है, उसकी स्थिति 'सात्त्विक' से भी उच्च हो जाती है (अर्थात् त्रिगुणातीत)। उसको 'जीवन्मुक्त' समझ क्योंकि जन्म-मृत्यु-बुढ़ापा आदि के दुःख भी उसे विचलित नहीं कर सकते।

त्रिगुणातीत अवस्था

अर्जुन ने पूछा

कैर्लिङ्गैस्त्रीन्गुणानेतानतीतो भवति प्रभो ।
किमाचारः कथं चैतांस्त्रीन्गुणानतिवर्तते ॥ 14.21 ॥

भावार्थ– हे प्रभो! इन तीनों गुणों से पार हुए (गुणातीत) मनुष्य की पहचान किन लक्षणों से होती है? उसका आचरण कैसा होता है? और मनुष्य इन तीनों गुणों से पार कैसे हो सकता है?

श्री भगवान् ने कहा

प्रकाशं च प्रवृत्तिं च मोहमेव च पाण्डव ।
न द्वेष्टि संप्रवृत्तानि न निवृत्तानि काङ्क्षति ॥ 14.22 ॥

भावार्थ– हे पाण्डव! प्रकाश, प्रवृत्ति तथा मोह- ये सभी अच्छी तरह से प्रवृत्त हो जाये, तो भी गुणातीत मनुष्य इनसे द्वेष नहीं करता और ये सभी निवृत्त हो जाये तो इनकी इच्छा नहीं करता ।

टिप्पणी–प्रकाश, प्रवृत्ति, मोह- ये क्रमशः सत्त्वगुण, रजोगुण और तमोगुण के पर्यायवाची हैं।

उदासीनवदासीनो गुणैर्यो न विचाल्यते ।
गुणा वर्तन्त इत्येव योऽवतिष्ठति नेङ्गते ॥ 14.23 ॥

भावार्थ– जो इस प्रकार उदासीन के सदृश स्थित हुआ गुणों द्वारा विचलित नहीं किया जा सकता, गुण ही गुणों में बरतते हैं- इस भाव से जो अपने स्वरूप में ही स्थित रहता है और स्वयं कोई भी चेष्टा नहीं करता।

टिप्पणी– हे अर्जुन! त्रिगुणातीत की अनासक्ति 'स्थिर' होती है, हिलती-डुलती नहीं क्योंकि उसके कर्म (कुशलतापूर्ण होने पर भी) उदासीन की भाँति होते हैं। बिना पक्षपात के और बिना आसक्ति के। गुणों के वशीभूत होकर कोई भी व्यक्ति, कैसा भी व्यवहार करे- उससे त्रिगुणातीत की समदृष्टि विचलित नहीं होती (यह तीन गुणों का खेल है- यह सोचकर वह शान्त रहता है)। त्रिगुणातीत ईश्वर-जैसा हो जाता है, जैसा कि श्लोक 14.19 में वर्णित है।

समदुःखसुखः स्वस्थः समलोष्टाश्मकांचनः ।
तुल्यप्रियाप्रियो धीरस्तुल्यनिन्दात्मसंस्तुतिः ॥ 14.24 ॥
मानापमानयोस्तुल्यस्तुल्यो मित्रारिपक्षयोः ।
सर्वारम्भपरित्यागी गुणातीतः स उच्यते ॥ 14.25 ॥

भावार्थ– हे अर्जुन! जो धीर मनुष्य दुःख-सुख को समान समझता है, वह आत्म-भाव में स्थित रहता है। वह मिट्टी के ढेले, पत्थर और सोने को एक समान समझता है। प्रिय-अप्रिय के प्रति तथा निन्दा-स्तुति के द्वन्द्वों के बीच भी वह धैर्यपूर्वक सम-भाव रखता है। इसी प्रकार चाहे मान मिले या अपमान, चाहे मित्र से व्यवहार करना हो चाहे शत्रु से, वह अपना सम-भाव बनाए रखता है। जो सम्पूर्ण कर्मों में कर्त्तापन के भाव से रहित है, वह मनुष्य गुणातीत कहा जाता है।

टिप्पणी– जो निरन्तर स्वयं में अर्थात् आत्मभाव में स्थित है, सुख और दुःख में सम है, मिट्टी, पत्थर और स्वर्ण में भी समान भाव वाला है, धैर्यवान् है, जो प्रिय और अप्रिय को बराबर समझता है, अपनी निन्दा तथा स्तुति में भी समान भाव वाला है और जो मान और अपमान में सम है, मित्र और शत्रु-पक्ष में भी सम है, वह सम्पूर्ण आरम्भों से रहित हुआ पुरुष गुणातीत कहा जाता है।

मां च योऽव्यभिचारेण भक्तियोगेन सेवते ।
स गुणान्समतीत्यैतान्ब्रह्मभूयाय कल्पते ॥ 14.26 ॥

भावार्थ– जो समस्त परिस्थितियों में अविचलित भाव से मेरी भक्ति में प्रवृत्त होता है, वह तुरन्त ही प्रकृति के तीनों गुणों को पार करके परब्रह्म परमात्मा की प्राप्ति के योग्य हो जाता है।

टिप्पणी– हे अर्जुन! त्रिगुणातीत के लक्षण मैंने बतला दिये। तूने यह भी पूछा था कि किस विधि से वह तीनों गुणों को लाँघने में समर्थ होता है। सबसे सुगम और प्रमाणित विधि है- कर्मों का प्रभु को समर्पण। अर्थात् कर्मयोग और

भक्तियोग की संयुक्त साधना। इस विधि का संक्षिप्त नाम है 'मत्कर्म'। मत्कर्म जब सहज (स्वाभाविक) हो जाता है, तब त्रिगुणातीत की अवस्था प्राप्त हो जाती है- उसी को दैवी-गुण की प्राप्ति या ब्रह्म- संस्पर्श की प्राप्ति भी कहते हैं।

ब्रह्मणो हि प्रतिष्ठाहममृतस्याव्ययस्य च।
शाश्वतस्य च धर्मस्य सुखस्यैकान्तिकस्य च ॥ 14.27 ॥

भावार्थ– क्योंकि मैं (परब्रह्म) ही उस निराकार ब्रह्म का और अविनाशी अमृत का तथा शाश्वत धर्म एवं परम आनन्द का स्रोत हूँ।

टिप्पणी– श्रीकृष्ण बोले, हे अर्जुन! मैंने कर्मयोग और भक्तियोग की संयुक्त साधना का उल्लेख किया जिसके द्वारा सत्त्वगुण से भी ऊँची स्थिति 'त्रिगुणातीत' की स्थिति प्राप्त होती है। ब्रह्मसंस्पर्श की इस अवस्था में मत्कर्म (शाश्वत धर्म) सहज हो जाता है, अर्थात् कर्त्तापन का तथा ज्ञान का भी अभिमान नहीं होता और परम सुख का अनुभव होता है। इस प्रकार सत्त्वगुण के दो प्रतीकों-ज्ञान और सुख-का भी रूपान्तर हो जाता है, अर्थात् वे बन्धनकारी नहीं रहते। मत्कर्म की साधना से प्राप्त दैवी-गुण की स्थिति में ज्ञान का अभिमान नहीं हो सकता और सात्त्विक सुख से भी ऊँचे 'परम सुख' (आत्म-सुख या आत्यन्तिक सुख) की अनुभूति होती है जिसका उल्लेख श्लोक 6.21 में भी हुआ था।

निष्कर्ष

इस अध्याय के आरम्भ में श्रीकृष्ण ने कहा है कि- अर्जुन! ज्ञानों में भी अति उत्तम परमज्ञान को मैं फिर भी तेरे लिए कहूँगा, जिसे जानकर मुनिजन उपासना के द्वारा मेरे स्वरूप को प्राप्त होते हैं। फिर सृष्टि के आदि में वे जन्म नहीं लेते। लेकिन शरीर का निधन तो होना ही है, उस समय वे व्यथित नहीं होते। वे वास्तव में शरीर तो उसी दिन त्याग देते हैं, जिस दिन स्वरूप को प्राप्त होते हैं। प्राप्ति जीते-जी होती है, किन्तु शरीर का अन्त होते समय भी वे व्यथित नहीं होते।

प्रकृति से ही उत्पन्न हुए रज, सत्त्व और तम तीनों गुण ही इस जीवात्मा को शरीरों में बाँधते हैं। दो गुणों को दबाकर तीसरा गुण बढ़ाया जा सकता है। गुण परिवर्तनशील हैं। प्रकृति, जो अनादि है, नष्ट नहीं होती; बल्कि गुणों का प्रभाव टाला जा सकता है। गुण मन पर प्रभाव डालते हैं। जब सत्त्वगुण की वृद्धि रहती है, तो ईश्वरीय प्रकाश और बोधशक्ति रहती है। रजोगुण रागात्मक है। उस समय कर्म का लोभ रहता है, आसक्ति रहती है और अन्तःकरण में तमोगुण कार्यरूप लेने पर आलस्य-उन्माद घेर लेता है। सत्त्व की वृद्धि में मृत्यु को प्राप्त पुरुष ऊपर

के निर्मल लोकों में जन्म लेता है। रजोगुण की वृद्धि को प्राप्त हुआ मनुष्य मानव योनि में ही लौटकर आता है और तमोगुण की वृद्धिकाल में मनुष्य शरीर त्यागकर अधम (पशु, कीट, पतंग, इत्यादि) योनि को प्राप्त होता है। इसलिए मनुष्यों को क्रमशः उन्नत गुण सात्त्विक की ओर ही बढ़ना चाहिए। वस्तुतः तीनों गुण किसी-न-किसी योनि के ही कारण हैं। गुण ही आत्मा को शरीरों में बाँधते हैं, इसलिए गुणों से अतीत होना चाहिए।

वे जिससे मुक्त होते हैं, उसका स्वरूप बताते हुए श्रीकृष्ण ने कहा- अष्टधा मूल प्रकृति गर्भ को धारण करने वाली माता है और मैं ही बीजरूप पिता हूँ। अन्य न कोई माता है, न पिता। जब तक यह क्रम रहेगा, तब तक चराचर जगत् में निमित्त रूप से कोई-न-कोई माता-पिता बनते रहेंगे; किन्तु वस्तुतः प्रकृति ही माता है, मैं ही पिता हूँ।

अर्जुन ने तीन प्रश्न किये- गुणातीत पुरुष के क्या लक्षण हैं? क्या आचरण हैं? और किस उपाय से मनुष्य इन तीनों गुणों से ऊपर उठता है? इस पर श्रीकृष्ण ने गुणातीत पुरुष के लक्षण और आचरण बताये और अन्त में गुणातीत होने का उपाय बताया कि जो पुरुष अव्यभिचारिणी भक्ति और योग के द्वारा निरन्तर मुझे भजता है, वह तीनों गुणों से अलग हो जाता है। अन्य किसी का चिन्तन न करते हुए निरन्तर इष्ट का चिन्तन करना अव्यभिचारिणी भक्ति है। जो संसार के संयोग-वियोग से सर्वथा रहित है, उसी का नाम योग है। उसको कार्यरूप देने की प्रणाली का नाम कर्म है। यज्ञ : जिससे सम्पन्न होता है, वह हरकत कर्म है। अव्यभिचारिणी भक्ति द्वारा उस नियत कर्म के आचरण से ही पुरुष तीनों गुणों से अतीत होता है और अतीत होकर ब्रह्म के साथ एकीभाव के लिए, पूर्ण कल्प को प्राप्त होने के लिए योग्य होता है। गुण, जिस मन पर प्रभाव डालते हैं, उसके विलय होते ही ब्रह्म के साथ एकीभाव हो जाता है, यही वास्तविक कल्प है। अतः बिना भजन किये कोई गुणों से दूर नहीं होता।

अन्त में श्रीकृष्ण कहते हैं- वह गुणातीत पुरुष जिस ब्रह्म के साथ एकीभाव में स्थित होता है उस ब्रह्म का, अमृत-तत्त्व का, शाश्वत-धर्म का और अखण्ड एकरस आनन्द का मैं ही आश्रय हूँ, अर्थात् प्रधान कर्त्ता हूँ।

ॐ तत्सत्

अध्याय - 15

पुरुषोत्तम योग

महापुरुषों ने संसार को विभिन्न दृष्टान्तों से समझाने का प्रयास किया है। किसी ने इसी को संसार-सागर कहा। किसी ने इसी को भवनदी और भवकूप कहा है। कभी इसकी तुलना गोपद से की गयी, अर्थात् जितना इन्द्रियों का आयतन है, उतना ही संसार है। योगेश्वर श्रीकृष्ण ने संसार को समुद्र और वृक्ष की संज्ञा दी। अध्याय बारह में उन्होंने कहा- जो मेरे अनन्य भक्त हैं, उनका संसार-समुद्र से शीघ्र ही उद्धार करने वाला होता हूँ। यहाँ प्रस्तुत अध्याय में योगेश्वर श्रीकृष्ण कहते हैं कि संसार एक वृक्ष है, उसको काटते हुए ही योगीजन उस परमपद को खोजते हैं।

श्री अरविंद को यह अध्याय विशेष प्रिय था क्योंकि ईश्वर का पुरुषोत्तम रूप क्रियाशील भी है और वह साधक को जीवनपर्यन्त सेवा कर्म में लगे रहने का संदेश देता है। इस अध्याय में चार संदेश हैं-(अ) संसार वृक्ष का मुख्य मूल ईश्वर है। (आ) प्रत्येक प्राणी के हृदय में स्थित आत्मा ईश्वर का अंश है। (इ) ईश्वर ही पुरुषोत्तम रूप से सारे विश्व का भरण-पोषण करता है और उसी कार्य में यथाशक्ति योगदान देना 'मत्कर्म' है- इस संदेश ने श्री अरविंद को प्रेरित किया था। (ई) आध्यात्मिक साधना का सर्वोत्तम साधन है-कर्म-भक्ति-ज्ञान का समन्वय जिसे श्री अरविंद ने 'पूर्ण योग' नाम से ख्याति दी है। इसका सारांश यह है कि कर्म-भक्ति-ज्ञान से आध्यात्मिक उत्थान करना और फिर संसार में रहते हुए सब प्राणियों के उत्थान (सर्वमुक्ति) के लिए सहज भाव से लोक सेवा करना।

संसार-वृक्ष का वर्णन

श्रीकृष्ण ने कहा

ऊर्ध्वमूलमधःशाखमश्वत्थं प्राहुरव्ययम्।
छन्दांसि यस्य पर्णानि यस्तं वेद स वेदवित्॥ 15.1 ॥

भावार्थ– यह संसार एक शाश्वत पीपल वृक्ष के समान है, जिसकी जड़ें तो ऊपर की ओर हैं और शाखाएँ नीचे की ओर तथा पत्तियाँ वैदिक स्तोत्र हैं। जो इस संसाररूपी वृक्ष को ठीक से समझ लेता है, वह वेदों को जानने वाला है।

टिप्पणी– हे अर्जुन! यह संसार एक विशेष प्रकार का वृक्ष है- इसकी जड़ ऊपर (अर्थात् ईश्वर में) है, इसकी शाखाएँ नीचे (अर्थात् दृश्य जगत् में) हैं, और इसके पत्ते वेदों के मंत्र हैं (जिनके कारण यह सृष्टि सदा हरी-भरी रहती है)। यह अश्वत्थ (पीपल) वृक्ष अविनाशी है। जो व्यक्ति इस वृक्ष को ठीक प्रकार से समझकर अपना कर्म कुशलतापूर्वक करता है, उसे वेदों के सार को जानने वाला समझ। जिसने उस संसार-वृक्ष को जाना है, उसने वेद को जाना है, न कि ग्रन्थ पढ़ने वाला। पुस्तक पढ़ने से तो उधर बढ़ने की प्रेरणा मात्र मिलती है।

अधश्चोर्ध्वं प्रसृतास्तस्य शाखा गुणप्रवृद्धा विषयप्रवालाः।
अधश्च मूलान्यनुसन्ततानि कर्मानुबन्धीनि मनुष्यलोके॥ 15.2 ॥

भावार्थ– इस वृक्ष की शाखाएँ सभी ओर फैली हुई हैं और प्रकृति के गुण रूपी जल से इसकी वृद्धि होती हैं। इसकी टहनियाँ इन्द्रिय विषय हैं। इस वृक्ष की जड़ें नीचे की ओर भी जाती हैं, जो मानव समाज के सकाम कर्मों से बँधी हुई हैं।

टिप्पणी– भगवान् बोले, हे अर्जुन! मैंने कहा था कि संसार वृक्ष की शाखाएँ दृश्य जगत् में हैं। अब उनका विस्तृत वर्णन सुन। ये शाखाएँ ऊपर और नीचे-दोनों ओर फैली हुई हैं। प्रकृति के तीन गुण इन शाखाओं की वृद्धि करते हैं और नये-नये प्रकार के विषय-भोग इन शाखाओं की कोपलें हैं। अब संसार वृक्ष की मूल का भी विस्तृत वर्णन सुन। मुख्य जड़ तो ऊपर (अर्थात् ईश्वर में) है, परन्तु उसके अतिरिक्त अनेक गौण जड़ें भी हैं जो नीचे (अर्थात् दृश्य जगत् में) हैं और जो प्राणियों के भिन्न-भिन्न कर्मों के अनुसार बन्धन का हेतु बनती हैं।

(1) दृश्य जगत् में जो परिवर्तनशील पदार्थ हैं, वे संसार वृक्ष की शाखाओं और कोंपलों की भाँति हैं।

(2) प्राणियों का मुख्य सम्बन्ध ईश्वर के साथ है। किन्तु, अपने कर्मों के द्वारा वे स्वयं अपने लिए नये-नये बन्धनों का निर्माण करते रहते हैं-इस श्लोक का तात्पर्य यह है कि ये बन्धन गौण मूल की भाँति हैं।

न रूपमस्येह तथोपलभ्यते नान्तो न चादिर्न च सम्प्रतिष्ठा।
अश्वत्थमेनं सुविरूढमूलमसङ्गशस्त्रेण दृढेन छित्त्वा ॥ 15.3 ॥

भावार्थ–भगवान् बोले, हे अर्जुन! मैंने वृक्ष रूपी संसार की जड़ों या बन्धनों का उल्लेख किया जिनका निर्माण प्राणी अपने कर्मों के द्वारा स्वयं करते हैं। ये बन्धन वास्तविक दृष्टि से असत् रूप वाले हैं, अर्थात् वेदों का ज्ञान होने पर इनका अस्तित्व समाप्त हो जाता है। यद्यपि ऐसा प्रतीत होता है कि ये बन्धन (जड़ें) जटिल हैं। फिर भी अनासक्ति रूपी शस्त्र इन बन्धनों को काट सकता है।

टिप्पणी–अनासक्ति के द्वारा कर्म-बन्धन रूपी गौण मूल को काटना- यह इस श्लोक का भावार्थ है, न कि ईश्वर-रूपी मुख्य मूल से सम्बन्ध तोड़ने का। अगले श्लोक से यह भाव स्पष्ट हो जाता है।

ततः पदं तत्परिमार्गितव्यं यस्मिन्गता न निवर्तन्ति भूयः।
तमेव चाद्यं पुरुषं प्रपद्ये यतः प्रवृत्तिः प्रसृता पुराणी ॥ 15.4 ॥

भावार्थ– मनुष्य को चाहिए कि इस दृढ़ मूल वाले वृक्ष को वैराग्यरूपी शस्त्र द्वारा काटकर गिराए। तत्पश्चात् उसे ऐसे स्थान की खोज करनी चाहिए जहाँ जाकर लौटना न पड़े और जहाँ उस भगवान् की शरण ग्रहण कर ली जाये, जिससे अनादिकाल से प्रत्येक वस्तु का सूत्रपात तथा विस्तार होता आया है।

टिप्पणी– जिस परमेश्वर से पुरातन संसार-वृक्ष की प्रवृत्ति विस्तार को प्राप्त हुई है, उसी आदिपुरुष परमात्मा की मैं शरण हूँ (उनकी शरण गये बिना वृक्ष मिटेगा नहीं)। अब शरण में गया हुआ वैराग्य में स्थित पुरुष कैसे समझे कि वह वृक्ष कट गया ? उसकी पहचान क्या है? ईश्वर का निवास-स्थान कोई अलग स्थान नहीं है। इसलिए इस श्लोक का भावार्थ मानसिक झुकाव के सन्दर्भ में ही करना उचित है।

निर्मानमोहा जितसङ्गदोषा अध्यात्मनित्या विनिवृत्तकामाः।
द्वन्द्वैर्विमुक्ताः सुखदुःखसञ्ज्ञैर्गच्छन्त्यमूढाः पदमव्ययं तत् ॥ 15.5 ॥

भावार्थ– जो झूठी प्रतिष्ठा, मोह तथा कुसंगति से मुक्त हैं, जो परमात्मा के स्वरूप में नित्य स्थित हैं और जिनकी कामनायें पूर्ण रूप से समाप्त हो चुकी हैं,

जो सुख तथा दुःख के द्वन्द्व से मुक्त हैं और जो मोह रहित होकर परम पुरुष के शरणागत होना जानते हैं, वे उस परमधाम को प्राप्त होते हैं।

टिप्पणी– भगवान् बोले, हे अर्जुन! मुख्य मूल (अविनाशी ईश्वर) की ओर चलने वाले ज्ञानी व्यक्तियों के छः लक्षण मैं तुझे बतलाता हूँ-(अ) अभिमान और मोह का त्याग (आ) सांसारिक विषयों के प्रति अनासक्ति (इ) कर्मों का ईश्वर के प्रति मानसिक समर्पण (ई) निष्काम भाव से प्राप्त कर्म-कुशलता (उ) सब प्राणियों के प्रति समदृष्टि (ऊ) सुख-दुःख में समत्वबुद्धि।

आत्मा-ईश्वर का अंश

न तद्भासयते सूर्यो न शशाङ्को न पावकः।
यद्गत्वा न निवर्तन्ते तद्धाम परमं मम ॥ 15.6 ॥

भावार्थ– उस स्वयं प्रकाशित परमधाम को न सूर्य, न चन्द्रमा और न अग्नि ही प्रकाशित कर पाते हैं। जिस परमपद को प्राप्त कर मनुष्य पीछे संसार में नहीं आते हैं, वही मेरा परमधाम है, अर्थात् उनका पुनर्जन्म नहीं होता।

टिप्पणी– भगवान् बोले, हे अर्जुन! मेरे पास आने का तात्पर्य है- संसार चक्र के प्रभाव से अलग हो जाना। अर्थात् बन्धनकारक कर्म (विपरीत कर्म) की सम्भावना का ही मिट जाना। इसी को कहते हैं, दैवी-गुण की प्राप्ति और उसका सुगम साधन है मत्कर्म। जो साधक इस मार्ग पर चलते हैं, उनका मार्गदर्शन मैं करता हूँ- अलंकार रूप से मैं उनका मार्ग प्रकाशित करता हूँ और उन्हें सूर्य, चन्द्रमा, अग्नि के प्रकाश (तेज) की आवश्यकता नहीं।

ममैवांशो जीवलोके जीवभूतः सनातनः।
मनःषष्ठानीन्द्रियाणि प्रकृतिस्थानि कर्षति ॥ 15.7 ॥

भावार्थ– इस जीवलोक में जीवात्मा, मेरी ही शक्ति का एक अंश है, जो प्रकृति में स्थित मन सहित छः इन्द्रियों को चेतना प्रदान करता है।

टिप्पणी– श्रीकृष्ण कहते हैं कि मैं प्रत्येक प्राणी के हृदय में हूँ क्योंकि जीवात्मा मेरा ही अंश है और यह सनातन तथ्य है, अनादिकाल से चला आ रहा है। प्राणी के शरीर में पाँच इंद्रियाँ और मन- इन छः का अस्तित्व है किन्तु ये तो क्षेत्र के तत्त्व हैं, इनका स्थान गौण है, इनका नेता (मुख्य तत्त्व) क्षेत्रज्ञ (आत्मा) है जो इन्हें खींचकर ले जाता है।

शरीरं यदवाप्नोति यच्चाप्युत्क्रामतीश्वरः।
गृहीत्वैतानि संयाति वायुर्गन्धानिवाशयात् ॥ 15.8 ॥

भावार्थ– हे अर्जुन! जैसे वायु फूल से गन्ध को निकालकर एक स्थान से दूसरे स्थान में ले जाती है, उसी प्रकार जीवात्मा मृत्यु के बाद मन सहित इंद्रियों को अपने साथ एक शरीर से दूसरे शरीर में ले जाती है।

टिप्पणी– जिस प्रकार वायु गन्ध को एक स्थान से दूसरे स्थान को ले जाता है, ठीक उसी प्रकार देह का स्वामी जीवात्मा जिस पहले शरीर को त्यागता है, उससे मन और पाँचों ज्ञानेन्द्रियों के कार्यकलापों को ग्रहण करके (आकर्षित करके, साथ लेकर) फिर जिस शरीर को प्राप्त होता है, उसमें जाता है।

श्रोत्रं चक्षुः स्पर्शनं च रसनं घ्राणमेव च ।
अधिष्ठाय मनश्चायं विषयानुपसेवते ॥ 15.9 ॥

भावार्थ– उस शरीर में स्थित होकर यह जीवात्मा कान, आँख, त्वचा, जिह्वा, नासिका और मन का आश्रय लेकर, अर्थात् इन सबके सहारे ही विषयों का सेवन करता है। किन्तु ऐसा दिखायी नहीं पड़ता, सब उसे नहीं देख पाते।

उत्क्रामन्तं स्थितं वापि भुंजानं वा गुणान्वितम् ।
विमूढा नानुपश्यन्ति पश्यन्ति ज्ञानचक्षुषः ॥ 15.10 ॥

भावार्थ– अज्ञानी न तो समझ पाते हैं कि जीव किस प्रकार अपना शरीर त्याग सकता है, न ही वे यह समझ पाते हैं कि प्रकृति के गुणों के अधीन वह किस तरह के शरीर का भोग करता है। लेकिन जिसकी आँखें ज्ञान में प्रशिक्षित होती हैं, वह यह सब देख सकता है।

टिप्पणी– शरीर छोड़कर जाते हुए, शरीर में स्थित हुए, विषयों को भोगते हुए अथवा तीनों गुणों से युक्त हुए भी जीवात्मा को अज्ञानी व्यक्ति नहीं जानते। केवल ज्ञानरूपी नेत्रवाले ही उसे जानते हैं, देखते हैं, ठीक ऐसा ही है।

यतन्तो योगिनश्चैनं पश्यन्त्यात्मन्यवस्थितम् ।
यतन्तोऽप्यकृतात्मानो नैनं पश्यन्त्यचेतसः ॥ 15.11 ॥

भावार्थ– आत्म-साक्षात्कार को प्राप्त प्रयत्नशील योगीजन यह सब स्पष्ट रूप से देख सकते हैं। लेकिन जिनके मन विकसित नहीं हैं और जो आत्म-साक्षात्कार को प्राप्त नहीं हैं, वे प्रयत्न करके भी यह देख या जान नहीं पाते हैं।

टिप्पणी– भगवान् बोले, हे अर्जुन! यद्यपि मेरा अंश (आत्मा) सब प्राणियों के हृदय में है, फिर भी उसे पहचानने के लिए तीन बातें आवश्यक हैं-(अ) यत्न। (आ) आत्म शुद्धि, अर्थात् स्वार्थ भाव का त्याग और कर्त्तापन के

अभिमान का न होना। (इ) ज्ञान प्राप्ति की इच्छा। इन तीनों मापदण्डों की कसौटी पर खरे उतरने वाले कर्मयोगी आत्मा को पहचानते हैं। जो व्यक्ति केवल यत्न करते हैं किन्तु, न उनमें आत्मशुद्धि है और न ज्ञान प्राप्ति की इच्छा, वे आत्मा को पहचानने में असमर्थ रहते हैं।

ईश्वर द्वारा विश्व का भरण-पोषण

यदादित्यगतं तेजो जगद्भासयतेऽखिलम् ।
यच्चन्द्रमसि यच्चाग्नौ तत्तेजो विद्धि मामकम् ॥ 15.12 ॥

भावार्थ–भगवान् बोले, हे अर्जुन! सूर्य का तेज समस्त जगत् को प्रकाशित करता है, किन्तु वह मेरा तेज है। इसी प्रकार चन्द्रमा का तेज और अग्नि का तेज भी मेरा ही तेज है।

टिप्पणी– जो तेज सूर्य में स्थित हुआ सम्पूर्ण जगत् को प्रकाशित करता है, जो तेज चन्द्रमा में स्थित है और जो तेज अग्नि में है, इसे तू मेरा ही तेज समझ। श्लोक 3.24 में भगवान् ने कहा था कि मैं लोककल्याणार्थ कर्म लगातार करता हूँ। यहाँ उसी का विस्तृत वर्णन है।

गामाविश्य च भूतानि धारयाम्यहमोजसा ।
पुष्णामि चौषधीः सर्वाः सोमो भूत्वा रसात्मकः ॥ 15.13 ॥

भावार्थ– मैं प्रत्येक लोक में प्रवेश करता हूँ और मेरी शक्ति से सारे लोक अपनी कक्षा में स्थित रहते हैं। मैं चन्द्रमा बनकर समस्त वनस्पतियों को जीवन-रस प्रदान करता हूँ।

अहं वैश्वानरो भूत्वा प्राणिनां देहमाश्रितः ।
प्राणापानसमायुक्तः पचाम्यन्नं चतुर्विधम् ॥ 15.14 ॥

भावार्थ– मैं ही सब प्राणियों के शरीर में अग्निरूप से स्थित होकर प्राण और अपान से युक्त हुआ चार प्रकार के अन्न को पचाता हूँ।

टिप्पणी– अध्याय चार में स्वयं योगेश्वर श्रीकृष्ण ने इन्द्रियाग्नि, संयमाग्नि, योगाग्नि, प्राण-अपानाग्नि, ब्रह्माग्नि इत्यादि तेरह-चौदह अग्नियों का उल्लेख किया, जिसमें सबका परिणाम ज्ञान है। ज्ञान ही अग्नि है। श्रीकृष्ण कहते हैं, ऐसा अग्निस्वरूप होकर प्राण और अपान से युक्त चार विधियों से (जप सदैव श्वास/प्रश्वास से होता है, उसकी चार विधियाँ बैखरी, मध्यमा, पश्यन्ती और परा हैं- इन चार विधियों से) तैयार होनेवाले अन्न को मैं ही पचाता हूँ।

सर्वस्य चाहं हृदि सन्निविष्टो मत्तः स्मृतिर्ज्ञानमपोहनं च ।
वेदैश्च सर्वैरहमेव वेद्यो वेदान्तकृद्वेदविदेव चाहम् ॥ 15.15 ॥

भावार्थ– हे अर्जुन! मैं सब प्राणियों के हृदयों में हूँ, मेरे ही द्वारा सबको स्मृति, ज्ञान तथा विस्मृति होती है। मैं ही वेदों के द्वारा जानने योग्य हूँ। मैं ही वेदान्त का संकलनकर्त्ता तथा समस्त वेदों को जानने वाला हूँ।

टिप्पणी– श्रीकृष्ण कहते हैं- मैं ही सब प्राणियों के हृदय में अन्तर्यामी रूप से स्थित हूँ। मुझसे ही स्वरूप की स्मृति (सुरति, जो तत्त्व परमात्मा विस्मृत है, उसका स्मरण ही आना) होती है। (प्राप्तिकाल का चित्रण है) स्मृति के साथ ही ज्ञान (साक्षात्कार) और 'अपोहनं', अर्थात् बाधाओं का शमन मुझ इष्ट से ही होता है। सब वेदों द्वारा मैं ही जानने योग्य हूँ। वेदान्त का कर्त्ता, अर्थात् 'वेदस्य अन्तः सः वेदान्त' (अलग था तभी तो जानकारी हुई। जब जानते ही उसी स्वरूप में प्रतिष्ठि हो गया, तो कौन किसको जाने?) वेद की अन्तिम स्थिति का कर्त्ता मैं ही हूँ और 'वेदवित्', अर्थात् वेद का ज्ञाता भी मैं ही हूँ।

पूर्णयोग का सन्देश

द्वाविमौ पुरुषौ लोके क्षरश्चाक्षर एव च ।
क्षरः सर्वाणि भूतानि कूटस्थोऽक्षर उच्यते ॥ 15.16 ॥

भावार्थ– हे अर्जुन! संसार में दो पुरुष हैं–क्षर (नाशवान्) तथा अक्षर (अविनाशी)। सब प्राणी (देह रूप से) क्षर हैं, सब के देहों में स्थित 'आत्मा' अक्षर है।

टिप्पणी– इस संसार में 'क्षर'- क्षय होनेवाले, परिवर्तनशील और 'अक्षर'- अक्षय, अपरिवर्तनशील ऐसे दो प्रकार के पुरुष हैं। उनमें सम्पूर्ण भूतों (प्राणियों) के शरीर तो नाशवान् हैं, क्षर पुरुष हैं, आज है तो कल नहीं रह जायेंगे और दूसरा कूटस्थ पुरुष अविनाशी कहा जाता है। साधन के द्वारा मनसहित इन्द्रियों का निरोध, अर्थात् जिसकी इन्द्रिय-समूह कूटस्थ है, वही अक्षर कहलाता है। अब आप स्त्री कहलाते हों अथवा पुरुष, यदि शरीर और शरीर-जन्म के कारण संस्कारों का क्रम लगा है तो आप क्षर पुरुष हैं और जब मनसहित इन्द्रियाँ कूटस्थ हो जाती हैं तब वही अक्षर पुरुष कहलाता है। किन्तु यह भी पुरुष की अवस्था-विशेष ही है।

उत्तमः पुरुषस्त्वन्यः परमात्मेत्युदाहृतः ।
यो लोकत्रयमाविश्य बिभर्त्यव्यय ईश्वरः ॥ 15.17 ॥

भावार्थ– हे अर्जुन! क्षर और अक्षर- दोनों से श्रेष्ठ पुरुष को परमात्मा कहते हैं जो अविनाशी है, ईश्वर है और जो तीनों लोकों में व्याप्त होकर उनका पालन-पोषण करता है।

टिप्पणी– उन दोनों से अति उत्तम पुरुष तो अन्य ही है, जो तीनों लोकों में प्रवेश करके सबका भरण-पोषण करता है और अविनाशी, परमात्मा, ईश्वर ऐसे कहा गया है। परमात्मा, अव्यक्त, अविनाशी, पुरुषोत्तम इत्यादि उसके परिचायक शब्द हैं। वस्तुतः वह अन्य ही है, अर्थात् अनिर्वचनीय है। यह क्षर-अक्षर से परे महापुरुष की अन्तिम अवस्था है, जिसको परमात्मा इत्यादि शब्दों से इंगित किया गया है; किन्तु वह अन्य है, अर्थात् अनिर्वचनीय है। उसी स्थिति में योगेश्वर श्रीकृष्ण अपना भी परिचय देते हैं।

यस्मात्क्षरमतीतोऽहमक्षरादपि चोत्तमः ।
अतोऽस्मि लोके वेदे च प्रथितः पुरुषोत्तमः ॥ 15.18 ॥

भावार्थ– चूँकि मैं क्षर तथा अक्षर दोनों से परे हूँ और चूँकि मैं परब्रह्म परमात्मा हूँ, अतएव मैं इस जगत् में तथा वेदों में 'पुरुषोत्तम' के रूप में जाना जाता हूँ।

टिप्पणी–'पुरुषोत्तम', अक्षर से भी उत्तम है क्योंकि वह अक्षर की भाँति अविनाशी तो है ही, उसके अतिरिक्त वह क्रियाशील भी है (तीनों लोकों का भरण-पोषण करता है)।

यो मामेवमसम्मूढो जानाति पुरुषोत्तमम् ।
स सर्वविद्भजति मां सर्वभावेन भारत ॥ 15.19 ॥

भावार्थ– जो कोई भी मुझे संशयरहित होकर पुरुषोत्तम के रूप में जानता है, वह सब कुछ जानने वाला है। अत एव हे भरतपुत्र! वह व्यक्ति मेरी पूर्ण भक्ति में रत होता है।

टिप्पणी– जैसा कि ऊपर कहा गया है कि इस प्रकार जो ज्ञानी पुरुष मुझ पुरुषोत्तम को साक्षात् जानता है, वह सर्वज्ञ पुरुष सब प्रकार से मुझ परमात्मा को ही भजता है। वह मुझसे विलग नहीं है।

'असंमूढ़' शब्द श्लोक 10.3 में भी प्रयुक्त हुआ था- इसका शाब्दिक अर्थ है 'मूढ़ता-रहित होना' किन्तु वास्तविक तात्पर्य है- मानव में माधव के दर्शन करना।

इति गुह्यतमं शास्त्रमिदमुक्तं मयानघ।
एतद्बुद्ध्वा बुद्धिमान्स्यात्कृतकृत्यश्च भारत॥ 15.20॥

भावार्थ– हे अर्जुन! मैंने सर्वोच्च कोटि का ज्ञान तुझे दिया और उसे कार्यान्वित करने की विधि भी तुझे बतलाई। जो मेरे उपदेश को ठीक प्रकार से समझ ले और तदनुसार आचरण भी कर ले, वही बुद्धिमान् है और उसके प्रयास सफल होंगे।

टिप्पणी– हे निष्पाप अर्जुन! इस प्रकार यह अति गोपनीय शास्त्र मेरे द्वारा कहा गया। इसको तत्त्व से जानकर मनुष्य पूर्णज्ञाता और कृतार्थ हो जाता है। अतः योगेश्वर श्रीकृष्ण की यह वाणी स्वयं में पूर्ण शास्त्र है।

श्रीकृष्ण का यह रहस्य अत्यन्त गुप्त था। उन्होंने केवल अनुरागियों को बताया। यह अधिकारी के लिए था, सबके लिए नहीं। श्रीकृष्ण का यह स्वरूप सबके लिए नहीं था। कोई उन्हें राजा, कोई दूत, तो कोई यादव ही मानता था; किन्तु अधिकारी अर्जुन से उन्होंने कोई दुराव नहीं रखा। उसने पाया कि वह परमसत्य पुरुषोत्तम हैं। दुराव रखते तो उसका कल्याण ही न होता। श्रीकृष्ण ने अपना ज्ञान उस व्यक्ति को दिया जिसमें पात्रता थी।

निष्कर्ष

इस अध्याय के आरम्भ में योगेश्वर श्रीकृष्ण ने बताया कि संसार एक वृक्ष के समान है, पीपल-जैसा वृक्ष है। पीपल एक उदाहरण मात्र है। ऊपर इसका मूल परमात्मा और नीचे प्रकृतिपर्यन्त इसकी शाखा-प्रशाखाएँ हैं। जो इस वृक्ष को मूल सहित विदित कर लेता है, वह वेदों का ज्ञाता है। इस संसार-वृक्ष की शाखाएँ ऊपर और नीचे सर्वत्र व्याप्त हैं और 'मूलानि'- उसकी जड़ों का जाल भी ऊपर और नीचे सर्वत्र व्याप्त है क्योंकि वह मूल ईश्वर है और वही बीजरूप से प्रत्येक जीव-हृदय में निवास करता है।

ब्रह्मा एक प्रतीक है। योग-साधना की एक परिपक्व अवस्था में इस स्थित की जागृति है। ईश्वर की ओर उन्मुख ब्रह्मविद्या से संयुक्त बुद्धि ही ब्रह्मा है। कमल पानी में रहते हुए भी निर्मल और निर्लेप रहता है। बुद्धि जब तक इधर-उधर ढूँढ़ती है, तब तक नहीं पाती और जब वही बुद्धि निर्मलता के आसन पर आसीन होकर मनसहित इन्द्रियों को समेटकर हृदय-देश में निरोध कर लेती है, उस निरोध के भी विलीनीकरण की अवस्था में अपने ही हृदय में परमात्मा को पा लेती है।

यहाँ भी योगेश्वर श्रीकृष्ण के अनुसार संसार वृक्ष है, जिसका मूल सर्वत्र है और शाखाएँ सर्वत्र हैं। दृढ़ वैराग्यरूपी शस्त्र द्वारा इस संसाररूपी पीपल के वृक्ष को तू काट और उस परमपद को ढूँढ़, जिसमें गये हुए महर्षि पुनर्जन्म को प्राप्त नहीं होते।

कैसे जाना जाये कि संसार-वृक्ष कट गया? योगेश्वर कहते हैं कि जो मान और मोह से सर्वथा रहित है, जिसने संगदोष जीत लिया है, जिसकी कामनाएँ निवृत्त हो गयी हैं और जो द्वन्द्व से मुक्त है, वह पुरुष उस परमतत्त्व को प्राप्त होता है। उस परमपद को न सूर्य, न चन्द्रमा और न अग्नि ही प्रकाशित कर पाते हैं, वह स्वयं प्रकाशरूप है। जिसमें गये हुए पीछे लौटकर नहीं आते, वह मेरा परमधाम है, जिसे पाने का अधिकार सबको है क्योंकि यह जीवात्मा मेरा ही शुद्ध अंश है।

शरीर का त्याग करते समय जीवात्मा मन और पाँचों ज्ञानेन्द्रियों के कार्यकलापों को लेकर नये शरीर को धारण करता है। संस्कार सात्त्विक हैं तो सात्त्विक स्तर पर पहुँच जाता है, राजसी हैं तो मध्यम स्थान पर और तामसी रहने पर जघन्य योनियों तक पहुँच जाता है तथा इन्द्रियों के अधिष्ठाता मन के माध्यम से विषयों को देखता और भोगता है। वह दिखायी नहीं पड़ता, इसे देखने की दृष्टि ज्ञान है। कुछ याद कर लेने का नाम ज्ञान नहीं है।

ॐ तत्सत्

अध्याय - 16

दैवासुर संपद् विभाग योग

इस अध्याय में तीन मुख्य संदेश हैं-(अ) दैवी संपद् का अर्थ है, सज्जनों के सद्गुण जिनका नेता है 'अभय'-और अभय के दो मुख्य सहायक हैं, सत्य एवं अहिंसा। (आ) आसुरी संपद का अर्थ है, दुर्जनों के अवगुण जिनमें व्यूह रचना करनेवाले छः मुख्य शत्रु हैं- काम, क्रोध, लोभ, अहंकार, द्वेष, क्रूरता। (इ) आसुरी क्रूरता से समाज की रक्षा करने के लिए दैवी संपद् का उपयोग करना चाहिए। अर्थात् अभय, सत्य, अहिंसा जैसे सात्त्विक गुणों का उपयोग-संक्षेप में, सात्त्विकता अजेय है, निश्चित रूप से रक्षक है क्योंकि परमात्मा का सहारा उसे प्राप्त है।

दैवी संपद्-पालनीय सद्गुण

श्रीकृष्ण ने कहा

अभयं सत्त्वसंशुद्धिर्ज्ञानयोगव्यवस्थितिः।
दानं दमश्च यज्ञश्च स्वाध्यायस्तप आर्जवम्॥ 16.1॥
अहिंसा सत्यमक्रोधस्त्यागः शान्तिरपैशुनम्।
दया भूतेष्वलोलुप्त्वं मार्दवं ह्रीरचापलम्॥ 16.2॥
तेजः क्षमा धृतिः शौचमद्रोहो नातिमानिता।
भवन्ति सम्पदं दैवीमभिजातस्य भारत॥ 16.3॥

भावार्थ– हे भरतपुत्र! निर्भयता, आत्मशुद्धि, आध्यात्मिक ज्ञान का अनुशीलन, दान, आत्म-संयम, यज्ञपरायणता, वेदाध्ययन, तपस्या, सरलता, अहिंसा, सत्यता, क्रोधविहीनता, त्याग, शान्ति, छिद्रान्वेषण में अरुचि, समस्त जीवों पर करुणा,

लोभविहीनता, भद्रता, लज्जा, संकल्प, तेज, क्षमा, धैर्य, पवित्रता, ईर्ष्या तथा सम्मान की अभिलाषा से मुक्ति- ये सारे दिव्य गुण हैं, जो दैवी प्रकृति से सम्पन्न देवतुल्य पुरुषों में पाये जाते हैं।

टिप्पणी– भय का सर्वथा अभाव, अन्तःकरण की शुद्धता, तत्त्वज्ञान के लिए ध्यान में दृढ़ स्थिति अथवा निरन्तर लगन, सर्वस्व का समर्पण, इन्द्रियों का भली प्रकार दमन, यज्ञ का आचरण (श्रीकृष्ण ने किसी कर्मकाण्ड का समर्थन नहीं किया है।)। यज्ञ की बात ब्राह्मणों ने गीता में अपनी ओर से डाल दिया है।

अहिंसा अर्थात् आत्मा का उद्धार, सत्य (सत्य का अर्थ यथार्थ और प्रिय भाषण नहीं है। आप कहते हैं- यह वस्त्र हमारा है, तो क्या आप सच बोलते हैं? इससे बड़ा झूठ और क्या होगा? जब शरीर आपका नहीं है, नश्वर है तो इसे ढाँकने का वस्त्र कब आपका है? वस्तुतः सत्य का स्वरूप योगेश्वर ने स्वयं बताया है कि- अर्जुन! सत्य वस्तु का तीनों कालों में कभी अभाव नहीं है। यह आत्मा ही सत्य है, यही परमसत्य है- इस सत्य पर दृष्टि रखना।) क्रोध का न होना, सर्वस्व का समर्पण, शुभाशुभ कर्मफलों का त्याग, चित्त की चंचलता का सर्वथा अभाव, लक्ष्य के विपरीत निन्दित कार्यों को न करना, सम्पूर्ण प्राणियों में दयाभाव, इन्द्रियों का विषयों से संयोग होने पर भी उनमें आसक्ति का अभाव, कोमलता, अपने लक्ष्य से विमुख होने में लज्जा, व्यर्थ की चेष्टाओं का अभाव तथा तेज (जो एकमात्र ईश्वर में है, उसके तेज से जो कार्य करता है। महात्मा बुद्ध की दृष्टि पड़ते ही अंगुलिमाल के विचार बदल गये। यह उस तेज का ही परिणाम था जिससे कल्याण का सृजन होता है, जो बुद्ध में था), क्षमा, धैर्य, शुद्धि, किसी में शत्रुभाव का न होना, अपने में पूज्यता के भाव का सर्वथा अभाव- यह सब तो हे अर्जुन! दैवी सम्पद् को प्राप्त पुरुष के लक्षण हैं। इस प्रकार कुल छब्बीस लक्षण बताये, जो सब-के-सब तो साधना में परिपक्व अवस्था वाले पुरुष में सम्भव हैं और आंशिक रूप में आप में भी निश्चित हैं तथा आसुरी सम्पद् से आप्लावित मनुष्यों में भी ये गुण हैं। किन्तु, सुप्त अवस्था में रहते हैं। तभी तो घोर पापी को भी कल्याण का अधिकार है।

आसुरी संपद्-दुर्जनों की क्रूरता का वर्णन

दम्भो दर्पोऽभिमानश्च क्रोधः पारुष्यमेव च ।
अज्ञानं चाभिजातस्य पार्थ संपदमासुरीम् ॥ 16.4 ॥

भावार्थ– हे पार्थ! दम्भ, घमण्ड, अभिमान, क्रोध, कठोर वाणी और अज्ञान- यह सब आसुरी सम्पद् को प्राप्त पुरुष के लक्षण हैं।

टिप्पणी–भगवान् बोले, हे अर्जुन! अब आसुरी संपद्, अर्थात् दुर्जनों के अवगुणों के विषय में भी सुन क्योंकि उनसे स्वयं को तथा समाज को भी बचाना है। मुख्य दुर्गुण हैं- पाखण्ड (बनावटी आचरण, भीतर कुछ, बाहर कुछ और), घमण्ड, अभिमान, काम-क्रोध-लोभ, कठोरता-क्रूरता, अज्ञान।

दैवी सम्पद्विमोक्षाय निबन्धायासुरी मता ।
मा शुचः सम्पदं दैवीमभिजातोऽसि पाण्डव ॥ 16.5 ॥

भावार्थ– दिव्य गुण मोक्ष के लिए अनुकूल हैं और आसुरी गुण बन्धन दिलाने के लिए हैं। हे पाण्डुपुत्र! तुम चिन्ता मत करो क्योंकि तुम दैवी गुणों से युक्त हो।

टिप्पणी–भगवान् बोले, हे अर्जुन! आसुरी प्रकृति के लोग स्वयं अपने लिए ही नहीं, सारे समाज के लिए बन्धन और अनेक प्रकार की हानि कर सकते हैं। उनसे मुक्ति पाने के लिए दैवी सम्पद्, अर्थात् अभय आदि सद्गुणों का उपयोग आवश्यक है। हे अर्जुन! तू चिन्ता मत कर क्योंकि तुझमें ये सद्गुण हैं और उनके उचित उपयोग से, तू दुर्जनों की क्रूरता से स्वयं अपने को तथा समाज को भी बचा सकेगा।

द्वौ भूतसर्गौ लोकेऽस्मिन्दैव आसुर एव च ।
दैवो विस्तरशः प्रोक्त आसुरं पार्थ मे शृणु ॥ 16.6 ॥

भावार्थ– हे पृथापुत्र! इस संसार में दो प्रकार के मनुष्य हैं- दैवी तथा आसुरी। मैं पहले ही विस्तार से तुम्हें दैवी गुण बतला चुका हूँ। अब मुझसे आसुरी गुणों के विषय में सुनो।

प्रवृत्तिं च निवृत्तिं च जना न विदुरासुराः ।
न शौचं नापि चाचारो न सत्यं तेषु विद्यते ॥ 16.7 ॥

भावार्थ– आसुरी प्रकृति के लोग न यह जानते हैं कि क्या करना चाहिए, और न यह जानते हैं कि क्या नहीं करना चाहिए। उनमें न पवित्रता पायी जाती है, न सदाचार और न सत्य ही पाया जाता है।

असत्यमप्रतिष्ठं ते जगदाहुरनीश्वरम् ।
अपरस्परसंभूतं किमन्यत्कामहैतुकम् ॥ 16.8 ॥

भावार्थ– आसुरी प्रकृतिवाले मनुष्य कहते हैं कि जगत् आश्रय रहित है, सर्वथा झूठा है और बिना ईश्वर के अपने आप स्त्री-पुरुष के संयोग से उत्पन्न हुआ है, इसके सिवा और कोई भी दूसरा कारण नहीं है।

एतां दृष्टिमवष्टभ्य नष्टात्मानोऽल्पबुद्धयः ।
प्रभवन्त्युग्रकर्माणः क्षयाय जगतोऽहिताः ॥ 16.9 ॥

भावार्थ– ऐसे आसुरी प्रकृति वाले व्यक्ति संकुचित विचारों के कारण न अपना भला कर सकते हैं, न दूसरों का, ऐसे क्रूरकर्मी लोग सबको सताते हैं और जगत् के विनाश के लिए ही अपनी सारी शक्ति लगाते हैं।

काममाश्रित्य दुष्पूरं दम्भमानमदान्विताः ।
मोहाद् गृहीत्वासद्ग्राहान्प्रवर्तन्तेऽशुचिव्रताः ॥ 16.10 ॥

भावार्थ– आसुरी प्रकृति के लोग कभी सन्तुष्ट नहीं होते- उनकी कामनाएँ लगातार बढ़ती रहती हैं, जो कभी पूरी नहीं होतीं। वे अभिमान और अहंकार के नशे में चूर रहते हैं। यद्यपि उनके सिद्धान्त मिथ्या होते हैं फिर भी वे उन्हीं को पकड़े रखते हैं। वे समाज को हानि पहुँचाने वाले, क्रूर और अपवित्र कर्मों को करने पर तुले रहते हैं।

चिंतामपरिमेयां च प्रलयान्तामुपाश्रिताः ।
कामोपभोगपरमा एतावदिति निश्चिताः ॥ 16.11 ॥

भावार्थ– असन्तोष के कारण आसुरी प्रकृति के लोग चिन्ताओं से घिरे रहते हैं। इस जीवन में उनकी चिन्ताएँ समाप्त नहीं हो सकतीं, केवल मृत्यु के द्वारा ही उनकी चिन्ताओं का अन्त होता है। उन्होंने विषय-भोग को अपने जीवन का लक्ष्य बना लिया है। 'भोग ही सर्वस्व है'- यह उनका सिद्धान्त बन जाता है।

आशापाशशतैर्बद्धाः कामक्रोधपरायणाः ।
ईहन्ते कामभोगार्थमन्यायेनार्थसंचयान् ॥ 16.12 ॥

भावार्थ– आसुरी प्रकृति के लोग मर्यादित जीवन में विश्वास नहीं रखते। उनकी लालसाएँ दिन-ब-दिन बढ़ती ही रहती हैं और उनके जाल में वे फँसे रहते हैं। अपनी कामनाओं की पूर्ति करने के लिए उन्हें अमर्यादित (अनाप-शनाप) धन की आवश्यकता प्रतीत होती है और उसे प्राप्त करने के लिए वे भ्रष्टाचार, अर्थात् अन्याय पर आधारित (दाँव-पेंच की) युक्ति अपनाने में भी नहीं हिचकते।

इदमद्य मया लब्धमिमं प्राप्स्ये मनोरथम् ।
इदमस्तीदमपि मे भविष्यति पुनर्धनम् ॥ 16.13 ॥

भावार्थ– वे सोचते हैं कि मैंने आज यह पाया है। अब इस मनोरथ को प्राप्त करूँगा। मेरे पास इतना धन है और इससे भी अधिक धन भविष्य में होगा।

असौ मया हतः शत्रुर्हनिष्ये चापरानपि।
ईश्वरोऽहमहं भोगी सिद्धोऽहं बलवान्सुखी ॥ 16.14 ॥

भावार्थ– वह शत्रु मेरे द्वारा मारा गया और दूसरे शत्रुओं को भी मैं मारूँगा। मैं ही सर्वसमर्थ और ऐश्वर्य को भोगने वाला हूँ। मैं ही सिद्धियों से युक्त, बलवान् और सुखी हूँ।

टिप्पणी– जब आसुरी प्रकृति के लोग काम-क्रोध-लोभ के शिकार बन जाते हैं तब वे समाज में बैर-भाव पैदा करते हैं। वे कहते हैं कि आज मैंने इस शत्रु को तो मार डाला, कल अन्य शत्रुओं को भी मार डालूँगा। वे लोग अहंकार-ग्रस्त होकर कहते हैं- मैं ही ईश्वर हूँ, मैं ही भोग करने वाला हूँ, मैं ही सिद्ध हूँ, मैं ही बलवान् हूँ, मैं ही सुखी हूँ।

आढ्योऽभिजनवानस्मि कोऽन्योऽस्ति सदृशो मया।
यक्ष्ये दास्यामि मोदिष्य इत्यज्ञानविमोहिताः ॥ 16.15 ॥

भावार्थ– मैं ही धनवान् हूँ, मैं ही उच्च कुल में उत्पन्न हुआ हूँ, मेरे समान दूसरा कौन है। मैं यज्ञ करूँगा, दान दूँगा, आमोद-प्रमोद करूँगा। अज्ञान-वश मूढ़ता के जाल में फँसे इस प्रकार वे अज्ञान से मोहित रहते हैं।

टिप्पणी– मैं बड़ा धनी और बड़े कुटुम्बवाला हूँ। मेरे समान दूसरा कौन है। मैं यज्ञ करूँगा, मैं दान दूँगा, मुझे हर्ष होगा- इस प्रकार के अज्ञान से वे विशेष मोहित रहते हैं। क्या यज्ञ, दान भी अज्ञान है? इस पर अध्याय 17 में स्पष्ट किया है। इतने पर भी वे नहीं रुकते बल्कि अनेक भ्रान्तियों के शिकार रहते हैं।

अनेकचित्तविभ्रान्ता मोहजालसमावृताः।
प्रसक्ताः कामभोगेषु पतन्ति नरकेऽशुचौ ॥ 16.16 ॥

भावार्थ–आसुरी प्रकृति के लोग चित्त की अनेक भ्रांतियों में पड़े हुए, मोह जाल में फँसे हुए, केवल कामनाओं और भोगों के पीछे दौड़ते हैं। ये लोग घोर अपवित्र नरक में गिरते हैं।

आत्मसम्भाविताः स्तब्धा धनमानमदान्विताः।
यजन्ते नामयज्ञैस्ते दम्भेनाविधिपूर्वकम् ॥ 16.17 ॥

भावार्थ– आसुरी प्रकृति के लोग स्वयं को श्रेष्ठ मानने वाले, घमंडी होते हैं और धन तथा मान के नशे में चूर रहते हैं। उनके यज्ञ भी केवल नाममात्र के दिखावटी यज्ञ होते हैं।

टिप्पणी– अपने आपको ही श्रेष्ठ माननेवाले, धन और मान के मद से युक्त होकर वे घमण्डी मनुष्य शास्त्रविधि से रहित केवल नाममात्र के यज्ञों द्वारा पाखण्ड का प्रदर्शन करते हैं।

अहंकारं बलं दर्पं कामं क्रोधं च संश्रिताः।
मामात्मपरदेहेषु प्रद्विषन्तोऽभ्यसूयकाः ॥ 16.18 ॥

भावार्थ– भगवान् बोले, हे अर्जुन! अहंकार, बल, घमंड, कामना और क्रोध के वशीभूत, दूसरों की निन्दा करने वाले ये लोग अपने और दूसरों के शरीर में स्थित मुझ परमात्मा से द्वेष करते हैं।

टिप्पणी– वे दूसरों की निन्दा करनेवाले; अहंकार, बल, घमण्ड, कामना और क्रोध के परायण हुए पुरुष अपने और दूसरों के शरीर में स्थित मुझ अन्तर्यामी परमात्मा से द्वेष करनेवाले हैं। शास्त्रविधि से परमात्मा का सुमिरन एक यज्ञ है। जो इस विधि को त्यागकर नाममात्र का यज्ञ करते हैं, यज्ञ के नाम पर कुछ-न-कुछ करते ही रहते हैं, वे अपने और दूसरे के शरीर में स्थित मुझ परमात्मा से द्वेष करनेवाले हैं।

तानहं द्विषतः क्रूरान् संसारेषु नराधमान्।
क्षिपाम्यजस्त्रमशुभानासुरीष्वेव योनिषु ॥ 16.19 ॥

भावार्थ– हे अर्जुन! ऐसे द्वेष करने वाले लोग, क्रूर और अशुभ कर्म करते रहने वाले नराधमों को मैं संसार में बार-बार विभिन्न आसुरी योनियों में, भवसागर में डालता रहता हूँ।

टिप्पणी– मुझसे द्वेष करने वाले उन पापाचारी, क्रूरकर्मी नराधमों को मैं संसार में निरन्तर आसुरी योनियों में ही गिराता हूँ। जो शास्त्रविधि को त्यागकर अशुभ कार्य करते हैं, वे पापयोनि हैं। वही मनुष्यों में अधम हैं। इन्हीं को क्रूरकर्मी कहा गया। अन्य कोई अधम नहीं है। पीछे कहा था, ऐसे अधमों को मैं नरक में गिराता हूँ, उसी को यहाँ कहते है कि उन्हें निम्न आसुरी योनियों में गिराता हूँ। यही नरक है। साधारण जेल की यातना भयंकर होती है और यहाँ अनवरत आसुरी योनियों से गिरने का क्रम कितना दुःखद है। अतः दैवी गुणों के लिए प्रयत्नशील रहना चाहिए।

आसुरीं योनिमापन्ना मूढा जन्मनि जन्मनि।
मामप्राप्यैव कौन्तेय ततो यान्त्यधमां गतिम् ॥ 16.20 ॥

भावार्थ– हे अर्जुन! आसुरी प्रकृति के लोग जन्म-जन्मान्तर तक आसुरी योनि ग्रहण करते हुए मुझ तक कभी भी नहीं पहुँच पाते। वे धीरे-धीरे अत्यन्त अधम गति को प्राप्त होते हैं।

टिप्पणी– कौन्तेय! मूर्ख मनुष्य जन्म-जन्मान्तरों तक आसुरी योनि को प्राप्त हुए मुझे न प्राप्त होकर पहले से भी अति नीच गति को प्राप्त होते हैं, जिसका नाम नरक है। अब देखें, नरक का उद्गम क्या है?-

आसुरी क्रूरता से समाज की रक्षा

त्रिविधं नरकस्येदं द्वारं नाशनमात्मनः ।
कामः क्रोधस्तथा लोभस्तस्मादेतत्त्रयं त्यजेत् ॥ 16.21 ॥

भावार्थ– काम, क्रोध और लोभ ये जीव को नरक की ओर ले जाने वाले तीन द्वार हैं। ये आत्मा का नाश करनेवाले, उसे अधोगति में ले जानेवाले हैं। अतः इन तीनों का त्याग करना चाहिए।

टिप्पणी– यद्यपि भगवान् ने तीन मुख्य दुर्गुणों से बचने का उपदेश दिया है, फिर भी वर्तमान प्रसंग में इस उपदेश का व्यापक अर्थ लेना उचित है। अर्थात् अन्याय, क्रूर कर्म, अहंकार, द्वेष आदि से भी बचने का भाव इस श्लोक से ग्रहण करना चाहिए।

एतैर्विमुक्तः कौन्तेय तमोद्वारैस्त्रिभिर्नरः ।
आचरत्यात्मनः श्रेयस्ततो याति परां गतिम् ॥ 16.22 ॥

भावार्थ– हे कुन्तीपुत्र! जो व्यक्ति इन तीनों द्वारों से बच जाता है, वह आत्म-साक्षात्कार के लिए कल्याणकारी कार्य करता है और इस प्रकार क्रमशः परमगति अर्थात् मुझे प्राप्त करता है।

टिप्पणी– नरक के इन तीनों द्वारों से मुक्त हुआ पुरुष अपने परम कल्याण के लिए आचरण कर पाता है, जिससे वह परमगति, अर्थात् मुझको प्राप्त होता है। इन तीनों विकारों को त्यागने पर ही मनुष्य नियत कर्म करता है, जिसका परिणाम परमश्रेय है।

यः शास्त्रविधिमुत्सृज्य वर्तते कामकारतः ।
न स सिद्धिमवाप्नोति न सुखं न परां गतिम् ॥ 16.23 ॥

भावार्थ– जो मनुष्य शास्त्रों के आदेशों की अवहेलना करता है और मनमाने ढंग से कार्य करता है, उसे न तो पूर्णत्व की सिद्धि, न सुख, न ही परमगति की प्राप्ति हो पाती है।

टिप्पणी– हे अर्जुन! मैंने कहा कि आसुरी प्रकृति के दुर्गुणों से अपने आपको दूर रख, अर्थात् दैवी प्रकृति के सद्गुणों (सात्त्विकता) को अपना ले। अभय, सत्य अहिंसा आदि सद्गुणों के द्वारा ही तू अपना और समाज का भी हित कर सकता है। यही शास्त्र-विधि है, जो अजेय है क्योंकि इसे परमात्मा का सहारा प्राप्त है। इस दैवी मार्ग से हटकर अन्यथा (कामना-प्रेरित) कर्म करने से न सफलता मिलेगी, न सुख मिलेगा, न उत्तम गति।

तस्माच्छास्त्रं प्रमाणं ते कार्याकार्यव्यवस्थितौ ।
ज्ञात्वा शास्त्रविधानोक्तं कर्म कर्तुमिहार्हसि ॥ 16.24 ॥

भावार्थ–भगवान् बोले, हे अर्जुन! मनुष्य के कर्तव्य और अकर्तव्य के निर्णय में शास्त्र ही प्रमाण है। अतः तुम्हें शास्त्रोक्त विधि-विधान के अनुसार ही अपना कर्तव्य कर्म करना चाहिए।

टिप्पणी– कौन-सा शास्त्र यह स्पष्ट नहीं है। 'शास्त्र' शब्द के अनेक अर्थ हो सकते हैं- हमने विनोबाजी के मतानुसार 'गीता ही शास्त्र है'- ऐसा भावार्थ लिखा गया है।

निष्कर्ष

इस अध्याय के आरम्भ में योगेश्वर श्रीकृष्ण ने दैवी सम्पद् का विस्तार से वर्णन किया। जिसमें ध्यान में स्थिति, सर्वस्व का समर्पण, अन्तःकरण की शुद्धि, इन्द्रियों का दमन, मन का शमन, स्वरूप को स्मरण दिलाने वाला अध्ययन, मन सहित इन्द्रियों को तपाना, अक्रोध, चित्त का शान्त प्रवाहित रहना इत्यादि छब्बीस लक्षण बताये, जो सब-के-सब तो इष्ट के समीप पहुँचे हुए योग-साधना में प्रवृत्त किसी साधक में सम्भव हैं। आंशिक रूप से सब में हैं।

तदनन्तर उन्होंने आसुरी सम्पद् में प्रधान चार-छः विकारों का नाम लिया; जैसे- अभिमान, दम्भ, कठोरता, अज्ञान इत्यादि और अन्त में निर्णय दिया कि अर्जुन! दैवी सम्पद् तो 'विमोक्षाय'- पूर्ण निवृत्ति के लिए है, परमपद की प्राप्ति के लिए है और आसुरी सम्पद् बन्धन और अधोगति के लिए है। अर्जुन! तू शोक न कर; क्योंकि तू दैवी सम्पद् प्राप्त कर चुका है।

ये सम्पदाएँ होती कहाँ है? उन्होंने बताया कि इस लोक में मनुष्यों के स्वभाव दो प्रकार के होते हैं- देवताओं-जैसा और आसुरों-जैसा। जब दैवी सम्पद् का बाहुल्य होता है तो मनुष्य देवताओं-जैसा आचरण करता है और जब आसुरी सम्पद् का बाहुल्य होता है तो मनुष्य असुरों-जैसा आचरण करता है।

सृष्टि में मनुष्यों की बस दो ही जाति हैं; चाहे वह कहीं पैदा हुआ हो, कुछ भी कहलाता हो।

तत्पश्चात् उन्होंने आसुरी स्वभाव वाले मनुष्यों के लक्षणों का विस्तार से उल्लेख किया। आसुरी गुणों से सम्पन्न पुरुष कर्त्तव्य कर्म में प्रवृत्त नहीं होता है और अकर्त्तव्य कर्म से निवृत्त होना नहीं जानता। वह कर्म में जब प्रवृत्त ही नहीं हुआ तो उसमें न सत्य होता है, न शुद्धि और न आचरण ही होता है। उसके विचार में जगत् आश्रय रहित, बिना ईश्वर के अपने आप स्त्री-पुरुष के संयोग से उत्पन्न हुआ है। अतः केवल भोग भोगने के लिए है। इससे आगे वह कुछ भी स्वीकार नहीं करता है।

योगेश्वर श्रीकृष्ण ने पुनः कहा कि आसुरी स्वभाव वाले क्रूर मनुष्यों को मैं बारम्बार नरक में गिराता हूँ। नरक का स्वरूप क्या है? तो बताया, बारम्बार नीच-अधम योनियों में गिरना एक-दूसरे का पर्याय है। यही नरक का स्वरूप है। काम, क्रोध और लोभ नरक के तीन मूल द्वार हैं। इन तीनों पर ही आसुरी सम्पद् टिकी हुई है। इन तीनों को त्याग देने पर ही उस कर्म का आरम्भ होता है, जिसे मैंने बार-बार बताया है। सिद्ध है कि कर्म कोई ऐसी वस्तु है, जिसका आरम्भ काम, क्रोध और लोभ को त्याग देने पर ही होता है।

ॐ तत्सत्

अध्याय - 17

श्रद्धात्रय विभाग योग

अध्याय सोलह के अन्त में श्रीकृष्ण ने स्पष्ट कहा कि काम, क्रोध और लोभ के त्यागने पर ही कर्म आरम्भ होता है, जिसे मैंने बार-बार कहा है। नियत कर्म को बिना किये न सुख, न सिद्धि और न परमगति ही मिलती है। इसलिए अब तुम्हारे लिए कर्त्तव्य और अकर्त्तव्य की व्यवस्था में क्या करूँ, क्या न करूँ?- इस सम्बन्ध में शास्त्र ही प्रमाण है। कोई अन्य शास्त्र नहीं; बल्कि 'इति गुह्यतम् शास्त्रमिदम्।' (15.20) गीता स्वयं शास्त्र है।

इस पर अर्जुन ने प्रश्न किया कि भगवन्! जो लोग शास्त्रविधि को त्यागकर पूर्ण श्रद्धा से युक्त होकर यज्ञ करते हैं, उनकी गति कैसी है? सात्त्विकी है, राजसी अथवा तामसी है? क्योंकि पीछे अर्जुन ने सुना था कि सात्त्विक, राजस अथवा तामस, जब तक गुण विद्यमान हैं, किसी-न-किसी योनि के ही कारण होते हैं।

इस अध्याय का सीधा सम्बन्ध अध्याय 16 से है जिसमें यज्ञ, दान और तप का उल्लेख दैवी सम्पद् के अन्तर्गत हुआ था। अध्याय 17 में भगवान् कहते हैं कि यज्ञ-दान-तप जैसे लोककल्याणकारी कर्म भी तीन प्रकार के हो सकते हैं- सात्त्विक, राजसी, तामसिक। सात्त्विक कर्म के लिए सात्त्विक श्रद्धा की आवश्यकता है जिसके तीन मुख्य लक्षण हैं- ईश्वर-स्मरण, कर्मफल में अनासक्ति (व्यक्तिगत लाभ की कामना का त्याग), सद्भाव (परहित भाव)। सात्त्विक श्रद्धा के अनुसार लोककल्याणार्थ कर्म को सम्पन्न करने के लिए देश-काल-पात्र-अनुरूपता का सिद्धान्त भी इस अध्याय में स्पष्ट किया गया है जिसके सहारे से जीवन की साधना प्रत्येक परिस्थिति में प्रासंगिक और हितकर बनी रहती है।

अर्जुन ने कहा

ये शास्त्रविधिमुत्सृज्य यजन्ते श्रद्धयान्विताः ।
तेषां निष्ठा तु का कृष्ण सत्त्वमाहो रजस्तमः ॥ 17.1 ॥

भावार्थ– हे कृष्ण! जो लोग शास्त्र के नियमों का पालन न करके अपनी श्रद्धा के अनुसार पूजा करते हैं, उनकी श्रद्धा कैसी है? वह सतोगुणी हैं, रजोगुणी हैं या तमोगुणी?

टिप्पणी–अर्जुन ने कहा, हे कृष्ण! आपने पिछले अध्याय के आरम्भ में दैवी सम्पद् का उपदेश दिया और अध्याय के अन्त में कहा कि वही मेरे लिए शास्त्र का सार है। किन्तु उस उपदेश में सत्त्व-रजस्-तमस्-इस प्रकार का विवेचन नहीं था। अब आप मेरे लिए श्रद्धा पर आधारित निष्ठा का विवेचन सत्त्व-रजस्-तमस् की कसौटी पर आँक कर कीजिए जिससे पिछले अध्याय में कथित शास्त्र-सार और अधिक स्पष्ट हो जाये।

श्रीकृष्ण ने कहा

त्रिविधा भवति श्रद्धा देहिनां सा स्वभावजा ।
सात्त्विकी राजसी चैव तामसी चेति तां शृणु ॥ 17.2 ॥

भावार्थ– हे अर्जुन! प्रत्येक व्यक्ति की श्रद्धा उसके स्वभाव पर निर्भर करती है। श्रद्धा तीन प्रकार की होती है- सात्त्विक, राजसी, तामसिक ।

टिप्पणी–सात्त्विक श्रद्धा के तीन मुख्य लक्षण श्लोक 17.23-27 में वर्णित होंगे। उन्हीं के आधार पर राजसी तथा तामसिक श्रद्धा के लक्षणों का भी (परोक्ष रूप से) ज्ञान हो जायेगा।

सत्त्वानुरूपा सर्वस्य श्रद्धा भवति भारत ।
श्रद्धामयोऽयं पुरुषो यो यच्छ्रद्धः स एव सः ॥ 17.3 ॥

भावार्थ– हे अर्जुन! प्रत्येक मनुष्य श्रद्धामय होता है क्योंकि प्रकृति, स्वभाव, श्रद्धा- तीनों का तात्पर्य एक ही है। जिस प्रकार की बातों को मूल्यवान समझकर मनुष्य उन पर विश्वास रखता है, उन्हीं से उसकी श्रद्धा की पहचान होती है। जैसी जिसकी श्रद्धा होती है, वैसा ही वह व्यक्ति समझा जाता है।

टिप्पणी– तीन उदाहरण देकर भाव स्पष्ट करें। यदि कोई प्राणी धन-प्राप्ति को प्राथमिकता देता है (चाहे अनियमित जीवन के कारण स्वास्थ्य-हानि हो जाये) तो यह राजसी प्रकृति (श्रद्धा) की पहचान है। यदि कोई वैद्य निर्धन

व्यक्तियों का निःशुल्क उपचार करता है (चाहे उसकी आर्थिक स्थिति अच्छी न हो) तो यह सात्त्विक प्रकृति (श्रद्धा) की पहचान है। यदि किसी संस्था के कार्यकर्त्ता का स्वभाव, कम्बलों का वितरण करते समय, पक्षपात करने का हो (चाहे उसके कारण उसे लज्जित होना पड़े) तो यह तामसिक प्रकृति (श्रद्धा) की पहचान है।

यजन्ते सात्त्विका देवान्यक्षरक्षांसि राजसाः ।
प्रेतान् भूतगणांश्चान्ये यजन्ते तामसा जनाः ॥ 17.4 ॥

भावार्थ– उनमें से सात्त्विक व्यक्ति देवताओं को पूजते हैं, राजस व्यक्ति यक्ष और राक्षसों को पूजते हैं तथा तामस व्यक्ति प्रेत और भूतों को पूजते हैं। वे पूजन में अथक परिश्रम भी करते हैं।

टिप्पणी– हे अर्जुन! कौन-सा प्राणी किस स्वभाव (श्रद्धा) का है, इसकी (एक) पहचान इस बात से होती है कि वह पूजा किसकी करता है और किस उद्देश्य से करता है। देवताओं तथा ईश्वर की पूजा करनेवाले (जो सर्वे भवन्तु सुखिनः की प्रार्थना करते हैं) उन्हें सात्त्विक समझ। यक्षों-राक्षसों की पूजा करने वाले (जो मुख्यतः अपने लिए वैभव की प्रार्थना करते हैं) उन्हें राजसी समझ। प्रेतों और भूतों की पूजा करने वाले (जो किसी निरपराध प्राणी को सताने की प्रार्थना करते हैं) उन्हें तामसिक समझ ।

अशास्त्रविहितं घोरं तप्यन्ते ये तपो जनाः ।
दम्भाहंकारसंयुक्ताः कामरागबलान्विताः॥ 17.5 ॥
कर्शयन्तः शरीरस्थं भूतग्राममचेतसः ।
मां चैवान्तःशरीरस्थं तान्विद्ध्यासुरनिश्चयान् ॥ 17.6 ॥

भावार्थ– जो लोग दम्भ तथा अहंकार से अभिभूत होकर शास्त्र विरूद्ध कठोर तपस्या और व्रत करते हैं, जो काम तथा आसक्ति द्वारा प्रेरित होते हैं, जो मूर्ख हैं तथा जो शरीर के भौतिक तत्त्वों को तथा शरीर के भीतर स्थित परमात्मा को कष्ट पहुँचाते हैं, उसे तुम आसुरी स्वभाव वाला जानो।

टिप्पणी– मैंने अभी तामसिक पूजा का उल्लेख किया। अब मैं तामसिक तप के लक्षण बतलाता हूँ। संक्षेप में, दैवी गुणों का उल्लंघन करके किया गया घोर तप, तामसिक है, आसुरी है। ऐसा तप करने वाले व्यक्ति दम्भ और अहंकार से भरे होते हैं, और कामना, आसक्ति और हिंसा-भाव के कारण वे अशान्त होते हैं। घोर तप के द्वारा वे अज्ञान तथा अन्धविश्वास से भरे, अपने शरीर को कष्ट

पहुँचाते है और अपनी विवेक-हीनता के कारण यह भी नहीं समझते कि ऐसे घोर तप के द्वारा स्वयं मुझे (ईश्वर को) भी कष्ट पहुँचता है क्योंकि मैं उनके शरीर में भी हूँ।

तीन प्रकार का आहार

आहारस्त्वपि सर्वस्य त्रिविधो भवति प्रियः।
यज्ञस्तपस्तथा दानं तेषां भेदमिमं शृणु ॥ 17.7 ॥

भावार्थ– अर्जुन! सब का प्रिय भोजन भी तीन प्रकार होता है और वैसे ही यज्ञ, तप और दान भी तीन-तीन प्रकार के होते हैं।

आयुः सत्त्वबलारोग्यसुखप्रीतिविवर्धनाः।
रस्याः स्निग्धाः स्थिरा हृद्या आहाराः सात्त्विकप्रियाः ॥ 17.8 ॥

भावार्थ– सात्त्विक वृत्ति के लोगों को प्रिय लगने वाला आहार आयु-वर्धक होता है। उससे बुद्धि, बल, आरोग्य, सुख और प्रसन्नता की भी वृद्धि होती है। उसमें रस तथा चिकनाई भी होती है और वह शुद्ध तथा रुचिकर होता है।

टिप्पणी– श्रीकृष्ण के अनुसार, स्वभाव से हृदय को प्रिय लगनेवाला, बल, आरोग्य, बुद्धि और आयु बढ़ाने वाला भोज्य पदार्थ ही सात्त्विक है। जो भोज्य पदार्थ सात्त्विक है, वही सात्त्विक मनुष्य को प्रिय होता है। इससे स्पष्ट हो जाता है कि कोई भी खाद्य वस्तु सात्त्विकी, राजसी अथवा तामसी नहीं होती, उसका प्रयोग सात्त्विकी, राजसी अथवा तामसी हुआ करता है। न दूध सात्त्विक है, न प्याज राजसी और न लहसुन तामसी है।

कट्वम्ललवणात्युष्णतीक्ष्णरूक्षविदाहिनः।
आहारा राजसस्येष्टा दुःखशोकामयप्रदाः ॥ 17.9 ॥

भावार्थ– कड़वे, खट्टे, अधिक नमकीन, अत्यन्त गर्म, तीखे, रूखे, दाहकारक और दुःख, चिन्ता तथा रोगों को उत्पन्न करनेवाले आहार राजसिक व्यक्ति को प्रिय होते हैं।

यातयामं गतरसं पूति पर्युषितं च यत्।
उच्छिष्टमपि चामेध्यं भोजनं तामसप्रियम् ॥ 17.10 ॥

भावार्थ– तामसिक वृत्ति के लोगों को प्रिय लगने वाला आहार ताज़ा नहीं होता। वह रसहीन और दुर्गंध-युक्त होता है, तथा बासी, जूठा और अपवित्र भी होता है।

तीन प्रकार का यज्ञ

तीसरे और चौथे अध्यायों में गीता ने यज्ञ की परिभाषा ही बदल दी है। गीता के अनुसार यज्ञ के लिए अग्नि जलाना या उसमें घी, सामग्री आदि की आहुति देना अनिवार्य नहीं है। निर्ममो निरहंकारः की भावना से किया गया लोककल्याणार्थ कर्म ही यज्ञ है- इस परिभाषा को मानकर भी यज्ञ का सम्पादन तीन प्रकार से हो सकता है, यह अब वर्णित है।

अफलाकांक्षिभिर्यज्ञो विधिदृष्टो य इज्यते।
यष्टव्यमेवेति मनः समाधाय स सात्त्विकः॥ 17.11 ॥

भावार्थ– सात्त्विक यज्ञ वह है जिसमें स्वार्थ लाभ की इच्छा न हो और जिसे केवल कर्त्तव्य समझकर उन लोगों के द्वारा किया जाता है, जो फल की इच्छा नहीं करते है।

टिप्पणी– जो यज्ञ 'विधिदृष्टा'- शास्त्रविधि से निर्धारित किया गया है। (जैसा पीछे अध्याय 3 में यज्ञ का नाम लिया, अध्याय 4 में यज्ञ का स्वरूप बताया कि बहुत से योगी प्राण को अपान में, अपान को प्राण में हवन करते हैं। प्राण-अपान की गति निरोध कर प्राणों की गति स्थिर कर लेते हैं, संयमाग्नि में हवन करते हैं। इस प्रकार यज्ञ के चौदह सोपान बताये, जो सब-के-सब ब्रह्म तक की दूरी तय करा देने वाली एक ही क्रिया की ऊँची-नीची अवस्थाएँ हैं। संक्षेप में यज्ञ चिन्तन की प्रक्रिया का चित्रण है, जिसका परिणाम सनातन ब्रह्म में प्रवेश है। जिसका विधान इस शास्त्र में किया गया है।)

अभिसन्धाय तु फलं दम्भार्थमपि चैव यत्।
इज्यते भरतश्रेष्ठ तं यज्ञं विद्धि राजसम्॥ 17.12 ॥

भावार्थ– जो यज्ञ दिखावे के लिए किया जाता है और जिससे व्यक्तिगत लाभ प्राप्त करने की इच्छा होती है, वह यज्ञ राजसी है।

विधिहीनमसृष्टान्नं मंत्रहीनमदक्षिणम्।
श्रद्धाविरहितं यज्ञं तामसं परिचक्षते॥ 17.13 ॥

भावार्थ– जो यज्ञ शास्त्र के निर्देशों की अवहेलना करके, प्रसाद वितरण किये बिना, वैदिक मन्त्रों का उच्चारण किये बिना, पुरोहितों को दक्षिणा दिये बिना तथा श्रद्धा के बिना सम्पन्न किया जाता है, वह तामसी माना जाता है।

टिप्पणी–जो यज्ञ (लोककल्याणार्थ कर्म) असावधानी से किया जाता है, जिससे समाज के उपेक्षित वर्ग को लाभ नहीं होता, जिसका प्रेरक 'सर्वे भवन्तु

सुखिनः' जैसा मंत्र नहीं होता, जिससे योग्य व्यक्तियों की सहायता नहीं होती और जो अन्धविश्वास पर आधारित होता है- ऐसा यज्ञ तामसिक यज्ञ कहलाता है।

(1) 'विधिहीनं' का तात्पर्य कर्मकाण्ड की विधि से नहीं है-वास्तविक भाव यह है कि कर्म को कुशलतापूर्वक नहीं किया-असावधानी से किया।

(2) 'असृष्टान्नं' का तात्पर्य यह है कि निर्धन लोगों की जो आवश्यकता है (जैसे भूखे को भोजन) वह पूरी नहीं हो रही है।

(3) 'मंत्रहीनं' का तात्पर्य यह है कि कर्म की प्रेरणा का स्त्रोत, 'सर्वे भवन्तु सुखिनः' या सर्वहित का अन्य कोई मंत्र (लक्ष्य) नहीं है।

(4) 'अदक्षिणं' का तात्पर्य यह है कि योग्य व्यक्तियों को लाभ नहीं हुआ।

(5) 'श्रद्धाविरहितं' का अर्थ है-सात्त्विक श्रद्धा का अभाव। वास्तविक तात्पर्य है-अन्धविश्वास को आधार मानना। सात्त्विक श्रद्धा के लक्षण श्लोक 17.23 तथा 17.27 में वर्णित हैं।

तीन प्रकार का तप

देवद्विजगुरुप्राज्ञपूजनं शौचमार्जवम्।
ब्रह्मचर्यमहिंसा च शारीरं तप उच्यते ॥ 17.14 ॥

भावार्थ– शारीरिक तप के पाँच मुख्य लक्षण हैं- देवता, ब्राह्मण और गुरुजनों की पूजा करना, पवित्रता, सरलता, ब्रह्मचर्य तथा अहिंसा का पालन करना।

[**समीक्षात्मक टिप्पणी–** इस श्लोक में विभिन्न देवी-देवताओं की पूजा-अर्चना की बात कही गयी है जो कि निश्चित रूप से भ्रामक है क्योंकि श्रीकृष्ण स्पष्ट तौर पर गीता में यह कह चुके हैं और अपने विश्वरूप दर्शन से यह स्थापित कर चुके हैं कि वे ही मात्र परब्रह्म हैं। ऐसी स्थिति में उन्हें यह कहने की आवश्यकता क्यों पड़ेगी कि अन्य देवी-देवताओं की पूजा-अर्चना से शरीर की शुद्धि होती है।]

अनुद्वेगकरं वाक्यं सत्यं प्रियहितं च यत्।
स्वाध्यायाभ्यसनं चैव वाङ्मयं तप उच्यते ॥ 17.15 ॥

भावार्थ– वाणी के तप के भी पाँच मुख्य लक्षण हैं- वचनों से किसी को उद्विग्न (पीड़ित) न करना, सत्य वचन, प्रिय वचन, हितकर वचन, अच्छे साहित्य का बार-बार अध्ययन।

[**समीक्षात्मक टिप्पणी–** श्लोक 17.14 की तरह ही इस श्लोक को भी ब्राह्मणों द्वारा गीता में बाद में जोड़ दिया गया है। श्रीकृष्ण स्पष्ट शब्दों में अर्जुन को यह कहते हैं कि उन्हें मात्र श्रीकृष्ण के प्रति समर्पित होना है। श्रीकृष्ण यह कभी नहीं कह सकते हैं कि ब्राह्मणों और वेदों की पूजा होनी चाहिए। गीता निश्चित रूप से एक गैर-ब्राह्मणवादी धर्मग्रन्थ है। यह बहुऐश्वरवाद में विश्वास नहीं करता है। कतिपय श्लोकों को देखने से यह स्पष्ट हो जाता है कि ब्राह्मणों ने बौद्ध धर्म की स्थापना के बाद अपने आप को समाज में सर्वोच्च स्थान पर बनाए रखने के लिए पूरी कोशिश की। गीता के साथ छेड़छाड़ कर अपने स्वार्थ में जातिवादी श्लोकों को स्थान दिया। श्रीकृष्ण किसी भी दृष्टि से ब्राह्मणवादी व्यवस्था के संरक्षक नहीं माने जा सकते हैं। गीता तो वैदिक हिन्दू धर्म या ब्राह्मणवादी व्यवस्था के विरूद्ध एक विद्रोह का स्वर देता है।]

मनः प्रसादः सौम्यत्वं मौनमात्मविनिग्रहः ।
भावसंशुद्धिरित्येतत्तपो मानसमुच्यते ॥ 17.16 ॥

भावार्थ– मानसिक तप के भी पाँच लक्षण हैं- मन की प्रसन्नता, सरलता, थोड़े शब्दों में विचार प्रकट करना, आत्म संयम, भावना की पवित्रता।

टिप्पणी– मन की प्रसन्नता, सौम्यभाव, मौन, अर्थात् इष्ट के अतिरिक्त अन्य विषयों का स्मरण भी न हो, मन का निरोध, अन्तःकरण की सर्वथा पवित्रता- यह मन-सम्बन्धी तप कहा जाता है। उपर्युक्त तीनों शरीर, वाणी और मन का तप मिलाकर एक सात्त्विक तप है।

श्रद्धया परया तप्तं तपस्तत्त्रिविधं नरैः ।
अफलाकांक्षिभिर्युक्तैः सात्त्विकं परिचक्षते ॥ 17.17 ॥

भावार्थ– तीनों प्रकार के तप (शारीरिक, वाचिक, मानसिक तप) सात्त्विक कहलाते हैं। यदि तप करनेवाले व्यक्ति की श्रद्धा (प्रकृति) सात्त्विक हो, अर्थात् वह 'सर्वे भवन्तु सुखिनः' की भावना से प्रेरित हो और व्यक्तिगत लाभ की कामना न रखता हो।

टिप्पणी– फल को न चाहते हुए, अर्थात् निष्काम कर्म से युक्त पुरुषों द्वारा परम श्रद्धा से किये हुए उपर्युक्त तीनों तपों को मिलाकर सात्त्विक तप कहते हैं। सात्त्विक तप का उदाहरण प्रस्तुत किया अहिंसक सत्याग्रहियों ने- स्वतन्त्रता आन्दोलन को सम्पन्न करने के लिए यातनाएँ सहकर।

सत्कारमानपूजार्थं तपो दम्भेन चैव यत्।
क्रियते तदिह प्रोक्तं राजसं चलमध्रुवम्॥ 17.18॥

भावार्थ– जो तप दंभपूर्वक तथा सम्मान, सत्कार एवं पूजा कराने के लिए सम्पन्न की जाती है, वह राजसी (रजोगुणी) कहलाती है। यह न तो स्थायी होती है, न शाश्वत।

टिप्पणी– जो तप सत्कार, मान और पूजा के लिए अथवा केवल पाखण्ड से ही किया जाता है, वह अनिश्चित एवं चंचल फल वाला तप राजस कहा गया है। तपस्या करके अपनी पूजा करवाने वाले साधु, राजसी तप का उदाहरण प्रस्तुत करते हैं।

मूढग्राहेणात्मनो यत्पीडया क्रियते तपः।
परस्योत्सादनार्थं वा तत्तामसमुदाहृतम्॥ 17.19॥

भावार्थ– तीनों प्रकार के तप तामसिक कहलाते हैं। यदि तप करने वाला व्यक्ति अज्ञानी हो, दुराग्रही हो, व्यर्थ अपने आपको कष्ट पहुँचाता हो या उसका लक्ष्य दूसरों को हानि पहुँचाना हो।

टिप्पणी– जो तप मूर्खतापूर्वक हठ से, मन, वाणी और शरीर के पीड़ा सहित अथवा दूसरे का अनिष्ट करने के लिए बदले की भावना से किया जाता है, वह तप तामस कहा गया है। तपस्या करके किसी निरपराध व्यक्ति की मृत्यु चाहना- ऐसा आतंकवाद, तामसिक तप का उदाहरण प्रस्तुत करता है।

तीन प्रकार का दान

दातव्यमिति यद्दानं दीयतेऽनुपकारिणे।
देशे काले च पात्रे च तद्दानं सात्त्विकं स्मृतम्॥ 17.20॥

भावार्थ– वह दान सात्त्विक कहलाता है जिसे देने वाला व्यक्ति देश-काल-पात्र के अनुरूप दान देता हो। ऐसे व्यक्ति को जिससे बदले में कुछ लेने की इच्छा न हो और जब दान का हेतु केवल यह हो कि दान देना मेरा कर्त्तव्य है।

टिप्पणी– दान देना ही कर्त्तव्य है- इस भाव से जो दान देश (स्थान), काल (समयानुकूल) और सत्यपात्र के प्राप्त होने पर बदले में उपकार की भावना से रहित होकर दिया जाता है, वह दान सात्त्विक कहा गया है।

(1) पात्र के अनुरूप दान देने का अर्थ है कि दान लेने वाला उसका सदुपयोग करेगा। दुरूपयोग करने वाले को दान न देना, अर्थात् 'अन्यायी के प्रति असहयोग' का सिद्धान्त भी इस श्लोक से ग्रहणीय है।

(2) 'दातव्यं' का अर्थ है 'कर्त्तव्य भावना से दान देना'-उससे भी श्रेष्ठ है 'सहज भाव से देना' जो आध्यात्मिक पूर्णता का लक्षण है (गीता ने उसका वर्णन कई नामों से किया है, जैसे स्थितप्रज्ञ, जीवन्मुक्त, त्रिगुणातीत, आदि)।

(3) आदि शंकराचार्य का मत है कि सात्त्विक दान से 'संविभाग' (समान वितरण) होता है। अर्थात् धनी-निर्धन का अन्तर कम हो जाता है।

यत्तु प्रत्युपकारार्थं फलमुद्दिश्य वा पुनः ।
दीयते च परिक्लिष्टं तद्दानं राजसं स्मृतम् ॥ 17.21 ॥

भावार्थ– वह दान राजसी कहा जाता है जिसे देने वाला व्यक्ति यह आशा करता है कि बदले में उसे भी कुछ मिलेगा या दान देने से उसे व्यक्तिगत लाभ होगा। यदि दान देने में प्रसन्नता के स्थान पर क्लेश का अनुभव हो तो वह दान राजसी है।

अदेशकाले यद्दानमपात्रेभ्यश्च दीयते ।
असत्कृतमवज्ञातं तत्तामसमुदाहृतम् ॥ 17.22 ॥

भावार्थ– वह दान तामसिक कहलाता है जिसे देने वाला व्यक्ति देश-काल-पात्र के सिद्धान्त का उल्लंघन करता है। अर्थात् अनुचित स्थान पर, अनुचित समय पर और अनुचित व्यक्ति को दान दिया जाता है और वह भी हीन भावना से अनादर के साथ दिया जाता है।

टिप्पणी–(1) अनुचित व्यक्ति से तात्पर्य है दान का दुरूपयोग करने वाला व्यक्ति (उदाहरणतः आतंकवादी)।

(2) देश-काल-पात्र का सिद्धान्त न केवल दान के लिए बल्कि प्रत्येक साधना के लिए ग्रहणीय है क्योंकि इसी के सहारे से साधना प्रासंगिक (बदलती परिस्थिति के अनुरूप) तथा हितकर बनी रहती है। श्लोक 4.2 में भी इस सिद्धान्त का उल्लेख किया गया था।

सात्त्विक श्रद्धा के लक्षण- ऊँ तत् सत् पर आधारित

ॐ तत्सदिति निर्देशो ब्रह्मणस्त्रिविधः स्मृतः ।
ब्राह्मणास्तेन वेदाश्च यज्ञाश्च विहिताः पुरा ॥ 17.23 ॥

भावार्थ– सृष्टि के आदिकाल से ॐ, तत्, सत् ये तीन शब्द परब्रह्म को सूचित करने के लिए प्रयुक्त किये जाते रहे हैं। ये तीनों सांकेतिक अभिव्यक्तियाँ

ब्राह्मणों द्वारा वैदिक मंत्रों का उच्चारण करते समय तथा ब्रह्म को सन्तुष्ट करने के लिए यज्ञों के समय प्रयुक्त होती थीं।

तस्मादोमित्युदाहृत्य यज्ञदानतपः क्रियाः ।
प्रवर्तन्ते विधानोक्ताः सततं ब्रह्मवादिनाम् ॥ 17.24 ॥

भावार्थ– ब्रह्मर्षियों के आदेशानुसार यज्ञ-दान-तप की साधना 'ओंकार' के हृदयस्पर्शी उच्चारण से आरम्भ की जाती है जिससे साधक का ध्यान ईश्वर पर केन्द्रित हो जाये- वह ईश्वर जो सबके हृदय में है।

टिप्पणी–तात्पर्य यह है कि यज्ञ-दान-तप को प्रधानतः लक्ष्य-प्रधान क्रिया समझा जाये। और लक्ष्य है- सबके हृदय में बसने वाला ईश्वर। ईश्वर-स्मरण सात्त्विक श्रद्धा का पहला लक्षण है।

तदित्यनभिसन्धाय फलं यज्ञतपः क्रियाः ।
दानक्रियाश्च विविधाः क्रियन्ते मोक्षकांक्षिभिः ॥ 17.25 ॥

भावार्थ– कर्मफल की इच्छा नहीं रखने वाले साधक द्वारा अनेक प्रकार के यज्ञ, तप, दान आदि क्रियाएँ 'तत्' शब्द का उच्चारण करके की जाती हैं। ऐसी दिव्य क्रियाओं का उद्देश्य भव-बन्धन से मुक्त होना है।

टिप्पणी– 'तत्' अर्थात् वह (परमात्मा) ही सर्वत्र है- इस भाव से फल को न चाहकर शास्त्र द्वारा निर्दिष्ट नाना प्रकार के यज्ञ, तप और दान की क्रियाएँ परम कल्याण की इच्छा करनेवाले पुरुषों द्वारा की जाती हैं। तत् शब्द परमात्मा के प्रति समर्पण सूचक है। अर्थात् जप तो ओम् का करें तथा यज्ञ, दान और तप की क्रियाएँ उसपर निर्भर होकर करें। कर्मफल में अनासक्ति (व्यक्तिगत लाभ की कामना का त्याग) सात्त्विक श्रद्धा का दूसरा लक्षण है।

सद्भावे साधुभावे च सदित्येतत्प्रयुज्यते ।
प्रशस्ते कर्मणि तथा सच्छब्दः पार्थ युज्यते ॥ 17.26 ॥

भावार्थ– ब्रह्म 'सत्' है, अर्थात् सत्यं-शिवं-सुन्दरम्- इसके आधार पर साधक के हृदय में सद्भावना तथा दूसरों के हित भावना से दृढ होती है और सब कर्मों के लिए केवल सात्त्विक साधन ही प्रयुक्त हों- ऐसा निश्चय भी अविचल हो जाता है।

टिप्पणी–(1) सद्भाव (पर हित भाव) सात्त्विक श्रद्धा का तीसरा लक्षण है।

(2) सात्त्विक श्रद्धा के तीन लक्षणों के आधार पर ही राजसी तथा तामसिक श्रद्धा के लक्षणों का भी (परोक्ष रूप से) ज्ञान हो जाता है। इसलिए उनका अलग-अलग वर्णन गीता ने नहीं किया।

यज्ञे तपसि दाने च स्थितिः सदिति चोच्यते।
कर्म चैव तदर्थीयं सदित्येवाभिधीयते ॥ 17.27 ॥

भावार्थ–सद्भावना के सर्वत्र विस्तार से सात्त्विक श्रद्धा दृढ हो जाती है, जिसके परिणाम स्वरूप यज्ञ, दान, तप तथा तत्सम्बन्धित सारे कर्म सात्त्विक ही होते हैं।

टिप्पणी– यज्ञ, तप और दान को करने में जो स्थिति मिलती है, वह भी सत् है- ऐसा कहा जाता है। 'तदर्थीयम्'- उस परमात्मा की प्राप्ति के लिए किया हुआ कर्म ही सत् है- ऐसा कहा जाता है। अर्थात् उस परमात्मा की प्राप्तिवाला कर्म ही सत् है। यज्ञ, दान, तप तो इस कर्म के पूरक हैं। अन्त में निर्णय देते हुए कहते हैं कि इन सबके लिए श्रद्धा आवश्यक है।

अश्रद्धया हुतं दत्तं तपस्तप्तं कृतं च यत्।
असदित्युच्यते पार्थ न च तत्प्रेत्य नो इह ॥ 17.28 ॥

भावार्थ– हे पार्थ! बिना श्राद्ध के किया हुआ हवन, दिया हुआ दान, तपा हुआ तप और जो कुछ भी किया हुआ कर्म है, वह सब असत् है। वह न तो इस लोक में और न परलोक में ही लाभदायक है। अतः समर्पण के साथ श्रद्धा नितान्त आवश्यक है।

निष्कर्ष

अध्याय के आरम्भ में ही अर्जुन ने प्रश्न किया कि- भगवन्! जो शास्त्रविधि को त्यागकर और श्रद्धा से युक्त होकर यज्ञ करते हैं (लोग भूत, भवानी अन्यान्य पूजते ही रहते हैं) तो उनकी श्रद्धा कैसी है? सात्त्विकी है, राजसी है अथवा तामसी? इस पर योगेश्वर श्रीकृष्ण ने कहा- अर्जुन! यह पुरुष श्रद्धा का स्वरूप (पुतला) है, कहीं-न-कहीं उनकी श्रद्धा होगी ही। जैसी श्रद्धा वैसा पुरुष, जैसी वृत्ति वैसा पुरुष। उनकी वह श्रद्धा सात्त्विकी, राजसी और तामसी तीन प्रकार की होती है। सात्त्विकी श्रद्धा वाले देवताओं को, राजसी श्रद्धा वाले यक्ष (जो यश, शौर्य प्रदान करें), राक्षसों (जो सुरक्षा दे सके) का पीछा करते हैं और तामसी श्रद्धा वाले भूत-प्रेतों को पूजते हैं।

देवता-प्रसंग को श्रीकृष्ण ने यहाँ तीसरी बार उठाया है। पहले अध्याय सात में उन्होंने कहा कि- अर्जुन! कामनाओं ने जिनका ज्ञान हर लिया है, वही मूढ़बुद्धि अन्य देवताओं की पूजा करते हैं। दूसरी बार अध्याय नौ में उसी प्रश्न को दुहराते हुए कहा- जो अन्यान्य देवताओं की पूजा करते हैं, वे भी मुझे ही पूजते हैं; किन्तु उनका वह पूजन अविधिपूर्वक, अर्थात् शास्त्र में निर्धारित विधि से भिन्न है। अतः वह नष्ट हो जाता है। यहाँ अध्याय सत्रह में उन्हें आसुरी स्वभाव वाला कहकर सम्बोधित किया। श्रीकृष्ण के शब्दों में एक परमात्मा की ही पूजा का विधान है।

तदन्तर श्रीकृष्ण ने चार प्रश्न लिए- आहार, यज्ञ, तप और दान। आहार तीन प्रकार के होते हैं। सात्त्विक पुरुष को तो आरोग्य प्रदान करनेवाले, स्वाभाविक प्रिय लगनेवाले, स्निग्ध आहार प्रिय होते हैं। राजस पुरुष को कड़वे, तीक्ष्ण, उष्ण, चटपटे, मसालेदार, रोगवर्द्धक आहार प्रिय होते हैं। तामस पुरुष को जूठा, बासी और अपवित्र आहार प्रिय होता है।

परमदेव परमात्मा में प्रवेश दिलाने वाली सारी योग्यताएँ जिनमें हैं, उन प्राज्ञ सद्गुरु की अर्चना, सेवा और अन्तःकरण से अहिंसा, ब्रह्मचर्य और पवित्रता के अनुरूप शरीर को तपाना शरीर का तप है। सत्य, प्रिय और हितकर बोलना वाणी का तप है और मन को कर्म में प्रवृत्त रखना, इष्ट के अतिरिक्त विषयों के चिन्तन में मन को मौन रखना, मन-सम्बन्धी तप है। मन, वाणी और शरीर तीनों मिलाकर इस ओर तपाना सात्त्विक तप है। राजस तप में कामनाओं के साथ उसी को किया जाता है। जबकि तामस तप शास्त्रविधि से रहित स्वेच्छाचार है।

कर्त्तव्य मानकर देश, काल और पात्र का विचार करके श्रद्धापूर्वक दिया गया दान सात्त्विक है। किसी लाभ के लोभ में कठिनाई से दिया जाने वाला दान राजस है और झिड़ककर कुपात्र को दिया जाने वाला दान तामस है।

ॐ तत्सत्

अध्याय - 18

मोक्ष-संन्यास योग

यह गीता का अन्तिम अध्याय है, जिसके पूर्वार्द्ध में योगेश्वर श्रीकृष्ण द्वारा प्रस्तुत अनेक प्रश्नों का समाधान है तथा उत्तरार्द्ध गीता का उपसंहार है कि गीता से लाभ क्या है? सत्रहवें अध्याय में आहार, तप, यज्ञ, दान तथा श्रद्धा का विभाग सहित स्वरूप बताया गया है। उसी सन्दर्भ में त्याग के प्रकार शेष हैं। मनुष्य जो कुछ करता है, उसमें कारण कौन है? कौन कराता है? भगवान कराते हैं या प्रकृति? यह प्रश्न पहले से आरम्भ है, जिस पर इस अध्याय में पुनः प्रकाश डाला गया। इसी प्रकार वर्ण-व्यवस्था की चर्चा हो चुकी है। सृष्टि में व्याप्त उसके स्वरूप का विश्लेषण इस अध्याय में प्रस्तुत है। अन्त में गीता से मिलने वाली विभूतियों पर प्रकाश डाला गया है।

इस अध्याय के आरम्भ में संन्यास तथा त्याग के भेद को स्पष्ट किया गया है। तत्पश्चात् पिछले अध्यायों में दिये गये संदेशों को धीरे-धीरे सार-रूप में प्रस्तुत किया गया है। लोककल्याणार्थ कर्म अवश्यमेव करणीय हैं- इन शब्दों से यह अध्याय गुंज्जित है। संक्षेप में, यह 'मत्कर्म' का आह्वान है जो केवल अर्जुन के लिए नहीं, सब प्राणियों के लिए है। संदेश सुनाकर भगवान् ने कहा 'यथेच्छसि तथा कुरु' और अर्जुन ने उत्तर दिया 'करिष्ये वचनं तव'। अध्याय के अन्तिम श्लोक में संजय ने अपना मत प्रकट किया- श्रीकृष्ण द्वारा मार्ग-दर्शन तथा साधक (अर्जुन) द्वारा कुशलतापूर्वक किया हुआ लोककल्याणार्थ कर्म- इन दोनों के समन्वय से ही समाज में ऐश्वर्य तथा नीति (न्याय एवं परस्पर भाव) की स्थापना हो सकती है।

[**समीक्षात्मक टिप्पणी–** यह एकाधिक बार कहा जा चुका है कि मूल गीता के साथ काफी छेड़छाड़ हुआ है। चूँकि अध्याय-18 अन्तिम अध्याय है

इसलिए इसमें बहुत सारे क्षेपक हैं। जिसको जितना बना उसने उतना ही इसमें अपनी ओर से श्लोक डाल दिया। शायद यही कारण है कि सबसे अधिक श्लोक इसी अध्याय में है। जब हम विभिन्न अध्यायों के स्वरूप को देखते हैं तो उनमें काफी असन्तुलन है। बहुत सारे अध्यायों का तिगुना श्लोक इसी अध्याय में है। वैसे भी अन्त में जोड़ना सबसे आसान होता है। यह पहले भी कहा जा चुका है कि अध्याय 13 से 18 तक जितनी भी बातें हैं वह सब बाद में गीता में जोड़ दिया गया है। अधिकांश इतिहासकार एवं गीता के विद्वान इसे मूल गीता का हिस्सा नहीं मानते हैं।

इस अध्याय में तीन प्रकार के गुणों एवं सांख्य दर्शन की चर्चा की गयी है। यह सोचने की बात है कि जब श्रीकृष्ण परब्रह्म की हैसियत से अर्जुन को ज्ञान दे रहें हैं, तो वे कपिल मुनि के सांख्य दर्शन की चर्चा क्यों करेंगे? कपिल मुनि ने तो कभी भगवान् की बात ही नहीं किया, तो श्रीकृष्ण को इस बात की क्या आवश्यकता हो गयी कि कपिल के विचारों को गीता में रखा जाये। इससे स्पष्ट जाहिर होता है कि कपिल मुनि के शिष्यों ने कपिल के विचारों को कपिल की पहचान और प्रतिष्ठा के लिए क्षेपक के रूप में डाल रखा है। यह सर्वविदित है कि सांख्य दर्शन की उत्पत्ति या विकास महाभारत युद्ध के बाद हुआ है।]

अर्जुन ने प्रश्न किया

संन्यासस्य महाबाहो तत्त्वमिच्छामि वेदितुम् ।
त्यागस्य च हृषीकेश पृथक्केशिनिषूदन ॥ 18.1 ॥

भावार्थ– हे हृषीकेश! मैं संन्यास और त्याग के विषय में आपके निश्चित मत को सरल भाषा में जानना चाहता हूँ।

टिप्पणी– पूर्ण त्याग संन्यास है, जहाँ संकल्प और संस्कारों का भी समापन है और इससे पहले साधना की पूर्ति के लिए उत्तरोत्तर आसक्ति का त्याग ही त्याग है। यहाँ दो प्रश्न हैं कि संन्यास के तत्त्व को जानना चाहता हूँ और दूसरा है कि त्याग के तत्त्व को जानना चाहता हूँ। इस पर श्रीकृष्ण ने कहा–

श्रीकृष्ण ने कहा

काम्यानां कर्मणां न्यासं संन्यासं कवयो विदुः ।
सर्वकर्मफलत्यागं प्राहुस्त्यागं विचक्षणाः ॥ 18.2 ॥

भावार्थ– श्रीकृष्ण ने कहा- भौतिक इच्छा पर आधारित कर्मों के परित्याग को ज्ञानीजन संन्यास कहते हैं और समस्त कर्मों के फल-त्याग को बुद्धिमान लोग त्याग कहते हैं।

टिप्पणी– निष्काम कर्मों को करना, संन्यास की इस परिभाषा के अनुरूप है।

त्याज्यं दोषवदित्येके कर्म प्राहुर्मनीषिणः ।
यज्ञदानतपः कर्म न त्याज्यमिति चापरे ॥ 18.3 ॥

भावार्थ– कुछ महात्मा लोग कहते हैं कि सभी कर्म बन्धन-कारक हैं। इसलिए कोई भी कर्म करना उचित नहीं। अन्य विद्वान् कहते हैं कि यज्ञ-दान-तप जैसे लोककल्याणार्थ कर्मों का त्याग कभी नहीं करना चाहिए।

टिप्पणी– कई एक विद्वान् ऐसा कहते हैं कि सभी कर्म दोषयुक्त हैं। अत: त्याग देने योग्य हैं और दूसरे विद्वान् कहते हैं कि यज्ञ, दान और तप त्यागने योग्य नहीं हैं। इस प्रकार अनेक मत प्रस्तुत करके योगेश्वर अपना भी निश्चित मत देते हैं।

निश्चयं शृणु मे तत्र त्यागे भरतसत्तम ।
त्यागो हि पुरुषव्याघ्र त्रिविधः सम्प्रकीर्तितः ॥ 18.4 ॥

भावार्थ– हे अर्जुन! मैं त्याग के विषय में अपना निश्चित मत बतलाता हूँ। त्याग तीन प्रकार का होता है- सात्त्विक, राजसी, तामसिक ।

यज्ञदानतपःकर्म न त्याज्यं कार्यमेव तत् ।
यज्ञो दानं तपश्चैव पावनानि मनीषिणाम् ॥ 18.5 ॥

भावार्थ– यज्ञ, दान और तप- ये तीन प्रकार के कर्म त्यागने योग्य नहीं हैं, इन्हें तो अवश्य करना चाहिए; क्योंकि यज्ञ, दान और तप तीनों ही पुरुषों को पवित्र करनेवाले हैं।

टिप्पणी– श्रीकृष्ण ने चार प्रचलित मतों का उल्लेख किया। पहला- काम्य कर्मों का त्याग, दूसरा- सम्पूर्ण कर्मफलों का त्याग, तीसरा- दोषयुक्त होने के कारण सभी कर्मों का त्याग और चौथा मत- यज्ञ, दान और तप त्यागने योग्य नहीं हैं। उनमें से एक मत में अपनी सहमति प्रकट करते हुए कहा- अर्जुन! मेरा भी यह निश्चित किया हुआ मत है कि यज्ञ, दान और तपरूप क्रिया त्यागने योग्य नहीं है। इससे सिद्ध है कि कृष्णकाल में भी कई मत प्रचलित थे, जिनमें एक यथार्थ था। उस काल में भी कई मत थे, आज भी हैं।

लोककल्याणार्थ कर्म अवश्यमेव करणीय

एतान्यपि तु कर्माणि सङ्गं त्यक्त्वा फलानि च।
कर्तव्यानीति मे पार्थ निश्चितं मतमुत्तमम् ॥ 18.6 ॥

भावार्थ– इन सारे कार्यों को किसी प्रकार की आसक्ति या फल की आशा के बिना सम्पन्न करना चाहिए। हे पृथापुत्र! इन्हें कर्त्तव्य मानकर सम्पन्न किया जाना चाहिए। यही मेरा दृढ़ उत्तम मत है।

तीन प्रकार का त्याग

नियतस्य तु संन्यासः कर्मणो नोपपद्यते।
मोहात्तस्य परित्यागस्तामसः परिकीर्तितः ॥ 18.7 ॥

भावार्थ– श्रीकृष्ण बोले, हे अर्जुन! प्रत्येक व्यक्ति को अपना कर्त्तव्य कर्म अवश्य सम्पन्न करना चाहिए। उसको छोड़ना उचित नहीं है। जो अज्ञानवश अपने कर्त्तव्य कर्म का त्याग करता है, वह तामसिक त्याग कहा गया है- यह मेरा मत है।

दुःखमित्येव यत्कर्म कायक्लेशभयात्त्यजेत्।
स कृत्वा राजसं त्यागं नैव त्यागफलं लभेत् ॥ 18.8 ॥

भावार्थ– कर्म को दुःखमय समझकर शारीरिक क्लेश अथवा कठिनाई के भय से उसका त्याग करनेवाला व्यक्ति राजस त्याग को करके भी त्याग के फल को प्राप्त नहीं होता।

टिप्पणी–पिछले श्लोक में कर्त्तव्य कर्म के पूर्ण त्याग को तामसिक त्याग बतलाया गया है। इसलिए राजसी त्याग में अधूरे त्याग का ही संकेत है- यह विनोबाजी का मत है।

कार्यमित्येव यत्कर्म नियतं क्रियतेऽर्जुन।
सङ्गं त्यक्त्वा फलं चैव स त्यागः सात्त्विको मतः ॥ 18.9 ॥

भावार्थ– भगवान् बोले, हे अर्जुन! कर्त्तव्य कर्म को करने वाला व्यक्ति अनासक्तिपूर्वक अपने व्यक्तिगत लाभ रूपी फल का त्याग करता है- इस प्रकार के त्याग को सात्त्विक त्याग कहा गया है।

न द्वेष्ट्यकुशलं कर्म कुशले नानुषज्जते।
त्यागी सत्त्वसमाविष्टो मेधावी छिन्नसंशयः ॥ 18.10 ॥

भावार्थ– सतोगुण में स्थित बुद्धिमान त्यागी, जो न तो अशुभ कर्म से घृणा करता है, न शुभकर्म से लिप्त होता है, वह कर्म के विषय में कोई संशय नहीं रखता है।

न हि देहभृता शक्यं त्यक्तुं कर्माण्यशेषतः ।
यस्तु कर्मफलत्यागी स त्यागीत्यभिधीयते ॥ 18.11 ॥

भावार्थ– निस्सन्देह किसी भी देहधारी प्राणी के लिए समस्त कर्मों का परित्याग कर पाना सम्भव नहीं है। लेकिन जो कर्मफल का परित्याग करता है, वह वास्तव में त्यागी कहलाता है।

टिप्पणी–भगवान् बोले, हे अर्जुन! जब तक शरीर है तब तक शरीर यात्रा को पूरा करने के लिए कर्म तो करना ही पड़ेगा। इसलिए सब कर्मों का त्याग तो असम्भव है। अपने कर्त्तव्य कर्म को करते हुए कर्मफल का त्याग (जो पिछले दो श्लोकों में वर्णित कर्मयोगी करता है)-वही सात्त्विक त्याग है। ऐसे कर्मयोगी को ही सात्त्विक त्यागी भी कह सकते हैं।

अनिष्टमिष्टं मिश्रं च त्रिविधं कर्मणः फलम् ।
भवत्यत्यागिनां प्रेत्य न तु संन्यासिनां क्वचित् ॥ 18.12 ॥

भावार्थ– जो त्यागी नहीं है, उसके लिए इच्छित (इष्ट), अनिच्छित (अनिष्ट) तथा मिश्रित- ये तीन प्रकार के कर्मफल मृत्यु के बाद मिलते हैं। लेकिन जो संन्यासी हैं, उन्हें ऐसे फल का सुख-दुःख नहीं भोगना पड़ता।

टिप्पणी– पिछले श्लोक में वर्णित कर्मयोगी या सात्त्विक त्यागी को ही सच्चा संन्यासी भी कह सकते हैं- वह कर्म करते हुए भी कर्मबन्धन से मुक्त रहता है। जो ऐसा कर्मयोगी नहीं है उसे 'अत्यागी' कह सकते हैं- वह कर्मबन्धन में फँसता है और तीन प्रकार के कर्मफल भोगता है-(अ) प्रिय कर्मफल। (आ) अप्रिय कर्मफल। (इ) मिश्रित कर्मफल (एक भाग प्रिय, अन्य भाग अप्रिय)।

कर्त्तापन का अहंकार दर्शन शास्त्र के विरुद्ध

पञ्चैतानि महाबाहो कारणानि निबोध मे ।
सांख्ये कृतान्ते प्रोक्तानि सिद्धये सर्वकर्मणाम् ॥ 18.13 ॥

भावार्थ– हे महाबाहो! सम्पूर्ण कर्मों की सिद्धि के लिए पाँच कारण सांख्य-सिद्धान्त में कहे गये हैं। उन्हें तू मुझसे भली प्रकार जान।

अधिष्ठानं तथा कर्ता करणं च पृथग्विधम् ।
विविधाश्च पृथक्चेष्टा दैवं चैवात्र पंचमम् ॥ 18.14 ॥

भावार्थ– कर्म का स्थान (शरीर), कर्त्ता, विभिन्न इन्द्रियाँ, अनेक प्रकार की चेष्टाएँ तथा परमात्मा- ये पाँच कर्म के कारण है।

शरीरवाङ्मनोभिर्यत् कर्म प्रारभते नरः ।
न्याय्यं वा विपरीतं वा पञ्चैते तस्य हेतवः ॥ 18.15 ॥

भावार्थ– मनुष्य शरीर, वाणी और मन के द्वारा शास्त्र के अनुसार अथवा विपरीत जो कुछ कर्म आरम्भ करता है, उसके ये पाँचों ही कारण हैं।

तत्रैवं सति कर्तारमात्मानं केवलं तु यः ।
पश्यत्यकृतबुद्धित्वान्न स पश्यति दुर्मतिः ॥ 18.16 ॥

भावार्थ– भगवान् बोले, हे अर्जुन! पाँच कारणों के योगदान से कर्म सम्पन्न होता है। फिर भी यदि कोई व्यक्ति, केवल अपने को, अहंकार-वश कर्म का एक मात्र कर्त्ता माने तो वह दुष्ट बुद्धि वाला है। अर्थात् उसकी विचार शक्ति ठीक नहीं है (वह विपरीत बुद्धि है)।

यस्य नाहंकृतो भावो बुद्धिर्यस्य न लिप्यते ।
हत्वापि स इमाँल्लोकान्न हन्ति न निबध्यते ॥ 18.17 ॥

भावार्थ– जिस मनुष्य के मन में 'मैं कर्त्ता हूँ' ऐसा भाव नहीं है तथा जिसकी बुद्धि कर्मफल की आसक्ति से लिप्त नहीं है, वह इन सम्पूर्ण प्राणियों को मारकर भी न मारता है और न पाप से बँधता है।

टिप्पणी–भगवान् बोले, हे अर्जुन! कर्त्तापन का अहंकार दर्शनशास्त्र के विरुद्ध है और कर्मबन्धन का कारण बन जाता है। यदि कोई व्यक्ति कर्त्तापन के अहंकार से मुक्त हो जाये तो यह उसकी शुद्ध विचार-शक्ति की पहचान है-ऐसा (निरहंकारी) व्यक्ति अपना कर्त्तव्य कर्म करने पर भी कर्मबन्धन में नहीं फँसता (चाहे उस कर्त्तव्य कर्म के लिए उसे हिंसा भी करनी पड़े- जैसी कि तुझे इस संग्राम में करनी पड़ेगी)।

तीन प्रकार का ज्ञान

ज्ञानं ज्ञेयं परिज्ञाता त्रिविधा कर्मचोदना ।
करणं कर्म कर्तेति त्रिविधः कर्मसंग्रहः ॥ 18.18 ॥

भावार्थ– ज्ञान, ज्ञेय तथा ज्ञाता- ये तीनों कर्म को प्रेरणा देने वाले कारण हैं। इन्द्रियाँ (करण), कर्म तथा कर्त्ता- ये तीन कर्म के संघटक है।

टिप्पणी–तात्पर्य यह है कि इस श्लोक में वर्णित छः तत्त्वों के प्रभाव से कर्म की प्रेरणा तथा सम्पन्नता का क्रम चलता है।

ज्ञानं कर्म च कर्ता च त्रिधैव गुणभेदतः।
प्रोच्यते गुणसंख्याने यथावच्छृणु तान्यपि ॥ 18.19 ॥

भावार्थ– ज्ञान, कर्म तथा कर्त्ता भी गुणों के भेद से सांख्यशास्त्र में तीन-तीन प्रकार के कहे गये हैं। उन्हें भी तू यथावत् सुन।

टिप्पणी– भगवान् बोले, हे अर्जुन! पिछले श्लोक के छः तत्त्वों (अंगों) में से तीन मुख्य अंगों (अर्थात् ज्ञान, कर्म, कर्त्ता) का विवेचन सुन। इनमें से प्रत्येक के तीन-तीन विभाग-सात्त्विक, राजसी, तामसिक-सांख्य शास्त्र में वर्णित हैं। अब मैं तुझे ज्ञान के तीन विभागों (प्रकार) के विषय में बतलाता हूँ।

सर्वभूतेष येनैकं भावमव्ययमीक्षते।
अविभक्तं विभक्तेषु तज्ज्ञानं विद्धि सात्त्विकम् ॥ 18.20 ॥

भावार्थ– जिस ज्ञान से अनन्त रूपों में विभक्त सारे जीवों में एक ही अविनाशी परमात्मा को समभाव से स्थित देखता है, उसे ही तुम सात्त्विक जानो।

टिप्पणी–भगवान् बोले, हे अर्जुन! सात्त्विक ज्ञान के द्वारा सब प्राणियों में (जो पृथक्-पृथक् दिखलाई देते हैं) एकत्व भाव पहचाना जाता है, जो अनादि है, अविनाशी है (जिसे ब्रह्म, आत्मा या ईश्वर कहकर पुकारते हैं)। विभक्त समाज को जोड़ने वाला ज्ञान सात्त्विक ज्ञान कहलाता है।

पृथक्त्वेन तु यज्ज्ञानं नानाभावान् पृथग्विधान्।
वेत्ति सर्वेषु भूतेषु तज्ज्ञानं विद्धि राजसम् ॥ 18.21 ॥

भावार्थ– जिस ज्ञान के द्वारा मनुष्य विभिन्न प्राणियों के अस्तित्व में अनेकता का अनुभव करता है, उस ज्ञान को तुम राजस समझो।

टिप्पणी– जो ज्ञान सम्पूर्ण भूतों में भिन्न प्रकार के अनेक भावों को अलग-अलग करके जानता है कि यह अच्छा है, ये बुरे हैं- उस ज्ञान को तू राजस जान। ऐसी स्थिति है तो राजसी स्तर पर तुम्हारा ज्ञान है।

यत्तु कृत्स्नवदेकस्मिन् कार्ये सक्तमहैतुकम्।
अतत्त्वार्थवदल्पं च तत्तामसमुदाहृतम् ॥ 18.22 ॥

भावार्थ– और वह ज्ञान, जिससे मनुष्य किसी एक प्रकार के कार्य को, जो अति तुच्छ है, सब कुछ मान कर, सत्य को जाने बिना उसमें लिप्त रहता है, तामस कहा गया है।

टिप्पणी– तामसिक ज्ञान से विचार संकुचित होता है और उस पर उदारता के भावों का (अर्थात्-शास्त्रों का) भी प्रभाव नहीं पड़ता। इसलिए तामसिक ज्ञान 'अल्प भावना' को ही 'पूर्ण भावना' समझकर उसी से चिपका रहता है (कूप-मण्डूक की भाँति)।

लोकमान्य तिलक ने 'गीता-रहस्य' में लिखा है कि अपने बाल-बच्चों और स्त्री को ही सब कुछ, सारा संसार समझ लेना तामसिक ज्ञान है। इससे कुछ ऊँची सीढ़ी पर पहुँचने से दृष्टि अधिक व्यापक हो जाती है। बाल-बच्चे ही नहीं, गाँव और देश के लोग भी अपने हैं- यह समझने लगना राजसी ज्ञान कहा गया है। परन्तु इससे भी ऊँचे जाकर प्राणीमात्र में एक ही आत्मा को पहचानना, विभक्त में अविभक्त, अनेकता में एकता को देखना ही सात्त्विक ज्ञान है।

पिछले दो श्लोकों के विवेचन को पूरा करने के लिए यह भी कह सकते हैं कि तामसिक ज्ञान अविभक्त समाज को विभक्त कर देता है (तामसिक द्वेष उत्पन्न करके जितना एकत्व भाव है उसे भी पृथक्-भाव में बदलकर)।

तीन प्रकार का कर्म

नियतं सङ्गरहितमरागद्वेषतः कृतम् ।
अफलप्रेप्सुना कर्म यत्तत्सात्त्विकमुच्यते ॥ 18.23 ॥

भावार्थ– जो कर्म नियमित है और जो आसक्ति, राग या द्वेष से रहित कर्मफल की चाह के बिना किया जाता है, वह सात्त्विक कहा जाता है।

टिप्पणी– सात्त्विक कर्म के चार मुख्य लक्षण हैं-(अ) प्रत्येक व्यक्ति अपने कर्त्तव्य कर्म को ही करे। (आ) कर्म को कर्त्तव्य समझकर करना, आसक्त होकर नहीं। (इ) समदृष्टि का प्रयोग-ऐसा न हो कि किसी के प्रति राग, किसी के प्रतिद्वेष (ई) फलेच्छा से रहित (अर्थात् स्वयं के लिए और स्वजन के लिए लाभ की इच्छा न रखना)।

यत्तु कामेप्सुना कर्म साहंकारेण वा पुनः ।
क्रियते बहुलायासं तद्राजसमुदाहृतम् ॥ 18.24 ॥

भावार्थ– लेकिन जो कार्य अपनी इच्छा पूर्ति के निमित्त परिश्रमपूर्वक एवं मिथ्या अहंकार के भाव से किया जाता है, वह रजोगुणी कहा जाता है।

टिप्पणी–राजसी कर्म के तीन मुख्य लक्षण हैं-(अ) व्यक्तिगत लाभ प्राप्त करने की इच्छा। (आ) कर्त्तापन का अहंकार। (इ) कर्म को बोझ समझकर करना। जो कर्म बहुत परिश्रम से युक्त है, फल को चाहने वाले और अहंकारयुक्त पुरुष द्वारा किया जाता है, वह कर्म राजस कहा जाता है। यह पुरुष भी वही नियत कर्म करता है; किन्तु अन्तर मात्र इतना ही है कि फल की इच्छा और अहंकार से युक्त है। इसलिए उसके द्वारा होने वाले कर्म राजस हैं।

अनुबन्धं क्षयं हिंसामनवेक्ष्य च पौरुषम्।
मोहादारभ्यते कर्म यत्तत्तामसमुच्यते ॥ 18.25 ॥

भावार्थ– जो कर्म परिणाम, हानि, हिंसा और सामर्थ्य को न विचारकर केवल मोहवश आरम्भ किया जाता है, वह कर्म तामस कहा जाता है।

टिप्पणी– तामसिक कर्म के पाँच मुख्य लक्षण हैं-(अ) कर्म का समाज के लिए क्या परिणाम हो सकता है- इसका विचार न करना। (आ) क्या उस कर्म के द्वारा किसी प्रकार का 'क्षय' (विनाश) हो सकता है- इसका विचार न करना। (इ) क्या उस कर्म के द्वारा किसी प्रकार की हिंसा हो सकती है- इसका विचार न करना। (ई) क्या उस कर्म को सम्पन्न करने का सामर्थ्य अपने अन्दर है- इसका विचार न करना। (उ) कर्म के विषय में उचित-अनुचित बातों का ज्ञान न होना (या विपरीत ज्ञान होना)।

तीन प्रकार कर्त्ता

मुक्तसङ्गोऽनहंवादी धृत्युत्साहसमन्वितः।
सिद्ध्यसिद्ध्योर्निर्विकारः कर्ता सात्त्विक उच्यते ॥ 18.26 ॥

भावार्थ– जो कर्त्ता भौतिक गुणों के सन्सर्ग के बिना अहंकार रहित, संकल्प तथा उत्साहपूर्वक अपना कर्म करता है और सफलता अथवा असफलता में अविचलित रहता है, वह सात्त्विक कर्त्ता कहलाता है।

टिप्पणी– सात्त्विक कर्त्ता के चार मुख्य लक्षण हैं-(अ) आसक्ति से रहित, अर्थात् कर्म को कर्त्तव्य भावना से ही करने वाला (आ) कर्त्तापन के अहंकार से रहित (इ) धैर्य तथा उत्साह से युक्त (ई) समत्व बुद्धि, अर्थात् सफलता-असफलता पर ध्यान न देकर कर्म में लगे रहना।

रागी कर्मफलप्रेप्सुर्लुब्धो हिंसात्मकोऽशुचिः।
हर्षशोकान्वितः कर्ता राजसः परिकीर्तितः ॥ 18.27 ॥

भावार्थ– आसक्तियुक्त, कर्मों के फल को चाहनेवाला, लोभी, दूसरों को कष्ट देने वाला, अपवित्र विचार वाला और हर्ष-शोक से जो युक्त है, वह कर्त्ता राजस कहा गया है।

टिप्पणी– राजसी कर्त्ता के छः मुख्य लक्षण हैं-(अ) समदृष्टि से रहित (किसी के प्रति राग, किसी के प्रति द्वेष (आ) व्यक्तिगत लाभ प्राप्त करने की इच्छा। (इ) लोभी (ई) हिंसा का उपयोग करने को तैयार (उ) शारीरिक तथा मानसिक शुद्धि पर ध्यान न देने वाला (ऊ) समत्वबुद्धि का अभाव (सफलता में हर्ष, असफलता में शोक)।

अयुक्तः प्राकृतः स्तब्धः शठोऽनैष्कृतिकोऽलसः।
विषादी दीर्घसूत्री च कर्ता तामस उच्यते ॥ 18.28 ॥

भावार्थ– जो कर्त्ता सदा शास्त्रों के आदेशों के विरूद्ध कार्य करता रहता है, जो भौतिकवादी, हठी, कपटी तथा दूसरों का अपमान करने में पटु है तथा जो आलसी, सदैव खिन्न तथा काम करने में दीर्घसूत्री है, वह तमोगुणी कहलाता है।

टिप्पणी– तामसिक कर्त्ता के आठ मुख्य लक्षण हैं-(अ) संयम से रहित। (आ) अच्छी शिक्षा से रहित (इ) हठी (ई) धोखेबाज (इ) दूसरों की जीविका का नाश करनेवाला (ऊ) आलसी (ए) शोक में डूबा हुआ (ऐ) कर्म-कुशलता से रहित। जो चंचल चित्तवाला, असभ्य, घमण्डी, धूर्त, दूसरे के कार्यों में बाधा पहुँचाने वाला, शोक करने के स्वभाव वाला, आलसी और दीर्घसूत्री है कि फिर कर लेंगे, वह कर्त्ता तामस कहा जाता है। दीर्घसूत्री कर्म को कल पर टालने वाला है। यद्यपि करने की इच्छा उसे भी रहती है।

तीन प्रकार की बुद्धि

बुद्धेर्भेदं धृतेश्चैव गुणतस्त्रिविधं शृणु।
प्रोच्यमानमशेषेण पृथक्त्वेन धनंजय ॥ 18.29 ॥

भावार्थ– हे धनंजय! बुद्धि और धारणा शक्ति का भी गुणों के कारण तीन प्रकार का भेद सम्पूर्णता से विभागपूर्वक मुझसे सुन।

प्रवृत्तिं च निवृत्तिं च कार्याकार्ये भयाभये।
बन्धं मोक्षं च या वेत्ति बुद्धिः सा पार्थ सात्त्विकी ॥ 18.30 ॥

भावार्थ– हे पृथापुत्र! जो बुद्धि कर्म और अकर्म को, कर्तव्य और अकर्तव्य को, भय और अभय को तथा बन्धन और मोक्ष को यथार्थ रूप से जानती है, वह बुद्धि सात्त्विक है।

टिप्पणी– सात्त्विक बुद्धि अच्छे-बुरे के भेद को ठीक प्रकार से समझती है। उदाहरणार्थ प्रवृत्ति मार्ग (कर्मयोग) तथा निवृत्ति मार्ग (संन्यास योग) के भेद को, कौन-सा कर्म करणीय है, कौन-सा अकरणीय, किससे डरना चाहिए और किससे नहीं डरना चाहिए, कौन-सा कर्म बन्धन-कारक है और कौन-सा मोक्ष-दायक।

यया धर्ममधर्मं च कार्यं चाकार्यमेव च ।
अयथावत्प्रजानाति बुद्धिः सा पार्थ राजसी ॥ 18.31 ॥

भावार्थ– हे पार्थ! जिस बुद्धि द्वारा मनुष्य धर्म और अधर्म को तथा कर्त्तव्य और अकर्त्तव्य को भी यथावत् नहीं जानता, अधूरा जानता है, वह बुद्धि राजसी है।

टिप्पणी–तात्पर्य यह है कि राजसी बुद्धि के द्वारा किये गये निर्णय कभी उचित होते हैं, कभी अनुचित।

अधर्मं धर्ममिति या मन्यते तमसावृता ।
सर्वार्थान्विपरीतांश्च बुद्धिः सा पार्थ तामसी ॥ 18.32 ॥

भावार्थ– जो बुद्धि मोह तथा अंधकार के वशीभूत होकर अधर्म को ही धर्म मान लेती है, इसी प्रकार सभी चीज़ों को उल्टा समझ लेती है, वह बुद्धि तामसी है।

टिप्पणी– यहाँ श्लोक तीस से बत्तीस तक बुद्धि के तीन भेद बताये गये। जो बुद्धि किस कार्य से निवृत्त होना है और किसमें प्रवृत्त होना है, कौन कर्त्तव्य है और कौन अकर्त्तव्य है- इसकी भली प्रकार जानकारी रखती है, वह बुद्धि सात्त्विक है। जो कर्त्तव्य-अकर्त्तव्य को धूमिल ढंग से जानती है, यथार्थ नहीं जानती- वह राजसी बुद्धि है और अधर्म को धर्म, नश्वर को शाश्वत तथा हित को अहित- इस प्रकार विपरीत जानकारी वाली बुद्धि तामसी है।

तीन प्रकार की धृति

धृत्या यया धारयते मनःप्राणेन्द्रियक्रियाः ।
योगेनाव्यभिचारिण्या धृतिः सा पार्थ सात्त्विकी ॥ 18.33 ॥

भावार्थ– हे पृथानन्दन, सात्त्विक धृति (धारण शक्ति) वह है जो साधक को अपने सात्त्विक मार्ग पर स्थिर रखती है और मन-प्राण-इंद्रियों को इधर-उधर भटकने से रोकती है।

यया तु धर्मकामार्थान् धृत्या धारयतेऽर्जुन।
प्रसङ्गेन फलाकाङ्क्षी धृतिः सा पार्थ राजसी ॥ 18.34 ॥

भावार्थ– परन्तु, हे पृथानन्दन अर्जुन! जिस धृति से मनुष्य धर्म, अर्थ तथा काम के फलों में लिप्त बना रहता है, वह राजसी है।

टिप्पणी– फल की इच्छा वाला मनुष्य अति आसक्ति से जिस धारणा के द्वारा केवल धर्म, अर्थ और काम को धारण करता है (मोक्ष को नहीं), वह धारणा राजसी है। इस धारणा में भी लक्ष्य वही है, केवल कामना करता है। जो कुछ करता है, उसके बदले में चाहता है।

यया स्वप्नं भयं शोकं विषादं मदमेव च।
न विमुञ्चति दुर्मेधा धृतिः सा पार्थ तामसी ॥ 18.35 ॥

भावार्थ– हे पार्थ! दुष्ट बुद्धिवाला मनुष्य जिस धारणा के द्वारा निद्रा, भय, चिन्ता, दुःख और अभिमान को भी धारण किये रहता है, वह धारणा तामसी है।

टिप्पणी–तामसिक धृति दोषों को धारण करती है- उदाहरणतः आवश्यकता से अधिक निद्रा, भय के कारण सत्कर्म को न करना, प्रत्येक क्षण शोक और विषाद में डूबे रहना, झूठा अभिमान। तामसिक धृति तथा तामसिक बुद्धि (विपरीत बुद्धि)- दोनों मिलकर व्यक्ति के नाश का कारण बनती हैं।

तीन प्रकार का सुख

सुखं त्विदानीं त्रिविधं शृणु मे भरतर्षभ।
अभ्यासाद्रमते यत्र दुःखान्तं च निगच्छति ॥ 18.36 ॥
यत्तदग्रे विषमिव परिणामेऽमृतोपमम्।
तत्सुखं सात्त्विकं प्रोक्तमात्मबुद्धिप्रसादजम् ॥ 18.37 ॥

भावार्थ– हे भरतश्रेष्ठ! अब मुझसे तीन प्रकार के सुखों के विषय में सुनो, जिनके द्वारा बद्धजीव भोग करता है और जिसके द्वारा कभी-कभी दुःखों का अन्त हो जाता है। जो प्रारम्भ में विष जैसा लगता है, लेकिन परिणाम में अमृत के समान होता है और जो मनुष्य में आत्म-साक्षात्कार जगाता है। वह सात्त्विक सुख कहलाता है।

टिप्पणी– भगवान् बोले, हे अर्जुन! अब तू मुझसे तीन प्रकार के सात्त्विक, राजसी, तामसिक सुख के विषय में सुन। पहले पहल सात्त्विक सुख के चार लक्षणों को सुन-(अ) सात्त्विक सुख की प्राप्ति दीर्घकालीन साधना पर आधारित

है। (आ) सात्त्विक सुख स्थायी होता है- एक बार सात्त्विक सुख का अनुभव हो जाने पर दु:ख का पुनः दर्शन नहीं होता। (इ) सात्त्विक सुख दीर्घकालीन साधना (संयम) पर आधारित होने के कारण अलंकारिक रूप से ऐसा कह सकते हैं कि आरम्भ में विष मिला- परिणाम में अमृत। (ई) सात्त्विक सुख बुद्धिग्राह्य है, इंद्रियों से परे है- इसका अनुभव करने वाली बुद्धि आत्मा से प्रेरित होती है।

विषयेन्द्रियसंयोगाद्यत्तदग्रेऽमृतोपमम् ।
परिणामे विषमिव तत्सुखं राजसं स्मृतम् ॥ 18.38 ॥

भावार्थ– जो सुख विषय और इन्द्रियों के संयोग से होता है, वह यद्यपि भोगकाल में अमृत के समान लगता है किन्तु परिणाम में विष की तरह होता है, वह सुख राजस कहा गया है।

यदग्रे चानुबन्धे च सुखं मोहनमात्मनः ।
निद्रालस्यप्रमादोत्थं तत्तामसमुदाहृतम् ॥ 18.39 ॥

भावार्थ– जो सुख आत्म-साक्षात्कार के प्रति अन्धा है, जो प्रारम्भ से लेकर अन्त तक मोहकारक है और जो निद्रा, आलस्य तथा मोह से उत्पन्न होता है। वह तामसी कहलाता है।

न तदस्ति पृथिव्यां वा दिवि देवेषु वा पुनः ।
सत्त्वं प्रकृतिजैर्मुक्तं यदेभिः स्यात्त्रिभिर्गुणैः ॥ 18.40 ॥

भावार्थ– पृथ्वी में या स्वर्ग में अथवा देवताओं के मध्य में कोई भी प्राणी विद्यमान नहीं है, जो प्रकृति के इन तीन गुणों से रहित हो।

टिप्पणी– भगवान् बोले, हे अर्जुन! प्रकृति के तीन गुण- सत्त्व, रजस्, तमस् सबको प्रभावित करते हैं और इनके प्रभाव से न कोई मानव मुक्त है, न कोई देवता (अर्थात् सुख के अतिरिक्त अन्य जीवन-तत्त्व भी तीन-तीन प्रकार के होते हैं सात्त्विक, राजसी, तामसिक यद्यपि यहाँ उनका वर्णन करना अनिवार्य नहीं है)। पृथ्वी में, आकाश में अथवा देवताओं में ऐसा कोई भी प्राणी नहीं, जो प्रकृति से उत्पन्न हुए तीनों गुणों से रहित हो। अर्थात् ब्रह्मा से लेकर कीट-पतंग यावन्मात्र जगत् क्षणभंगुर, मरने-जीनेवाला है, तीनों गुणों के अन्तर्गत है। अर्थात् देवता भी तीनों गुणों का विकार हैं, नश्वर हैं।

वर्णों के स्वाभाविक कर्म

गीता ने वर्ण-धर्म का वर्णन उस काल की सामाजिक धारणा के अनुसार

किया है किन्तु आज की बदली हुई परिस्थिति में वर्णधर्म नहीं, सामान्य धर्म ही प्रासंगिक है (जो गीता के शेष भाग में वर्णित है)।

ब्राह्मणक्षत्रियविशां शूद्राणां च परंतप ।
कर्माणि प्रविभक्तानि स्वभावप्रभवैर्गुणैः ॥ 18.41 ॥

भावार्थ– हे परंतप! ब्राह्मण, क्षत्रिय, वैश्य, शूद्र-इनके कर्मों का विभाजन प्रकृति (स्वभाव) के अनुसार किया गया है।

टिप्पणी– हे परंतप! ब्राह्मण, क्षत्रिय, वैश्य और शूद्रों के कर्म स्वभाव से उत्पन्न गुणों द्वारा विभक्त किये गये हैं। स्वभाव में सात्त्विक गुण होगा तो आप में निर्मलता होगी, ध्यान-समाधि की क्षमता होगी। तामसी गुण होगा तो आलस्य, निद्रा, प्रमाद रहेगा। उसी स्तर से आपसे कर्म भी होगा। जो गुण कार्यरत है, वही आपका वर्ण है, स्वरूप है। इसी प्रकार अर्द्ध-सात्त्विक और अर्द्ध-राजस से एक वर्ग क्षत्रिय का है और आधा से कम तामस तथा विशेष राजस से द्वितीय वर्ग वैश्य का है।

शमो दमस्तपः शौचं क्षान्तिरार्जवमेव च ।
ज्ञानं विज्ञानमास्तिक्यं ब्रह्मकर्म स्वभावजम् ॥ 18.42 ॥

भावार्थ– ब्राह्मण के स्वाभाविक कर्म हैं- मानसिक संयम, इन्द्रिय-संयम, तप, पवित्रता, धैर्य, क्षमा, सरलता, ज्ञान, विज्ञान, सात्त्विक श्रद्धा ।

शौर्यं तेजो धृतिर्दाक्ष्यं युद्धे चाप्यपलायनम् ।
दानमीश्वरभावश्च क्षात्रं कर्म स्वभावजम् ॥ 18.43 ॥

भावार्थ– वीरता, शक्ति, संकल्प, दक्षता, युद्ध में धैर्य, उदारता तथा नेतृत्व- ये क्षत्रियों के स्वाभाविक गुण हैं।

कृषिगौरक्ष्यवाणिज्यं वैश्यकर्म स्वभावजम् ।
परिचर्यात्मकं कर्म शूद्रस्यापि स्वभावजम् ॥ 18.44 ॥

भावार्थ– वैश्य के स्वाभाविक कर्म हैं- कृषि, गौपालन, व्यवसाय। शूद्र का स्वाभाविक कर्म सेवा करना है।

स्वकर्म ही ईश्वर-पूजा

स्वे स्वे कर्मण्यभिरतः संसिद्धिं लभते नरः ।
स्वकर्मनिरतः सिद्धिं यथा विन्दति तच्छृणु ॥ 18.45 ॥

भावार्थ– मनुष्य अपने-अपने स्वाभाविक कर्म करते हुए कैसे सिद्ध हो सकता है। अब तुम मुझसे सुनो।

यतः प्रवृत्तिर्भूतानां येन सर्वमिदं ततम् ।
स्वकर्मणा तमभ्यर्च्य सिद्धिं विन्दति मानवः ॥ 18.46 ॥

भावार्थ– जिस परब्रह्म परमात्मा से समस्त प्राणियों की उत्पत्ति होती है और जिससे यह सम्पूर्ण संसार व्याप्त है, उस परमात्मा का अपने कर्म के द्वारा पूजन करके मनुष्य सिद्धि को प्राप्त हो जाता है।

टिप्पणी–भगवान् बोले, हे अर्जुन! परमात्मा ही सब प्राणियों को उत्पन्न करता है और उनका भरण-पोषण करता है, परमात्मा ही सब प्राणियों में निवास करता है- यह जानकर स्वकर्म के द्वारा प्राणीमात्र की सेवा करना और उसी को परमात्मा की पूजा समझना यह सिद्धि प्राप्त करने का सहज उपाय है।

श्रेयान् स्वधर्मो विगुणः परधर्मात्स्वनुष्ठितात् ।
स्वभावनियतं कर्म कुर्वन्नाप्नोति किल्बिषम् ॥ 18.47 ॥

भावार्थ– अपने स्वभाव के अनुसार कार्य को करना, चाहे वह कितना ही त्रुटिपूर्ण ढंग से क्यों न किया जाये, अन्य किसी के कार्य को स्वीकार करने और अच्छी प्रकार करने की अपेक्षा अधिक श्रेष्ठ है। अपने स्वभाव के अनुसार निर्दिष्ट कर्म कभी भी पाप से प्रभावित नहीं होते।

टिप्पणी– स्वकर्म द्वारा प्राणीमात्र की यथाशक्ति सेवा- ऐसे स्वधर्म पालन से श्रेयस् की भी प्राप्ति हो जाती है। चाहे साधक को अपना कर्म गुणरहित प्रतीत होता हो। किसी अन्य व्यक्ति का कर्त्तव्य कर्म (जो उस व्यक्ति के लिए उचित है) साधक के लिए उचित नहीं है, चाहे वह कर्म आकर्षक प्रतीत होता हो। अपना कर्त्तव्य कर्म सहजभाव से करने से अनुचित कर्म से सहज ही छुटकारा मिल जाता है। इसलिए पाप तो उसे छू भी नहीं सकता।

सहजं कर्म कौन्तेय सदोषमपि न त्यजेत् ।
सर्वारम्भा हि दोषेण धूमेनाग्निरिवावृताः ॥ 18.48 ॥

भावार्थ– हे अर्जुन! सहज (स्वभावानुकूल) स्वकर्म का त्याग उचित नहीं है, चाहे अपनी या अन्य लोगों की दृष्टि में वह कर्म 'पूर्ण' न भी हो- क्योंकि मानव द्वारा किये गये कर्म में कोई-न-कोई दोष से युक्त होता है! जैसे अग्नि के साथ धुआँ अनिवार्य है।

पूर्णयोग से आध्यात्मिक पूर्णत्व

पूर्णयोग का सन्देश श्लोक 15.16-19 में दिया गया था। पूर्णयोग में कर्म-भक्ति-ज्ञान का समन्वय है तथा आध्यात्मिक पूर्णत्व प्राप्त करने पर भी मानव-सेवा जीवन-पर्यन्त सहज भाव से चलती रहती है।

असक्तबुद्धिः सर्वत्र जितात्मा विगतस्पृहः ।
नैष्कर्म्यसिद्धिं परमां संन्यासेनाधिगच्छति ॥ 18.49 ॥

भावार्थ– जो आत्मसंयमी तथा आसक्ति रहित है एवं जो समस्त भौतिक भोगों की परवाह नहीं करता, वह संन्यास के अभ्यास द्वारा कर्मफल से मुक्ति की सर्वोच्च सिद्ध अवस्था प्राप्त कर सकता है।

टिप्पणी– भगवान् बोले, हे अर्जुन! कर्मयोगी साधक सांसारिक विषयों में आसक्ति का त्याग करता है, मन पर संयम रखता है और व्यक्तिगत लाभ की कामना को छोड़ देता है। इस स्थिति को मानसिक संन्यास कह सकते हैं और यह निष्काम कर्म की पूर्णावस्था है (कर्म करते हुए भी कोई कर्म नहीं किया- ऐसा प्रतीत होता है)।

सिद्धिं प्राप्तो यथा ब्रह्म तथाप्नोति निबोध मे ।
समासेनैव कौन्तेय निष्ठा ज्ञानस्य या परा ॥ 18.50 ॥

भावार्थ– हे कुन्तीपुत्र! जिस तरह इस सिद्धि को प्राप्त हुआ साधक परम सिद्धावस्था, अर्थात् ब्रह्म को, जो सर्वोच्च ज्ञान की अवस्था है, प्राप्त करता है, उसका मैं संक्षेप में तुमसे वर्णन करूँगा। उसे तुम जानो।

बुद्ध्या विशुद्धया युक्तो धृत्यात्मानं नियम्य च ।
शब्दादीन्विषयांस्त्यक्त्वा रागद्वेषौ व्युदस्य च ॥ 18.51 ॥
विविक्तसेवी लघ्वाशी यतवाक्कायमानसः ।
ध्यानयोगपरो नित्यं वैराग्यं समुपाश्रितः ॥ 18.52 ॥

भावार्थ– अर्जुन! जो विशुद्ध सात्त्विक रूप से शुद्ध बुद्धि से युक्त, एकान्त और शुभदेश का सेवन करनेवाला, साधना में जितना सहायक हो उतना ही आहार करने वाला, जीते हुए मन, वाणी और शरीर वाला, दृढ़ वैराग्य को भली प्रकार प्राप्त हुआ पुरुष निरन्तर ध्यानयोग के परायण और ऐसी धारणा से युक्त, अर्थात् इसी सब को धारण करने वाला तथा अन्तःकरण को वश में करके शब्दादिक विषयों को त्यागकर, राग-द्वेष को नष्ट करके तथा

टिप्पणी– ब्रह्म प्राप्ति की साधना के छः मुख्य अंगों में से चार ये हैं-(अ) विशुद्ध बुद्धि (सात्त्विक बुद्धि तथा ज्ञान) (आ) सात्त्विक धृति के द्वारा आत्म संयम। (इ) सांसारिक विषयों के प्रति अनासक्ति। (ई) समदृष्टि (किसी के प्रति राग, किसी के प्रति द्वेष-ऐसी दृष्टि का त्याग)। ब्रह्मप्राप्ति की साधना का पाँचवां अंग यह है-(उ) मध्यम मार्ग के द्वारा ध्यान योग की साधना (संयमित जीवन-सन्तुलित भोजन)।

अहंकार बलं दर्पं कामं क्रोधं परिग्रहम्।
विमुच्य निर्ममः शान्तो ब्रह्मभूयाय कल्पते॥ 18.53॥

भावार्थ– अहंकार, बल, गर्व, काम, क्रोध, ब्राह्य वस्तुओं और आन्तरिक चिन्ताओं का त्याग कर, ममता रहित और शान्त अन्तःकरण हुआ पुरुष परब्रह्म के साथ एकीभाव होने के लिए योग्य होता है।

टिप्पणी– ब्रह्म प्राप्ति की साधना का छठा अंग यह है-(ऊ) अहंकार-जनित द्वेष की जंजीर से मुक्ति (अर्थात् अहंकार-बल-घमण्ड-काम-क्रोध-लोभ से मुक्ति)। -इन छः अंगों की साधना से परम शान्ति प्राप्त होती है और वही ब्रह्मप्राप्ति या जीवन्मुक्तावस्था है।

पूर्णयोगी के लक्षण

ब्रह्मभूतः प्रसन्नात्मा न शोचति न काङ्क्षति।
समः सर्वेषु भूतेषु मद्भक्तिं लभते पराम्॥ 18.54॥

भावार्थ– इस प्रकार जो दिव्य पद पर स्थित है, वह तुरन्त परब्रह्म का अनुभव करता है और पूर्णतया प्रसन्न हो जाता है। वह न तो किसी के लिए शोक करता है, न किसी वस्तु की इच्छा करता है। वह प्रत्येक जीव पर समभाव रखता है। उस अवस्था में वह मेरी पराभक्ति को प्राप्त करता है।

टिप्पणी– भगवान् बोले, हे अर्जुन! पूर्ण योग द्वारा ब्रह्म प्राप्ति की स्थिति जीवन्मुक्तावस्था है। उसका मुख्य लक्षण है- परम आनन्द भाव से लोक सेवा, अर्थात् स्वयं के लिए न शोक, न कामना, और प्राणीमात्र में समदृष्टि तथा मेरे प्रति पराभक्ति (मानव में माधव का दर्शन)।

भक्त्या मामभिजानाति यावान्यश्चास्मि तत्त्वतः।
ततो मां तत्त्वतो ज्ञात्वा विशते तदनन्तरम्॥ 18.55॥

भावार्थ– श्रद्धा और भक्ति के द्वारा ही मैं तत्त्व से जाना जा सकता हूँ कि मैं कौन हूँ और क्या हूँ। मुझे तत्त्व से जानने के बाद मनुष्य शीघ्र ही मुझ में प्रवेश कर मोक्ष को प्राप्त हो जाता है।

टिप्पणी–भगवान् बोले, हे अर्जुन! मेरे प्रति पराभक्ति होने पर साधक को मेरा ज्ञान भी पूर्ण रूप से हो जाता है। यह ज्ञान कि मैं (परमात्मा) प्रत्येक प्राणी में हूँ, चाहे वह प्राणी सात्त्विक हो, चाहे राजसी, चाहे तामसिक। इस ज्ञान तथा तदनुसार कर्म के द्वारा साधक मुझसे (परमात्मा से) एक-रूप हो जाता है। अर्थात् तामसिक प्राणी के साथ भी वह एकत्व (प्रेम) का अनुभव करता है। उस पराभक्ति के द्वारा वह मुझे तत्त्व से भली प्रकार जानता है। वह तत्त्व है क्या? मैं जो और जिस प्रभाव वाला हूँ; अजर, अमर, शाश्वत जिन अलौकिक गुण-धर्मों वाला हूँ, उसे जानता है और मुझे तत्त्व से जानकर तत्काल ही मुझमें प्रवेश कर जाता है। प्राप्तिकाल में तो भगवान् दिखायी पड़ते हैं और प्राप्ति के ठीक बाद, तत्क्षण वह अपने ही आत्मस्वरूप को उन ईश्वरीय गुणधर्मों से युक्त पाता है कि आत्मा ही अजर, अमर, शाश्वत, अव्यक्त और सनातन है।

सर्वकर्माण्यपि सदा कुर्वाणो मद्व्यपाश्रयः ।
मत्प्रसादादवाप्नोति शाश्वतं पदमव्ययम् ॥ 18.56 ॥

भावार्थ– मेरा आश्रय लेने वाला कर्मयोगी भक्त सदा सब कर्म करता हुआ भी मेरी कृपा से नित्य तथा अविनाशी पद को प्राप्त करता है।

टिप्पणी– भगवान् बोले, हे अर्जुन। ऐसे साधक को मेरा सहारा (मेरा प्रसाद) मिलता है और वह यज्ञ-दान-तप जैसे लोककल्याणार्थ कर्म जीवन-पर्यन्त कुशलतापूर्वक करता रहता है। यही शाश्वत पद है, परम शान्ति का जीवन है जो पूर्णयोगी को कर्म-भक्ति-ज्ञान के समन्वय से जीते-जी (अर्थात् जीवन काल में ही) प्राप्त होता है। मुझ पर विशेष रूप से आश्रित हुआ पुरुष सम्पूर्ण कर्मों को सदा करता हुआ, लेशमात्र भी त्रुटि न रखकर, मेरे कृपा-प्रसाद से शाश्वत अविनाशी परमपद को प्राप्त होता है। कर्म वही है- नियत कर्म, यज्ञ की प्रक्रिया। पूर्ण योगेश्वर सद्गुरु के आश्रित साधक उसके कृपा-प्रसाद शीघ्र पा जाता है। अतः उसे पाने के लिए समर्पण आवश्यक है।

मत्कर्म का आह्वान

चेतसा सर्वकर्माणि मयि संन्यस्य मत्परः ।
बुद्धियोगमुपाश्रित्य मच्चित्तः सततं भव ॥ 18.57 ॥

भावार्थ– सारे कर्मों को श्रद्धा और भक्तिपूर्वक मुझे अर्पण कर, मुझे अपना परम लक्ष्य मानकर मुझ पर ही भरोसा रख तथा निष्काम कर्मयोग का आश्रय लेकर सदा मुझ में हीं चित्तवाला हो जा।

टिप्पणी– हे अर्जुन! मेरे पास आने का सुगम मार्ग मैं फिर तुझे बतलाता हूँ। इसके चार अंग हैं-(अ) यज्ञ-दान-तप जैसे सब लोककल्याणार्थ कर्मों को मानसिक रूप से मुझे (ईश्वर को) समर्पण (आ) मत्परायणता (अर्थात् ईश्वरपरायणता और ईश्वर का सहारा) (इ) समत्वबुद्धि से कर्त्तव्य-पालन (ई) मन में ब्रह्म, तन से कर्म। अतः अर्जुन! सम्पूर्ण कर्मों को (जितना कुछ तुझसे बन पड़ता है) मन से मुझे अर्पित करके, अपने भरोसे नहीं बल्कि मुझे समर्पण करके मेरे परायण हुआ बुद्धियोग, अर्थात् योग की बुद्धि का अवलम्बन करके निरन्तर मुझमें चित्त लगा। योग एक ही है, जो सर्वथा दुःखों का अन्त करने वाला और परमतत्त्व परमात्मा में प्रवेश दिलानेवाला है। उसकी क्रिया भी एक ही है- यज्ञ की प्रक्रिया, जो मन तथा इन्द्रियों के संयम, श्वास-प्रश्वास तथा ध्यान इत्यादि पर निर्भर है।

मच्चित्तः सर्वदुर्गाणि मत्प्रसादात्तरिष्यसि।
अथ चेत्त्वमहंकारान्न श्रोष्यसि विनङ्क्ष्यसि ॥ 18.58 ॥

भावार्थ– भगवान् बोले, हे अर्जुन! मुझ में चित्त लगा कर तुम मेरी कृपा से सम्पूर्ण विघ्नों को पार कर जाओगे और यदि तुम अहंकारवश मेरे इस उपदेश को नहीं सुनोगे, तो तुम्हारा पतन हो जायेगा।

टिप्पणी– इस प्रकार मुझमें निरन्तर चित्त को लगाने वाला होकर तू मेरी कृपा से मन और इन्द्रियों के सम्पूर्ण दुर्गों को अनायास ही तर जायेगा। ये ही दुर्जय दुर्ग हैं। मेरी कृपा से तू इन बाधाओं का अतिक्रमण कर जायेगा; किन्तु यदि अहंकार के कारण मेरे वचनों को नहीं सुनेगा तो विनष्ट हो जायेगा, परमार्थ से च्युत हो जायेगा। इस शास्त्र विधि को त्यागकर अन्य-अन्य विधियों से जो भजते हैं उनके जीवन में न सुख है, न शान्ति है, न सिद्धि है और न परमगति ही है। वह सबसे भ्रष्ट हो जाता है। यहाँ कहते हैं- यदि अहंकारवश तू मेरी बात नहीं सुनेगा तो विनष्ट हो जायेगा। 'सर्वदुर्गाणि' का शाब्दिक अर्थ है 'सारे संकट' किन्तु इसका वास्तविक तात्पर्य बाह्य संकट से नहीं, आन्तरिक संकट (मानसिक दुर्बलता) से है।

यदहंकारमाश्रित्य न योत्स्य इति मन्यसे।
मिथ्यैष व्यवसायस्ते प्रकृतिस्त्वां नियोक्ष्यति ॥ 18.59 ॥

भावार्थ– यदि तुम अहंकार का आश्रय लेकर ऐसा सोच रहे हो कि मैं युद्ध नहीं करूँगा, तो यह तेरा निश्चय मिथ्या है; क्योंकि तेरा क्षात्र प्रकृति (स्वभाव) तुझे युद्ध में लगा देगा।

स्वभावजेन कौन्तेय निबद्धः स्वेन कर्मणा।
कर्तुं नेच्छसि यन्मोहात् करिष्यस्यवशोऽपि तत् ॥ 18.60 ॥

भावार्थ– हे अर्जुन! तुम अपने संस्काररूपी स्वाभाविक कर्म के बन्धनों से बँधा हुआ तू मोह के कारण जिस युद्ध को नहीं करना चाहता, उसको भी तू क्षात्र प्रवृत्ति के परवश होकर करेगा।

टिप्पणी– कौन्तेय! मोहवश तू जिस कर्म को नहीं करना चाहता, उसको भी अपने स्वभाव से उत्पन्न हुए कर्म से बँधा हुआ परवश होकर करेगा। प्रकृति के संघर्ष से न भागने का तुम्हारा क्षत्रिय श्रेणी का स्वभाव तुम्हें बरबस कर्म में लगायेगा।

ईश्वरः सर्वभूतानां हृद्देशेऽर्जुन तिष्ठति।
भ्रामयन् सर्वभूतानि यंत्रारूढानि मायया ॥ 18.61 ॥

भावार्थ– हे अर्जुन! परमेश्वर प्रत्येक जीव के हृदय में स्थित हैं और भौतिक शक्ति से निर्मित यन्त्र में सवार की भाँति बैठे समस्त जीवों को अपनी माया से कठपुतली की तरह नचाता रहता है।

टिप्पणी–भगवान् बोले, हे अर्जुन! यदि कर्त्तव्य पालन का निर्णय तू स्वयं लेने में असमर्थ है तो ज्ञान और भक्ति के द्वारा तू अपनी निर्णयात्मक बुद्धि को सुदृढ़ कर। जिस ज्ञान से तेरा मार्गदर्शन हो सकता है वह यह है कि मैं (ईश्वर) सब प्राणियों के हृदय में हूँ और मेरी ही माया (प्रकृति) सब प्राणियों को कर्म में लगाती है (और प्राणियों को ऐसा प्रतीत होता है कि वे यंत्र पर चढ़े हुए घूम रहे हैं)।

तमेव शरणं गच्छ सर्वभावेन भारत।
तत्प्रसादात्परां शान्तिं स्थानं प्राप्स्यसि शाश्वतम् ॥ 18.62 ॥

भावार्थ– हे भारत! सब प्रकार से उस ईश्वर की शरण में जाओ। उसकी कृपा से तुम परम शान्ति को तथा अविनाशी परमपद को प्राप्त करोगे।

टिप्पणी– भगवान् बोले, हे अर्जुन! तू हृदय में स्थित ईश्वर को पहचान और यह भी समझ कि वही ईश्वर सब प्राणियों के हृदय में भी है। यही 'सर्वभाव' है- इस भाव को तू अपना ले और अपना कर्म तथा सर्वस्व ईश्वर को समर्पित

कर दे (अर्थात् सब प्राणियों को ईश्वर का रूप समझकर उनकी सेवा कर)। इस प्रकार की भक्ति के सहारे से तू कर्त्तव्य-पालन (मत्कर्म) के निश्चय को सुदृढ़ कर। मत्कर्म करने से तू परम शान्ति प्राप्त करेगा, जीवन्मुक्तावस्था (उच्चतम स्थिति) की प्राप्त करेगा।

मत्कर्म का अन्तिम आह्वान

इति ते ज्ञानमाख्यातं गुह्याद् गुह्यतरं मया।
विमृश्यैतदशेषेण यथेच्छसि तथा कुरु ॥ 18.63 ॥

भावार्थ– इस प्रकार मैंने तुम्हें गुह्य से भी गुह्यतर ज्ञान बतला दिया। इस पर अच्छी तरह से विचार करके जैसा चाहता है, वैसा कर।

टिप्पणी– इस प्रकार बस इतना ही गोपनीय से भी अति-गोपनीय ज्ञान मैंने तेरे लिए कहा है। इस विधि से सम्पूर्ण रूप से विचार कर; फिर तू जैसा चाहता है वैसा कर। सत्य यही है, शोध की स्थली यही है, प्राप्ति की स्थली भी यही है। किन्तु हृदयस्थित ईश्वर दिखायी नहीं देता। इस पर उपाय बताते हैं-

सर्वगुह्यतमं भूयः शृणु मे परमं वचः।
इष्टोऽसि मे दृढमिति ततो वक्ष्यामि ते हितम् ॥ 18.64 ॥

भावार्थ– चूँकि तुम मेरे अत्यन्त प्रिय मित्र हो, अतएव मैं तुम्हें गुह्यों में गुह्यतम परम उपदेश को फिर से बता रहा हूँ। इसे अपने हित के लिए सुनो।

टिप्पणी– अर्जुन! सम्पूर्ण गोपनीय से भी अति गोपनीय मेरे रहस्ययुक्त वचन को तू फिर भी सुन। (कहा है, किन्तु फिर भी सुन। साधक के लिए इष्ट सदैव खड़े रहते हैं) क्योंकि तू मेरा अतिशय प्रिय है। इसलिए यह परम हितकारक वचन मैं तेरे लिए फिर भी कहूँगा। वह है क्या?-

मन्मना भव मद्भक्तो मद्याजी मां नमस्कुरु।
मामेवैष्यसि सत्यं ते प्रतिजाने प्रियोऽसि मे ॥ 18.65 ॥

भावार्थ– सदैव मेरा चिन्तन करो, मेरे भक्त बनो, मेरी पूजा करो और मुझे नमस्कार करो। इस प्रकार तुम निश्चित रूप से मुझे प्राप्त करोगे। मैं तुम्हें वचन देता हूँ क्योंकि तुम मेरे अत्यन्त प्रिय मित्र हो।

टिप्पणी–भगवान् बोले, हे अर्जुन। मैंने अध्याय 9 में अपने उपदेश का पंचसूत्री सार तुझे बतलाया था-अब मैं उसी की ओर तेरा ध्यान फिर आकर्षित करता हूँ-(अ) मुझमें मन लगा। (आ) मेरी भक्ति कर। (इ) मेरे समर्पित यज्ञ

(लोककल्याणार्थ कर्म) कर अर्थात् मत्कर्म कर। (ई) सब प्राणियों में स्थित मुझे नमस्कार कर। (उ) मेरे परायण हो (अर्थात् सांसारिक विषयों में आसक्त न हो)। इस प्रकार की साधना में लीन होकर तू निश्चयपूर्वक मेरे पास पहुँचेगा। तू मेरा प्रिय है, इसलिए उपदेश के सार को प्रतिज्ञा-भाव से कहकर मैं तुझे आश्वस्त करता हूँ।

सर्वधर्मान्परित्यज्य मामेकं शरणं व्रज।
अहं त्वा सर्वपापेभ्यो मोक्षयिष्यामि मा शुचः॥ 18.66॥

भावार्थ– समस्त प्रकार के धर्मों का आश्रय छोड़कर तुम मेरी शरण में आ जाओ। मैं तुम्हें समस्त पापों से मुक्त कर दूँगा। चिन्ता मत कर।

टिप्पणी– भगवान् बोले, हे अर्जुन! तू अपनी साधना को लक्ष्यप्रधान बना, विधिप्रधान नहीं (अर्थात् लक्ष्य को प्राथमिकता दे)। मुझे अपना लक्ष्य बना और मेरी शरण में आ जा। तू शोक-रहित हो जा और धर्म की विधि की चिन्ता न कर (अर्थात् धर्म-सम्बन्धी संशयों को छोड़)। मेरे पास आने का सुगम मार्ग है 'मत्कर्म' करना। अर्थात् समत्व बुद्धि से लोककल्याणार्थ कर्म करना- ऐसा करने पर तू कर्मबन्धन से मुक्त रहेगा और पाप तुझे छू भी नहीं सकेगा।

सम्पूर्ण धर्मों को त्यागकर (अर्थात् मैं ब्राह्मण श्रेणी का कर्त्ता हूँ या शूद्र श्रेणी का, क्षत्रिय हूँ अथवा वैश्य- इसके विचार को त्यागकर) केवल एक मेरी अनन्य शरण को प्राप्त हो। मैं तुझे सम्पूर्ण पापों से मुक्त कर दूँगा। तू शोक मत कर।

इदं ते नातपस्काय नाभक्ताय कदाचन।
न चाशुश्रूषवे वाच्यं न च मां योऽभ्यसूयति॥ 18.67॥

भावार्थ– यह गुह्य ज्ञान को तप रहित और भक्ति रहित व्यक्तियों को, अथवा जो इसे सुनना नहीं चाहते हों, अथवा जिन्हें मुझमें श्रद्धा न हो, उन लोगों से कभी नहीं कहना चाहिए।

टिप्पणी– भगवान् बोले, हे अर्जुन! मैंने पिछले अध्याय में देश-काल-पात्र का सिद्धान्त बतलाया था। उस सिद्धान्त का पालन न केवल 'मत्कर्म' करने के लिए आवश्यक है, बल्कि 'मत्कर्म' के सन्देश को सुनाने के लिए भी आवश्यक है। जो भक्त नहीं है, निंदक है, जिसमें सेवा-भाव नहीं है, तप नहीं है, और जो सुनना नहीं चाहता- ऐसे व्यक्ति को सन्देश सुनाने से क्या लाभ ?

इस प्रकार तेरे हित के लिए कहे इस गीता के उपदेश को किसी काल में न तो तप रहित मनुष्य के प्रति कहना चाहिए, न भक्ति रहित के प्रति कहना

चाहिए, न बिना सुनने की इच्छा वाले के प्रति कहना चाहिए और जो मेरी निन्दा करता है, 'यह दोष है, वह दोष है'- इस प्रकार आलोचना करता है, उसके प्रति भी नहीं कहना चाहिए।

य इदं परमं गुह्यं मद्भक्तेष्वभिधास्यति ।
भक्तिं मयि परां कृत्वा मामेवैष्यत्यसंशयः ॥ 18.68 ॥

भावार्थ– जो व्यक्ति इस परम गुह्य ज्ञान का मेरे भक्तजनों में प्रचार-प्रसार करेगा, वह मेरी पराभक्ति करके निस्सन्देह मुझे प्राप्त करेगा। इसमें कोई सन्देह नहीं है।

टिप्पणी–भगवान् बोले, हे अर्जुन! जो सुनने के पात्र हैं (भक्त, अनिंदक, सेवा भाव से युक्त, तपस्वी, सुनने के इच्छुक) उन्हें 'मत्कर्म' का सन्देश अवश्य सुनाना चाहिए। सुनाने वाला तथा सुनने वाला, दोनों 'मत्कर्म' के द्वारा दैवी-गुण की प्राप्ति करेंगे। इसमें कोई संशय नहीं है। जो इस परम गोपनीय गीता ज्ञान को मेरे भक्तों में कहेगा, वह मेरी पराभक्ति को प्राप्त कर मुझे प्राप्त होगा। इसमें कोई संशय नहीं है। अर्थात् वह भक्त मुझे ही प्राप्त होगा, जो सुन लेगा; क्योंकि उपदेश को भली प्रकार सुनकर हृदयंगम कर लेगा, तो उस पर चलेगा तथा पार पा जायेगा। अब उस उपदेशकर्त्ता के लिए कहते हैं-

न च तस्मान्मनुष्येषु कश्चिन्मे प्रियकृत्तमः ।
भविता न च मे तस्मादन्यः प्रियतरो भुवि ॥ 18.69 ॥

भावार्थ– उससे बढ़कर मेरा प्रिय कार्य करने वाला कोई मनुष्य नहीं होगा और इस भूमण्डल पर उसके समान मेरा कोई दूसरा प्रियतर होगा भी नहीं।

भावार्थ–भगवान् बोले, हे अर्जुन! मत्कर्म से दैवी-गुण -स्वयं प्राप्त करनेवाले तथा दूसरों को भी प्राप्त करवाने वाले-ऐसे व्यक्ति मेरे 'प्रियकृत्तमः' हैं। अर्थात् वे मेरा प्रिय कर्म करने में अत्यन्त कुशल हैं। न तो उससे बढ़कर मेरा अतिशय प्रिय कार्य करने वाला मनुष्यों में कोई है और न उससे बढ़कर मेरा अत्यन्त प्यारा पृथ्वी पर दूसरा कोई होगा। किससे? जो मेरे भक्तों में मेरा उपदेश करेगा, उनको उधर उस पथ पर चलायेगा; क्योंकि कल्याण का यही एक **स्रोत** है, राजमार्ग है।

अध्येष्यते च य इमं धर्म्यं संवादमावयोः ।
ज्ञानयज्ञेन तेनाहमिष्टः स्यामिति मे मतिः ॥ 18.70 ॥

भावार्थ– जो मनुष्य हम दोनों के इस धर्ममय संवाद का अध्ययन करेगा, उसके द्वारा भी मैं ज्ञान यज्ञ से पूजित होऊँगा। ऐसा मेरा वचन है।

टिप्पणी– भगवान् बोले, हे अर्जुन! तेरा और मेरा यह धर्ममय संवाद बहुत महत्त्वपूर्ण है, जो इस संवाद का अध्ययन करेगा और तदनुरूप आचरण करेगा, वह ज्ञानयज्ञ के द्वारा मेरी पूजा करेगा- ऐसा मेरा मत है। जो पुरुष इस धर्ममय हम दोनों के सम्वाद का 'अध्येष्यते'- भली प्रकार मनन करेगा, उसके द्वारा मैं ज्ञान यज्ञ से पूजित होऊँगा, अर्थात् ऐसा यज्ञ जिसका परिणाम ज्ञान है, जिसका स्वरूप पीछे बताया गया है, जिसका तात्पर्य है साक्षात्कार के साथ मिलनेवाली जानकारी- ऐसा मेरा निश्चित मत है।

श्रद्धावाननसूयश्च शृणुयादपि यो नरः ।
सोऽपि मुक्तः शुभाँल्लोकान्प्राप्नुयात्पुण्यकर्मणाम् ॥ 18.71 ॥

भावार्थ–भगवान् बोले, हे अर्जुन! हमारे इस धर्ममय संवाद को जो सात्त्विक श्रद्धा एवं शुद्ध भाव से सुनेगा, वह भी शरीर छूटने पर सम्पूर्ण पापों से मुक्त होकर पुण्यकारियों के शुभ लोकों को प्राप्त हो जायगा।

टिप्पणी– जो पुरुष श्रद्धा से युक्त और ईर्ष्या रहित होकर केवल सुनेगा, वह भी पापों से मुक्त होकर उत्तम कर्म करनेवालों के श्रेष्ठ लोकों को प्राप्त होगा।, अर्थात् करते हुए भी पार न लगे तो सुना भर करें, उत्तम लोक तब भी है; क्योंकि वह चित्त में उन उपदेशों को ग्रहण तो करता है। यहाँ सड़सठ से इकहत्तर तक पाँच श्लोकों में भगवान श्रीकृष्ण ने यह बताया कि गीता का उपदेश अनिधिकारियों को नहीं कहना चाहिए; किन्तु जो श्रद्धावान् है, उससे अवश्य कहना चाहिए। जो सुनेगा, वह भक्त मुझे प्राप्त होगा; क्योंकि अति गोपनीय कथा को सुनकर पुरुष चलने लगता है। जो भक्तों में कहेगा, उससे अधिक प्रिय करने वाला मेरा कोई नहीं है। जो अध्ययन करेगा, उसके द्वारा मैं ज्ञान यज्ञ से पूजित होऊँगा। यज्ञ का परिणाम ही ज्ञान है। जो गीता के अनुसार कर्म करने में असमर्थ है; किन्तु श्रद्धा से मात्र सुनेगा, वह भी पुण्य लोकों को प्राप्त होगा। इस प्रकार भगवान श्रीकृष्ण ने इसके कहने, सुनने तथा अध्ययन का फल बताया।

कच्चिदेतच्छ्रुतं पार्थ त्वयैकाग्रेण चेतसा ।
कच्चिदज्ञानसम्मोहः प्रनष्टस्ते धनंजय ॥ 18.72 ॥

भावार्थ– हे पार्थ! क्या मेरा यह वचन तूने एकाग्रचित होकर सुना? क्या तेरा अज्ञान से उत्पन्न मोह नष्ट हुआ?

मत्कर्म में तत्परता

अर्जुन ने कहा

नष्टो मोहः स्मृतिर्लब्धा त्वत्प्रसादान्मयाच्युत ।
स्थितोऽस्मि गतसन्देहः करिष्ये वचनं तव ॥ 18.73 ॥

भावार्थ– हे कृष्ण! हे अच्युत! आपकी कृपा से मेरा मोह दूर हो गया। आपके अनुग्रह से मुझे मेरी स्मरण शक्ति वापस मिल गयी। अब मैं संशय रहित तथा दृढ़ हूँ और आपकी आज्ञा का पालन करूँगा।

टिप्पणी– अच्युत! आपकी कृपा से मेरा मोह नष्ट हो गया है। मुझे स्मृति प्राप्त हुई है। (जो रहस्यमय ज्ञान मनु ने स्मृति-परम्परा से चलाया, उसी को अर्जुन ने प्राप्त कर लिया।) अब मैं संशय रहित हुआ स्थित हूँ और आपकी आज्ञा का पालन करूँगा। जबकि सैन्य निरीक्षण के समय दोनों ही सेनाओं में स्वजनों को देख अर्जुन व्याकुल हो गया था। उसने निवेदन किया- गोविन्द! स्वजनों को मार कर हम कैसे सुखी होंगे? ऐसे युद्ध से शाश्वत कुल धर्म नष्ट हो जायेगा, पिण्ड दान क्रिया लुप्त हो जायेगी, वर्णसंकर उत्पन्न होगा। हम लोग समझदार होकर भी पाप करने को उद्यत हुए हैं। क्यों न इससे बचने के लिए उपाय करें? शस्त्रधारी ये कौरव मुझे शस्त्ररहित को रण में मार डालें, वह मरना भी श्रेयस्कर है। गोविन्द! मैं युद्ध नहीं करूँगा- कहता हुआ वह रथ के पिछले भाग में बैठ गया था।

मार्गदर्शन एवं कर्मकुशलता-दोनों आवश्यक

संजय ने कहा

इत्यहं वासुदेवस्य पार्थस्य च महात्मनः ।
संवादमिममश्रौषमद्भुतं रोमहर्षणम् ॥ 18.74 ॥

भावार्थ– संजय ने कहा- इस प्रकार मैंने श्रीकृष्ण तथा अर्जुन दोनों महापुरुषों का अद्‌भुत संवाद सुना।

टिप्पणी–श्लोक 11.12 में संजय ने श्रीकृष्ण के लिए 'महात्मा' शब्द का प्रयोग किया था। वर्तमान श्लोक में संजय ने अर्जुन के लिए भी 'महात्मा' शब्द का प्रयोग किया है। तात्पर्य यह है कि गीता सुनकर उसके 'मत्कर्म' सन्देश को स्वीकार करने से अर्जुन ने दैवी-गुण की प्राप्ति की (वह श्रीकृष्ण-जैसा हो गया)।

व्यासप्रसादाच्छ्रुतवानेतद् गुह्यमहं परम्।
योगं योगेश्वरात्कृष्णात् साक्षात्कथयतः स्वयम्॥ 18.75॥

भावार्थ– व्यास जी की कृपा से दिव्य दृष्टि पाकर मैंने ये परम गुह्य बातें साक्षात् योगेश्वर श्रीकृष्ण के मुख से अर्जुन के प्रति कही जाती हुई सुनीं।

टिप्पणी– श्री व्यास की कृपा से, उनकी दी हुई दृष्टि से मैंने इस परम गोपनीय योग को साक्षात् कहते हुए स्वयं योगेश्वर श्रीकृष्ण से सुना है। संजय श्रीकृष्ण को योगेश्वर मानता है। जो स्वयं योगी हो और दूसरों को भी योग दान करने की क्षमता रखता हो, वह योगेश्वर है।

राजन्संस्मृत्य संस्मृत्य संवादमिममद्भुतम्।
केशवार्जुनयोः पुण्यं हृष्यामि च मुहुर्मुहुः॥ 18.76॥

भावार्थ– संजय ने कहा, हे राजन्! श्रीकृष्ण तथा अर्जुन के बीच हुए इस अद्‌भुत और पुनीत संवाद को बार-बार स्मरण करके मैं हर्षित होता हूँ।

टिप्पणी– हे राजन्! केशव और अर्जुन के इस परम कल्याणकारी और अद्‌भुत सम्वाद को स्मरण करके मैं बारम्बार हर्षित हो रहा हूँ। अतः इस सम्वाद को सदैव स्मरण करना चाहिए और इसी स्मृति से प्रसन्न रहना चाहिए। अब उनके स्वरूप का स्मरण कर संजय कहते हैं-

तच्च संस्मृत्य संस्मृत्य रूपमत्यद्भुतं हरेः।
विस्मयो मे महान् राजन् हृष्यामि च पुनः पुनः॥ 18.77॥

भावार्थ– संजय ने कहा, हे राजन्! श्री हरि के उस अद्‌भुत-रूप को स्मरण करके मुझे महान् आश्चर्य होता है और मैं बारम्बार हर्षित होता हूँ।

यत्र योगेश्वरः कृष्णो यत्र पार्थो धनुर्धरः।
तत्र श्रीर्विजयो भूतिर्ध्रुवा नीतिर्मतिर्मम॥ 18.78॥

भावार्थ– जहाँ योगेश्वर श्रीकृष्ण हैं और जहाँ परम धनुर्धर अर्जुन है, वहीं श्री, विजय, विभूति तथा नीति आदि सदा विराजमान रहेंगी। ऐसा मेरा मत है।

टिप्पणी– भगवान् (श्रीकृष्ण) द्वारा मार्गदर्शन तथा साधक (अर्जुन) द्वारा कुशलता पूर्वक किया गया लोककल्याणार्थ कर्म-इन दोनों के समन्वय से ही समाज में ऐश्वर्य तथा नीति (न्याय एवं परस्पर-भाव) की स्थापना हो सकती है- यह तात्पर्य है संजय का।

निष्कर्ष

यह गीता का समापन अध्याय है। आरम्भ में ही अर्जुन का प्रश्न है- प्रभो! मैं त्याग और संन्यास के भेद और स्वरूप को जानना चाहता हूँ। योगेश्वर श्रीकृष्ण ने इस पर प्रचलित चार मतों की चर्चा की। इनमें एक सही भी था। इससे मिलता-जुलता ही निर्णय योगेश्वर श्रीकृष्ण ने दिया कि यज्ञ, दान और तप किसी काल में त्यागने योग्य नहीं हैं। ये मनीषियों को भी पवित्र करनेवाले हैं। इन तीनों को रखते हुए इनके विरोधी विकारों का त्याग करना ही वास्तविक त्याग है। यह सात्त्विक त्याग है। फल की इच्छा के साथ त्याग राजस है, मोहवश नियत कर्म का ही त्याग करना तामस त्याग है और संन्यास त्याग की ही चरमोत्कृष्ट अवस्था है। नियत कर्म और ध्यानजनित सुख सात्त्विक है। इन्द्रियों और विषयों का भोग राजस है और तृप्तिदायक अन्न की उत्पत्ति से रहित दुःखद सुख तामस है।

ईश्वर का निवास बताते हुए योगेश्वर श्रीकृष्ण ने कहा- अर्जुन! वह ईश्वर सम्पूर्ण वस्तुओं में निवास करता है; किन्तु मायारूपी यन्त्र में आरूढ़ होकर लोग भटक रहे हैं। इसलिए नहीं जानते। अतः अर्जुन! तू हृदय में स्थित उस ईश्वर की शरण में जा। इससे भी गोपनीय एक रहस्य और है कि सम्पूर्ण धर्मों की चिन्ता छोड़कर तू मेरी शरण में आ, तू मुझे प्राप्त होगा। यह रहस्य जो भक्त नहीं है उससे नहीं कहना चाहिए; लेकिन जो भक्त है उससे अवश्य कहना चाहिए। उससे दुराव रखें तो उसका कल्याण कैसे होगा? अन्त में योगेश्वर श्रीकृष्ण ने पूछा- अर्जुन! मैंने जो कुछ कहा, उसे तूने भली प्रकार सुना-समझा। क्या यह सुनकर तुम्हारा मोह नष्ट हुआ या नहीं? अर्जुन ने कहा- भगवन्! मेरा मोह नष्ट हो गया है। मैं अपनी स्मृति को प्राप्त कर चुका हूँ। आप जो कुछ कहते हैं वही सत्य है और अब मैं वही करूँगा।

भगवान् श्रीकृष्ण और अर्जुन सम्वाद हमेशा स्मरण करते रहना चाहिए और ध्यान करते रहना चाहिए। जहाँ योगेश्वर श्रीकृष्ण हैं और जहाँ अर्जुन हैं, वहीं श्री है। विजय विभूति और ध्रुवनीति भी वहीं है। सृष्टि की नीतियाँ आज हैं तो कल बदलेंगी। ध्रुव तो एकमात्र परमात्मा है। उसमें प्रवेश दिलाने वाली नीति ध्रुवनीति भी वहीं है। यदि श्रीकृष्ण और अर्जुन को द्वापरकालीन व्यक्ति-विशेष मान लिया जाये तो आज न अर्जुन है और न श्रीकृष्ण। आपको न विजय मिलनी चाहिए और न विभूति। तब तो गीता आपके लिए व्यर्थ है। लेकिन नहीं, श्रीकृष्ण एक योगी थे। अनुराग से पूरित हृदयवाला महात्मा ही अर्जुन है। ये सदैव रहते हैं और रहेंगे।

श्रीकृष्ण ने अपना परिचय देते हुए कहा कि- मैं हूँ तो अव्यक्त, लेकिन जिस भाव को प्राप्त हूँ, वह ईश्वर सबके हृदय में निवास करता है। वह सदैव है और रहेगा। सबको उसकी शरण में जाना है। शरण में जाने वाला ही महात्मा है या अनुरागी है।

ॐ तत्सत्

7

नित्य-पाठ गीता

धृतराष्ट्र ने पूछा- हे संजय, धर्मभूमि कुरुक्षेत्र में एकत्र हुए युद्ध के इच्छुक मेरे और पाण्डु के पुत्रों ने क्या-क्या किया?

संजय बोले- इस तरह करूणा से व्याप्त, आँसू भरे, व्याकुल नेत्रों वाले, शोकयुक्त अर्जुन से भगवान् श्रीकृष्ण ने कहा। हे अर्जुन! तुम ज्ञानियों की तरह बातें करते हो, लेकिन जिनके लिए शोक नहीं करना चाहिए, उनके लिए शोक करते हो। ज्ञानी, मृत या जीवित किसी के लिए भी शोक नहीं करते। जैसे इसी जीवन में जीवात्मा किशोर, युवा और वृद्ध शरीर प्राप्त करता है, वैसे ही जीवात्मा मृत्यु के बाद दूसरा शरीर प्राप्त करता है। इसलिए धीर मनुष्य को मृत्यु से घबराना नहीं चाहिए। जैसे मनुष्य अपने पुराने वस्त्रों को उतारकर दूसरे नये वस्त्र धारण करता है, वैसे ही जीव मृत्यु के बाद अपने पुराने शरीर को त्यागकर दूसरा नया शरीर प्राप्त करता है। सुख-दुःख, लाभ-हानि और जीत-हार की चिन्ता न करके मनुष्य को अपनी शक्ति के अनुसार कर्त्तव्य-कर्म करना चाहिए। ऐसे भाव से कर्म करने पर मनुष्य को पाप (अर्थात् कर्म का बन्धन) नहीं लगता। केवल कर्म करना ही मनुष्य के वश में है, कर्मफल में नहीं। इसलिए तुम कर्मफल की आसक्ति में न फंसो तथा अपने कर्म का त्याग भी न करो। कर्मफल की आसक्ति त्यागकर काम करने वाला निष्काम कर्मयोगी इसी जीवन में पाप और पुण्य से मुक्त हो जाता है। इसलिए तू निष्काम कर्मयोगी बन। जैसे जल में तैरती नाव को तूफान उसे अपने लक्ष्य से दूर ढकेल देता है, वैसे ही इन्द्रिय-सुख मनुष्य की बुद्धि को गलत रास्ते की ओर ले जाता है।

वास्तव में संसार के सारे कार्य प्रकृति से प्राप्त गुणों के द्वारा ही किये जाते हैं। परन्तु, अज्ञानवश मनुष्य अपने-आपको ही कर्त्ता समझ लेता है तथा कर्मफल के आसक्ति रूपी बन्धनों से बन्ध जाता है। मनुष्य तो परम शक्ति के हाथ की केवल एक कठपुतली मात्र है। आत्मा को मन और बुद्धि से श्रेष्ठ जानकर, सेवा, ध्यान, पूजन आदि से की हुई शुद्ध बुद्धि द्वारा मन को वश में करके, हे अर्जुन! तुम इस दुर्जय कामरूपी शत्रु का विनाश करो।

जब-जब संसार में धर्म की हानि और अधर्म की वृद्धि होती है, तब मैं, परब्रह्म परमात्मा, प्रकट होता हूँ। सृष्टि की रचना आदि कर्म के कर्त्ता होने पर भी मुझ परमेश्वर को अविनाशी तथा अकर्त्ता ही जानना चाहिए क्योंकि प्रकृति के गुण ही संसार चला रहे हैं। जो मनुष्य कर्म में अकर्म तथा अकर्म में कर्म देखता है वही ज्ञानी, योगी तथा समस्त कर्मों को करने वाला है। यज्ञ का अर्पण, घी, अग्नि तथा आहुति देने वाला सभी परब्रह्म परमात्मा ही है। इस तरह जो सब कुछ में परमात्मा का ही स्वरूप देखता है, वह परमात्मा को प्राप्त होता है। कर्मयोग मनुष्य के चित्त और बुद्धि को शुद्ध करके उसके सभी कर्मों को पवित्र कर देता है। ठीक समय आने पर शुद्ध बुद्धि द्वारा योगी ईश्वर का दर्शन करता है।

हे अर्जुन! कर्मयोग की निःस्वार्थ सेवा के बिना शुद्ध संन्यास-भाव, अर्थात् सम्पूर्ण कर्मों में कर्त्तापन का त्याग प्राप्त होना कठिन है। निष्काम कर्मयोगी शीघ्र ही परब्रह्म को प्राप्त करता है। जो मनुष्य कर्मफल में लोभ और आसक्ति का त्याग कर, सभी कर्मों को परमात्मा में अर्पण करता है, वह कमल के पत्ते की तरह पापरूपी जल से कभी लिप्त नहीं होता।

जो मनुष्य सब जगह तथा सबमें मुझ परब्रह्म को ही देखता है और सबको मुझ में ही देखता है, मैं उससे अलग नहीं रहता तथा वह भी मुझ से दूर नहीं होता।

हे अर्जुन! चार प्रकार के उत्तम मनुष्य- दुःख से पीड़ित, परमात्मा को जानने की इच्छा वाले जिज्ञासु, धन या किसी इष्टफल की इच्छा वाले तथा ज्ञानी- मुझे भजते हैं। अनेक जन्मों के बाद ब्रह्मज्ञान प्राप्त कर कि 'यह सब कुछ कृष्णमय है', मनुष्य मुझे प्राप्त करते हैं; ऐसे महात्मा बहुत दुर्लभ हैं। अज्ञानी मनुष्य मुझ परब्रह्म परमात्मा के- मन, बुद्धि तथा वाणी से परे, परम अविनाशी दिव्यरूप को नहीं जानने और समझने के कारण ऐसा मान लेते हैं कि मैं बिना रूप वाला निराकार हूँ तथा रूप धारण करता हूँ।

हे अर्जुन! मनुष्य मरने के समय जिस किसी भी भाव को स्मरण करता हुआ शरीर त्यागता है, वह सदा उस भाव के चिन्तन करने के कारण उसी भाव को प्राप्त होता है। इसलिए हे अर्जुन! तुम सदा मेरा स्मरण करो और अपना कर्त्तव्य करो। इस तरह मुझमें अर्पण किये मन और बुद्धि से युक्त होकर निस्सन्देह तुम मुझको ही प्राप्त होगे। हे अर्जुन! जो मुझ में ध्यान लगाकर नित्य मेरा स्मरण करता है, उस नित्ययुक्त योगी को मैं सहज ही प्राप्त होता हूँ।

जो भक्तजन अनन्यभाव से चिन्तन करते हुए मेरी उपासना करते हैं, उन भक्तों का योगक्षेम मैं स्वयं वहन करता हूँ। जो मनुष्य प्रेम भक्ति से पत्र, फूल, फल, जल आदि कोई भी वस्तु मुझे अर्पण करता है, तो मैं उस शुद्धचित्त वाले भक्त का वह प्रेमोपहार केवल स्वीकार ही नहीं करता, बल्कि उसका भोग भी करता हूँ। मुझमें मन लगा, मेरा भक्त बन, मेरी पूजा कर, मुझे प्रणाम कर। इस प्रकार मेरा परायण होने से तू मुझे ही प्राप्त होगे।

मैं ही सबकी उत्पत्ति का कारण हूँ और मुझसे ही जगत् का विकास होता है। ऐसा जानकार बुद्धिमान भक्तजन श्रद्धापूर्वक मुझ परमेश्वर को ही निरन्तर भजते हैं। हे अर्जुन! जो पुरुष मेरे ही लिए कर्म करता है, मुझ पर ही भरोसा रखता है, मेरा भक्त है तथा जो आसक्ति रहित और द्वेष रहित है, वही मुझे प्राप्त करता है।

मुझमें ही अपना मन लगा और बुद्धि से मेरा ही चिन्तन करो। इसके उपरान्त निस्सन्देह तुम मुझमें ही निवास करोगे। जो पुरुष अविनाशी परमेश्वर को ही समस्त नश्वर प्राणियों में समान भाव से स्थित देखता है, वही वास्तव में ईश्वर का दर्शन करता है।

जो पुरुष अनन्य भक्ति से मेरी उपासना करता है, वह प्रकृति के तीनों गुणों को पार करके परब्रह्म परमात्मा की प्राप्ति के योग्य हो जाता है। मैं ही सभी प्राणियों के अन्तःकरण में स्थित हूँ। स्मृति, ज्ञान तथा शंका समाधान भी मुझसे ही होता है। समस्त वेदों के द्वारा जानने योग्य वस्तु, वेदान्त का कर्त्ता तथा वेदों का जानने वाला भी मैं ही हूँ। काम, क्रोध और लोभ, मनुष्य को नारकीय जीवन की ओर ले जानेवाले तीन रास्ते हैं, इसलिए इन तीनों का त्याग करना चाहिए। वाणी वही अच्छी है जो दूसरों के मन में अशान्ति पैदा न करे, जो सत्य, प्रिय और हितकारक हो तथा जिसका उपयोग शास्त्रों के पढ़ने में हो।

श्रद्धा और भक्ति के द्वारा ही जाना जा सकता है कि मैं कौन हूँ और क्या हूँ। मुझे जानने के पश्चात् मनुष्य मुझमें ही प्रवेश कर जाता है। हे अर्जुन! ईश्वर

सभी प्राणियों के हृदय में स्थित रह कर अपनी माया के द्वारा मनुष्य को कठपुतली की तरह नचाता रहता है। सम्पूर्ण कर्मों के फल में आसक्ति का त्याग करके तुम एक मेरी ही शरण में आ जाओ। शोक मत करो, मैं तुम्हें समस्त पापों से मुक्त कर दूँगा। जो पुरुष श्रद्धा और भक्तिपूर्वक गीता के इस ज्ञान को मेरे भक्तों के बीच प्रचार और प्रसार करेगा, वह मेरा सबसे प्यारा होगा और निस्सन्देह मुझे प्राप्त करेगा। संजय बोले- जहाँ भी, जिस देश या घर में, धर्म अर्थात् शास्त्रधारी योगेश्वर श्रीकृष्ण तथा धर्म रक्षा एवं कर्मरूपी शस्त्रधारी अर्जुन दोनों होंगे, वहीं श्री, विजय, विभूति और नीति आदि सदा विराजमान रहेंगी। ऐसा मेरा अटल विश्वास है।

ॐ तत्सत्

8

गीता सार एवं गीता उपदेश

श्रीमद्भगवद्गीता हिन्दुओं के पवित्रतम ग्रन्थों में से एक है। महाभारत के अनुसार कुरुक्षेत्र युद्ध में भगवान् श्रीकृष्ण ने गीता का सन्देश अर्जुन को सुनाया था। यह महाभारत के भीष्मपर्व के अन्तर्गत दिया गया एक उपनिषद् है। भगवद्गीता में एकेश्वरवाद, कर्मयोग, ज्ञानयोग, भक्तियोग की बहुत सुन्दर ढंग से चर्चा हुई है।

श्रीमद्भगवद्गीता की पृष्ठभूमि महाभारत का युद्ध है। जिस प्रकार एक सामान्य मनुष्य अपने जीवन की समस्याओं में उलझकर किंकर्त्तव्यविमूढ़ हो जाता है और जीवन की समस्याओं से लड़ने की बजाय उससे भागने का मन बना लेता है उसी प्रकार अर्जुन जो महाभारत के महानायक थे, अपने सामने आने वाली समस्याओं से भयभीत होकर जीवन और क्षत्रिय धर्म से निराश हो गये थे। अर्जुन की तरह ही हम सभी कभी-कभी अनिश्चिय की स्थिति में या तो हताश हो जाते हैं या फिर अपनी समस्याओं से विचलित होकर भाग खड़े होते हैं।

भारतवर्ष के ऋषियों ने गहन विचार के पश्चात् जिस ज्ञान को आत्मसात किया, उसे उन्होंने वेदों का नाम दिया। इन्हीं वेदों का अन्तिम भाग उपनिषद् कहलाता है। मानव जीवन की विशेषता मानव को प्राप्त बौद्धिक शक्ति है और उपनिषद् में निहित ज्ञान मानव की बौद्धिकता की उच्चतम अवस्था तो है ही, अपितु बुद्धि की सीमाओं के परे मनुष्य क्या अनुभव कर सकता है, उसकी एक झलक भी दिखा देता है।

श्रीमद्भगवद्गीता वर्तमान में धर्म से ज्यादा जीवन के प्रति अपने दार्शनिक दृष्टिकोण को लेकर भारत में ही नहीं विदेशों में भी लोगों का ध्यान अपनी ओर आकर्षित कर रही है। निष्काम कर्म के गीता का संदेश प्रबन्धन गुरुओं को भी लुभा रहा है। विश्व के सभी धर्मों की सबसे प्रसिद्ध पुस्तकों में श्रीमद्भगवद्गीता शामिल है। गीता प्रेस गोरखपुर जैसी धार्मिक साहित्य की पुस्तकों को काफी कम मूल्य पर उपलब्ध कराने वाले प्रकाशन ने भी कई आकार में अर्थ और भाष्य के साथ श्रीमद्भगवद्गीता के प्रकाशन द्वारा इसे आम जनता तक पहुँचाने में काफी योगदान दिया है। गीता का निम्नलिखित अवलोकन विचारणीय है:-

क्यों व्यर्थ की चिन्ता करते हो? किससे व्यर्थ डरते हो? कौन तुम्हें मार सकता है? आत्मा न पैदा होती है, न मरती है। जो हुआ, वह अच्छा हुआ, जो हो रहा है, वह अच्छा हो रहा है, जो होगा, वह भी अच्छा ही होगा। तुम भूत का पश्चाताप न करो। भविष्य की चिन्ता न करो। वर्त्तमान चल रहा है।

तुम्हारा क्या गया, जो तुम रोते हो? तुम क्या लाये थे, जो तुमने खो दिया? तुमने क्या पैदा किया था, जो नाश हो गया? न तुम कुछ लेकर आए, जो लिया यहीं से लिया, जो दिया यहीं पर दिया, जो लिया, इसी (भगवान) से लिया, जो दिया, इसी को दिया।

खाली हाथ आए और खाली हाथ चले। जो आज तुम्हारा है, कल और किसी का था, परसों किसी और का होगा। तुम इसे अपना समझ कर मग्न हो रहे हो, बस यही प्रसन्नता तुम्हारे दु:खों का कारण है।

परिवर्त्तन संसार का नियम है, जिसे तुम मृत्यु समझते हो, वही तो जीवन है। एक क्षण में तुम करोड़ों के स्वामी बन जाते हो, दूसरे ही क्षण में तुम दरिद्र हो जाते हो। मेरा-तेरा, छोटा-बड़ा, अपना-पराया, मन से मिटा दो, फिर सब तुम्हारा है, तुम सबके हो। न यह शरीर तुम्हारा है, न तुम शरीर के हो। यह अग्नि, जल, वायु, पृथ्वी, आकाश से बना है और इसी में मिल जायेगा। परन्तु आत्मा स्थिर है- फिर तुम क्या हो?

तुम अपने-आपको भगवान् को अर्पित करो। यही सबसे उत्तम सहारा है। जो इसके सहारे को जानता है वह भय, चिन्ता, शोक से सर्वदा मुक्त है। जो कुछ भी तू करता है, उसे भगवान् को अर्पण करता चल। ऐसा करने से सदा जीवन-मुक्त का आनन्द अनुभव करेगा।

जीवन को सफल, सुन्दर एवं शान्तिप्रिय बनाने के लिए जीवन के कुछ प्रमुख पहलुओं पर विचार करने की आवश्यकता है। जीवनशैली कैसी हो यह जान लेना आवश्यक है।

चित्त शुद्धि- गीता का सिद्धान्त अति संक्षेप में यह है कि मनुष्य को निष्काम भाव से स्वकर्म में प्रवृत्त रहकर चित्तशुद्धि करनी चाहिए। चित्तशुद्धि का उपाय ही फलाकांक्षा को छोड़कर कर्म करना है। जब तक चित्तशुद्धि न होगी, जिज्ञासा उत्पन्न नहीं हो सकती, बिना जिज्ञासा के मोक्ष की इच्छा असम्भव है।

विवेक- विवेक का अर्थ है नित्य और अनित्य वस्तु का भेद समझना। संसार के सभी पदार्थ अनित्य हैं और केवल आत्मा उनसे पृथक् एवं नित्य है। ऐसा अनुभव होने से विवेक में दृढ़ता होती है, दृढ़ विवेक से वैराग्य उत्पन्न होता है।

वैराग्य- लोक-परलोक से जुड़ी सुख और भोगों के प्रति पूर्ण विरक्ति के बिना वैराग्य सम्भव नहीं होता। नश्वर वस्तुओं से वैराग्य मोक्ष का प्रथम आधार है और यह शान्ति, दम (इंद्रिय संयम), तितिक्षा (सभी प्रकार की प्राकृतिक आपदा सहने की क्षमता) और कर्म-त्याग से सम्भव होता है।

मोक्ष- जिन साधनों का फल अस्थिर है, वे मोक्ष के आधार हो ही नहीं सकते। मोक्ष का स्वरूप है, जीवात्मा, परमात्मा की अभिन्नता का ज्ञान। दोनों एक स्वरूप हैं, इसी ज्ञान का नाम मोक्ष है।

माया- जीवात्मा, परमात्मा में जो भेद मालूम होता है वह प्रकृति के कारण है। इस भ्रान्ति की निवृत्ति ज्ञान द्वारा होती है। द्वैत के अनुसार उसका कारण माया है और वह माया अनिर्वचनीय है। न तो वह सत्य है और न असत्य है और दोनों ही के धर्म उसमें मौजूद हैं। इसलिए उसको अनिर्वचनीय विशेषण दिया गया है। वास्तव में माया भी मिथ्या है क्योंकि सत्य से असत्य की उत्पत्ति सम्भव नहीं और सत्य-असत्य का मेल भी सम्भव नहीं और असत्य में कोई शक्ति ही नहीं। अतैव् जगत् केवल भ्रान्तिमात्र है और स्वप्नवत् है।

निवृत्ति-मार्ग-प्रतिपादक ग्रन्थ- शंकराचार्य निवृत्ति मार्ग के प्रणेता हैं और गीता को भी उन्होंने निवृत्ति-मार्ग-प्रतिपादक ग्रन्थ माना है। उनके मतानुसार संन्यास के बिना मोक्ष प्राप्त नहीं हो सकता। यही उनका पुनः-पुनः कथन है। परन्तु, इतना ध्यान रखना उचित है कि कर्म व प्रवृत्ति-मार्ग को वे चित्त शुद्धि के लिए आवश्यक समझते हैं।

संन्यास- अतैव् वे सभी को संन्यास का अधिकारी नहीं मानते। सच्चा संन्यास अर्थात् विद्वत्संन्यास वही है, जिसमें मनुष्य किसी वस्तु का त्याग नहीं करता बल्कि पके फल जैसे वृक्ष से स्वतः गिर पड़ते हैं- संसार से वह सर्वथा निर्लिप्त हो जाता है। लोहे के तप्त गोलों को हाथ से छोड़ देने के लिए किसके आदेश की प्रतीक्षा होती है?

गीता के माध्यम से भगवान् श्रीकृष्ण ने अर्जुन को अनासक्त कर्म यानि 'फल की इच्छा किये बिना कर्म' करने की प्रेरणा दी।

श्रीकृष्ण का मानव जीवन जीने का उपदेश

इसका प्रमाण श्रीकृष्ण ने अपने निजी जीवन में भी प्रस्तुत किया। मथुरा विजय के बाद भी उन्होंने वहाँ शासन नहीं किया।

निर्बल का साथ दो: कमजोर व निर्बल का सहारा बनो। निर्धन बाल सखा सुदामा हो या षड्यंत्र का शिकार पाण्डव, श्रीकृष्ण ने सदा निर्बलों का साथ दिया और उन्हें मुसीबत से उबारा।

अन्याय का प्रतिकार करो: अन्याय का सदा विरोध होना चाहिए। श्रीकृष्ण की शान्तिप्रियता कायर की नहीं बल्कि एक वीर की थी। उन्होंने अन्याय कभी स्वीकार नहीं किया। शान्तिप्रिय होने के बावजूद शत्रु अगर गलत है, तो उसके शमन में पीछे नहीं हटें।

मातृशक्ति के प्रति आदर भाव रखें: महिलाओं के प्रति सम्मान व उन्हें साथ लेकर चलने का भाव हो। भगवान् श्रीकृष्ण की रासलीला दरअसल मातृशक्ति को अन्याय के प्रति जाग्रत करने का प्रयास था और इसमें राधा उनकी संदेशवाहक बनीं।

अपने अहंकार को छोड़ो: व्यक्तिगत जीवन में हमेशा सहज व सरल बने रहो।

जिस तरह शक्ति संपन्न होने पर भी श्रीकृष्ण को न तो युधिष्ठिर का दूत बनने में संकोच हुआ और न ही अर्जुन का सारथी बनने में। एक बार तो दुर्योधन के छप्पन व्यंजन को छोड़कर विदुरानी (विदुर की पत्नी) के घर उन्होंने सादा भोजन करना पसन्द किया।

जीवन में उदारता रखें: उदारता व्यक्तित्व को सम्पूर्ण बनाती है।

श्रीकृष्ण ने जहाँ तक हो सका मित्रता, सहयोग सामंजस्य आदि के बल पर ही परिस्थितियों को सुधारने का प्रयास किया, लेकिन जहाँ जरूरत पड़ी वहाँ

सुदर्शन चक्र उठाने में भी उन्होंने संकोच नहीं किया। वहीं अपने निर्धन सखा सुदामा का अन्त तक साथ निभाया और उनके चरण तक पखारे।

श्रीमद्भगवद्गीता के कतिपय अनमोल वचन

1. सदैव सन्देह करने वाले व्यक्ति के लिए प्रसन्नता न इस लोक में है न ही कहीं और।
2. क्रोध से भ्रम पैदा होता है। भ्रम से बुद्धि व्यग्र होती है। जब बुद्धि व्यग्र होती है तब तर्क नष्ट हो जाता है। जब तर्क नष्ट होता है तब व्यक्ति का पतन हो जाता है।
3. मन की गतिविधियों, होश, श्वास और भावनाओं के माध्यम से भगवान् की शक्ति सदा तुम्हारे साथ है; और लगातार तुम्हें बस एक साधन की तरह प्रयोग करके सभी कार्य कर रही है।
4. ज्ञानी व्यक्ति ज्ञान और कर्म को एक रूप में देखता है, वही सही मायने में देखता है।
5. जो मन को नियंत्रित नहीं करते उनके लिए वह शत्रु के समान कार्य करता है।
6. अपने अनिवार्य कार्य करो क्योंकि वास्तव में कार्य करना निष्क्रियता से बेहतर है।
7. आत्म-ज्ञान की तलवार से काटकर अपने हृदय से अज्ञान के सन्देह को अलग कर दो, अनुशासित रहो, उठो।
8. मनुष्य अपने विश्वास से निर्मित होता है, जैसा वह विश्वास करता है वैसा वह बन जाता है।
9. नर्क के तीन द्वार हैं: वासना, क्रोध और लालच।
10. इस जीवन में न कुछ खोता है न व्यर्थ होता है।
11. मन अशांत है और उसे नियन्त्रित करना कठिन है, लेकिन, अभ्यास से इसे वश में किया जा सकता है।
12. लोग आपके अपमान के बारे में हमेशा बात करेंगे। सम्मानित व्यक्ति के लिए, अपमान मृत्यु से भी बदतर है।
13. प्रबुद्ध व्यक्ति के लिए गन्दगी का ढेर, पत्थर और सोना सभी समान हैं।
14. निर्माण केवल पहले से मौजूद चीज़ों का प्रक्षेपण है।

15. व्यक्ति जो चाहे बन सकता है यदि वह विश्वास के साथ इच्छित वस्तु पर लगातार चिंतन करे।
16. उससे मत डरो जो वास्तविक नहीं है, न कभी था न कभी होगा। जो वास्तविक है, वह हमेशा था और उसे कभी नष्ट नहीं किया जा सकता।
17. ज्ञानी व्यक्ति को कर्म के प्रतिफल की अपेक्षा कर रहे अज्ञानी व्यक्ति के दिमाग को अस्थिर नहीं करना चाहिए।
18. हर व्यक्ति का विश्वास उसकी अपनी प्रकृति के अनुसार होता है।
19. जन्म लेने वाले के लिए मृत्यु उतनी ही निश्चित है, जितना कि मृत होने वाले के लिए जन्म लेना। इसलिए जो अपरिहार्य है, उस पर शोक मत करो।
20. अप्राकृति कर्म बहुत तनाव पैदा करता है।
21. सभी अच्छे काम छोड़कर, बस, भगवान् में पूर्ण रूप से समर्पित हो जाओ। वह तुम्हें सभी पापों से मुक्त कर देंगे। शोक मत करो।
22. किसी और का काम पूर्णता से करने से कहीं अच्छा है कि अपना काम करें, भले ही उसे अपूर्णता से करना पड़े।
23. मैं उन्हें ज्ञान देता हूँ जो सदा मुझसे जुड़े रहते हैं और जो मुझसे प्रेम करते हैं।
24. मैं सभी प्राणियों को समान रूप से देखता हूँ, न कोई मुझे कम प्रिय है न अधिक, लेकिन जो मेरी प्रेम-पूर्वक आराधना करते हैं वे मेरे भीतर रहते हैं और मैं उनके जीवन में आता हूँ।
25. प्रबुद्ध व्यक्ति सिवाय ईश्वर के किसी और पर निर्भर नहीं करता।
26. मेरी कृपा से कोई सभी कर्त्तव्यों का निर्वाह करते हुए भी बस मेरी शरण में आकर अनंत अविनाशी निवास को प्राप्त करता है।
27. हे अर्जुन! केवल भाग्यशाली योद्धा ही ऐसा युद्ध लड़ने का अवसर पाते हैं जो स्वर्ग के द्वार के समान है।
28. भगवान् प्रत्येक वस्तु में हैं और सबके ऊपर भी।
29. बुद्धिमान व्यक्ति कामुक सुख में आनंद नहीं लेता।
30. आपके सार्वलौकिक रूप का मुझे न प्रारम्भ, न मध्य और न अन्त दिखाई दे रहा है।

31. जो कार्य में निष्क्रियता और निष्क्रियता में कार्य देखता है, वह एक बुद्धिमान व्यक्ति है।
32. मैं धरती की मधुर सुगंध हूँ। मैं अग्नि की ऊष्मा हूँ, सभी जीवित प्राणियों का जीवन और संन्यासियों का आत्मसंयम हूँ।
33. तुम उसके लिए शोक करते हो जो शोक करने के योग्य नहीं हैं और फिर भी ज्ञान की बात करते हो। बुद्धिमान व्यक्ति न जीवित और न ही मृत व्यक्ति के लिए शोक करते हैं।
34. कभी ऐसा समय नहीं था जब मैं, तुम, या ये राजा-महाराजा अस्तित्व में नहीं थे, न ही भविष्य में कभी ऐसा होगा कि हमारा अस्तित्व समाप्त हो जाये।
35. कर्म मुझे बाँधता नहीं क्योंकि मुझे कर्म के प्रतिफल की कोई इच्छा नहीं।
36. हे अर्जुन! हम दोनों ने कई जन्म लिए हैं। मुझे याद हैं, लेकिन तुम्हें नहीं।
37. वह जो वास्तविकता में मेरे उत्कृष्ट जन्म और गतिविधियों को समझता है, वह शरीर त्यागने के बाद पुनः जन्म नहीं लेता और मेरे धाम को प्राप्त होता है।
38. अपने परम भक्तों, जो हमेशा मेरा स्मरण या एक-चित्त मन से मेरा पूजन करते हैं, मैं व्यक्तिगत रूप से उनके कल्याण का उत्तरदायित्व लेता हूँ।
39. कर्मयोग वास्तव में एक परम रहस्य है।
40. कर्म उसे नहीं बाँधता जिसने काम का त्याग कर दिया है।
41. बुद्धिमान व्यक्ति को समाज कल्याण के लिए बिना किसी आसक्ति के काम करना चाहिए।
42. जो व्यक्ति आध्यात्मिक जागरूकता के शिखर तक पहुँच चुके हैं, उनका मार्ग है निःस्वार्थ कर्म। जो भगवान् के साथ संयोजित हो चुके हैं, उनका मार्ग है स्थिरता और शान्ति।
43. यद्यपि मैं इस तन्त्र का रचयिता हूँ, लेकिन सभी को यह ज्ञात होना चाहिए कि मैं कुछ नहीं करता और मैं अनंत हूँ।
44. जब वे अपने कार्य में आनंद खोज लेते हैं, तब वे पूर्णता प्राप्त करते हैं।
45. वह जो सभी इच्छाएं त्याग देता है और "मैं" और "मेरा" की लालसा और भावना से मुक्त हो जाता है उसे शान्ति प्राप्त होती है।

46. मेरे लिए न कोई घृणित है न प्रिय। किन्तु, जो व्यक्ति भक्ति के साथ मेरी पूजा करते हैं, वे मेरे साथ हैं और मैं भी उनके साथ हूँ।
47. जो इस लोक में अपने काम की सफलता की कामना रखते हैं वे देवताओं का पूजन करें।
48. मैं ऊष्मा देता हूँ, मैं वर्षा करता हूँ और रोकता भी हूँ, मैं अमरत्व भी हूँ और मृत्यु भी।
49. बुरे कर्म करने वाले, सबसे नीच व्यक्ति जो राक्षसी प्रवृत्तियों से जुड़े हुए हैं और जिनकी बुद्धि माया ने हर ली है वे मेरी पूजा या मुझे पाने का प्रयास नहीं करते।
50. जो कोई भी जिस किसी भी देवता की पूजा विश्वास के साथ करने की इच्छा रखता है, मैं उसका विश्वास उसी देवता में दृढ़ कर देता हूँ।
51. हे अर्जुन! मैं भूत, वर्त्तमान और भविष्य के सभी प्राणियों को जानता हूँ, किन्तु वास्तविकता में कोई मुझे नहीं जानता।
52. स्वर्ग प्राप्त करने और वहाँ कई वर्षों तक वास करने के पश्चात् एक असफल योगी का पुनः एक पवित्र और समृद्ध कुटुंब में जन्म होता है।
53. केवल मन ही किसी का मित्र और शत्रु होता है।
54. मैं सभी प्राणियों के हृदय में विद्यमान हूँ।
55. ऐसा कुछ भी नहीं- चेतन या अचेतन, जो मेरे बिना अस्तित्व में रह सकता हो।
56. वह जो मृत्यु के समय मुझे स्मरण करते हुए अपना शरीर त्यागता है, वह मेरे धाम को प्राप्त होता है। इसमें कोई संशय नहीं है।
57. वह जो इस ज्ञान में विश्वास नहीं रखते, मुझे प्राप्त किये बिना जन्म और मृत्यु के चक्र का अनुगमन करते हैं।

ॐ तत्सत्

9

ध्यान की एक सहज विधि

(1) अपना मुख, हाथ और पैर धो लें। तदोपरान्त सिर, गर्दन और रीढ़ की हड्डी को सीधे ऊपर की ओर रखते हुए आरामदेह मुद्रा में किसी शान्त, स्वच्छ और थोड़ा अंधेरे स्थान में बैठें। ध्यानकाल में संगीत या धूपबत्ती आदि की सलाह नहीं है। ध्यान का काल और स्थान बिलकुल ही निश्चित होना चाहिए। मन, वचन और कर्म से यम-नियम का पालन करें। ध्यान के पूर्व कुछ योगासन भी कर लें तो उत्तम होगा। प्रतिदिन 15-20 मिनट प्रातःकाल और मध्य-रात्रि का समय ध्यान के लिये सर्वोत्तम समय माना जाता है। (2) जिस इष्टदेव में आस्था है, उनका नाम या रूप का स्मरण करें, उनका आशीर्वाद मांगे। (3) अपना आँख मूंद लें और 5-10 अत्यन्त धीमा और गहरा श्वास लें (हृदय-केन्द्र की जगह आप कुठस्थ (दोनों भौंह के मध्य) पर भी केन्द्रित कर मानसिक रूप से शून्य के साथ नीचे उतरें)। (4) अपने ध्यान-केन्द्र के अन्दर अपनी दृष्टि, मन और भाव केन्द्रित कर धीरे-धीरे साँस लें। भीतर की ओर साँस लेते समय मन-ही-मन **'रा'** का जाप करें और बाहर की ओर सांस लेते समय **'म'** का (राम की जगह ओम शब्द को भी काफी उपयुक्त माना जाता है)। ऐसा सोचें जैसे कि स्वयं श्वास ही ये **'रा'** और **'म'** या **'ओ'** और **'म'** ध्वनि उच्चारित कर रहा है। मानसिक दृष्टि से नथुनों द्वारा साँस को भीतर जाते, और फिर बाहर आते हुए देखते रहें। श्वास को नियंत्रित करने का प्रयास न करें, स्वाभाविक श्वास लें। (5) श्वास ली जाती हुई वायु के अनन्त देश में अपने-आप को लीन करने का प्रयत्न करें। यदि मन श्वास-पथ का अनुसरण करने से विचलित हो, तो बार-बार तीसरे चरण से अभ्यास करें। अभ्यास का कोई विकल्प नहीं है।

ॐ तत्सत्

10

शब्द संग्रह

अभिमन्यु: अर्जुन का वीर पुत्र जिसे कुरुक्षेत्र के युद्ध में वीरगति प्राप्त हुआ।

अम्बा: शिखन्डी, पूर्व जन्म में अम्बा नामक राजकुमारी थी।

अम्बिका: विचित्रवीर्य की पत्नी, अम्बा और अम्बालिका की बहन।

अम्बालिका: विचित्रवीर्य की पत्नी, अम्बा और अम्बिका की बहन।

अर्जुन: देवराज इन्द्र द्वारा कुन्ती एवं पाण्डु का पुत्र। एक अतुलनीय धनुर्धर जिसको श्रीकृष्ण ने श्रीमदभगवद्गीता का उपदेश दिया था।

बभ्रुवाहन: अर्जुन एवं चित्रांगदा का पुत्र।

बकासुर: महाभारत काव्य में एक असुर जिसको भीम ने मार कर एक गाँव के वासियों की रक्षा की थी।

भीष्म: भीष्म का नामकरण देवव्रत के नाम से हुआ था। वे शान्तनु एवं गंगा के पुत्र थे। जब देवव्रत ने अपने पिता की प्रसन्नता के लिए आजीवन ब्रह्मचारी रहने का प्रण लिया, तब से उनका नाम भीष्म हो गया।

द्रौपदी: द्रुपद की पुत्री जो अग्नि से प्रकट हुई थी। द्रौपदी एक साथ पाँचों पाण्डवों की अर्धांगिनी थी।

द्रोण: हस्तिनापुर के राजकुमारों को शस्त्र विद्या देनेवाले ब्राह्मण गुरु। अश्वत्थामा के पिता। विश्व के प्रथम ''टेस्ट-टयूब बेबी'' से इनकी तुलना की जा सकती है। द्रोण एक प्रकार का पात्र भी होता है।

द्रुपदः पाञ्चाल के राजा और द्रौपदी एवं धृष्टद्युम्न के पिता। द्रुपद और द्रोण बाल्यकाल के मित्र थे।

दुर्योधनः कौरवों में ज्येष्ठ। धृतराष्ट्र एवं गांधारी के 100 पुत्रों में सबसे बड़े।

दुःशासनः दुर्योधन से छोटा भाई जो द्रौपदी को हस्तिनापुर राज्यसभा में बालों से पकड़ कर लाया था। कुरुक्षेत्र युद्ध में भीम ने दुःशासन की छाती का रक्त पिया था।

एकलव्यः द्रोण का एक महान् शिष्य, जिससे गुरुदक्षिणा में द्रोण ने उसका अंगूठा मांगा था।

गांडीवः अर्जुन का धनुष। (कई मान्यताओं के अनुसार भगवान् शिव से इन्द्र और उसके बाद अग्नि-देव और अन्त में अग्नि-देव ने अर्जुन को दिया था।)

गांधारीः गंधार के राजा की पुत्री और धृतराष्ट्र की पत्नी।

जयद्रथः सिन्धु के राजा और धृतराष्ट्र के दामाद। कुरुक्षेत्र युद्ध में अर्जुन ने जयद्रथ का शीश काट कर वध किया था।

कर्णः सूर्यदेव एवं कुन्ती के पुत्र और पाण्डवों के सबसे बड़े भाई। कर्ण को दानवीर-कर्ण के नाम से भी जाना जाता है। कर्ण कवच एवं कुण्डल पहने हुए पैदा हुए थे और उनका दान इन्द्र को किया था।

कृपाचार्यः हस्तिनापुर के ब्राह्मण गुरु। इनकी बहन 'कृपि' का विवाह द्रोण से हुआ था।

कृष्णः देवकी की आठवीं सन्तान, जिसने अपने मामा कंस का वध किया था। भगवान् कृष्ण ने अर्जुन को कुरुक्षेत्र युद्ध के प्रारम्भ में गीता उपदेश दिया था।

कुरुक्षेत्रः वह क्षेत्र जहाँ महाभारत का महान् युद्ध हुआ था। यह क्षेत्र आज के भारत के हरियाणा में स्थित है।

पाण्डवः पाण्डु की कुन्ती और माद्री से सन्तानें। यह पाँच भाई थेः युधिष्ठिर, भीम, अर्जुन, नकुल और सहदेव।

परशुरामः अर्थात् परशु वाले राम। वे द्रोण, भीष्म और कर्ण जैसे महारथियों के गुरु थे। वे भगवान् विष्णु के षष्ठम् अवतार थे।

शल्यः नकुल और सहदेव की माता माद्री के भाई।

उत्तराः राजा विराट की पुत्री। अभिमन्यु की धर्मपत्नी।

महर्षि व्यास: महाभारत महाकाव्य के लेखक। पाराशर और सत्यवती के पुत्र। इन्हें कृष्ण द्वैपायन के नाम से भी जाना जाता है क्योंकि वे कृष्णवर्ण के थे तथा उनका जन्म एक द्वीप में हुआ था। महाभारत की रचना किसी एक व्यास द्वारा नहीं हुआ था। हजारों साल तक महाभारत भोज-पत्र या वृक्ष के पत्ते या छाल के ऊपर लिखा गया था। प्रारम्भ में तो इसका स्वरूप लम्बे समय तक मौखिक ही था। व्यास पद या पेशा का नाम था। जैसे प्राध्यापक, शिक्षक या गुरु हुआ करते थे। पुराणों में कई व्यासों की चर्चा मिलती है।

ॐ तत्सत्